Collection

SIRIUS

Programme 2011

Physique Chimie

1re S

Sous la direction de
Valéry Prévost et Bernard Richoux

Claire Ameline
Lionel Bernard
Claire Boggio
Georges Chappuis
Maud Chareyron
Laure Fort
Anne Julliard-Condat
Christelle Langrand
Guy Martin
Hélène Monin-Soyer
Michel Montangerand
Laure Morin
Patrick Pierens
Bernard Renaud
Hélène Richoux
Christiane Salvetat

Le papier de cet ouvrage est composé de fibres naturelles, renouvelables, fabriquées à partir de bois provenant de forêts gérées de manière responsable.

Manuel Numérique PREMIUM

Nathan

SOMMAIRE

THÈME 1 Couleurs et images

THÈME 2 Lois et modèles

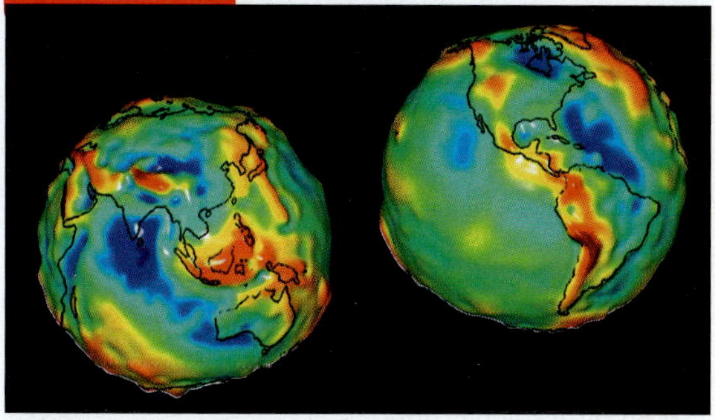

© Nathan 2011 - ISBN : 978-2-09-172512-3

THÈME 3 Défis du XXIe siècle

FICHES MÉTHODES

Rabats de la couverture

LES RESSOURCES COMPLÉMENTAIRES

Les ressources du site élève

Sur le site élève www.nathan.fr/siriuslycee/eleve-1reS

- **Parcours personnalisés :** les corrigés détaillés des parcours « **Préparer l'évaluation** » et « **Cap sur la Terminale** » sont disponibles sur le site élève.

Parcours personnalisés

Trois parcours d'exercices pour travailler en autonomie selon ses besoins.

Maîtriser les bases – 3 – 5 – 7 – 13

Préparer l'évaluation – 14 – 16 – 19 – 21

Cap sur la Terminale – 24 – 26 – 28 – 30

- **Exercice résolu :** un deuxième exercice résolu est proposé sur le site élève, pour travailler en autonomie.

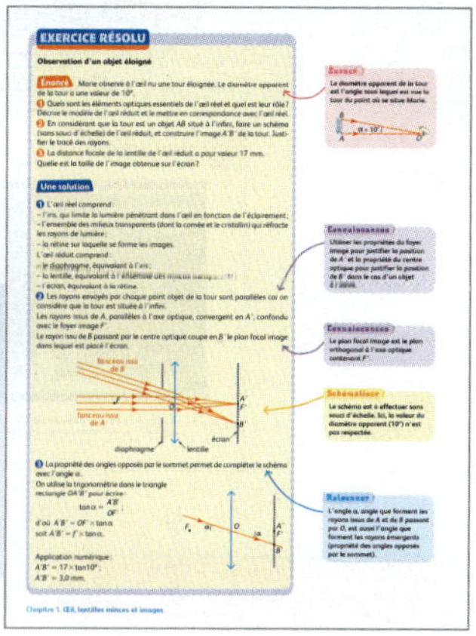

- **Chapitre 21 :** des compléments sont en ligne pour le chapitre « Créer et innover ».

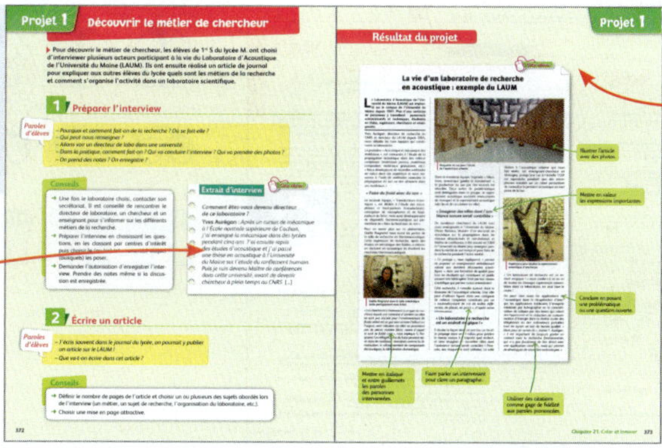

La totalité de l'interview est disponible sur le site élève.

Retrouvez cet article sur le site élève.

Les ressources du manuel numérique enrichi

Manuel Numérique PREMIUM

Les ressources multimédia du manuel numérique enrichi sont signalées par des logos.

Signale des vidéos documentaires et des vidéos d'expériences.

Signale des animations et des animations interactives.

EXERCICES INTERACTIFS Signale des exercices interactifs.

Signale des fichiers textes (Word, PDF) mais aussi des présentations Powerpoint, des fichiers Optgéo, etc.

Les ressources des pages « Culture scientifique et citoyenne » ne sont pas signalées par des logos.

DÉCOUVREZ ET UTILISEZ VOTRE MANUEL

Structure d'un chapitre

Ouverture

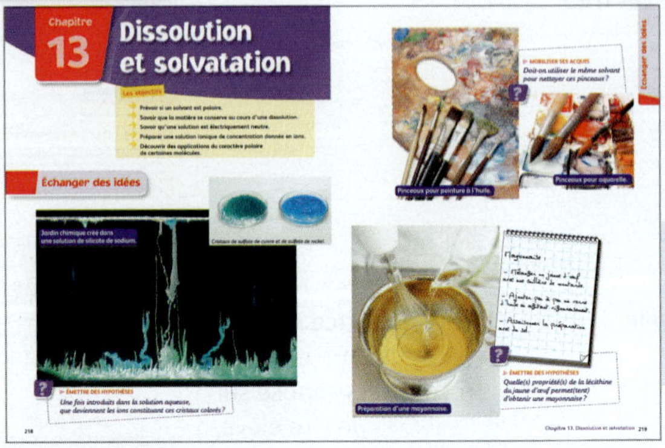

- Les objectifs du chapitre sont présentés.
- Des questions permettent de lancer la discussion.

Découvrir et réfléchir

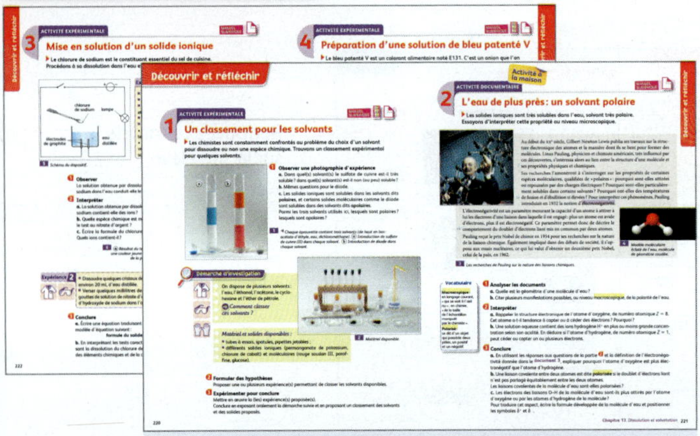

- Des activités «Découvrir et réfléchir » à faire à la maison ou en classe.
- Certaines activités utilisent une **démarche d'investigation**.

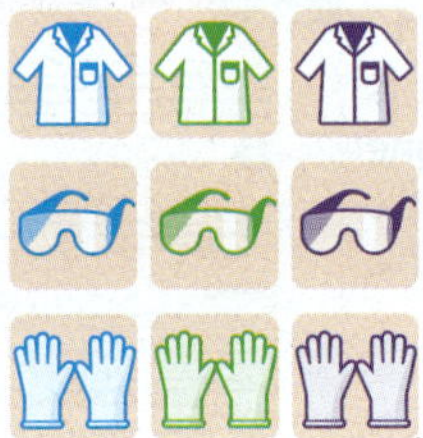

Portez une blouse de laboratoire.

Portez des lunettes de sécurité.

Portez des gants de protection.

Cours

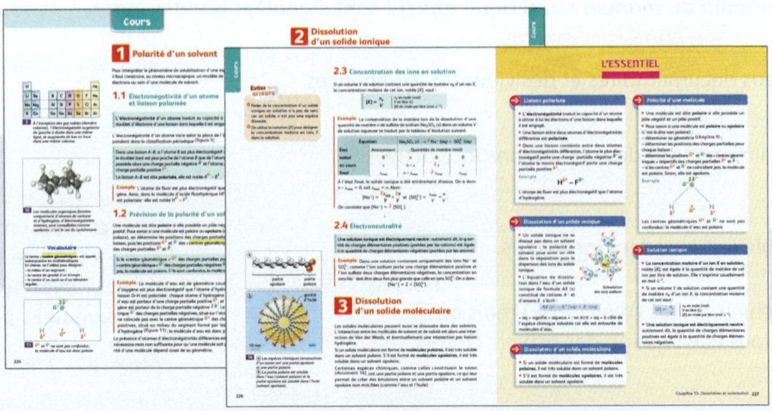

- Le cours est **illustré d'exemples et d'applications simples**.
- **L'essentiel** résume les résultats à retenir.

Exercices

Deux pages d'exercices d'application pour mobiliser ses connaissances et utiliser ses compétences.

Un test rapide pour **vérifier ses connaissances**.

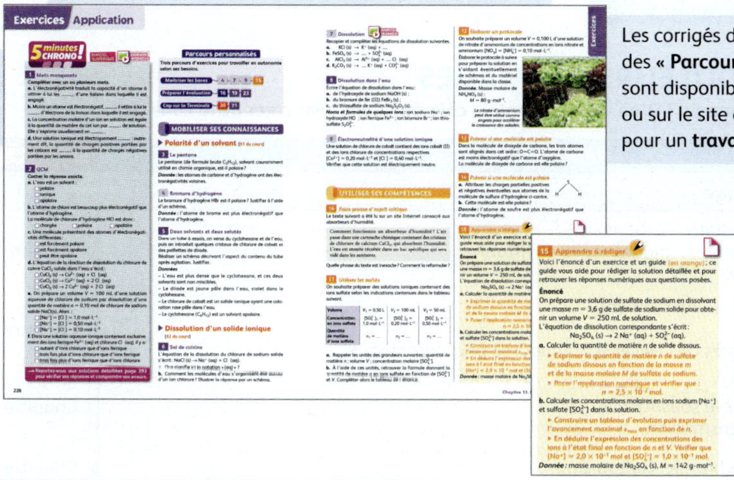

Les corrigés des exercices des **« Parcours personnalisés »** sont disponibles en fin de manuel ou sur le site élève, pour un **travail en autonomie**.

Un exercice **« Apprendre à rédiger »** propose une aide à la rédaction.

Deux à cinq pages d'exercices d'entraînement.

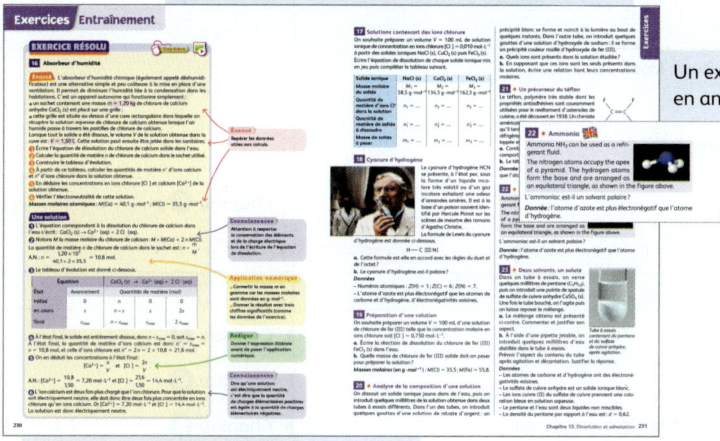

Un exercice en anglais.

Dans certains chapitres, des **exercices de synthèse**.

L'exercice résolu, avec ses commentaires, détaille les méthodes de résolution.

Un exercice **« Apprendre à chercher »** nécessite de trouver les étapes du raisonnement. Une aide est proposée à la fin du manuel.

Culture scientifique et citoyenne

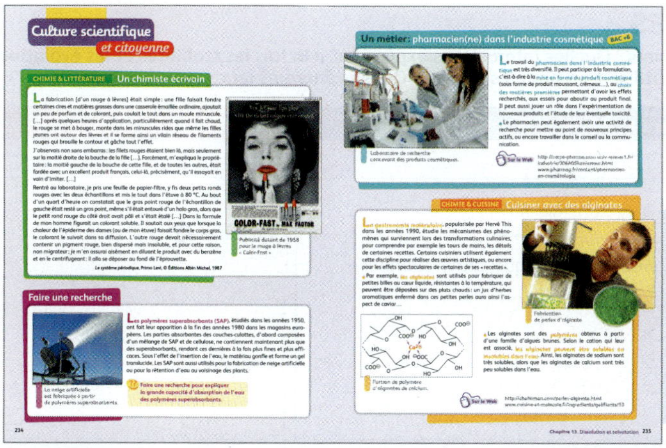

- Les pages « **Culture scientifique et citoyenne** » abordent des sujets d'actualité ou de société ; elles permettent d'élargir les horizons, notamment à travers l'histoire des sciences et des recherches personnelles.
- Un métier en lien avec les sciences est présenté.

PROGRAMME

D'après le B.O. spécial n° 9
du 30 septembre 2010

OBSERVER – COULEURS ET IMAGES

Comment l'œil fonctionne-t-il ? D'où vient la lumière colorée ? Comment créer de la couleur ?

Notions et contenus	Chapitres du manuel
Couleur, vision et image	
L'œil ; modèle de l'œil réduit. Lentilles minces convergentes : images réelle et virtuelle. Distance focale, vergence.	Chapitre 1
Formule de conjugaison ; grandissement. Accommodation. Fonctionnements comparés de l'œil et d'un appareil photographique.	Chapitre 2
Couleur des objets. Synthèse additive, synthèse soustractive. Absorption, diffusion, transmission.	Chapitre 3
Vision des couleurs et trichromie. Daltonisme.	Chapitre 4
Principe de la restitution des couleurs par un écran plat (ordinateur, téléphone portable, etc.).	Chapitre 3
Sources de lumière colorée	
Différentes sources de lumière : étoiles, lampes variées, laser, DEL,… Domaines des ondes électromagnétiques. Couleur des corps chauffés. Loi de Wien.	Chapitre 4
Interaction lumière-matière : émission et absorption. Quantification des niveaux d'énergie de la matière. Modèle corpusculaire de la lumière : le photon. Énergie d'un photon. Relation $\Delta E = h\nu$ dans les échanges d'énergie. Spectre solaire.	Chapitre 5
Matières colorées	
Synthèse soustractive.	Chapitre 7
Colorants, pigments ; extraction et synthèse.	Chapitre 6
Réaction chimique : réactif limitant, stœchiométrie, notion d'avancement.	Chapitre 8
Dosage de solutions colorées par étalonnage. Loi de Beer-Lambert.	Chapitre 7
Molécules organiques colorées : structures moléculaires, molécules à liaisons conjuguées. Indicateurs colorés.	Chapitre 6
Liaison covalente. Formules de Lewis ; géométrie des molécules. Rôle des doublets non liants. Isomérie *Z*/*E*.	Chapitre 9

COMPRENDRE – LOIS ET MODÈLES

Quelles sont les causes physiques à l'œuvre dans l'Univers ? Quelles interactions expliquent à la fois les stabilités et les évolutions physiques et chimiques de la matière ? Quels modèles utilise-t-on pour les décrire ? Quelles énergies leur sont associées ?

Notions et contenus	Chapitres du manuel
Cohésion et transformations de la matière	
La matière à différentes échelles : du noyau à la Galaxie. Particules élémentaires : électrons, neutrons, protons. Charge élémentaire *e*. Interactions fondamentales : interactions forte et faible, électromagnétique, gravitationnelle.	Chapitre 10
Cohésion du noyau, stabilité. Radioactivité naturelle et artificielle. Activité. Réactions de fission et de fusion. Lois de conservation dans les réactions nucléaires. Défaut de masse, énergie libérée. Réactions nucléaires et aspects énergétiques associés. Ordre de grandeur des énergies mises en jeu.	Chapitre 11

Notions et contenus	Chapitres du manuel
Cohésion et transformations de la matière	
Solide ionique. Interaction électrostatique ; loi de Coulomb. Solide moléculaire. Interactions de Van der Waals, liaison hydrogène.	Chapitre 12
Électronégativité. Effet du caractère polaire d'un solvant lors d'une dissolution. Conservation de la matière lors d'une dissolution.	Chapitre 13
Variation de température et transformation physique d'un système par transfert thermique.	Chapitre 12
Nomenclature des alcanes et des alcools ; formule semi-développée. Lien entre les températures de changement d'état et la structure moléculaire dans le cas de l'eau, des alcools et des alcanes. Miscibilité des alcools avec l'eau.	Chapitre 14
Réactions chimiques et aspects énergétiques associés : énergie libérée lors de la combustion d'un hydrocarbure ou d'un alcool ; ordres de grandeur.	Chapitre 18
Champs et forces	
Exemples de champs scalaires et vectoriels : pression, température, vitesse dans un fluide. Champ magnétique : sources de champ magnétique (Terre, aimant, courant). Champ électrostatique : $\vec{E} = \frac{\vec{F}}{q}$. Champ de pesanteur local : $\vec{g} = \frac{\vec{P}}{m}$. Loi de la gravitation ; champ de gravitation. Lien entre le champ de gravitation et le champ de pesanteur.	Chapitre 15
Formes et principe de conservation de l'énergie	
Énergie d'un point matériel en mouvement dans le champ de pesanteur uniforme : énergie cinétique, énergie potentielle de pesanteur, conservation ou non conservation de l'énergie mécanique. Frottements ; transferts thermiques ; dissipation d'énergie. Forme d'énergie. Principe de conservation de l'énergie. Application à la découverte du neutrino dans la désintégration β.	Chapitre 16

AGIR – DÉFIS DU XXIe SIÈCLE

En quoi la science permet-elle de répondre aux défis rencontrés par l'Homme dans sa volonté de développement tout en préservant la planète ?

Notions et contenus	Chapitres du manuel
Convertir l'énergie et économiser les ressources	
Ressources énergétiques renouvelables ou non ; durées caractéristiques associées. Transport et stockage de l'énergie ; énergie électrique. Production de l'énergie électrique ; puissance. Conversion d'énergie dans un générateur, un récepteur. Loi d'Ohm. Effet Joule. Notion de rendement de conversion.	Chapitre 17
Stockage et conversion de l'énergie chimique. Énergie libérée lors de la combustion d'un hydrocarbure ou d'un alcool.	Chapitre 18
Piles salines, piles alcalines, piles à combustible. Accumulateurs. Polarité des électrodes, réactions aux électrodes. Oxydant, réducteur, couple oxydant/réducteur, réaction d'oxydoréduction. Modèle par transfert d'électrons.	Chapitre 19
Synthétiser des molécules et fabriquer de nouveaux matériaux	
Nanochimie. Synthèse ou hémisynthèse de molécules complexes, biologiquement actives. Alcools, aldéhydes, cétones : nomenclature, oxydations. Acides carboxyliques : nomenclature, caractère acide, solubilité et pH. Obtention d'un acide carboxylique ou d'une cétone ; rendement d'une synthèse. Synthèses et propriétés de matériaux amorphes (verres) de matériaux organisés (solides cristallins, céramiques) et de matières plastiques.	Chapitre 20
Créer et innover	
Culture scientifique et technique ; relation science-société. Métiers de l'activité scientifique (partenariat avec une institution de recherche, une entreprise, etc.).	Chapitre 21

THÈME 1

Couleurs et images

L'œil est un instrument d'observation qui permet d'étudier les couleurs, les objets ou les sources de lumière qui nous entourent.

Comment l'œil fonctionne-t-il ? D'où vient la lumière colorée ? Comment l'artiste peintre crée-t-il les couleurs immortalisées sur sa toile ?

Le mur de Berlin *fait de l'œil* au photographe.

Parcourir ses acquis

- **Les couleurs.** La couleur d'un objet peut être liée à la superposition de lumières colorées, à la diffusion ou à l'absorption de la lumière par des filtres ou un écran.

- **Les propriétés de la lumière.** La décomposition de la lumière permet de découvrir des spectres continus ou discontinus (spectre de raies). La loi de Snell-Descartes sur la réfraction fait intervenir les indices de réfraction.

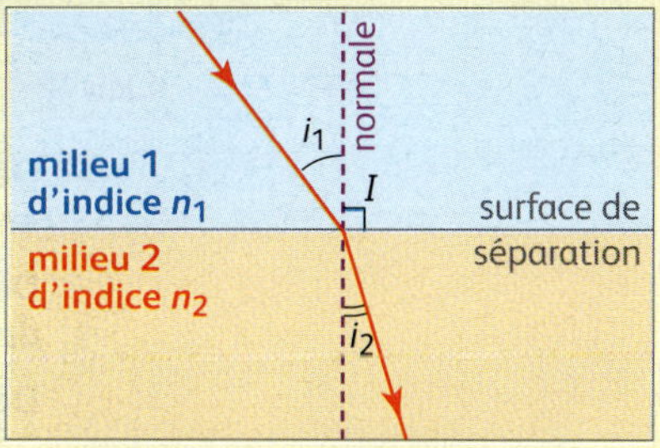

Les angles i_1 et i_2 vérifient la relation : $n_1 \sin i_1 = n_2 \sin i_2$.

- **Les lentilles et l'œil.** Les lentilles modifient par réfraction le trajet des rayons de lumière. L'œil est modélisé par une lentille et un écran.

- **Le modèle.** La lumière est une onde électromagnétique. Elle se propage en ligne droite et chaque radiation est caractérisée par sa longueur d'onde λ dans le vide.

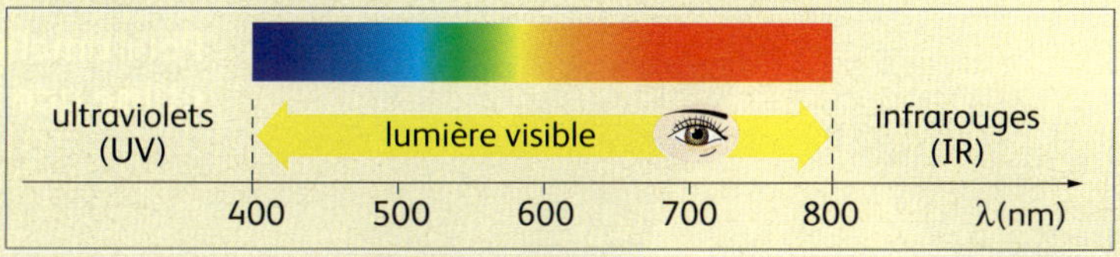

Radiations visibles et invisibles.

- **Corps purs et mélanges.** La matière existe à l'état solide, liquide ou gazeux. Les mélanges sont formés de plusieurs corps purs différents. Les solutions contiennent un solvant et des solutés.

- **La structure de la matière.** La matière est formée d'atomes, de molécules ou d'ions.

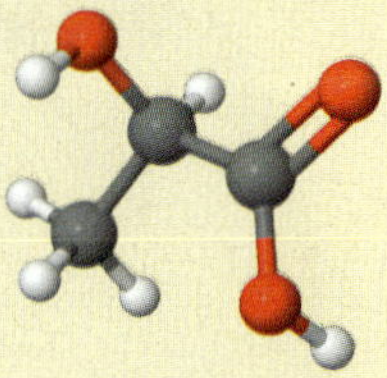

Modèle moléculaire de l'acide lactique.

- **La réaction chimique.** La transformation chimique est modélisée par l'écriture d'une équation de réaction.

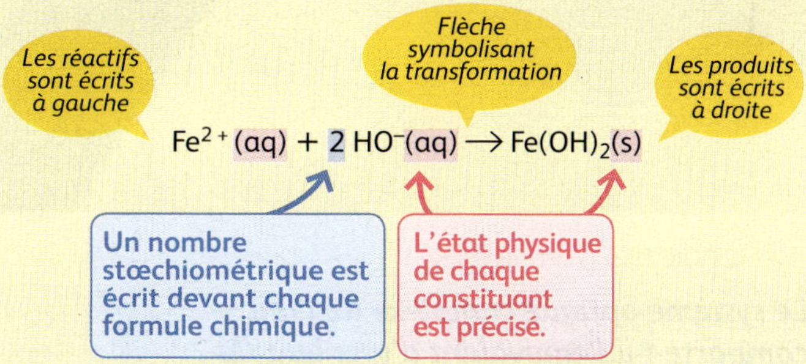

Chapitre 1

Œil, lentilles minces et images

Les objectifs

- Décrire le modèle de l'œil réduit et le mettre en correspondance avec l'œil réel.
- Déterminer graphiquement la position, la taille et le sens de l'image d'un objet-plan donnée par une lentille convergente.
- Définir images réelle et virtuelle.

Échanger des idées

Pour améliorer sa vision, cette personne utilise une lentille oculaire.

? ▶ ÉMETTRE DES HYPOTHÈSES

Le système optique complexe de l'œil comporte-t-il l'équivalent d'une lentille ?

▶ MOBILISER SES ACQUIS

Cette loupe porte l'indication 5 dioptries. Que représente cette valeur ?

La loupe donne une image agrandie.

La Lune observée avec une lunette astronomique composée de différentes lentilles.

▶ DÉBAT EN GROUPE

Les lentilles donnent-elles de l'objet observé une image droite ou renversée ?

Activité à la maison

ACTIVITÉ DOCUMENTAIRE

MANUEL NUMÉRIQUE

1 Les théories de la vision au cours des siècles

▶ Qu'est-ce que voir ? Différentes réponses furent apportées avant d'arriver aux connaissances actuelles.

Dès le Ve siècle av. J.-C., les penseurs de l'Antiquité réfléchissent au fonctionnement de l'œil et plusieurs théories se développent.

La théorie de l'émission explique la vision comme l'envoi par l'œil de « rayons visuels » dont la nature n'est jamais vraiment explicitée. Ainsi Platon et Euclide expliquent que l'œil, telle une lanterne, émet « des feux de la vue » qui rencontrent le feu provenant des objets extérieurs, pour donner la vision.
Une deuxième théorie, la théorie de l'intromission, explique la vision comme l'entrée dans l'œil d'une « image » qui garde la forme de l'objet et qui vient jusqu'à l'œil en s'appuyant sur l'air.

La vision est-elle le résultat de l'émission ou de l'entrée dans l'œil de quelque chose ? La question restera posée jusqu'au XIe siècle. La réponse sera apportée par le scientifique persan Alhazen : « voir, c'est recevoir une certaine quantité de lumière ». Il introduit une méthodologie nouvelle faite d'expériences et de raisonnements. Ainsi, dans son traité d'optique, le *Kitab al-Manazir*, il propose une théorie où chaque avancée est présentée comme induite par des observations expérimentales. Il explique le processus de la vision par des rayons de lumière partant de chaque point d'un objet et parvenant à l'œil. Il donne une description précise de l'anatomie de l'œil mais il ne donne pas une localisation correcte de l'image dans l'œil.

Au XVIIe siècle, les travaux de Kepler puis de Descartes complètent l'étude du mécanisme de la vision : les rayons de lumière pénètrent dans l'œil, s'y croisent et forment une image renversée de l'objet sur le fond de l'œil.

À cette époque, le fonctionnement optique de l'œil est compris, mais la perception visuelle d'un objet en trois dimensions à partir d'une image en deux dimensions reste encore à expliquer.

1 *Œil et vision au cours des siècles.*

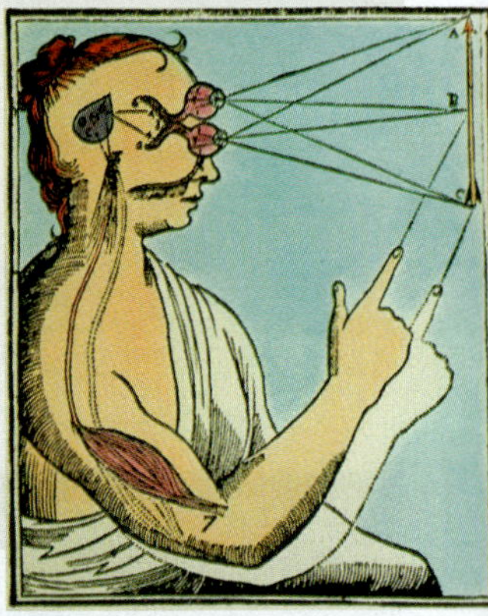

2 *Schéma réalisé par Descartes expliquant la vision.*

3 *Les chats ont une excellente vision nocturne et leurs yeux donnent l'impression de briller dans le noir.*

1 Analyser les documents

a. Relever les noms des deux théories de la vision développées par les penseurs de l'Antiquité.

b. – Quelle est la question sur le mécanisme de la vision qui divisa pendant des siècles les scientifiques ?
– À quelle époque une réponse à cette question est-elle apportée ? Quelle est cette réponse ? À quel scientifique est-elle associée ?
– Quelle est la nouveauté de sa méthode de recherche ?

c. Quels compléments Descartes et Kepler apportent à la théorie du mécanisme de la vision ?

2 Interpréter et faire une recherche

Descartes et Kepler expliquent ainsi la vision des chats dans l'obscurité : « des sources permanentes de lumière existent dans les yeux des chats ».
En quoi cette explication de la vision des chats par ces deux savants peut-elle surprendre ? Rechercher l'explication que l'on donne aujourd'hui.

ACTIVITÉ DOCUMENTAIRE

MANUEL NUMÉRIQUE

2 Anatomie et modèle optique de l'œil

▶ **L'œil est l'organe de la vision qui fournit des images du monde extérieur, ces images étant le point de départ de la perception visuelle. Étudions ce système optique complexe.**

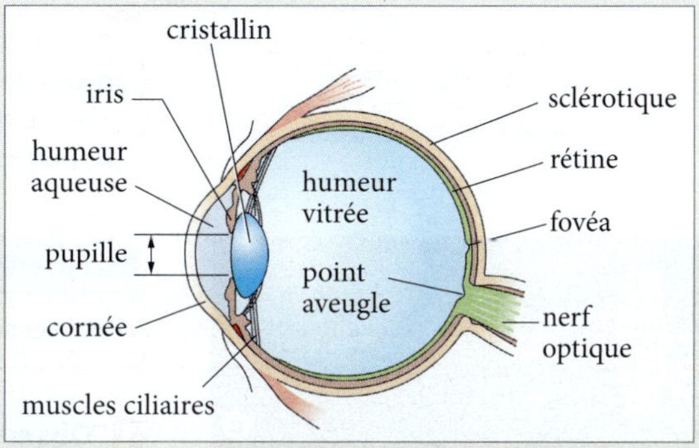

4 *Schéma de l'œil (coupe dans un plan horizontal).*

L'œil humain

L'œil humain est un globe pratiquement sphérique d'environ 25 mm de diamètre. Il est entouré à l'extérieur par une membrane résistante et protectrice : la sclérotique. La membrane interne est la rétine qui tapisse la partie arrière du globe et se prolonge par le nerf optique. Elle est constituée de plusieurs couches de cellules nerveuses dont certaines sont sensibles aux radiations dans un domaine de longueurs d'onde comprises entre 400 nm et 800 nm (lumière visible).

La cornée est la partie transparente de la sclérotique située à l'avant de l'œil. Le cristallin est une capsule élastique transparente dont la courbure des faces se modifie sous l'action des muscles ciliaires. L'humeur aqueuse et l'humeur vitrée sont des liquides transparents qui complètent la rigidité du globe oculaire. La pupille est l'ouverture centrale de l'iris, partie colorée de l'œil. Son diamètre peut varier de 2 à 8 mm en fonction de la luminosité.

Formation d'une image et modèle optique

Les rayons de lumière qui pénètrent dans l'œil traversent les différents milieux transparents et sont réfractés à l'entrée et à la sortie de la cornée et du cristallin. Les rayons ainsi déviés convergent sur la rétine sur laquelle se forme l'image de l'objet.

La lumière entrant dans l'œil est régulée par l'iris qui adapte la taille de la pupille à la luminosité.

L'ensemble des milieux transparents de l'œil se comporte comme une lentille convergente qui donne une image sur un écran, l'iris jouant le rôle d'un diaphragme.

5 *Description et modélisation de l'œil humain.*

1 Analyser les documents

a. Quels sont les milieux transparents traversés par les rayons de lumière qui pénètrent dans l'œil ? Où se produisent les changements de direction de ces rayons ?

b. Quel est le rôle de l'iris ? Comment varie le diamètre de la pupille quand la luminosité augmente ?

c. Quel est le rôle de la rétine ?

d. Dans le modèle optique de l'œil, à quel élément de l'œil est associée la lentille ? l'écran ? le diaphragme ?

Vocabulaire

Diaphragme : disque percé d'une ouverture dont le diamètre peut être réglable.

6 *Modèle optique de l'œil.*

2 Interpréter

a. À partir du **document 6**, réaliser un schéma du modèle optique de l'œil.

b. La distance entre la lentille et l'écran est-elle constante ou variable ?

3 Faire une recherche

Le rôle de la rétine ne se limite pas à une simple fonction d'écran. Préciser sa structure, notamment au point aveugle et à la fovéa.

ACTIVITÉ EXPÉRIMENTALE

MANUEL NUMÉRIQUE

3 Propriétés des lentilles convergentes

▶ Les lentilles permettent d'obtenir des images d'objets lumineux. Étudions les propriétés des lentilles et les caractéristiques des images qu'elles donnent.

Sécurité *Ne pas placer l'œil dans l'axe du faisceau du laser.*

DISPOSITIF ■ Une source lumineuse munie d'une grille fournit des rayons de lumière dirigés vers une ou plusieurs lentilles de démonstration. ■ Le support visualise le trajet des rayons par diffusion, la lumière se propageant de gauche à droite **(document 7)**.

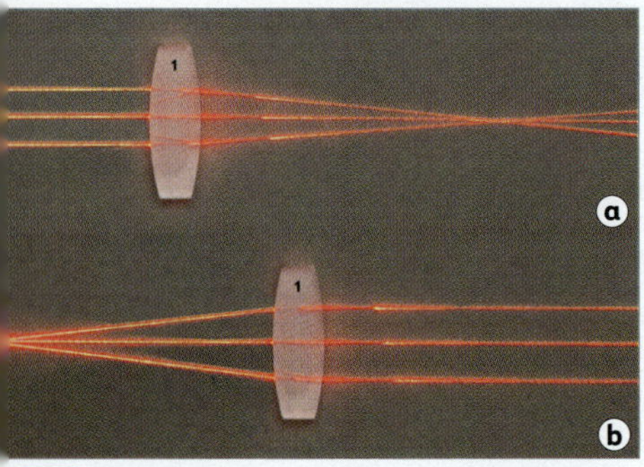

7 ⓐ *Les rayons de lumière incidents sont parallèles à l'axe de la lentille.* ⓑ *Les rayons de lumière émergents sont parallèles à l'axe de la lentille.*

Expérience 1

Réaliser successivement les deux situations illustrées **document 7**.

1 Observer

Décrire les deux situations en indiquant la position des points de convergence des rayons de lumière par rapport à la lentille étudiée.

2 Interpréter

a. La lentille étudiée est dite **convergente**.
Justifier ce qualificatif à partir de la situation ⓐ.
Existe-t-il des lentilles qui ne sont pas convergentes ? Si oui, quel est leur nom ?

b. La situation ⓐ met en évidence le **foyer image** de la lentille, noté *F'*, tandis que la situation ⓑ met en évidence le **foyer objet**, noté *F*. Donner une définition des foyers.

c. Réaliser un schéma de l'expérience en indiquant la position des points *F* et *F'*. On notera *O* le centre de la lentille, appelé **centre optique**.

d. La valeur de la **distance focale**, notée *f'*, est donnée par la mesure de la distance entre le centre *O* de la lentille et son foyer *F'*. Quelle est la valeur de *f'* pour la lentille étudiée ?

DISPOSITIF Une lentille convergente de distance focale $f' = 10$ cm donne d'un objet éclairé une image sur un écran.

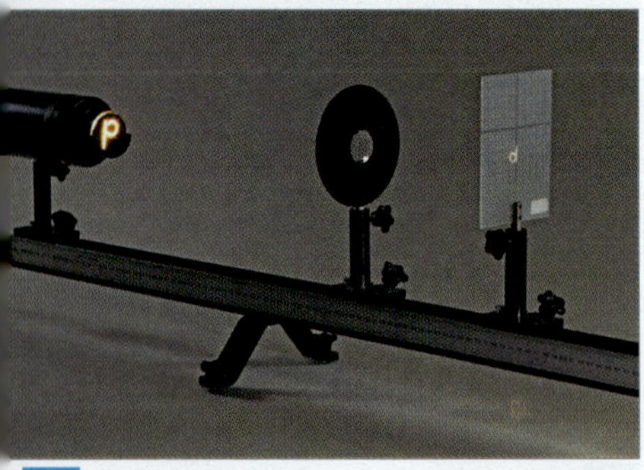

8 *Banc optique portant l'objet éclairé, la lentille sur son support et un écran.*

Expérience 2

L'expérience du **document 8** étant réalisée, modifier la distance, notée *d*, entre l'objet et la lentille : choisir pour *d* les valeurs 50 cm ; 20 cm ; 10 cm ; 5 cm. Puis déplacer l'écran pour obtenir **l'image de l'objet** (c'est-à-dire une forme aux contours nets sur l'écran).

3 Observer

a. Pour chaque valeur de la distance *d*, peut-on obtenir une image sur l'écran ? Écran ôté, peut-on voir une image en plaçant l'œil dans l'axe de la lentille ?

b. L'image est dite **droite** si elle est de même sens que l'objet et **renversée** dans le cas contraire. Dans quel(s) cas est-elle droite ? Dans quel(s) cas est-elle renversée ?

4 Conclure

Présenter, sous forme de tableaux et de schémas, les résultats des observations selon la position de l'objet par rapport à la lentille.

SIMULATION

MANUEL NUMÉRIQUE

4 Le modèle des lentilles minces convergentes

▶ **Dans le modèle des lentilles minces, l'épaisseur de la partie centrale est négligée et se réduit alors à un point. À l'aide d'un simulateur d'optique géométrique, explorons ce modèle.**

Simulation 1

En déplaçant le rayon ou les faisceaux de lumière fournis dans le fichier numérique **(figure 9)**, réaliser successivement les trois situations suivantes :
- un rayon passe par le centre de la lentille ;
- un faisceau incident est parallèle à l'axe optique ;
- un point objet donne un faisceau émergent parallèle à l'axe optique.

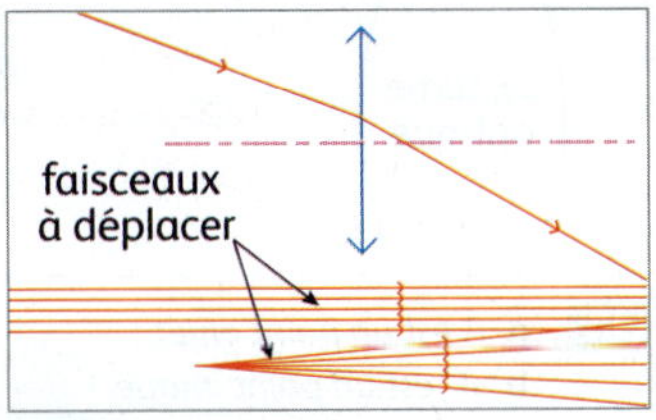

9 *Simulation 1.*

TICE

OptGéo est un logiciel libre de simulation d'optique géométrique à deux dimensions. Il est téléchargeable à l'adresse suivante : http://jeanmarie.biansan.free.fr/optgeo.html

1 Observer

Observer le trajet des rayons de lumière et schématiser chacune des situations demandées.

2 Interpréter

Quelles propriétés du centre optique, des foyers objet et image de la lentille sont mises en évidence dans ces situations ?

Simulation 2

■ Un objet *AB* est placé devant une lentille et un point objet source de trois rayons de lumière peut être déplacé entre *A* et *B* ou associé à *B*.

■ Déplacer le point objet source entre *A* et *B*.

■ Le point objet étant associé à *B* **(figure 10)**, éloigner puis rapprocher l'objet *AB* de la lentille. Garder sensiblement la même taille pour l'objet.

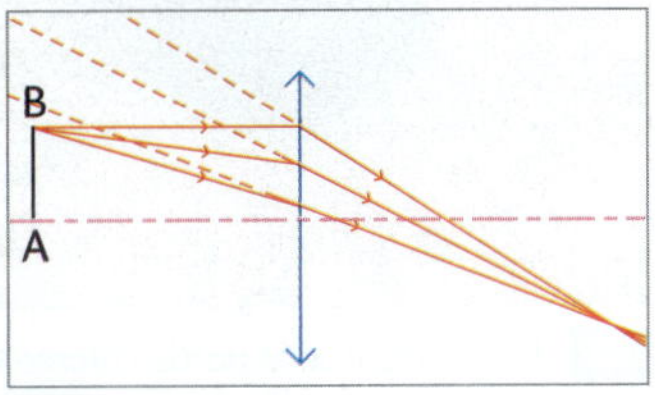

10 *Simulation 2.*

3 Observer

a. Dans le déplacement du point objet entre *A* et *B*, sur quelle ligne se déplace l'intersection des trois rayons émergents ?

b. Lorsqu'on éloigne l'objet de la lentille :
- le sens de l'image est-il modifié ?
- l'image *B'* de *B* est-elle à l'intersection des rayons émergents ou à l'intersection de leurs prolongements ?
- l'image *A'B'* s'éloigne-t-elle ou se rapproche-t-elle de la lentille ?

c. Reprendre la question **b.** dans le cas où l'on rapproche l'objet de la lentille.

4 Interpréter et conclure

a. Lorsque l'objet *AB* est perpendiculaire à l'axe optique, que peut-on dire de son image *A'B'* ?

b. Trois cas sont à envisager lorsque l'on déplace l'objet par rapport à la lentille :
- *A* est à gauche du foyer objet *F* ;
- *A* est au foyer objet *F* ;
- *A* est à droite du foyer objet *F*.

Pour chacun de ces cas, réaliser un schéma indiquant l'objet *AB*, la lentille, les foyers de la lentille, l'image *A'B'* et le tracé des rayons permettant de situer *A'B'*. Préciser le sens de l'image (droite ou renversée) et la nature de l'image (réelle ou virtuelle).

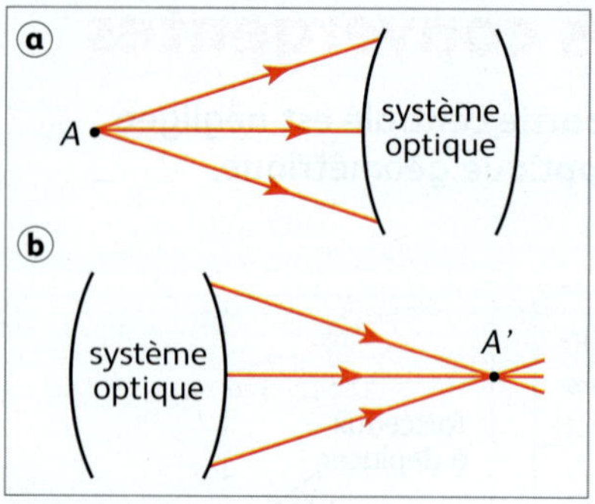

11 ⓐ *A est un point objet.*
ⓑ *A' est un point image.*

L'œil est l'organe de la vision : il donne d'un objet une image. Précisons ce que l'on nomme objet et image en optique.

– **L'objet** est modélisé comme un **ensemble de points objets**. Un point objet est l'intersection des rayons incidents, c'est-à-dire l'intersection de rayons de lumière qui arrivent sur un système optique (œil, lentille, association de lentilles, miroirs, etc) **(figure 11 ⓐ)**.

– **L'image** de l'objet est l'**ensemble des points images.** Un point image est l'intersection des rayons émergents, c'est-à-dire l'intersection de rayons de lumière qui quittent le système optique **(figure 11 ⓑ)**.

1 L'œil réel

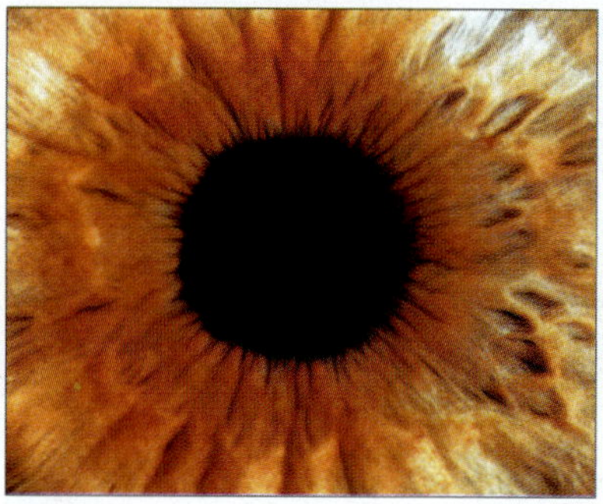

12 *L'iris constitue la partie colorée visible de l'œil, la pupille est l'ouverture centrale.*

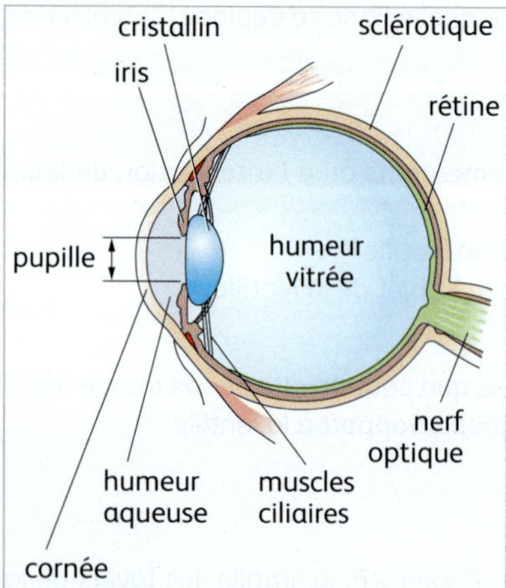

13 *Schéma de la coupe d'un œil dans un plan horizontal.*

• L'œil humain est un globe pratiquement sphérique d'environ 25 mm de diamètre. Il est protégé à l'extérieur par une membrane résistante, la **sclérotique**.

Les rayons de lumière qui pénètrent dans l'œil traversent plusieurs milieux transparents :
– la **cornée**, partie transparente de la sclérotique située à l'avant de l'œil ;
– le **cristallin**, capsule élastique dont la courbure des faces peut être modifiée par l'action des muscles ciliaires ;
– l'**humeur aqueuse** et l'**humeur vitrée**, liquides qui participent à la rigidité du globe oculaire.

La **pupille** est l'ouverture centrale de l'**iris** qui est la partie colorée de l'œil. Son diamètre peut varier de 2 à 8 mm en fonction de la luminosité **(figures 12 et 13)**.

La **rétine** est une fine membrane qui tapisse la partie arrière du globe. Elle est constituée de plusieurs types de cellules dont certaines sont des photorécepteurs sensibles aux radiations dans un domaine de longueurs d'onde comprises entre 400 nm et 800 nm (lumière visible). Les signaux lumineux sont traduits en messages nerveux et envoyés au cerveau par le nerf optique.

• Lorsque les rayons de lumière issus d'un objet pénètrent dans l'œil en changeant de milieu, ils changent de direction selon les lois de la réfraction. Ce phénomène intervient à chaque changement de milieu faisant converger les rayons sur la rétine pour former l'image.

L'œil est constitué :
– de l'iris, qui limite la lumière pénétrant dans l'œil par la pupille ;
– de l'ensemble des milieux transparents (dont la cornée et le cristallin) qui réfractent les rayons de lumière ;
– de la rétine sur laquelle se forment les images.

L'étude optique de ce système complexe peut être simplifiée en utilisant un modèle simple comportant une lentille convergente.

2 Modélisation des lentilles minces convergentes

2.1 Propriétés du modèle

A Centre optique

Le **modèle de la lentille mince convergente** néglige l'épaisseur de sa partie centrale qui se réduit alors à un point, noté O, et appelé **centre optique**. L'**axe optique** se confond avec la droite perpendiculaire à la lentille passant par O **(figure 14)**.

> Un rayon passant par le centre optique, noté O, n'est pas dévié.

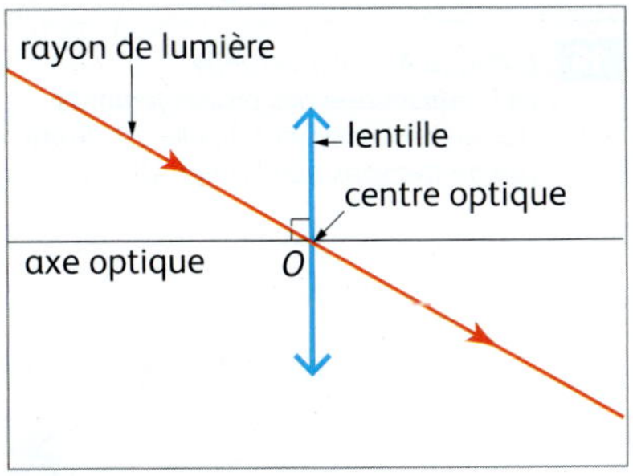

14 *Modèle de lentille mince : schéma et tracé d'un rayon particulier.*

B Foyer image et foyer objet

Les foyers sont deux points remarquables de l'axe optique.

Foyer image F'	Foyer objet F
Des rayons incidents parallèles à l'axe optique donnent des rayons émergents qui convergent en F'.	Des rayons incidents passant par F donnent des rayons émergents parallèles à l'axe optique.

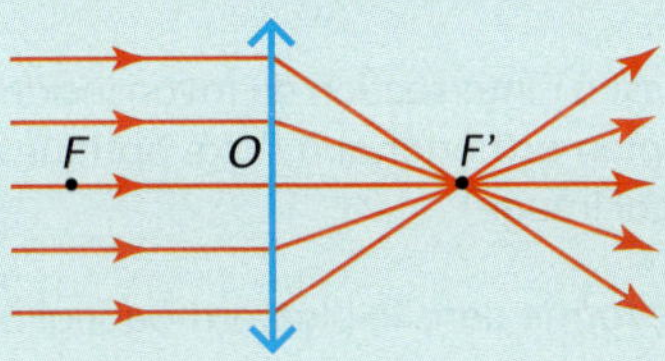

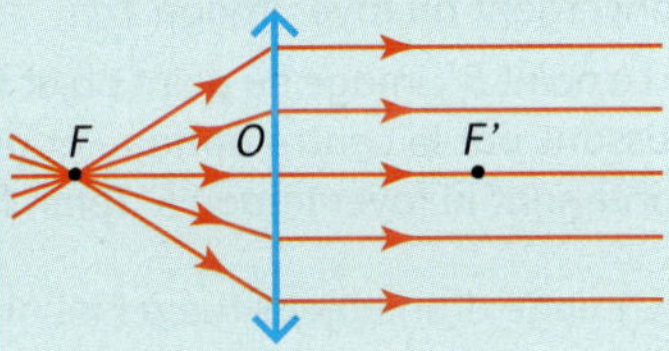

F et F' sont symétriques par rapport au centre optique O.

C Distance focale et vergence

L'axe optique étant orienté dans le sens de propagation de la lumière, la distance focale est définie par la mesure algébrique $\overline{OF'}$.

> La **distance focale** est notée f': $f' = \overline{OF'}$ en mètre (m).
>
> La **vergence** est notée C: $C = \dfrac{1}{\overline{OF'}} = \dfrac{1}{f'}$ en dioptrie (δ).

Point math

On considère un axe orienté $(D, \vec{i})$;
A et B sont deux points de D.
Par définition, la mesure algébrique de $\overrightarrow{AB}$, notée $\overline{AB}$, est l'unique réel tel que :
$$\overrightarrow{AB} = \overline{AB} \cdot \vec{i}.$$
Selon les cas, $\overline{AB}$ est positif ou négatif.

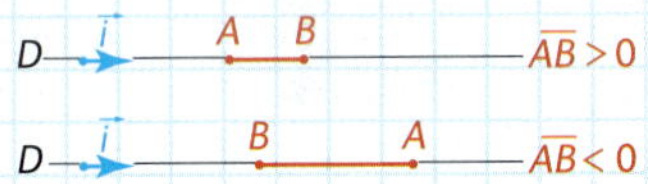

2.2 Construction graphique d'une image

A Objet situé à une distance finie de la lentille

L'étude est limitée à la construction d'un objet plan noté AB orthogonal à l'axe optique, A appartenant à cet axe. Son image $A'B'$ est aussi orthogonale à l'axe optique.

Pour construire $A'B'$, on construit l'image B' du point objet B : B' est situé à l'intersection de tous les rayons issus de B.

Il suffit de choisir deux rayons particuliers, l'un passant par le centre optique **(figure 15, ①)**, et l'autre par l'un des foyers **(figure 15, ② et ③)**.

Enfin, on construit le point A', tel que $A'B'$ soit orthogonal à l'axe optique.

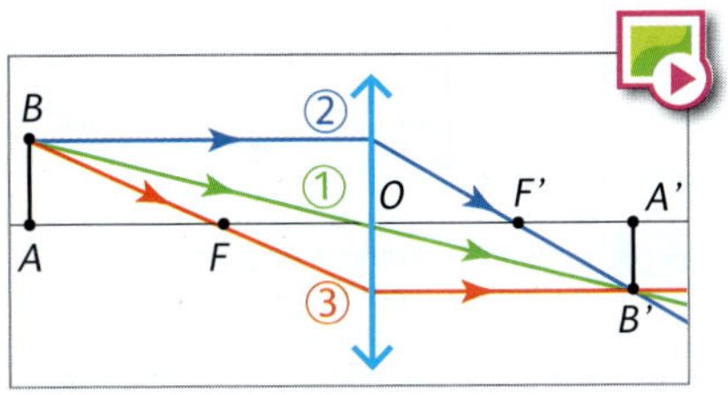

15 *Construction donnant $A'B'$.*
– Le rayon ① issu de B passant par O n'est pas dévié ;
– Le rayon ② issu de B, parallèle à l'axe optique émerge en passant par F' ;
– Le rayon ③ issu de B passant par F émerge parallèlement à l'axe optique.

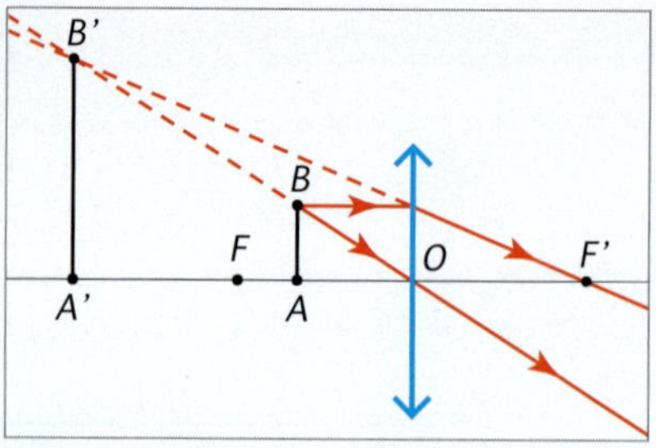

16 *L'image A'B' est virtuelle (à l'intersection des prolongements des rayons émergents) ; elle est droite (de même sens que l'objet AB).*

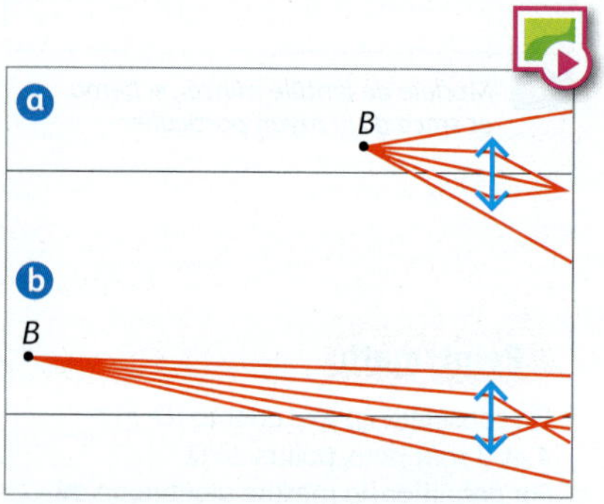

17 *Lorsque le point objet s'éloigne de la lentille, les rayons incidents arrivant sur la lentille deviennent presque parallèles.*

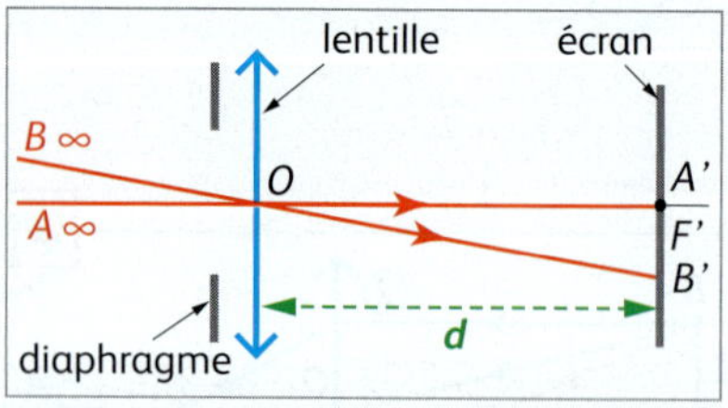

18 *La lentille donne d'un point objet situé à l'infini, un point image sur l'écran. Dans ce cas, la distance focale est égale à la distance lentille-écran, notée d.*

Suivant la distance entre l'objet et la lentille, l'image obtenue est réelle ou virtuelle.

- L'image $A'B'$ est **réelle** lorsque B' est à l'intersection des rayons émergents de la lentille **(figure 15)**.
- L'image $A'B'$ est **virtuelle** lorsque B' est à l'intersection des prolongements des rayons émergents de la lentille **(figure 16)**.

B Objet situé à l'infini

- De chaque point de l'objet suffisamment éloigné de la lentille arrive un faisceau de rayons parallèles. On dit que l'objet est situé à l'infini.

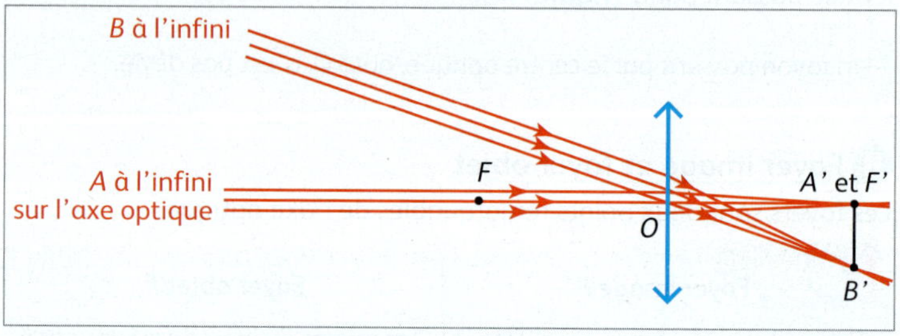

- Le point A', image du point objet A, est sur l'axe optique. Il est confondu avec le foyer F' : les rayons issus du point A, parallèles à l'axe optique, convergent au foyer image.
- Le point B', image du point objet B, est à l'intersection du rayon incident passant par le centre optique et du plan orthogonal à l'axe optique et contenant le foyer image F' (plan focal image).

L'image d'un objet situé à l'infini se forme dans le plan orthogonal à l'axe optique contenant le foyer image de la lentille, plan appelé plan focal image.

Remarque. Pour que ce modèle s'applique à une lentille mince réelle, les rayons incidents doivent être peu inclinés par rapport à l'axe optique et ils doivent traverser la lentille au voisinage de son centre optique. Ces deux conditions portent le nom de **conditions de Gauss**.

3 Le modèle de l'œil réduit

L'œil réduit comprend :
- un **diaphragme** qui joue le rôle de l'iris en limitant la quantité de lumière qui pénètre dans l'œil ;
- une **lentille mince convergente**, équivalente à l'ensemble des milieux transparents (dont la cornée et le cristallin) de distance focale variable ;
- un **écran** qui joue le rôle de la rétine, situé à une distance constante d de la lentille et sur lequel se forme l'image.

L'utilisation de ce modèle, connaissant les propriétés des lentilles minces convergentes, permet de comprendre le fonctionnement de l'œil **(figure 18)**.

L'ESSENTIEL

Œil et modèle de l'œil réduit

- L'œil est constitué :

– de l'iris, qui limite la lumière pénétrant dans l'œil par la pupille ;
– de l'ensemble des milieux transparents (dont la cornée et le cristallin) qui réfractent les rayons de lumière ;
– de la rétine sur laquelle se forment les images.

- L'œil réduit comprend :

– un diaphragme, équivalent à l'iris ;
– une lentille mince convergente, équivalente à l'ensemble des milieux transparents ;
– un écran, équivalent à la rétine, situé à une distance constante de la lentille

Modèle des lentilles minces convergentes

- **Centre optique *O*.** Le rayon passant par le centre optique n'est pas dévié.

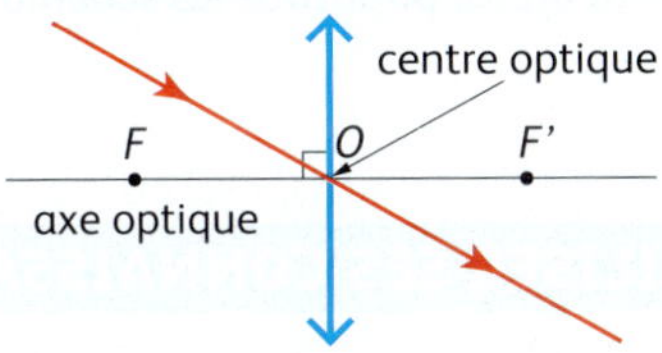

- **Foyer image *F'*.** Des rayons incidents parallèles à l'axe optique donnent des rayons émergents qui convergent en *F'*.

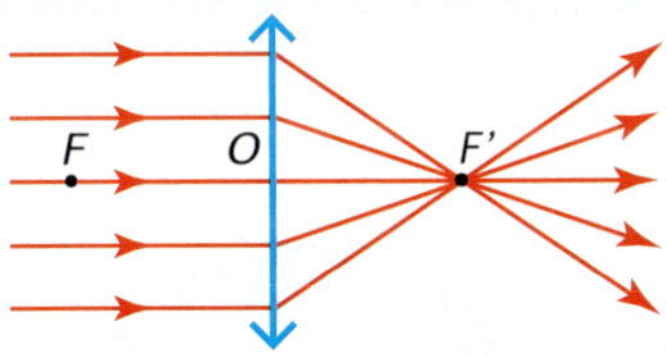

- **Foyer objet *F*.** Des rayons incidents passant par *F* donnent des rayons émergents parallèles à l'axe optique.

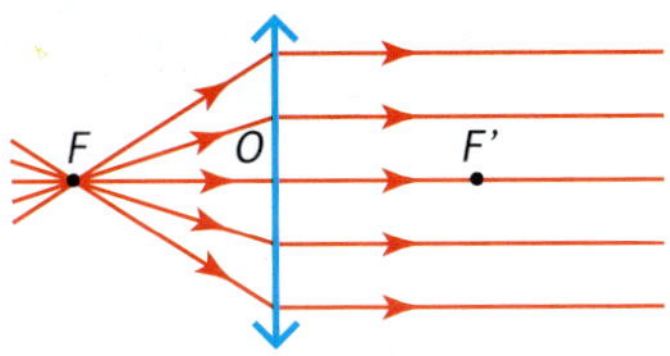

- **Distance focale :** $f' = \overline{OF'} = \overline{FO}$
- **Vergence :** $C = \dfrac{1}{f'} = \dfrac{1}{\overline{OF'}}$ | *C* en dioptrie (δ) ; *f'* en mètre (m)

Constructions graphiques

- **Objet situé à distance finie de la lentille**

Le point objet *A* est situé à gauche de *F*. *B'* est à l'intersection des rayons émergents de la lentille : l'image est **réelle**.

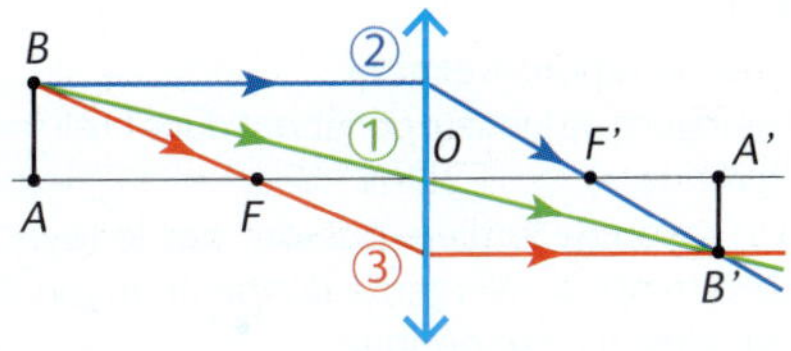

Le point objet *A* est situé à droite de *F*. *B'* est à l'intersection des **prolongements** des rayons émergents de la lentille : l'image est **virtuelle**.

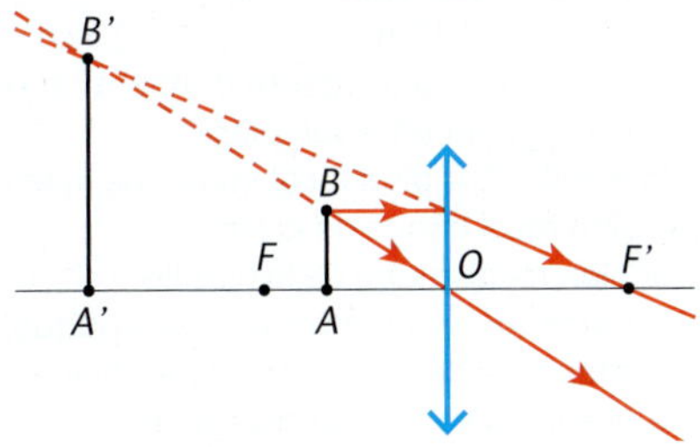

- **Objet situé à l'infini**

L'image est **réelle** et située dans le plan focal image.

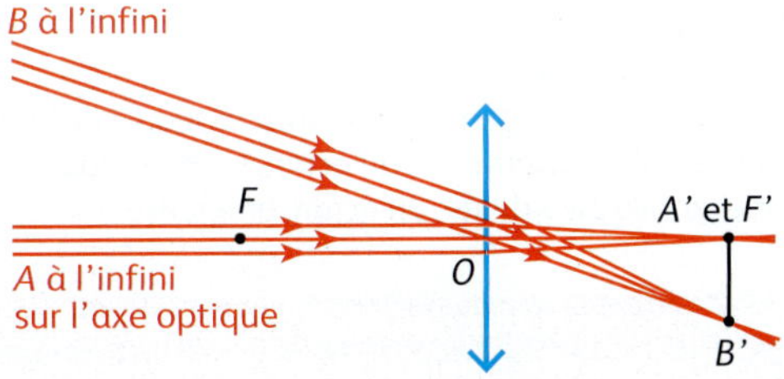

5 minutes CHRONO !

MANUEL NUMÉRIQUE — EXERCICES INTERACTIFS

1 Mots manquants

Compléter avec un ou plusieurs mots.

a. Les rayons de lumière en provenance d'un objet pénètrent dans l'œil, traversent plusieurs milieux .... et forment l'image de l'objet sur la ....

b. Un rayon passant par .... d'une lentille mince n'est pas dévié.

c. À la traversée d'une lentille mince convergente, des rayons incidents parallèles .... donnent des rayons émergents qui convergent au foyer image.

d. Les rayons incidents qui passent par .... d'une lentille donnent des rayons émergents parallèles à l'axe optique.

e. La distance focale d'une lentille est définie par la mesure algébrique ....

f. Dans le modèle de l'œil réduit, la lentille mince convergente joue le rôle de ...., l'écran celui de ...., le diaphragme celui de ....

2 QCM

Cocher la réponse exacte.

a. Les rayons de lumière pénétrant dans l'œil sont déviés par :
☐ la rétine ☐ l'iris ☐ le cristallin

b. Un rayon de lumière passant par le foyer objet d'une lentille mince convergente donne un rayon émergent :
☐ parallèle à l'axe optique
☐ qui n'est pas dévié
☐ passant par le foyer image

c. Une lentille mince convergente porte l'indication 2 dioptries. Sa distance focale vaut :
☐ 2 m ☐ 0,5 m ☐ 0,5 cm

d. Une lentille mince convergente donne d'un objet très éloigné une image sur un écran placé :
☐ entre la lentille et le plan focal image de la lentille
☐ dans le plan focal image de la lentille
☐ après le plan focal image de la lentille

e. Un objet plan *AB*, orthogonal à l'axe optique, *A* étant sur l'axe optique, est placé entre le foyer objet et le centre optique d'une lentille mince convergente.
L'image de l'objet est :
☐ obtenue sur un écran
☐ virtuelle
☐ renversée

f. Un œil peut être modélisé par :
☐ une lentille convergente, un écran, une source de lumière
☐ une lentille convergente, un écran, un diaphragme
☐ une lentille divergente, un écran, une fente

→ Reportez-vous aux solutions détaillées page 393 pour vérifier vos réponses et comprendre vos erreurs.

Parcours personnalisés

Trois parcours d'exercices pour travailler en autonomie selon ses besoins.

Maîtriser les bases	3	5	7	13
Préparer l'évaluation	14	16	19	21
Cap sur la Terminale	24	26	28	30

Pour l'ensemble des exercices :
– on utilise le modèle des lentilles minces convergentes ;
– l'objet noté *AB* est dans un plan orthogonal à l'axe optique de la lentille, le point *A* étant sur l'axe optique ;
– le sens de propagation de la lumière est de la gauche vers la droite pour tous les schémas.

MOBILISER SES CONNAISSANCES

▶ L'œil réel [§1 du cours]

3 Anatomie de l'œil

EXERCICE INTERACTIF

Compléter les légendes du schéma ci-dessous.

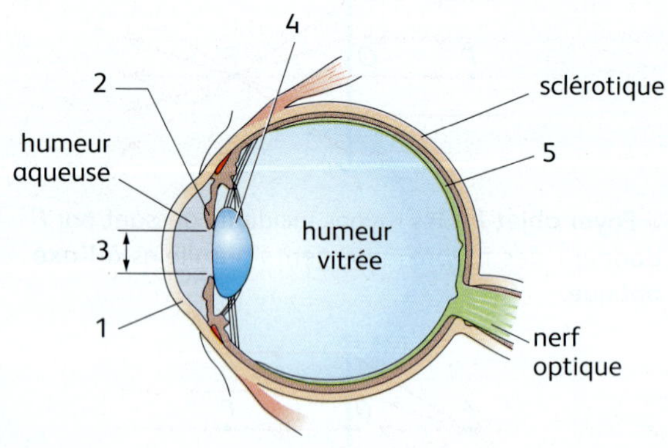

4 Le système optique de l'œil

a. Citer les milieux transparents traversés par les rayons de lumière qui pénètrent dans l'œil.

b. À quel endroit de l'œil l'image d'un objet se forme-t-elle ?

c. Comment s'effectue le contrôle de la quantité de lumière pénétrant dans l'œil ?

▶ Modélisation des lentilles minces convergentes [§2 du cours]

5 Points remarquables

Les rayons de lumière du schéma ci-dessous passent par des points remarquables de la lentille. Pour chacun d'eux, nommer le point et énoncer la propriété correspondante.

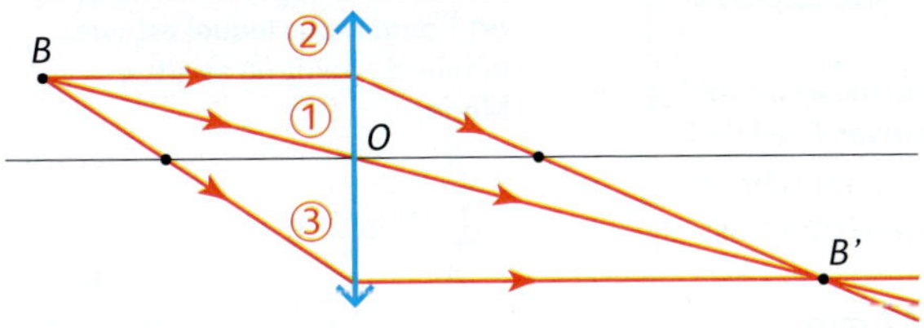

6 Distance focale et vergence

a. Définir la distance focale et la vergence d'une lentille.

b. La lentille L_1 porte l'indication 10 δ, la lentille L_2 a une distance focale de 20 cm. Quelle est la plus convergente des deux lentilles ?

7 Construction de l'image d'un objet

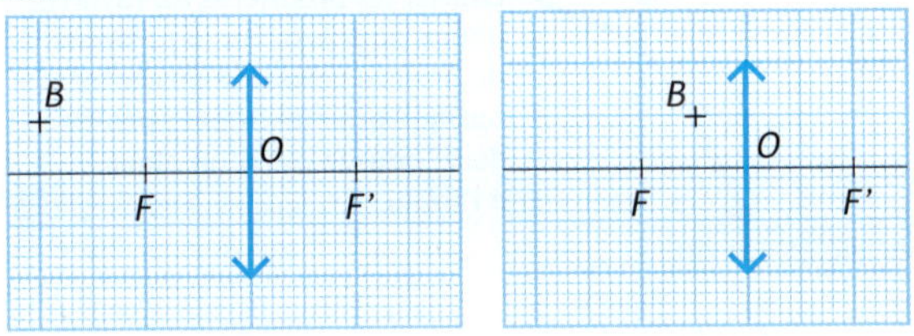

a. Construire graphiquement l'image *B'* du point objet *B* dans ces deux situations.

b. L'objet *AB* est plan, perpendiculaire à l'axe optique, le point *A* étant sur l'axe optique.

Compléter les constructions en indiquant l'objet *AB* et son image *A'B'*.

8 Images réelle et virtuelle

Qu'appelle-t-on une image réelle ? une image virtuelle ? Illustrer la réponse avec une construction graphique.

UTILISER SES COMPÉTENCES

9 Réaliser un schéma

Réaliser un schéma illustrant cette photographie comportant :

– l'objet observé ;

– la lentille (la loupe) ;

– l'image de l'objet donnée par la loupe avec les rayons de lumière permettant de la situer.

10 Modéliser

L'œil réel est modélisé par trois éléments.

a. Citer les trois éléments qui constituent l'œil réduit.

b. Quels sont les constituants de l'œil réel qui correspondent à ces trois éléments ?

11 Utiliser une échelle

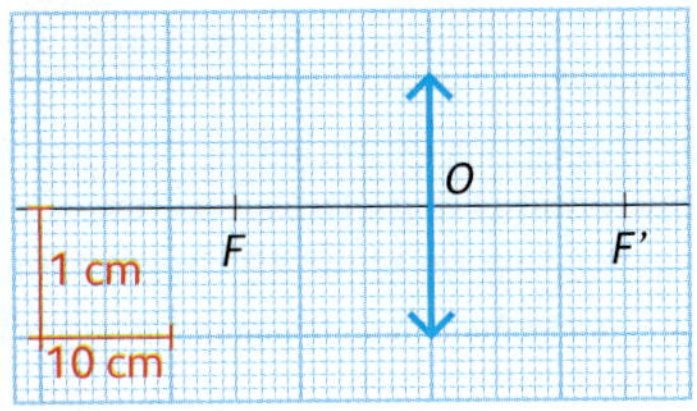

Déterminer le diamètre, la distance focale puis la vergence de la lentille schématisée ci-contre.

12 Utiliser des valeurs algébriques

Sur le schéma suivant, toutes les mesures sont données en mm.

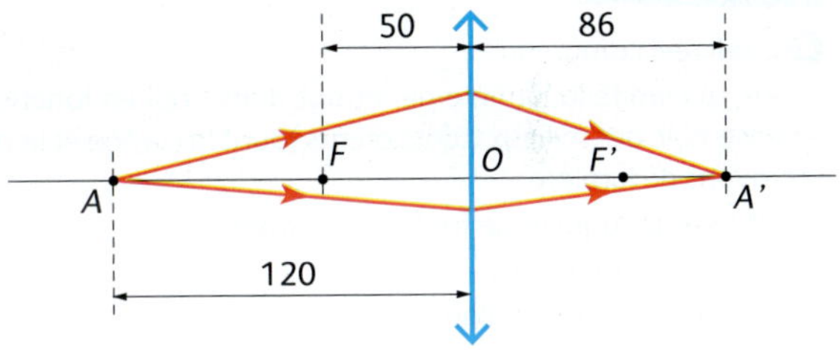

a. Relever les valeurs de $\overline{OA}$, $\overline{OA'}$ et de $\overline{OF'}$.

b. Quelle est la valeur de la distance focale de cette lentille ?

c. En déduire sa vergence.

13 Apprendre à rédiger

Voici l'énoncé d'un exercice et un guide (en orange) ; ce guide vous aide pour rédiger la solution détaillée et pour retrouver les réponses numériques aux questions posées.

Énoncé

Une lentille de centre optique *O* donne d'un objet lumineux *AB*, une image *A'B'* renversée et de même taille que l'objet. On mesure *AA'* = 1,0 m.

a. Positionner la lentille grâce au tracé d'un rayon de lumière particulier.

► **Avant de réaliser le schéma (sans souci d'échelle), rappeler la propriété du centre optique pour justifier le choix du rayon issu de *B*. La position de *O* sera présentée comme un rappel de la définition du centre optique.**

b. En utilisant deux autres rayons particuliers, déterminer la position des foyers *F* et *F'* de la lentille.

En déduire la distance focale de la lentille.

► **Rappeler les propriétés des foyers et la définition de la distance focale avant de tracer les deux rayons.**

► **La justification *f'* = 0,25 m s'appuiera sur des considérations géométriques de la construction.**

Exercices Entraînement

EXERCICE RÉSOLU

Site élève

14 Observation d'un objet éloigné

Énoncé Marie observe à l'œil nu une tour éloignée. Le diamètre apparent de la tour a une valeur de 10°.

1. Quels sont les éléments optiques essentiels de l'œil réel et quel est leur rôle ? Décrire le modèle de l'œil réduit et le mettre en correspondance avec l'œil réel.
2. En considérant que la tour est un objet AB situé à l'infini, faire un schéma (sans souci d'échelle) de l'œil réduit, et construire l'image $A'B'$ de la tour. Justifier le tracé des rayons.
3. La distance focale de la lentille de l'œil réduit a pour valeur 17 mm. Quelle est la taille de l'image obtenue sur l'écran ?

Une solution

1. L'œil réel comprend :
– l'iris, qui limite la lumière pénétrant dans l'œil en fonction de l'éclairement ;
– l'ensemble des milieux transparents (dont la cornée et le cristallin) qui réfracte les rayons de lumière ;
– la rétine sur laquelle se forme les images.
L'œil réduit comprend :
– le diaphragme, équivalant à l'iris ;
– la lentille, équivalant à l'ensemble des milieux transparents ;
– l'écran, équivalant à la rétine.

2. Les rayons envoyés par chaque point objet de la tour sont parallèles car on considère que la tour est située à l'infini.
Les rayons issus de A, parallèles à l'axe optique, convergent en A', confondu avec le foyer image F'.
Le rayon issu de B passant par le centre optique coupe en B' le plan focal image dans lequel est placé l'écran.

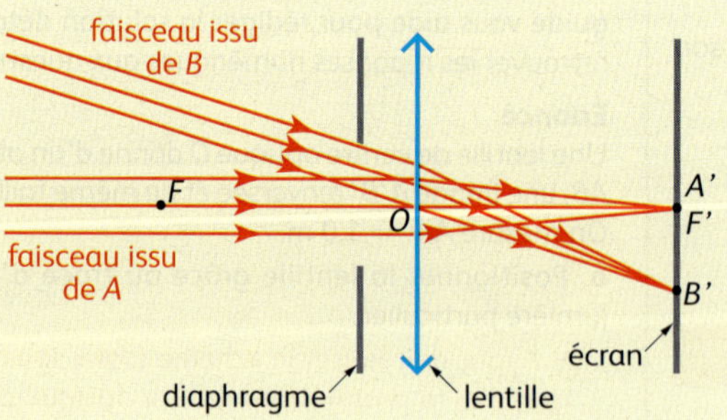

3. La propriété des angles opposés par le sommet permet de compléter le schéma avec l'angle α.
On utilise la trigonométrie dans le triangle rectangle $OA'B'$ pour écrire :

$$\tan\alpha = \frac{A'B'}{OF'} ;$$

d'où $A'B' = OF' \times \tan\alpha$, soit $A'B' = f' \times \tan\alpha$.
Application numérique :
$A'B' = 17 \times \tan 10° ; A'B' = 3{,}0$ mm.

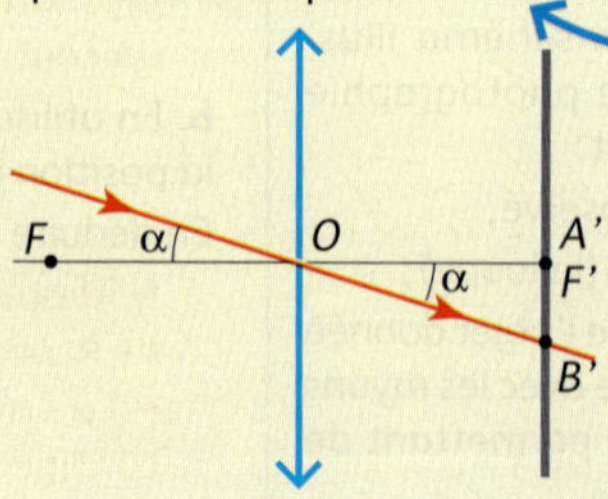

Énoncé
Le diamètre apparent de la tour est l'angle sous lequel est vue la tour du point où se situe Marie.

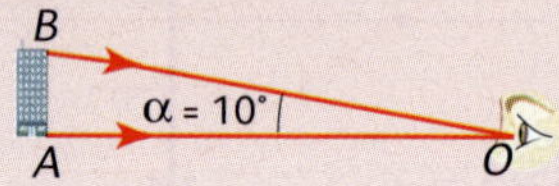

Connaissances
Utiliser les propriétés du foyer image pour justifier la position de A' et la propriété du centre optique pour justifier la position de B' dans le cas d'un objet à l'infini.

Connaissances
Le plan focal image est le plan orthogonal à l'axe optique contenant F'.

Schématiser
Le schéma est à effectuer sans souci d'échelle. Ici, la valeur du diamètre apparent (10°) n'est pas respectée.

Raisonner
L'angle α, angle que forment les rayons issus de A et de B passant par O, est aussi l'angle que forment les rayons émergents (propriété des angles opposés par le sommet).

15 À partir d'un schéma

Reproduire le schéma suivant (sans souci d'échelle).

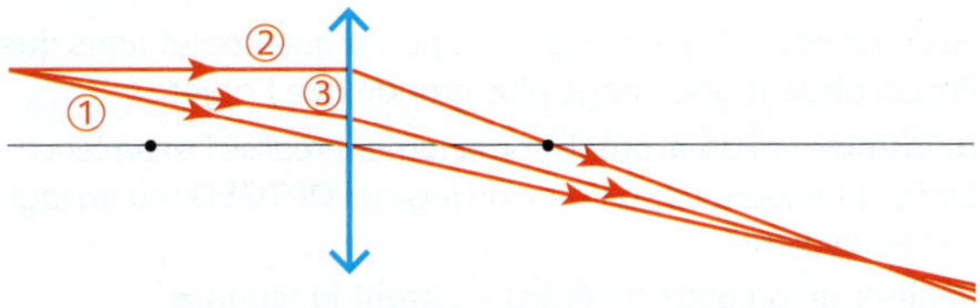

a. En justifiant votre réponse, identifier le point objet, le point image, les foyers et le centre optique de la lentille.

b. Justifier le tracé du rayon ③.

16 Tracé de rayons de lumière

Reproduire et compléter les schémas en traçant les rayons émergents. Justifier les tracés.

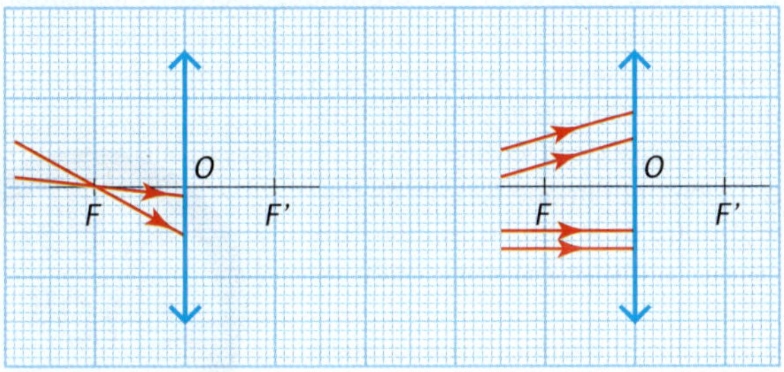

17 Foyer d'une lentille

Une feuille de papier est tenue perpendiculairement à la direction des rayons du Soleil et une lentille à bord mince (une loupe) est placée entre le Soleil et cette feuille de papier. Une tache lumineuse apparaît alors sur la feuille, et l'on se place dans la position où la tache a un diamètre minimal.

Sécurité *Ne jamais regarder le Soleil à travers la lentille.*

a. Quelle propriété de la lentille est mise en évidence ?

b. En considérant que les rayons de lumière provenant du Soleil sont parallèles à l'axe optique de la lentille, réaliser un schéma de l'expérience.

c. Si on attend suffisamment longtemps, le papier peut s'enflammer. Pourquoi ?

18 Modélisation d'une lentille

Une lentille mince convergente de diamètre 4 cm a pour vergence 3,0 δ.

Schématiser cette lentille en indiquant le sens de propagation de la lumière et les échelles choisies.

19 Position de l'image

Un objet *AB* de taille 1,0 cm est placé devant une lentille mince convergente de distance focale 10,0 cm et de diamètre 3 cm.

- **Cas 1 :** l'objet est placé à 20,0 cm de la lentille.
- **Cas 2 :** l'objet est placé à 8,0 cm de la lentille.

Pour chaque cas, répondre aux questions suivantes.

a. Réaliser la construction graphique correspondante en précisant les rayons et les échelles utilisés.

b. Déterminer la position et la taille de l'image.
L'image est-elle droite ou renversée, réelle ou virtuelle ?

c. Tracer les rayons de lumière issus du point *B* et s'appuyant sur le bord de la lentille.

20 Position de la lentille

Le schéma ci-dessous indique l'axe optique d'une lentille qui donne d'un point objet *B*, un point image *B'*.

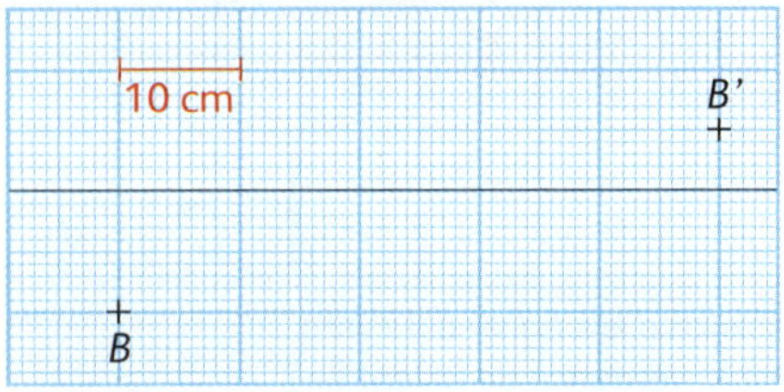

Déterminer pour cette lentille :
– la position du centre optique et des foyers ;
– la valeur de sa distance focale et sa vergence.

21 Distance focale

Une lentille donne d'un objet *AB*, situé à 20 cm de son centre, une image renversée sur un écran placé à 50 cm de l'objet.

a. Réaliser un schéma indiquant la position de l'objet, de l'image et de la lentille.

b. La taille de l'objet est de 1,0 cm. Compléter le schéma en indiquant le point *B* et son image *B'*.

c. Déterminer graphiquement la distance focale de la lentille.

22 Construction lorsque *A* n'est pas sur l'axe

Une lentille mince convergente donne de l'objet *AB* une image *A'B'*. Reproduire le schéma ci-dessous et construire les rayons de lumière dessinés en vert, rouge et bleu émergeant de la lentille.

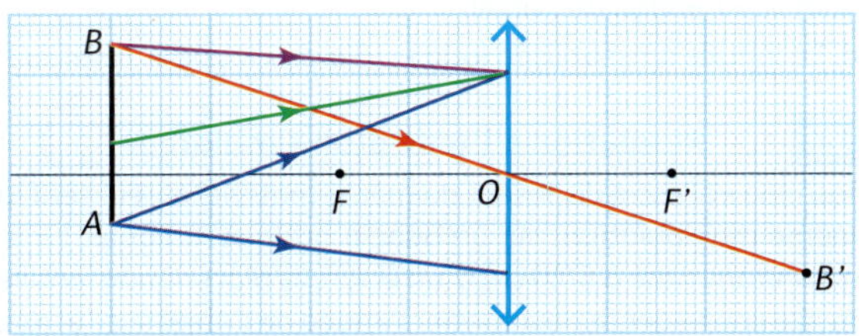

23 ✶ **Position de l'objet**

À l'aide d'une lentille convergente de vergence 5,0 δ, on désire obtenir l'image d'un objet sur un écran qui est situé à 100,0 cm de la lentille.

a. L'image est-elle réelle ou virtuelle ? Peut-on envisager plusieurs solutions ?

b. À quelle(s) distance(s) de la lentille doit-on placer l'objet ?

24 ✶ **Vision d'un œil sans défaut**

Un œil sans défaut observe des objets éloignés.

a. Où se forment ces images ?

b. Rappeler le modèle de l'œil réduit et faire la correspondance avec l'œil réel.

c. Reproduire le schéma ci-dessous de l'œil réduit. Identifier les différents éléments et poursuivre le tracé des rayons de lumière.

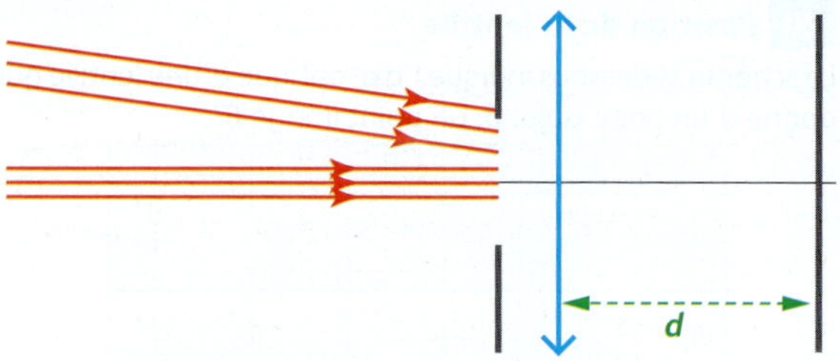

d. La distance d est égale à 17 mm.
Quelle est la vergence de la lentille ?

25 ✶ **Œil myope**

Un œil myope voit flou les objets éloignés car leurs images se forment avant la rétine.

a. Sur quelle partie du globe oculaire se serait formée l'image d'un point objet à l'infini, si l'œil avait été sans défaut ?

b. Utiliser le schéma de l'œil réduit pour illustrer le défaut de myopie.

26 ✶✶ **Objet dans le plan focal**

Un objet AB de taille 5,0 mm est placé à 10,0 cm d'une lentille convergente de vergence 10,0 δ et de diamètre 4 cm.

a. Déterminer la position de l'image $A'B'$.

b. Tracer les rayons de lumière issus de B s'appuyant sur les bords de la lentille. Faire de même avec les rayons issus de A.

c. L'image est-elle observable sur un écran ? Est-elle observable par l'œil d'un observateur ?
Si oui, indiquer la zone où l'œil de l'observateur peut se placer pour voir l'image de l'objet.

d. La lentille ainsi utilisée joue le rôle de « loupe ». Justifier.

27 ✶✶ **Résolution à l'aide d'un simulateur**

Jasmine et Pascal disposent du même matériel et réalisent la même manipulation : sur un banc d'optique, un objet lumineux étant situé à 80,0 cm d'un écran, ils placent une lentille mince convergente pour former l'image de l'objet sur l'écran.

Jasmine obtient une image plus petite que l'objet alors que Pascal obtient une image plus grande que l'objet.

a. Jasmine et Pascal ont-ils correctement réalisé l'expérience ? Simuler l'expérience à l'aide du logiciel **OPTGEO** (ou un logiciel équivalent).
Réaliser un ou deux schémas illustrant la réponse.

b. La taille de l'objet est de 1,5 cm. La taille de l'image obtenue par Jasmine est de 0,5 cm alors que celle obtenue par Pascal est de 4,5 cm.
Montrer que l'on peut en déduire la distance focale des lentilles utilisées.

28 ✶✶ **Observation avec une loupe**

Un texte est observé à l'aide d'une loupe portant l'indication 20 δ. La feuille de papier est parallèle au plan de la lentille.

L'image ci-dessous a été captée par un appareil photographique placé à la place de l'œil suivant l'axe de la lentille.

a. L'objet et l'image sont-ils de part et d'autre de la lentille ou du même côté ? L'image est-elle réelle ou virtuelle ?

b. À quelle(s) distance(s) de la feuille la lentille peut-elle être placée pour jouer le rôle de loupe ?

c. On examine un objet AB de 3,0 mm avec cette loupe de façon à obtenir une image à l'infini.
Quelle est alors la distance entre l'objet et la lentille ? Réaliser un schéma.

d. Sous quel angle α' l'image $A'B'$ est-elle observée ?
Comparer α' à l'angle α sous lequel est vu l'objet lorsqu'on le regarde directement (à l'œil nu) en se plaçant à 25 cm.

e. Le grossissement de la loupe, noté G, est défini par le rapport $\frac{\alpha'}{\alpha}$. Calculer le grossissement.

29 ✶✶ **Image du Soleil**

Pour obtenir une image du Soleil la plus grande possible, on a le choix entre des lentilles de vergence 8 δ et 2 δ.

a. On utilise une seule lentille. Laquelle choisir ? Justifier la réponse à l'aide d'un schéma.

b. La lentille de vergence 2 δ ayant été choisie, on obtient un cercle de 4,5 mm de diamètre sur un écran.
Quel est le diamètre apparent du Soleil ?

30 **Apprendre à chercher**

La résolution de cet exercice nécessite de retrouver les étapes du raisonnement. En cas de difficultés, rendez-vous page 404.

Une lentille mince convergente donne une image $A'B'$ renversée et agrandie d'un objet AB.

On a mesuré OA = 50,0 cm et OA' = 100,0 cm.

→ *Déterminer la vergence de cette lentille.*

Culture scientifique et citoyenne

PHYSIQUE & TECHNOLOGIES Des lentilles liquides

Dans la course à la miniaturisation des systèmes optiques, les **lentilles liquides** constituent une rupture technologique majeure, en se substituant aux dispositifs classiques. Elles existent notamment dans nos **téléphones portables** dotés d'appareils photographiques.

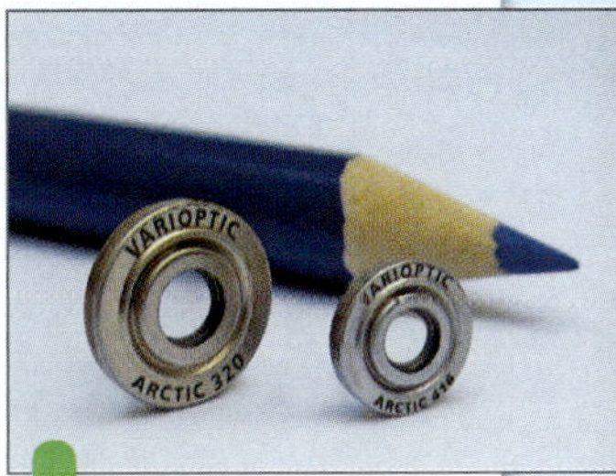

Lentilles liquides équipant les téléphones portables.

Quels sont les **avantages** des lentilles liquides sur les lentilles de verre ?

- Le premier est d'utiliser une **surface lisse et de courbure uniforme** produite par la nature : la surface d'un goutte de liquide. Le phénomène de tension superficielle assure une surface très lisse à l'échelle de la longueur d'onde de la lumière, plus besoin de polir le verre ! Les imperfections de surface qui peuvent perturber la réfraction des rayons et conduire à une image floue n'existent plus.
- Le deuxième avantage porte sur la **mise au point**. La lentille contient deux liquides transparents non miscibles et d'indices de réfraction différents : de l'**eau** et de l'**huile**. Lorsqu'une tension électrique est appliquée aux parois, l'eau est attirée par les parois et modifie la courbure de l'interface eau-huile : on obtient une lentille de distance **focale réglable**. Le système mécanique classique qui fait varier l'écartement des lentilles de verre pour effectuer la mise au point est inutile.

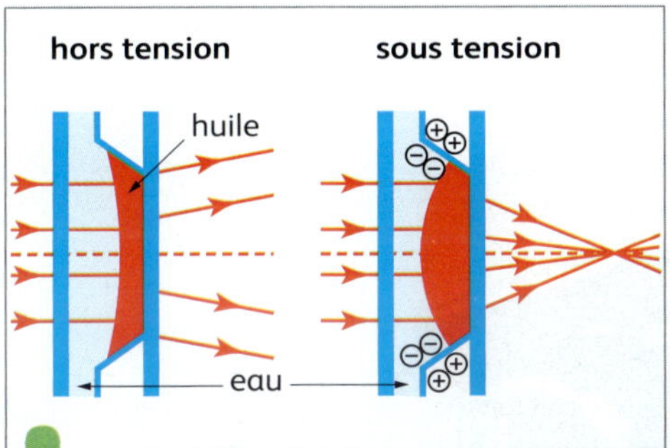

Schéma d'une lentille liquide.

- Ce procédé est intéressant à de nombreux titres, en ceci qu'il offre un composant optique de **qualité**, de **faible consommation électrique** et de **coût de fabrication réduit**.

Sur le Web

www.bulletins-electroniques.com/ti/132_07.htm
www2.cnrs.fr/presse/thema/360.htm

Exercer son esprit critique

David Latotzky, chercheur allemand, a développé une nouvelle technologie qui permet au conducteur de diriger sa voiture sans toucher le volant, en guidant le véhicule uniquement avec les yeux. Le procédé est baptisé « eyeDriver ».

?! Cette prouesse technique a-t-elle un avenir ?

Sur le Web

www.labosvj.com/2010/10/conduite-a-loeil/
www.lesoir.be/actualite/sciences/2010-04-23/un-prototype-de-voiture-qui-obeit-a-l-oeil-sans-les-doigts-766138.php

Dotée du prototype *eyeDriver*, cette voiture se conduit sans les mains.

Chapitre 2

Relation de conjugaison des lentilles minces

Les objectifs

- Déterminer analytiquement la position et la taille d'une image.
- Modéliser l'accommodation du cristallin.
- Comparer le fonctionnement optique de l'œil avec celui d'un appareil photographique.

Échanger des idées

Astronaute en apesanteur équipé d'une caméra de technologie *IMAX*® (pour Image MAXimum).

?

▶ ÉMETTRE DES HYPOTHÈSES

Peut-on déterminer par calcul la position de l'image donnée par un système optique ?

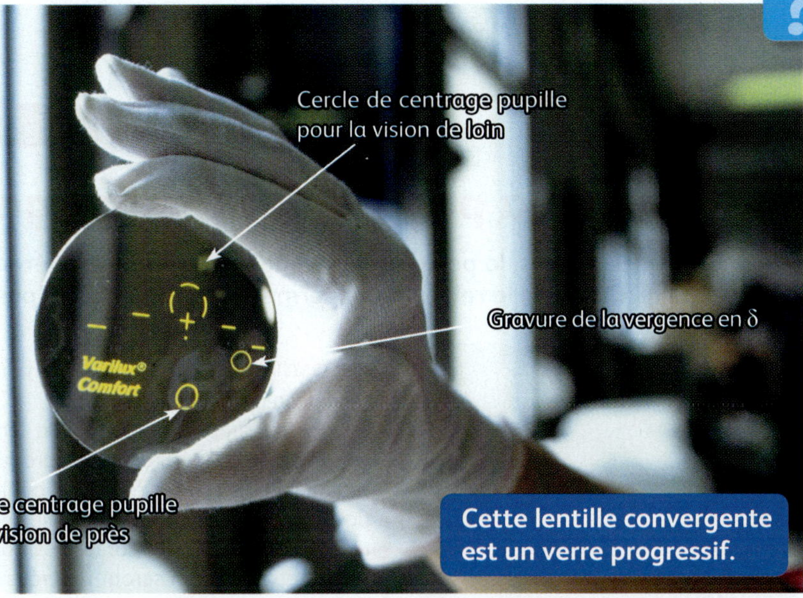

Cette lentille convergente est un verre progressif.

▶ DÉBAT EN GROUPE

Quelle fonction du cristallin le verre progressif remplace-t-il?

▶ IDÉE FAUSSE?

Quelle partie de l'appareil de prise de vue joue le même rôle que le cristallin?

Le réalisateur Luc Jacquet, sur le tournage du film *La marche de l'empereur.*

ACTIVITÉ EXPÉRIMENTALE

MANUEL NUMÉRIQUE

1 Détermination de la position d'une image

▶ **Dans le modèle des lentilles minces, la position de l'image d'un objet est déterminée par construction graphique. Étudions la relation qui permet le calcul de cette position.**

1 ◀ *Le banc d'optique permet d'aligner la source, la lentille et l'écran.*

DISPOSITIF ■ Placer l'objet lumineux en face de la graduation 0 du banc.
■ Placer le support contenant la lentille de vergence $C = 5\ \delta$ en face de la graduation 1 (un mètre) du banc et ne plus le déplacer. La position du centre O de la lentille servira de référence pour la suite car les positions de la source et de l'écran seront repérées à partir de cette origine, le banc étant orienté dans le sens de propagation de la lumière.

Expérience

■ Dans cette expérience, nous allons vérifier la **relation dite de conjugaison des lentilles minces** :

$$\frac{1}{\overline{OA'}} - \frac{1}{\overline{OA}} = \frac{1}{\overline{OF'}}.$$

A représente le point de l'objet situé sur l'axe optique et A' son point image.
■ Déplacer l'écran pour trouver la position de l'image.
■ Relever $\overline{OA'}$ et noter cette valeur dans le tableau ci-dessous.
■ Recommencer ces mesures pour les différentes valeurs de $\overline{OA}$ indiquées dans la première ligne du tableau et compléter la deuxième ligne.

$\overline{OA}$ (m)	−1,00	−0,80	−0,70	−0,60	−0,50	−0,40	−0,35	−0,30	−0,25
$\overline{OA'}$ (m)									

1 Observer

a. Dans quel sens se déplace l'image quand l'objet s'approche de la lentille ?
b. Pourquoi n'a-t-on pas mis dans le tableau les valeurs −0,20 m et −0,15 m ?

TICE **2 Exploiter**

a. Entrer les valeurs de $\overline{OA}$ et de $\overline{OA'}$ dans un logiciel de traitement de données.
b. Créer les grandeurs $y = \frac{1}{\overline{OA'}}$ et $x = \frac{1}{\overline{OA}}$ puis modéliser la courbe $y = f(x)$.

3 Conclure

La relation de conjugaison du modèle des lentilles minces est-elle applicable à la lentille utilisée ?

ACTIVITÉ EXPÉRIMENTALE

MANUEL NUMÉRIQUE

2 Le phénomène d'accommodation

▶ **Lorsqu'un objet s'approche d'une lentille, son image s'en éloigne. Pourtant, l'œil voit nettement les objets lointains et les objets proches sans que la rétine s'éloigne du cristallin. Comment cela est-il possible ?**

2 *Le transparent sur la vitre est observé par Sara, située à environ 20 cm de la fenêtre.*

DISPOSITIF Placer un texte imprimé sur transparent sur une fenêtre à l'aide de ruban adhésif.

Expérience 1

- Fermer un œil et observer avec l'autre un bâtiment ou un paysage lointain à travers le transparent, en se plaçant à une vingtaine de centimètres de la fenêtre.
- Commencer par fixer le paysage (sans chercher à lire le texte) puis fixer le texte sans changer la direction du regard.

1 Observer

a. Décrire les observations (ce qui est net, ce qui est flou) dans les deux cas.

b. Peut-on voir net en même temps le texte et le bâtiment ?

2 Interpréter

Lorsque la mise au point passe du bâtiment au texte, on dit que l'œil **« accommode »**. Quelle partie de l'œil (cornée, pupille, cristallin ou rétine) pourrait être modifiée lorsque l'œil accommode ?

DISPOSITIF ■ Placer un écran à l'extrémité du banc d'optique puis placer devant une lentille de vergence $C = 5{,}0\ \delta$.
■ Placer d'autres lentilles sur la paillasse (10 et 20 δ).

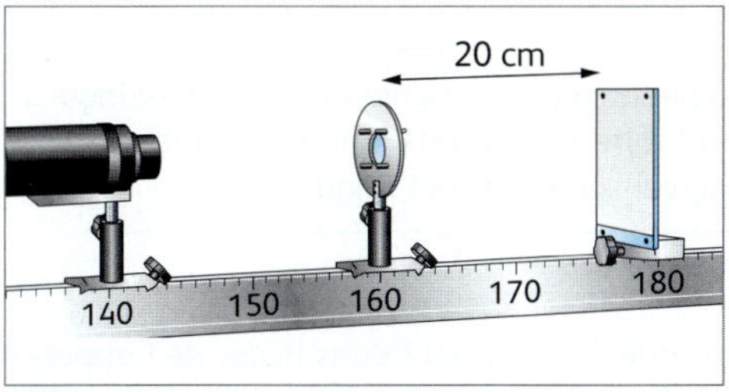

3 *Comment conserver l'image sur l'écran sans changer la position de la lentille quand l'objet s'approche de cette lentille ?*

Expérience 2

- Orienter le banc vers une fenêtre puis déplacer la lentille pour former l'image du paysage ou du bâtiment sur l'écran. Ne plus modifier par la suite les positions de l'écran et du support de la lentille. L'ensemble constitue un **œil réduit**.
- Placer ensuite une source de lumière sur le banc à 20 cm du support de la lentille puis **choisir parmi les lentilles disponibles** celle qui permet d'obtenir l'image sur l'écran. On peut modifier un peu la position de la source si nécessaire.
- Refaire la même expérience en plaçant maintenant la source à 6,5 cm du support de la lentille.

3 Observer

Comment évolue la forme de la lentille à placer lorsque la source lumineuse s'approche ?

4 Interpréter et conclure

a. En déduire l'évolution de la forme du cristallin quand l'objet observé s'approche de l'œil.

b. Que signifie « accommoder » pour l'œil ?

ACTIVITÉ EXPÉRIMENTALE

MANUEL NUMÉRIQUE

3 Œil et appareil photographique

▶ **Comme l'œil, l'appareil photographique est un instrument d'optique imageur. Comparons le fonctionnement optique de ces deux instruments.**

DISPOSITIF
- Ouvrir le dos d'un appareil photographique argentique et placer un morceau de papier-calque à la place de la pellicule.
- Régler l'appareil sur « pause » pour que l'obturateur reste toujours ouvert.

4 *L'image de la tasse se forme sur le papier-calque, disposé à la place de la pellicule.*

Expérience 1
- Viser un paysage lointain et faire la mise au point de l'image sur le papier-calque **(document 4)**.
- Viser ensuite une source de lumière proche. Faire la mise au point en observant le mouvement de l'objectif.
- Retirer le papier-calque et observer le diaphragme. Modifier son diamètre en tournant la bague.
- Remettre le calque et observer l'influence du diaphragme sur l'image.
- Retirer le calque, ouvrir le diaphragme au maximum puis supprimer le réglage « pause » et régler la durée d'exposition sur 500 (1/500 s). Appuyer sur le déclencheur en regardant à travers l'objectif.

1 Observer

a. Dans quel sens se déplace l'objectif sur son axe optique quand la mise au point s'effectue d'un objet lointain vers un objet proche ?

b. Comment évoluent la luminosité et la taille de l'image lorsque l'on modifie le diamètre du diaphragme ?

DISPOSITIF Placer un diaphragme de diamètre réglable devant la maquette de l'œil.

Expérience 2
- Viser un paysage lointain. Faire la mise au point en agissant sur les pistons des seringues.
- Viser ensuite une source de lumière proche et faire à nouveau la mise au point.
- Modifier le diamètre du diaphragme et observer son effet sur l'image.

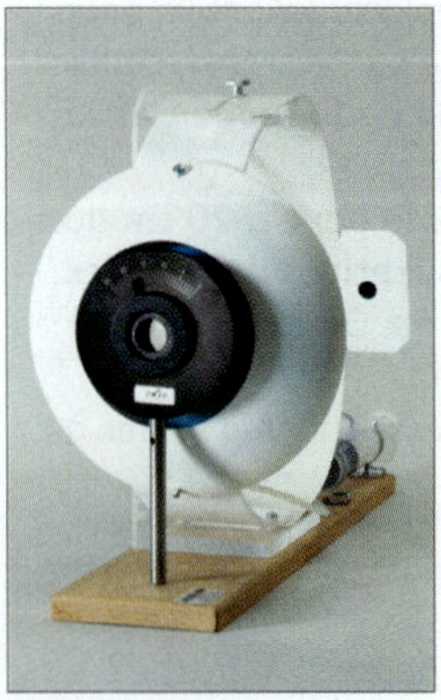

5 *Un diaphragme réglable a été ajouté à la maquette pour étudier le rôle de l'iris.*

2 Observer et interpréter

a. Comment s'effectue la mise au point dans le cas de l'œil ? dans le cas de l'appareil photographique ?

b. Le rôle de l'iris est-il différent de celui du diaphragme de l'appareil photographique ?

c. Quand on observe un objet, l'œil en forme une nouvelle image tous les dixièmes de seconde environ. L'œil possède-t-il une durée d'exposition réglable comme l'appareil photographique ?

3 Conclure

a. Trouver au moins une similitude et une différence entre l'œil et l'appareil photo.

b. Quel avantage la durée d'exposition réglable donne-t-elle à l'appareil photo par rapport à l'œil ?

4 Œil et vision en relief

▶ L'image sur la rétine est une image à deux dimensions. Pourtant, avec nos deux yeux, nous voyons en 3D. Étudions ce mécanisme de la vision.

DISPOSITIF Deux crayons bien taillés, du papier et une règle.

Expérience 1

- Prendre un crayon dans chaque main. Les tenir horizontalement à 20 cm du visage, les pointes tournées l'une vers l'autre et séparées de 30 cm environ **(document 6)**.
- Rapprocher lentement les crayons jusqu'à ce que les pointes se touchent.
- Fermer un œil puis recommencer l'expérience sans tâtonner.
- Répéter l'opération plusieurs fois.

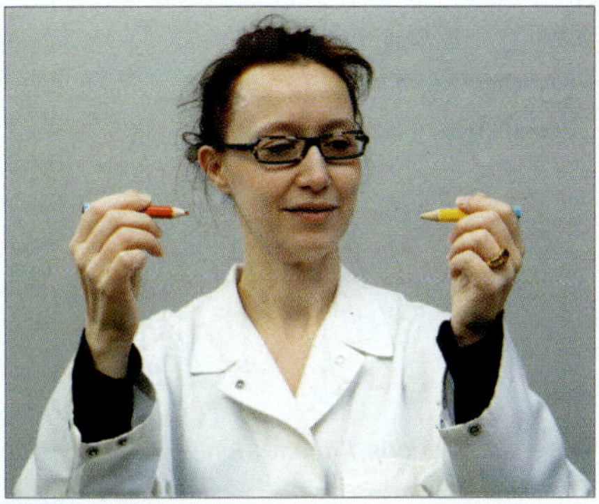

6 *Faire toucher les deux pointes, plus facile avec un œil ou avec les deux yeux ?*

1 Observer

Est-il facile de faire toucher les pointes sans tâtonner avec les deux yeux ouverts ? Que se passe-t-il quand on observe avec un seul œil ?

2 Interpréter

Peut-on évaluer la distance qui sépare les crayons du visage lorsqu'on observe avec un seul œil ?

DISPOSITIF La **figure 9** représente deux cylindres rouges et une boule bleue vus du dessus, tandis que les **figures 7 et 8** représentent les cylindres vus de face par chaque œil.

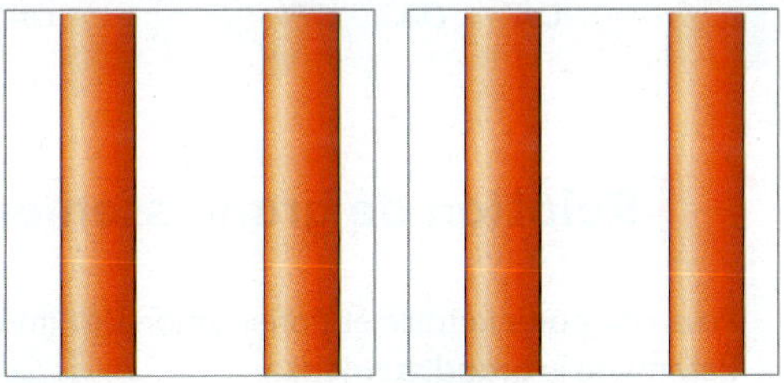

7 *Œil gauche.* **8** *Œil droit.*

9 *Deux cylindres rouges et une boule bleue vus de dessus.*

Expérience 2

- Décalquer les schémas des **figures 7 et 8** et dessiner la boule bleue telle qu'elle est vue par chaque œil dans la **figure 9**, l'autre étant fermé (la boule est à mi-hauteur). Pour cela, tracer quelques rayons de lumière sur un calque de la **figure 9**.
- Placer un carton rigide verticalement entre les deux **figures 7 et 8** de telle sorte que chaque œil n'observe que la figure qui lui est destinée.

3 Observer puis conclure

a. Les deux yeux voient-ils la même image ?

b. Quel est le rôle du cerveau dans la vision en 3D ?

1 Relations des lentilles minces

1.1 Conventions

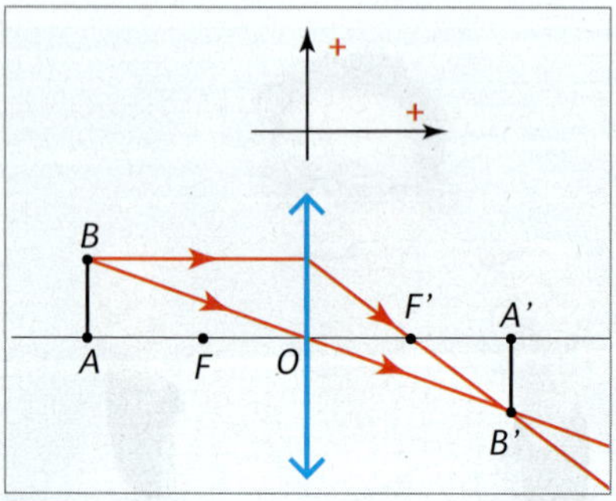

10 *Conventions d'orientation.*

Les positions de l'objet *AB* et de son image *A'B'*, *A* et *A'* étant sur l'axe optique, sont repérées par les valeurs algébriques $\overline{OA}$ et $\overline{OA'}$ des distances *OA* et *OA'* **(figure 10)**.

$\overline{OA} < 0$ si le point *A* est placé avant la lentille.

$\overline{OA'} > 0$ si *A'* est placé après la lentille ; $\overline{OA'} < 0$ si *A'* est placé avant.

L'axe optique de la lentille est orienté dans le **sens de propagation de la lumière**. Le centre optique coïncide avec l'origine de l'axe.

Conséquence : $f' = \overline{OF'} > 0$, la distance focale d'une lentille convergente est positive.

1.2 Relation de conjugaison

Pour une lentille donnée, dans le cadre du modèle des lentilles minces, à une position de l'objet correspond une position unique de l'image.

À partir de la construction des images, on peut établir la **relation de conjugaison**.

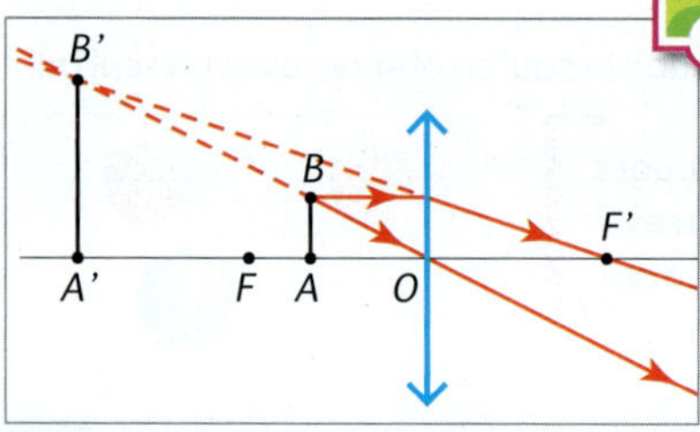

11 $\gamma > 0$, *l'image est droite.*

La **relation de conjugaison** permet de déterminer la position de *A'* quand la position de *A* et la distance focale de la lentille sont connues :

$$\frac{1}{\overline{OA'}} - \frac{1}{\overline{OA}} = \frac{1}{\overline{OF'}} \quad \text{ou} \quad \frac{1}{\overline{OA'}} - \frac{1}{\overline{OA}} = \frac{1}{f'}.$$

1.3 Relation de grandissement

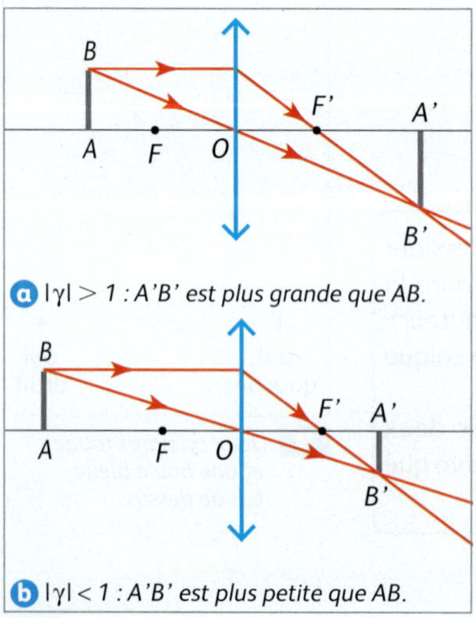

a *|γ| > 1 : A'B' est plus grande que AB.*

b *|γ| < 1 : A'B' est plus petite que AB.*

12 $\gamma < 0$, *l'image est renversée.*

Pour comparer la taille et l'orientation de l'image à celles de l'objet, on détermine le **grandissement γ** :

$$\gamma = \frac{\overline{A'B'}}{\overline{AB}}. \text{ On démontre que : } \frac{\overline{A'B'}}{\overline{AB}} = \frac{\overline{OA'}}{\overline{OA}}.$$

Le grandissement n'a pas d'unité. Il faut utiliser la même unité pour le numérateur et le dénominateur.

Le grandissement est algébrique. Les droites perpendiculaires à l'axe optique sont orientées **(figure 10)**. Ainsi, si :

- $\gamma > 0$: l'objet et l'image sont dans le même sens. On dit que l'image est **droite**. C'est le cas des **images virtuelles** **(figure 11)**.
- $\gamma < 0$: l'objet et l'image sont de sens opposés. On dit que l'image est **renversée**. C'est le cas des **images réelles** **(figure 12)**.
- $|\gamma| > 1$ ($\gamma = +2$ ou -3 par exemple), l'image est plus grande que l'objet ; elle est plus petite dans le cas contraire ($|\gamma| < 1$) **(figure 12) a** et **b**.

2 Accommodation de l'œil

Il n'est pas possible de voir nettement deux objets situés dans la même direction, l'un proche de l'œil et l'autre éloigné **(document 13)**. L'œil fait la mise au point sur l'objet fixé. On dit qu'il **accommode**.

2.1 Modification de la distance focale du cristallin

Dans le modèle de l'œil réduit **(figure 15)**, la distance *d* qui sépare la lentille convergente de l'écran est constante.

Lorsque l'œil réduit observe l'objet *AB* en position ① **(figure 14)**, la lentille en forme une image $A'B'_1$ sur l'écran-rétine :

– le tracé rouge permet de construire le point image B'_1 sur l'écran-rétine ;

– le tracé bleu, qui converge vers B'_1, quitte la lentille en passant par le foyer image, ce qui détermine la position notée F'_1 de celui-ci.

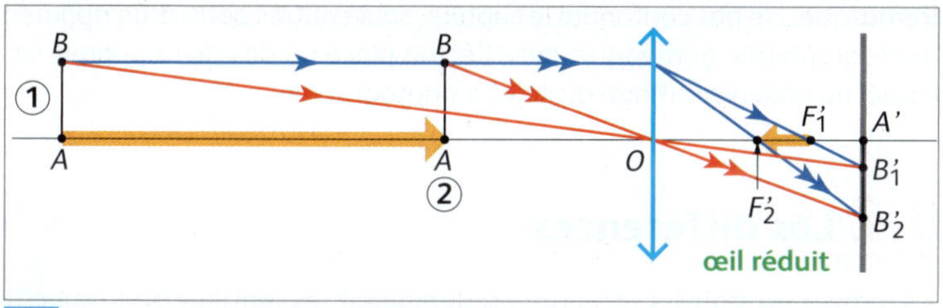

14 *Images d'un objet AB sur l'écran (la rétine).*

Pour que l'objet *AB* soit toujours vu net, il faut que l'image *A'B'* reste sur la rétine quand l'objet s'approche de l'œil.

Lorsque l'objet *AB* est en position ② :

– le tracé rouge permet de construire la nouvelle position B'_2 du point *B'* ;

– le tracé bleu détermine la nouvelle position F'_2 du foyer image.

Ainsi, $\overline{OF'_2} < \overline{OF'_1}$: la distance focale diminue quand l'objet s'approche.

> Pour que l'image reste toujours sur la rétine, le cristallin se déforme, ce qui modifie sa distance focale : c'est le **phénomène d'accommodation**.

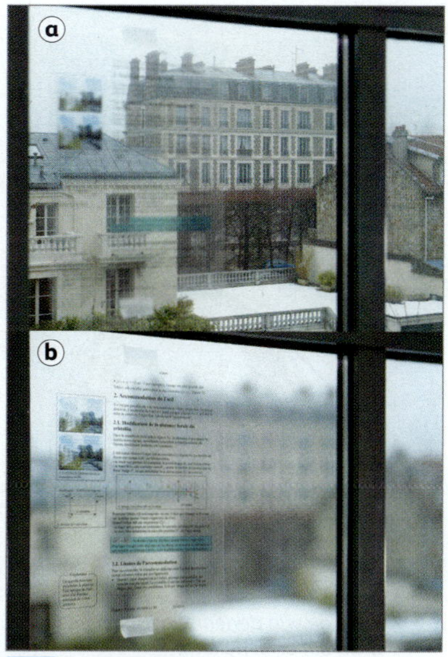

13 *L'œil fixe le bâtiment en ⓐ, le transparent en ⓑ.*

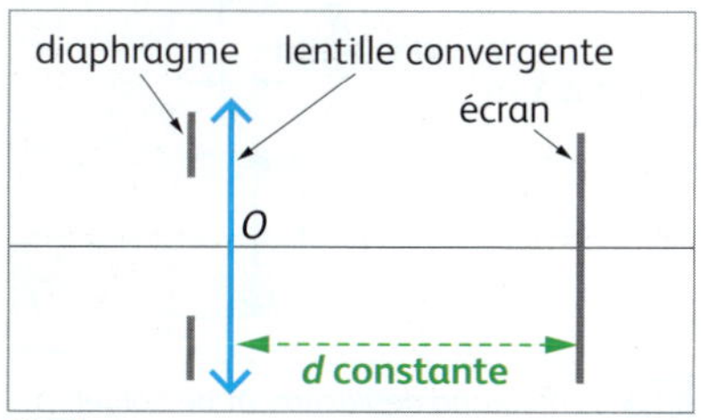

15 *Modèle de l'œil réduit.*

2.2 Limites de l'accommodation

Pour accommoder, le cristallin se déforme sous l'action de muscles (corps ciliaires) reliés par des ligaments.

Quand l'objet observé est à l'infini (un paysage par exemple), les muscles sont au repos. Le cristallin n'est pas déformé : l'œil ne se fatigue pas. Dans ces conditions, le foyer image est sur la rétine.

Plus l'objet observé est proche de l'œil, plus la distance focale est petite, et plus le cristallin est bombé. Cette déformation a une limite. Si l'objet est trop proche, l'œil ne peut plus faire la mise au point. L'objet a atteint le punctum proximum.

Vocabulaire

On appelle **punctum proximum** le point de l'axe optique de l'œil situé à la distance minimale de vision distincte.

16 *Prise de vue aérienne à l'aide d'un ballon à hélium.*

Science in English

CDD (Charge Couple Device) : dispositif à transfert de charges.

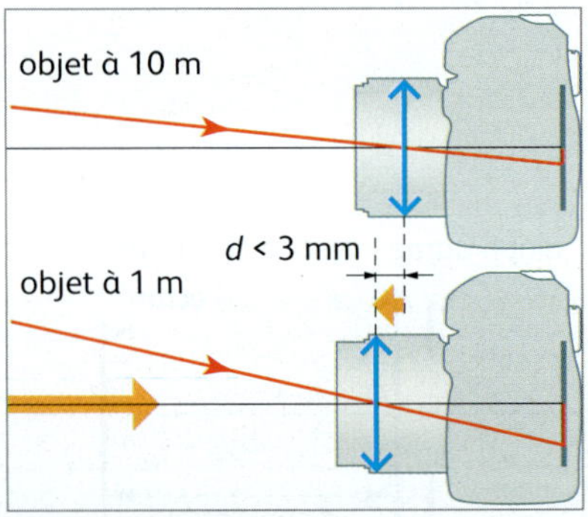

17 *À un grand déplacement de l'objet correspond un petit déplacement de l'objectif.*

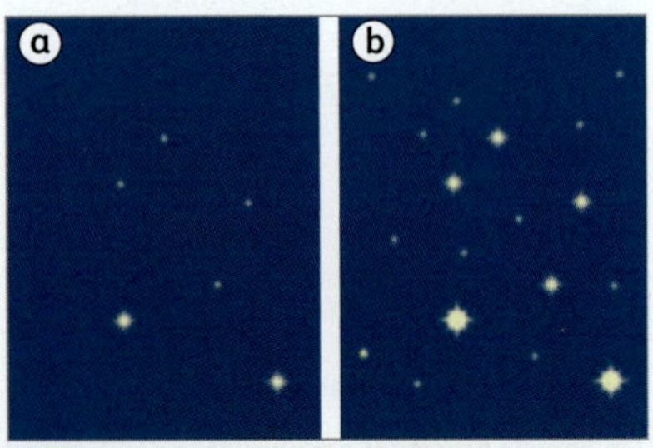

18 *Même région du ciel prise avec une durée d'exposition plus grande en (b) qu'en (a).*

3 Œil et appareil photographique

Comme l'œil, l'appareil photographique est un instrument d'optique imageur : il forme sur un écran (pellicule ou capteur) l'image de l'objet photographié. Comparons le fonctionnement de ces deux instruments.

3.1 Les similitudes

- L'**objectif** de l'appareil photographique joue le même rôle que l'**ensemble des milieux transparents de l'œil**. Cet objectif constitué de plusieurs lentilles peut être modélisé par une lentille mince convergente de distance focale fixe.
- Le **diaphragme** réglable joue le rôle de l'**iris**. Il permet de modifier la luminosité de l'image sans changer sa taille.
- L'**écran**, surface photosensible (pellicule ou capteur CCD) sur laquelle se forme l'image, joue le même rôle que la **rétine**.

Remarque. Ne pas confondre le capteur, souvent très petit, d'un appareil photographique numérique, avec l'écran placé au dos de l'appareil, sur lequel on observe l'image du sujet à photographier.

3.2 Les différences

- La **mise au point** s'effectue en déplaçant les lentilles de l'objectif par rapport à la pellicule ou au capteur. La relation de conjugaison montre que lorsque l'objet photographié est à une distance très supérieure à la distance focale, l'image reste pratiquement dans le plan focal **(figure 17)**.

$$|\overline{OA}| >> |\overline{OF'}| \Rightarrow \frac{1}{|\overline{OA}|} << \frac{1}{|\overline{OF'}|} \Rightarrow \overline{OA'} \approx \overline{OF'}, \text{ car } \frac{1}{\overline{OA'}} = \frac{1}{\overline{OA}} + \frac{1}{\overline{OF'}}.$$

Sur certains téléphones mobiles ou certains appareils photographiques numériques compacts, l'objectif est une **lentille liquide** **(article page 27)**. La mise au point s'effectue alors comme dans l'œil lorsqu'il accommode en modifiant la distance focale.

Remarque.
Les **zooms** qui équipent certains appareils photographiques sont des objectifs dont la distance focale est réglable, mais contrairement à l'œil, ce réglage ne sert pas à faire la mise au point mais à obtenir une image plus grande.

- La **durée d'exposition**, durée pendant laquelle la lumière arrive sur le capteur est réglée par l'obturateur. Une durée d'exposition longue permet de photographier des objets très peu lumineux **(figure 18)**.

L'œil ne fonctionne pas sur le même principe : l'image de l'objet observé est effacée et une nouvelle image se forme tous les dixièmes de seconde environ. Cette durée liée aux réactions photochimiques sur la rétine n'est pas réglable. Par conséquent, l'œil ne peut pas voir les mouvements trop rapides (télévision, cinéma), ni les objets peu lumineux même s'il les observe longtemps.

L'ESSENTIEL

Relation de conjugaison

- L'axe optique est orienté dans le **sens de propagation de la lumière**. Le centre optique coïncide avec l'origine de l'axe.

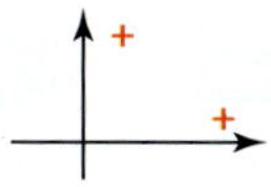

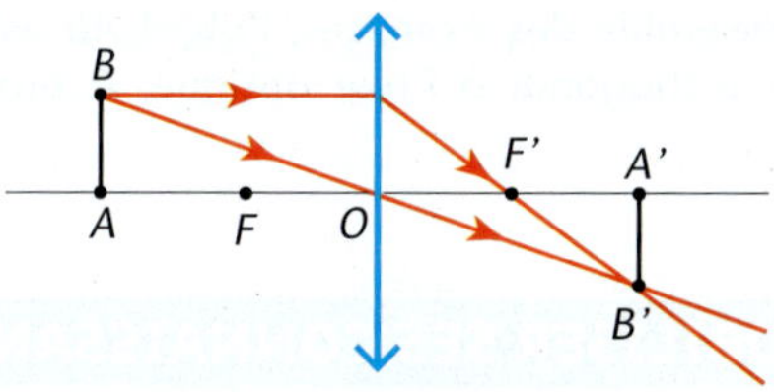

- Les valeurs algébriques des distances lentille-objet et lentille-image vérifient la **relation de conjugaison** :

$$\frac{1}{\overline{OA'}} - \frac{1}{\overline{OA}} = \frac{1}{\overline{OF'}}$$

$\overline{OA}$ est négative lorsque l'objet est placé avant la lentille.

Relation de grandissement

- On appelle **grandissement γ** d'une lentille le rapport :

$$\gamma = \frac{\overline{A'B'}}{\overline{AB}}$$

On démontre que :

$$\frac{\overline{A'B'}}{\overline{AB}} = \frac{\overline{OA'}}{\overline{OA}}$$

- $\gamma > 0$: l'image est droite.

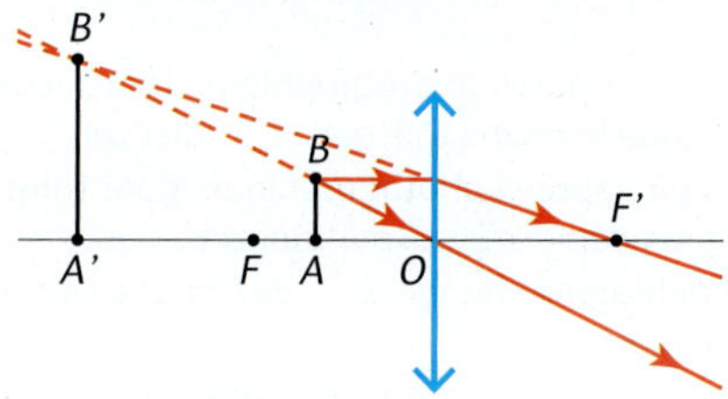

- $\gamma < 0$: l'image est renversée.

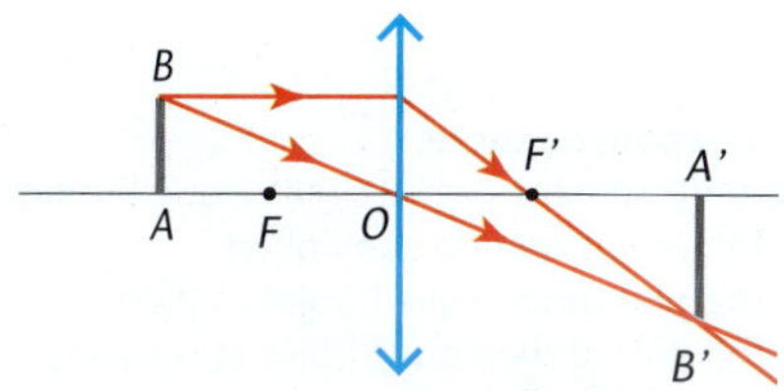

- $|\gamma| > 1$: l'image est plus grande que l'objet ; elle est plus petite dans le cas contraire $|\gamma| < 1$.

Accommodation de l'œil

- Un objet est vu net lorsque l'image se forme sur la rétine.

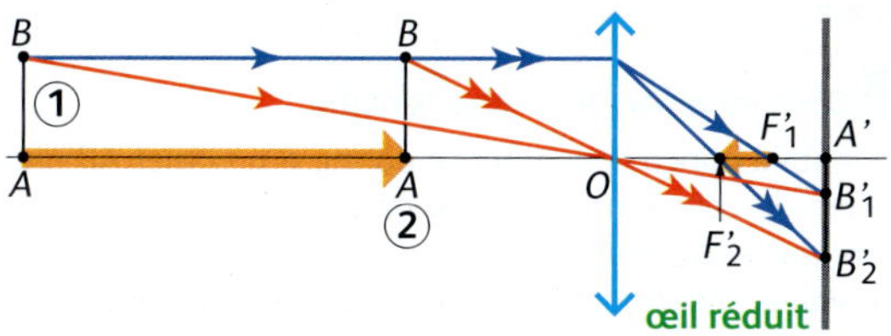

- Pour que l'image reste sur la rétine lorsque l'objet s'approche de l'œil, la distance focale du cristallin doit diminuer. Le cristallin se déforme sous l'action des muscles ciliaires, il est d'autant plus **bombé** que l'objet est proche de l'œil, on dit que **l'œil accommode**.
- Lorsque l'objet est **éloigné**, l'œil est au repos ; **il n'accommode pas**.

Œil et appareil photographique

- **Similitudes**

– L'objectif, muni d'un diaphragme réglable, joue le même rôle que l'iris et l'ensemble des milieux transparents de l'œil.
– La pellicule ou le capteur, surface sensible sur laquelle se forme l'image, joue le même rôle que la rétine.

- **Différences**

– Le plus souvent, la mise au point s'effectue en déplaçant les lentilles de l'objectif par rapport au capteur, et non en modifiant la distance focale.
– Contrairement à l'œil, l'appareil photographique dispose d'une durée d'exposition réglable, ce qui permet de photographier des objets trop peu lumineux pour que l'œil puisse les voir.

5 minutes CHRONO !

MANUEL NUMÉRIQUE — EXERCICES INTERACTIFS

1 Mots manquants

Compléter avec un ou plusieurs mots.

a. On appelle .... le rapport de la valeur algébrique de la taille de .... par celle de ....

b. La relation de .... permet de déterminer la position de .... quand on connaît celle de l'objet et la .... de la lentille.

c. Un objet est vu net par l'œil si .... se forme sur ....

d. Le cristallin se .... pour maintenir l'image sur .... quand l'objet s'approche ou s'éloigne de l'œil. On dit que l'œil ....

e. Dans un appareil photographique, la pellicule (ou le capteur) joue le même rôle que .... de l'œil.

f. Dans un appareil photographique, pour faire la mise au point, on déplace .... par rapport ....

g. Le diaphragme change .... de l'image sans changer sa position ou ....

h. L'axe optique d'une lentille mince est orienté dans le .... de .... de la lumière.

2 QCM

Cocher la réponse exacte.

a. Un grandissement $\gamma = -2$ signifie que l'image est :
- ☐ deux fois moins grande que l'objet
- ☐ deux fois plus grande que l'objet et droite
- ☐ deux fois plus grande que l'objet et renversée

b. Dans la relation de conjugaison, l'objet AB étant placé avant la lentille, la valeur algébrique de OA est :
- ☐ toujours positive ☐ toujours négative
- ☐ positive ou négative suivant le sens (vers le haut ou vers le bas) de l'objet

c. Quand l'œil accommode :
- ☐ la distance focale du cristallin est modifiée
- ☐ la distance cristallin-image diminue
- ☐ l'image se forme en avant de la rétine

d. L'image d'un objet sur la rétine, est :
- ☐ toujours réelle ☐ toujours virtuelle
- ☐ réelle ou virtuelle suivant la position de l'objet

e. Le grandissement est négatif quand :
- ☐ l'image est plus petite que l'objet
- ☐ l'image est renversée
- ☐ l'image est du même côté de la lentille que l'objet

f. Dans un appareil photographique, la durée d'exposition :
- ☐ est le temps nécessaire pour faire la mise au point
- ☐ est le temps pendant lequel l'obturateur reste ouvert
- ☐ dépend de la distance de l'objet

→ Reportez-vous aux solutions détaillées page 393 pour vérifier vos réponses et comprendre vos erreurs.

Parcours personnalisés

Trois parcours d'exercices pour travailler en autonomie selon ses besoins.

- **Maîtriser les bases** – 3 – 4 – 8 – 16
- **Préparer l'évaluation** – 17 – 21 – 23
- **Cap sur la Terminale** – 29 – 30 – 32

Pour l'ensemble des exercices, l'objet *AB* est dans un plan orthogonal à l'axe optique, *A* étant sur l'axe.

MOBILISER SES CONNAISSANCES

▶ Relations des lentilles minces

[§1 du cours]

3 Grandissement

Une lentille mince convergente donne d'un objet AB une image $A'B'$. Le grandissement est égal à –3,0.

a. L'image est-elle droite ou renversée ?

b. L'image est-elle plus grande ou plus petite que l'objet ?

c. L'objet est à 20 cm de la lentille. Quelle est la distance lentille-image ?

4 Points conjugués

Une lentille de distance focale $f' = 4{,}0$ cm donne d'un point objet A, placé sur l'axe optique, un point image A'.

En utilisant la relation de conjugaison, calculer la distance OA' si le point A est placé devant la lentille à 6,0 cm du centre optique.

5 Distance focale d'une lentille

Une lentille mince convergente donne d'un objet AB placé à 12 cm du centre optique une image $A'B'$ réelle placée à 6,0 cm du centre optique.

a. La valeur algébrique de la distance lentille-objet est-elle positive ou négative ?

b. En utilisant la relation de conjugaison, calculer la distance focale de cette lentille.

6 Nature de l'image ?

Une lentille convergente de distance focale $f' = 8{,}0$ cm donne d'un objet AB placé devant la lentille, à 4,0 cm du centre optique, une image $A'B'$.

a. Déterminer par calcul la position de l'image.

b. En déduire la nature de l'image $A'B'$.

c. Calculer le grandissement de la lentille dans cette situation.

Accommodation de l'œil [§2 du cours]

7 Forme du cristallin

Les deux schémas ci-dessous représentent le cristallin :
– quand l'œil est au repos ;
– quand l'œil accommode.

Indiquer le schéma qui correspond à chaque cas en justifiant la réponse.

8 Foyer image du cristallin

Représenter le schéma de l'œil réduit et indiquer sur ce schéma la position du foyer image du cristallin :
– quand l'œil est au repos (objet très éloigné) ;
– quand l'œil accommode.

Œil et appareil photographique

[§3 du cours]

9 Comparaison œil-appareil photographique

Recopier les deux listes ci-dessous puis relier par des flèches les parties de l'œil et de l'appareil photographique qui jouent le même rôle.

Œil	Appareil photo
Rétine •	• Lentille
Ensemble des milieux transparents •	• Diaphragme
Iris •	• Pellicule ou capteur

10 Photographies du ciel

Diaphragme grand ouvert, on photographie deux fois la même région du ciel la nuit avec un appareil photographique numérique. On obtient les deux photographies suivantes.

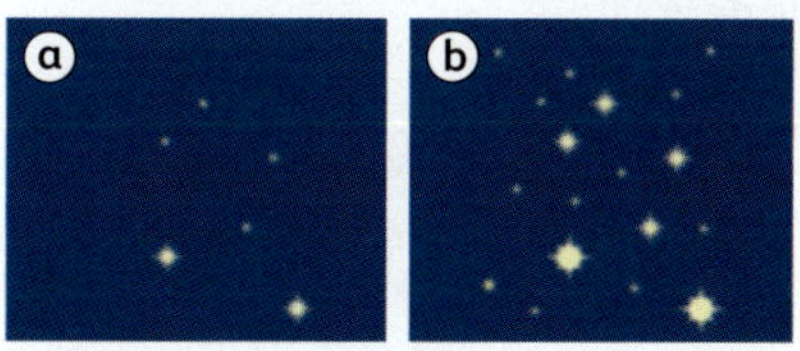

a. Quel est le réglage de l'appareil qui a été modifié entre ces deux photographies ?
b. Peut-on « voir » le ciel avec plus d'étoiles si on observe plus longtemps ?

11 Mise au point

Après avoir effectué la mise au point, un photographe se rend compte qu'il est trop près du sujet à photographier. Il éloigne un peu son appareil puis refait la mise au point.
a. Lors de cette deuxième mise au point, l'objectif s'éloigne-t-il ou se rapproche-t-il de la pellicule ? Justifier.
b. Comment évolue la forme du cristallin des yeux du photographe quand il s'éloigne du sujet à photographier ?

UTILISER SES COMPÉTENCES

12 Convertir en unités S.I.

Quand l'œil est au repos, le cristallin a une distance focale $f' = 17{,}0$ mm.
a. Calculer sa vergence.
b. Quand l'œil accommode, sa vergence augmente d'une unité. Calculer la nouvelle distance focale du cristallin.

13 Réaliser un schéma

Réaliser le schéma de l'œil réduit. Placer devant cet œil, à distance finie, un objet *AB*.
a. Construire l'image *A'B'* de l'objet *AB* vu net par l'œil.
b. Tracer le rayon issu de *B* qui permet de localiser le foyer image du cristallin.

14 Utiliser des valeurs algébriques

Une lentille convergente donne d'un objet *AB* placé 6,0 cm devant elle une image *A'B'* située du même côté que l'objet à 10 cm du centre optique.
a. Que valent les valeurs algébriques des distances lentille-objet et lentille-image ?
b. Calculer la distance focale de la lentille.

15 Modifier une expression littérale

La relation de conjugaison donne $\frac{1}{\overline{OA'}}$ en fonction des inverses de $\overline{OA}$ et $\overline{OF'}$.
Modifier cette relation pour exprimer directement $\overline{OA'}$ en fonction de $\overline{OA}$ et $\overline{OF'}$.

16 Apprendre à rédiger

Voici l'énoncé d'un exercice et un guide (en orange) ; ce guide vous aide pour rédiger la solution détaillée et pour retrouver les réponses numériques aux questions posées.

Énoncé

Un œil presbyte était un œil emmétrope (œil qui a une vue normale) dont le cristallin n'est plus assez souple pour se déformer. Un objet éloigné est toujours vu net mais la vue devient floue pour les objets proches. On corrige ce défaut en plaçant devant l'œil un verre progressif, c'est-à-dire une lentille dont la distance focale n'est pas la même selon que l'on regarde au centre de la lentille ou en bas.

a. Pourquoi un objet éloigné est-il toujours vu net par un œil presbyte ?

► **Rappeler la propriété de l'œil emmétrope observant un objet éloigné et utiliser la première phrase de l'énoncé.**

b. Quand on regarde un paysage, on utilise la partie centrale de la lentille alors qu'on utilise le bas de la lentille pour lire. Comment évolue la vergence de la lentille quand le regard passe du centre au bas ?

► **Pour rédiger la réponse, faire le parallèle entre l'évolution de la vergence du cristallin d'un œil emmétrope et la vergence de la lentille correctrice qui doit corriger la presbytie lorsque le regard passe d'un objet éloigné à un objet proche.**

EXERCICE RÉSOLU

Site élève

17 Défauts de l'œil

Énoncé Un œil hypermétrope est un œil dont l'ensemble des milieux transparents, notamment la cornée et le cristallin, peut être modélisé par une lentille qui n'est pas assez convergente quand l'œil est au repos.

1 Lorsque l'œil est au repos, le foyer image de cette lentille est-il situé sur la rétine, devant la rétine ou derrière la rétine ?

2 Un œil hypermétrope peut-il voir un objet éloigné :

a. sans accommoder ? **b.** en accommodant ?

3 Pour corriger l'hypermétropie, on place devant l'œil au contact de la cornée une lentille convergente. L'œil hypermétrope étudié a une distance focale $f'_h = 18{,}0$ mm alors qu'un œil emmétrope a une distance focale $f'_e = 17{,}0$ mm.

a. Calculer les vergences C_h et C_e de ces deux yeux.

b. En déduire la vergence C de la lentille de contact à utiliser pour corriger l'œil.

Donnée : quand on accole deux lentilles convergentes, l'ensemble se comporte comme une lentille de vergence égale à la somme des vergences des deux lentilles accolées.

4 Un œil myope est un œil trop convergent. Justifier qu'il ne peut pas voir nettement un objet éloigné.

Énoncé
Un œil sans défaut est un œil emmétrope.

Une solution

1 Le foyer image d'un œil emmétrope au repos est sur la rétine. Si l'œil hypermétrope est moins convergent, un faisceau incident parallèle à l'axe optique converge plus loin : le foyer image est derrière la rétine.

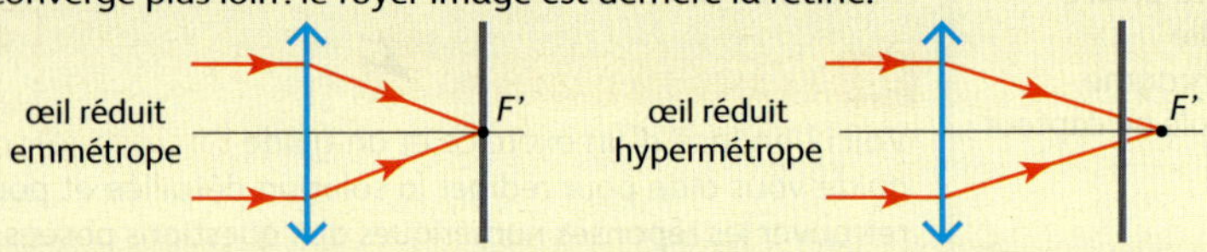

Schématiser
Faire un schéma pour appuyer la réponse, même s'il n'est pas demandé. Un schéma simple peut également justifier une affirmation.

2 **a.** Si l'œil hypermétrope n'accommode pas, l'image d'un objet à l'infini va se former dans le plan focal image derrière la rétine : l'objet est vu flou.

b. Quand l'œil accommode, le cristallin se déforme et la distance focale de la lentille modélisant l'ensemble des milieux transparents diminue. Si l'œil accommode suffisamment, l'image peut se former sur la rétine. L'objet est alors vu net.

3 **a.** La vergence est l'inverse de la distance focale. Ainsi :

$$C_h = \frac{1}{f'_h} = \frac{1}{18{,}0 \times 10^{-3}} = 55{,}5\ \delta \qquad C_e = \frac{1}{f'_e} = \frac{1}{17{,}0 \times 10^{-3}} = 58{,}8\ \delta$$

Connaissances
La relation entre la vergence et la distance focale a été vue au chapitre 1.

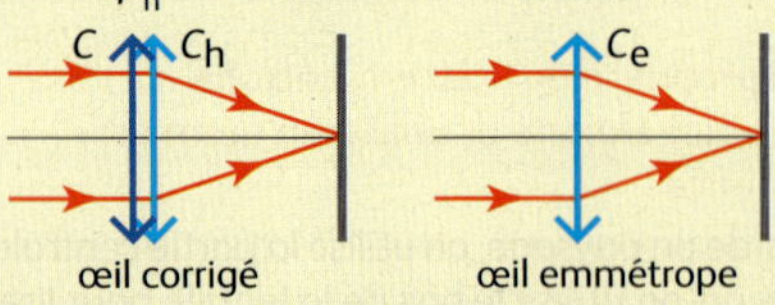

b. La vergence de l'ensemble lentille correctrice-lentille de l'œil réduit hypermétrope doit être égale à la vergence de la lentille de l'œil réduit emmétrope.

Raisonner
Si la lentille de contact corrige le défaut de l'œil, l'œil corrigé n'a plus de défaut. Il est donc emmétrope.

D'après la donnée de l'énoncé, nous pouvons donc écrire : $C + C_h = C_e$.

On en déduit : $C = C_e - C_h = 58{,}8 - 55{,}6 = 3{,}3\ \delta$.

4 L'œil myope au repos étant trop convergent, l'image d'un objet éloigné se forme avant la rétine. Si l'œil accommode, la distance focale du cristallin va diminuer ce qui va éloigner l'image de la rétine. Contrairement à l'œil hypermétrope, l'œil myope ne peut en aucun cas voir net un objet éloigné.

Connaissances
Utiliser la définition de l'œil myope rappelée dans la question et les connaissances du cours pour rédiger la réponse.

18 Position de l'image

On dispose d'une lentille convergente de 6,0 cm de diamètre et de 3,0 cm de distance focale.
Un objet AB de 2,0 cm de hauteur est placé devant la lentille, perpendiculairement à l'axe optique, à 9,0 cm du centre de la lentille. Le point A est situé sur l'axe optique.

a. Sur une feuille de papier quadrillé, représenter l'objet et la lentille puis construire l'image $A'B'$.

b. À quelle distance du centre optique se trouve le point A' ?

c. Retrouver cette distance à l'aide de la relation de conjugaison.

19 Prise de vues

L'objectif d'un appareil photo porte l'inscription $f = 50$ mm.

a. Que signifie cette inscription ?

b. Quelle distance sépare la pellicule de l'objectif, modélisé par une lentille mince convergente, lorsqu'on photographie un paysage ?

c. On souhaite maintenant photographier un visage placé à 1,0 m de l'objectif.
Faut-il approcher ou éloigner l'objectif de la pellicule pour faire la mise au point ?

d. De quelle distance s'est déplacé l'objectif lorsque la mise au point est réalisée ?

20 Détermination expérimentale de la vergence

Au cours d'une séance de travaux pratiques, les élèves d'une classe de 1re S étudient la formation des images données par une lentille mince convergente. Ils tracent pour cela le graphe donnant $y = \dfrac{1}{\overline{OA'}}$ en fonction de $x = \dfrac{1}{\overline{OA}}$.

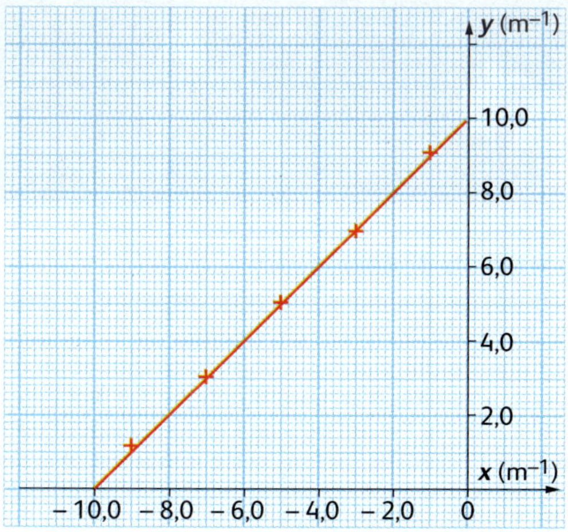

a. Quelle est la nature du graphe obtenu ?

b. En utilisant la relation de conjugaison, donner l'expression de la fonction $y = f(x)$. Est-elle compatible avec le graphe obtenu ?

c. En déduire la vergence puis la distance focale de la lentille utilisée.

d. Déterminer graphiquement la position de l'image quand l'objet est placé 20 cm devant la lentille.

21 Accommodation de l'œil

Le schéma ci-dessous représente le modèle de l'œil réduit.

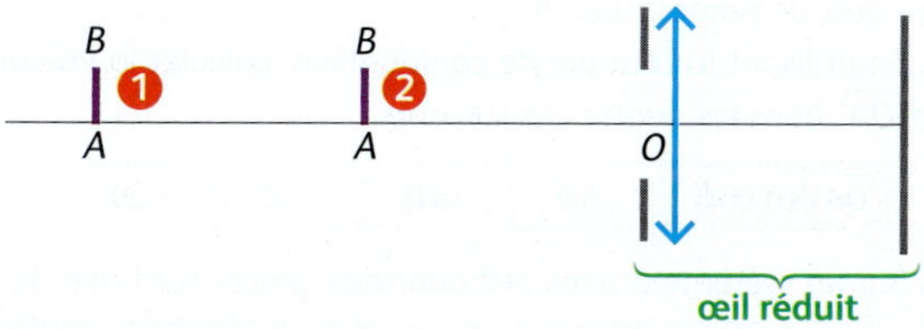

a. Où se forme l'image d'un objet lorsque cet objet est vu net par l'œil ?

b. En utilisant le rayon de lumière passant par le centre optique de la lentille, construire sur le même schéma les images $A'B'_1$ de l'objet AB en position ❶ et $A'B'_2$ de l'objet AB en position ❷.

c. En utilisant un autre rayon, déterminer la position du foyer image de la lentille pour les deux positions de l'objet.

d. Comment évolue la distance focale de la lentille quand l'objet AB s'approche de l'œil ?

e. Dans un œil réel, cette évolution provient de la déformation du cristallin.
Expliquer comment est modifiée la forme du cristallin quand un objet s'approche de l'œil ?

22 Zoom d'un appareil photographique

Un appareil photo reflex possède un zoom « 35-80 mm ».

a. Que signifient ces valeurs ?

b. Le changement de distance focale lors de l'effet zoom est-il utilisé pour faire la mise au point ?

23 Photographie de la tour Eiffel

Lors d'un voyage à Paris, un touriste souhaite photographier la tour Eiffel avec un appareil dont l'objectif a une distance focale $f' = 50{,}0$ mm.
Il se place de telle sorte que l'image de la tour occupe pratiquement toute la hauteur de la pellicule lorsqu'il tient son appareil verticalement.
Dans ces conditions, l'image mesure 31,5 mm de hauteur.

a. L'image obtenue sur la pellicule est-elle réelle ou virtuelle ? Justifier.

b. Dans ces conditions, le grandissement est-il positif ou négatif ?
Calculer sa valeur absolue sachant que la tour Eiffel mesure 315 m.

c. On fait l'hypothèse que la tour Eiffel est suffisamment éloignée de l'appareil pour qu'on puisse la considérer à l'infini. Que vaut alors la distance objectif-pellicule ?

d. Déduire des réponses aux questions **b.** et **c.** la distance tour-appareil et vérifier que l'hypothèse faite est légitime.

24 Une autre façon de trouver la position de l'image

Une lentille convergente de centre optique O et de distance focale $f' = 4{,}0$ cm donne d'un point objet A placé sur l'axe optique, un point image A'.

a. En utilisant la formule de conjugaison, calculer la valeur de $\overline{OA'}$ dans les quatre cas suivants.

$\overline{OA}$ (en cm)	–6,0	–8,0	–12	–20

b. Sur un système d'axes orthonormés, placer sur l'axe des abscisses 4 points notées a_1, a_2, a_3 et a_4 d'abscisses égales aux 4 valeurs algébriques $\overline{OA}$; placer sur l'axe des ordonnées 4 points a'_1, a'_2, a'_3 et a'_4 d'ordonnées égales aux 4 valeurs algébriques $\overline{OA'}$ trouvées précédemment, puis tracer les segments $a_1a'_1$, $a_2a'_2$, $a_3a'_3$ et $a_4a'_4$.

c. Quelle est la propriété commune de tous ces segments?

d. Comparer l'abscisse et l'ordonnée du point de concours aux valeurs algébriques $\overline{OF}$ et $\overline{OF'}$.

e. En faisant apparaître clairement sur le graphe la méthode utilisée, déterminer la position de l'image A' pour $\overline{OA} = -3{,}0$ cm.

f. Même question pour $\overline{OA} = -4{,}0$ cm.

g. Comment déterminer avec cette méthode la distance focale de la lentille quand on connaît un seul couple (aa') ?

25 Utilisation d'une loupe

Une lentille convergente est utilisée en loupe pour observer un objet AB plan, de 5,0 mm de hauteur. Cet objet est placé perpendiculairement à l'axe optique de la loupe de telle sorte que le point A coïncide avec le foyer objet F.

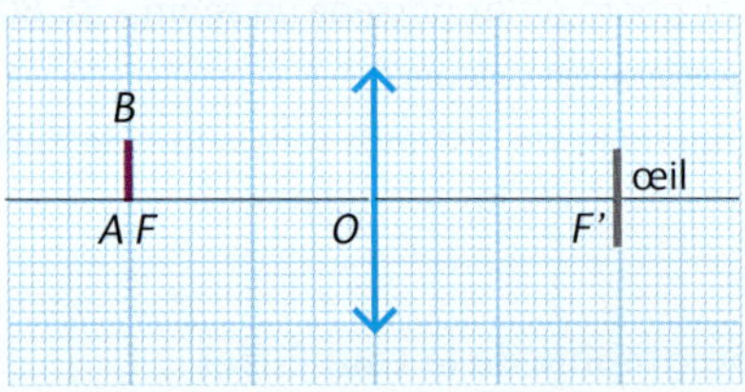

a. Où se trouve l'image $A'B'$ dans ces conditions ?
Vérifier cette position à l'aide de la relation de conjugaison.

b. Construire l'image après avoir reproduit le schéma ci-dessus sur une feuille de papier millimétré.

c. La pupille de l'œil est représentée par un trait vertical de 8 mm de hauteur placé dans le plan focal image de la lentille. Construire les deux rayons qui délimitent le faisceau issu de B pénétrant dans l'œil.

d. L'œil se fatigue-t-il lorsqu'il observe l'objet dans ces conditions ?

26 Photocopieur

Un photocopieur permet de reproduire un document en formant son image sur un tambour photosensible. On assimilera l'objectif du photocopieur à une lentille mince convergente et le tambour photosensible à un écran plan, orthogonal à l'axe optique de la lentille.

On veut reproduire un document en vraie grandeur (image de même taille que l'objet)

a. L'image obtenue est-elle réelle ou virtuelle, droite ou renversée ?

b. Sur un schéma, sans souci d'échelle, représenter l'objet AB et son image $A'B'$.

c. En traçant un rayon de lumière particulier, montrer que le centre optique de la lentille est au milieu du segment AA'.

d. Retrouver cette position à partir de la formule du grandissement.

27 Distance minimale de prise de vue

L'objectif d'un appareil photo, modélisé par une lentille mince convergente, a une distance focale $f' = 50$ mm. Cette lentille peut se déplacer suivant son axe optique pour effectuer la mise au point. Le déplacement maximal est égal à 5,0 mm.

a. À quelle distance du centre optique de la lentille se trouve la pellicule quand on photographie un paysage éloigné ?

b. Quelle est la distance maximale entre le centre optique de la lentille et la pellicule ?

c. Quelle est, dans cette situation, la distance qui sépare l'objet à photographier de la lentille ?

d. Peut-on, avec cet appareil, photographier en gros plan une fleur en plaçant l'objectif à 40 cm de celle-ci ? Justifier.

28 Méthode de Silbermann

La méthode de Silbermann permet de déterminer la distance focale d'une lentille mince convergente.

On commence par placer un objet lumineux et un écran aux deux extrémités d'un banc d'optique. On place ensuite la lentille près de l'écran puis on l'éloigne jusqu'à obtenir l'image de l'objet sur l'écran : cette image est plus petite que l'objet. On éloigne un peu la lentille de l'écran puis on déplace l'écran pour retrouver l'image dont la taille a légèrement augmenté. On continue ainsi jusqu'à ce que l'image sur l'écran ait la même taille que l'objet.

a. Après avoir indiqué la nature et le sens de l'image, représenter sur un schéma l'objet et son image.

b. Déterminer la position du centre optique et des foyers de la lentille.

c. Vérifier en utilisant la relation de conjugaison que la distance focale de la lentille est alors égale au quart de la distance objet-écran.

29 Apprendre à chercher

La résolution de cet exercice nécessite de trouver les étapes du raisonnement. En cas de difficultés, rendez-vous page 404.

L'objectif d'un appareil photographique peut être modélisé par une lentille mince convergente de distance focale $f' = 50$ mm. Lors de la mise au point, l'objectif peut se déplacer de 5,0 mm parallèlement à son axe optique.

Pour photographier un objet de très près, on peut utiliser une bague allonge de 50 mm qu'on introduit entre l'objectif et le capteur.

→ *Quelles sont les positions extrêmes de l'objet pour lesquelles la mise au point est possible ?*

30 ✶ Positions de la lentille ?

Une lentille convergente donne d'un objet *AB* une image *A'B'* renversée et deux fois plus grande que l'objet.

a. Quelle est la valeur du grandissement ?

b. L'objet *AB* est placé à 12 cm de la lentille. En déduire la position de l'image puis la distance objet-image.

c. En appliquant la formule de conjugaison, calculer la distance focale f' de la lentille.

d. On place maintenant l'objet à 24 cm devant la lentille. En déduire la position de l'image puis la distance objet-image. Comparer à la distance précédente.

e. Calculer le nouveau grandissement.

31 ✶ Poussière sur l'objectif

Une lentille convergente de 4,0 cm de diamètre, placée sur un banc d'optique, forme sur un écran l'image d'un F lumineux (F découpé dans un carton, recouvert de papier-calque et éclairé par une lanterne). L'image est renversée et trois fois plus grande que l'objet.

a. Sans changer la position du F ni celle de l'écran, on retire la lentille. Que voit-on sur l'écran ?

b. On replace la lentille après avoir collé dessus, suivant le diamètre horizontal, une bande d'adhésif opaque de 1 cm de hauteur (schéma ci-contre). Que voit-on sur l'écran ?

c. Une poussière sur l'objectif de l'appareil est-elle visible sur la photographie ?

32 ✶✶ Mesure de la distance focale

On dispose d'une lentille convergente de 8 cm de diamètre et de distance focale inconnue.

On cherche à déterminer cette distance focale.

a. Décrire une méthode simple, n'utilisant qu'une règle graduée, permettant d'obtenir une valeur approchée de la distance focale.

b. On se propose de faire une mesure plus précise de la distance focale.

Sur un banc d'optique, on place :

– un objet *AB* de 1,0 cm de hauteur en face de la graduation 0. Le point *A* est sur l'axe optique de la lentille ;

– un écran en face de la graduation 100 cm.

On place ensuite la lentille sur le banc entre l'objet *AB* et l'écran.

Pour une position particulière de la lentille, on observe sur l'écran une image nette, renversée de 3,0 cm de hauteur.

Sur un schéma à l'échelle 1/5 horizontalement et 1/1 verticalement, représenter l'objet *AB* et l'image *A'B'*.

c. Montrer, à l'aide d'une construction géométrique réalisée sur le schéma précédent, que les données permettent de déterminer la position du centre optique et des foyers de la lentille. Justifier le tracé utilisé.

Déduire par lecture sur le schéma la distance focale de la lentille et la valeur de $\overline{OA'}$.

d. À l'aide de la relation de grandissement et de la relation de Chasles $\overline{OA'} = \overline{OA} + \overline{AA'}$, retrouver la valeur de $\overline{OA'}$.

e. En utilisant la relation de conjugaison, retrouver par le calcul la distance focale de la lentille.

33 ✶✶ Appareil photographique jetable

L'objectif d'un appareil photographique jetable est une lentille mince convergente en plastique transparent de distance focale $f' = 25{,}0$ mm. La mise au point est fixe et garantit une image nette pour un objet situé à une distance de l'objectif variant de l'infini à un mètre (en photographie, une image peut être vue nette par l'œil même si elle ne se forme pas exactement sur la pellicule).

a. Calculer la distance qui sépare le plan de l'image du centre optique de la lentille quand l'objet est à 1,00 m de l'objectif.

b. La mise au point fixe est en réalité réalisée sur un objet placé à 2,00 m de l'objectif.

Quelle est la distance fixe qui sépare l'objectif de la pellicule ?

c. De quelle distance se déplace l'image par rapport à cette position quand l'objet passe de l'infini à un mètre ?

d. Pourquoi n'a-t-on pas fait la mise au point fixe sur un objet à l'infini ?

34 ✶✶ Relation de conjugaison

La relation de conjugaison est établie à partir des propriétés du modèle des lentilles minces. Retrouvons cette relation.

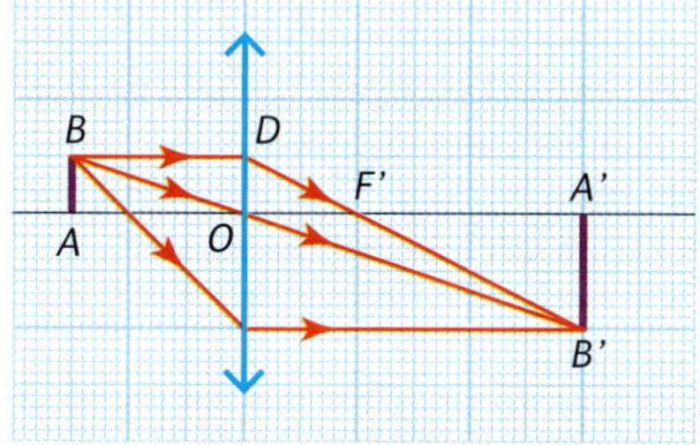

a. En utilisant le théorème de Thalès, montrer que les rapports $\frac{\overline{OA'}}{\overline{OA}}$ et $\frac{\overline{F'A'}}{\overline{F'O}}$ sont égaux.

b. En appliquant la relation de Chasles à $\overline{F'A'}$, retrouver la relation de conjugaison.

Culture scientifique et citoyenne

Histoire des Sciences — Les lentilles de Fresnel

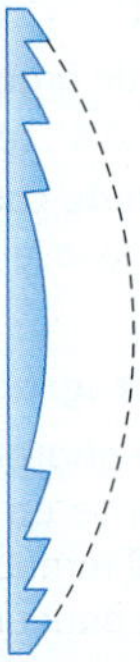

Les lentilles à échelons des phares maritimes sont formées d'anneaux concentriques. La figure de droite représente une vue de profil d'une lentille à échelons.

Pour obtenir des lentilles de très grand diamètre et de courte distance focale qui ne soient pas trop épaisses et lourdes pour le mécanisme des **phares de signalisation marine,** le physicien français **Augustin Fresnel** inventa au début du XIXe siècle les **lentilles à échelons.**

- Ces lentilles formées d'**anneaux concentriques** de même épaisseur n'ont pas une surface lisse, ce qui nuit à la qualité des images. Elles étaient donc utilisées uniquement pour concentrer **les faisceaux de lumière** émis par les phares.
- Aujourd'hui, les phares tendent à disparaître de nos côtes mais les lentilles de Fresnel ont trouvé de nombreuses autres applications. Si elles sont toujours utilisées pour concentrer les faisceaux de lumière dans les **projecteurs** sur les plateaux de cinéma ou les **rétroprojecteurs** de nos salles de classes, elles sont maintenant utilisées pour former des images lorsque l'encombrement prime sur la qualité. On trouve ainsi des lentilles de Fresnel **divergentes,** taillées dans du plastique très fin, sur les vitres arrières des autobus afin d'augmenter le champ de vision du conducteur.

Sur le Web www.bibnum.education.fr/files/FRESNEL_MEMOIRE_NOUVEAU_SYSTEME_ECLAIRAGE_DES_PHARES_GUIGUENO.pdf

Faire une recherche

Comme la plupart des invertébrés, l'abeille possède de grands yeux immobiles qui n'accommodent pas, presque aussi gros que sa tête, et composés de plusieurs milliers de **facettes** qui sont autant de « minuscules lentilles convergentes ».

?? **Comment fonctionne un œil composé et que voit une abeille ?**
Ses yeux forment-ils une image comme le fait le cristallin sur la rétine ?
Quel est le rôle de chacune des facettes ?
L'abeille voit-elle en couleur les fleurs qu'elle butine ?

Que voit l'abeille lorsqu'elle butine une fleur ?

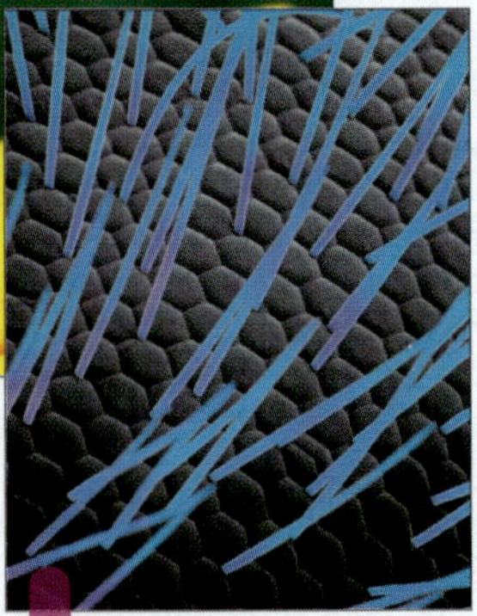

Facettes de l'œil d'une abeille (× 500).

Sur le Web www.beekeeping.com/abeille-de-france/articles/visions_abeilles.htm

Séance photo pour la promotion d'un restaurant-hôtel côtier.

Un métier : photographe

BAC +2 à BAC +5

Photographe de reportage, photographe sportif ou photographe de mode entouré de mannequins,... il y a presque **autant de métiers que de photographes !** Il faut donc bien savoir ce que l'on souhaite photographier avant de se lancer dans le métier.

- C'est certainement le **travail en laboratoire** (développement de pellicules, retouche de photographies numériques...) qui offre le plus de débouchés. Cela n'empêche pas la **prise de vue** (portrait, mariage...) et le **contact avec le public.**

- Mais la photographie est aussi un **art.** Si les techniques du métier peuvent s'apprendre dans une école, se faire un nom dans la photographie demande des qualités artistiques et beaucoup de travail. N'est pas Robert Doisneau qui veut ! Devenir **assistant d'un photographe** est aussi un moyen de démarrer et de progresser dans le milieu de la photographie.

Sur le Web www.photo-facile.images-en-france.fr/devenir-photographe-metiers-photographie.html
www.cidj.com/metier.aspx?docid=271&catid=1
www.phosphore.com/metier/297/nom/Photographe

Sciences & Société

Les verres progressifs

Si un jeune enfant peut facilement lire un texte placé à moins de 10 cm de ses yeux, la **distance minimale de vision distincte** augmente rapidement avec l'âge car le cristallin devient de moins en moins souple. Pour aider le cristallin à jouer son rôle sans fatigue excessive, on place devant l'œil un **verre progressif.**

- Inventé par Bernard Maitenaz en 1959, **le verre progressif est une lentille convergente** dont la distance focale diminue progressivement quand le regard passe du centre de la lentille (vision éloignée) vers le bas (lecture ou vision proche).

- En cinquante ans d'existence, le verre progressif n'a cessé d'évoluer dans le souci d'améliorer le confort des porteurs de lunettes et de diminuer la durée d'adaptation. Ces verres sont aussi adaptés aux yeux myopes ou hypermétropes.

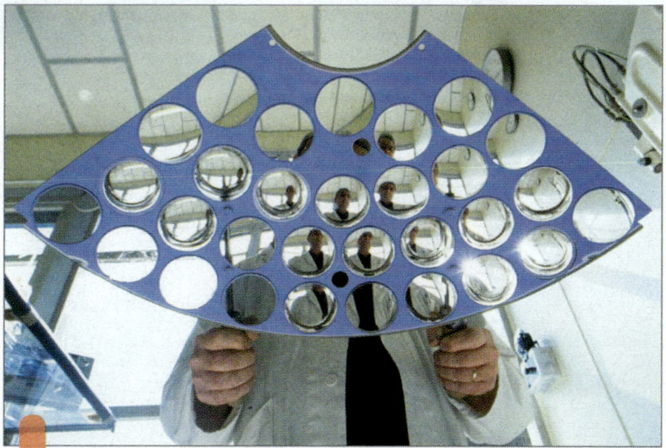

Fabrication et contrôle des verres progressifs.

Sur le Web www.varilux.fr/fabrication-verres-progressifs.html

Chapitre 3

Couleur des objets

Les objectifs

- Interpréter la couleur d'un objet à partir de celle de la lumière incidente et des propriétés de l'objet.
- Utiliser les notions de couleur blanche et de couleurs complémentaires.
- Savoir utiliser les synthèses additive et soustractive.
- Recueillir et exploiter des informations sur le principe de restitution des couleurs par un écran plat.

Échanger des idées

Ce papillon appelé « *Paon du jour* » a de très belles couleurs.

? ▶ IDÉE FAUSSE ?

Ces couleurs lui appartiennent-elles vraiment ?

La vie océanique sur l'un des plus grands écrans géants du monde à Pékin.

▶ DÉBAT EN GROUPE

Comment un écran restitue-t-il les couleurs ?

▶ ÉMETTRE DES HYPOTHÈSES

Quel point commun ont ce dispositif et un écran plat ?

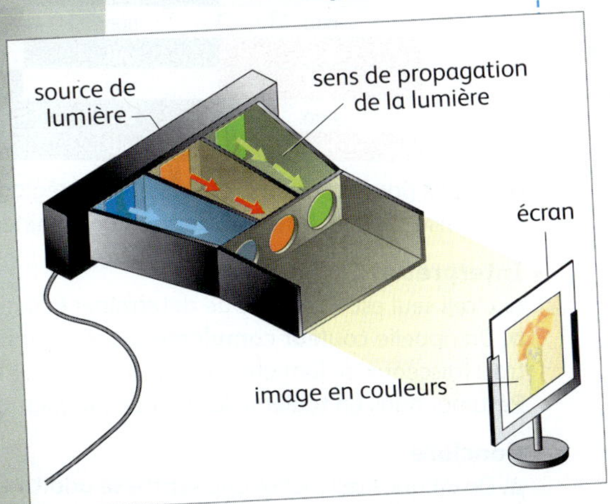

Découvrir et réfléchir

ACTIVITÉ EXPÉRIMENTALE

MANUEL NUMÉRIQUE

1 Synthèse additive des couleurs

▶ **Étudions comment l'œil perçoit la couleur des faisceaux de lumière qu'il reçoit.**

1 *ⓐ Boîtier expérimental sur la synthèse additive contenant une diode RVB.*
ⓑ Diode coiffée de son capuchon diffuseur.

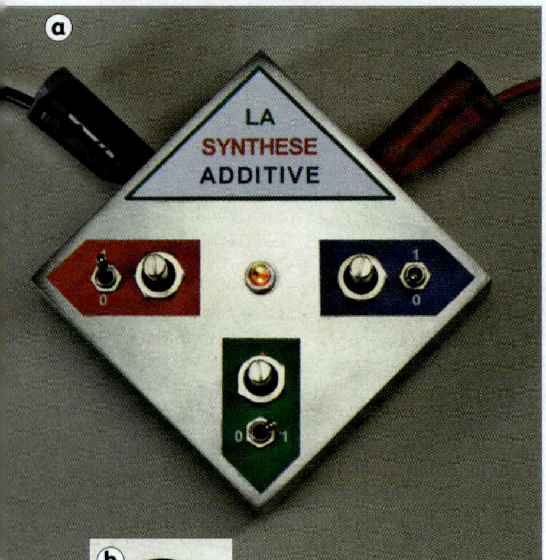

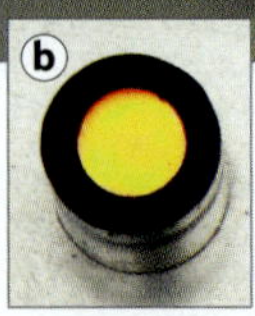

DISPOSITIF ■ La diode (ou DEL) RVB est située au centre du boîtier **(document 1)**. La luminosité de ces trois couleurs peut être réglée individuellement à l'aide des trois potentiomètres. Trois interrupteurs permettent également d'allumer ou d'éteindre chaque composante.
■ Le boîtier est relié à la sortie 12 V, courant continu, d'un générateur en respectant la polarité.
■ Les trois interrupteurs sont initialement fermés et les boutons des potentiomètres sont réglés de telle sorte que les trois points lumineux de la DEL donnent la même intensité lumineuse (il ne doit pas y avoir une composante plus brillante que les autres).
■ Le réglage précédent réalisé, la diode est coiffée de son capuchon diffuseur.

Expérience

- Ouvrir un interrupteur au choix. Noter la couleur diffusée puis fermer à nouveau l'interrupteur. Faire la même expérience avec les deux autres interrupteurs.
- Renouveler l'expérience en ne laissant fermé qu'un seul interrupteur à la fois.
- Fermer tous les interrupteurs et modifier les réglages des potentiomètres.

Vocabulaire

RVB : Sigle pour rouge, vert et bleu.

1 Observer

a. Recopier puis compléter le tableau suivant en indiquant dans la dernière colonne la couleur de la lumière diffusée.

DEL rouge allumée	DEL verte allumée	DEL bleue allumée	Couleur diffusée
oui	non	non	
non	oui	non	
non	non	oui	
oui	oui	non	
oui	non	oui	
non	oui	oui	
oui	oui	oui	

b. Que se passe-t-il quand on modifie les réglages des potentiomètres ?
c. En observant le diffuseur, peut-on déterminer la nature de la source placée derrière ?

2 Interpréter

a. L'œil seul est-il capable de déterminer la composition de la lumière qu'il reçoit ?
b. On appelle **couleur complémentaire** la couleur qui apparaît lorsqu'on supprime l'un des trois faisceaux de lumière colorée utilisés pour faire de la lumière blanche.
Résumer dans un tableau, la couleur complémentaire du rouge, du vert et du bleu.

3 Conclure

a. On dit que l'œil réalise une **synthèse additive** des lumières reçues. Justifier cette expression.
b. La vision des couleurs par l'œil est **trichromatique**. Justifier cette expression.

MANUEL NUMÉRIQUE

ACTIVITÉ EXPÉRIMENTALE

2 Synthèse soustractive des couleurs

▶ Observons comment se comportent les objets opaques et les filtres lorsqu'ils sont éclairés.

DISPOSITIF ■ Éclairer fortement la paillasse avec une lumière blanche (lampe de bureau).
■ Utiliser un spectroscope à main (réseau 530 traits) pour observer le spectre de la lumière diffusée par des feuilles Canson de couleurs (rouge, verte, bleue, cyan, magenta et jaune) ou transmise par des filtres de mêmes couleurs.

Expérience 1

- Observer la partie la plus lumineuse de la paillasse à travers le spectroscope.
- Glisser une feuille de couleur sur la partie la plus lumineuse de la paillasse de telle sorte que le spectre de la lumière diffusée par la feuille remplace celui de la lumière blanche diffusée par la paillasse. Faire cette expérience avec les autres feuilles.
- Placer successivement les filtres de couleurs à l'extrémité du spectroscope et observer la paillasse diffusant une lumière blanche.

Matériel utilisé. Le spectroscope permet d'observer le spectre de la lumière diffusée par les feuilles de couleurs. ▶ 2

1 Observer
Indiquer, sous forme de tableau, les couleurs manquantes dans les spectres observés (feuilles de Canson et filtres) par rapport au spectre de la lumière blanche diffusée par la paillasse.

2 Interpréter
Les filtres et les objets opaques de même couleur absorbent-ils les mêmes lumières colorées ?

Expérience 2

- Placer un filtre coloré devant la source de lumière blanche.
- Déposer une feuille de Canson sur la paillasse dans le faisceau de lumière colorée.
- En jouant sur les filtres, éclairer cette feuille avec différentes lumières colorées.
- Recommencer cette expérience avec les autres feuilles.

3 Observer
a. Recopier et compléter le tableau suivant en notant les couleurs observées dans chacun des cas.

Lumière / Feuille	Rouge	Verte	Bleue	Cyan	Magenta	Jaune
Rouge						
Verte						
etc…						

4 Interpréter et conclure
a. Interpréter les couleurs observées avec les résultats de l'expérience précédente.
b. De quels facteurs dépend la couleur d'un objet ?
c. Les filtres et les objets opaques éclairés réalisent une **synthèse soustractive**. Justifier cette expression.

ACTIVITÉ EXPÉRIMENTALE

MANUEL NUMÉRIQUE

3 Restitution des couleurs par un écran plat

▶ De la télévision au mobile, de la console de jeux à la calculatrice, les écrans plats envahissent notre vie quotidienne. Comment les couleurs sont-elles restituées par un écran plat ?

DISPOSITIF Reprendre le dispositif utilisé dans l'**activité 1**.

Expérience 1

- Allumer les composantes rouge et verte de la diode (ou DEL) RVB et leur donner la même intensité lumineuse.
- Ne pas mettre le capuchon diffuseur. S'éloigner progressivement de la diode jusqu'à ce que l'œil ne distingue plus les deux points lumineux **(document 3)**.

3 *De près, les deux points lumineux sont visibles.*

Coup de pouce

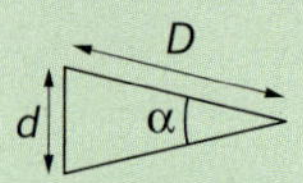

Si $\alpha < 0{,}1$ rad alors : $d = \alpha D$ (α en radian).

1 Observer

a. À quelle distance de la DEL ne voit-on plus qu'un point lumineux ?

b. Quelle est la couleur observée dans ce cas ?

2 Interpréter

a. Interpréter la couleur observée.

b. Deux points sont séparés par l'œil si l'angle sous lequel ils sont vus est supérieur à 3×10^{-4} rad. En déduire la distance qui sépare les deux composantes de la DEL.

4 ▼ *Le microscope permet de voir distinctement les trois luminophores d'un pixel.*

DISPOSITIF Une fente (ou un fil) de largeur connue permet d'étalonner l'oculaire micrométrique d'un microscope.

Expérience 2

- Allumer le téléphone mobile et le placer sur la platine du microscope.
- Choisir l'objectif de plus petit grandissement.
- Faire la mise au point en faisant attention à ne pas endommager l'écran avec l'objectif du microscope. Déplacer le mobile pour observer plusieurs parties de l'écran de couleurs différentes.
- Pour observer l'image sur l'écran d'un ordinateur et l'imprimer, on peut aussi utiliser une webcam placée contre l'écran.

3 Observer et exploiter

a. De quoi est constituée l'image ?

b. À l'aide du micromètre et de l'objet de référence de taille connue (fente, fil), calculer la taille d'un pixel.

c. Vérifier qu'en se plaçant à 30 cm de l'écran du mobile, deux pixels consécutifs ne sont pas vus séparés.

4 Conclure

a. Quelle est la synthèse utilisée pour restituer les couleurs sur un écran plat ?

b. Cette synthèse est-elle possible quelle que soit la distance entre l'œil et l'écran ?

c. Pour une même taille, les écrans HD ont un plus grand nombre de pixels que les écrans de qualité standard. Pour regarder la télévision dans les meilleures conditions, il faut se placer à une distance égale à 7 fois la diagonale de l'écran dans le cas d'un écran standard, et à 4 fois la diagonale dans le cas d'un écran HD. Justifier cette différence.

Vocabulaire

Pixel : ensemble de trois luminophores rouge, vert et bleu.

HD : haute définition.

Activité à la maison

ACTIVITÉ EXPÉRIMENTALE

MANUEL NUMÉRIQUE

4 Faire des photographies en 3D

▶ Certains téléviseurs permettent de voir des films en relief en utilisant une paire de lunettes 3D. Comment peut-on voir en 3D sur un écran plat ?

DISPOSITIF Un livre ou un gros catalogue est placé au milieu d'une table. Placer une pièce de monnaie sur la tranche devant le livre, à une vingtaine de centimètres du dos.

Expérience 1

- Caler le menton à l'extrémité de la table. Fermer l'œil droit et observer la pièce et le dos du livre avec l'œil gauche. Sans bouger la tête, fermer l'œil gauche et observer avec l'œil droit.
- Recommencer en plaçant la pièce en contact avec le dos du livre.

1 Observer

Les deux yeux voient-ils la même image :
– quand les objets observés ne sont pas dans le même plan (objets en relief) ?
– quand les objets observés sont dans le même plan ?

2 Interpréter

Peut-on, avec une seule photo sur papier ou sur un écran plat, obtenir une image en relief ? Sinon, que faut-il faire ?

DISPOSITIF Un appareil photographique numérique monté sur pied, un ordinateur muni d'un logiciel de traitement d'image (*Z'glyph* par exemple) et une paire de lunettes 3D.

Expérience 2

- Repérer avec l'appareil photographique un sujet présentant un bon relief.
- Prendre une première photographie, déplacer l'appareil vers la droite de 7 cm environ, puis prendre une deuxième photographie en recentrant sur l'écran le même sujet.
- Télécharger les deux photographies sur l'ordinateur puis utiliser le logiciel *Z'glyph* en suivant les indications qui apparaissent à l'écran.

TICE

Le logiciel *Z'glyph* est téléchargeable gratuitement sur le net (sur telecharger.com par exemple).

3 Observer et interpréter

Le logiciel ne garde que la composante rouge de la photo de gauche et les composantes vertes et bleues de la photo de droite, puis ajoute les lumières diffusées par les deux photos (synthèse additive) **(document 5)**.

Pour observer le résultat du traitement, on utilise des lunettes 3D qui possèdent un filtre rouge pour l'œil gauche et un filtre cyan pour l'œil droit.

a. Justifier qu'ainsi, chaque œil ne voit que la photographie qui lui est destinée.

b. Pourquoi malgré les filtres, voit-on la photo 3D en couleur ?

4 Conclure

a. Il existe plusieurs procédés de restitution des images en 3D. Quel est le principe commun à tous ces procédés ?

b. Certaines lunettes, possèdent par exemple un filtre vert devant l'œil gauche. De quelle couleur est le filtre placé devant l'œil droit ?

5 *Avec des lunettes de vision en 3D, cette photographie apparaît en relief.*

6 *Dispersion de la lumière blanche par un prisme.*

1 La couleur des objets

La perception des couleurs est un privilège réservé à l'Homme et à certains êtres vivants. Pour bien comprendre ce phénomène, observons le comportement des objets et de l'œil lorsqu'ils reçoivent de la lumière.

1.1 Perception des couleurs

A Dispersion de la lumière par un prisme

La dispersion de la lumière, étudiée en classe de seconde, montre que la lumière blanche contient une infinité de radiations différentes. Mais l'œil ne distingue des couleurs dans une lumière blanche que si les radiations sont séparées **(document 6)**.

B Synthèse additive

- Au XIXe siècle, le physicien anglais Thomas Young montre qu'il n'est pas nécessaire d'ajouter toutes les lumières colorées du spectre pour former de la lumière blanche.

> Éclairé avec trois faisceaux de lumières colorées rouge, verte et bleue, l'écran semble diffuser de la lumière blanche (triangle central de la **figure 7**). Le cerveau réalise la **synthèse additive** des lumières reçues par l'œil : la couleur observée est obtenue en ajoutant les lumières colorées.

7 *Synthèse additive des lumières colorées. Le jaune et le bleu, opposés sur le schéma, sont complémentaires.*

- La suppression de l'un de ces trois faisceaux colorés fait apparaître une nouvelle couleur, appelée **couleur complémentaire** de la couleur manquante **(figure 7)** :

– le jaune est la couleur complémentaire du **bleu** (l'écran semble diffuser de la lumière jaune à l'endroit où seules les lumières rouge et verte arrivent) ;

– le **cyan** (bleu-vert) est la couleur complémentaire du **rouge** ;

– le **magenta** (rouge-violet) est la couleur complémentaire du **vert**.

- Les couleurs précédentes sont obtenues avec des faisceaux de **même intensité lumineuse**. En modifiant les intensités, on peut obtenir la plupart des couleurs.
- L'addition d'un faisceau de lumière colorée avec un faisceau de lumière de sa couleur complémentaire redonne de la lumière blanche.

1.2 Couleurs d'un objet

A Absorption, transmission, diffusion

Les objets qui nous entourent sont visibles car ils nous envoient de la lumière ; cette lumière provient généralement d'une source extérieure (soleil, lampe…) **(figure 8)**.

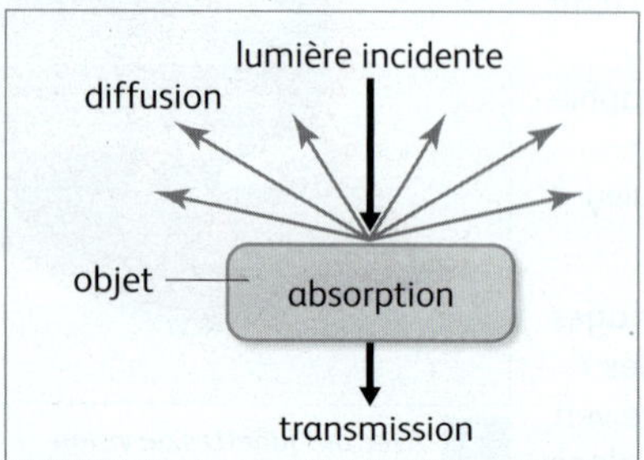

8 *Comportement d'un objet éclairé.*

Lorsqu'un objet reçoit de la lumière, il peut :
- l'**absorber**, c'est-à-dire ne pas la renvoyer ;
- la **transmettre** si la lumière peut le traverser (filtres, solutions transparentes) ;
- la **diffuser**, c'est-à-dire la renvoyer dans toutes les directions.

La plupart des objets opaques diffusent une partie de la lumière reçue et absorbent le reste. Les objets qui ont une surface lisse (miroirs, etc) **réfléchissent** la lumière, c'est à dire qu'ils renvoient dans une direction particulière une partie de la lumière reçue.

B Synthèse soustractive

- **Cas des objets opaques**

Les objets n'ont pas de couleur par eux-mêmes.

La couleur d'un objet dépend :
- de la nature de la lumière incidente ;
- de l'absorption et de la diffusion de la lumière reçue par l'objet ;
- de la synthèse des lumières reçues par l'œil.

Un objet paraît blanc s'il a la propriété de diffuser de manière équivalente toutes les couleurs du spectre alors qu'il est noir s'il absorbe toutes les radiations.

Exemple. L'extincteur **(document 9)** paraît rouge quand il est éclairé en lumière blanche. Cela signifie qu'il diffuse la lumière rouge, celle que l'on observe, et absorbe les lumières verte et bleue.

Éclairé en lumière verte, il paraît noir : il absorbe la lumière verte et ne diffuse rien car il ne reçoit pas de lumière rouge. Il paraît également noir s'il est éclairé en lumière bleue.

Éclairé en lumière jaune (rouge + vert), l'extincteur paraît rouge comme en lumière blanche, car la lumière rouge est diffusée et la verte absorbée.

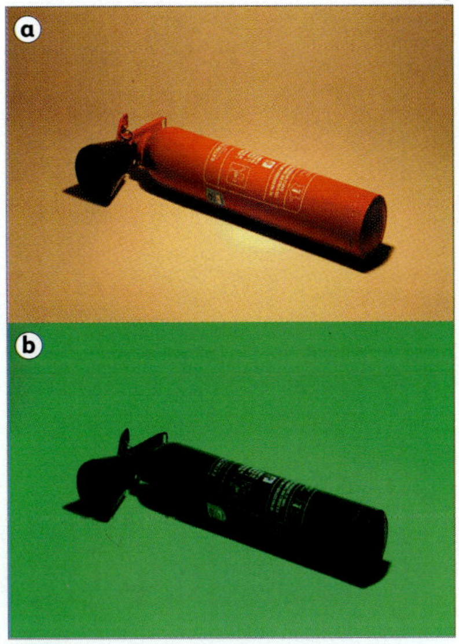

9 *L'extincteur paraît rouge quand il est éclairé en lumière blanche (a), noir quand il est éclairé en lumière verte (b).*

- **Cas des filtres**

Les filtres se comportent exactement de la même façon que les objets diffusants.

Les filtres rouge, vert et bleu ne transmettent qu'une couleur. On les appelle filtres primaires. Un filtre bleu, par exemple, ne transmet que la lumière bleue **(figure 10 a)**. Il absorbe les lumières rouge et verte.

Les filtres jaune, cyan et magenta transmettent deux des trois couleurs. On les appelle filtres secondaires. Un filtre jaune par exemple absorbe la lumière bleue **(figure 10 b)**. Il laisse passer la lumière jaune, c'est-à-dire les lumières rouge et verte. La couleur jaune du filtre éclairé en lumière blanche et la couleur bleue qu'il absorbe sont complémentaires.

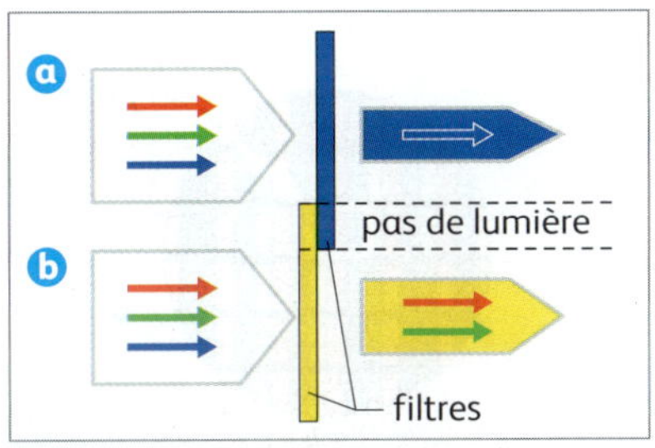

10 *Deux filtres de couleurs complémentaires absorbent toute la lumière.*

Les filtres réalisent une **synthèse soustractive** : comme les objets opaques, la couleur est obtenue en retirant des lumières colorées à la lumière incidente.

Remarques.
- Un filtre peut être incolore s'il absorbe des lumières invisibles (filtre UV par exemple).
- Les couleurs de la **figure 11** sont obtenues avec des filtres de même pouvoir absorbant. On obtient la plupart des couleurs en modifiant le pouvoir absorbant.

11 *Couleurs obtenues en superposant des filtres colorés de même pouvoir absorbant.*

2 Reproduction des couleurs

2.1 Impression couleur : synthèse soustractive

Les encres utilisées par une imprimante se comportent comme des filtres : la superposition sur un papier blanc de trois encres jaune, magenta et cyan permet de reproduire toutes les couleurs.

12 *La superposition sur le papier des trois encres cyan, jaune et magenta donne une image en couleur.*

Remarques.

– La photographie et la peinture utilisent également la synthèse soustractive.

– En imprimerie, pour améliorer le contraste, on ajoute une quatrième « image » en noir et blanc : c'est la **quadrichromie**.

13 *Écran observé à l'aide d'une loupe.*

2.2 Écrans plats : synthèse additive

• Téléviseurs, ordinateurs, mobiles, GPS, consoles de jeux, calculatrices… De très nombreux appareils de notre vie quotidienne possèdent des écrans plats en couleur.

Si la technologie varie d'un écran à l'autre (LCD, plasma…), le principe utilisé est toujours le même : chaque point de l'image, ou **pixel**, est formé de trois **luminophores** qui diffusent des lumières rouge, verte et bleue avec des intensités lumineuses variables **(document 13)**.

> Ces luminophores sont trop proches les uns des autres pour que l'œil puisse les distinguer. Le cerveau fait donc, pour chaque point de l'image, la **synthèse additive** des lumières rouge, verte et bleue reçues par l'œil.

• Un écran est caractérisé par sa **définition**, c'est-à-dire par le nombre total de pixels de l'image exprimé sous forme du produit :

Définition = nombre de pixel par ligne × nombre de lignes.

Exemple. Pour avoir un label haute définition (HD), un écran doit posséder :
– 1 080 lignes de 1 920 pixels chacune pour le label « Full HD » ;
– 720 lignes de 1 280 pixels chacune pour le label « HD ready ».
Un pixel n'a pas de taille définie : il est d'autant plus petit que l'écran est petit et que sa définition est grande.

Science in English

GPS (Global Positioning System) : système de positionnement mondial.

LCD (Liquid Crystal Display) : affichage à cristaux liquides.

L'ESSENTIEL

Perception des couleurs

- Éclairé avec trois faisceaux de lumières colorées rouge, verte et bleue, l'écran semble diffuser de la lumière blanche.

Le cerveau réalise la **synthèse additive** des lumières reçues par l'œil : la couleur observée est obtenue en ajoutant les lumières colorées.

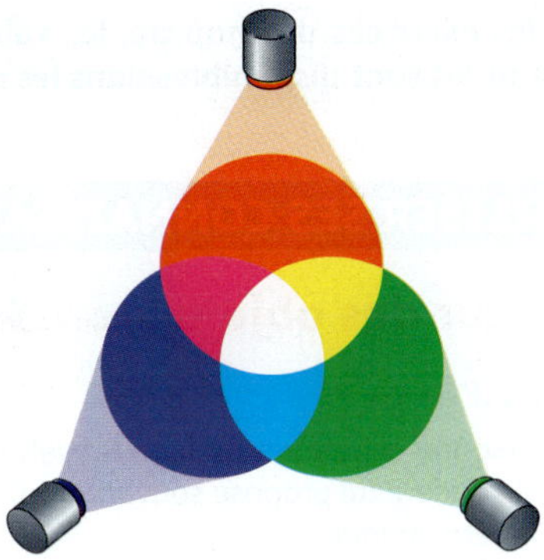

- Deux couleurs opposées sur le schéma (jaune et bleu, rouge et cyan, vert et magenta) sont **complémentaires**.

Reproduction des couleurs

- L'imprimerie, la peinture, la photographie utilisent la **synthèse soustractive** : les pigments ou les encres utilisés se comportent comme des filtres et retirent des lumières colorées à la lumière blanche diffusée par le support.

- Les luminophores d'un écran plat sont trop proches les uns des autres pour que l'œil puisse les distinguer. Le cerveau fait donc, pour chaque point de l'image, la **synthèse additive** des lumières rouge, verte et bleue reçues par l'œil.

- Un écran est caractérisé par sa **définition** : **nombre de pixels par ligne × nombre de lignes.**

Absorption, transmission, diffusion

Lorsqu'un objet reçoit de la lumière, il peut :
– l'**absorber**, c'est-à-dire ne pas la renvoyer ;
– la **transmettre**, si la lumière peut le traverser (cas des filtres ou des solutions transparentes par exemple) ;
– la **diffuser**, c'est-à-dire la renvoyer dans toutes les directions.

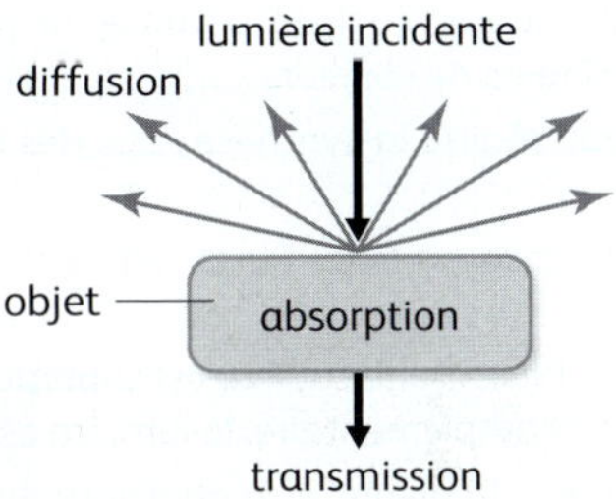

Couleur d'un objet

- La **couleur d'un objet** dépend :
– de la nature de la lumière incidente ;
– de l'absorption et de la diffusion de la lumière reçue par l'objet ;
– de la synthèse des lumières reçues par l'œil.

- Les objets opaques et les filtres réalisent une **synthèse soustractive** : la couleur qu'ils diffusent ou transmettent est obtenue en retirant des lumières colorées à la lumière incidente.

Un filtre jaune, par exemple, absorbe la lumière bleue et transmet la lumière jaune (lumières rouge et verte).

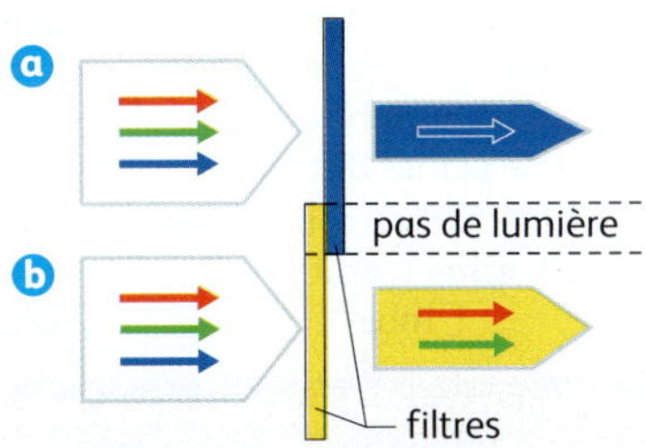

5 minutes CHRONO ! MANUEL NUMÉRIQUE — EXERCICES INTERACTIFS

1 Mots manquants

Compléter avec un ou plusieurs mots.

a. Quand un objet renvoie la lumière dans toutes les directions, il .... la lumière.

b. Le .... est la couleur complémentaire du vert.

c. Un objet .... absorbe toutes les radiations.

d. Pour reproduire les couleurs sur un écran plat, on utilise des luminophores de couleurs ...., ... et ....

e. Le cerveau réalise la synthèse.......... des lumières que l'œil reçoit.

f. Les objets opaques et les filtres réalisent une synthèse ....

g. Lorsqu'un filtre d'une couleur est superposé à un filtre de sa couleur complémentaire, la lumière est ....

h. L'imprimerie, la peinture, la photographie utilisent la synthèse ....

2 QCM

Cocher la réponse exacte.

a. Quand un écran plat diffuse une lumière jaune, les luminophores allumés sont :
- ☐ les rouges et les bleus
- ☐ les verts et les bleus
- ☐ les rouges et les verts

b. Un filtre cyan :
- ☐ transmet la lumière rouge
- ☐ absorbe les lumières verte et bleu
- ☐ absorbe la lumière rouge

c. Quand on éclaire un écran avec un spot rouge et un spot cyan de même intensité lumineuse, l'écran paraît :
☐ noir ☐ blanc ☐ violet

d. Pour tracer un trait rouge, une imprimante utilise des encres :
☐ jaune et cyan ☐ jaune et magenta ☐ verte et bleue

e. Pour que le cerveau réalise la synthèse additive de deux lumières colorées, il faut que :
- ☐ les deux sources de lumières colorées aient la même intensité lumineuse
- ☐ les deux sources de lumière soient à la même distance de l'œil
- ☐ les sources soient suffisamment éloignées pour que l'œil ne puisse pas les distinguer

f. On éclaire un écran de couleur cyan avec un spot de lumière rouge. L'écran paraît :
☐ violet ☐ noir ☐ blanc

→ Reportez-vous aux solutions détaillées page 393 pour vérifier vos réponses et comprendre vos erreurs.

Parcours personnalisés

Trois parcours d'exercices pour travailler en autonomie selon ses besoins.

- **Maîtriser les bases** : 6 – 10 – 12 – 14
- **Préparer l'évaluation** : 15 – 21 – 26
- **Cap sur la Terminale** : 31 – 33 – 35

Pour tous les exercices du chapitre, les valeurs des constantes utiles sont disponibles dans les rabats.

MOBILISER SES CONNAISSANCES

▶ La couleur des objets [§1 du cours]

3 Couleurs d'un tissu

Lorsqu'une personne achète un tissu ou un vêtement dans un magasin, le vendeur lui propose souvent d'aller observer le tissu à la lumière du jour.
Pourquoi cette précaution ?

4 L'extincteur est-il toujours rouge ?

On éclaire un extincteur avec une source de lumière blanche.
De quelle couleur paraît l'extincteur quand on place entre la source de lumière blanche et l'extincteur un filtre :

a. magenta ?
b. cyan ?
c. vert ?

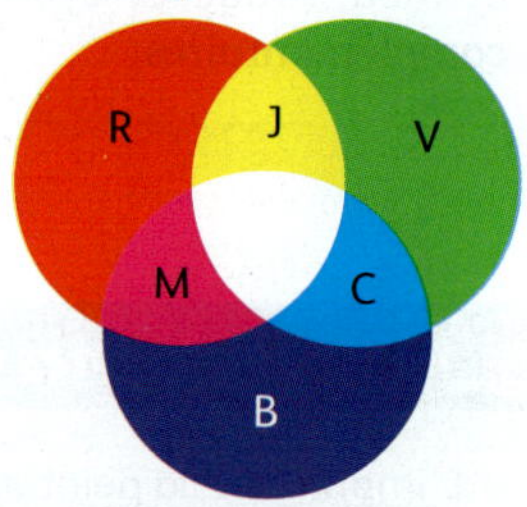

Synthèse additive.

5 Le cheval blanc du roi Henri IV

Le bon roi Henri IV possédait, paraît-il, un cheval blanc.
À la question « De quelle couleur était le cheval blanc d'Henri IV ?», la plupart des personnes interrogées répondent « Blanc, puisque la réponse est donnée dans la question ».

a. En réalité, le cheval d'Henri IV paraît-il toujours blanc quelle que soit la lumière qu'il reçoit ?

b. De quelle couleur paraît-il le soir au coucher du soleil ?

6 Utilisation de filtres

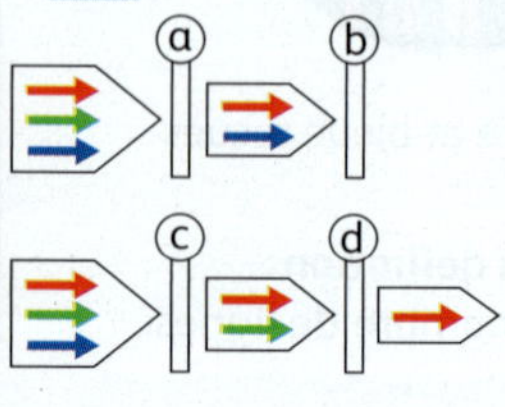

Pour chacun des filtres ⓐ, ⓑ, ⓒ et ⓓ, indiquer en justifiant la réponse :
- la couleur de la lumière incidente ;
- la couleur de la lumière transmise ;
- la couleur du filtre.

7 Synthèse additive

On dispose de trois spots rouge vert et bleu de même intensité lumineuse. On dirige les faisceaux lumineux de ces trois spots sur le centre d'un écran blanc.

Indiquer toutes les couleurs que l'on peut obtenir en précisant, pour chacune, quels sont les spots allumés et les spots éteints.

▶ Reproduction des couleurs

[§2 du cours]

8 Téléphone mobile

La photographie ci-contre représente une partie de l'écran d'un téléphone mobile observée au microscope.

Indiquer, en justifiant la réponse, la couleur de la flèche et du fond lorsqu'on observe l'écran sans microscope.

9 Cours de dessin

À la rentrée, un professeur de dessin demande à ses élèves d'acheter cinq tubes de gouache (dont un tube de noir) pour reproduire toutes les couleurs par mélange.

a. Quand on mélange deux tubes de couleurs différentes, quel type de synthèse réalise-t-on ?

b. Quelles sont les couleurs demandées par le professeur pour que les élèves puissent reproduire toutes les couleurs ?

10 Mire

Pour régler les premiers téléviseurs en couleur, l'unique chaîne de l'époque diffusait en dehors des heures de programme, une mire colorée reproduite ci-dessous.

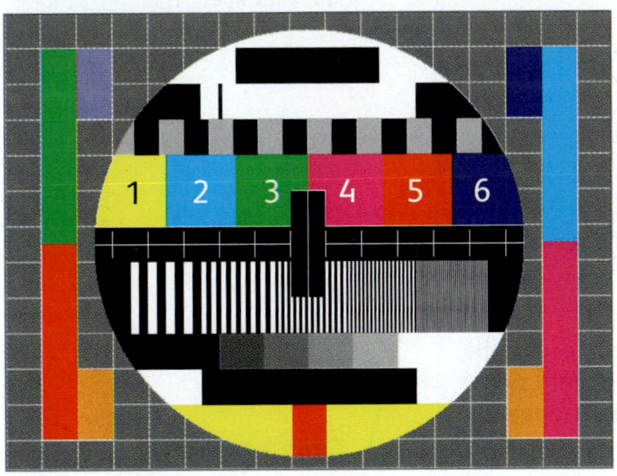

Associer à chaque couleur de la mire, notée de 1 à 6, le gros plan de l'écran correspondant. Justifier la réponse.

ⓐ ⓑ ⓒ ⓓ ⓔ ⓕ

UTILISER SES COMPÉTENCES

11 Utiliser les puissances de 10

Pour obtenir le label « Full HD », un écran plat doit posséder au minimum 1 080 lignes de 1 920 pixels chacune.

Calculer le nombre minimal de pixels de l'écran et donner le résultat en écriture scientifique.

12 Utiliser les lumières « secondaires »

On éclaire un écran blanc à l'aide de trois spots jaune, cyan et magenta.

Quelle est la couleur de la lumière diffusée par l'écran ?

13 Communiquer ses résultats à l'écrit

Définir et donner un exemple de la synthèse soustractive.

14 Apprendre à rédiger

Voici l'énoncé d'un exercice et un guide (en orange) ; ce guide vous aide pour rédiger la solution détaillée et pour retrouver les réponses numériques aux questions posées.

Énoncé

Deux points A et B sont séparés par l'œil s'ils sont vus sous un angle α supérieur à $3{,}0 \times 10^{-4}$ rad.

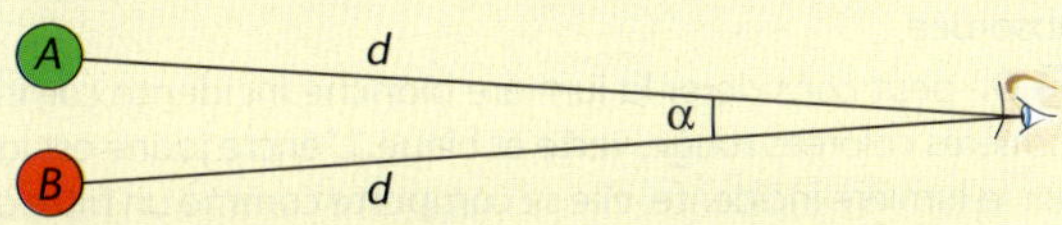

On dispose deux diodes verte (A) et rouge (B) de telle sorte que leurs centres soient distants de 1,0 mm.

a. À partir de quelle distance d l'œil ne voit-il plus qu'un seul point lumineux ?

Aide. Pour les petits angles ($\alpha < 0{,}1$ rad) : $AB = \alpha \times d$ avec α en radian.

- ▶ **Rappeler l'approximation des petits angles et vérifier qu'elle est utilisable.**
- ▶ **Exprimer d en fonction de AB et α.**
- ▶ **Bien faire attention aux unités de longueur et donner le résultat numérique avec le bon nombre de chiffres significatifs et dans une unité adaptée.**

b. Indiquer quelles sont les couleurs vues :
– quand la distance est inférieure à d ?
– quand la distance est supérieure à d ?

- ▶ **Ne pas se contenter de donner les couleurs vues, rédiger la réponse en rappelant les conditions dans lesquelles le cerveau fait la synthèse additive des lumières que l'œil reçoit.**

c. Quelle est la couleur de la diode qu'il faut ajouter pour obtenir de la lumière blanche et comment faut-il la placer par rapport aux deux autres ?

- ▶ **La synthèse additive n'est possible à la distance d que si aucune diode n'est à plus de 1 mm des deux autres. Le rappeler avant d'indiquer la position relative des trois diodes.**

EXERCICE RÉSOLU

Site élève

15 Impression en couleur

Énoncé Pour imprimer en couleur, une imprimante à jet d'encre projette sur une feuille blanche de minuscules gouttes d'encre colorées. Les encres utilisées, de couleurs jaune, magenta et cyan se comportent comme des filtres. Elles sont superposées sur la feuille dans un ordre déterminé qui dépend de l'imprimante utilisée.

1. Avant d'être imprimée, la feuille blanche absorbe-t-elle des radiations visibles ?
2. Pour imprimer un rectangle en couleur, l'imprimante projette de l'encre magenta puis de l'encre jaune. Indiquer le rôle de chaque encre sur la lumière blanche qui éclaire la feuille puis sur la lumière diffusée par le papier. Quelle est la couleur du rectangle imprimé ? Réaliser un schéma.
3. Peut-on imprimer un rectangle magenta sur une feuille de papier jaune ?

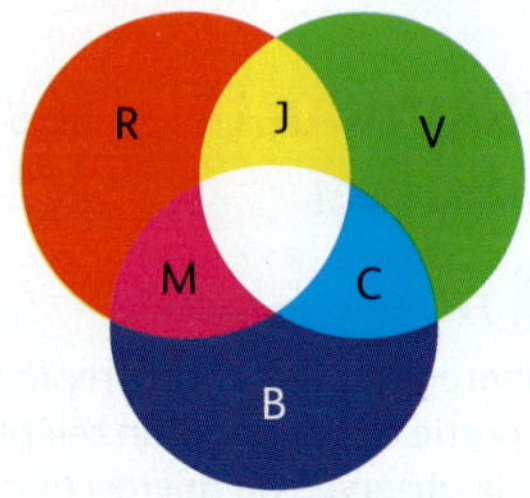

Synthèse additive : rosace des couleurs complémentaires.

Une solution

1. Non, la feuille blanche diffuse de manière équivalente toutes les couleurs du spectre. Sinon, elle paraîtrait de la couleur complémentaire de la lumière absorbée.
2. On peut considérer la lumière blanche incidente comme la somme de trois lumières colorées rouge, verte et bleue. L'encre jaune est la première rencontrée par la lumière incidente, elle se comporte comme un filtre qui absorbe la lumière bleue et transmet les lumières rouge et verte. Ces deux lumières arrivent ensuite sur l'encre magenta déposée en premier sur le papier. L'encre magenta absorbe la lumière verte et transmet la rouge. Il n'y a donc que de la lumière rouge qui arrive sur le papier blanc. Celui-ci n'absorbant aucune couleur, il diffuse dans toutes les directions la lumière rouge qu'il reçoit. La lumière rouge traverse les deux filtres au retour comme elle les a traversés à l'aller. Le rectangle imprimé est donc rouge.

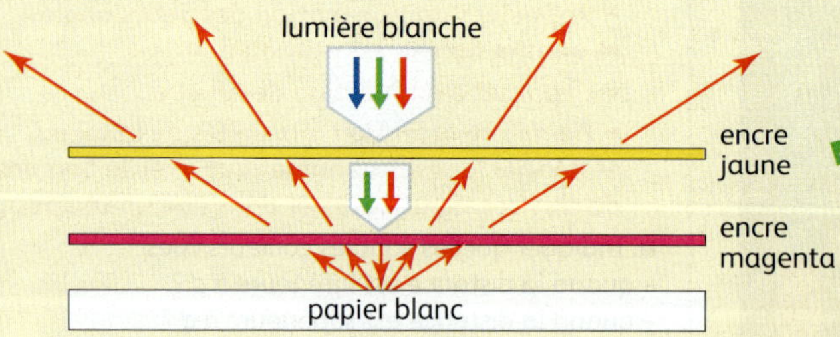

3. Lorsqu'on imprime un rectangle magenta sur papier jaune, le papier absorbe la lumière bleue transmise avec la lumière rouge par le filtre magenta. Seule la lumière rouge est diffusée. Le rectangle paraît donc rouge et non magenta.

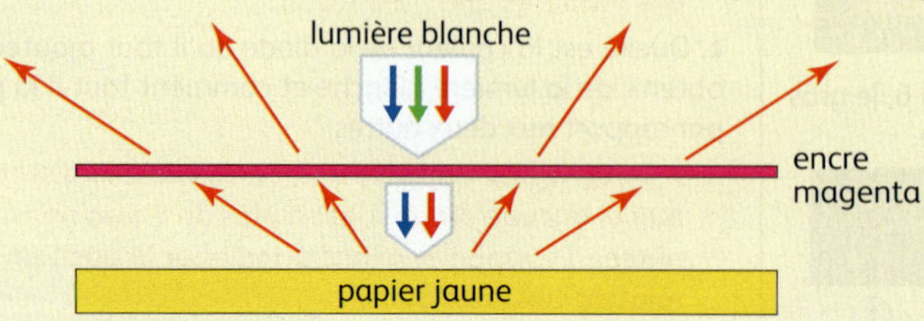

Connaissances

Utiliser les principes de la synthèse additive et de la synthèse soustractive.

Raisonner

Bien préciser pour chaque filtre les lumières transmises et les lumières absorbées pour conclure sur la couleur du rectangle.

Schématiser

Sur ces schémas, les couches d'encre et le papier sont bien séparés pour montrer clairement les lumières transmises et absorbées par chaque filtre.

16 Ombres colorées

Trois sources ponctuelles de lumière rouge, verte et bleue d'intensité lumineuse égale sont placées à la même distance d'un écran blanc comme le montre le schéma ci-dessous. Un objet opaque est introduit entre les sources et l'écran.

Indiquer quelles sont les différentes couleurs observées sur l'écran en justifiant les réponses.

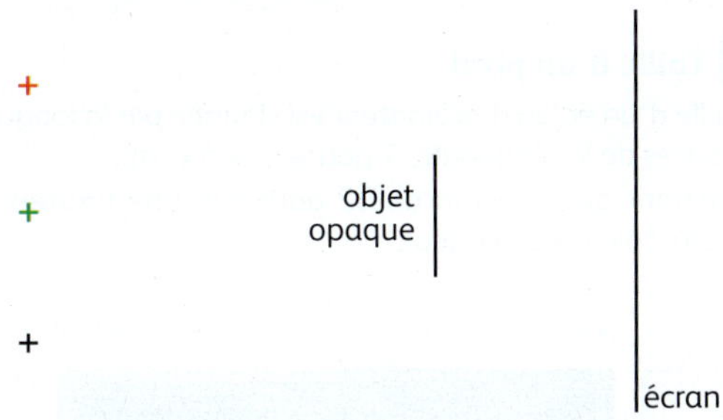

17 Filtres superposés

On pose trois filtres magenta, jaune et cyan sur une feuille blanche.

Indiquer quelles sont les couleurs vues en 1, 2 et 3.

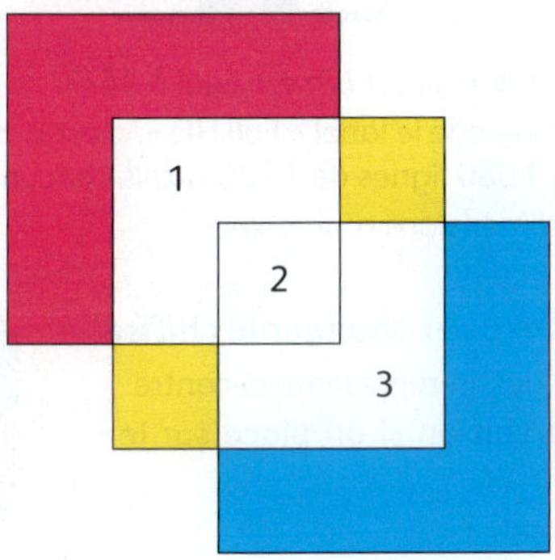

18 De toutes les couleurs

Sur la couverture grise d'un manuel d'optique, les lettres du mot OPTIQUE sont écrites de différentes couleurs.

On éclaire successivement la couverture avec des lampes rouge, verte et bleue.

Le tableau suivant résume ce que l'on observe.

N signifie noir : la lettre absorbe la lumière qu'elle reçoit.

R, V, B : la lettre diffuse respectivement la lumière rouge, verte ou bleue qu'elle reçoit.

	O	P	T	I	Q	U	E
Rouge	R	N	N	R	R	N	R
Vert	V	N	V	N	V	V	N
Bleu	B	N	B	B	N	N	N

Indiquer quelle est la couleur de chaque lettre lorsque la couverture est éclairée en lumière blanche.

19 Un filtre pour passer la frontière

À travers quel filtre faut-il regarder le drapeau français pour voir le drapeau belge ?

Justifier la couleur de chaque bande du drapeau français observée à travers ce filtre.

drapeau français

drapeau belge

20 Couleurs d'un objet

Un objet paraît noir lorsqu'on l'éclaire avec une lumière verte.

Peut-il paraître cyan quand on l'éclaire avec une lumière blanche ?

21 La vie en couleurs

On observe « La vie » à travers un filtre magenta, puis à travers un filtre cyan puis à travers les deux filtres.

Indiquer clairement, en justifiant les réponses, ce qu'on observe dans les trois cas.

22 Persistance rétinienne

Quand on observe un objet, son image reste « imprimée » sur la rétine pendant un dixième de seconde environ. C'est ce phénomène, appelé **persistance rétinienne**, qui nous permet de voir le mouvement sur un écran de cinéma alors qu'on ne projette en réalité qu'une succession rapide d'images fixes.

On fait tourner rapidement le disque ci-dessous autour de son axe.

a. Justifier que lorsque le disque tourne, on observe des couronnes uniformément colorées.

b. Les couleurs observées sont-elles obtenues par synthèse additive ou soustractive ?

c. Indiquer, à partir du centre, quelle est la couleur observée pour chaque couronne.

23 Dessin en 3D

On observe le dessin ci-dessous avec une paire de lunettes 3D (filtre rouge devant l'œil gauche et filtre cyan devant l'œil droit).

a. Dessiner ce que chaque œil voit à travers son filtre.

b. Pourquoi la pyramide apparaît-elle en relief ?

c. Que voit-on si on inverse les lunettes (filtre rouge devant l'œil droit et filtre cyan devant l'œil gauche) ?

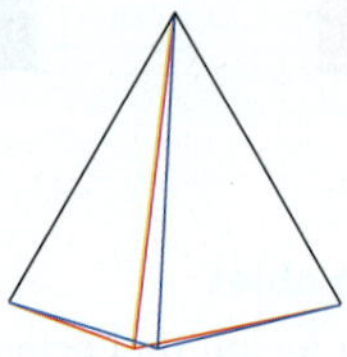

24 Couleurs d'un objet

Éclairé en lumière blanche et observé à travers un filtre magenta, un objet paraît rouge. Dans les mêmes conditions d'éclairage, l'objet paraît vert quand on l'observe à travers un filtre cyan.

a. Quelles sont les couleurs diffusées et les couleurs absorbées par l'objet ?

b. Quelle est la couleur de l'objet quand on l'observe sans filtre et qu'il est éclairé en lumière blanche ? en lumière bleue ?

25 Réalisation de spectres

On projette sur un écran le spectre de la lumière blanche d'une lampe à incandescence obtenu à l'aide d'un prisme puis on place successivement devant la lampe un filtre cyan et un filtre magenta.

a. Associer à chacun des spectres suivants le filtre correspondant. Justifier les réponses.

spectre ⓐ

spectre ⓑ

b. Représenter le spectre obtenu si on place un filtre jaune devant la lampe.

26 Couleur et spectre

On observe à l'aide d'un spectroscope à prisme, la lumière diffusée par un objet éclairé en lumière blanche (lumière du jour).

Retrouver, à partir du spectre observé représenté ci-dessous, la couleur de l'objet.

spectre de la lumière blanche

27 Lumière noire

Une lampe de lumière noire est en réalité une lampe qui émet un rayonnement ultraviolet.

a. Pourquoi qualifie-t-on cette lumière de « noire » ?

b. Rechercher dans un dictionnaire la définition du mot fluorescent et expliquer pourquoi on utilise ces lampes dans certaines salles de spectacle (cinémas par exemple).

28 Taille d'un pixel

La taille d'un écran d'ordinateur est donnée par la longueur en pouces de la diagonale (1 pouce = 2,54 cm).

a. Sachant qu'un écran de 22 pouces a une hauteur de 27,4 cm, calculer sa largeur.

b. Vérifier que le rapport L/h est égal à 16/9.

c. Cet écran possède le label « Full HD », c'est-à-dire qu'il est constitué de 1 080 lignes de 1 920 pixels chacune.

Calculer les dimensions d'un pixel.

29 Un filtre pour changer le chiffre

On réalise le dessin représenté ci-contre.

Quel chiffre voit-on si on place sur le dessin :

a. un filtre rouge ?

b. un filtre vert ?

30 ★ Éclairage par diode électroluminescente

L'éclairage par diodes électroluminescentes est de plus en plus répandu car pour une même intensité lumineuse, il consomme beaucoup moins d'énergie qu'un éclairage classique.

La méthode la plus simple pour obtenir de la lumière blanche consiste à assembler trois DEL de couleurs différentes sous le même boîtier diffusant. On parle alors de « DEL multipuces ».

Une méthode plus originale consiste à recouvrir une DEL bleue d'un luminophore qui n'absorbe qu'une partie de la lumière émise par la DEL bleue et réémet à son tour une lumière d'une autre couleur. Ces DEL sont appelées « DEL à conversion de couleur ».

a. Sur quel type de synthèse fonctionnent les DEL multipuces ? Quelles sont les trois couleurs utilisées ?

b. Les DEL à conversion de couleur utilisent la synthèse additive. Quelle est la couleur de la lumière réémise par le luminophore ?

31 Apprendre à chercher

La résolution de cet exercice nécessite de trouver les étapes du raisonnement. En cas de difficultés, rendez-vous page 404.

Éclairé en lumière rouge, un objet paraît noir.

Éclairé en lumière jaune, le même objet paraît vert.

→ *De quelles couleurs peut-il paraître lorsqu'il est éclairé en lumière blanche ?*

32 ✶ Diffusion sélective

Lorsque la lumière traverse un gaz, elle est diffusée par les molécules qui constituent ce gaz. Si les molécules sont petites, la diffusion est sélective : la lumière bleue est plus diffusée que la verte ou la rouge, surtout dans une direction orthogonale aux rayons de lumière. C'est le cas par exemple de la lumière solaire diffusée par l'atmosphère terrestre.

Expliquer ainsi pourquoi le soleil paraît jaune et le ciel paraît bleu.

33 ✶ Écran d'ordinateur

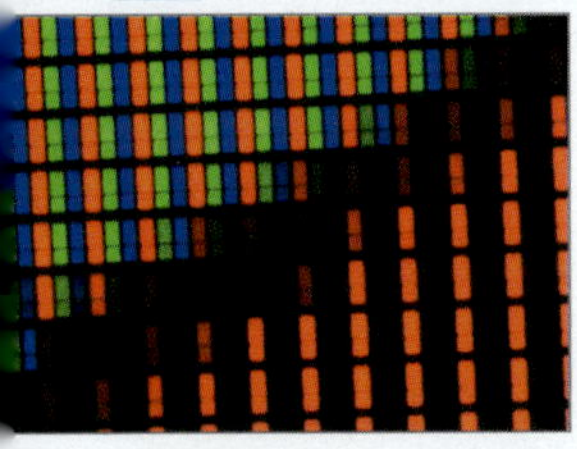

Chaque pixel de l'écran d'un ordinateur est constitué de trois luminophores rouge, vert et bleu qui peuvent prendre chacun 256 intensités lumineuses différentes. La valeur 0 pour un luminophore correspond à l'absence de lumière (luminophore éteint).

La valeur maximale 255 correspond à la brillance maximale.

a. Montrer que cet écran permet d'obtenir plus de 16 millions de couleurs différentes.

b. Compléter les tableaux suivant en indiquant la couleur observée.

Rouge	0	255	127	0
Vert	0	255	127	255
Bleu	0	255	127	0
Couleur de l'écran				

Rouge	0	255	255	255
Vert	255	0	127	127
Bleu	255	255	127	0
Couleur de l'écran				

34 ✶ Regarder la télévision

Pour regarder la télévision dans de bonnes conditions, il ne faut être ni trop près ni trop loin.

Les constructeurs recommandent de se placer à une distance égale à 7 fois la diagonale de l'écran pour un téléviseur classique et à 4 fois la diagonale pour un écran haute définition.

a. Que se passe-t-il quand on est trop près de l'écran ?

b. Pourquoi peut-on se placer plus près d'un écran haute définition ?

35 ✶ Définition et résolution d'une image numérique

Une image numérique est formée de points ayant chacun une couleur définie. Ces points sont appelés **pixels** (de l'anglais « picture element »).

La **définition** de l'image est le nombre total de pixels qui constituent l'image. Elle est donnée sous forme du produit du nombre de pixels par ligne par le nombre de lignes ou sous la forme du résultat de ce produit.

La **résolution** de l'image est le rapport entre le nombre de pixels et la longueur des cotés de l'image. Elle s'exprime en dpi (dots per inch en anglais) ou ppp (points par pouce en français). Une photographie imprimée sur papier est de bonne qualité si sa résolution est au moins égale à 300 ppp.

a. Calculer la largeur et la hauteur d'une image de 6 Mpx (3 000 × 2 000) imprimée avec une résolution de 300 ppp.

b. Que se passe-t-il si on imprime au même format une image de 240 000 px (600 × 400) ?

Donnée : 1 pouce = 2,54 cm.

36 ✶✶ « Poids » d'une image numérique

Le « poids » d'une image numérique s'exprime en octets et multiples de l'octet (Ko pour kilo-octet, Mo pour méga-octet, etc). Il dépend de la définition de l'image, c'est-à-dire du nombre total de pixels (px) qui la composent et de la profondeur de codage, c'est-à-dire du nombre de bits qui déterminent la couleur d'un pixel. En codant sur 1 bit (0 ou 1), le pixel est noir ou blanc. En codant sur 8 bits (1 octet), le pixel peut prendre $2^8 = 256$ couleurs différentes (ou 256 nuances de gris). Le codage en vraies couleurs s'effectue sur 24 bits (3 octets), 8 bits pour chacune des composantes rouge, verte et bleue. Chaque pixel peut alors prendre $2^{24} = 16$ millions de couleurs différentes.

Calculer le poids d'une image numérique pour une image :

a. de 240 000 pixels (600 × 400) codée en 256 nuances de gris.

b. de 6 Mpx (3 000 × 2 000) codée en vraie couleur.

Données

1 octet = 8 bits ; 1 Ko = 1 024 octets ; 1 Mo = 1 024 Ko.

37 ✶✶ Imprimante jet d'encre

Pour imprimer des rectangles rouge, vert et bleu ①, une imprimante jet d'encre utilise des encres jaune, magenta et cyan qu'elle superpose sur le papier l'une après l'autre, ligne après ligne.

①

②

Quand on arrête l'impression avant la fin ②, l'imprimante, qui imprime toujours de haut en bas, a fini son travail en haut de la feuille (les couleurs rouge, verte et bleue sont visibles) mais pas en bas.

a. Rappeler quelles sont les encres déposées sur le papier pour donner chacune des couleurs rouge, verte et bleue.

b. Dans quel ordre les encres sont déposées sur la feuille ?

Culture scientifique et citoyenne

PHYSIQUE & VISION Une illusion d'optique

La vision des couleurs est un phénomène très complexe dans lequel le cerveau joue un rôle très important. Si la couleur d'un objet dépend essentiellement de son comportement (absorption ou diffusion) vis-à-vis de la lumière qu'il reçoit, elle dépend aussi de la **couleur des objets qui l'entourent** et de la connaissance que notre cerveau a de l'objet observé.

- L'exemple de l'**échiquier d'Edward H. Adelson** le montre bien. **Les deux cases *A* et *B* sont rigoureusement du même gris.** On peut facilement le vérifier en cachant l'échiquier par une feuille ajourée qui ne laisse apparaître que les cases *A* et *B*.
- Si nous voyons la case *B* plus claire que la case *A*, c'est parce que sur un échiquier, il y a alternativement une case claire et une case foncée. Pour notre cerveau, la position de *A* en fait une case foncée et celle de *B* en fait une case claire. Le cylindre vert qui fonce toutes les cases situées dans son ombre ne change rien à **la vision qu'on a de l'échiquier.**

Sur un échiquier, les cases sont alternativement claires ou sombres.

Sur le Web http://ophtasurf.free.fr/illusions_extraordinaires.htm
www.illusions-optique.fr/illusions-couleur.html

Sciences & Société La télévision en relief

Des images qui paraissent sortir de l'écran…
Tout se passe comme si le téléspectateur était assis devant une fenêtre ouverte.

Après le cinéma et la sortie en salle de films en 3D comme Avatar, la **télévision numérique** commence à proposer des **émissions en relief.**

- Le principe est simple : lorsque l'on observe un objet, le cerveau reconstitue le relief à partir des images légèrement différentes transmises par les deux yeux. Il suffit donc d'utiliser le même principe en filmant avec une **caméra possédant deux objectifs légèrement décalés** puis de projeter alternativement sur l'écran les images enregistrées, en imposant à chaque œil de ne voir que les images qui lui sont destinées.
- La technique la plus répandue consiste à utiliser des **lunettes polarisées,** synchronisées sur le téléviseur. Chaque verre se comporte comme un rideau qui s'ouvre ou se ferme au rythme des images projetées.
- Une autre technique plus récente permet aux deux yeux de **voir des images différentes sans lunettes** grâce à un composant optique lenticulaire collé à la surface de l'écran. Alors que la commercialisation de ces écrans commence à peine, les chercheurs travaillent déjà sur l'**écran holographique** qui permettra de tourner autour du téléviseur pour voir l'image en relief et sous toutes ses faces.

Sur le Web www.ariase.com/fr/reportages/3d-relief.html
www.alioscopy.fr/fr/principes.php

Un métier : infographiste

BAC +3 à + 5

L'infographiste passe la plus grande partie de son temps de travail sur des outils multimédias.

L'infographiste est un spécialiste du **graphisme informatique**. Il réalise des maquettes (pour l'édition, la publicité ou encore des sites internet), des dessins animés ou des œuvres multimédias. C'est également l'infographiste qui crée les personnages d'un jeu vidéo en 2D ou en 3D, les habille et les anime conformément au scénario.

- Pour cela, il utilise des **logiciels adaptés** pour dessiner, retoucher des photographies, mettre en forme un texte ou créer des images de synthèse.
- Il travaille le plus souvent sous la responsabilité d'un directeur artistique mais il peut aussi être en relation directe avec ses clients.
- Les projets à réaliser sont très variés et ce métier demande des **affinités artistiques,** beaucoup d'**imagination** et de **créativité** ainsi qu'une bonne maîtrise des logiciels qui évoluent très rapidement.

Sur le Web http://www.commentcamarche.net/faq/12118-devenir-infographiste
www.studyrama.com/formations/fiches-metiers/communication/infographiste.html

PHYSIQUE & ART Le pointillisme

S'il est un domaine où la couleur a une grande importance, c'est celui de la **peinture.** Comment faire ressortir une couleur sur la toile ?

- À cette question que se posent les peintres, le chimiste français Eugène Chevreul, connu pour ses travaux sur les corps gras, apporte une réponse dans un essai publié en 1839, intitulé « *De la loi du contraste simultané des couleurs et de l'assortiment des objets colorés* ».
Il indique que la perception de la couleur d'un objet dépend de la couleur des objets qui l'entourent et explique comment juxtaposer les couleurs complémentaires (en peinture, les couleurs primaires sont le rouge, le bleu et le jaune et les couleurs complémentaires le vert, le orange et le violet).

Le château des Papes à Avignon par Paul Signac (1863 -1935), huile sur toile.

- Les **impressionnistes** comme **Claude Monet** ou **Auguste Renoir** sont les premiers à utiliser cette loi. Ils peignent par touches et font ressortir une couleur en plaçant à côté sa complémentaire.
- Un peu plus tard, la technique du **pointillisme** de **Georges Seurat** et de **Paul Signac** consiste à poser des points de couleur beaucoup plus petits sur la toile. Avec un minimum de recul, l'œil ne parvient plus à séparer les points très proches : les couleurs ne sont plus mélangées avant de peindre (synthèse soustractive), **c'est l'œil qui en fait la synthèse additive.**

Sur le Web www.colorsystem.com/projekte/fr/17chef.htm
www.peintre-analyse.com/pointillisme.htm

Chapitre 4

Lumière et couleur

Les objectifs

- Distinguer une source polychromatique d'une source monochromatique caractérisée par une longueur d'onde dans le vide.
- Connaître les limites en longueurs d'onde dans le vide du domaine visible et situer les rayonnements infrarouges et ultraviolets.
- Distinguer couleur perçue et couleur spectrale.
- Exploiter la loi de Wien.

Échanger des idées

Lasers et projecteurs de lumières colorées.

?

▶ IDÉE FAUSSE ?

Une lumière monochromatique est obligatoirement colorée.
Une lumière colorée est-elle obligatoirement monochromatique ?

▶ ÉMETTRE DES HYPOTHÈSES

Comment expliquer que les lumières émises par ces deux lampes produisent la même sensation visuelle alors que leurs spectres sont différents ?

Lumières émises et spectres d'une lampe à incandescence et d'une lampe fluorescente.

Barre de métal chauffée.

▶ MOBILISER SES ACQUIS

Comment la couleur du métal est-elle modifiée en fonction de sa température ?

Activité à la maison

ACTIVITÉ DOCUMENTAIRE

MANUEL NUMÉRIQUE

1 La théorie trichromatique

**▶ Dans le passé, différentes hypothèses ont été formulées pour expliquer la perception des couleurs par l'être humain.
Examinons celle qui est à la base de la théorie actuelle.**

« Comment l'observateur humain parvient-il à discriminer des milliers de teintes différentes ? Thomas Young (1773-1829) fut le premier à fournir une réponse valable à cette question. On aurait pu penser que la rétine comporte une grande variété de récepteurs répondant chacun à une longueur d'onde différente, mais cette hypothèse aurait soulevé de grandes difficultés. Young postula plutôt que l'activité de trois types de récepteurs rétiniens sensibles respectivement au rouge, au vert et au bleu-violet (les couleurs de base de la synthèse additive) était suffisante. C'est grâce à l'activité combinée de ces récepteurs qu'il serait possible de percevoir toute une gamme de couleurs et de nuances différentes. [...] Les idées de Young ne furent pas acceptées tout de suite et il fallut attendre le milieu du XIXe siècle avant que le physicien et physiologiste Hermann Helmholtz (1821-1894) les adopte, les développe davantage et en fasse la promotion. »

D'après *Perception et réalité*.
A. Delorme et M. Flückiger. Gaëtan Morin Éditeur. Licence Copibec.

Cette théorie est appelée théorie trichromatique ou encore théorie de Young-Helmholtz. En effet, les trois types de récepteurs réagissent à toutes les radiations mais ils se distinguent par le domaine des longueurs d'onde pour lequel leur sensibilité est maximale. Comme dans la synthèse additive, la perception des couleurs qui en résulte est fonction de trois réponses.

1 *La théorie trichromatique.*

2 *Thomas Young (1773-1829).*

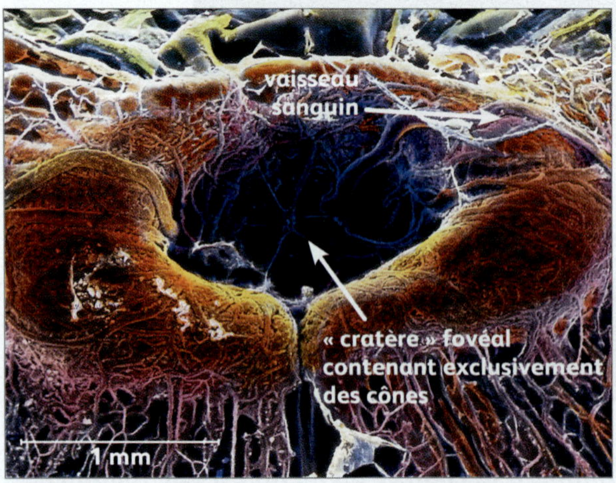

3 *Vue microscopique de la fovéa. C'est dans cette partie de la rétine que les récepteurs qui permettent de percevoir les couleurs (les cônes) sont les plus nombreux.*

1 Comprendre le texte

a. Comment pouvait-on imaginer la perception des couleurs avant les hypothèses de Young ? Selon vous, de quelles difficultés peut-il être question à la ligne 5 ?

b. Dans quelle partie de l'œil se trouvent les récepteurs qu'imagine Young ?

c. Pourquoi appelle-t-on cette théorie « trichromatique » ?

d. Qu'est-ce qui distingue les trois types de récepteurs rétiniens ?

2 Interpréter

Qu'est-ce que la synthèse additive ?

3 Conclure

À l'aide des documents, résumer en quelques lignes la conception de la perception des couleurs de Young et Helmholtz.

ACTIVITÉ EXPÉRIMENTALE

MANUEL NUMÉRIQUE

2 Perception des couleurs

▶ Il est possible d'obtenir une même sensation de couleur avec des lumières de compositions spectrales différentes. Réalisons une expérience pour l'illustrer.

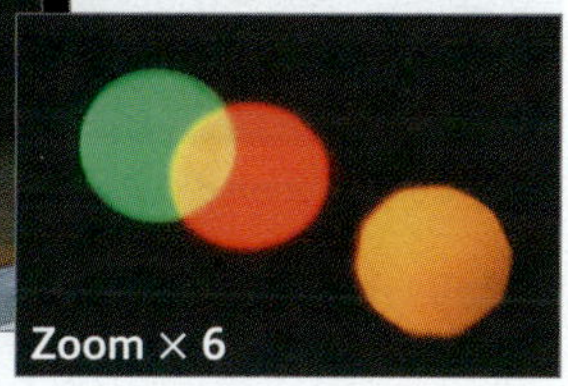

4 *Dispositif expérimental.*

DISPOSITIF

- Éclairer une partie d'un écran avec une lampe à vapeur de sodium.
- Éclairer une autre partie de l'écran avec deux lanternes munies de filtres rouge et vert, alimentées par des générateurs de tension réglable.
- Un spectroscope de poche permet d'observer le spectre des lumières étudiées.
- **Note :** les lanternes peuvent être remplacées par un **vidéoprojecteur**, relié à un ordinateur et équipé d'un logiciel, qui permet de réaliser un mélange additif de couleurs (la version adaptée de cette activité est disponible sur le manuel numérique).

Expérience

- Les lanternes étant éteintes, allumer la lampe à vapeur de sodium et faire en sorte d'obtenir sur l'écran une zone circulaire éclairée.
- Brancher les lanternes, les orienter de manière à ce qu'il y ait une zone où les deux couleurs soient superposées, proche de celle qui est éclairée par la lampe à vapeur de sodium.
- Régler les tensions des générateurs de façon à obtenir, dans la partie de l'écran éclairée par les deux lanternes, une couleur perçue la plus proche possible de celle de la lampe à vapeur de sodium.

1 Observer

a. Quelle est la couleur de la lumière émise par la lampe à vapeur de sodium ?
b. Utiliser le spectroscope de poche pour décrire le spectre de cette lumière.
c. Décrire le spectre de la lumière obtenue avec les deux lanternes.

2 Interpréter

La lumière émise par la lampe à vapeur de sodium est-elle polychromatique ou peut-elle être considérée comme monochromatique ?

3 Conclure

Des lumières qui produisent la même sensation colorée ont-elles nécessairement la même composition spectrale ?

1 Sources de lumière

5 *Constellation d'Orion.*

Science in English

L.A.S.E.R (Light Amplification by Stimulated Emission of Radiation) : amplification de la lumière par émission stimulée de rayonnement.

- Les étoiles **(document 5)**, les lampes, les lasers sont des **sources de lumière**.
- La Lune, l'écran de cinéma et la plupart des objets qui nous entourent sont des **objets qui diffusent la lumière** qu'ils reçoivent.

Une source de lumière est un objet qui produit la lumière qu'il émet.

1.1 Lumières mono et polychromatiques

La lumière émise par une source peut être analysée par un prisme ou un réseau **(documents 6 et 7)**.

- Si la lumière n'est pas décomposée, elle est **monochromatique**. Elle correspond à une radiation.
- Si la lumière est décomposée, elle est **polychromatique**. C'est un ensemble de plusieurs radiations.

6 *La lumière rouge émise par un laser n'est pas décomposée par un réseau.*

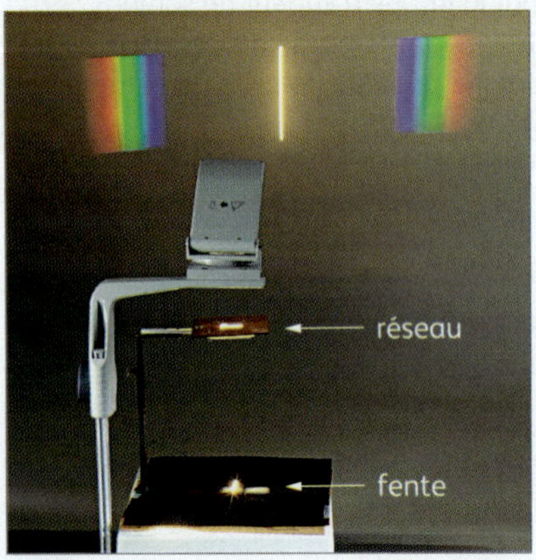

7 *La lumière blanche émise par la lampe du rétroprojecteur est décomposée par un réseau.*

1.2 Longueur d'onde dans le vide d'une radiation

- La lumière fait partie des ondes électromagnétiques. Sa vitesse de propagation dans le vide ou dans l'air est $c = 3{,}00 \times 10^8\ m \cdot s^{-1}$.

Chaque radiation peut être caractérisée par sa **longueur d'onde dans le vide**, notée λ. L'unité de λ dans le système international est le mètre.

L'œil humain est un récepteur qui n'est sensible qu'à des radiations dont la longueur d'onde est comprise entre 400 nm et 800 nm ($1\ nm = 10^{-9}\ m$).

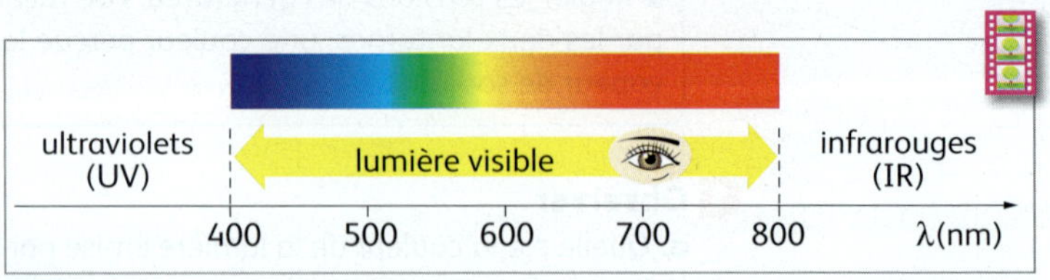

8 *Radiations visibles et invisibles.*

- Les rayonnements ultraviolets (UV) se situent entre la lumière violette et les rayons X. Une partie des UV solaires est absorbée par la couche d'ozone qui entoure la Terre.
- Les rayonnements infrarouges (IR) se situent entre la lumière rouge et les ondes radio. Les rayonnements émis par un corps chauffé contiennent des IR, le signal d'une télécommande de téléviseur est transmis par un faisceau IR.

2 Vision des couleurs

2.1 Couleur perçue et couleur spectrale

- On a vu dans le **chapitre 3** que les lumières colorées et la lumière blanche que nous percevons peuvent être obtenues par **synthèse additive trichromatique**, à partir de lumières rouge, verte et bleue (RVB) correctement choisies, appelées couleurs primaires de la vision.
- Si un écran est éclairé avec une lumière *L*, il est possible, à partir de sources de lumières rouge, verte et bleue, d'obtenir une lumière *L'* qui produit la même sensation colorée pour un observateur. Pourtant, les spectres de ces deux lumières *L* et *L'* peuvent ne pas être identiques **(figure 9)**.

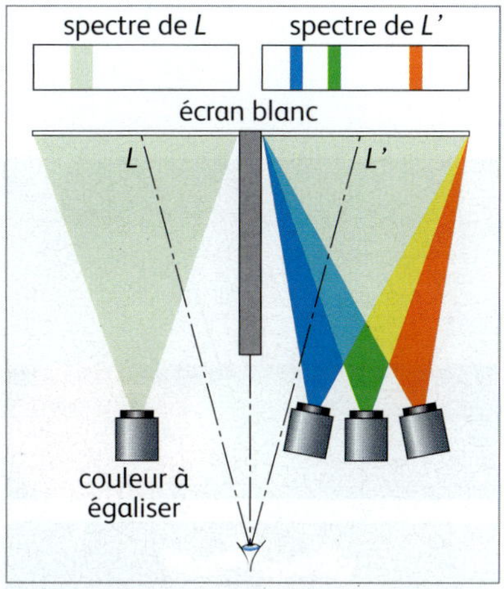

9 *Expérience d'égalisation des couleurs.*

> Des lumières qui ont des spectres différents peuvent produire la même sensation de couleur pour un observateur.

2.2 Mécanisme de la vision des couleurs

Lorsque la lumière pénètre dans l'œil, elle atteint la rétine qui contient des cellules réceptrices : les **bâtonnets** et les **cônes**.

Les bâtonnets sont sensibles aux lumières de faible intensité mais ne permettent pas de percevoir les couleurs. Les cônes, essentiellement concentrés dans la zone appelée fovéa, sont de trois types, sensibles principalement au rouge, au vert et au bleu, à condition que l'intensité de la lumière soit suffisante **(figure 10)**.

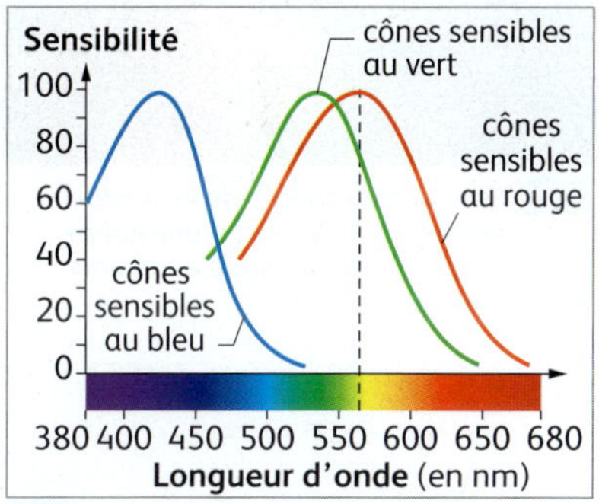

10 *Sensibilité des cônes en fonction de la longueur d'onde.*

> C'est l'addition des signaux produits par l'excitation des différents types de cônes qui va produire la sensation de couleur.

Si par exemple l'œil reçoit une lumière monochromatique jaune, les cônes sensibles au vert et au rouge produiront des signaux qui pourront être les mêmes que s'ils recevaient des lumières rouge et verte. Pour l'observateur, la sensation colorée sera alors la même, bien que les lumières reçues n'aient pas la même composition spectrale.

2.3 Le daltonisme

> Le daltonisme est une anomalie de la perception des couleurs due à l'absence ou au manque de sensibilité d'un ou plusieurs types de cônes.

La forme la plus fréquente, appelée **deutéranopie**, se manifeste par une modification de la perception du vert et du rouge **(document 11)**.

Cette anomalie de la vision est plus fréquente chez les hommes que chez les femmes. Elle peut être diagnostiquée par le test chromatique d'Ishihara **(article Physique & Médecine page 76)**.

11 *Perception des couleurs :*
(a) pour un observateur normal ;
(b) pour un observateur daltonien.

3 Couleur des corps chauffés

Un corps dense émet un rayonnement électromagnétique que l'on appelle **rayonnement thermique** qui dépend de sa température, et dont le spectre est continu.

Lorsque la température augmente, le spectre s'enrichit progressivement vers le violet et la couleur perçue passe du rouge sombre au blanc **(document 12)**.

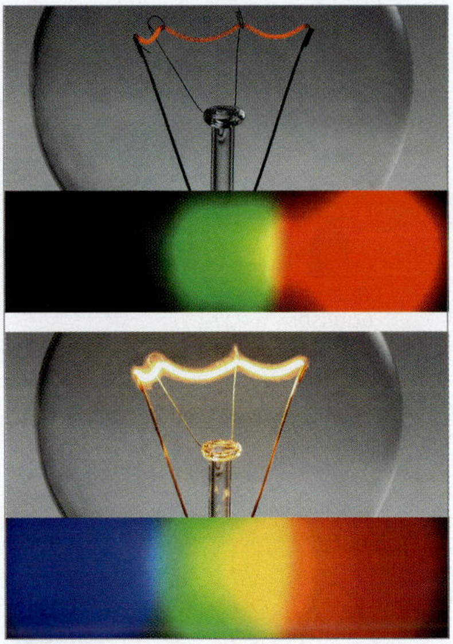

12 *Évolution du spectre de la lumière émise par le filament d'une lampe lorsque sa température augmente (de haut en bas).*

3.1 Loi de Wien

Dès 1893, Wilhelm Wien (1864-1928) montre expérimentalement que le spectre continu du rayonnement thermique, émis par un corps à la température T, a une intensité maximale pour une longueur d'onde λ_{max} qui est donnée par la relation :

$$\lambda_{max} = \frac{2{,}90 \times 10^{-3}}{T}$$

λ_{max} en mètre (m)
T a pour unité SI le kelvin (K)

La relation entre la température T en kelvin et la température θ en degrés Celsius est : $T = \theta + 273$.

APPLICATION Calculer la longueur d'onde correspondant à l'intensité maximale de la lumière émise par le filament d'une lampe, à une température de 2 500 °C.

Réponse. D'après la loi de Wien :

$$\lambda_{max} = \frac{2{,}90\times10^{-3}}{T} = \frac{2{,}90\times10^{-3}}{273+2500} = 1{,}05 \times 10^{-6}\ \text{m}.$$

Cette valeur situe l'intensité maximale de cette lumière dans le domaine des infrarouges.

Remarque. La notation λ_{max} n'indique pas une valeur maximale pour λ, mais c'est la valeur de λ correspondant au maximum de l'intensité du rayonnement thermique.

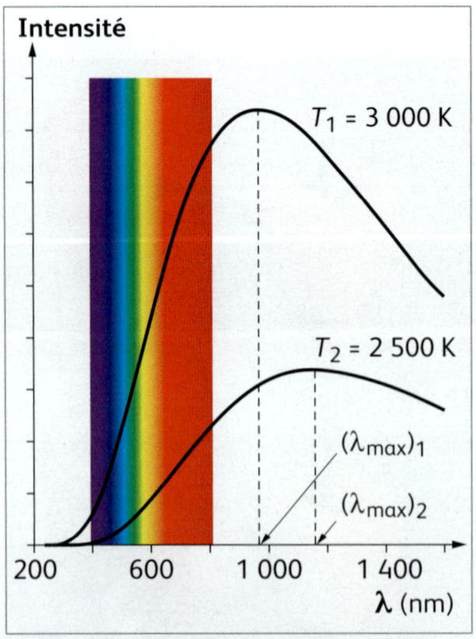

13 *Intensité du rayonnement thermique en fonction de la longueur d'onde. Le maximum d'émission se situe dans l'infrarouge, mais le corps émet aussi dans le visible.*

3.2 Couleur perçue

La loi de Wien ne suffit pas à prévoir la couleur d'un corps chauffé car elle dépend de l'ensemble des radiations visibles émises.

Remarque. En 1900, Max Planck (1858-1947) a montré à partir d'un modèle de corps idéal, qu'il est possible de calculer l'intensité du rayonnement thermique qu'il émet en fonction de la longueur d'onde, pour une température donnée. L'aspect de la courbe obtenue permet de présumer de la couleur de ce corps **(figure 13)**.
Certains corps réels ont un comportement qui se rapproche de celui de ce modèle, les étoiles par exemple.

L'ESSENTIEL

Sources de lumière

- Une **source de lumière** est un objet qui produit la lumière qu'il émet.
- Si la lumière n'est pas décomposable, elle est **monochromatique**. Elle correspond à **une radiation**.
- Si la lumière est décomposable, elle est **polychromatique**. C'est un ensemble de **plusieurs radiations**.
- Chaque radiation peut être caractérisée par sa longueur d'onde dans le vide, notée λ. L'unité de λ dans le système international est le mètre.

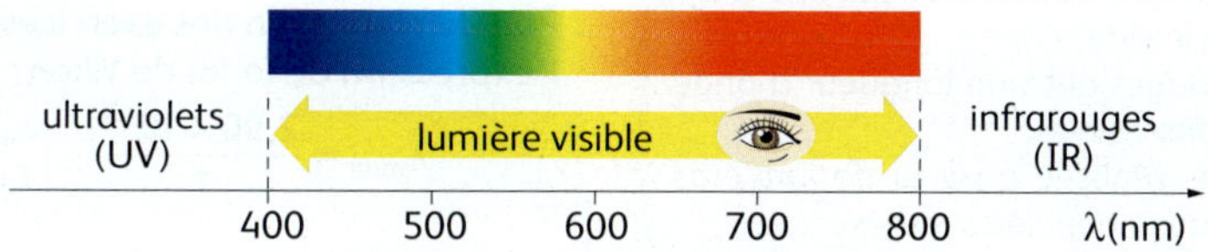

Domaine visible des ondes électromagnétiques.

Vision des couleurs

- **Couleur perçue et couleur spectrale**

Les lumières colorées que nous percevons peuvent être obtenues par synthèse additive trichromatique, à partir de lumières rouge, verte et bleue (RVB), appelées couleurs primaires de la vision.
Des lumières qui ont des spectres différents peuvent produire la même sensation de couleur pour un observateur.

- **Mécanisme de la vision des couleurs**

C'est l'addition des signaux produits par l'excitation des différents types de cônes de la rétine qui produit la sensation de couleur.

- **Daltonisme**

Le daltonisme est une anomalie de la perception des couleurs due à l'absence ou au manque de sensibilité d'un ou plusieurs types de cônes.

Couleur des corps chauffés

- Un corps dense émet un rayonnement électromagnétique appelé **rayonnement thermique** qui dépend de la température, et dont le spectre est continu.

La couleur du corps passe du rouge sombre au blanc si la température augmente.

- **Loi de Wien**

Le spectre continu du rayonnement thermique émis par un corps à la température T, a une intensité maximale pour une longueur d'onde λ_{max} donnée par la relation :

$$\lambda_{max} = \frac{2{,}90 \times 10^{-3}}{T}$$

λ_{max} en mètre (m)
T a pour unité SI le kelvin (K)
avec $T = 273 + \theta$ (θ en °C).

- La **couleur perçue** dépend de l'ensemble des radiations visibles émises (figure ci-contre).

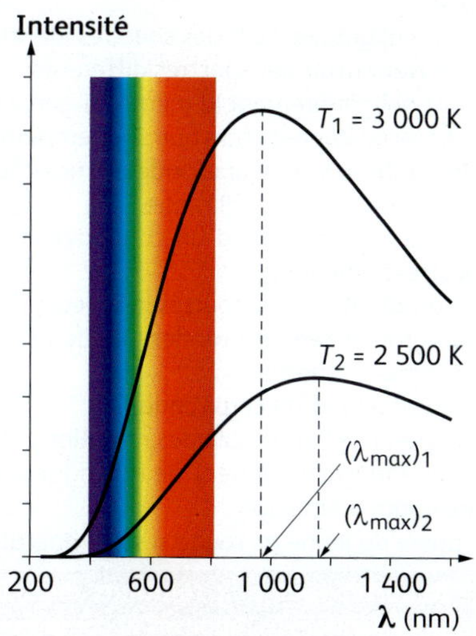

5 minutes CHRONO !

MANUEL NUMÉRIQUE — EXERCICES INTERACTIFS

1 Mots manquants

Compléter avec un ou plusieurs mots.

a. Une source de lumière est un objet qui .... la lumière qu'il émet.

b. Une lumière .... est un ensemble de plusieurs radiations lumineuses.

c. Chaque radiation peut être caractérisée par une grandeur appelée .... dans le vide.

d. Les radiations infrarouges ont une longueur d'onde .... à celle des radiations visibles.

e. La synthèse additive, réalisée à partir de lumières rouge, verte et bleu, est aussi appelée synthèse ....

f. La vision des couleurs par un être humain fait intervenir des cellules rétiniennes appelées ....

g. Un corps dense émet un rayonnement électromagnétique appelé rayonnement .... qui dépend de sa température.

h. La longueur d'onde qui correspond à l'intensité maximale du rayonnement thermique est donnée par la loi de ....

2 QCM

Cocher la réponse exacte.

a. Une lumière colorée :
- ☐ est toujours monochromatique
- ☐ est toujours polychromatique
- ☐ peut être l'une ou l'autre selon les cas

b. Les radiations ultraviolettes ont une longueur d'onde dans le vide :
- ☐ inférieure à 400 nm
- ☐ supérieure à 800 nm
- ☐ comprise entre 400 nm et 800 nm

c. Deux lumières colorées qu'un observateur perçoit identiques :
- ☐ ont obligatoirement des spectres identiques
- ☐ peuvent avoir des spectres différents
- ☐ ont obligatoirement la même longueur d'onde

d. La loi de Wien montre que si la température d'un corps augmente, la longueur d'onde du maximum d'émission :
- ☐ augmente
- ☐ diminue
- ☐ ne varie pas

e. Si la température d'un corps dense augmente, son spectre d'émission :
- ☐ s'agrandit vers les courtes longueurs d'onde
- ☐ s'agrandit vers les grandes longueurs d'onde
- ☐ n'est pas modifié

f. La couleur d'un corps chauffé :
- ☐ dépend de l'ensemble des radiations qu'il émet
- ☐ dépend exclusivement de la longueur d'onde de son maximum d'émission
- ☐ passe du jaune au rouge si sa température augmente

→ Reportez-vous aux solutions détaillées page 393 pour vérifier vos réponses et comprendre vos erreurs.

Parcours personnalisés

Deux parcours d'exercices pour travailler en autonomie selon ses besoins.

Maîtriser les bases : 3 – 9 – 11 – 16

Préparer l'évaluation : 17 – 18 – 19

Pour la résolution des exercices suivants, on rappelle l'expression de la loi de Wien :

$$\lambda_{max} = \frac{2{,}90 \times 10^{-3}}{T}$$

λ_{max} en mètre (m) ; T en kelvin (K)

MOBILISER SES CONNAISSANCES

▶ Sources de lumière [§1 du cours]

3 Sources de lumière

Citer, pour chaque cas, deux exemples d'objets lumineux :

a. qui sont des sources de lumière ;

b. qui ne sont pas des sources de lumière.

4 Décomposition de la lumière

a. Que représente la photographie ci-dessous ?

b. Citer deux exemples de dispositifs expérimentaux qui permettent d'obtenir ce résultat.

5 Vocabulaire

Qu'est-ce qu'une lumière monochromatique ?

6 Radiations visibles

a. Quelles sont les valeurs limites des longueurs d'onde des radiations visibles ?

b. Quelle est la couleur d'une lumière dont la longueur d'onde vaut 400 nm ?

7 Longueurs d'onde et unités

Une radiation a une longueur d'onde de $4{,}50 \times 10^{-7}$ m. Cette lumière est-elle visible ?

8 Radiations visibles et invisibles

Quel est le nom des radiations lumineuses :

a. dont la longueur d'onde est supérieure à 800 nm ?

b. dont la longueur d'onde est inférieure à 400 nm ?

▶ Vision des couleurs [§2 du cours]

9 Égalisation des couleurs

Comment peut-on montrer expérimentalement que des lumières qui ont des spectres différents peuvent produire la même sensation visuelle ?

▶ Couleur des corps chauffés [§3 du cours]

10 Couleur et température

Comment expliquer les différentes couleurs de ces barres d'acier chauffées ?

11 Loi de Wien

L'étude de l'intensité de la lumière émise par deux corps chauds en fonction de la longueur d'onde a permis d'obtenir les courbes suivantes.

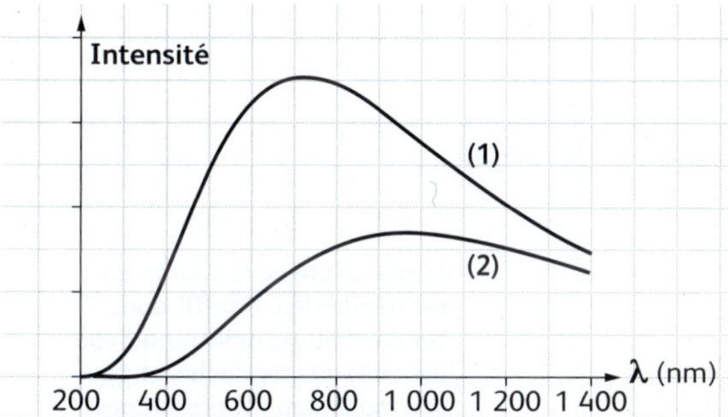

a. De ces deux corps **(1)** et **(2)**, quel est celui qui a la température la plus élevée ?

b. Pour chacun des deux corps, le maximum d'émission correspond-il à de la lumière visible ?

UTILISER SES COMPÉTENCES

12 Schématiser

Schématiser un montage permettant d'observer sur un écran le spectre de la lumière blanche.

13 Utiliser les puissances de 10

Compléter le tableau suivant en notation scientifique.

	Valeur en nm	Valeur en m	Valeur en µm
Longueur d'onde dans le vide	$5{,}50 \times 10^{2}$		
		$6{,}20 \times 10^{-7}$	
			$4{,}60 \times 10^{-1}$

14 Utiliser une relation littérale

D'après la formule qui traduit la loi de Wien,

a. Comment évolue λ_{max} si la température augmente ?

b. Que peut-on dire du produit $T \times \lambda_{max}$?

15 Utiliser un graphique

L'étude d'une lampe à incandescence a permis d'obtenir la représentation graphique ci-dessous de l'intensité de la lumière émise en fonction de la longueur d'onde dans le vide.

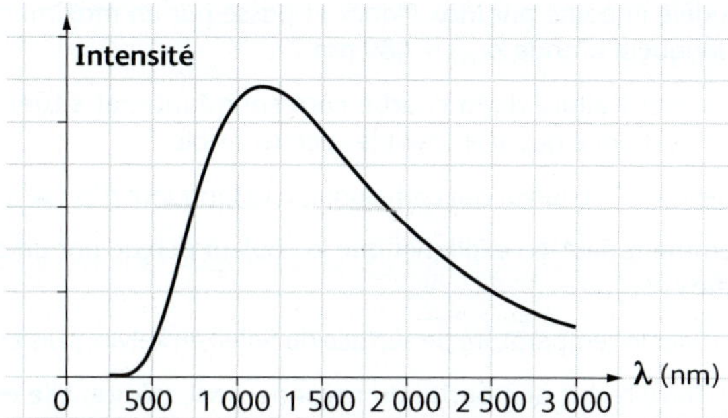

a. Mesurer la valeur de λ pour laquelle l'intensité est maximale.

b. Repérer sur le graphique les valeurs des longueurs d'onde qui délimitent le spectre visible, et en déduire la couleur approximative du filament de cette lampe.

16 Apprendre à rédiger

Voici l'énoncé d'un exercice et un guide (en orange) ; ce guide vous aide pour rédiger la solution détaillée et pour retrouver les réponses numériques aux questions posées.

Énoncé

Les phares de voitures peuvent être équipés de lampes qui contiennent des halogènes à l'état gazeux. Le filament de tungstène peut alors être porté à une température élevée, voisine de 3 000 K, alors que pour une lampe à incandescence classique, elle n'est que de 2 500 K.

a. En admettant que la loi de Wien est applicable au filament chauffé, calculer les longueurs d'onde λ_{max} en nm, pour lesquelles l'intensité lumineuse est maximale pour chacune de ces deux lampes, puis situer les radiations correspondantes par rapport au spectre visible.

- ▸ **Faire une phrase pour introduire la formule qui traduit la loi de Wien.**
- ▸ **Écrire la formule littérale et préciser les unités.**
- ▸ **Faire le calcul numérique et donner les résultats avec l'unité demandée. Vérifier que les résultats sont $9{,}67 \times 10^{2}$ nm et $1{,}16 \times 10^{3}$ nm.**
- ▸ **Rappeler les valeurs limites des longueurs d'onde des radiations visibles. Vérifier que les valeurs trouvées correspondent à des radiations infrarouges.**

b. Peut-on déduire les couleurs des lumières émises simplement à partir des valeurs de λ_{max} ?

- ▸ **Expliquer pourquoi la couleur perçue ne dépend pas seulement du maximum d'intensité de la lumière émise.**

Exercices Entraînement

EXERCICE RÉSOLU

Site élève

17 Le rayonnement solaire

Énoncé Certains satellites équipés de spectromètres ont permis d'obtenir le spectre du rayonnement émis par le Soleil. La représentation graphique de l'intensité lumineuse en fonction de la longueur d'onde λ est proche de celle du modèle imaginé par Max Planck et passe par un maximum pour la valeur de la longueur d'onde $\lambda_{max} = 480$ nm.

1 Dessiner l'allure de la courbe correspondante, et situer les valeurs des longueurs d'onde qui délimitent le spectre visible.

2 Quelle est la couleur qui correspond à la longueur d'onde $\lambda_{max} = 480$ nm ?

3 Comment peut-on expliquer que la couleur perçue par un observateur soit blanche ?

4 Calculer la température de surface du Soleil en kelvin, puis en degrés Celsius.

5 La Terre reçoit une partie du rayonnement solaire. Elle est dans un état d'équilibre, et la température moyenne de sa surface est de 15 °C.
En admettant que la surface de la Terre obéisse à la loi de Wien, calculer la longueur d'onde du maximum de rayonnement émis par la Terre.
La radiation est-elle visible ? Sinon, dans quel domaine se situe-t-elle ?

Une solution

1 Allure de la courbe :

Les radiations visibles ont des longueurs d'onde comprises entre 400 nm et 800 nm.

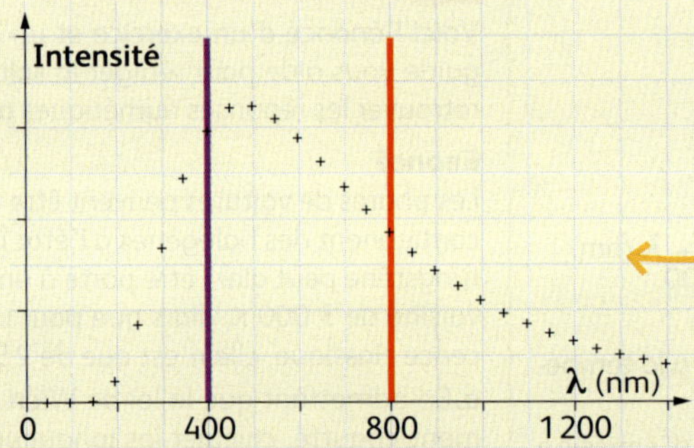

2 La longueur d'onde 480 nm correspond à une couleur bleue.

3 L'œil d'un observateur reçoit toutes les radiations présentes dans le spectre. La couleur perçue est le résultat de l'addition de ces radiations reçues par les cellules réceptrices de la rétine, compte tenu de leurs intensités respectives.

4 D'après la loi de Wien :

$$\lambda_{max} = \frac{2{,}90 \times 10^{-3}}{T} \quad \text{d'où : } T = \frac{2{,}90 \times 10^{-3}}{\lambda_{max}} = \frac{2{,}90 \times 10^{-3}}{480 \times 10^{-9}} = 6{,}04 \times 10^{3}\ \text{K.}$$

En degrés Celsius : $\theta = T - 273$; donc $\theta = 5{,}77 \times 10^{3}$ °C.

5 D'après la loi de Wien :

$$\lambda_{max} = \frac{2{,}90 \times 10^{-3}}{T} \quad \text{avec : } T = 273 + 15 = 288\ \text{K.}$$

D'où : $\lambda_{max} = 1{,}01 \times 10^{-5}$ m $= 1{,}01 \times 10^{4}$ nm.

Cette radiation n'est pas visible, elle se situe dans le domaine des infrarouges.

Schématiser

C'est l'allure de la courbe qui est demandée. Il suffit donc simplement de montrer qu'elle est en forme de cloche, et que son maximum est atteint pour une longueur d'onde de 480 nm.

Rédiger

Faire une phrase pour introduire la formule littérale qui traduit la loi, puis faire l'application numérique.

Application numérique

Pour trouver le nombre de chiffres significatifs du résultat, il faut examiner les données de l'énoncé : il y a 3 chiffres significatifs pour λ_{max} donc 3 chiffres pour la température.

18 Lampes à DEL

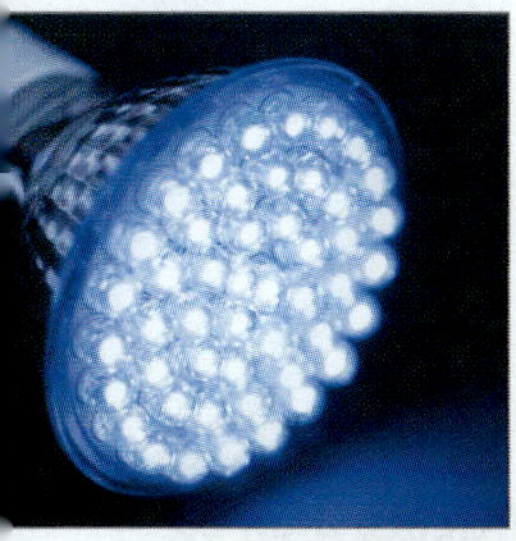

Les lampes à diodes électroluminescentes font partie des lampes à économie d'énergie qui remplacent progressivement les anciennes lampes à incandescence.

La photographie ci-dessous montre, au centre, l'aspect de la lumière émise par l'une d'entre elles, et de part et d'autre son spectre.

À partir du mécanisme de la vision des couleurs, expliquer pourquoi un observateur perçoit de la lumière blanche, alors que le spectre ne montre que trois couleurs.

19 L'effet de serre

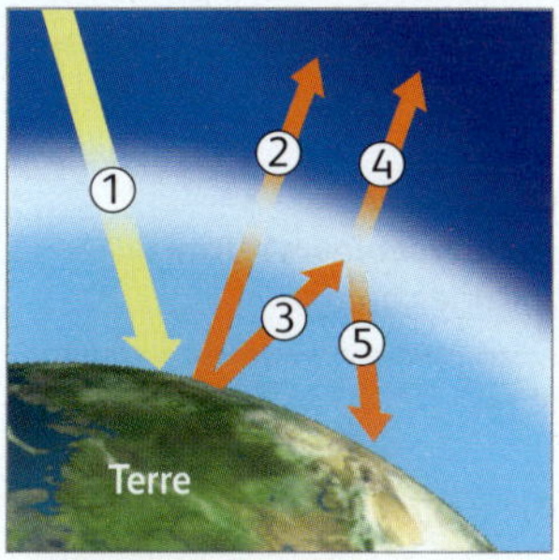

L'intensité du rayonnement thermique émis par la surface du Soleil, dont la température est voisine de 6 000 K, est maximale pour une longueur d'onde de 480 nm.

Une partie de ce rayonnement est absorbée par la Terre dont la surface a une température moyenne d'équilibre voisine de 15 °C.

a. En admettant que la loi de Wien est applicable au rayonnement thermique émis par la surface de la Terre, calculer la longueur d'onde λ_{max} pour laquelle l'intensité est maximale.
Dans quel domaine du spectre se situe cette radiation ?

b. Le diazote et le dioxygène, gaz majoritaires de l'atmosphère, n'absorbent pas les radiations émises par la Terre. Mais d'autres gaz tels que le dioxyde de carbone, la vapeur d'eau et le méthane, présents en beaucoup plus faible quantité, les absorbent ; ce qui a pour conséquence d'élever leur température. Ils réémettent alors un rayonnement dont une partie atteint de nouveau la Terre : ce sont les « gaz à effet de serre ».
Indiquer ce que représente chaque flèche dans la figure ci-dessus en justifiant chaque réponse à partir des données de l'exercice.

c. Expliquer les conséquences qu'aurait une augmentation des quantités de gaz à effet de serre dans l'atmosphère.

20 Le serpent et la souris

La température corporelle de la souris est d'environ 37 °C.

a. Calculer la longueur d'onde du maximum d'intensité du rayonnement thermique émis par la souris.

b. Certains serpents sont munis d'organes récepteurs infrarouges.
Pourquoi la souris n'est-elle pas à l'abri de ces serpents la nuit ?

21 ✶ Astronomie infrarouge

a. Un nuage de poussière non observable dans le domaine visible peut être analysé dans le domaine des radiations infrarouges.
Expliquer pourquoi.

b. Un télescope spatial dédié à l'astronomie infrarouge doit être maintenu à très basse température par un système de refroidissement.
Justifier cette précaution.

22 ✶ Loi de Wien

Le graphique ci-dessous montre les variations de l'intensité du rayonnement émis par un corps chauffé à différentes températures T en fonction de la longueur d'onde λ. On notera λ_{max} la valeur de la longueur d'onde pour laquelle l'intensité est maximale.

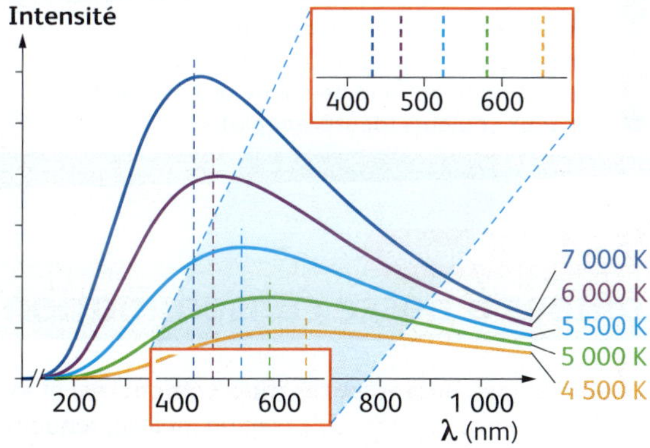

a. Compléter le tableau ci-dessous en tenant compte de l'échelle utilisée pour l'axe des abscisses.

Température T (K)	4 500	5 000	5 500	6 000	6 500
λ_{max} (nm)					
λ_{max} (m)					
$\frac{1}{T}$ (K^{-1})					

b. Faire la représentation graphique de λ_{max} (en m) en fonction de $\frac{1}{T}$ (en K^{-1}).
Quelle est l'équation de la droite obtenue ?

c. En déduire la relation entre λ_{max} et T et la comparer à la formule qui traduit la loi de Wien.

Culture scientifique et citoyenne

PHYSIQUE & MÉDECINE Le Daltonisme

Test d'Ishihara. Le nombre écrit en vert sur fond rouge orangé ne sera pas distingué par une personne qui confond ces deux couleurs (deutéranopie).

Le daltonisme est un trouble de la vision du à une **déficience d'un ou plusieurs des trois types de cônes** de la rétine, responsables de la perception des couleurs.

Le mot daltonisme vient du nom du physicien-chimiste anglais John Dalton (1766-1844) qui en était atteint.

- Il existe plusieurs formes de daltonisme. La plus fréquente se manifeste par la **confusion du vert et du rouge**. Elle est due à l'absence ou à une anomalie des cônes sensibles au vert (deutéranopie). Les autres formes sont nettement plus rares, comme la confusion du bleu et du jaune ; la plus rare de toutes étant le manque total de perception des couleurs où la personne ne perçoit que des nuances de gris.
- Le dépistage peut se faire avec le **test d'Ishihara**, composé de plusieurs planches de couleurs contenant un (ou plusieurs) nombre(s), qu'un daltonien ne distingue pas.

Sur le Web www.daltonisme.com/
www.snof.org/vue/couleurs1.html
www.afe-eclairage.com.fr

Sciences & Société

Lampes à basse consommation

Les lampes fluorescentes (fluo-compactes) et les **lampes à diodes électroluminescentes (DEL)** ont un meilleur rendement que les lampes à incandescence : pour une même consommation d'énergie électrique, elles fournissent **une plus grande énergie lumineuse**.

La lumière qu'elles émettent se rapproche de celle des lampes à incandescence, bien que leurs spectres d'émission soient différents.

La qualité de la lumière peut être évaluée grâce à deux indications :

- **La « température de couleur »**

Une valeur inférieure à 4 000 K correspond à une « lumière chaude » blanc-jaune. Une valeur supérieure à 6 000 K correspond à une lumière « lumière froide » blanc-bleuté.

- **L'indice de rendu des couleurs (IRC)**

Un IRC compris entre 90 et 100 correspond à un très bon rendu des couleurs d'un objet éclairé par la lampe.

Ces indications se trouvent sur le culot des lampes. Par exemple, si on lit le nombre 827 : 8 correspond à un IRC compris entre 82 et 85, et 27 correspond à une température de couleur de 2 700 K.

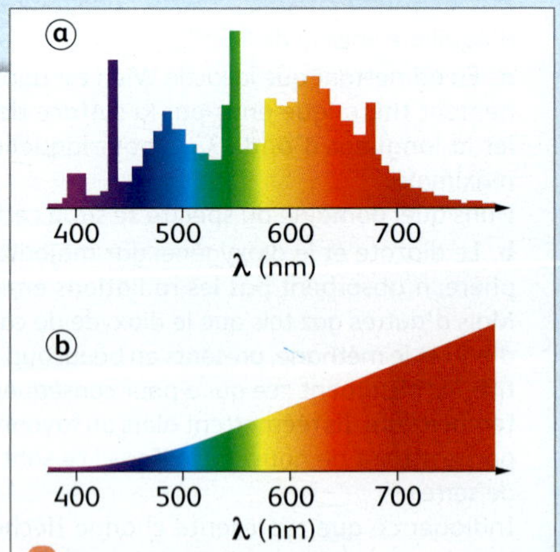

Répartitions spectrales des lumières émises :
ⓐ par une lampe fluo-compacte.
ⓑ par une lampe à incandescence.

Sur le Web www.led-fr.net/ http://fr.ekopedia.org/Ampoule_fluocompacte

PHYSIQUE & ARTS Mesurer une couleur

La perception de la couleur d'une lumière émise par une source est subjective : elle dépend des individus. Il est cependant possible de la décrire de façon assez rigoureuse à partir de trois critères.

- **La teinte**, ou tonalité chromatique, correspond à ce qui est appelé « couleur » dans le langage courant et qui est caractérisée par les termes rouge, bleu, jaune, etc.
- **La saturation**, ou pureté, correspond au niveau de dilution de la teinte avec de la lumière blanche.
- **La clarté**, ou luminance, est un indicateur du degré de clair-sombre de la teinte.

Deux de ces critères peuvent être concrétisés par le **« diagramme de chromaticité »**, dans lequel une couleur est repérée par deux coordonnées x et y.

Sur le document ci-contre, le point de coordonnées $x = \frac{1}{3}$; $y = \frac{1}{3}$ représente le blanc.

Une demi-droite qui a ce point comme origine définit une **teinte**, avec ses différents **degrés de saturation**.

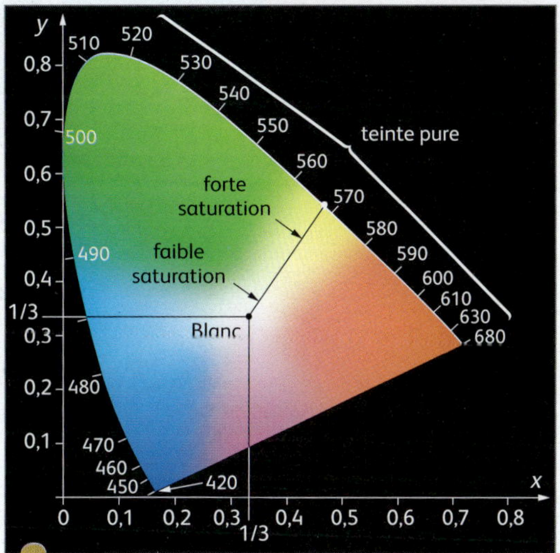

Diagramme de chromaticité.

Sur le Web http://arthur.u-strasbg.fr/~ronse/TIDOC/VISU/couleur.html
http://theatretec.chez.com/Lumiere/Couleur.htm

Exercer son esprit critique

Regarder fixement et assez longtemps le carré rouge ci-contre, puis porter ensuite le regard sur une surface blanche.
Les récepteurs rétiniens sollicités deviennent moins performants et l'on voit l'image dans la couleur complémentaire de celle que l'on a fixée.

?! Pourquoi est-ce la couleur complémentaire que l'on voit ?

Sur le Web www.illusions-optique.fr/illusions-couleur.html

Chapitre 5

Le photon

Les objectifs

- Connaître la nature corpusculaire de la lumière pour interpréter les échanges d'énergie entre lumière et matière.
- Savoir que l'énergie de la matière est quantifiée et savoir utiliser un diagramme de niveaux d'énergie.
- Savoir expliquer les caractéristiques du spectre solaire.

Échanger des idées

L'avion solaire *Solar Impulse*.

▶ RELEVER DES DÉFIS

Cet avion est prévu pour effectuer un tour complet de la Terre sans consommer une goutte de carburant. Comment cela est-il possible ?

Vue d'artiste du voilier solaire *Ikaros*.

▶ ÉMETTRE DES HYPOTHÈSES

Se déplacer dans le vide spatial avec une voile solaire poussée par la lumière : comment est-ce possible ?

Le funiculaire de Montmartre.

▶ DÉBAT EN GROUPE

Trouver le point commun à ces deux exemples : le rail du funiculaire et l'escalier qui le longe, le manche d'un violon et celui d'une guitare.

Activité à la maison

ACTIVITÉ DOCUMENTAIRE

MANUEL NUMÉRIQUE

1 La catastrophe ultraviolette

▶ Le modèle ondulatoire de la lumière résiste-t-il à toutes les épreuves expérimentales ?

En 1900, Lord John Rayleigh, en exploitant les lois qui régissent les ondes électromagnétiques, établit une loi qui permet de calculer, pour un corps chauffé, l'intensité de la lumière rayonnée suivant les différentes longueurs d'onde.

Pour les radiations allant de l'infrarouge au visible, l'expérience corrobore la loi. Mais pour le bleu, pour le violet, et plus encore pour l'ultraviolet, l'expérience est en contradiction flagrante avec la théorie **(figure 1)**. Les équations prévoyaient en effet que l'intensité du rayonnement devait être extrêmement grande pour les petites longueurs d'onde.

C'est cet échec que les physiciens ont appelé la « catastrophe ultraviolette ».

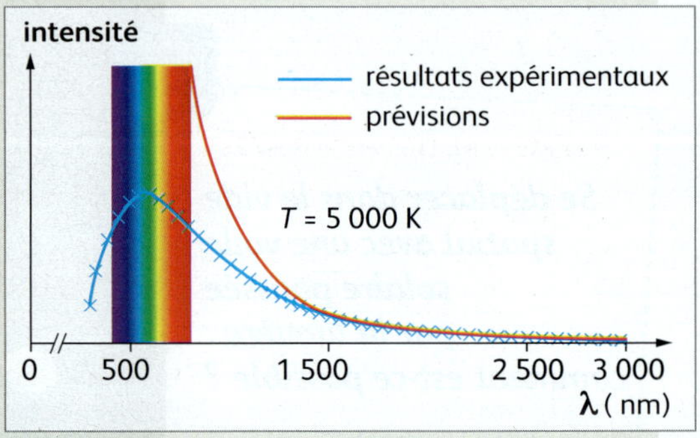

1 *Évolution de l'intensité de la lumière émise par un corps chaud en fonction de la longueur d'onde.*

Afin de surmonter cette « catastrophe », le physicien allemand Max Planck émet, quelques mois plus tard, une curieuse hypothèse : au lieu de considérer que les échanges d'énergie entre l'objet chauffé et le rayonnement qu'il émet se font de façon continue, Planck imagine qu'ils se font de façon discontinue, par paquets d'énergie. C'est comme si, au lieu de considérer que ces échanges d'énergie se faisaient à la manière d'un liquide s'écoulant d'un récipient à un autre, on remplaçait le liquide par des billes.

Planck a appelé ces paquets d'énergie des quanta (au singulier : quantum) ; plus tard, on les appellera des photons. Ces paquets n'ont pas tous la même « grosseur » : pour chaque radiation, l'énergie contenue dans un photon est inversement proportionnelle à sa longueur d'onde dans le vide.

Cette intrusion brutale de la discontinuité dans le bel enchaînement de la physique traditionnelle va semer le désarroi parmi les physiciens et chez Planck lui-même. Elle lui paraît, au mieux, un artifice de calcul.

D'après *Le cantique des quantiques*, S. Ortoli et J.-P. Pharabod, Éditions La Découverte

2 *De la catastrophe ultraviolette à l'émergence du photon.*

1 Comprendre le texte

a. Expliquer ce que signifie la phrase : « l'expérience corrobore la loi ».

b. En quoi consiste la « catastrophe ultraviolette » ?

c. Expliquer la différence entre les deux modes d'échanges d'énergie envisagés dans le texte.

d. Expliquer ce qu'est un « artifice de calcul ».

2 Interpréter les documents

a. Imaginer et décrire les sensations que nous pourrions ressentir en prenant un « bain de soleil » si chaque photon de la lumière solaire contenait une énergie perceptible à notre échelle.

b. Entre la lumière rouge d'une lampe témoin au néon et celle d'une lampe UV de bronzage, laquelle transporte des photons de plus grande énergie ?

3 Rechercher des exemples

Trouver un ou plusieurs exemples tiré(s) de la vie courante où des transferts peuvent se faire de façon continue ou discontinue. Même question pour un exemple pris dans l'histoire des sciences.

ANIMATION INTERACTIVE

MANUEL NUMÉRIQUE

2 Un argument expérimental en faveur du photon

▶ En 1905, Albert Einstein reprend l'idée de Max Planck pour interpréter un phénomène appelé « l'effet photoélectrique ». Comment l'hypothèse du photon s'est-elle imposée ?

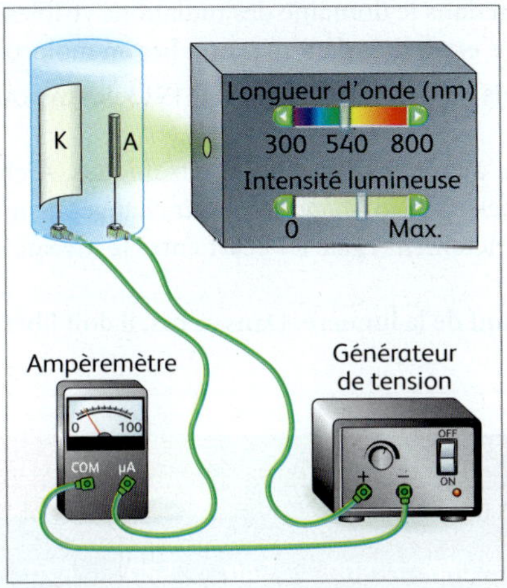

4 *Animation sur l'effet photoélectrique.*

Lorsqu'une plaque métallique placée dans le vide est éclairée par une lumière monochromatique de longueur d'onde dans le vide λ, des électrons peuvent être éjectés du métal grâce à l'énergie lumineuse reçue : ceci constitue l'effet photoélectrique. Les électrons émis peuvent être récupérés par une électrode, et un courant électrique peut être mis en évidence.

3 *L'effet photoélectrique.*

ANIMATION INTERACTIVE

- K représente la plaque métallique et A l'électrode. Les électrons émis, soumis à la tension entre A et K peuvent alors atteindre l'électrode A.
- L'intensité I du courant est visualisée par l'aiguille d'un ampèremètre, sa valeur est proportionnelle au nombre d'électrons atteignant l'électrode A chaque seconde.

Étape 1 Illustration de l'effet photoélectrique

- Fixer la longueur d'onde de la lumière à la valeur $\lambda = 400$ nm.
- Partant d'une intensité lumineuse nulle, augmenter progressivement sa valeur.

1 Observer

Comment évolue I lorsqu'on augmente l'intensité lumineuse ?

2 Interpréter

a. Expliquer la valeur de I lorsque K n'est pas éclairée.

b. Expliquer l'évolution de I lorsqu'on éclaire K, puis lorsqu'on augmente l'intensité lumineuse.

Étape 2 L'hypothèse du photon

- **Cas 1.** Fixer l'intensité lumineuse à 50 %. Faire varier λ sur toute l'étendue des valeurs disponibles.
- **Cas 2.** Fixer la longueur d'onde à la valeur $\lambda = 600$ nm. Faire varier l'intensité lumineuse.

3 Observer

a. Dans le **cas 1**, comment évolue l'intensité du courant lorsque λ varie ?

b. Dans le **cas 2**, comment évolue l'intensité du courant lorsque l'intensité lumineuse varie ?

4 Conclure

Deux hypothèses sont proposées pour expliquer les résultats précédents.

– **Hypothèse A** : de l'énergie lumineuse est transmise en continu aux électrons par le faisceau lumineux. Un électron peut être éjecté hors du métal lorsqu'il a accumulé assez d'énergie.

– **Hypothèse B** : l'énergie lumineuse est transmise aux électrons par paquets appelés « photons ». L'énergie d'un **photon** dépend de la seule longueur d'onde de la lumière reçue. Un électron peut être éjecté s'il reçoit un paquet d'énergie suffisante mais il ne peut pas accumuler plusieurs paquets.

Pourquoi seule l'hypothèse B justifie à la fois les résultats du **cas 1** et du **cas 2** ?

ACTIVITÉ DOCUMENTAIRE

MANUEL NUMÉRIQUE

3 Atomes et photons

▶ **Comment le photon permet-il d'explorer la structure de l'atome ?**

La **figure 6** représente les spectres d'émission et d'absorption dans le domaine des radiations visibles d'un gaz sous faible pression formé d'hydrogène monoatomique (c'est-à-dire d'atomes non liés en molécules).

Pour interpréter le spectre de l'hydrogène, le physicien suédois Niels Bohr a adopté, en 1913, les hypothèses suivantes :

– dans un atome d'hydrogène, l'électron ne peut accéder qu'à certaines couches électroniques. À chaque couche correspond une énergie déterminée pour l'atome, appelée niveau d'énergie. Pour changer de niveau, l'atome doit gagner ou perdre en un seul paquet l'énergie strictement égale à l'écart entre le niveau initial et le niveau final.

– un atome peut changer de niveau en émettant ou en absorbant de la lumière. Dans ce cas, il doit libérer ou absorber un photon et un seul.

La **figure 7** est un diagramme représentant les premiers niveaux d'énergie de l'atome d'hydrogène. Pour chaque niveau n représenté, on a indiqué l'énergie $\mathscr{E}_{1n}$ que doit acquérir l'atome pour passer du niveau 1, appelé niveau fondamental, au niveau n.

5 *Atome et niveaux d'énergie.*

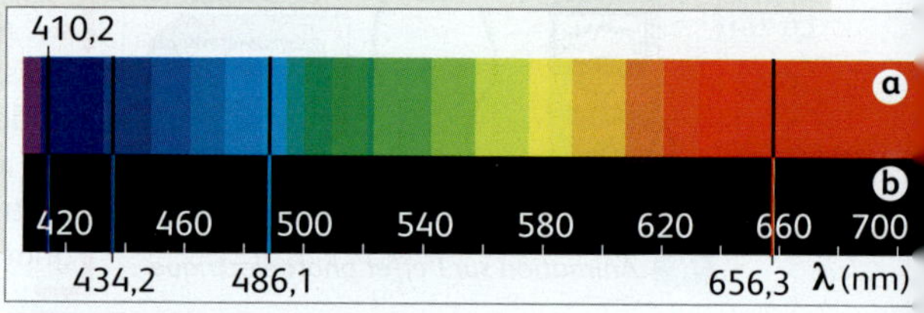

6 *Spectres d'absorption (a) et d'émission (b) de l'atome d'hydrogène.*

1 Analyser les documents

a. D'après la **figure 6**, les longueurs d'onde des radiations émises ou absorbées par l'atome d'hydrogène sont-elles distribuées de façon continue ou discontinue ?

b. Comparer les spectres d'émission et d'absorption de l'hydrogène. Quelle propriété générale, vue en seconde, peut-on évoquer à ce propos ?

2 Interpréter

L'énergie d'un photon ne dépend que de la longueur d'onde dans le vide λ de la radiation qui le transporte.

a. D'après vous, dans le cas d'une émission de lumière, l'atome doit-il passer à un niveau d'énergie supérieur ou inférieur ? Même question dans le cas d'une absorption de lumière.

b. Comment les hypothèses de Bohr expliquent-elles la réponse à la question **1 a.** ?

c. Comment ces mêmes hypothèses expliquent-elles les réponses à la question **1 b.** ?

3 Exploiter des données

L'énergie $\Delta\mathscr{E}$ d'un photon est donnée par la relation :

$$\Delta\mathscr{E} = \frac{hc}{\lambda}$$

avec $h = 6{,}63 \times 10^{-34}$ J·s et $c = 3{,}00 \times 10^{8}$ m·s^{-1}.

a. À partir de la **figure 6**, calculer les énergies des photons associées à chacune des radiations visibles du spectre de l'atome d'hydrogène.

b. Identifier sur la **figure 7** les changements de niveaux responsables des émissions des radiations des raies rouge et bleue claire.

c. Les deux autres radiations de lumière visible mettent en jeu le niveau 2. Exploiter leurs longueurs d'onde dans le vide pour compléter le diagramme avec deux autres valeurs supérieures à celle du niveau 2.

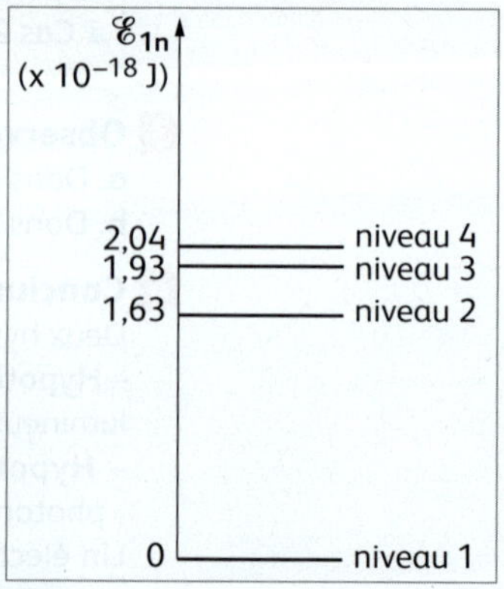

7 *Premiers niveaux d'énergie de l'atome d'hydrogène.*

1 Lumière et énergie

- Pour **émettre** de la lumière en permanence, la matière doit recevoir de l'énergie. Par exemple, les piles s'usent lorsque l'on fait fonctionner une lampe de poche ; le compteur d'énergie d'une installation domestique tourne lorsqu'on éclaire une pièce.
- Inversement, lorsque la lumière est **absorbée** par la matière, de l'énergie est récupérée. Par exemple, la lumière du Soleil alimente les piles photovoltaïques des panneaux solaires, chauffe l'atmosphère et le sol, apporte l'énergie nécessaire à la photosynthèse chlorophyllienne **(document 8)**.

La lumière transporte de l'énergie.

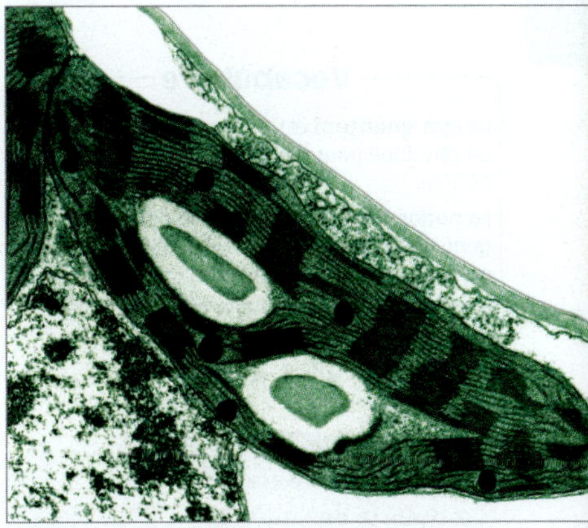

8 *La chlorophylle contenue dans les chloroplastes absorbe la lumière et fournit de l'énergie à la plante.*

- Les ondes lumineuses appartiennent au domaine des ondes électromagnétiques : chaque radiation lumineuse est caractérisée par sa **longueur d'onde dans le vide λ.**

Une onde étant la propagation d'une vibration, chaque radiation est aussi caractérisée par sa **fréquence ν** (lire « nu »). La fréquence d'une radiation est indépendante du milieu de propagation **(figure 9)**.

La fréquence ν d'une radiation est liée à sa longueur d'onde dans le vide λ par la relation :

$$\lambda = \frac{c}{\nu}$$

c en $m \cdot s^{-1}$; $c = 3{,}00 \times 10^8 \ m \cdot s^{-1}$
ν en hertz (Hz)
λ en mètre (m)

Science in English

wave : onde
wavelength : longueur d'onde

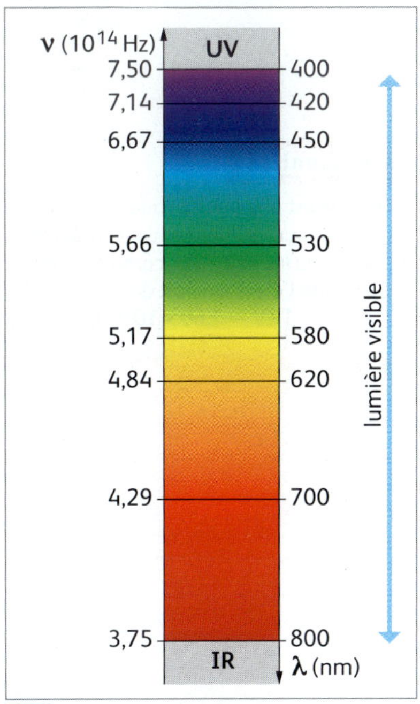

9 *Longueurs d'ondes et fréquences des ondes lumineuses.*
Pour $\lambda = 530$ nm, la relation $\nu = \frac{c}{\lambda}$ donne $\nu = 5{,}66 \times 10^{14}$ Hz.

2 La lumière : onde ou particules ?

2.1 Insuffisance du modèle ondulatoire

En appliquant les lois de l'électromagnétisme aux ondes lumineuses, on peut prévoir certaines propriétés du rayonnement thermique dans le cas du modèle théorique de corps condensé et chaud imaginé par Planck. Or, une partie de ces prévisions est en désaccord complet avec l'expérience.

Le modèle ondulatoire de la lumière est indispensable pour étudier la propagation de la lumière mais est insuffisant pour décrire les échanges d'énergie entre matière et lumière.

Pour interpréter les propriétés des échanges d'énergie entre matière et lumière, les physiciens ont été amenés à admettre que les énergies échangées ne peuvent pas prendre des valeurs quelconques.

2.2 Le photon

Les transferts d'énergie entre matière et lumière sont **discontinus** ou **quantifiés**. Ils ne peuvent se faire que par « paquets » d'énergie contenant chacun une énergie bien déterminée.

En physique, un paquet d'énergie contenant la plus petite énergie échangeable est appelé un **quantum** (au pluriel : des quanta).

Un quantum d'énergie lumineuse est appelé un **photon**.

Vocabulaire

Le mot **quantum** est un mot latin utilisé en physique pour désigner une quantité définie.

La notion de quantum d'énergie a été généralisée donnant naissance à une théorie appelée physique quantique.

2.3 L'énergie du photon

L'énergie d'un photon ne dépend que de la fréquence de la radiation qui le transporte ou, ce qui revient au même, de sa longueur d'onde dans le vide.

L'énergie $\Delta\mathscr{E}$ d'un photon, associé à une radiation de fréquence ν, est donnée par la relation (formule de Planck) :

$$\Delta\mathscr{E} = h\nu \quad \left| \begin{array}{l} \nu \text{ en hertz (Hz)} \\ \Delta\mathscr{E} \text{ en joule (J)} \end{array} \right.$$

h désigne une constante universelle appelée constante de Planck ;

$$h = 6{,}63 \times 10^{-34}\ \text{J·s.}$$

Remarque. Plus la longueur d'onde dans le vide est petite, plus sa fréquence, et donc l'énergie du photon, sont grandes.

Max Planck

La théorie des quanta

Physicien allemand, **Max Planck** (1858-1947) étudia, à partir de 1894, le rayonnement du corps noir, modèle théorique de corps condensé et chaud. Ses travaux donnèrent naissance à la théorie des quanta qui allait bouleverser la physique. Il obtint le prix Nobel en 1918.

APPLICATION Calculer l'énergie des photons pour une radiation de fréquence $\nu = 6{,}00 \times 10^{14}$ Hz (lumière bleue).

Réponse. D'après la formule de Planck :

$$\Delta\mathscr{E} = h\nu = 6{,}63 \times 10^{-34} \times 6{,}00 \times 10^{14} = 3{,}98 \times 10^{-19}\ \text{J.}$$

$$\Delta\mathscr{E} = \frac{3{,}98 \times 10^{-19}}{1{,}60 \times 10^{-19}} = 2{,}49\ \text{eV.}$$

Ces énergies sont extrêmement petites à notre échelle. C'est pourquoi la discontinuité des échanges d'énergie entre lumière et matière ne nous est pas perceptible directement.

Les unités

Le joule est une unité beaucoup trop grande pour les énergies concernant le photon ou les particules comme l'atome. On utilise l'**électron-volt** de symbole **eV**.

$$1\ \text{eV} = 1{,}60 \times 10^{-19}\ \text{J.}$$

2.4 La lumière : onde et particules

On peut modéliser la lumière par un déplacement de particules de masse nulle, les photons.

On dit pour cela que la lumière a une **structure corpusculaire**.

La structure de la lumière est à la fois **ondulatoire** et **corpusculaire**.

Ces deux aspects sont nécessaires pour une description complète de la nature de la lumière.

3 Quantification des niveaux d'énergie de la matière

La découverte du photon et l'étude des spectres de raies atomiques ont permis aux physiciens de comprendre la structure de l'atome.

3.1 Quantification des énergies de l'atome

- À chaque répartition des électrons sur les couches électroniques, correspond un **niveau d'énergie** de l'atome.

Pour qu'un électron passe d'une couche électronique à une couche supérieure, l'atome doit recevoir une certaine quantité d'énergie : il passe à un niveau d'énergie supérieur.

Si le changement de couche est l'inverse du précédent, l'atome restitue la même quantité d'énergie.

> Les **énergies** pouvant être échangées par un atome au repos sont quantifiées : elles ne peuvent prendre que des valeurs discrètes.

- On appelle **énergie d'un niveau** l'énergie $\mathscr{E}$ que l'atome doit fournir pour passer de ce niveau à un niveau de référence (arbitrairement choisi).

La quantification des échanges d'énergie peut ainsi s'exprimer d'une façon équivalente :

> Les **niveaux d'énergie** de l'atome sont quantifiés : leur énergie ne peut prendre que des valeurs discrètes.

- Les niveaux d'énergie d'un atome ont des valeurs bien déterminées, caractéristiques de l'atome.

> • Lorsque l'atome est à son niveau d'énergie le plus bas, on dit qu'il est dans son **état fondamental**. Sinon, on dit qu'il est dans un **état excité**.
>
> • Un changement de niveau s'appelle une **transition**. Une transition est symbolisée par une flèche droite **(figure 10)**.

L'atome cède l'énergie $\mathscr{E}_i - \mathscr{E}_f$ lors d'une transition d'un niveau supérieur à un niveau inférieur : on représente cette transition par une flèche droite, orientée de haut en bas. Cette transition s'accompagne de **l'émission d'un rayonnement, un photon**, représentée par une flèche ondulée « sortante » **(figure 10 ⓐ)**.

L'atome reçoit l'énergie $\mathscr{E}_f - \mathscr{E}_i$ lors d'une transition d'un niveau inférieur à un niveau supérieur : on représente cette transition par une flèche droite, orientée de bas en haut. Cette transition peut être provoquée par **l'absorption d'un photon** représentée par une flèche ondulée « rentrante » **(figure 10 ⓑ)**.

APPLICATION À l'aide des données de la **figure 10**, calculer l'énergie échangée par l'atome de sodium pour la transition du niveau 4 au niveau 3.

Réponse. Au niveau 3, l'énergie de l'atome est inférieure à celle du niveau 4 : l'atome doit céder de l'énergie. L'énergie échangée est :

$$\mathscr{E}_4 - \mathscr{E}_3 = 3{,}62 - 3{,}20 = 0{,}42 \text{ eV}.$$

Niels Bohr

Un fondateur de la physique moderne

Niels Bohr (1885-1962), physicien suédois, fut le premier à concevoir, en 1913, un modèle de l'atome d'hydrogène faisant intervenir des niveaux d'énergie. Il ouvrit ainsi la voie à une nouvelle physique, la physique quantique, à laquelle il contribua activement. Il reçut le prix Nobel en 1922.

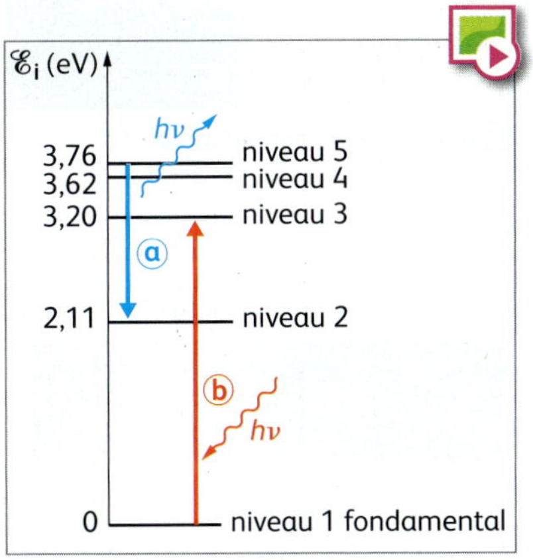

10 *Diagramme des premiers niveaux d'énergie de l'atome de sodium. Le niveau de référence choisi est le niveau fondamental.*

11 *Spectres d'émission de raies. De haut en bas : hydrogène, hélium, mercure.*

12 *Spectre d'absorption (a) et d'émission (b) du sodium : les raies sont aux mêmes places dans les deux spectres.*

3.2 Interprétation des spectres atomiques

- Pour interpréter les **spectres lumineux atomiques**, il faut admettre les hypothèses suivantes :

> - Un atome peut subir des transitions en échangeant de l'énergie avec un rayonnement lumineux. Dans ce cas, à chaque transition, l'énergie est intégralement échangée sous forme d'un photon et d'un seul.
> - Si l'atome transite vers un niveau inférieur, un photon est émis ; dans le cas inverse, un photon est absorbé **(figure 10)**.

Dans ce cadre, on peut expliquer les propriétés des spectres atomiques. Les énergies $\Delta\mathcal{E}$ des photons qu'un atome peut échanger ne peuvent prendre que des valeurs discrètes, et ces valeurs sont les mêmes que les photons soient émis ou absorbés ; il en est de même pour les fréquences des radiations, puisque $\nu = \dfrac{\Delta\mathcal{E}}{h}$. Le spectre d'un atome est un **spectre de raies (figure 11)** et les raies ont les mêmes places dans les **spectres d'émission** que dans les **spectres d'absorption (figure 12)**.

- La quantification des énergies est une propriété générale de la matière observée à l'échelle microscopique. Ainsi, les molécules ou encore les noyaux atomiques, ont des niveaux d'énergie quantifiés ; ce qui se manifeste dans différents domaines du spectre des ondes électromagnétiques.

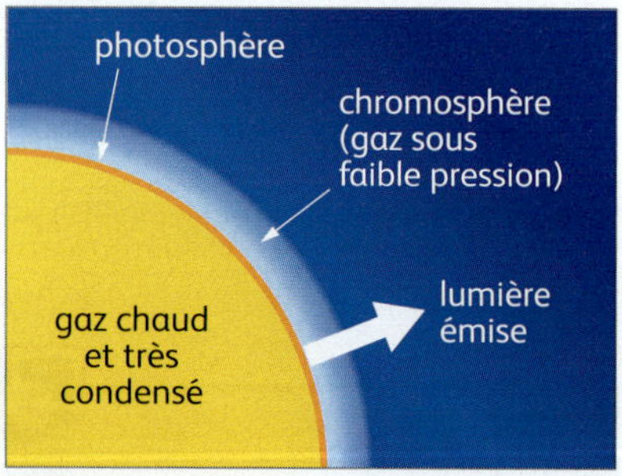

13 *Coupe schématique du soleil.*

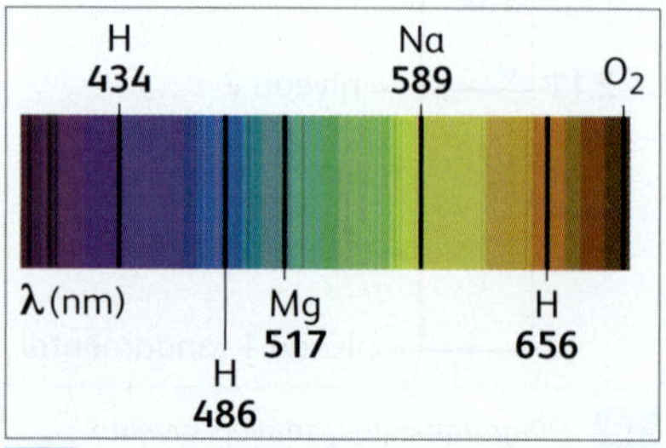

14 *Le spectre solaire. Les deux raies du dioxygène sont dues à l'atmosphère terrestre.*

3.3 De l'atome aux étoiles : le spectre solaire

Le spectre solaire est constitué par le spectre de la lumière blanche, appelé le **fond continu**, auquel se superpose un **spectre de raies d'absorption** constitué d'environ 20 000 raies sombres.

La lumière provenant de la photosphère est émise par un gaz condensé et chaud. Son spectre constitue le fond continu.

L'atmosphère du Soleil, ou chromosphère, absorbe une partie de cette lumière. Elle est responsable des raies d'absorption.

> - Le fond continu du spectre solaire est dû au rayonnement thermique de la photosphère.
> - Le spectre d'absorption caractérise les éléments présents dans la chromosphère.

Remarque. Le spectre solaire observé depuis le sol terrestre contient en outre quelques raies d'absorption dues à l'atmosphère terrestre.

D'une manière générale, l'étude détaillée des spectres des étoiles, ou des autres objets lumineux lointains de l'Univers, permet d'accéder à leurs caractéristiques physiques et chimiques (température, composition chimique mais aussi pression, vitesse, propriétés magnétiques, etc).

L'ESSENTIEL

Fréquence et longueur d'onde

- La lumière a une nature **ondulatoire**. C'est une **onde électromagnétique**.
- La **fréquence ν** d'une radiation lumineuse et sa longueur d'onde dans le vide λ sont liées par la relation :

$$\lambda = \frac{c}{\nu}$$

c en m·s⁻¹ ; *c* = 3,00 × 10⁸ m·s⁻¹
ν en hertz (Hz)
λ en mètre (m)

Quantification des niveaux d'énergie

- Les **niveaux d'énergie** de l'atome sont **quantifiés** : les énergies accessibles à un atome au repos ont des **valeurs discrètes**.
- Lorsque l'atome est à son niveau d'énergie le plus bas, on dit qu'il est dans son **état fondamental**. Sinon, on dit qu'il est dans un **état excité**.
- On appelle **transition** le passage d'un niveau d'énergie à un autre.
- La variation d'énergie accompagnant une transition peut se faire par **échange d'un photon et d'un seul** :

ⓐ un photon est émis si l'atome passe à un niveau d'énergie inférieur ;
ⓑ un photon est absorbé si l'atome passe à un niveau d'énergie supérieur.

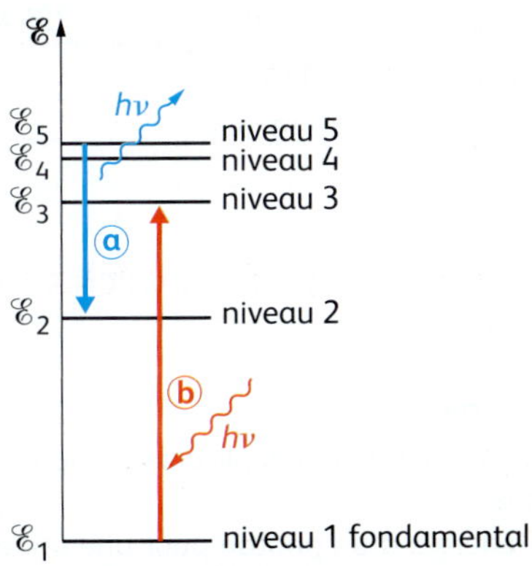

Modèle corpusculaire de la lumière

- Les échanges d'énergie entre la matière et la lumière sont **quantifiés** : les échanges se font par paquets d'énergie appelés **photons**.
- L'énergie $\Delta\mathscr{E}$ d'un photon ne dépend que de la fréquence de la radiation associée.

Elle est donnée par la formule de Planck :

$$\Delta\mathscr{E} = h\nu$$

ou

$$\Delta\mathscr{E} = h\frac{c}{\lambda}$$

ν en hertz (Hz)
λ en mètre (m)
c en m·s⁻¹
$\Delta\mathscr{E}$ en joule (J)

$h = 6{,}63 \times 10^{-34}$ J·s est la constante de Planck.

- La lumière, considérée comme un transport de photons, a une nature **corpusculaire**.

Le spectre solaire

Le spectre du Soleil est constitué par :

– le **fond continu**, spectre du rayonnement thermique émis par la photosphère ;

– un **spectre d'absorption de raies**, dû au gaz faiblement comprimé de la chromosphère. La place des raies est caractéristique de la composition chimique du gaz traversé.

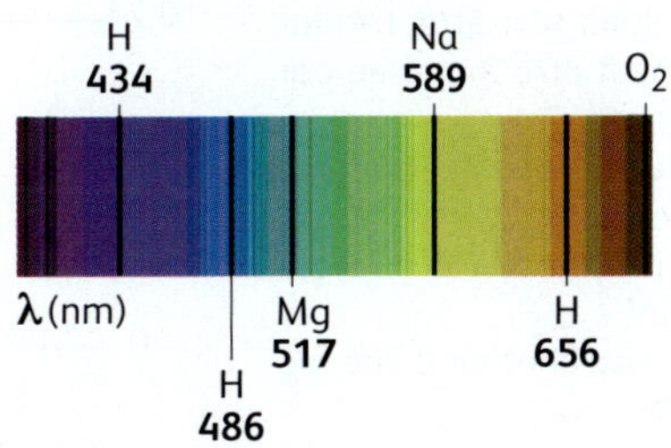

5 minutes CHRONO !

MANUEL NUMÉRIQUE — EXERCICES INTERACTIFS

1 Mots manquants

Compléter avec un ou plusieurs mots.

a. La fréquence d'une radiation de longueur d'onde dans le vide λ est ν = ...

b. La nature de la lumière est à la fois .... et ....

c. L'énergie des photons associés à une radiation de fréquence ν est $\Delta\mathscr{E}$ = ...

d. Les énergies d'un atome sont réparties en .... d'énergie. On dit qu'elles sont ....

e. Lors d'un changement de niveau d'énergie avec émission de lumière, un atome ne peut échanger qu'un seul ....

f. Le spectre de la lumière solaire est constitué du fond .... auquel se superpose un spectre de .... d'.......... .

2 QCM

Cocher la réponse exacte.

a. La fréquence d'une radiation de longueur d'onde dans le vide λ = 550 nm a pour valeur :

☐ $5{,}45 \times 10^{5}$ Hz ☐ $5{,}45 \times 10^{14}$ Hz
☐ $3{,}61 \times 10^{-19}$ Hz

b. L'unité S.I. de la constante de Planck est :

☐ $J \cdot s^{-1}$ ☐ $J \cdot s$ ☐ $s \cdot J^{-1}$

c. L'énergie d'un photon d'une radiation de lumière violette :

☐ est supérieure à celle d'une radiation de lumière rouge
☐ est supérieure à celle d'une radiation UV
☐ augmente avec l'intensité de la source

d. D'après le diagramme d'énergie de l'atome d'hydrogène donné ci-contre, l'énergie d'un atome d'hydrogène initialement dans son état fondamental peut être modifiée par absorption :

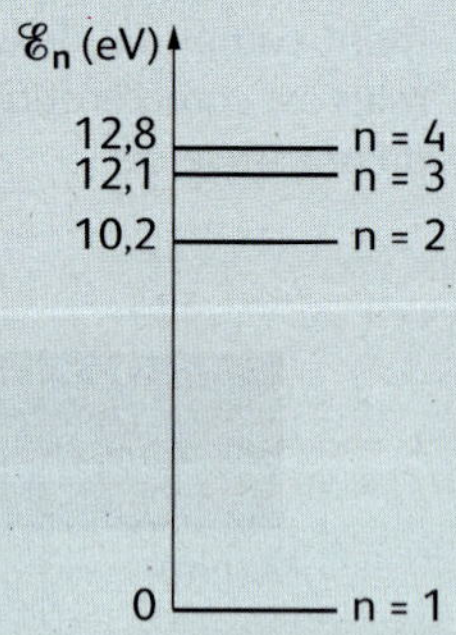

☐ d'un photon d'énergie 10,4 eV
☐ d'un photon d'énergie 12,1 eV
☐ de deux photons d'énergie 5,1 eV

e. Les raies sombres du spectre solaire sont dues essentiellement à l'absorption de lumière par :

☐ la photosphère
☐ la chromosphère
☐ l'atmosphère terrestre

→ Reportez-vous aux solutions détaillées page 393 pour vérifier vos réponses et comprendre vos erreurs.

Parcours personnalisés

Trois parcours d'exercices pour travailler en autonomie selon ses besoins.

- **Maîtriser les bases** : 4 – 5 – 10 – 16
- **Préparer l'évaluation** : 17 – 21 – 22
- **Cap sur la Terminale** : 29 – 30 – 31

Données pour tous les exercices :

$h = 6{,}63 \times 10^{-34}$ J·s
$c = 3{,}00 \times 10^{8}$ m·s^{-1}
1 eV = $1{,}60 \times 10^{-19}$ J

MOBILISER SES CONNAISSANCES

▶ Lumière et énergie [§1 du cours]

3 Transport d'énergie

Donner un exemple tiré de la vie quotidienne prouvant que la lumière transporte de l'énergie.

4 Longueur d'onde et fréquence

Dans le tableau ci-dessous, λ désigne la longueur d'onde dans le vide de plusieurs ondes électromagnétiques et ν leur fréquence.

Compléter ce tableau.

	λ	ν
Onde radio	.... m	106 MHz
Micro-onde	11 cm	.... Hz
Ultraviolet	$2{,}0 \times 10^{2}$ nm	.... Hz

▶ La lumière : onde ou particules ? [§2 du cours]

5 Énergies de photons

Les propriétés du photon sont applicables à toute onde électromagnétique.

a. Calculer l'énergie d'un photon pour une onde de téléphone portable de fréquence $\nu = 1{,}8 \times 10^{9}$ Hz.

b. Même question pour la lumière émise par une diode laser, de longueur d'onde λ = 650 nm.

6 Photons et rayons X

Calculer la fréquence et la longueur d'onde d'un rayonnement X pour lequel l'énergie d'un photon est $\Delta\mathscr{E} = 3{,}0 \times 10^{-15}$ J.

7 Quantité de photons

La diode du voyant rouge d'un appareil électronique émet chaque seconde une énergie $\mathscr{E} = 0{,}50$ J. Les photons émis ont chacun une énergie $\Delta\mathscr{E} = 3{,}0 \times 10^{-19}$ J.
Calculer le nombre de photons émis en 1 s par cette DEL.

▶ Quantification des niveaux d'énergie [§3 du cours]

8 Transitions

Décrire et expliquer les évènements symbolisés ci-contre sur le diagramme d'énergie d'un atome.
Comment chacun de ces deux évènements se manifeste-t-il dans un spectre lumineux ?

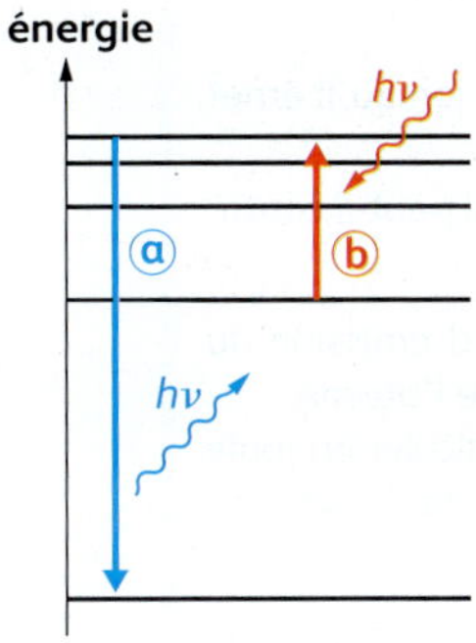

9 Du sodium dans le Soleil

Le spectre d'émission du sodium contient deux raies jaunes très intenses très proches l'une de l'autre.
Comment peut-on vérifier que le sodium est présent dans l'atmosphère du Soleil ?

UTILISER SES COMPÉTENCES

10 Utiliser une nouvelle unité

Un photon a une énergie $\Delta\mathscr{E} = 2{,}4 \times 10^{-19}$ J.
Exprimer cette énergie en électron-volt de symbole eV.

11 Utiliser une expression littérale

Établir l'expression littérale permettant de calculer la longueur d'onde dans le vide λ d'une radiation lumineuse connaissant l'énergie $\Delta\mathscr{E}$ des photons qu'elle transporte.

12 Utiliser une représentation graphique

Reproduire approximativement le diagramme des niveaux d'énergie de l'atome d'hydrogène de l'exercice 2 d.
Compléter ce diagramme en symbolisant l'émission d'un photon associé à une transition entre les niveaux 1 et 3, puis l'absorption d'un photon associé à une transition entre les niveaux 3 et 4.

13 Savoir communiquer ses résultats à l'écrit

Donner une rédaction détaillée pour expliquer pourquoi le spectre d'une lampe à vapeur de sodium est un spectre de raies. La rédaction doit obligatoirement comporter les mots : quantifié ; transition ; photon ; énergie.

14 Construire un diagramme

Voici quelques niveaux d'énergie de l'atome de mercure :

Niveau	1	3	4	5
Énergie (eV)	0	5,45	6,71	7,73

Représenter ces niveaux d'énergie sur un diagramme en respectant et en précisant une échelle linéaire convenablement choisie.

15 Changer d'origine

Recalculer les valeurs des niveaux d'énergie de l'exercice 14 en prenant une nouvelle origine où le niveau 1 a pour énergie : $\mathscr{E}_1 = -10{,}44$ eV.

16 Apprendre à rédiger

Voici l'énoncé d'un exercice et un guide (en orange) ; ce guide vous aide pour rédiger la solution détaillée et pour retrouver les réponses numériques aux questions posées.

Énoncé

Les valeurs des trois premiers niveaux d'énergie de l'atome d'hydrogène sont : $\mathscr{E}_1 = 0$ eV ; $\mathscr{E}_2 = 10{,}2$ eV ; $\mathscr{E}_3 = 12{,}1$ eV.

a. Calculer en joules les énergies échangées par l'atome d'hydrogène au cours des transitions des niveaux 2 à 1 puis 2 à 3. Préciser chaque fois si l'atome reçoit ou donne de l'énergie.

- ▸ **Présenter clairement les différences d'énergie à calculer pour chaque transition ; c'est la valeur absolue que l'on cherche ici.**
- ▸ **Présenter le calcul d'abord en électron-volt puis montrer comment on passe au résultat en joule.**
- ▸ **On doit obtenir $1{,}63 \times 10^{-18}$ J et $3{,}0 \times 10^{-19}$ J.**
- ▸ **Justifier pourquoi l'atome reçoit ou donne de l'énergie.**

b. Calculer les longueurs d'ondes dans le vide des radiations correspondant aux transitions ci-dessus.

- ▸ **Expliquer comment l'énergie est échangée.**
- ▸ **Rappeler l'expression de l'énergie du photon, l'exprimer en fonction de la longueur d'onde dans le vide puis l'exploiter pour effectuer le calcul.**
- ▸ **Vérifier les résultats $1{,}22 \times 10^2$ nm et $6{,}6 \times 10^2$ nm.**

c. Préciser si ces transitions se manifestent dans un spectre d'émission ou d'absorption.

- ▸ **Argumenter la réponse en considérant le sens des échanges d'énergie : vérifier qu'il y a émission dans le 1er cas et absorption dans le 2ème cas.**

d. Pour chacune de ces radiations, dire si elle appartient au domaine visible.

- ▸ **Justifier la réponse en rappelant le domaine des longueurs d'onde dans le vide des radiations visibles.**
- ▸ **Vérifier que ces radiations sont respectivement dans le domaine des ultraviolets et le domaine visible (rouge ici).**

EXERCICE RÉSOLU

Site élève

17 Lampe à vapeur de sodium

Énoncé Le spectre de la lumière émise par une lampe à vapeur de sodium fait surtout apparaître deux raies jaunes, très voisines, de longueurs d'onde $\lambda_1 = 589{,}0$ nm et $\lambda_2 = 589{,}6$ nm.

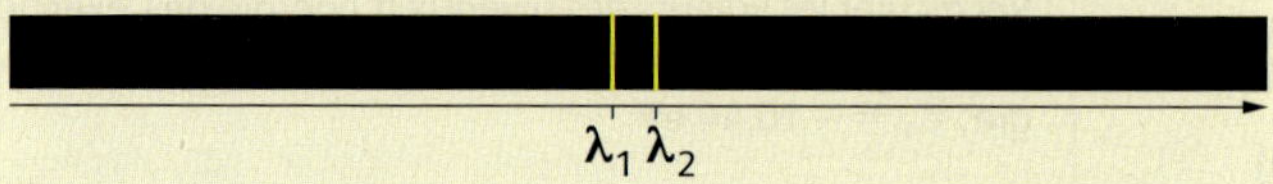

Représentation simplifiée du spectre de la lampe à vapeur de sodium.

Spectre d'émission du sodium.

1 a. Expliquer quelle modification subit un atome de sodium lorsqu'il émet de la lumière.
b. Un atome de sodium initialement dans son état fondamental peut-il contribuer à l'émission de lumière ?

Énoncé La valeur 0 est attribuée arbitrairement. On a choisi ici le niveau fondamental, ce n'est pas toujours le cas.

2 Les transitions associées aux deux raies jaunes du spectre d'émission du sodium font intervenir toutes les deux le niveau fondamental de l'atome. En attribuant la valeur 0 à l'énergie du niveau fondamental, calculer en joule et en électron-volt les énergies des deux autres niveaux intervenant dans ces transitions.

3 Représenter (sans souci d'échelle) la partie du diagramme des niveaux d'énergie de l'atome de sodium qui intervient dans les transitions précédentes. Représenter ces transitions sur la figure ainsi que l'émission de rayonnement.
Données : $h = 6{,}626 \times 10^{-34}$ J·s ; $c = 2{,}998 \times 10^{8}$ m·s^{-1} ; 1 eV $= 1{,}602 \times 10^{-19}$ J.

Une solution

1 a. Un atome émet de la lumière lorsqu'il passe d'un niveau d'énergie à un niveau d'énergie inférieur. Il émet alors un photon.
b. Un atome est dans son état fondamental lorsque son niveau d'énergie est minimal. Il ne peut donc pas céder d'énergie en émettant de la lumière. Pour que l'atome puisse émettre de la lumière, il doit être initialement dans un état excité.

Raisonner Appuyer les raisonnements sur des connaissances sûres. Ici, il faut connaître la définition de l'état fondamental. Il faut aussi comprendre que pour émettre de la lumière, l'atome doit perdre de l'énergie.

2 Lorsqu'un atome passe d'un niveau initial (que nous noterons niveau i) au niveau fondamental (niveau 1), il émet un photon d'énergie :

$$\Delta\mathscr{E} = \mathscr{E}_i - \mathscr{E}_1 = \mathscr{E}_i - 0 = \mathscr{E}_i.$$

Raisonner Bien que $\mathscr{E}_1$ ait la valeur 0, il faut la mentionner ici pour conserver toute sa généralité au raisonnement.

L'énergie de ce photon est liée à la longueur d'onde de la radiation émise par la relation $\Delta\mathscr{E} = h\nu = \frac{hc}{\lambda}$. Donc, l'énergie du niveau i est : $\mathscr{E}_i = \frac{hc}{\lambda_i}$.

Application numérique Les données comportent 4 chiffres significatifs : il faut donc donner les résultats avec 4 chiffres, ce qui permet de différencier les deux résultats.

– Pour $\lambda_i = \lambda_1$:

$$\mathscr{E}_i = \frac{6{,}626 \times 10^{-34} \times 2{,}998 \times 10^{8}}{589{,}0 \times 10^{-9}} = 3{,}373 \times 10^{-19}\ \text{J}$$

$$= \frac{3{,}373 \times 10^{-19}}{1{,}602 \times 10^{-19}} = 2{,}105\ \text{eV}.$$

– Pour $\lambda_i = \lambda_2$:

$$\mathscr{E}_i = \frac{6{,}626 \times 10^{-34} \times 2{,}998 \times 10^{8}}{589{,}6 \times 10^{-9}} = 3{,}369 \times 10^{-19}\ \text{J}$$

$$= \frac{3{,}369 \times 10^{-19}}{1{,}602 \times 10^{-19}} = 2{,}103\ \text{eV}.$$

3 Le diagramme obtenu est présenté ci-contre.

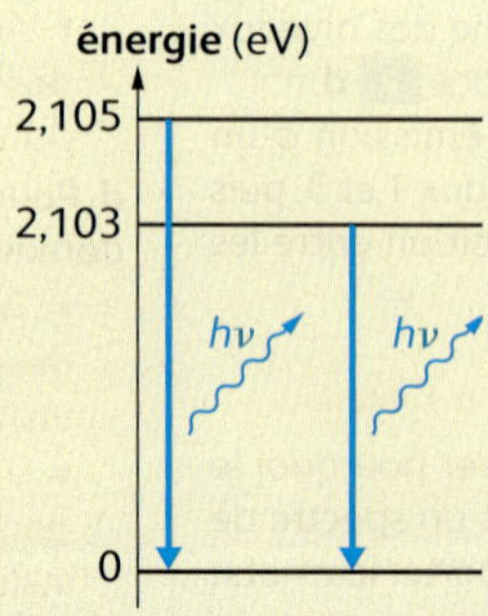

Schématiser Chaque transition est symbolisée par une flèche joignant le niveau initial au niveau final. Une flèche ondulée représente l'échange d'un photon mentionné par l'expression *hν*. Le sens de la flèche indique si le photon est émis ou absorbé.

18 Tissu brûlant

Vêtu d'un jean de couleur noire et d'un t-shirt blanc, Léo s'expose au soleil. Au bout de quelques minutes, il commence à ressentir une brûlure sur les jambes.

a. Expliquer le phénomène.

b. Pourquoi Sofian ne ressent-il pas le même effet au contact de son tee-shirt ?

19 Transporter des produits congelés

La paroi externe des sacs « isothermes » destinés au transport des achats congelés est souvent en matériau réfléchissant.

Expliquer pourquoi.

20 Grain de sable et photon

Un objet de masse *m* soulevé de la hauteur *h* au-dessus du sol libère, en tombant, une énergie $\mathscr{E} = mgz$.
g désigne l'intensité de la pesanteur : $g = 9{,}8\ \text{N}\cdot\text{kg}^{-1}$.

a. Calculer, en utilisant les unités SI, l'énergie libérée par la chute d'un grain de sable de masse $m = 10\ \mu\text{g}$ tombant d'une hauteur $h = 1{,}0$ mm.

b. Combien de photons d'une radiation de lumière visible, de longueur d'onde dans le vide $\lambda = 500$ nm, faudrait-il pour transporter la même énergie ?

21 Spectre et niveaux d'énergie

Voici quelques niveaux d'énergie de l'atome de mercure.
Niveau fondamental : $\mathscr{E}_1 = 0$ eV ;
$\mathscr{E}_2 = 4{,}90$ eV ; $\mathscr{E}_3 = 5{,}45$ eV ; $\mathscr{E}_4 = 6{,}71$ eV ; $\mathscr{E}_5 = 7{,}73$ eV.

a. Calculer la longueur d'onde de la raie du spectre du mercure correspondant à la transition du niveau 2 au niveau fondamental ?

b. Le spectre visible du mercure contient une raie verte de longueur d'onde dans le vide $\lambda = 546$ nm.
Identifier la transition responsable de cette raie.

c. Un atome de mercure au niveau 3 peut-il atteindre le niveau fondamental en émettant successivement deux photons de même énergie ? D'énergies différentes ?

22 Éclairage jaune

Les lampes à vapeur de sodium sont utilisées pour l'éclairage routier. En fonctionnement, une décharge électrique traverse la vapeur, accompagnée par une circulation d'électrons. Des atomes de sodium sont portés à un état excité par collision avec des électrons. Ils retournent rapidement à leur état fondamental en émettant de la lumière.

Le spectre de la lumière émise contient deux raies jaunes, très voisines, beaucoup plus brillantes que les autres, de longueurs d'ondes 589,0 nm et 589,6 nm.

a. En considérant la sensibilité de l'œil humain aux différentes radiations, justifier l'utilisation des lampes à vapeur de sodium pour l'éclairage routier. Pourquoi ces lampes sont-elles mal adaptées pour éclairer les places publiques par exemple ?

b. Expliquer le rôle des électrons qui circulent dans la lampe du point de vue des échanges d'énergie.

c. Les raies jaunes du sodium font toutes deux intervenir l'état fondamental, auquel on attribuera l'énergie 0.
Calculer les énergies des deux autres niveaux concernés.

23 Moles et photons

On rappelle que la puissance ($\mathscr{P}$), l'échange d'énergie ($\Delta\mathscr{E}$) et la durée de l'échange (Δt) sont liés par la relation :

$$\mathscr{P} = \frac{\Delta\mathscr{E}}{\Delta t}.$$

Un laser émet une lumière rouge de longueur d'onde dans le vide $\lambda = 633$ nm avec une puissance $\mathscr{P} = 1{,}0 \times 10^{-3}$ W.

a. Calculer l'énergie du photon associé à la radiation émise.

b. Calculer le nombre de photons émis par le laser en 1 s.

c. Exprimer cette quantité de photons en moles.

Donnée : constante d'Avogadro $N_A = 6{,}02 \times 10^{23}\ \text{mol}^{-1}$.

24 Sensibilité de l'œil

On estime que pour que la rétine produise un influx nerveux reçu par le cerveau, elle doit recevoir au moins 9 photons en moins de 100 ms pour une radiation de 510 nm.
Calculer l'énergie minimum que doit recevoir l'œil dans ces conditions, sachant que 10 % des photons reçus parviennent jusqu'à la rétine. Quelle est la puissance de ce transfert d'énergie ?

25 Spectre d'émission de la chromosphère

Lorsque le disque lunaire dissimule complètement la photosphère à l'occasion d'une éclipse totale de Soleil, la chromosphère devient fugitivement visible sous forme d'un mince croissant coloré en rose (d'où le nom de chromosphère).

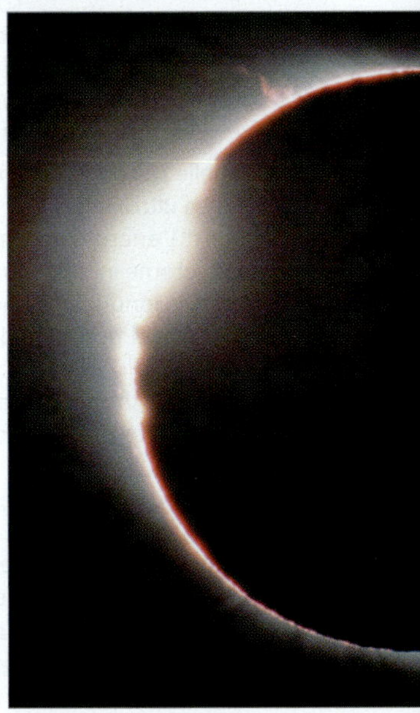

On peut alors photographier son spectre en émission.

Celui-ci est constitué de raies brillantes, à des places où l'on trouve des raies sombres dans le spectre solaire habituel.

a. Quelle est la cause des raies sombres du spectre solaire ?

b. Pourquoi peut-on observer des raies d'émission pendant une éclipse totale ?

c. Pourquoi retrouve-t-on les raies aux mêmes places dans les deux cas ?

26 Couche d'ozone

L'ozone est un gaz dont les molécules sont constituées de trois atomes d'oxygène (O_3). Il est surtout présent dans la stratosphère, entre 10 et 50 kilomètres d'altitude.

Ce gaz joue un rôle important pour les organismes vivants sur Terre car il les protège d'une partie du rayonnement solaire. Il résulte d'un équilibre : il est continuellement créé et détruit par un ensemble de réactions qui peuvent se résumer par l'équation : $3\ O_2 \rightarrow 2\ O_3$.

Ces réactions sont photochimiques : elles se font en absorbant des photons, à condition que ceux-ci soient suffisamment énergétiques ; l'une d'entre elles ne se produit qu'en absorbant un photon d'énergie minimale $\mathscr{E}_{min} = 4{,}0$ eV.

a. Calculer l'énergie $\mathscr{E}_{min}$ en joules.

b. Calculer la longueur d'onde dans le vide λ de la radiation correspondante. Situer cette radiation par rapport au domaine visible.

c. Le même effet est-il produit par une radiation dont la longueur d'onde dans le vide est supérieure ou inférieure à la valeur trouvée ?

d. Expliquer pourquoi la couche d'ozone joue un rôle important pour les organismes vivants sur Terre.

27 Couleur des nébuleuses

La grande nébuleuse d'Orion comporte quatre étoiles très chaudes qui émettent un rayonnement riche en ultraviolets au sein d'un nuage de gaz interstellaire constitué en majorité d'atomes d'hydrogène.

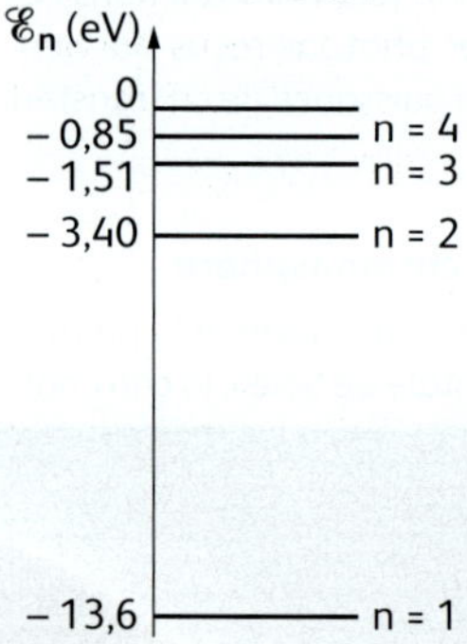

Le diagramme ci-contre présente les premiers niveaux d'énergie de l'atome d'hydrogène. Ici, le niveau d'énergie 0 est celui pour lequel l'électron devient indépendant du noyau. Avec cette origine, les énergies de l'atome sont négatives. Lorsque le noyau et les électrons sont séparés, c'est-à-dire lorsque l'atome est ionisé, les énergies sont positives et elles ne sont pas quantifiées.

a. Pour quelle raison le rayonnement de ces quatre étoiles est-il riche en ultraviolets ?

b. Quelle est l'énergie minimale d'un photon susceptible d'ioniser un atome initialement dans son état fondamental ?

c. Quelle est la longueur d'onde λ de la radiation correspondante ? Dans quel domaine des ondes lumineuses se situe-t-elle ?

d. Un atome d'hydrogène dans l'état fondamental peut-il être excité par une radiation de longueur d'onde $\lambda' = 110$ nm ?

e. Sous l'effet du rayonnement UV reçu, le gaz de la nébuleuse est partiellement ionisé. Les électrons se recombinent avec des noyaux d'hydrogène pour former des atomes excités qui se désexcitent progressivement avec émission de photons. Quelle est la longueur d'onde de la radiation émise lors de la transition des atomes d'hydrogène du niveau 3 au niveau 2 ?

28 ✶ Horloge atomique au césium

Les horloges atomiques peuvent atteindre une précision telle qu'il faudrait plusieurs millions d'années pour observer une dérive d'une seconde.

L'horloge au césium est actuellement l'horloge de référence, quoique ses performances commencent à être dépassées.

Elles sont pilotées par la vibration d'un cristal de quartz selon le même principe qu'une montre ordinaire. Mais les petites irrégularités inévitables de cette vibration sont contrôlées par un dispositif mettant en jeu une transition atomique.

La transition concernée met en jeu deux niveaux d'énergie très voisins de l'atome de césium 133 que nous noterons *A* et *B*, *A* désignant le niveau inférieur.

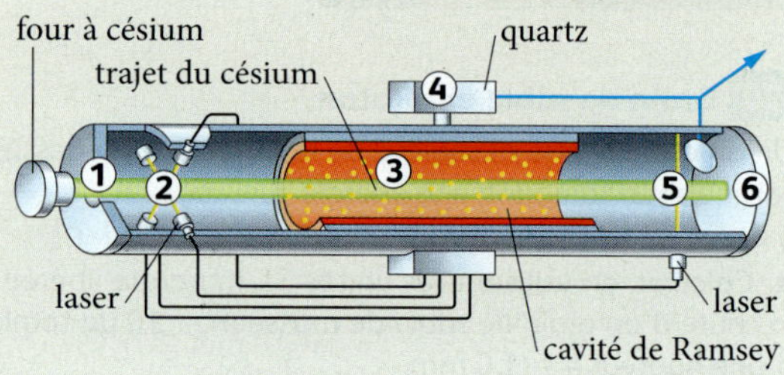

Des atomes de césium 133 sortent d'un four ① en formant un jet atomique. Ils sont ensuite triés par l'action de faisceaux laser ② et seuls les atomes *A* pénètrent dans une cavité ③.

Ils sont alors soumis à l'action d'une onde électromagnétique dont la fréquence est commandée par la vibration du quartz ④. Si la fréquence de cette onde est exactement 9 192 631 770 Hz, elle permet la transition au niveau *B*.

Les atomes sont à nouveau triés à la sortie de la cavité ⑤ et ceux qui restent au niveau *A* sont dirigés vers une électrode ⑥.

Si la fréquence de l'onde est légèrement différente de celle donnée ci-dessus, **tous** les atomes ressortent de la cavité dans l'état *A* et atteignent l'électrode ⑥ : l'intensité est suffisante pour déclencher un signal qui corrige la fréquence du quartz.

a. Calculer, avec 3 chiffres significatifs, la longueur d'onde de l'onde électromagnétique produite dans la cavité.

b. Calculer, en eV, l'écart entre les niveaux d'énergie des atomes notés *A* et *B* dans le texte.

c. Pourquoi les atomes restent-ils dans l'état *A* si la fréquence de l'onde n'a pas exactement la valeur attendue ?

d. Rechercher les applications des horloges atomiques dans la vie courante.

29 Apprendre à chercher

La résolution de cet exercice nécessite de trouver les étapes du raisonnement. En cas de difficultés, rendez-vous page 404.

La figure suivante est la reproduction du spectre de l'hydrogène dans le domaine visible.

Les quatre raies de ce spectre correspondent aux transitions vers le deuxième niveau d'énergie de l'atome à partir des quatre niveaux immédiatement supérieurs. En attribuant la valeur 0 à l'énergie du niveau fondamental, l'énergie du deuxième niveau a pour valeur $\mathscr{E}_2 = 10{,}22$ eV.

→ *Représenter les six premiers niveaux d'énergie de l'atome d'hydrogène sur un diagramme en utilisant l'échelle 1 cm pour 1 eV.*

30 ★ Solar Sail

June 2010, the Japanese scientific community [...] received confirmation that the solar sail "Ikaros" had successfully deployed its solar sail.

The 200 m^2 film is designed to demonstrate the feasibility of using sunlight as a simple and efficient means of propulsion. This technology has been pushed by some scientists as an alternative means of travelling around the solar system instead of conventional chemical fuels.

The principle is quite simple. Photons or particles of light that fall on a highly reflective, ultra-thin surface (just 7.5 microns in Ikaros) will exert a pressure. The force at first is tiny but continuous and over time would produce acceleration.

D'après le site www.indyposted.com

a. Comparer, à l'échelle microscopique, les actions de la lumière et d'un gaz sur une paroi.

b. On rappelle que la pression P d'un gaz exerçant la force $\vec{F}$ sur une surface d'aire S est :

$$P = \frac{F}{S}.$$

La pression due au rayonnement lumineux est maximale pour une surface totalement réfléchissante perpendiculaire aux rayons du Soleil. Elle est donnée par la relation : $P = \frac{2\mathscr{P}}{c}$ où $\mathscr{P}$ désigne la puissance du rayonnement solaire reçu par unité de surface, et c la vitesse de propagation de la lumière.

Calculer la valeur maximum de la force de propulsion exercée sur *Ikaros*, à proximité de l'orbite terrestre où $\mathscr{P} = 1{,}4$ kW·m^{-2}.

c. Pourquoi cette force a-t-elle un effet non négligeable sur la voile ?

d. Pourquoi la voile doit-elle être extrêmement fine ? Quel problème technique cette contrainte entraîne-t-elle ?

31 ★★ Tomographie

La tomographie par émission de positons (TEP) est une technique d'imagerie médicale utilisant la formation d'ondes électromagnétiques lorsqu'un électron rencontre son antiparticule, le positon.

Le positon est créé dans le corps du patient grâce à un traceur (le fluor 18) se fixant sur les cellules à détecter.

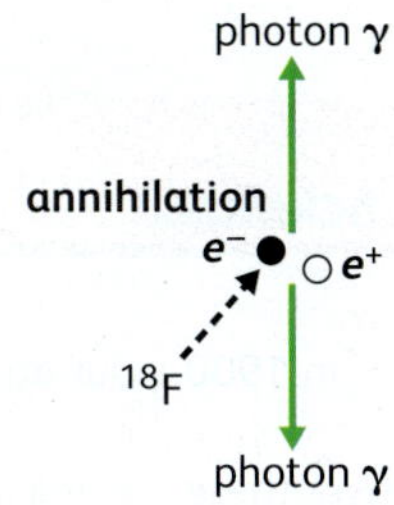

Ce phénomène d'annihilation (disparition de l'électron et du positon) produit deux ondes électromagnétiques (ou O.E.M.) caractérisées par deux photons appelés photons γ emportant chacun la même énergie de 511 keV, dans deux directions opposées. La détection de ces photons permet de situer les cellules à détecter.

a. Calculer la fréquence et la longueur d'onde dans le vide de ces photons γ.

b. Justifier le nom « photons γ » donnés à ces O.E.M.

c. Quel aspect du rayonnement γ (ondulatoire ou corpusculaire) est mis à profit dans la méthode décrite ?

d. Lorsqu'on détecte deux photons, comment savoir qu'ils ont été produits par la même annihilation ?

32 ★★ Spectre de l'hydrogène en équation

À partir de 1885, les physiciens ont découvert que les longueurs d'ondes des raies du spectre de l'hydrogène obéissent à la loi mathématique suivante (formule de Rydberg) :

$$\frac{1}{\lambda} = R_H\left(\frac{1}{p^2} - \frac{1}{q^2}\right)$$

où R_H est une constante et p et q sont des nombres entiers non nuls.

Cette formule contribua à la découverte de la quantification des énergies de l'atome d'hydrogène par Bohr en 1913, et lui permit d'établir que les niveaux d'énergie de l'atome d'hydrogène sont donnés par la relation suivante (formule de Bohr) :

$$\mathscr{E}_n = -\frac{\mathscr{E}_0}{n^2}$$

où n est un entier supérieur à 0 et $\mathscr{E}_0 = 13{,}6$ eV.

a. Comment la formule de Bohr montre-t-elle que les énergies de l'atome d'hydrogène sont quantifiées ?

b. Quelle est la valeur minimale de $\mathscr{E}_n$?
À quel état particulier de l'atome correspond-elle ?
Comment qualifie-t-on les autres états ?
Quelle est la signification physique de n ?

c. En utilisant la formule de Bohr, exprimer l'énergie d'un photon émis lors d'une transition du niveau q au niveau p ($q > p$).

d. Montrer que la longueur d'onde de ce photon est donnée par la formule de Rydberg et donner l'expression de R_H en fonction de $\mathscr{E}_0$, h et c.

Culture scientifique et citoyenne

Histoire des Sciences — Une histoire de quanta

48 atomes de fer disposés en cercle, observés au microscope à effet tunnel. Les effets ondulatoires sont nettement visibles.

En 1900, pour étudier le rayonnement thermique, Max Planck introduit le **quantum d'énergie lumineuse** (plus tard appelé **photon**) comme simple hypothèse de calcul. En 1905, Einstein reprend cette idée pour expliquer l'**effet photoélectrique**. Le photon acquiert une réalité physique : la lumière est à la fois **onde et particules**.

- À partir de 1911, l'expérience a validé le modèle planétaire de l'atome. Mais les lois de la physique connues à l'époque prédisent que l'électron devrait tomber sur le noyau en une fraction de seconde. Pour lever cette contradiction, Niels Bohr introduit la notion de **quantification des énergies de l'atome** et, en 1913, justifie avec précision le spectre de l'atome d'hydrogène.
- En 1923, Louis de Broglie émet l'idée que, de même qu'à toute onde lumineuse est associée une particule, toute particule a aussi un comportement ondulatoire. Il apporte ainsi au modèle de Bohr la cohérence qui lui manquait. Une nouvelle théorie était née : **la mécanique quantique**. Jamais prise en défaut depuis lors, elle est irremplaçable pour étudier la matière au niveau microscopique. Ses retombées pratiques sont considérables. Sans elle, entre autres exemples, les circuits intégrés n'auraient pas vu le jour. Et bientôt peut-être, l'**ordinateur quantique** bouleversera le monde de l'informatique.

Sur le Web http://fr.wikipedia.org/wiki/Histoire_de_la_mécanique_quantique

SCIENCE & BON SENS — La métaphore du cylindre

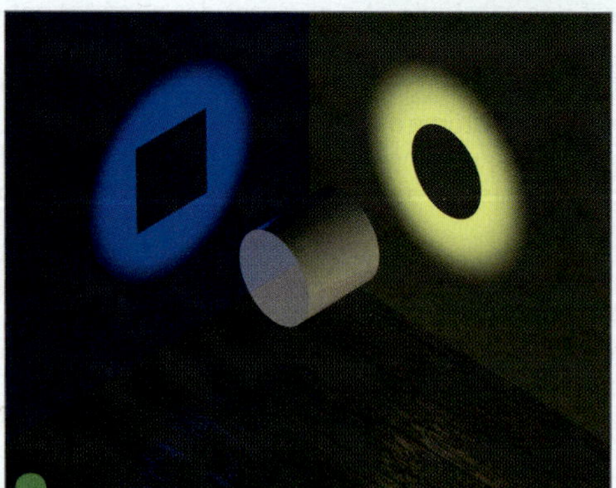

La métaphore du cylindre.

Pour penser, nous nous servons d'images que nous avons accumulées par l'observation du monde qui nous entoure. Mais le monde ne se comporte pas du tout de la même façon à notre échelle et à l'échelle microscopique, si bien que notre bon sens est mis en défaut lorsque nous réfléchissons **aux lois physiques à l'échelle atomique**.

- Si l'on pense à une particule, on imagine facilement une bille. Quand on parle d'onde, on utilise le plus souvent l'image des vagues sur l'eau. Et nous ne pouvons pas concevoir quelque chose qui serait **à la fois onde et particule**. C'est pourtant le seul moyen que les physiciens ont trouvé pour décrire la nature de la lumière.
- La figure ci-contre, montre comment **deux propriétés apparemment inconciliables peuvent coexister**. Suivant les positions de la source de lumière et de l'écran, l'ombre du cylindre peut être un cercle ou un rectangle. Dans ce sens, on peut dire que le cylindre possède en même temps les propriétés de ces deux figures.

Sur le Web www.techno-science.net/?onglet=glossaire&definition=8014

Un métier : cryptologue

BAC +5

Le cryptologue est un spécialiste qui **chiffre ou déchiffre les informations numériques**. Utilisateur des méthodes les plus élaborées de l'informatique, il pourra être amené dans un proche avenir à manipuler les outils de la cryptographie quantique.

- Il intervient dans tous les domaines où les échanges d'information doivent être **sécurisés** : secrets industriels, secrets professionnels, transactions financières, télécommunications, secrets militaires, etc.
- Ses connaissances en mathématiques et en informatique sont solides. Il aime **relever les défis** et il doit faire preuve de persévérance car l'élaboration d'un logiciel de cryptographie est un travail de longue haleine.

Un défi pour les cryptologues : décrypter un message projeté sur des murs, œuvre de l'artiste James Sanborn.

Sur le Web http://kezako.tv/formation/enseignement-recherche/le-metier-de-cryptologue.xhtml

PHYSIQUE & INFORMATIQUE La cryptographie quantique

Pour protéger les échanges d'information, les méthodes actuelles de cryptage mettent en jeu des notions mathématiques extrêmement sophistiquées. Mais, malgré tout, l'**interception des clés d'un code** est toujours possible.

- **La mécanique quantique** (voir l'encadré « Histoire des sciences ») montre qu'il est impossible d'observer une particule par quelque méthode que ce soit sans modifier profondément certaines grandeurs. Cette propriété est mise à profit par la cryptographie quantique, en cours d'expérimentation.
- On sait concevoir des sources lumineuses assez peu intenses pour que les photons puissent être analysés individuellement. Un photon possède une sorte d'**orientation dans l'espace appelée « polarisation »**. C'est cette polarisation qui sert à transmettre l'information en cryptographie quantique.

Si un indiscret tente de lire les informations, il va obligatoirement **modifier la polarisation des photons et générer des erreurs** qui alerteront les utilisateurs.

Sur le Web http://fr.wikipedia.org/wiki/Cryptographie_quantique
http://www.cryptosec.org/Rudiments-de-cryptographie.html

La cryptographie quantique assure aux deux correspondants que leur message n'est pas espionné. Alice et Bob sont les noms habituellement utilisés en cryptologie pour figurer les correspondants.

Chapitre 6

Molécules organiques de la matière colorée

Les objectifs

- Savoir que les molécules de la chimie organique sont constituées principalement des éléments C et H.
- Reconnaître si deux doubles liaisons sont en position conjuguée dans une chaîne carbonée.
- Établir un lien entre la structure moléculaire et le caractère coloré ou non coloré d'une espèce chimique.
- Repérer expérimentalement des paramètres influençant la couleur d'une espèce chimique.

Échanger des idées

?

▶ MOBILISER SES ACQUIS

Comment extraire l'espèce chimique de couleur rouge du murex ?

Le murex est un mollusque dont on extrayait la pourpre dans l'Antiquité.

Pernambouc, arbre du Brésil.

Bois laissé à l'air libre.

La braziline, présente dans le pernambouc, se transforme en braziléine par action du dioxygène de l'air.

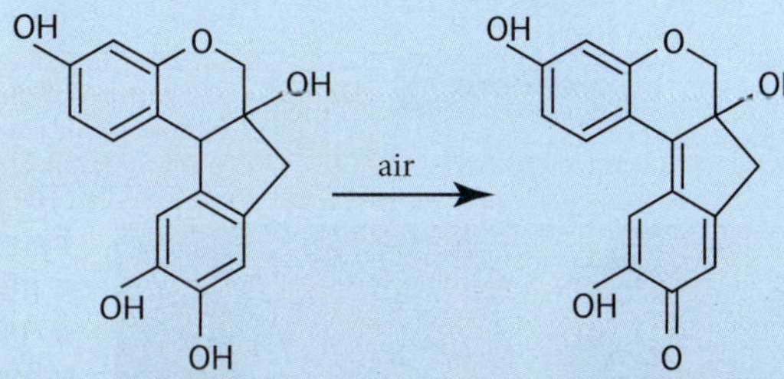

Braziline	Braziléine
$C_{16}H_{14}O_5$	$C_{16}H_{12}O_5$
extrait pratiquement incolore	rouge sombre

▶ ÉMETTRE DES HYPOTHÈSES

Ces deux molécules ont-elles une structure très différente ?

▶ DÉBAT EN GROUPE

Quel(s) facteur(s) peut (peuvent) influencer la couleur d'un matériau ?

Tasse thermochrome.

ACTIVITÉ EXPÉRIMENTALE

MANUEL NUMÉRIQUE

1 Extraire et identifier des pigments orangés

▶ Le paprika est une poudre épicée de couleur rouge orangé, préparée à partir de poivrons rouges ou de piments doux rouges séchés. Comparons les espèces chimiques responsables de la couleur dans le paprika et dans la carotte.

Expérience

Sécurité — *Attention ! Le dichlorométhane est nocif par contact cutané, par ingestion et par inhalation.*

1 *Des piments rouges, source de paprika.*

Extraction

- Introduire deux spatules de paprika en poudre dans un erlenmeyer.
- Ajouter 30 mL de dichlorométhane.
- Boucher l'erlenmeyer et l'agiter énergiquement ; enlever le bouchon sous la hotte afin de dégazer, le remettre et recommencer à agiter pendant environ cinq minutes.
- Filtrer sous pression réduite puis récupérer le filtrat, noté F_p.
- Recommencer les étapes précédentes avec une cuillerée de carottes râpées ; le filtrat est noté F_c.

Identification

- Réaliser une chromatographie sur couche mince (→ **fiche méthode 11**, page 390) en utilisant comme éluant le dichlorométhane. Pour cela, déposer sur la plaque un échantillon des solutions F_p et F_c ainsi qu'un échantillon de carotène acheté en pharmacie, noté *R*.
- Éluer ; sortir le chromatogramme et le sécher.

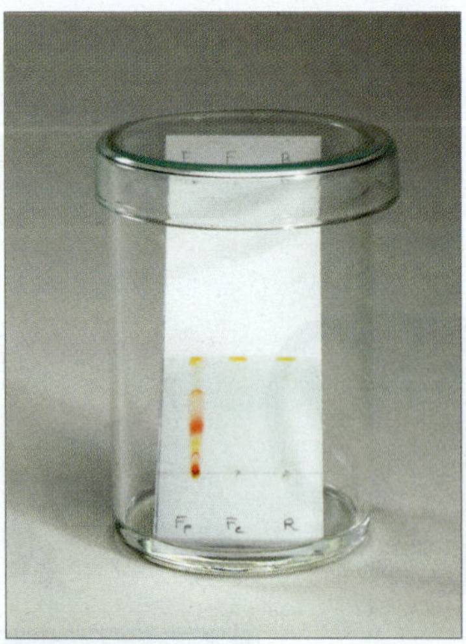

2 *Chromatogramme en cours d'élution.*

1 Observer

a. Réaliser un schéma légendé du dispositif de filtration.

b. Noter la couleur des solides restants sur chacun des filtres.

c. Combien de taches observe-t-on pour chacun des dépôts du chromatogramme ?

2 Interpréter

a. Peut-on savoir si tous les colorants du paprika ont été extraits ?

b. La couleur du paprika est-elle due à une ou plusieurs espèces chimiques ?

c. Comparer les colorants de la carotte et ceux du paprika.

3 Faire une recherche

Faire une recherche pour trouver le nom des principales espèces colorées présentes dans le paprika et la carotte. Quel est le nom de l'espèce commune ? Ce résultat est-il en accord avec l'expérience précédente ?

Activité à la maison

ACTIVITÉ DOCUMENTAIRE

MANUEL NUMÉRIQUE

2 Le mystère des molécules de la couleur

▶ **Comment reconnaître une molécule responsable de la couleur d'un matériau ?**

On utilise souvent la formule topologique d'une molécule : la chaîne carbonée est représentée par une ligne brisée, et seuls les atomes autres que ceux de carbone et d'hydrogène sont écrits, ainsi que les atomes d'hydrogène liés à ces autres atomes. Les doubles liaisons sont représentées par un double trait.

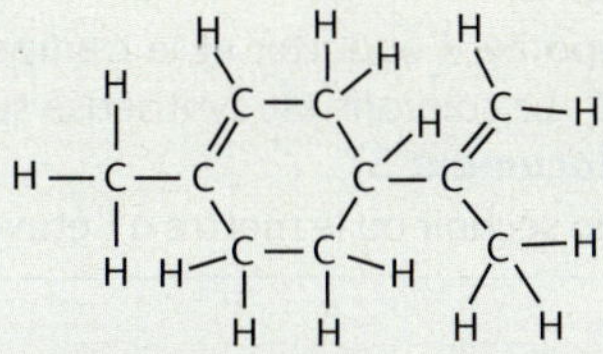

Formule développée du limonène

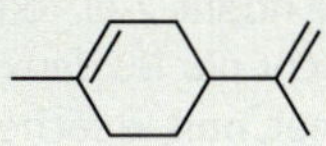

Formule topologique du limonène

3 ▲ *Qu'est-ce qu'une formule topologique ?*

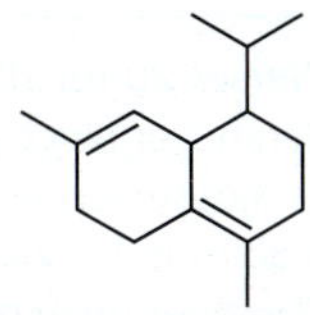

ⓐ *Le cadinène est présent dans les huiles essentielles incolores de genévriers ou de certains agrumes.*

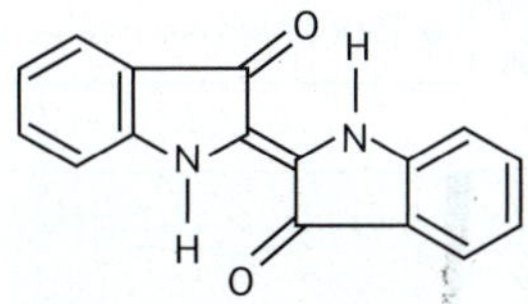

ⓑ *L'indigo, autrefois extrait de l'indigotier, est utilisé pour teindre les jeans en bleu.*

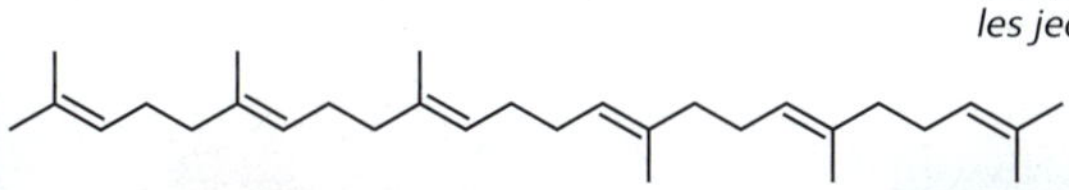

ⓒ *Le squalène, extrait notamment du foie de requin, est incolore.*

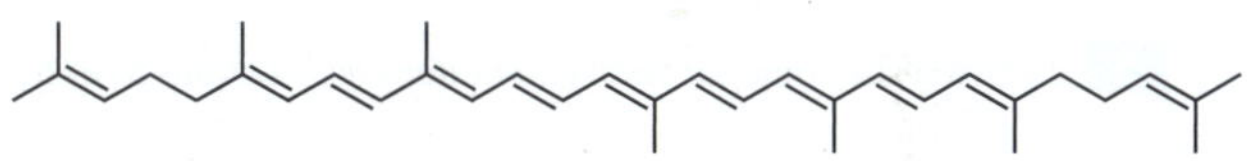

ⓓ *Le lycopène est responsable de la couleur de la tomate.*

4 *Formules topologiques de différentes molécules.*

> **Vocabulaire**
>
> **Chaîne carbonée :** enchaînement des atomes de carbone de la molécule.
>
> **Doubles liaisons conjuguées :** se dit de doubles liaisons séparées par une liaison simple.

1 Analyser les documents

a. Écrire les formules développées des molécules ⓐ et ⓓ du **document 4** en étant attentif au nombre d'atomes d'hydrogène liés à chaque atome de carbone.
Donnée : un atome de carbone est toujours entouré de quatre traits de liaison.

b. Quels sont les éléments chimiques les plus nombreux dans les molécules du **document 4** ? Ces molécules sont dites **organiques**.

c. Comparer les molécules ⓐ et ⓑ : nombre d'atomes de carbone, de liaisons simples et doubles.

d. Comparer les molécules ⓒ et ⓓ.

2 Conclure

On dit que la chaîne carbonée des molécules de la matière colorée possède des « doubles liaisons conjuguées ».
Recopier les formules topologiques du **document 4** et surligner toutes les doubles liaisons conjuguées. Combien d'atomes de carbone liés entre eux sont surlignés dans chaque cas ? Que remarque-t-on pour les molécules de la couleur ?

ACTIVITÉ EXPÉRIMENTALE

3 Synthèse d'une espèce chimique colorée

**▶ Les premiers colorants ont été synthétisés au XIXe siècle.
Reproduisons la synthèse d'un colorant « diazoïque », dont la formule moléculaire contient le groupe caractéristique –N=N–.**

Expérience

- Verser 20 mL d'une solution S_0 constituée d'aniline et d'acide chlorhydrique dans un erlenmeyer placé dans un bain de glace.
- Y ajouter lentement un volume $V_1 = 10$ mL d'une solution S_1 de nitrite de sodium, tout en agitant. La solution obtenue, notée S_2, contient le réactif *R*.
- Tremper un échantillon de tissu dans la solution S_2 préparée ; l'égoutter et le tremper ensuite dans une solution S_3 de napht-2-ol, réactif noté *R'*. Le colorant est synthétisé sur la fibre imprégnée successivement par les deux réactifs **(document 5)**.
- Rincer le tissu à l'eau du robinet, puis le sécher à l'aide du séchoir ou le mettre à l'étuve.

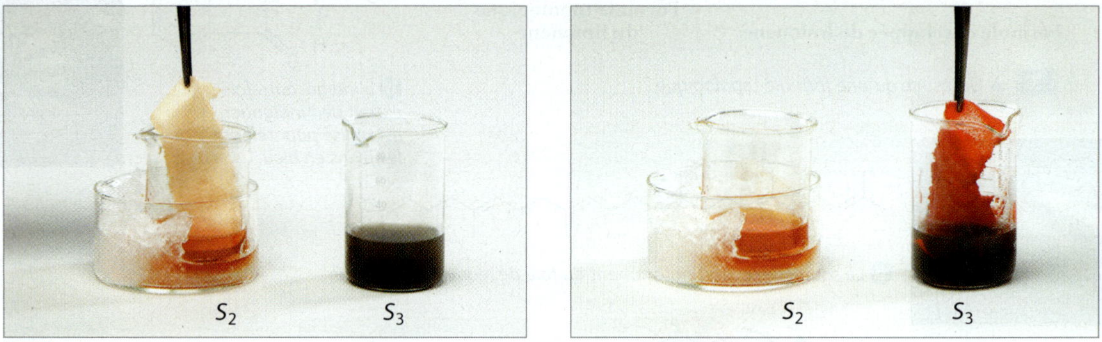

5 *Le tissu est trempé successivement dans les solutions S_2 et S_3. L'espèce chimique synthétisée se fixe sur la fibre textile.*

Vocabulaire

Pigment : espèce colorée insoluble dans le milieu qu'elle colore.

Colorant : espèce colorée dissoute dans le solvant qu'elle colore ou imprégnant une fibre textile dans le cas des teintures.

1 Observer

Quelle est la couleur de l'espèce chimique synthétisée ?

2 Interpréter

a. Doit-on parler ici de pigment ou de colorant ?

b. Lorsque le tissu initialement imprégné de la solution S_2 est trempé dans la solution S_3, une transformation chimique entre *R* et *R'* a lieu. Elle se visualise par la progression de la coloration sur le tissu. On peut la modéliser par l'écriture suivante.

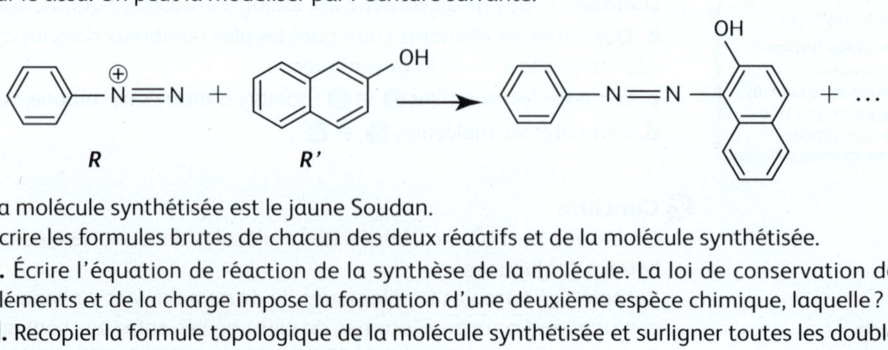

La molécule synthétisée est le jaune Soudan.
Écrire les formules brutes de chacun des deux réactifs et de la molécule synthétisée.

c. Écrire l'équation de réaction de la synthèse de la molécule. La loi de conservation des éléments et de la charge impose la formation d'une deuxième espèce chimique, laquelle ?

d. Recopier la formule topologique de la molécule synthétisée et surligner toutes les doubles liaisons conjuguées. Que remarque-t-on ?

ACTIVITÉ EXPÉRIMENTALE

MANUEL NUMÉRIQUE

4 Influence du pH sur la couleur

▶ Le pH d'un milieu a-t-il une influence sur la couleur d'une solution ?

Expérience

- On dispose de cinq solutions de pH donné (pH = 2, 4, 7, 10 et 12). Verser chacune des cinq solutions dans un tube à essais différent.
- Placer ces tubes à essais sur un portoir par ordre croissant du pH, puis écrire sur des étiquettes le pH de chaque solution.
- Choisir un colorant parmi ceux proposés dans le tableau ci-dessous.

Catégorie 1	Catégorie 2	Catégorie 3
– Jus de chou rouge, de fruits rouges ou de betterave rouge – Décoction de curry ou de peaux d'oignons – Thé	– Bleu de bromothymol – Hélianthine – Vert de bromocrésol	– Jus de tomate – Jus de carotte

- Verser une quinzaine de gouttes du colorant choisi dans chacun des cinq tubes à essais ; agiter et observer.
- Écrire sur une étiquette le nom du colorant testé, puis appeler le professeur pour photographier le résultat **(document 6)**.
- Rincer les tubes, puis recommencer avec un colorant d'une autre catégorie. Tester un colorant pour chacune des trois catégories.

6 *Couleur du jus de chou rouge en fonction du pH.*

1 Observer

a. Pour chaque expérience réalisée par la classe, décrire les colorations observées à l'aide des photographies mises en commun.

b. La valeur du pH influence-t-elle toujours la couleur des solutions ?

2 Interpréter à l'aide de documents

a. Recopier les formules topologiques du **document 7** puis entourer les groupes caractéristiques qu'elles contiennent.

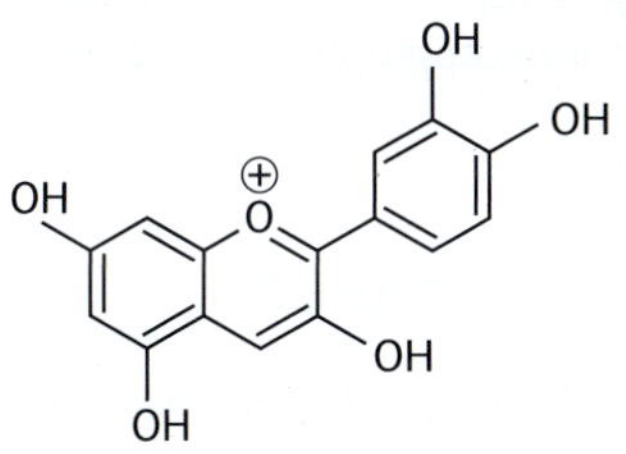

ⓐ *La cyanidine du chou rouge (catégorie 1).*

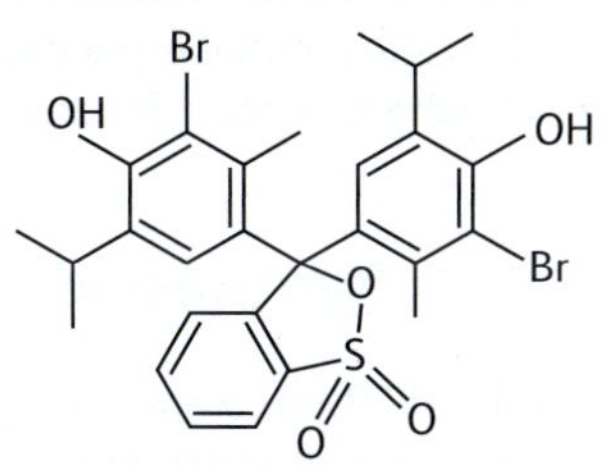

ⓑ *Le bleu de bromothymol (catégorie 2).*

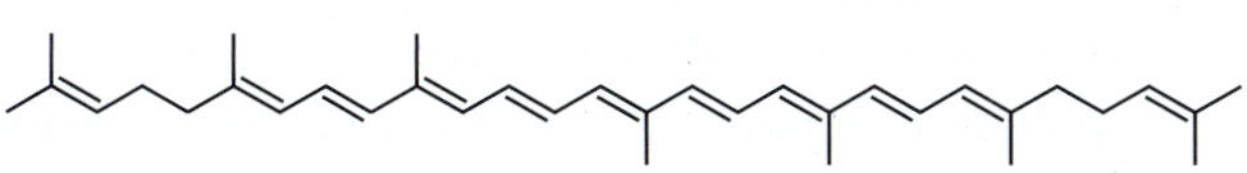

ⓒ *Le lycopène de la tomate (catégorie 3).*

7 *Formules topologiques des colorants présents dans certaines des solutions testées lors de l'expérience.*

b. À partir des résultats de l'expérience précédente, identifier les molécules pour lesquelles la couleur de la solution varie en fonction du pH. Quel groupe caractéristique commun retrouve-t-on dans ces molécules ? Ces molécules sont appelées **indicateurs colorés de pH.**

3 Fabriquer du papier pH

a. Proposer un mélange de colorants dont on peut imprégner un papier absorbant pour fabriquer un papier indicateur de pH, ou papier pH. Prévoir l'échelle de couleurs de référence.

b. Mettre en œuvre la fabrication du papier proposé et le tester.

1 Extraire ou synthétiser une espèce colorée

8 *La cochenille était extraite de petits insectes qui se nourrissent de certains cactus, puis vendue sous forme de « trochisques » par exemple.*

9 *Étoffes teintées au pastel bleu de Lectoure.*

1.1 Pigments et colorants

La nature offre de nombreuses sources de couleurs d'origines minérale (minerais de cuivre bleus et verts, de fer ocre, etc.), végétale (fleurs, racines, tiges, baies, etc.) ou animale (coquillages ou insectes).

Les molécules de la matière colorée sont classées en deux catégories suivant leur solubilité dans le milieu coloré :
– les **pigments**, espèces insolubles, en suspension dans un liquide ou en dispersion dans un solide ;
– les **colorants**, espèces solubles dans le milieu qu'ils colorent.

À partir du Moyen Âge, de nombreux pigments et colorants apparaissent, mieux adaptés aux nouveaux supports et techniques utilisés pour la peinture, ou répondant aux besoins de l'industrie textile. Ainsi, les étoffes aux couleurs vives, signes de richesse, sont très convoitées. Le pastel **(document 9)** fut très utilisé comme colorant bleu entre le XVe et le XVIIe siècle. L'indigo en provenance d'Inde le supplanta à partir du XVIIe siècle.

1.2 Extraction d'une espèce colorée

• Depuis la préhistoire, l'Homme extrait des espèces colorées à partir de plantes ou d'insectes. Les espèces sont d'abord **pilées et hachées** finement, puis on réalise l'opération de **macération** ou de **décoction,** qui est suivie d'une filtration pour séparer les matières solides de la solution aqueuse. On obtient alors un « bain de teinture ».

• Lorsque l'espèce colorée n'est pas soluble dans l'eau, on choisit un milieu spécifique dans lequel cette espèce est soluble : il s'agit d'un solvant organique ou d'une fibre textile, que l'on sépare de la phase aqueuse par **décantation** ou **essorage.** L'espèce chimique extraite peut alors être identifiée, par exemple par chromatographie sur couche mince (→ **fiche méthode 11**, page 390).

1.3 Synthèse d'une espèce colorée

• En 1859, un composé rouge fuchsia, la fuchsine, est synthétisé et connaît un vif succès. Les synthèses de colorants se succèdent alors rapidement. Dès lors, les chimistes s'intéressent à la structure des molécules, donnant naissance à une nouvelle discipline, la chimie organique.

• La synthèse d'une molécule se déroule généralement en **trois étapes** :
– la transformation, déclenchée par la mise en présence des réactifs ;
– le traitement, pour isoler et purifier l'espèce synthétisée ;
– l'identification de l'espèce synthétisée, par exemple par chromatographie sur couche mince.

Friedrich August Kékulé

Un précurseur

Dans un ouvrage publié en 1866, le chimiste allemand Friedrich August Kékulé proposa une structure fermée et hexagonale pour la molécule de benzène. Ce modèle permit de comprendre le principe de la synthèse de l'aniline, à partir de laquelle est synthétisé entre autres un colorant violet, la mauvéine.

2 Structure moléculaire et caractère coloré d'une espèce

2.1 Les molécules organiques

- Les molécules de la chimie organique sont composées essentiellement des atomes de carbone et d'hydrogène.
- L'enchaînement des atomes de carbone constituant une molécule organique forme une **chaîne carbonée**.

L'atome de carbone est lié quatre fois, les liaisons pouvant être simples ou doubles. L'atome d'hydrogène est lié une seule fois.

On utilise souvent la **formule topologique** d'une molécule : la chaîne carbonée est représentée par une ligne brisée, et seuls les atomes autres que ceux de carbone et d'hydrogène sont écrits, ainsi que les atomes d'hydrogène liés à ces autres atomes. Les doubles liaisons sont représentées par un double trait **(document 10)**.

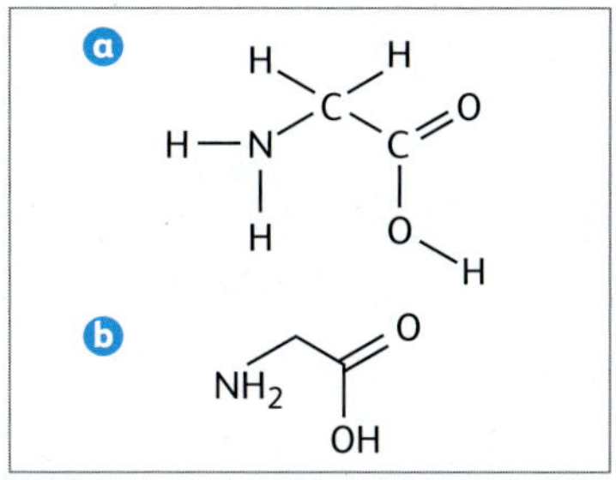

10 *Formule développée (a) et formule topologique (b) de la glycine. Les atomes d'oxygène O et d'azote N sont deux autres atomes souvent rencontrés dans les molécules organiques.*

2.2 Les molécules à liaisons conjuguées

Deux doubles liaisons entre atomes sont dites **conjuguées** si elles ne sont séparées que par une liaison simple **(document 11)**.

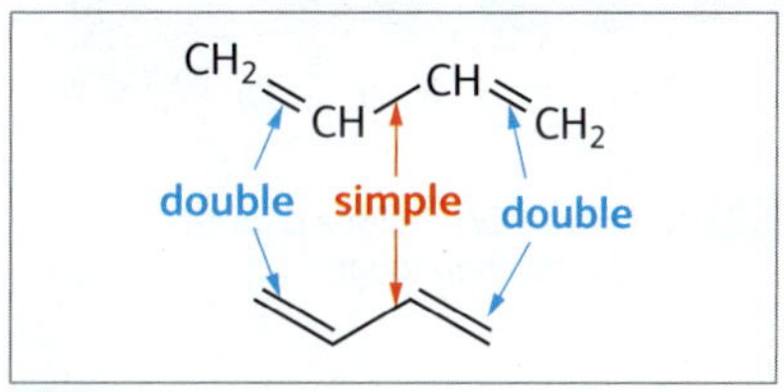

11 *La molécule buta-1,3-diène, de formule brute C_4H_6, possède deux doubles liaisons conjuguées.*

Un système de doubles liaisons est dit conjugué s'il se présente sous la forme d'une **alternance ininterrompue** de simples et de doubles liaisons.

Une molécule organique possédant un système conjugué d'au moins sept doubles liaisons, en l'absence de groupe caractéristique, forme le plus souvent un matériau coloré.

Exemples.

a 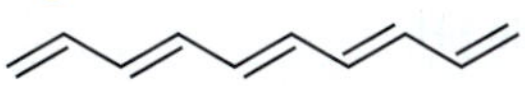

La molécule (a) possède un système conjugué de cinq doubles liaisons : ce n'est pas une molécule de la matière colorée.

b 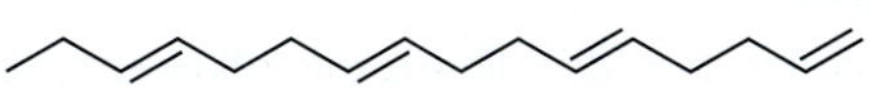

Les doubles liaisons de la molécule (b) ne sont pas conjuguées : cette molécule est une espèce incolore.

APPLICATION La molécule ci-dessous est à l'origine d'une couleur jaune pâle.

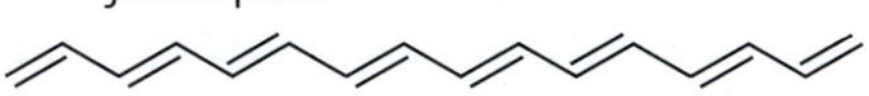

Pourquoi est-ce une molécule de la matière colorée ?

Réponse. Cette molécule présente une suite ininterrompue de simples et de doubles liaisons. Le système conjugué contient huit doubles liaisons, ce qui est suffisamment grand pour que la molécule forme un matériau coloré.

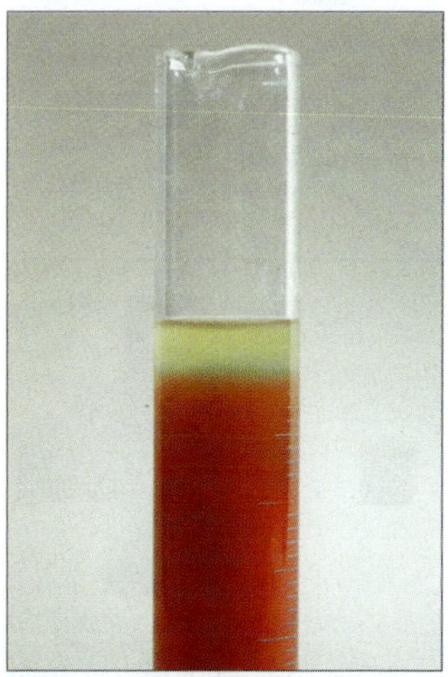

12 *Les doubles liaisons du lycopène d'un jus de tomate ont été progressivement détruites par un réactif spécifique.*

2.3 Rôle des groupes caractéristiques

En présence de groupes caractéristiques (–OH, –OCH_3 , –NH_2, etc.) et/ou de cycles présentant des doubles liaisons conjuguées, une molécule possédant un système conjugué de moins de sept doubles liaisons peut colorer un matériau. La présence d'un groupe caractéristique dans une molécule de la matière colorée peut aussi provoquer un accroissement de l'intensité de la couleur du matériau ou une modification de couleur.

Exemple. L'anthraquinone et l'alizarine possèdent huit doubles liaisons conjuguées et sont colorées. Elles diffèrent par la présence de deux groupes caractéristiques –OH dans l'alizarine, et sont de couleurs différentes.

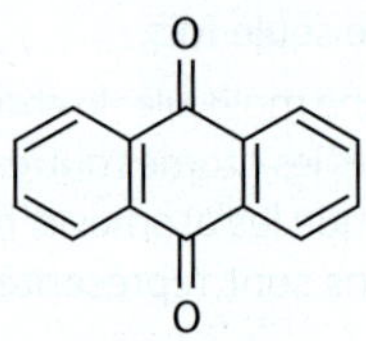

anthraquinone
jaune clair

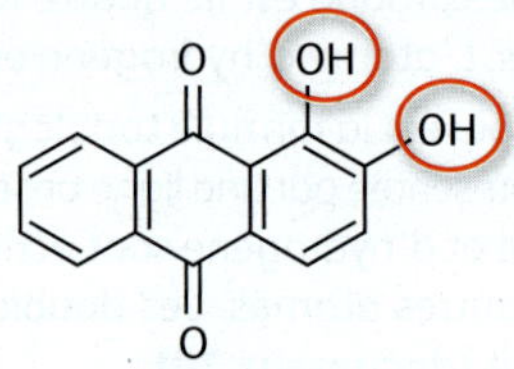

alizarine
rouge

3 Facteurs pouvant influencer la couleur d'un matériau

- **Influence du pH du milieu**

De nombreux colorants, naturels ou synthétiques, ont une couleur qui dépend du pH du milieu dans lequel ils sont en solution. Leur molécule possède **généralement plusieurs groupes –OH** : c'est le cas des polyphénols, présents dans les jus de fruits ou de chou rouge **(document 13)**.

Un grand nombre de ces espèces sont utilisées pour connaître la valeur du pH : ce sont des **indicateurs colorés de pH**.

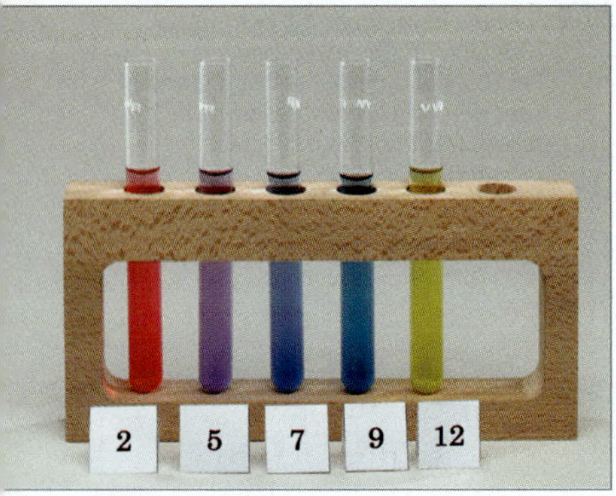

13 *Échelle de pH réalisée à partir de jus de chou rouge.*

- **Influence de la nature du milieu**

La couleur d'un colorant solvatochrome dépend de la nature du solvant dans lequel il est solubilisé.

Dans le cas d'une teinture, la nature de la fibre textile influence fortement la couleur finale du tissu **(document 14)**.

14 *Lorsqu'on colore du coton, du nylon et de la laine avec de la cochenille, on obtient différentes teintes.*

- **Autres facteurs d'influence**

Le dioxygène de l'air peut modifier les groupes caractéristiques et donc changer la couleur du matériau **(document 15)**.

D'autres matériaux changent de couleur sous l'effet d'un paramètre extérieur. Ainsi, une irradiation lumineuse modifie la couleur des espèces « **photochromes** » utilisées dans les verres pour lunettes. D'autres matériaux contiennent des espèces dont la couleur est sensible à une variation de température ou d'humidité.

15 ◀ *Solution contenant des pastilles de potasse, du glucose et du bleu de méthylène. La solution devient bleue lors de la dissolution du dioxygène de l'air, rendue possible par l'agitation.*

L'ESSENTIEL

Pigments et colorants

- Les **pigments** sont des espèces insolubles, en suspension dans un liquide ou en dispersion dans un solide.
- Les **colorants** sont des espèces solubles dans le milieu qu'ils colorent.
- Les pigments et les colorants sont extraits à partir d'un produit de la nature ou synthétisés.

Molécules à liaisons conjuguées

- Deux doubles liaisons entre atomes sont dites **conjuguées** si elles ne sont séparées que par une liaison simple.

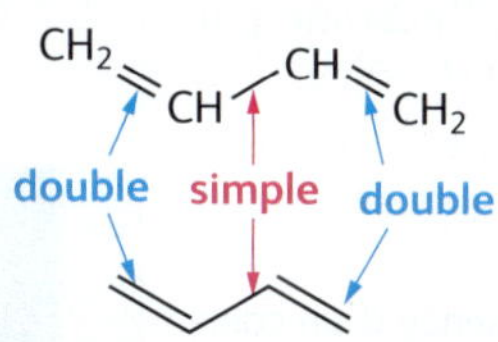

- Un système de doubles liaisons est dit conjugué s'il se présente sous la forme d'une **alternance ininterrompue** de simples et de doubles liaisons.
- Une molécule organique possédant un système conjugué d'au moins sept doubles liaisons, en l'absence de groupe caractéristique, forme le plus souvent un matériau coloré.

Exemple

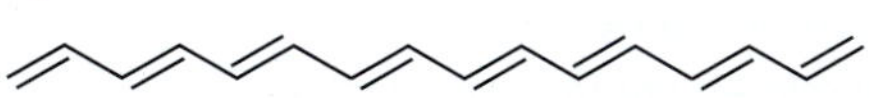

Cette molécule possède un système conjugué de huit doubles liaisons : c'est une molécule de la matière colorée. Elle est en effet à l'origine d'une couleur jaune pâle.

Molécules organiques

- Les **molécules organiques** sont composées essentiellement des atomes de carbone et d'hydrogène.
- L'enchaînement des atomes de carbone constituant une molécule organique forme une **chaîne carbonée**.

Rôle des groupes caractéristiques

La présence de groupes caractéristiques dans une molécule de la matière colorée peut provoquer un accroissement de l'intensité de la couleur du matériau ou une modification de sa couleur.

Exemples

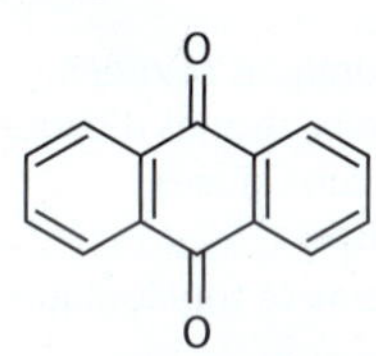

anthraquinone
jaune clair

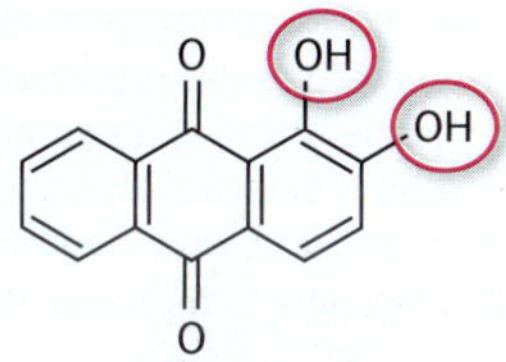

alizarine
rouge

Facteurs influençant la couleur

- Plusieurs facteurs peuvent influencer la couleur d'un matériau :
  - le pH du milieu dans lequel le colorant est en solution ;
  - la nature du solvant ou de la fibre textile dans le cas d'une teinture ;
  - la présence de dioxygène ;
  - etc.
- Les espèces dont la couleur dépend du pH sont des **indicateurs colorés de pH**.

5 minutes CHRONO !

MANUEL NUMÉRIQUE — EXERCICES INTERACTIFS

1 Mots manquants

Compléter avec un ou plusieurs mots.

a. Depuis la préhistoire, l'Homme a réalisé l'.......... des colorants à partir des produits de la nature.

b. Les pigments sont .... dans le milieu qu'ils colorent, tandis que les colorants sont .... dans le milieu qu'ils colorent.

c. La synthèse d'une molécule se déroule généralement en trois étapes : transformation, traitement et ....

d. Les molécules organiques sont principalement constituées des éléments ....

e. Les chaînes carbonées des molécules de la matière colorée présentent des doubles liaisons ....

f. Les espèces chimiques utilisées pour connaître la valeur du pH sont appelées ....

2 QCM

a. L'identification par chromatographie peut être utilisée :
- ☐ avec des espèces colorées ou non
- ☐ seulement avec des espèces colorées
- ☐ seulement avec des colorants

b. Les molécules des espèces organiques colorées :
- ☐ contiennent toutes au moins deux atomes d'azote
- ☐ possèdent des doubles liaisons conjuguées
- ☐ possèdent une seule double liaison

c. On considère la molécule de formule topologique :

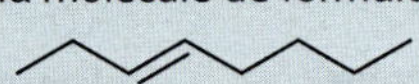

Cette molécule a pour formule brute :
☐ C_8H_{16} ☐ C_8H_{18} ☐ C_7H_{16}

d. La molécule de la question **c.** possède :
- ☐ deux doubles liaisons C=C conjuguées
- ☐ un groupe caractéristique
- ☐ une double liaison C=C

e. On considère la molécule d'alizarine représentée ci-dessous.

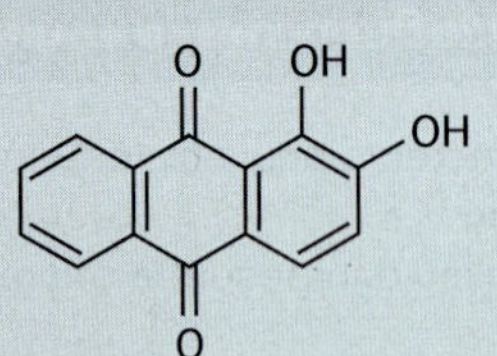

Cette molécule possède :
- ☐ 6 doubles liaisons conjuguées
- ☐ 8 doubles liaisons conjuguées
- ☐ 10 doubles liaisons conjuguées

→ Reportez-vous aux solutions détaillées page 393 pour vérifier vos réponses et comprendre vos erreurs.

Parcours personnalisés

Trois parcours d'exercices pour travailler en autonomie selon ses besoins.

- Maîtriser les bases : 4 – 6 – 10
- Préparer l'évaluation : 11 – 13
- Cap sur la Terminale : 19 – 20

MOBILISER SES CONNAISSANCES

Extraire ou synthétiser une espèce colorée [§1 du cours]

3 Extraction d'un colorant du sirop de menthe

On introduit dans un tube à essais du sirop de menthe vert et de l'acétone, un solvant incolore. Après agitation, on laisse décanter.

a. La densité de l'acétone par rapport à l'eau est $d = 0{,}79$.

La phase supérieure correspond-elle à la phase aqueuse ou à la phase organique ?

b. Justifier la présence d'un colorant bleu dans ce sirop.

c. À l'aide des connaissances sur la synthèse soustractive des couleurs, donner la couleur du deuxième colorant présent dans le sirop.

d. Proposer et décrire une expérience qui confirmerait la présence des deux colorants dans ce sirop.

(a) Tube à essais témoin contenant du sirop de menthe.
(b) Tube à essais après décantation.

4 Chromatographie

L'extrait coloré d'une racine est analysé par chromatographie. Le chromatogramme obtenu est représenté ci-contre.

a. L'extrait étudié est-il constitué d'une ou de plusieurs espèces chimiques ?

b. Le colorant étudié peut-il être considéré comme un mélange des deux espèces *B* et *C* exclusivement ?

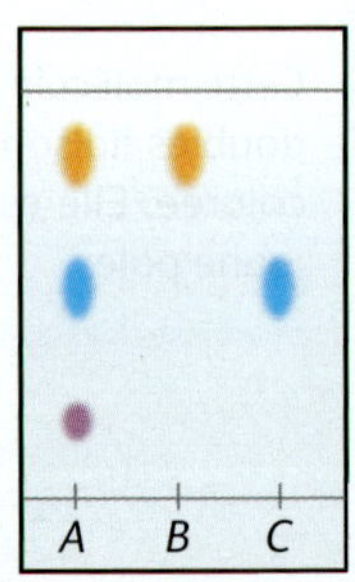

A : extrait de la racine.
B et C : colorants de référence.

▶ Structure moléculaire [§2 du cours]

5 Plusieurs types de formules

a. Écrire la formule semi-développée des molécules suivantes à partir de leur formule topologique.

a 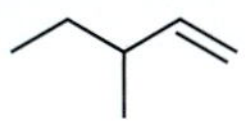

b 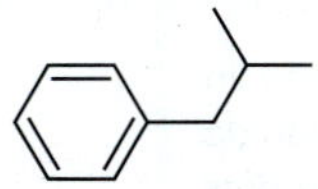

c 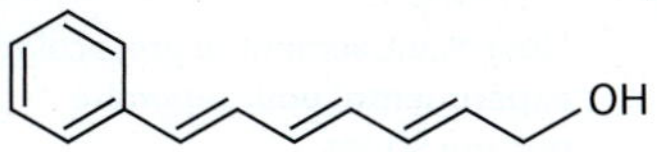

d 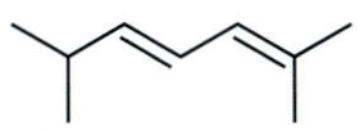

b. De quels éléments ces molécules sont-elles principalement constituées ? Comment appelle-t-on ce type de molécules ?

6 Doubles liaisons conjuguées

La formule topologique d'un carotène est représentée ci-dessous.

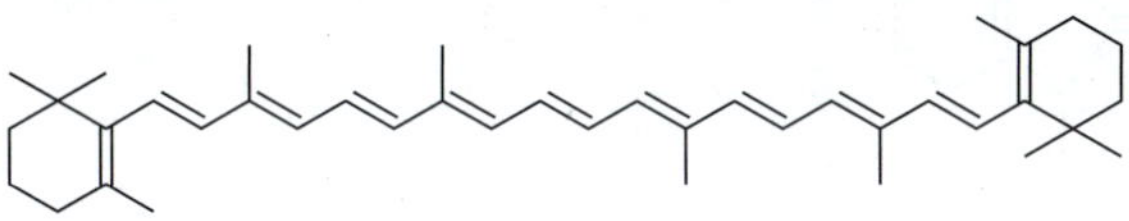

a. Vérifier que sa formule brute est $C_{40}H_{56}$.

b. Surligner ou entourer les doubles liaisons conjuguées.

6 UTILISER SES COMPÉTENCES

7 Reconnaître des doubles liaisons conjuguées

a. Écrire la formule développée et la formule brute de chacune des trois molécules dont les formules topologiques sont données ci-dessous.

a 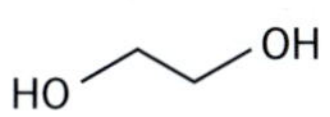

b 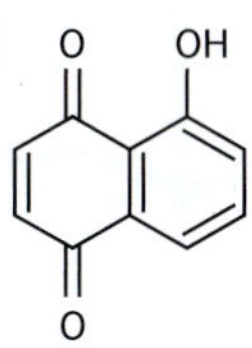

c 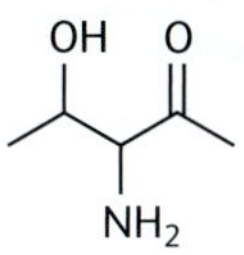

b. Parmi ces trois espèces chimiques, laquelle (lesquelles) présente(nt) des doubles liaisons conjuguées ?

8 Vérifier qu'une espèce est colorée

L'une des deux espèces dont les formules toplogiques sont représentées ci-dessous est jaune pâle, l'autre est incolore.

a 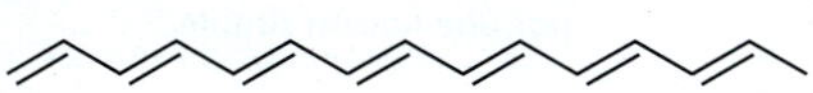

b 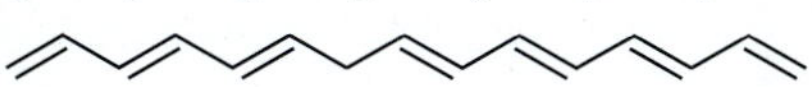

Attribuer à chaque espèce sa couleur en justifiant la réponse.

9 Faire une recherche

Faire une recherche pour savoir si les colorants alimentaires du tableau ci-dessous proviennent de la nature ou de la chimie de synthèse.

Code européen	Nom	Couleur
E 100	curcumine	jaune
E 102	tartrazine	jaune
E 122	azorubine	rouge
E 120	cochenille	rouge
E 131	bleu patenté V	bleu
E 140 (a et b)	chlorophylles	verts
E 150 (a, b, c et d)	caramels	bruns
E 153	charbon végétal	noir

10 Apprendre à rédiger

Voici l'énoncé d'un exercice et un guide (en orange) ; ce guide vous aide pour rédiger la solution détaillée et pour retrouver les réponses numériques aux questions posées.

Énoncé

Les formules topologiques de plusieurs espèces chimiques sont représentées ci-dessous.

a Limonène

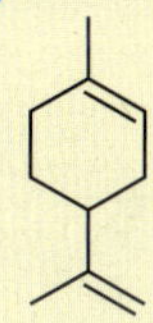

incolore

b Menthol

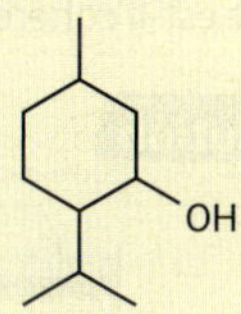

incolore

c Chrysophanol

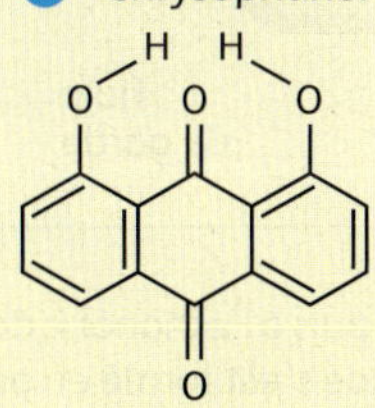

jaune or

d Pinène

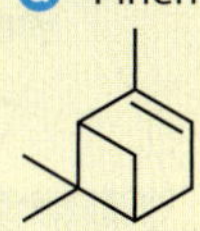

incolore

a. Recopier les formules topologiques puis entourer ou surligner les doubles liaisons conjuguées.

▸ **Rappeler ce que représentent des doubles liaisons conjuguées, puis les entourer.**

b. Pour chaque molécule, compter le nombre de doubles liaisons conjuguées.

▸ **Compter les doubles liaisons entourées à la question précédente.**

c. Ce résultat est-il cohérent avec les indications de couleur données dans l'énoncé ?

▸ **Vérifier que les molécules qui forment des matériaux colorés sont celles qui possèdent des doubles liaisons conjuguées.**

EXERCICE RÉSOLU

Site élève

11 Synthèse de l'indigo au laboratoire de chimie

Énoncé • Dissoudre 0,2 g de 2-nitrobenzaldéhyde, solide blanc, dans un erlenmeyer contenant 10 mL d'acétone. Ajouter environ 10 mL de solution de soude à 2 mol·L^{-1}, observer l'apparition d'une coloration jaune foncée puis bleue ; enfin, un solide bleu sombre d'indigo, apparaît.

• Essorer le solide bleu sur un filtre büchner sous pression réduite. Laver le solide à l'eau jusqu'à ce que le filtrat qui coule soit incolore, puis le laver avec de l'éthanol. Essorer le solide avant de le mettre à sécher à l'étuve (à 100 °C) pendant 30 minutes.

1 Réaliser un schéma légendé de la filtration sous pression réduite.

2 Déduire du protocole quelques propriétés de l'indigo :
– l'indigo est-il soluble dans l'eau ? dans l'éthanol ? dans l'acétone ?
– sa température de fusion est-elle inférieure à 100 °C ?

3 La formule topologique de la molécule synthétisée est représentée ci-contre. Écrire la formule développée de cette molécule, puis surligner les doubles liaisons conjuguées.

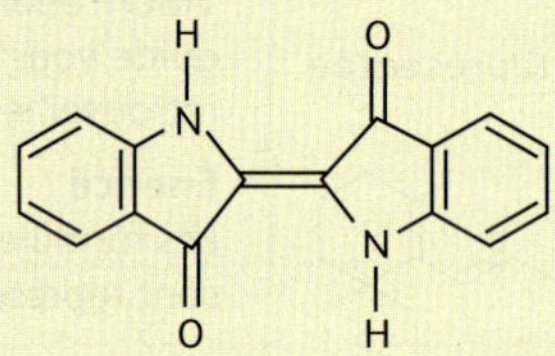

4 De combien de doubles liaisons le système conjugué est-il formé ? Ce résultat est-il cohérent avec l'énoncé ?

Énoncé Lire attentivement le protocole expérimental pour répondre aux questions.

Une solution

1

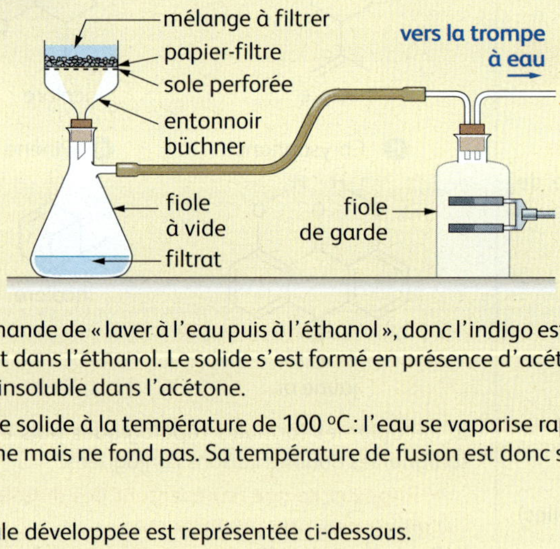

Schématiser
- Annoter le schéma.
- Se rappeler que le filtrat est le liquide qui passe à travers le filtre.

2 – On demande de « laver à l'eau puis à l'éthanol », donc l'indigo est insoluble dans l'eau et dans l'éthanol. Le solide s'est formé en présence d'acétone, donc l'indigo est insoluble dans l'acétone.

– On sèche le solide à la température de 100 °C : l'eau se vaporise rapidement, l'indigo sèche mais ne fond pas. Sa température de fusion est donc supérieure à 100 °C.

Rédiger Les réponses doivent être justifiées.

3 La formule développée est représentée ci-dessous.

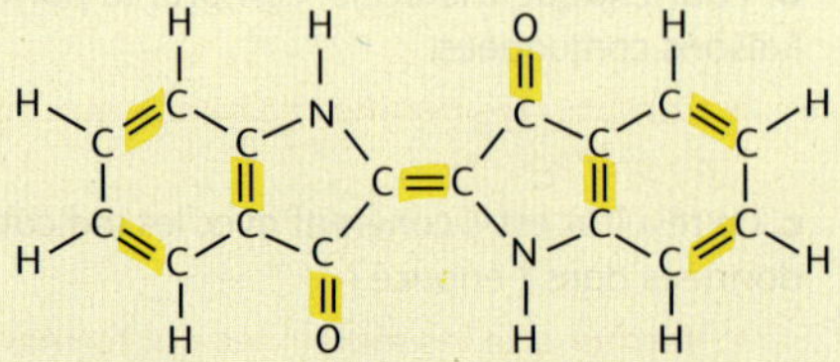

Connaissances Deux doubles liaisons sont conjuguées si elles ne sont séparées que par une liaison simple.

4 Le système conjugué contient neuf doubles liaisons, ce qui est supérieur à sept : le résultat est cohérent avec la coloration bleu sombre du matériau.

12 Extraire le colorant du raisin

En général, le jus de raisin blanc ou de raisin noir est incolore. Les matières colorantes – principalement des polyphénols, que l'on considère comme bénéfiques pour la santé – sont contenues dans les peaux. Elles sont peu solubles dans l'eau froide, mais elles sont solubles dans l'éthanol.

La méthode de vinification détermine la couleur du vin :
– pour le vin blanc, on sépare le jus des peaux ;
– pour le vin rouge, les peaux macèrent pendant plusieurs jours à une température voisine de 30 °C, puis on sépare le vin et les peaux.

a. Quelle espèce chimique présente dans le jus de raisin produit de l'éthanol par fermentation ?

b. Comment nomme-t-on ce procédé d'extraction naturel du colorant des peaux ?

13 Une échelle de couleurs

Le colorant principal du jus de framboise est la cyanidine, dont la formule topologique est représentée ci-dessous.

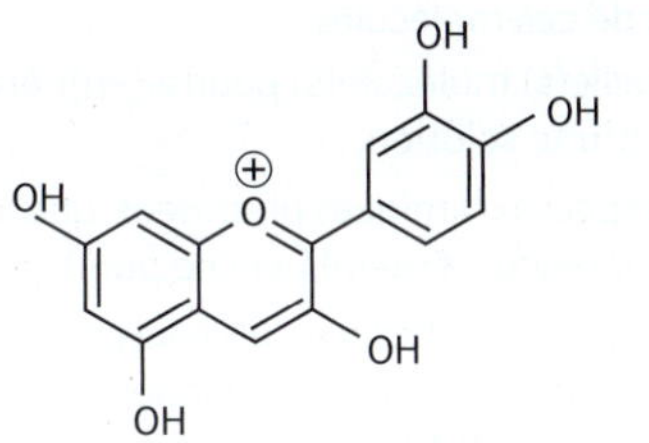

a. Entourer les doubles liaisons conjuguées de la cyanidine, puis compter le nombre de doubles liaisons du système conjugué. Est-ce une espèce chimique colorée ?

b. Lorsque cette espèce chimique est dissoute, la couleur de la solution dépend de son pH.
Pouvait-on prévoir ce résultat ?

c. L'échelle de pH réalisée à partir de jus de framboise est donnée ci-dessous. Le pH de chaque solution est écrit sur une étiquette.

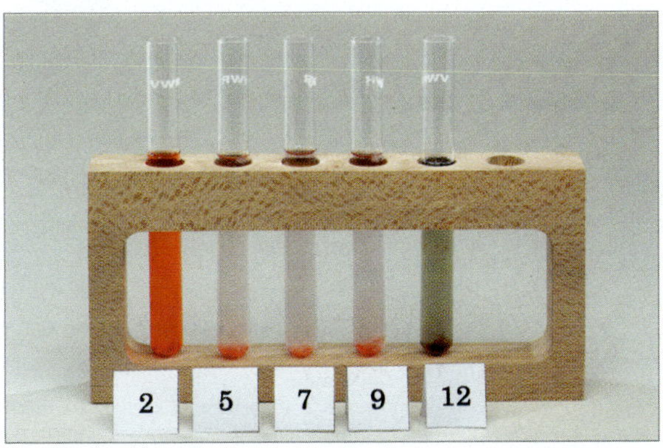

Si quelques gouttes de jus de framboise tombent dans un verre d'eau potable (pH entre 6 et 8), quelle sera la couleur observée ?

d. On ajoute quelques gouttes de jus de citron dans le verre d'eau. Qu'observe-t-on ?

14 Teindre et déteindre la laine

Pour extraire d'une solution aqueuse un colorant alimentaire, le rouge allura, on peut utiliser de la laine écru.

• **Coloration**. Introduire trois gouttes d'acide acétique dans un bécher contenant environ 50 mL d'eau. Ajouter un morceau de laine d'une quinzaine de centimètres. Porter à ébullition sous agitation magnétique pendant 10 minutes environ. Les colorants se fixent sur la laine et la solution devient presque incolore. Rincer et essorer.

• **Décoloration**. Plonger la laine dans un bain d'ammoniac et faire bouillir doucement, en agitant. Si la laine ne se décolore pas, ajouter quelques gouttes d'une solution d'ammoniac concentré. Retirer la laine : elle doit avoir repris sa couleur d'origine, alors que la solution est colorée.

a. Préciser si le pH est inférieur ou supérieur à 7 pour chacune des étapes de la manipulation.

b. Peut-on dire que le colorant testé est un indicateur coloré de pH ?

c. Quel conseil donner à quelqu'un dont le pull blanc s'est coloré accidentellement par contact avec un colorant ?

Donnée : une solution aqueuse d'ammoniac NH_3 est basique.

15 ✶ Le rouge du sang : l'hémoglobine

La formule topologique d'une portion de la molécule de l'hémoglobine du sang est représentée ci-dessous.

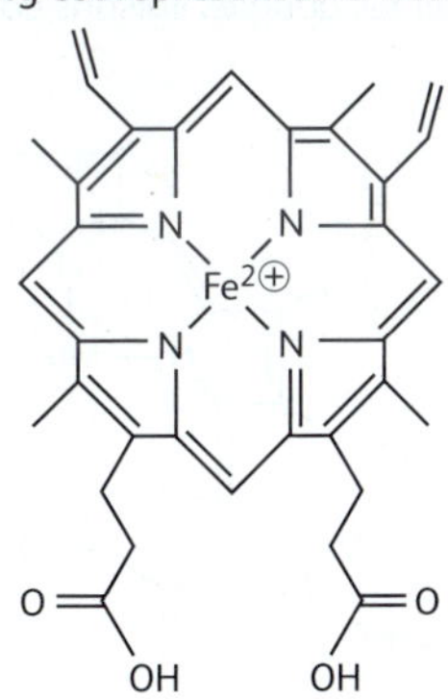

Surligner les doubles liaisons conjuguées, puis justifier le caractère coloré de cette espèce chimique.

16 ✶ Décolorer les cheveux

La couleur des cheveux bruns et noirs est liée à un pigment synthétisé par l'organisme : la mélanine.

Cette molécule perd sa couleur et le cheveu se décolore sous l'influence de certains facteurs.

Lesquels ?

- L'acidité du milieu (pH)
- L'action de l'eau oxygénée
- Une irradiation aux rayonnements UV
- La température du milieu environnant
- La présence de certains solvants organiques

17 ✶ À propos de la chlorophylle

La chlorophylle est une espèce chimique verte présente dans les plantes.
On réalise l'extraction des espèces colorées de feuilles d'épinard. Les feuilles sont broyées ; les cellules végétales écrasées libèrent alors leur contenu : les chloroplastes intracellulaires, où les pigments sont stockés.
Ces pigments ne sont pas solubles dans l'eau.

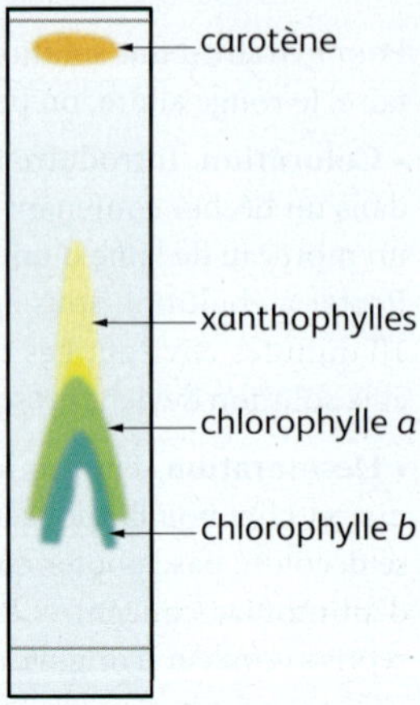

a. Pourquoi le terme « pigment » est-il ici mieux adapté que le terme « colorant » ?

b. On lave le « broyat » avec de l'éthanol, puis on le dépose sur une plaque afin d'effectuer une chromatographie.
Le chromatogramme obtenu est reproduit ci-dessus.
La chlorophylle est-elle le seul pigment présent dans la feuille ? Justifier la réponse.

c. Quelles sont les couleurs absorbées par des solutions vertes ?

d. On sait que la chlorophylle est indispensable à la photosynthèse, qui a lieu en lumière visible.
Comment pourrait-on montrer expérimentalement que la chlorophylle absorbe aussi dans le domaine des UV ?

e. La formule topologique de la chrorophylle est représentée ci-dessous. Surligner les doubles liaisons conjuguées.

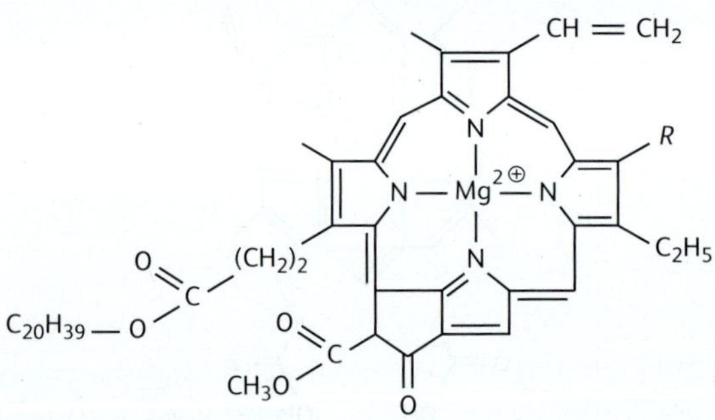

18 ✶ Jus de tomate

On recherche l'espèce chimique qui colore le jus de tomate. Elle se trouve parmi les quatre molécules proposées ci-après.

ⓐ

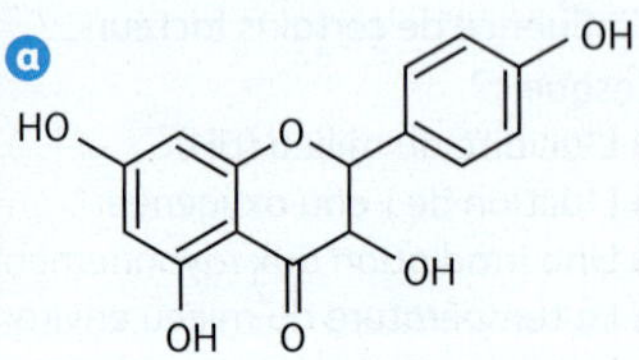

ⓑ

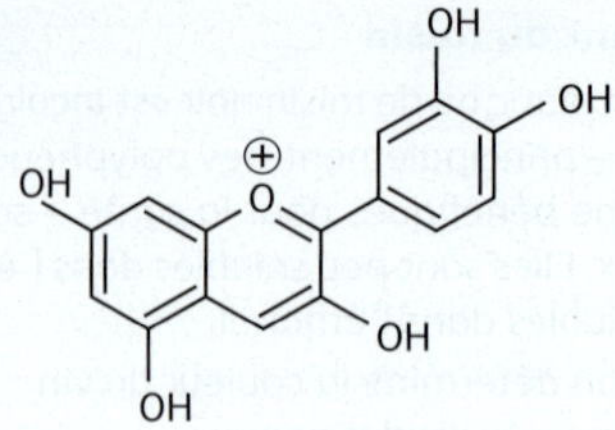

ⓒ

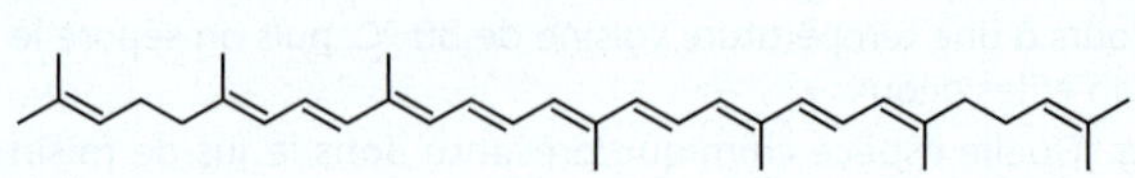

ⓓ

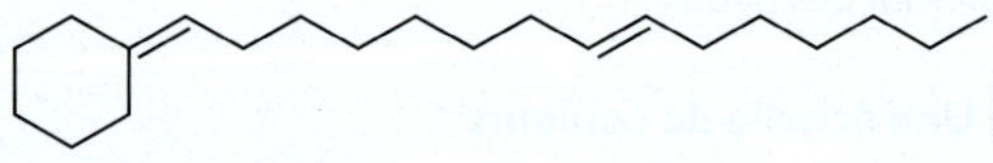

a. Identifier les doubles liaisons conjuguées dans les formules topologiques de ces molécules.
En déduire quelle(s) molécule(s) pourrai(en)t être à l'origine de la couleur d'une solution.

b. Parmi les espèces chimiques proposées, quelles sont celles dont la couleur devrait être influencée par le pH du milieu ?

c. On dispose de cinq tubes à essais contenant des solutions de pH 2, 5, 7, 9 et 12. On verse quelques gouttes de jus de tomate dans chaque tube à essais : la couleur est la même dans tous les tubes.
À l'aide de cette information, déterminer la molécule présente dans le jus de tomate.

19 ✶✶ Synthèse d'un colorant en TP de SVT

La ninhydrine forme un produit de couleur pourpre lorsqu'elle est chauffée en présence d'un acide α-aminé suivant la réaction d'équation :

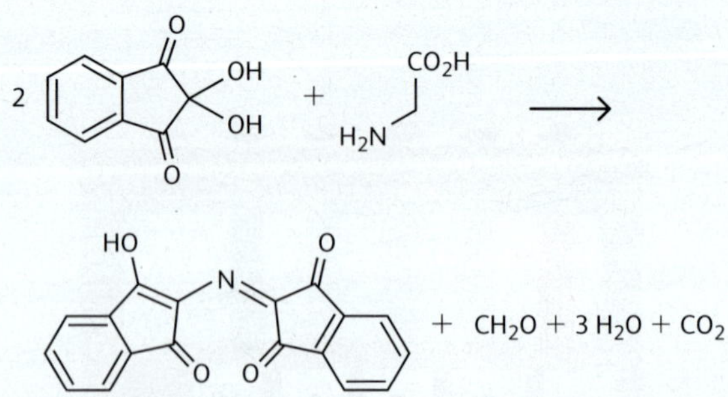

a. La molécule de ninhydrine est-elle susceptible de colorer un matériau ?

b. Même question pour le produit formé.

c. Écrire la formule semi-développée de la molécule de ninhydrine, ainsi que sa formule brute.

20 Apprendre à chercher

La résolution de cet exercice nécessite de trouver les étapes du raisonnement. En cas de difficultés, rendez-vous page 404.

La phénolphtaléine est un indicateur coloré rose en milieu basique et incolore en milieu acide. Elle réagit suivant la réaction d'équation présentée ci-dessous.

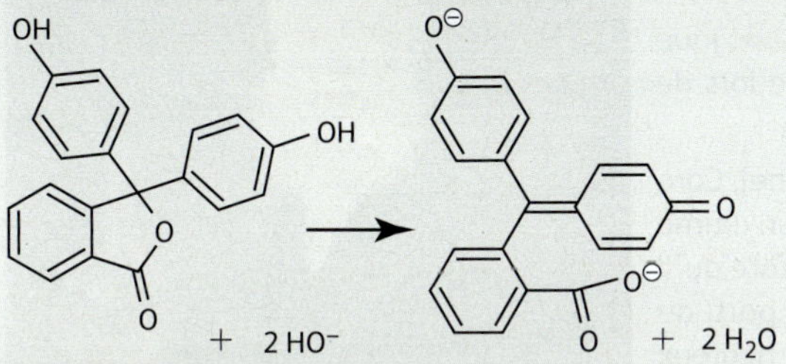

→ *Interpréter les couleurs observées expérimentalement.*

21 ✶ Répression des fraudes

Le safran est une épice extraite du pistil du crocus sativus.

Le safran est un aromate de grande valeur. Le paprika, de couleur apparente comparable, est produit en beaucoup plus grande quantité : il est donc moins cher.

Les services des douanes sont chargés de repérer les fraudes sur les importations. Pour savoir si une poudre orange est constituée de paprika ou de safran, ils ont mis en œuvre la méthode suivante.

• Identification par chromatographie

Il s'agit d'une « chromatographie en phase gazeuse ». Cette technique, très sensible, se pratique sur des quantités très faibles d'échantillon :
– l'échantillon est dilué dans un solvant approprié ;
– la solution est alors injectée dans l'appareil où elle est vaporisée puis entraînée par un gaz à travers une colonne munie d'une phase fixe ;
– à la sortie de la colonne, un détecteur réagit par un « pic » lors du passage de chacune des espèces chimiques : les espèces initialement présentes dans l'échantillon ont été différemment retenues par la phase fixe. On mesure ainsi leur durée t de rétention.

• Extraction des pigments

Pour extraire les pigments, l'échantillon est dissous dans un mélange d'éthoxyéthane, de chlorure de sodium, de potasse et de méthanol. Cette solution est soumise à une agitation constante à l'abri de la lumière, puis rincée avec de l'eau distillée. La phase organique est séchée, puis diluée dans de l'acétone.

Les services des douanes ont obtenu les résultats suivants lors de l'analyse d'un échantillon suspect.

Chromatogramme 1 : paprika pur

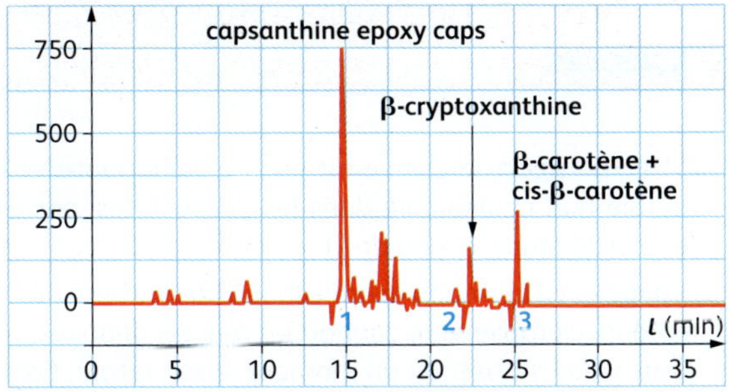

La capsanthine est le pic caractéristique du paprika car c'est le composé majoritaire devant la β-cryptoxanthine et le β-carotène.

Chromatogramme 2 : safran pur

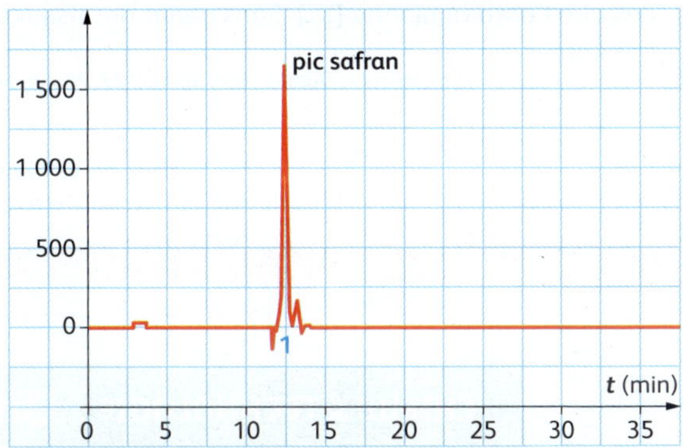

Le chromatogramme du safran présente peu de pics car la plupart de ses espèces chimiques sont très sensibles à la chaleur, à la lumière et à l'oxygène.

Chromatogramme 3 : échantillon suspect

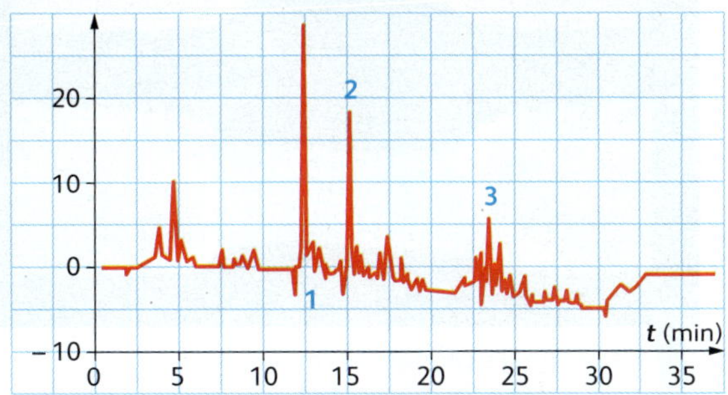

a. De quel type d'extraction s'agit-il ?

b. Comment procéder pour « sécher la phase organique » ?

c. En analysant les chromatogrammes, dire si l'échantillon suspect contient du safran, du paprika ou les deux ; argumenter la réponse.

Culture scientifique et citoyenne

Histoire des Sciences — Les coups de pouce du hasard

Au XIXe siècle, la chimie est encore balbutiante, et le **hasard** joue un rôle non négligeable dans les découvertes, par exemple lors de celle de la mauvéine ou de la **synthèse de l'alizarine**. [...]

Graebe et Liebermann ayant échoué [la synthèse de l'alizarine], Caro reprend le problème et connaît les mêmes déboires. Lors d'un ultime essai, il doit s'absenter un moment. À son retour, Caro constate qu'il y a eu surchauffe : une partie du mélange réactionnel est parti au plafond, mais ce qui reste contient le produit désiré. Sans cet heureux incident, Caro aurait été sans doute bloqué encore longtemps : la réaction qu'il cherchait à faire ne se déclenche qu'à une température très élevée, qu'aucun chimiste raisonnable n'aurait employée, de peur de détruire l'anthraquinone [...]. Sans parler des risques pour l'expérimentateur.

« La couleur », Dossier Hors Série n°27, Pour la Science, avril 2000

Portrait de William Henry Perkin tenant une étoffe teinte avec la mauvéine.

CHIMIE & TECHNOLOGIE — Un polymère qui change de couleur

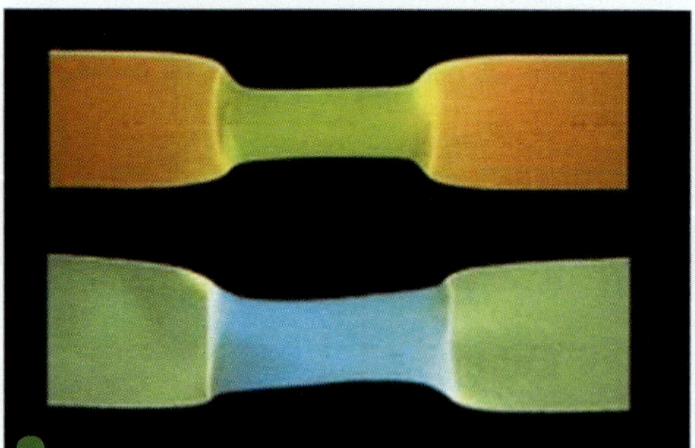

Ce polymère change de couleur sous contrainte mécanique.

Des chercheurs états-uniens ont développé des **polymères qui changent de couleur** lorsqu'ils sont soumis à une contrainte mécanique entraînant une déformation. Ces polymères doivent leurs propriétés à un **colorant fluorescent spécifique** présent sous forme d'agrégats. La déformation du polymère entraîne la dislocation des agrégats qui, sous cette nouvelle forme, réémettent une lumière de longueur d'onde différente. Une faible quantité de colorant est suffisante pour avoir un changement de couleur prononcé.

À terme, ces polymères pourraient trouver des applications comme éléments de sécurité dans des emballages alimentaires ou médicaux.

Sur le Web www.ardi-rhonealpes.fr/c/document_library/get_file?uuid=630ca0b0-2e08-447a-9498-d922a80cd9e6&groupId=10136

Un métier : coiffeur(se) coloriste BAC +2

Le coiffeur coloriste réalise les coupes et les couleurs en tenant compte des paramètres d'esthétique, d'hygiène et de sécurité (concernant la manipulation et le stockage des produits chimiques) relatifs à ces techniques.

- **Il maîtrise parfaitement les espèces chimiques qu'il utilise** et choisit la technique adaptée pour réaliser la couleur souhaitée. Selon la persistance de la couleur recherchée, il réalise une coloration temporaire, semi-permanente ou permanente.
- Le coiffeur coloriste travaille comme salarié dans un salon de coiffure ou à son compte. Il doit **aimer la mode, être créatif et avoir d'excellentes qualités relationnelles**.

Sur le Web www.pigier.com/WebPigier/metier-coiffeur-coloriste-permanentiste.aspx
www.cidj.com/metier.aspx?docid=292&catid=1

Coiffeuse coloriste réalisant un balayage.

Exercer son esprit critique

Pour identifier les pigments, [le chimiste] prélève sur le tableau moins d'un millimètre carré de matière [...] en bordure d'une lacune, là où il faudra de toute façon restaurer.

La chimiste cherche le meilleur endroit pour réaliser un prélèvement de matière à l'aide d'un microscope.

L'échantillon est alors scruté par un **microscope à balayage électronique**. Pour les liants et les vernis, on appelle la **chromatographie** [en phase gazeuse] au secours. Cette méthode permet de les séparer des différents constituants grâce à un gaz qui les entraîne dans son sillage. Les éléments les plus légers sont entraînés le plus vite, et les plus lourds, le plus lentement. En fonction du temps d'entraînement, le chimiste met un nom sur chacun des constituants.

« Les petites mains du Louvre », Science & Vie Junior, Hors-Série n°23, janvier 1996

?! **La chromatographie sépare-t-elle vraiment les espèces chimiques en fonction de leur poids ?**

Sur le Web www.emse.fr/spip/IMG/pdf/artanalyse.pdf

Chapitre 7

Les solutions colorées

Les objectifs

- Interpréter la couleur d'une solution.
- Connaître la loi de Beer-Lambert.
- Réaliser le dosage par étalonnage de solutions colorées.

Échanger des idées

Boissons rafraîchissantes.

▶ ÉMETTRE DES HYPOTHÈSES

Que devient la lumière blanche lorsqu'elle traverse une solution colorée ?

▶ MOBILISER SES ACQUIS

Pourquoi le mélange de ces solutions bleue et jaune paraît-il vert ?

Un mélange de solutions colorées.

▶ DÉBAT EN GROUPE

Comment savoir si ces solutions sont très concentrées en colorant ?

Quartier des tanneurs dans la Médina de Marrakech, au Maroc.

ACTIVITÉ EXPÉRIMENTALE

MANUEL NUMÉRIQUE

1 Solutions colorées et lumière blanche

▶ **Que se passe-t-il lorsque la lumière blanche traverse une solution colorée ? Quel lien peut-on faire avec la couleur de la solution ?**

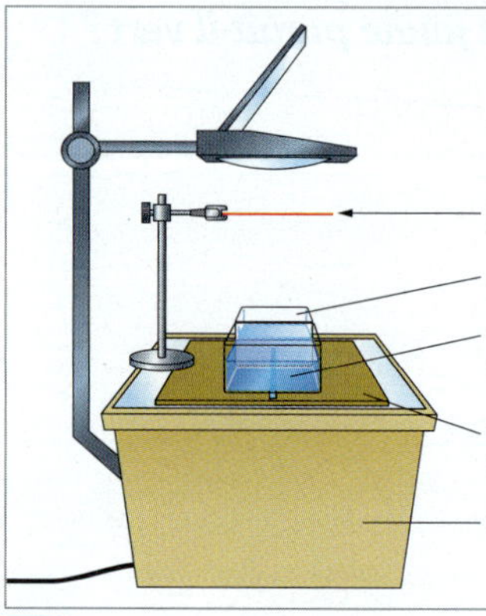

1 *Schéma du dispositif.*

DISPOSITIF ■ Découper une fente d'environ 3 cm de large sur la longueur d'une feuille cartonnée. Placer la feuille sur un rétroprojecteur et maintenir un réseau entre la lentille et la feuille.
■ Déposer deux cuves sur la feuille cartonnée.

Expérience

■ Remplir, à une même hauteur, une cuve d'eau distillée et l'autre cuve d'une solution de bleu patenté V.
■ Observer le spectre lumineux projeté sur l'écran ainsi que la lumière directement transmise.
■ Réaliser de nouveau cette expérience avec une solution de tartrazine puis de sirop de menthe. Observer.
■ Mélanger les solutions de bleu patenté V et de tartrazine, puis observer le spectre lumineux projeté sur l'écran.

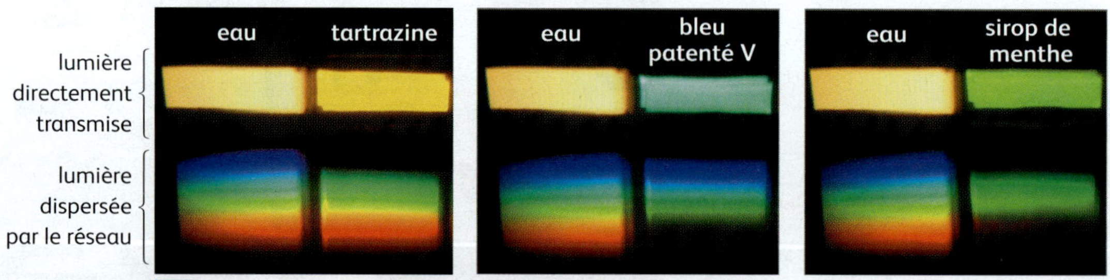

2 *Spectres de la lumière issue de chacune des solutions colorées.*

1 Observer

a. Quelle différence observe-t-on entre les spectres de la lumière obtenus à partir de la cuve d'eau distillée et ceux obtenus à partir d'une cuve contenant une solution colorée ?
b. Comparer les spectres du sirop de menthe et du mélange des deux solutions de colorants.

2 Interpréter

a. Quelle est l'action des solutions de bleu patenté V et de tartrazine sur la lumière blanche ?
b. Quel lien peut-on établir entre la couleur de la solution et son action sur la lumière banche ?
c. Quelle hypothèse peut-on émettre sur les colorants contenus dans le sirop de menthe ?

3 Conclure

Expliquer les résultats obtenus à partir des synthèses soustractives et additive des couleurs.

ACTIVITÉ EXPÉRIMENTALE

MANUEL NUMÉRIQUE

2 Utilisation d'un spectrophotomètre

▶ **Réalisons quelques mesures d'absorbance avec un spectrophotomètre.**

Expérience

Réaliser les spectres d'absorption des solutions suivantes (→ **fiche méthode 12**, page 391).

Solution	S_1	S'_1	S_2	S'_2	S_3
Espèce chimique	Bleu patenté V	Bleu patenté V	tartrazine	tartrazine	Mélange de 5 mL de S_1 et 5 mL de S_2
Concentration ($\times 10^{-5}$ mol·L^{-1})	$c_1 = 1{,}0$	$c'_1 = 0{,}50$	$c_2 = 3{,}0$	$c'_2 = 1{,}5$	–

1 Observer

Pour chaque spectre d'absorption, relever la longueur d'onde λ_m correspondant à l'absorbance maximale A_{max} et la valeur de A_{max}.

2 Interpréter

a. Calculer la concentration de bleu patenté V et de tartrazine dans la solution S_3.
b. Quelle est l'influence d'une dilution sur les valeurs de A_{max} ? de λ_m ?
c. Quel lien peut-on établir entre les spectres des solutions S'_1 et S'_2 et celui de la solution S_3 ?

3 Conclure

a. Quelle relation simple semble-t-il y avoir entre A_{max} et la concentration de la solution ?
b. Comment prévoir, à partir des spectres d'absorption de solutions de différentes espèces colorées, le spectre d'une solution les contenant toutes ?

Démarche d'investigation

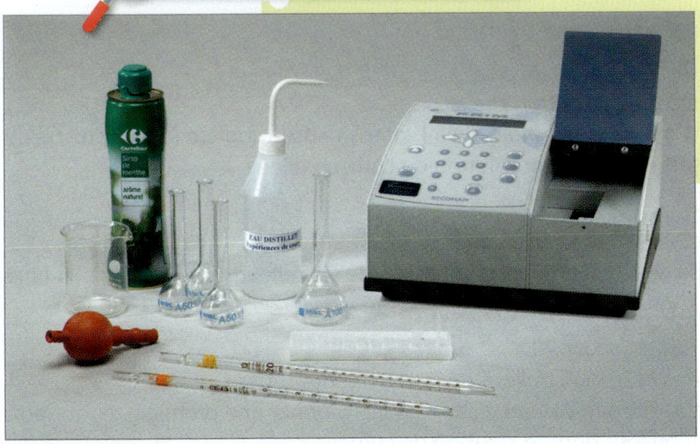

3 *Matériel disponible.*

D'après une étiquette de sirop de menthe, celui-ci contient les colorants E131 (bleu patenté V) et E102 (tartrazine).

→ ***Comment déterminer les concentrations de ces colorants ?***

Matériels et solutions disponibles :
- spectrophotomètre et cuves ;
- solutions de bleu patenté V et de tartrazine de concentrations connues ;
- pipettes graduées et fioles jaugées ;
- eau distillée, bécher.

4 Formuler des hypothèses

Comment déterminer les concentrations des colorants dans le sirop de menthe ?

5 Expérimenter pour conclure

Mettre en œuvre la démarche expérimentale choisie. Comparer les résultats obtenus par les différents groupes et conclure sur la pertinence de la méthode.

ACTIVITÉ EXPÉRIMENTALE

MANUEL NUMÉRIQUE

3 Dosage spectrophotométrique

▶ La spectrophotométrie permet de déterminer la concentration d'une espèce colorée en solution. Déterminons la concentration d'un colorant dans un sirop alimentaire.

Expérience

■ À l'aide d'une pipette graduée, préparer dans différents tubes à essais cinq solutions à partir d'une solution S_1 de bleu brillant de concentration molaire $c_1 = 1{,}0 \times 10^{-5}$ mol·L^{-1} (→ **fiche méthode 10**, page 389).

Tube à essais	1	2	3	4	5
Volume V de solution S_1 (en mL)	2	4	6	8	10
Volume V' d'eau distillée (en mL)	8	6	4	2	0

■ Dans une fiole jaugée de 100 mL, préparer une solution S_2 de sirop de curaçao dilué dix fois.

■ Enregistrer les spectres d'absorption des solutions S_1 et S_2. Noter les longueurs d'onde λ_m des maxima d'absorption et les absorbances A_{max}.

■ Mesurer les absorbances A_{max} des solutions des tubes 1 à 4 à la longueur d'onde λ_m.

■ Enfin, verser la solution S_2 dans un sixième tube à essais.

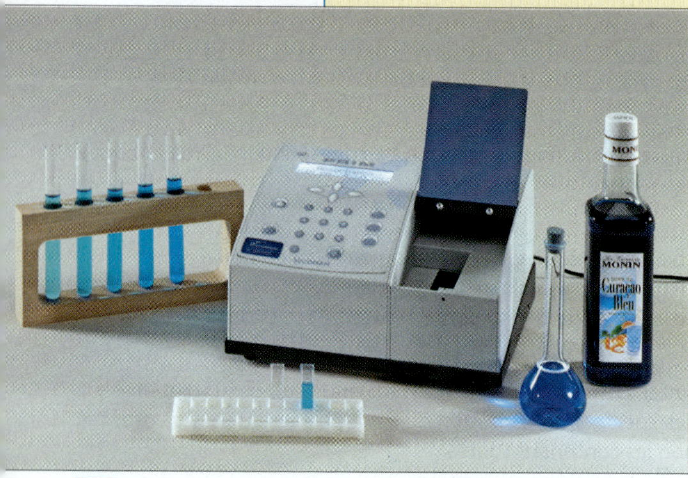

4 *Spectrophotomètre et échelle de teintes de bleu brillant (colorant de sigle E133).*

1 Observer

a. Comparer les deux spectres d'absorption tracés.

b. Parmi les tubes à essais 1 à 5, lequel semble avoir l'intensité de la couleur la plus proche de celle du sixième tube à essais contenant la solution de curaçao dilué ?

2 Interpréter

a. Le sirop de curaçao contient-il du bleu brillant ?

b. Pourquoi n'est-il pas judicieux de comparer l'intensité de la couleur du contenu de la fiole jaugée à celle du contenu d'un tube à essais ?

3 Conclure

a. Calculer les concentrations c_i de bleu brillant dans chacun des tubes à essais 1 à 5.

b. En observant la solution S_2 dans le sixième tube à essais, donner une première estimation de la concentration en bleu brillant dans la solution de curaçao dilué.

c. En utilisant un tableur-grapheur, placer les points représentant les absorbances A_{max} en fonction des concentrations c_i des solutions contenues dans les tubes à essais 1 à 5.

d. En utilisant la fonction « ajustement linéaire » du tableur-grapheur, donner la relation numérique entre c_i et A_{max} en négligeant le terme d'ordonnée à l'origine.

e. En analysant la valeur de A_{max} pour la solution S_2, déterminer la concentration c' en bleu brillant de la solution de curaçao dilué, puis la concentration c du sirop de curaçao.

f. Comparer les résultats obtenus grâce au spectrophotomètre à ceux obtenus grâce au photodétecteur que constitue l'œil.

Vocabulaire

Photodétecteur : appareil permettant d'évaluer l'intensité de la lumière.

1 Notion d'absorbance

1.1 Couleur d'une solution

Une solution colorée se comporte comme un filtre coloré **(chapitre 3)**. Lorsqu'elle est traversée par une lumière blanche, elle atténue l'intensité de certaines radiations qui sont dites **absorbées**.

La couleur d'une solution correspond aux radiations non absorbées par la solution. Elle est dite **complémentaire** de la couleur absorbée.

Exemple. La solution de bleu brillant absorbe les radiations correspondant au jaune, couleur complémentaire du bleu **(document 5)**.

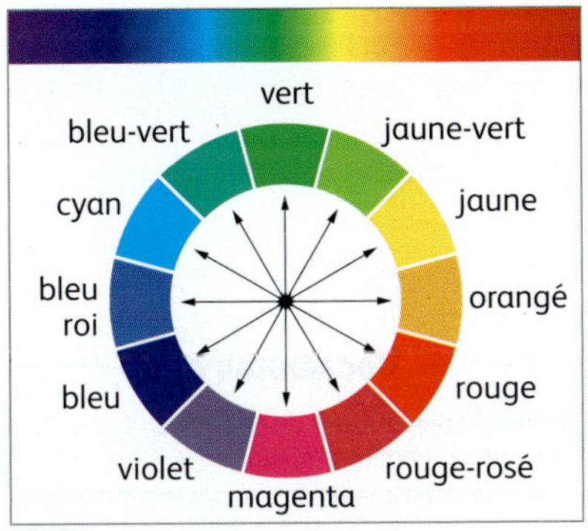

5 *Spectre de la lumière blanche et cercle chromatique indiquant les couleurs complémentaires diamétralement opposées.*

1.2 Définition de l'absorbance

L'absorbance A_λ est une grandeur positive sans unité liée à l'intensité de la lumière de longueur d'onde λ absorbée par une espèce en solution.

Sa valeur est d'autant plus grande que la lumière est absorbée. Elle est nulle si la lumière n'est pas absorbée.

1.3 Spectre d'absorption d'une solution

- Un **spectrophotomètre** permet de réaliser des mesures d'absorbance, pour une solution colorée donnée, à différentes longueurs d'onde (→ **fiche méthode 12**, page 391). On peut alors représenter l'absorbance A_λ en fonction de la longueur d'onde λ : le graphique obtenu est appelé **spectre d'absorption** **(document 6)**.
- Sur le spectre d'absorption, on repère la longueur d'onde λ_m correspondant à l'**absorbance maximale A_{max}** de la solution. La couleur correspondant à cette longueur d'onde est la couleur complémentaire de la solution.

Remarque : les spectrophotomètres utilisés au lycée ne fournissent des valeurs fiables que pour des absorbances inférieures à 2.

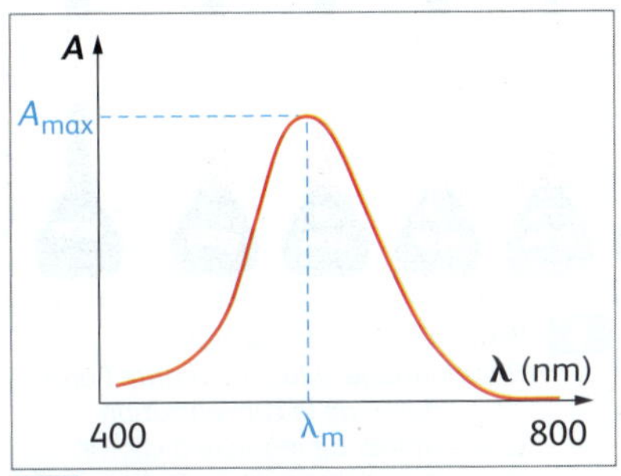

6 *Allure du spectre d'absorption de la solution de bleu patenté V avec repérage de λ_m et A_{max}.*

2 Loi de Beer-Lambert

- L'absorbance A_λ (à la longueur d'onde λ) d'une solution dépend de la concentration molaire c de l'espèce colorée et de la largeur ℓ de la cuve.

L'absorbance A_λ suit la **loi de Beer-Lambert** :

$$A_\lambda = \varepsilon_\lambda \ell c$$

ε_λ en $mol^{-1} \cdot L \cdot cm^{-1}$
ℓ en centimètre (cm)
c en $mol \cdot L^{-1}$
A_λ sans unité

ε_λ, appelé **coefficient d'absorption molaire**, est une grandeur dépendant de la nature de l'espèce chimique et de la longueur d'onde λ.

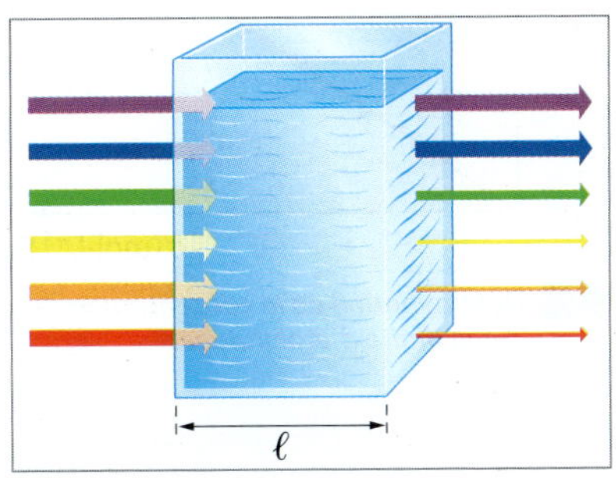

7 *Absorption des radiations lumineuses selon leur longueur d'onde par une solution bleue.*

- Plus une solution est concentrée, plus l'absorbance est grande : la couleur de la solution semble plus foncée.

- ε_λ ne dépend pas de la concentration molaire c de l'espèce chimique si la solution est sufffisamment diluée.

- La loi de Beer-Lambert est **additive** : lorsque plusieurs espèces colorées sont présentes, l'absorbance de la solution est la somme des absorbances dues aux différentes espèces.

Par exemple, si la cuve contient deux espèces 1 et 2 de concentrations molaires respectives c_1 et c_2, l'absorbance à la longueur d'onde λ est :

$$A_\lambda = \varepsilon_{\lambda,1}\,\ell\,c_1 + \varepsilon_{\lambda,2}\,\ell\,c_2.$$

Vocabulaire

Étalon : objet qui sert de référence pour une grandeur physique.

3 Dosage spectrophotométrique par étalonnage

- **Doser une espèce chimique** dans une solution consiste à déterminer la concentration molaire c_0 de l'espèce en solution.
- Le **dosage par étalonnage** consiste à comparer une propriété physique d'un échantillon à la même propriété physique pour une gamme d'étalons.

8 *Pour préparer une gamme d'étalonnage, il faut connaître l'ordre de grandeur de la concentration à déterminer de manière à choisir des concentrations étalons du même ordre de grandeur.*

La spectrophotométrie permet de doser des espèces colorées par la mesure de l'absorbance pour une longueur d'onde donnée.

- **Choix de la longueur d'onde de travail**

Le dosage par étalonnage peut être réalisé en utilisant n'importe quelle longueur d'onde pour laquelle l'absorbance de la solution n'est pas nulle. Toutefois, les incertitudes de mesure sont les plus faibles en utilisant la longueur d'onde λ_m **correspondant au maximum d'absorption.**

- **Construction de la droite d'étalonnage**

Le dosage spectrophotométrique exploite la proportionnalité entre l'absorbance et la concentration de l'espèce colorée, que traduit la loi de Beer-Lambert.

Plusieurs solutions S_i de l'espèce colorée à doser, dites étalons, de concentrations connues c_i, sont préparées. On mesure leur absorbance $A_{\lambda,i}$ à la longueur d'onde choisie, puis on place les points de coordonnées $(c_i ; A_{\lambda,i})$. La **droite d'étalonnage** est la droite passant par l'origine du repère et passant « au plus près » des points du graphique. Son coefficient directeur est $\varepsilon_\lambda\,\ell$.

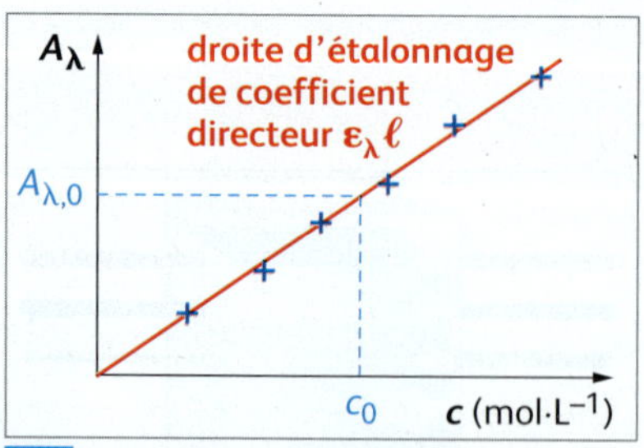

9 *Détermination de la concentration c_0 sur la droite d'étalonnage.*

- **Détermination de la concentration inconnue**

Pour déterminer c_0, on mesure l'absorbance $A_{\lambda,0}$ de la solution à doser, puis on utilise la droite d'étalonnage pour trouver c_0 **(document 9)**.

Une fois $A_{\lambda,0}$ mesuré puis ε_λ calculé, on peut aussi déterminer c_0 par le calcul en utilisant la loi de Beer-Lambert.

L'ESSENTIEL

Couleur d'une solution

- La couleur d'une solution correspond aux radiations non absorbées par la solution. Elle est dite **complémentaire** de la couleur absorbée.

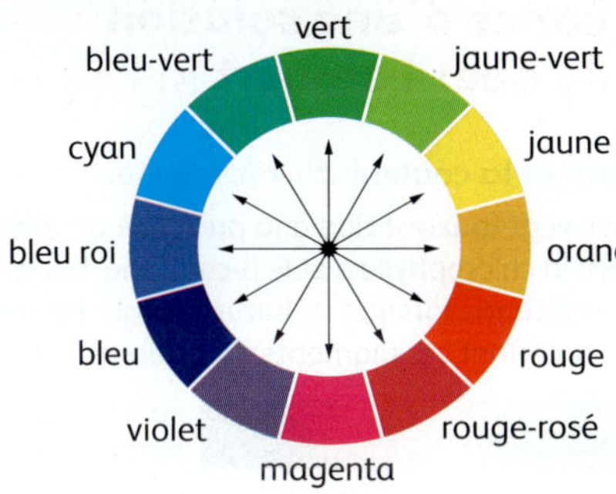

Loi de Beer-Lambert

- L'absorbance A_λ d'une solution introduite dans une cuve de longueur ℓ, contenant une espèce colorée de concentration c, suit la loi de Beer-Lambert :

$$A_\lambda = \varepsilon_\lambda \, \ell \, c$$

ε_λ en $mol^{-1} \cdot L \cdot cm^{-1}$
ℓ en centimètre (cm)
c en $mol \cdot L^{-1}$
A_λ sans unité

ε_λ est le **coefficient d'absorption molaire** de l'espèce colorée à la longueur d'onde λ.

- La loi de Beer-Lambert est **additive**.

Absorbance d'une solution

- **L'absorbance** A_λ est une grandeur positive ou nulle sans unité liée à l'intensité de la lumière absorbée par une espèce en solution à la longueur d'onde λ.
- L'absorbance est mesurée par un **spectrophotomètre**.
- Le graphique représentant A_λ en fonction de λ est appelé **spectre d'absorption de la solution**.

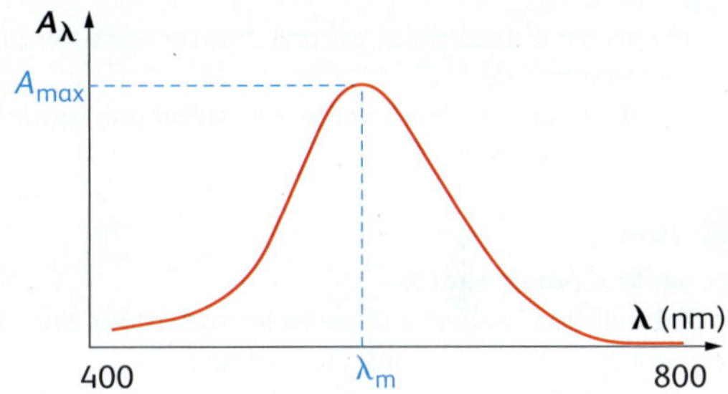

La longueur d'onde λ_m correspond à l'absorbance maximale A_{max} de la solution.

Dosage par étalonnage

- Pour déterminer la concentration c_0 d'une espèce colorée en solution :
  - choisir la longueur d'onde de travail λ ;
  - préparer une gamme de solutions de cette espèce de concentrations connues c_i ;
  - mesurer leur absorbance $A_{\lambda,i}$;
  - placer les points de coordonnées (c_i ; $A_{\lambda,i}$) sur un graphique et tracer la droite passant « au plus près » de ces points et par l'origine du repère ;
  - mesurer l'absorbance $A_{\lambda,0}$ de la solution ;
  - utiliser la droite d'étalonnage pour déterminer c_0.

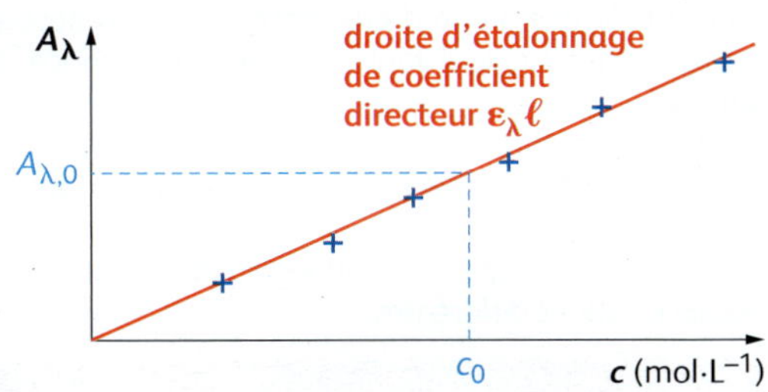

5 minutes CHRONO ! MANUEL NUMÉRIQUE — EXERCICES INTERACTIFS

1 Mots manquants

Compléter avec un ou plusieurs mots.

a. Une solution colorée se comporte comme un .... coloré.

b. La couleur d'une solution est la couleur .... de celle absorbée par la solution.

c. La grandeur permettant d'évaluer l'intensité de la lumière absorbée par une solution est .... Elle est mesurée par un ....

d. Un spectre d'absorption est une courbe représentant .... en fonction de ....

e. Pour doser une espèce colorée, on réalise une gamme .... ou on utilise la loi de ....

2 QCM

Cocher la réponse exacte.

a. Une solution magenta absorbe les radiations dont la longueur d'onde correspond à la couleur :

☐ magenta ☐ jaune ☐ verte

b. L'absorbance, à la longueur d'onde λ, d'une solution colorée de concentration c introduite dans une cuve de largeur ℓ est :

☐ proportionnelle à c et à ℓ
☐ proportionnelle à c et inversement proportionnelle à ℓ
☐ proportionnelle à c et à λ

c. Sur le spectre d'absorption d'une solution colorée d'une espèce de concentration c, présentant une absorbance maximale A_{max} pour une longueur d'onde λ_m :

☐ A_{max} dépend de c mais pas λ_m
☐ λ_m dépend de c mais pas A_{max}
☐ A_{max} et λ_m dépendent de c

d. À la longueur d'onde $\lambda = 750$ nm, l'absorbance d'une solution d'une espèce colorée de concentration molaire $c = 5{,}0 \times 10^{-4}$ mol·L^{-1} introduite dans une cuve de longueur $\ell = 1{,}0$ cm vaut 0,75.
À cette longueur d'onde, le coefficient d'absorption molaire ε_λ de l'espèce vaut :

☐ $2{,}0$ mol^{-1}·L·cm^{-1}
☐ $1{,}5 \times 10^6$ mol^{-1}·L·m^{-1}
☐ $1{,}5 \times 10^3$ mol^{-1}·L·cm^{-1}

e. Pour tracer une droite d'étalonnage pour un dosage spectrophotométrique, il faut mesurer l'absorbance de solutions :

☐ d'espèces chimiques différentes
☐ d'une même espèce chimique à des longueurs d'ondes différentes
☐ d'une même espèce chimique pour des solutions de concentrations différentes

→ Reportez-vous aux solutions détaillées page 393 pour vérifier vos réponses et comprendre vos erreurs.

Parcours personnalisés

Deux parcours d'exercices pour travailler en autonomie selon ses besoins.

Maîtriser les bases — 4 – 5 – 10

Préparer l'évaluation — 11 – 13

MOBILISER SES CONNAISSANCES

▶ Absorbance d'une solution et loi de Beer-Lambert [§1 et 2 du cours]

3 Déterminer la couleur d'une solution

La couleur des végétaux est due à la présence de différents pigments, dont la chlorophylle *a* et le β-carotène. Les spectres de la lumière obtenus lorsque la lumière blanche traverse une solution contenant ces pigments sont donnés ci-dessous.

spectre de la lumière blanche

spectre de la chlorophylle *a*

spectre du β-carotène

a. Quelle est la couleur de la solution de β-carotène ? De quelle couleur est la solution ?

b. La solution de chlorophylle *a* est verte. Expliquer.

4 Spectre d'absorption du bleu de méthylène

Le spectre d'absorption d'une solution de bleu de méthylène est donné ci-dessous.

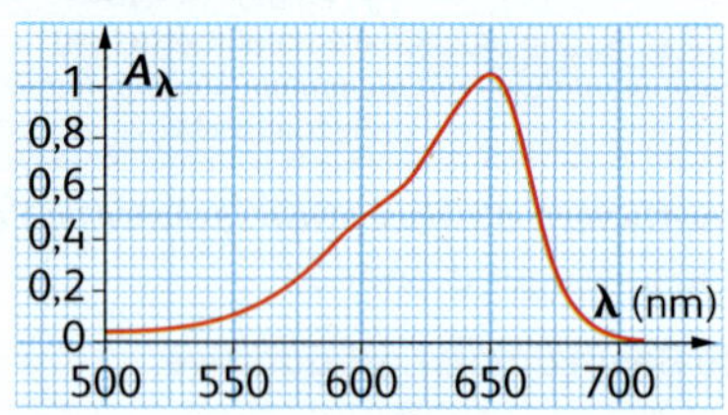

a. Déterminer la valeur de l'absorbance maximale A_{max} et de la longueur d'onde au maximum d'absorption λ_m.

b. Le bleu de méthylène porte-t-il bien son nom ?

5 Absorption d'un mélange

L'absorbance à la longueur d'onde $\lambda = 400$ nm dans une cuve de largeur ℓ d'une solution S_1 de curcumine de concentration c_1 est : $A_{400} = 1{,}3$.

L'absorbance à la longueur d'onde $\lambda = 400$ nm dans une cuve de largeur ℓ d'une solution S_2 de curcumine de concentration c_2 est : $A'_{400} = 0{,}4$.
Calculer l'absorbance A''_{400} du mélange d'un volume V de la solution S_1 et d'un volume V de la solution S_2 à la longueur d'onde $\lambda = 400$ nm dans une cuve de largeur ℓ.

Dosage spectrophotométrique par étalonnage [§3 du cours]

6 Vitamine B2

Calculer la concentration massique c_m d'une solution de riboflavine (vitamine B2) dont l'absorbance mesurée à $\lambda = 450$ nm est $A_{450} = 0{,}680$.

Données
– La solution est placée dans une cuve de largeur $\ell = 1{,}0$ cm.
– Le coefficient d'absorption molaire de la riboflavine à $\lambda = 450$ nm vaut $8{,}8 \times 10^3$ mol$^{-1}\cdot$L$\cdot$cm^{-1}.
– Masse molaire de la riboflavine : $M = 376$ g$\cdot$mol^{-1}.

7 Dosage par étalonnage

On réalise le dosage spectrophotométrique d'une solution aqueuse orangée S de dichromate de potassium ($2K^+(aq) + Cr_2O_7^{2-}(aq)$). La mesure de l'absorbance $A_{400,i}$ de plusieurs solutions étalons S_i de concentration molaire c_i a conduit aux résultats rassemblés dans le tableau ci-dessous.

c_i (mmol$\cdot$L^{-1})	5,0	4,0	3,0	2,0	1,0
$A_{400,i}$	1,46	1,17	0,89	0,58	0,30

a. Tracer les points expérimentaux en plaçant l'absorbance en ordonnée et la concentration molaire en abscisse.
b. Tracer la droite d'étalonnage représentant A_{400} en fonction de c.
c. Une solution de dichromate de potassium de concentration molaire c' inconnue possède, dans les mêmes conditions de mesure, une absorbance A'_{400} égale à 1,04.
En déduire la concentration c'.

UTILISER SES COMPÉTENCES

8 Utiliser un cercle chromatique

a. Quelle est la couleur complémentaire de l'orange ?
b. En déduire l'allure du spectre d'absorption d'une solution orange de caroténoïde dont l'absorbance maximale est :

$$A_{max} = 1{,}0.$$

9 Utiliser un tableur-grapheur

Pour doser les ions cuivre (II) Cu^{2+} d'une solution de concentration molaire c_0 inconnue, on réalise une gamme d'étalonnage en diluant une solution mère d'ions Cu^{2+} de concentration $c = 1{,}0$ mol$\cdot$L^{-1}, puis on mesure l'absorbance de chaque solution à la longueur d'onde de 655 nm.
La largeur de la cuve est $\ell = 1{,}0$ cm.

Les résultats sont rassemblés dans le tableau suivant.

Solution	S_1	S_2	S_3	S_4	S_5
Dilution	1/5^e	1/10^e	1/20^e	1/50^e	1/100^e
Concentration en ions Cu^{2+}	…	…	…	…	…
A_{655}	0,601	0,302	0,151	0,060	0,031

a. En utilisant un tableur-grapheur, compléter le tableau en déterminant la concentration des ions Cu^{2+} de chaque solution, puis placer les points sur un graphique représentant l'absorbance A_{655} en fonction de la concentration.
b. Utiliser la fonction « ajustement linéaire » ou « régression linaire » du tableur-grapheur pour déterminer le coefficient directeur de la droite d'étalonnage.
c. La solution de concentration c_0 a pour absorbance :

$$A_{655} = 0{,}256.$$

Quelle est la valeur de c_0 ?

10 Apprendre à rédiger

Voici l'énoncé d'un exercice et un guide (en orange) ; ce guide vous aide pour rédiger la solution détaillée et pour retrouver les réponses numériques aux questions posées.

Énoncé
Le spectre d'absorption d'une solution d'ions triiodure I_3^-, à la concentration molaire $c = 4{,}0 \times 10^{-5}$ mol$\cdot$L^{-1} relevé dans une cuve de largeur $\ell = 1{,}0$ cm et en présence d'empois d'amidon est présenté ci-dessous.

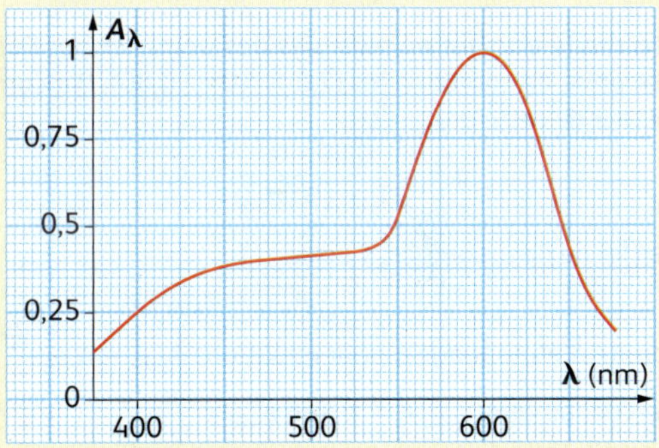

a. Quelle est la longueur d'onde λ_m au maximum d'absorption ?
► **Repérer le maximum de la courbe puis noter son abscisse, en précisant l'unité.**
b. Calculer le coefficient d'absorption molaire ε_{λ_m} de l'ion triiodure à la longueur d'onde λ_m.
► **Rappeler la loi de Beer-Lambert puis donner l'expression du coefficient d'absorption molaire.**
► **Relever sur le graphique la valeur A_{max} du maximum d'absorption. Poser l'application numérique afin de trouver $\varepsilon_{\lambda_m} = 2{,}5 \times 10^4$ mol$^{-1}\cdot$L$\cdot$cm^{-1}.**
c. Une solution d'ions triiodure de concentration molaire c' inconnue a une absorbance $A_{max} = 0{,}75$.
Calculer la concentration molaire de cette solution.
► **Exprimer c' à partir de la loi de Beer-Lambert, puis poser l'application numérique afin de trouver : $c' = 3{,}0 \times 10^{-5}$ mol$\cdot$L^{-1}.**

EXERCICE RÉSOLU

Site élève

11 Ion thiocynatofer (III)

Énoncé On réalise une gamme d'étalonnage de cinq solutions aqueuses de l'ion thiocynatofer (III) $[Fe(SCN)]^{2+}$. L'absorbance de chaque solution est mesurée à la longueur d'onde $\lambda = 490$ nm et pour une cuve de largeur $\ell = 1,0$ cm. Les résultats sont reportés dans le graphique ci-contre.

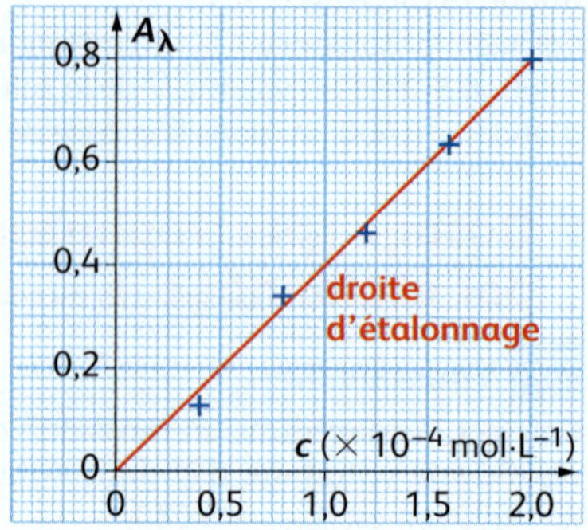

Un volume $V = 250\ \mu$L de salive humaine est ajouté dans une solution d'ions fer (III) de manière à obtenir un volume $V' = 10$ mL de solution S. Dans ces conditions, la totalité des ions thiocyanate SCN^- contenus dans la salive sont transformés en ion $[Fe(SCN)]^{2+}$.

On mesure alors une absorbance $A'_{490} = 0,65$ de la solution S dans une cuve de largeur ℓ.

Énoncé Repérer les nombreuses notations de l'énoncé.

1 Calculer le coefficient directeur a de la droite d'étalonnage.

2 En déduire la valeur du coefficient d'absorption molaire ε_{490} des ions thiocynatofer (III) $[Fe(SCN)]^{2+}$.

3 En utilisant la loi de Beer-Lambert, déterminer la concentration molaire c' en ions thiocynatofer (III) $[Fe(SCN)]^{2+}$ de la solution S, puis la concentration molaire c_{salive} en ions thiocyanate dans la salive.

Une solution

1 La droite passant au plus près des points et par l'origine du repère passe par le point de coordonnées ($2,0 \times 10^{-4}$; 0,80). Par conséquent, le coefficient directeur de cette droite est :

$$a = \frac{0,80 - 0}{2,0 \times 10^{-4} - 0} = 4,0 \times 10^3\ \text{mol}^{-1}\cdot\text{L}.$$

Connaissances Le coefficient directeur d'une droite passant par les points $(x_1 ; y_1)$ et $(x_2 ; y_2)$ est : $\dfrac{y_2 - y_1}{x_2 - x_1}$.

2 La loi de Beer-Lambert s'écrit :

$$A_{490} = \varepsilon_{490}\ \ell\ c.$$

La droite d'étalonnage a pour équation : $A_{490} = a\ c$.

On en déduit que : $\varepsilon_{490}\ \ell = a$, soit $\varepsilon_{490} = \dfrac{a}{\ell}$.

A.N. : $\varepsilon_{490} = \dfrac{4,0 \times 10^3}{1,0} = 4,0 \times 10^3\ \text{mol}^{-1}\cdot\text{L}\cdot\text{cm}^{-1}$.

Connaissances D'après la loi de Beer-Lambert, l'absorbance d'une solution est proportionnelle à la concentration molaire de l'espèce qui absorbe la lumière.

Raisonner Pour se souvenir de l'unité de ε_λ, se souvenir que A_λ est sans unité, que la concentration molaire s'exprime ici en $\text{mol}\cdot\text{L}^{-1}$ et que la largeur de la cuve est exprimée ici en cm.

3 D'après la loi de Beer-Lambert :

$A'_{490} = \varepsilon_{490}\ \ell\ c'$, soit $c' = \dfrac{A'_{490}}{\varepsilon_{490}\ \ell}$.

A.N. : $c' = \dfrac{0,65}{4,0 \times 10^3 \times 1,0} = 1,6 \times 10^{-4}\ \text{mol}\cdot\text{L}^{-1}$.

Lors de la réaction entre les ions thiocyanate et les ions fer (III), tous les ions thiocyanate SCN^- ont conduit à la formation d'ions $[Fe(SCN)]^{2+}$: il y a la même quantité $n_{\text{salive}} = c_{\text{salive}} \times V$ d'ions SCN^- dans la salive que la quantité $n' = c' \times V'$ d'ions $[Fe(SCN)]^{2+}$ dans l'échantillon de mesure.

On a donc : $c_{\text{salive}} = \dfrac{c' \times V'}{V}$.

A.N. : $c_{\text{salive}} = \dfrac{1,6 \times 10^{-4} \times 10 \times 10^{-3}}{250 \times 10^{-6}} = 6,4 \times 10^{-3}\ \text{mol}\cdot\text{L}^{-1}$.

12 Solvatochromie

On donne ci-dessous le spectre d'absorption d'une solution de chlorure de cobalt ($CoCl_2$) dans l'eau.

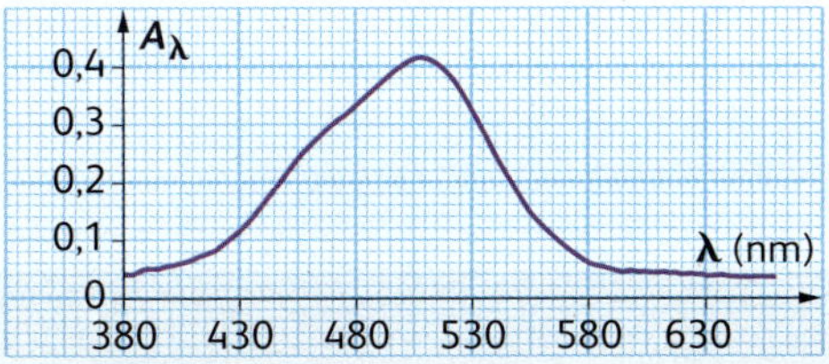

1. a. Déterminer la longueur d'onde correspondant à l'absorbance maximale.

b. Quelle est la couleur de la lumière absorbée par la solution ? Quelle est la couleur de la solution ?

2. Comment le spectre est-il modifié lorsqu'on ajoute du solvant ?

3. Le spectre a été obtenu en plaçant la solution dans une cuve de largeur $\ell = 1{,}0$ cm.
La concentration de la solution est $c = 7{,}7 \times 10^{-2}$ mol·L^{-1}.

a. Évaluer l'absorbance maximale A_{max} de la solution ainsi que la longueur d'onde λ_m au maximum d'absorption.

b. En déduire la valeur du coefficient d'absorption molaire à cette longueur d'onde.

4. Une solution de chlorure de cobalt dans l'éthanol est bleue. Dessiner l'allure de son spectre d'absorption.

13 ✶ Élaborer un protocole expérimental

Des élèves souhaitent élaborer un protocole expérimental pour doser par spectrophotométrie le diiode dans une solution officinale de teinture d'iode de couleur brune. L'ordre de grandeur de la concentration en diiode dans la solution commerciale est de 3×10^{-1} mol·L^{-1}.
Le diiode est solubilisé dans une solution d'iodure de potassium.

a. Rédiger le protocole de l'expérience qui permet de déterminer la longueur d'onde la plus adaptée au dosage.

b. En plaçant directement la solution commerciale dans la cuve du spectrophotomètre, les élèves observent la saturation de l'absorbance. Leur professeur suggère de diluer la solution commerciale.
Pourquoi ?

c. Les élèves disposent d'une solution mère de diiode (dans une solution d'iodure de potassium) de concentration :

$$c_0 = 4{,}00 \times 10^{-3} \text{ mol·L}^{-1}.$$

Rédiger le protocole expérimental pour réaliser la gamme d'étalonnage qui permettra de doser la solution commerciale diluée 100 fois (on précisera le nombre et la concentration des solutions étalons choisies, et la verrerie nécessaire à leur réalisation).

14 ✶ Les couleurs d'un indicateur coloré

Le bleu de bromothymol (BBT) est un indicateur coloré acido-basique. La couleur de sa solution dépend du pH :
– dans une solution acide, le BBT existe sous une forme notée BBT*a* ;
– dans une solution basique, le BBT existe sous une forme notée BBT*b* ;
– dans une solution neutre, le BBT est présent sous un mélange des deux formes BBT*a* et BBT*b*.

Les spectres de trois solutions de BBT de même concentration, réalisés dans des solutions acide, basique et neutre, sont représentés ci-dessous.

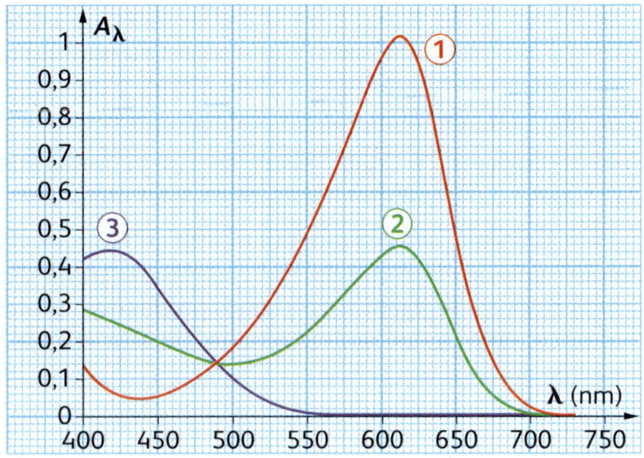

a. Une solution acide de BBT est jaune.
Le spectre d'absorption de cette solution correspond-il au spectre ①, ② ou ③ ?

b. Identifier alors les deux autres spectres.

c. Quelle est la couleur d'une solution basique de BBT ? d'une solution neutre de BBT ?

15 ✶✶ Un mélange de colorants

La figure ci-dessous représente les spectres d'absorption d'un colorant *B* et d'un colorant *C*, tous deux à la concentration $c = 1{,}5 \times 10^{-3}$ mol·L^{-1} et relevés dans une cuve de largeur $\ell = 1{,}0$ cm.

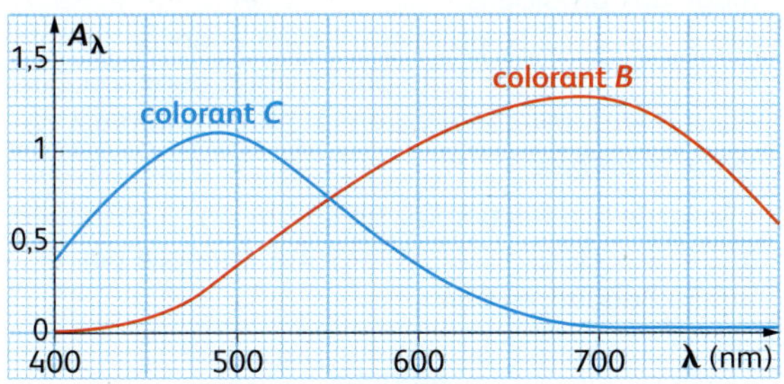

Une solution aqueuse *S* contient un mélange du colorant *B* à la concentration molaire c_B et du colorant *C* à la concentration molaire c_C.
On mesure l'absorbance de la solution à deux longueurs d'onde différentes :

$$A_{480} = 0{,}50 \text{ et } A_{690} = 0{,}90.$$

Déterminer la concentration c_B du colorant *B*, puis la concentration c_C du colorant *C*.

Culture scientifique et citoyenne

CHIMIE & BIOLOGIE La fluorescence : émettre de la lumière

Lorsqu'une molécule absorbe de la lumière, elle reçoit de l'énergie, mais ne peut généralement pas l'accumuler pendant des durées supérieures à quelques microsecondes. Cette énergie est transférée la plupart du temps par **transfert thermique**, mais aussi parfois par **réémission de lumière** de longueur d'onde plus élevée : on parle alors de **fluorescence** ou de **phosphorescence**.

- Les espèces chimiques fluorescentes peuvent être produites par des êtres vivants, comme les méduses.
- Les chimistes ont eux aussi su utiliser cette propriété pour créer des **marqueurs fluorescents**, à savoir des molécules qui se fixent sur certaines parties des cellules vivantes, afin de les repérer ensuite par leur émission de lumière sous irradiation.

Sur le Web www.youtube.com/watch?v=YvN8zFhWn04

Méduse.

Histoire des Sciences — Des lois et des scientifiques

Attribuer un nom propre à une loi n'est pas toujours simple. La loi empirique de la photométrie rend hommage aux physiciens **August Beer** et **Johann Heinrich Lambert**... Le premier à l'avoir énoncée semble être **Pierre Bouguer**, cité par Lambert dans son livre *Photometria sive de mensura et gradibus luminis, colorum et umbrae*.

- La loi de la réfraction ($n_1 \sin i_1 = n_2 \sin i_2$), attribuée à **Snellius** et **René Descartes**, fut énoncée par **Ibn Sahl** à Bagdad, en 984.
- La loi des gaz réels ($P_1V_1 = P_2V_2$) est attribuée à **Robert Boyle** par les Anglo-Saxons et à **Edme Mariotte** par les Français. Depuis, nous l'appelons loi de Boyle-Mariotte.
- L'essor de l'histoire des sciences au XXe siècle nous apprend *a contrario* qu'une loi physique est le fruit d'un travail long et compliqué, impliquant plusieurs physiciens, et parfois plusieurs générations.

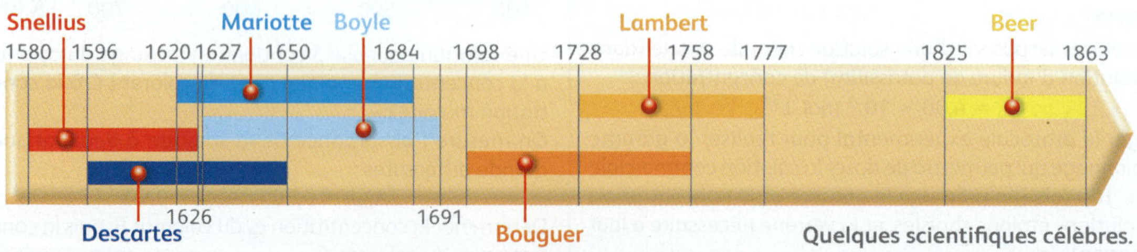

Quelques scientifiques célèbres.

Un métier : technicien(ne) de la police scientifique BAC +2

Technicien de la police scientifique recueillant des indices sur la scène d'un attentat fictif.

Le **technicien de la police scientifique** participe à la recherche d'identification des auteurs d'infractions. Il peut travailler en laboratoire ou dans un service d'identité judiciaire.

- Spécialisé en physique et en chimie, il est amené à réaliser des **études de peinture, de résidus de tir**, ou encore à **analyser des échantillons de drogue**. Il doit pour cela maîtriser les différentes techniques spectroscopiques.
- Le technicien de la police scientifique est amené à **collaborer avec d'autres spécialistes**, comme les biologistes pour les analyses de sang ou d'empreintes génétiques. Il fait parler les bandes vidéo des caméras de surveillance et décortique les communications de téléphones portables.
- Titulaire d'un diplôme de niveau bac +2, il intègre la police nationale par voie de concours.

Sur le Web www.imaginetonfutur.com/Technicien-police-scientifique.html

CHIMIE & SVT La couleur des algues

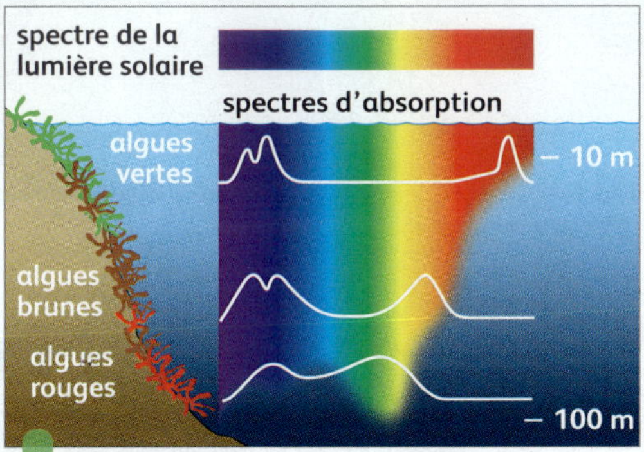

Spectre d'absorption de l'eau de mer en fonction de la profondeur.

L'eau de mer n'est pas parfaitement incolore. Elle présente un **spectre d'absorption qui varie en fonction de la profondeur** : l'eau peu profonde est transparente à la lumière allant de l'orange au bleu, tandis que l'eau profonde n'est transparente qu'à la lumière verte.

- Les **algues vertes** possèdent des pigments qui absorbent toutes les lumières autres que le vert, et ne peuvent donc réaliser la photosynthèse qu'à faible profondeur.
- Quant aux **algues rouges**, elles possèdent des pigments qui absorbent la lumière verte, et peuvent donc réaliser la photosynthèse à des profondeurs pouvant aller jusqu'à 80 mètres.

Couleurs marines.

Sur le Web www.4.ac-lille.fr/~svt/sujets_oraux/sujets_04/tss_met_pdf/tss_met_01.pdf

Chapitre
8
Avancement d'une réaction chimique

Les objectifs

- Construire un tableau traduisant l'évolution d'un système chimique.
- Identifier le réactif limitant d'une transformation chimique.
- Décrire quantitativement l'état final d'un système chimique.

Échanger des idées

Transformation d'une chenille en papillon.

? ▶ ÉMETTRE DES HYPOTHÈSES

Comment suivre l'évolution de la transformation d'une chenille ?

Formation de vert-de-gris sur une statue.

▶ ÉMETTRE DES HYPOTHÈSES

Quel paramètre peut-on utiliser pour mesurer l'évolution d'une transformation chimique ?

Objet en cours de construction et objet à reproduire.

▶ DÉBAT EN GROUPE

Au cours d'une transformation, tous les réactifs sont-ils toujours totalement consommés ?

Activité à la maison

ACTIVITÉ DOCUMENTAIRE

MANUEL NUMÉRIQUE

1 Évolution d'un système chimique

▶ **Reproduisons et analysons, à l'aide de bonbons, l'évolution d'un système chimique.**

Problème

Hugo souhaite réaliser des pochettes de bonbons pour ses amis.
Une pochette, notée *P*, se compose de deux réglisses (un réglisse est noté *R*) et cinq crocodiles (un crocodile est noté *C*). Hugo se rend dans trois magasins différents pour acheter des bonbons. Le nombre de crocodiles contenus dans un paquet acheté est de 20 pour le magasin 1, 50 pour le magasin 2 et 75 pour le magasin 3. Chaque paquet contient 20 réglisses.

→ ***Comment suivre l'avancement de la préparation de pochettes ?***

1 Comprendre le problème

a. Écrire une équation traduisant la fabrication d'une pochette.

b. On note $n_{R,\,i}$, $n_{C,\,i}$ et $n_{P,\,i}$ les quantités initiales respectives de réglisses, de crocodiles et de pochettes. Préciser la valeur de $n_{P,\,i}$ et de $n_{R,\,i}$ et $n_{C,\,i}$ pour chacun des trois magasins.

2 Raisonner

a. Hugo a préparé x pochettes à partir des bonbons du magasin 1.
Exprimer, en fonction de x, le nombre de réglisses et de crocodiles restants.

b. x permet de suivre l'**avancement** de la préparation des pochettes.
Recopier puis compléter le tableau suivant, qui résume la situation du **2 a**.

Équation		...		
État	Avancement	Quantités de bonbons		
initial	0	...	...	...
en cours	x	...	...	...

Une ligne pour les quantités disponibles au départ

Une ligne pour les quantités quand on fabrique les pochettes

*Écrire l'équation du **1** a.*

Une colonne pour les réglisses R

Une colonne pour les crocodiles C

Une colonne pour les pochettes P

c. Est-ce *R* ou *C* qui limite la fabrication des pochettes ?

d. Combien de pochettes ont été fabriquées ? Reste-t-il des bonbons ? Si oui, de quelle sorte et combien ?

e. Répondre aux questions **a.**, **b.**, **c.** et **d.** en utilisant les bonbons du magasin 2, puis ceux du magasin 3.

f. En quoi la fabrication de pochettes à partir des bonbons du magasin 2 est-elle particulière ?

3 Après cette dégustation de bonbons, retour à la chimie

Faire la correspondance entre les termes utilisés dans l'activité et ceux utilisés en chimie.

$n_{R,\,i}$, $n_{C,\,i}$, $n_{P,\,i}$ •	• Réactif limitant
Bonbons achetés dans un magasin •	• Avancement d'une transformation chimique
Bonbon en quantité insuffisante •	• Produit
Pochette •	• Quantités de matière à l'état initial
Avancement de la préparation •	• Réactifs

ACTIVITÉ EXPÉRIMENTALE

MANUEL NUMÉRIQUE

2 Identification du réactif limitant

▶ On étudie l'action des ions hydroxyde HO^- (aq) sur les ions cuivre (II) Cu^{2+} (aq). Le produit de cette réaction est l'hydroxyde de cuivre (II) $Cu(OH)_2$ (s). L'équation chimique de cette réaction s'écrit : Cu^{2+} (aq) + 2 HO^- (aq) → $Cu(OH)_2$ (s).

SOLUTIONS
- Sulfate de cuivre (II) – concentration en ions cuivre et sulfate : $c_1 = 0{,}10$ mol·L⁻¹.
- Hydroxyde de sodium – concentration en ions hydroxyde et sodium : $c_2 = 0{,}50$ mol·L⁻¹.

Expérience

- Diviser la classe en sept groupes.
- Mesurer à l'éprouvette graduée un volume $V_1 = 30$ mL de la solution de sulfate de cuivre (II) ; la verser dans un bécher.
- Mesurer à la burette graduée un volume V_2 de solution d'hydroxyde de sodium (tableau ci-contre) ; l'introduire dans le bécher.

Groupe	1	2	3	4	5	6	7
V_2 (mL)	2,0	4,0	7,0	12,0	15,0	20,0	25,0

- Filtrer le contenu du bécher et observer la couleur du filtrat.
- Verser dans deux tubes à essais 1 mL du filtrat obtenu puis réaliser les deux tests suivants.

Test 1. Ajouter 1 mL de solution d'hydroxyde de sodium dans le premier tube à essais.

Test 2. Ajouter 1 mL de solution de sulfate de cuivre dans le deuxième tube à essais.

1 *Les résultats des tests 1 et 2 pour les sept groupes.*

1 Observer

a. Comparer la quantité de précipité obtenue par chaque groupe.
Recopier puis compléter le tableau de l'énoncé en ajoutant une ligne « Précipité ». Noter +, ++ ou +++ selon l'importance du précipité.

b. Ajouter deux lignes au tableau précédent pour noter les résultats des tests 1 et 2 : écrire + s'il y a précipitation, et – dans le cas contraire.

Vocabulaire

Réactif limitant : réactif qui est totalement consommé lors de la transformation chimique.

2 Interpréter

a. À partir des tests, identifier le réactif limitant de la réaction réalisée par chaque groupe. Compléter le tableau du **1 b.** pour regrouper les résultats.

b. L'analyse de la couleur du filtrat de chaque groupe conduit-elle à un résultat concordant ?

c. Pour chaque bécher, calculer les quantités de matière initiales $n_{Cu^{2+},i}$ et $n_{HO^-,i}$ des ions Cu^{2+} et HO^- présents avant réaction.

d. Pourquoi la quantité de précipité augmente-t-elle pour les groupes 1 à 4 ?

e. Pourquoi la quantité de précipité n'augmente-t-elle plus pour les groupes 4 à 7 ?

f. Quelle particularité révèle la transformation réalisée par le groupe 4 ?

3 Conclure

Comment identifier, par le calcul, le réactif limitant d'une transformation chimique ?

ACTIVITÉ EXPÉRIMENTALE

MANUEL NUMÉRIQUE

3 Description d'un système à l'état final

Les ions iodure I^- réagissent avec les ions peroxodisulfate $S_2O_8^{2-}$ selon la réaction d'équation : $2\,I^-(aq) + S_2O_8^{2-}(aq) \rightarrow I_2(aq) + 2\,SO_4^{2-}(aq)$.
Au fur et à mesure de la réaction, la solution devient brune suite à la formation de diiode. Nous allons décrire le système à l'état final à partir de la mesure de l'absorbance de la solution de diiode.

SOLUTIONS
- Iodure de potassium – concentration en ions iodure : $c_{I^-} = 0{,}50\ mol\cdot L^{-1}$.
- Peroxodisulfate de potassium – concentration en ions peroxodisulfate : $c_{S_2O_8^{2-}} = 0{,}10\ mol\cdot L^{-1}$.

Expérience

A Prélever, à l'aide d'une pipette jaugée, un volume $V = 10{,}0$ mL d'une solution d'iodure de potassium. La verser dans un bécher.

- Prélever, à l'aide d'une pipette jaugée, un volume $V = 10{,}0$ mL d'une solution de peroxodisulfate de potassium. L'introduire dans le bécher et déclencher le chronomètre.
- Au bout de 40 minutes, mesurer à l'aide d'un spectrophotomètre l'absorbance A_{600} de la solution à la longueur d'onde $\lambda = 600$ nm.

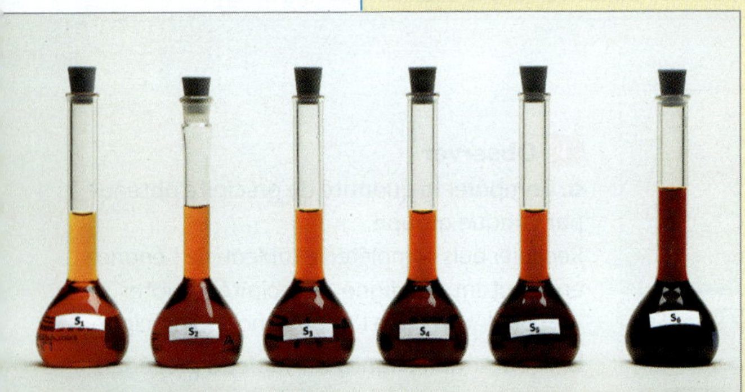

2 *Échelle de teintes d'une solution de diiode.*

B Réaliser la gamme d'étalonnage à partir d'une solution mère de diiode de concentration $c = 5{,}0 \times 10^{-2}\ mol\cdot L^{-1}$, à l'aide de fioles jaugées de 50,0 mL et de pipettes jaugées de 5,0 à 50,0 mL. Pour cela, préparer un volume de 50,0 mL de chacune des solutions S_1 à S_6 en utilisant les données du tableau ci-dessous.

Solution	S_1	S_2	S_3	S_4	S_5	S_6
Volume V_i à prélever (mL)	5,0	10,0	15,0	20,0	25,0	50,0
$c_i \times 10^{-2}$ ($mol\cdot L^{-1}$)	0,50	1,0	1,5	2,0	2,5	5,0

- Mesurer l'absorbance A_{600} de chacune des six solutions filles préparées à la longueur d'onde $\lambda = 600$ nm (→ **fiche méthode 12**, page 391).

1 Exploiter les résultats

a. Tracer les points représentant l'évolution de l'absorbance A_{600} en fonction de la concentration molaire c_i en diiode des solutions filles préparées.
b. Déterminer une relation numérique entre A_{600} et c_i.
c. Donner la valeur de la concentration en diiode correpondant à l'absorbance A_{600} de l'expérience **A**.
d. En déduire la valeur de la quantité de matière de diiode présent à l'état final.

2 Interpréter les résultats

a. Construire le tableau d'évolution du système de l'expérience **A**.
b. En utilisant la réponse à la question **1 d.**, déterminer la valeur de l'avancement maximal x_{max}.

3 Conclure

Décrire le système chimique à l'état final.

1 Transformation et réaction chimique

1.1 Évolution d'un système chimique

• On nomme **transformation chimique** le passage d'un système chimique initial à un système chimique final. Une écriture de la transformation est :

État initial		État final
• $P_i = \ldots$ bar • $T_i = \ldots$ K • Espèce chimique A : – formule brute (état physique) – $n_A = \ldots$ mol • Espèce chimique B : – formule brute (état physique) – $n_B = \ldots$ mol • etc.	→	• $P_f = \ldots$ bar • $T_f = \ldots$ K • Espèce chimique C : – formule brute (état physique) – $n_C = \ldots$ mol • Espèce chimique D : – formule brute (état physique) – $n_D = \ldots$ mol • etc.

• La description à l'échelle macroscopique de l'évolution d'un système chimique est modélisée par un processus appelé **réaction chimique** et décrite par une **équation chimique**.
Pour écrire l'équation de la réaction, il faut respecter la loi de conservation des éléments chimiques et la loi de conservation de la charge électrique de part et d'autre de la flèche symbolisant le processus d'évolution.

3 *Transformation d'une fleur d'un état initial à un état final…*

1.2 Stœchiométrie d'une réaction chimique

Lors d'une transformation chimique, les quantités de matière consommées des réactifs et les quantités de matière formées des produits dépendent les unes des autres.

On appelle stœchiométrie les relations de proportionnalité qui existent entre les quantités de matière consommées des réactifs et entre les quantités de matière formées des produits lors d'une transformation chimique.

Exemple. Lors de la réaction de combustion du méthane **(document 4)**, celui-ci réagit avec le dioxygène pour former du dioxyde de carbone et de l'eau selon la réaction d'équation chimique :

$$CH_4\,(g) + 2\,O_2\,(g) \rightarrow CO_2\,(g) + 2\,H_2O\,(\ell).$$

La consommation d'une mole de CH_4 et de deux moles de O_2 entraîne la formation d'une mole de CO_2 et de deux moles de H_2O.
On constate aussi que la consommation de dix moles de CH_4 et de vingt moles de O_2 entraîne la formation de dix moles de CO_2 et de vingt moles de H_2O.
Ainsi, le méthane et le dioxygène réagissent, en mole, dans des proportions de 1 pour 2, et le dioxygène et l'eau sont simultanément formés dans des proportions de 1 pour 2.

Vocabulaire

s signifie « solide », **ℓ** « liquide », **g** « gaz » et **aq** signifie « dissous en solution aqueuse ».

4 *Le gaz de ville, constitué principalement de méthane, est utilisé par exemple pour la cuisson des aliments.*

2 Détermination de l'état final d'un système chimique

Étudions dans ce paragraphe un premier exemple, pour lequel les nombres stœchiométriques sont tous égaux à 1.

2.1 Avancement x

L'avancement x est une grandeur qui permet de suivre l'évolution des quantités de matière des réactifs et des produits au cours d'une transformation. Il s'exprime en mole.

On note $n_{A,\,i}$ la quantité de matière de l'espèce chimique A à l'état initial et $n_{A,\,f}$ la quantité de matière de l'espèce chimique A à l'état final.

Exemple. On étudie l'action des ions cuivre (II) Cu^{2+} sur le zinc Zn. L'équation de la réaction modélisant cette transformation s'écrit :

$$Cu^{2+}\,(aq) + Zn\,(s) \rightarrow Cu\,(s) + Zn^{2+}\,(aq).$$

Dans un état en cours, si la quantité de matière de Cu formée est x, alors la quantité de matière de Zn^{2+} formée est x, et la quantité de matière consommée de Cu^{2+} et de Zn est x. La quantité de matière restante de Cu^{2+} est $n_{Cu^{2+},\,i} - x$ et la quantité de matière restante de Zn est $n_{Zn,\,i} - x$.

5 *Lors de la formation de rouille, le fer réagit avec le dioxygène de l'air ; le réactif limitant est le fer.*

2.2 Avancement maximal x_{max} et réactif limitant

Au cours d'une transformation chimique, les quantités de matière des réactifs diminuent jusqu'à ce qu'au moins l'un des réactifs soit entièrement consommé. L'avancement atteint est alors appelé **l'avancement maximal**.

Lorsqu'au moins un des réactifs est entièrement consommé, ce réactif est appelé **réactif limitant**. L'avancement x est alors maximal, il est noté x_{max}.

Vocabulaire

Les réactifs qui ne sont pas limitants pour la réaction sont dits **en excès**.

2.3 Tableau d'évolution

Le **tableau d'évolution** décrit l'évolution des quantités de matière des réactifs et des produits de l'état initial à l'état final.

- Chaque ligne du tableau d'évolution décrit la composition du système dans l'état considéré et constitue un **bilan de matière**.
- Chaque colonne du tableau d'évolution indique la quantité de matière d'une espèce dans différents états : l'état initial, l'état en cours et l'état final.

Exemple. Voici le tableau d'évolution de la réaction étudiée au § 2.1.

Équation		Cu^{2+} (aq) +	Zn (s) →	Cu (s) +	Zn^{2+} (aq)
État	Avancement	Quantités de matière (mol)			
initial	0	$n_{Cu^{2+}, i}$	$n_{Zn, i}$	0	0
en cours	x	$n_{Cu^{2+}, i} - x$	$n_{Zn, i} - x$	x	x
final	x_{max}	$n_{Cu^{2+}, i} - x_{max}$	$n_{Zn, i} - x_{max}$	x_{max}	x_{max}

Lors d'une expérience, les quantités de matière initiales sont :

$$n_{Cu^{2+}, i} = 7{,}0 \times 10^{-3} \text{ mol et } n_{Zn, i} = 9{,}0 \times 10^{-3} \text{ mol.}$$

• Pour déterminer x_{max}, on suppose dans un premier temps que Cu^{2+} est le réactif limitant. Dans ce cas, on a : $n_{Cu^{2+}, i} - x_{max} = 0$, donc :

$$x_{max} = n_{Cu^{2+}, i} = 7{,}0 \times 10^{-3} \text{ mol.}$$

On suppose dans un deuxième temps que Zn est le réactif limitant. Dans ce cas, on a : $n_{Zn, i} - x_{max} = 0$, donc $x_{max} = n_{Zn, i} = 9{,}0 \times 10^{-3}$ mol.

On choisit ensuite la plus petite valeur de x_{max}.

Comme $7{,}0 \times 10^{-3} < 9{,}0 \times 10^{-3}$, on a $x_{max} = 7{,}0 \times 10^{-3}$ mol. Le réactif limitant est donc Cu^{2+}.

• Le bilan de matière à l'état final est :

– $n_{Cu^{2+}, f} = 0$;

– $n_{Zn, f} = n_{Zn, i} - x_{max} = 9{,}0 \times 10^{-3} - 7{,}0 \times 10^{-3} = 2{,}0 \times 10^{-3}$ mol ;

– $n_{Cu, f} = x_{max} = 7{,}0 \times 10^{-3}$ mol ;

– $n_{Zn^{2+}, f} = x_{max} = 7{,}0 \times 10^{-3}$ mol.

L'état final du système est ainsi déterminé :

– il reste $2{,}0 \times 10^{-3}$ mol de zinc ;

– il se forme $7{,}0 \times 10^{-3}$ mol de cuivre et $7{,}0 \times 10^{-3}$ mol d'ions Zn^{2+}.

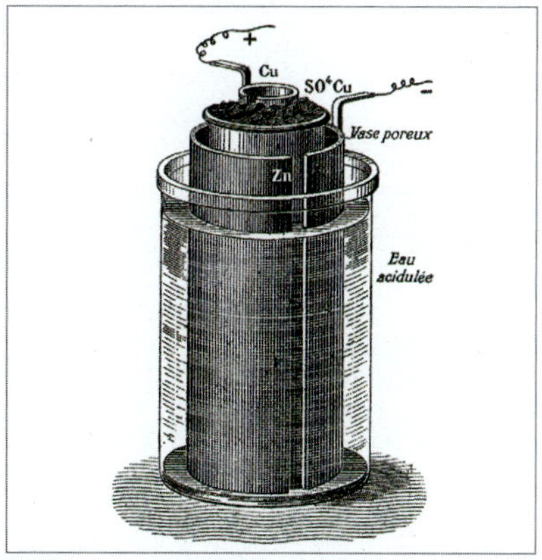

6 *Gravure de la pile Daniell. Lors du fonctionnement de cette pile, on réalise la réaction d'équation : Cu^{2+} (aq) + Zn (s) → Cu (s) + Zn^{2+} (aq).*

3 Généralisation

3.1 Étude d'un deuxième exemple

Étudions un deuxième exemple, pour lequel au moins un des nombres stœchiométriques est différent de 1.

On étudie un système où se déroule la réaction d'équation :

$$Cu^{2+} \text{ (aq)} + 2\ HO^- \text{ (aq)} \rightarrow Cu(OH)_2 \text{ (s)}.$$

Le tableau d'évolution de la réaction est donné ci-dessous.

Équation		Cu^{2+} (aq)	+ **2** HO^- (aq) →	$Cu(OH)_2$ (s)
État	Avancement	Quantités de matière (mol)		
initial	0	$n_{Cu^{2+}, i}$	$n_{HO^-, i}$	0
en cours	x	$n_{Cu^{2+}, i} - x$	$n_{HO^-, i} - 2\,x$	x
final	x_{max}	$n_{Cu^{2+}, i} - x_{max}$	$n_{HO^-, i} - 2\,x_{max}$	x_{max}

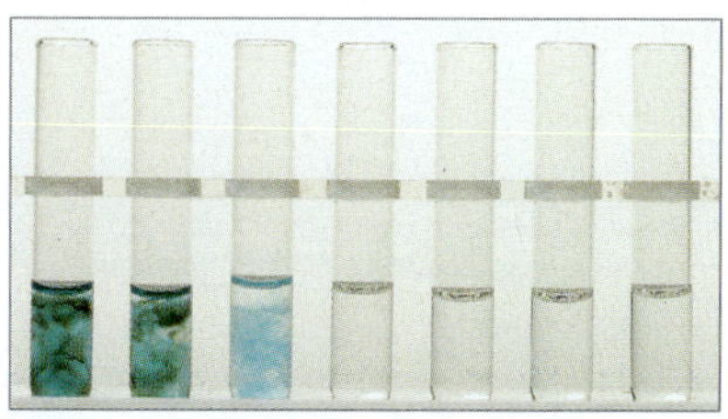

7 *Lors de la réaction des ions Cu^{2+} avec les ions HO^-* **(activité 2)**, *on peut identifier, grâce à la couleur, que le cuivre est le réactif limitant dans les tubes à essais incolores.*

Lors d'une expérience, les quantités de matière initiales sont :

$$n_{Cu^{2+}, i} = 3{,}0 \times 10^{-3} \text{ mol et } n_{HO^-, i} = 2{,}0 \times 10^{-3} \text{ mol.}$$

• **Détermination de x_{max} et du réactif limitant**

Si Cu^{2+} est le réactif limitant, alors $n_{Cu^{2+}, i} - x_{max} = 0$, donc :

$$x_{max} = n_{Cu^{2+}, i} = 3{,}0 \times 10^{-3} \text{ mol.}$$

Si HO^- est le réactif limitant, alors $n_{HO^-,\,i} - 2\,x_{max} = 0$, donc :

$$x_{max} = \frac{n_{HO^-,i}}{2} = 1{,}0 \times 10^{-3} \text{ mol.}$$

On choisit la plus petite valeur pour x_{max}. Comme $1{,}0 \times 10^{-3} < 3{,}0 \times 10^{-3}$, $x_{max} = 1{,}0 \times 10^{-3}$ mol. Le réactif limitant est donc HO^-.

● Le bilan de matière à l'état final est :
– $n_{HO^-,\,f} = 0$;
– $n_{Cu^{2+},\,f} = n_{Cu^{2+},\,i} - x_{max} = 3{,}0 \times 10^{-3} - 1{,}0 \times 10^{-3} = 2{,}0 \times 10^{-3}$ mol ;
– $n_{Cu(OH)_2,\,f} = x_{max} = 1{,}0 \times 10^{-3}$ mol.

L'état final du système est ainsi déterminé :
– il reste $2{,}0 \times 10^{-3}$ mol d'ions cuivre (II) Cu^{2+} ;
– il se forme $1{,}0 \times 10^{-3}$ mol d'hydroxyde de cuivre (II) $Cu(OH)_2$.

3.2 Cas général

● L'équation d'une réaction peut s'écrire : $a\,A + b\,B \rightarrow c\,C + d\,D$, où a, b, c, d sont des nombres stœchiométriques et A, B, C, D les formules brutes des réactifs et produits.

D'après l'équation de la réaction, la formation d'une quantité c de C et d de D nécessite la consommation d'une quantité a de A et b de B (les quantités de matière étant exprimées en moles).

Le tableau d'évolution est donné ci-dessous.

Équation		$a\,A$	+ $b\,B$	$\rightarrow$ $c\,C$	+ $d\,D$
État	**Avancement**	Quantités de matière (mol)			
initial	0	$n_{A,\,i}$	$n_{B,\,i}$	0	0
en cours	x	$n_{A,\,i} - a\,x$	$n_{B,\,i} - b\,x$	$c\,x$	$d\,x$
final	x_{max}	$n_{A,\,i} - a\,x_{max}$	$n_{B,\,i} - b\,x_{max}$	$c\,x_{max}$	$d\,x_{max}$

Comprendre le tableau

La quantité de réactif consommé se calcule en multipliant x par le nombre stœchiométrique situé devant la formule de ce réactif dans l'équation de la réaction chimique.

● **Détermination de x_{max}**

Si A est le réactif limitant, alors $n_{A,\,i} - a\,x_{max} = 0$, donc :

$$x_{max} = \frac{n_{A,i}}{a}.$$

Si B est le réactif limitant, alors $n_{B,\,i} - b\,x_{max} = 0$, donc :

$$x_{max} = \frac{n_{B,i}}{b}.$$

On choisit la plus petite valeur des deux pour x_{max}.

● Dans le cas où tous les réactifs sont limitants, le mélange initial est dit **stœchiométrique** : les quantités de matière initiales des réactifs sont dans les proportions de leurs nombres stœchiométriques.
En effet, on a :

$$x_{max} = \frac{n_{A,i}}{a} = \frac{n_{B,i}}{b}.$$

Exemple. On considère la réaction d'équation :

$$Cu^{2+}\,(aq) + 2\,HO^-\,(aq) \rightarrow Cu(OH)_2\,(s).$$

Le mélange initial est stœchiométrique si :

$$\frac{n_{Cu^{2+},i}}{1} = \frac{n_{HO^-,i}}{2}.$$

L'ESSENTIEL

Stœchiométrie

On appelle **stœchiométrie** les relations de proportionnalité qui existent entre les quantités de matière consommées des réactifs et entre les quantités de matière formées des produits lors d'une transformation chimique.

Exemple. $CH_4(g) + 2\ O_2(g) \rightarrow CO_2(g) + 2\ H_2O\ (\ell)$.
Le méthane et le dioxygène réagissent dans des proportions de 1 pour 2, et le dioxygène et l'eau sont simultanément formés dans des proportions de 1 pour 2.

Avancement et réactif limitant

- **L'avancement x** est une grandeur qui permet de suivre l'évolution des quantités de matière des réactifs et des produits au cours d'une transformation. Il s'exprime en mole.
- Lorsqu'au moins un des réactifs est entièrement consommé, ce réactif est appelé **réactif limitant**. L'avancement x est alors maximal, il est noté x_{max}.

Tableau d'évolution

- Le tableau d'évolution décrit l'évolution des quantités de matière des réactifs et des produits de l'état initial à l'état final.
- Chaque ligne du tableau représente un **bilan de matière**.

Exemple

La quantité de réactif consommée se calcule en multipliant x par le nombre stœchiométrique situé devant la formule de ce réactif dans l'équation de la réaction chimique.

Chaque ligne décrit la composition du système chimique dans l'état considéré.

Équation		$Cu^{2+}(aq)$	+ 2 $HO^-(aq)$	→ $Cu(OH)_2(s)$
État	Avancement	Quantités de matière (mol)		
initial	0	$n_{Cu^{2+},i}$	$n_{HO^-,i}$	0
en cours	x	$n_{Cu^{2+},i} - x$	$n_{HO^-,i} - 2x$	x
final	x_{max}	$n_{Cu^{2+},i} - x_{max}$	$n_{HO^-,i} - 2x_{max}$	x_{max}

Signe – car les réactifs disparaissent.

Chaque colonne présente l'évolution de la quantité de matière d'une espèce de l'état initial à l'état final.

Méthode de calcul pour x_{max}

- On suppose que l'un des réactifs est limitant et on calcule la valeur de x_{max} en annulant la quantité de matière de ce réactif.
- On fait de même pour les autres réactifs.
- La valeur de x_{max} est égale et à la plus petite des valeurs calculées. On en déduit alors le réactif limitant.

Exemple. On étudie la réaction d'équation :
$$Cu^{2+}(aq) + 2\ HO^-(aq) \rightarrow Cu(OH)_2(s),$$
avec $n_{Cu^{2+},i} = 3 \times 10^{-3}$ mol et $n_{HO^-,i} = 2 \times 10^{-3}$ mol.

- Si Cu^{2+} est le réactif limitant, alors $n_{Cu^{2+},i} - x_{max} = 0$, donc : $x_{max} = n_{Cu^{2+},i} = 3 \times 10^{-3}$ mol.
- Si HO^- est le réactif limitant, alors $n_{HO^-,i} - 2x_{max} = 0$, donc : $x_{max} = \dfrac{n_{HO^-,i}}{2} = 1 \times 10^{-3}$ mol.
- On choisit la plus petite valeur pour x_{max}. Comme $1 \times 10^{-3} < 3 \times 10^{-3}$, $x_{max} = 1 \times 10^{-3}$ mol. Le réactif limitant est donc HO^-.

Exercices Application

5 minutes CHRONO !

MANUEL NUMÉRIQUE — EXERCICES INTERACTIFS

1 Mots manquants

Compléter avec un ou plusieurs mots.

a. Pour écrire l'équation de la réaction chimique, il faut respecter la loi de conservation des .... et de la ....

b. Pour un système à l'état initial, l'avancement a une valeur ....

c. La plus petite valeur de x pour laquelle la quantité de matière de l'un des réactifs est nulle est l'avancement ....

d. Un réactif totalement consommé est appelé ....

e. Pour rendre compte de l'évolution du système de l'état initial à l'état final, il faut construire un ....

f. Si l'avancement est noté x, la quantité de réactif consommée se calcule en multipliant x par le .... situé devant la formule du réactif considéré dans l'équation de la réaction chimique.

2 QCM

Cocher la réponse exacte.

On analyse une transformation chimique d'équation :

$$2\,H_2\,(g) + O_2\,(g) \rightarrow 2\,H_2O\,(\ell).$$

À l'état initial, il y a 2,0 mol de dihydrogène H_2 et 1,5 mol de dioxygène O_2.

On note x l'avancement au cours de la transformation.

a. L'équation de la réaction chimique :
- ☐ ne vérifie pas la loi de conservation de la charge
- ☐ ne vérifie pas la loi de conservation des éléments
- ☐ vérifie la loi de conservation des éléments et de la charge

b. La quantité de dihydrogène restante est :
☐ $2{,}0 - x$ ☐ $2{,}0 - 2x$ ☐ $4{,}0 - 2x$

c. La quantité de dioxygène restante est :
☐ $1{,}5 - x$ ☐ $1{,}5 - 2x$ ☐ x

d. La quantité d'eau formée est :
☐ x ☐ $2x$ ☐ $-2x$

e. Le(s) réactif(s) limitant(s) est (sont) :
- ☐ le dioxygène
- ☐ le dihydrogène
- ☐ le dioxygène et de dihydrogène

f. À la fin de la transformation :
- ☐ il ne reste pas de dioxygène
- ☐ il reste 0,5 mol de dioxygène
- ☐ il reste 1,0 mol de dioxygène

g. À l'état initial, il y a désormais 2,0 mol de dihydrogène H_2 et 1,0 mol de dioxygène O_2 : le mélange initial est stœchiométrique. À l'état final :
- ☐ il reste seulement du dioxygène
- ☐ il reste seulement du dihydrogène
- ☐ les deux réactifs ont été totalement consommés

→ Reportez-vous aux solutions détaillées page 393 pour vérifier vos réponses et comprendre vos erreurs.

Parcours personnalisés

Trois parcours d'exercices pour travailler en autonomie selon ses besoins.

- **Maîtriser les bases** : 5 – 8 – 12 – 13
- **Préparer l'évaluation** : 14 – 15 – 23
- **Cap sur la Terminale** : 26 – 27 – 28

MOBILISER SES CONNAISSANCES

Transformation et réaction chimique [§1 du cours]

3 Combustion du carbone dans le dioxygène

Un morceau de carbone est brûlé dans un flacon de dioxygène gazeux : il y a alors formation de dioxyde de carbone sous forme gazeuse ($T = 300$ K ; $P = 1$ atm).

a. Décrire le système à l'état initial. Nommer les réactifs.

b. Y a-t-il eu transformation du système initial ? Nommer le produit de la transformation.

c. Écrire l'équation de la réaction.

4 Des équations incomplètes

EXERCICE INTERACTIF

Ajuster les nombres stœchiométriques des équations suivantes.

a. ... $H_2\,(g)$ + ... $O_2\,(g) \rightarrow$ ... $H_2O\,(\ell)$

b. ... $C_2H_6O\,(\ell)$ + ... $O_2\,(g) \rightarrow$ ... $CO_2\,(g)$ + ... $H_2O\,(g)$

c. ... $O_2\,(g) \rightarrow$ ... $O_3\,(g)$

d. ... $Al_2(SO_4)_3\,(s) \rightarrow$ ... $Al^{3+}\,(aq)$ + ... $SO_4^{2-}\,(aq)$

e. ... $Zn(OH)_2\,(s)$ + ... $HO^-\,(aq) \rightarrow$ ... $[Zn(OH)_4]^{2-}\,(aq)$

Détermination de l'état final d'un système chimique [§2 et 3 du cours]

5 Combustion du soufre dans le dioxygène

Faire une phrase avec chacune des données en gras dans le tableau d'évolution ci-dessous.

Exemple : la quantité de matière initiale de soufre est de 5,0 mol.

Équation		S (s) +	O_2 (g) →	SO_2 (g)
État	Avancement	Quantités de matière (mol)		
initial	0	5,0	**3,0**	0
en cours	x	$5{,}0 - x$	**$3{,}0 - x$**	x

6 Oxydation du monoxyde de carbone

EXERCICE INTERACTIF

Faire une phrase avec chacune des données en gras dans le tableau d'évolution ci-dessous.

Exemple : la quantité de matière initiale de dioxygène est de 8,0 mol.

Équation		$2\,CO\,(g)$ +	$O_2\,(g)$ →	$2\,CO_2\,(g)$
État	Avancement	Quantités de matière (mol)		
initial	0	**5,0**	8,0	0
en cours	x	5,0 – **2x**	**8,0 – x**	**2x**

7 Formation d'un précipité d'hydroxyde de fer (II)

En utilisant le tableau d'évolution ci-dessous, déterminer le(s) réactif(s) limitant(s).

Équation		$Fe^{2+}\,(aq)$ +	$2\,HO^-\,(aq)$ →	$Fe(OH)_2\,(s)$
État	Avancement	Quantités de matière (mol)		
initial	0	7,0	4,0	0
en cours	x	7,0 – x	4,0 – 2x	x
final	x_{max}	5,0	0	2,0

UTILISER SES COMPÉTENCES

8 Compléter un tableau d'évolution

a. Compléter le tableau d'évolution ci-dessous.

Équation		$Ag^+\,(aq)$ +	$Cl^-\,(aq)$ →	$AgCl\,(s)$
État	Avancement	Quantités de matière (mol)		
initial	0	3,0	7,0	0
en cours	x	…	…	…

b. Dans le cas où $x = 3{,}0$ mol, déterminer les quantités de matière n_{Ag^+} d'ions argent Ag^+ et n_{Cl^-} d'ions chlorure Cl^-.

c. La valeur de x pourra-t-elle être supérieure à 3,0 mol ? Justifier.

9 Compléter un tableau d'évolution

EXERCICE INTERACTIF

a. Compléter le tableau d'évolution ci-dessous.

Équation		$4\,Al\,(s)$ +	$3CO_2(g)$ →	$2Al_2O_3(s)$ +	$3C\,(s)$
État	Avancement	Quantités de matière (mol)			
initial	0	8,0	9,0	0	0
en cours	x	…	…	…	…

b. Dans le cas où $x = 2{,}0$ mol, déterminer les quantités de matière n_{Al} d'aluminium Al et n_{CO_2} de dioxyde de carbone CO_2 restants.

c. La valeur de x pourra-t-elle être supérieure à 2,0 mol ? Justifier.

10 Utiliser une relation littérale

La combustion du propane (de formule brute C_3H_8) gazeux dans le dioxygène gazeux donne du dioxyde de carbone gazeux et de l'eau liquide. L'équation de la réaction s'écrit :

$$C_3H_8\,(g) + 5\,O_2\,(g) \rightarrow 3\,CO_2\,(g) + 4\,H_2O\,(\ell).$$

La quantité de matière initiale de propane est notée $n_{C_3H_8,\,i}$ et celle de dioxygène est notée $n_{O_2,\,i}$.

On note x l'avancement de la réaction.

Construire le tableau d'évolution.

11 Calculer avec les puissances de 10

Les ions zinc (Zn^{2+}) sont mis en évidence par l'action des ions hydroxyde (HO^-). Lors de cette réaction, il y a formation d'un précipité blanc d'hydroxyde de zinc ($Zn(OH)_2$).

La quantité de matière initiale des ions zinc $n_{Zn^{2+},\,i}$ est égale à $4{,}0 \times 10^{-3}$ mol et celle des ions hydroxyde $n_{HO^-,\,i}$ est égale à $6{,}0 \times 10^{-3}$ mol.

L'équation de la réaction s'écrit :

$$Zn^{2+}\,(aq) + 2\,HO^-\,(aq) \rightarrow Zn(OH)_2\,(s).$$

a. Construire le tableau d'évolution sans introduire de valeurs numériques.

b. Décrire le système dans le cas où l'avancement x vaut $1{,}0 \times 10^{-3}$ mol.

12 Calculer l'avancement maximal

Le diazote (N_2) gazeux réagit avec le dihydrogène (H_2) gazeux pour donner de l'ammoniac (NH_3) gazeux.

La quantité de matière initiale du diazote $n_{N_2,\,i}$ est de 4,0 mol et celle du dihydrogène $n_{H_2,\,i}$ est de 6,0 mol.

L'équation de la réaction s'écrit :

$$N_2\,(g) + 3\,H_2\,(g) \rightarrow 2\,NH_3\,(g).$$

a. Construire le tableau d'évolution sans introduire de valeur numérique.

b. Calculer l'avancement maximal x_{max} et déterminer le réactif limitant.

c. Décrire le système à l'état final.

13 Apprendre à rédiger

Voici l'énoncé d'un exercice et un guide (en orange) ; ce guide vous aide pour rédiger la solution détaillée et pour retrouver les réponses numériques aux questions posées.

Énoncé

La combustion totale du méthane (de formule brute CH_4) gazeux dans le dioxygène gazeux donne du dioxyde de carbone gazeux et de l'eau liquide. La quantité de matière initiale de méthane $n_{CH_4,\,i}$ est de 2,0 mol et celle de dioxygène $n_{O_2,\,i}$ est de 3,0 mol. L'équation de la réaction s'écrit :

$$CH_4\,(g) + 2\,O_2\,(g) \rightarrow CO_2\,(g) + 2\,H_2O\,(\ell).$$

a. Construire le tableau d'évolution de cette transformation.

- **Prévoir une ligne pour chaque état du système et une colonne pour chaque espèce chimique.**
- **Noter x l'avancement et x_{max} l'avancement maximal.**

b. Calculer l'avancement maximal x_{max} et déterminer le réactif limitant.

- **Supposer que CH_4 est le réactif limitant, puis que O_2 est le réactif limitant pour calculer les deux valeurs possibles de l'avancement maximal.**
- **Comparer ces deux valeurs puis vérifier que $x_{max} = 1{,}5$ mol.**

c. Quelle quantité de matière de dioxyde de carbone est formée à l'état final ?

- **Faire une phrase pour introduire l'expression littérale de la quantité de matière de dioxyde de carbone à l'état final, puis vérifier que : $n_{CO_2,\,f} = 1{,}5$ mol.**

EXERCICE RÉSOLU

Site élève

14 L'expérience de Lavoisier

Énoncé En 1775, Antoine-Laurent Lavoisier montra par une expérience que le dioxygène est l'un des constituants de l'air. Pour réaliser cette expérience, il utilisa une masse $m_{Hg,\,i} = 122{,}0$ g de mercure (Hg) et un volume d'air qui comprenait une masse $m_{O_2,\,i} = 0{,}18$ g de dioxygène. Il obtint une masse $m = 2{,}38$ g de « matière rouge » appelée oxyde de mercure (II) (HgO).

Masses molaires atomiques : $M(\text{Hg}) = 200{,}6\ \text{g·mol}^{-1}$, $M(\text{O}) = 16{,}0\ \text{g·mol}^{-1}$.

1. Écrire l'équation de la réaction qui s'est produite.
2. Calculer les quantités de matière initiales de mercure $n_{Hg,\,i}$ et de dioxygène $n_{O_2,\,i}$.
3. Construire le tableau d'évolution sans valeurs numériques.
4. Calculer l'avancement maximal x_{max} et déterminer le réactif limitant.
5. Décrire le système à l'état final.
6. Calculer la masse d'oxyde de mercure à l'état final, et comparer cette valeur à celle obtenue par Lavoisier.

Une solution

1 Les réactifs sont le mercure à l'état liquide et le dioxygène à l'état gazeux. Le produit de cette réaction est l'oxyde de mercure HgO à l'état solide.
L'équation de la réaction s'écrit : $2\ \text{Hg}\ (\ell) + O_2\ (g) \rightarrow 2\ \text{HgO}\ (s)$.

2 La quantité de matière initiale de mercure est : $n_{Hg,\,i} = \dfrac{m_{Hg,i}}{M(\text{Hg})}$.

A. N. : $n_{Hg,\,i} = \dfrac{122{,}0}{200{,}6} = 6{,}082 \times 10^{-1}$ mol.

La quantité de matière initiale de dioxygène est : $n_{O_2,\,i} = \dfrac{m_{O_2,i}}{M(O_2)}$.

A. N. : $n_{O_2,\,i} = \dfrac{0{,}18}{2 \times 16{,}0} = 5{,}6 \times 10^{-3}$ mol.

3

Équation		$2\ \text{Hg}\ (\ell)$ +	$O_2\ (g)$ →	$2\ \text{HgO}\ (s)$
État	Avancement	Quantités de matière (mol)		
initial	0	$n_{Hg,\,i}$	$n_{O_2,\,i}$	0
en cours	x	$n_{Hg,\,i} - 2x$	$n_{O_2,\,i} - x$	$2x$
final	x_{max}	$n_{Hg,\,i} - 2x_{max}$	$n_{O_2,\,i} - x_{max}$	$2x_{max}$

4 Si Hg est le réactif limitant, alors $n_{Hg,\,i} - 2\,x_{max} = 0$, donc $x_{max} = \dfrac{n_{Hg,i}}{2}$.

A.N. : $x_{max} = \dfrac{6{,}082 \times 10^{-1}}{2} = 3{,}041 \times 10^{-1}$ mol.

Si O_2 est le réactif limitant, alors $n_{O_2,\,i} - x_{max} = 0$, donc $x_{max} = n_{O_2,\,i} = 5{,}6 \times 10^{-3}$ mol.
On choisit la plus petite des deux valeurs obtenues.
Comme $5{,}6 \times 10^{-3} < 3{,}041 \times 10^{-1}$, $x_{max} = 5{,}6 \times 10^{-3}$ mol. Le réactif limitant est donc le dioxygène.

5 $n_{O_2,\,f} = 0$ mol car le dioxygène est le réactif limitant.
D'après la dernière ligne du tableau d'évolution :
– $n_{Hg,\,f} = n_{Hg,\,i} - 2x_{max} = 6{,}082 \times 10^{-1} - 2 \times 5{,}6 \times 10^{-3} = 6{,}0 \times 10^{-1}$ mol ;
– $n_{HgO,\,f} = 2x_{max} = 2 \times 5{,}6 \times 10^{-3} = 1{,}1 \times 10^{-2}$ mol.
Il s'est donc formé $1{,}1 \times 10^{-2}$ mol d'oxyde de mercure, et il reste $6{,}0 \times 10^{-1}$ mol de mercure.

6 La masse de mercure $m_{HgO,\,f}$ à l'état final est :

$$m_{HgO,\,f} = n_{HgO,\,f} \times M(\text{HgO}) = 1{,}1 \times 10^{-2} \times (200{,}6 + 16{,}0) = 2{,}4\ \text{g}.$$

Cette valeur est proche de celle de Lavoisier, qui avait obtenu 2,38 g d'oxyde de mercure (II).

Énoncé
Utiliser les notations de l'énoncé pour répondre aux questions.

Rédiger
- Préciser l'état physique des espèces chimiques.
- Ajuster les nombres stœchiométriques de l'équation de la réaction chimique.

Application numérique
Écrire le résultat avec le même nombre de chiffres significatifs que les données.

Raisonner
La consommation de deux moles de Hg et d'une mole de O_2 entraîne la formation de deux moles de HgO. Si l'avancement est égal à x, $2x$ moles de mercure ont été consommées : la quantité de matière de mercure restante est donc égale à $n_{Hg,\,i} - 2x$.

Connaissances
x_{max} se calcule en annulant la quantité de matière de chaque réactif puis en choisissant la plus petite des valeurs obtenues.

Rédiger
Attention aux notations en indice qui indiquent l'état initial ou final.

Pour les exercices suivants, on prendra les masses molaires atomiques données dans la classification périodique des éléments chimiques présentée dans les rabats.

15 Combustion de l'éthanol

L'éthanol (de formule brute C_2H_6O), liquide incolore et inflammable, brûle dans le dioxygène gazeux. Il se forme alors du dioxyde de carbone gazeux et de l'eau liquide.

On fait réagir une masse $m_{e,\,i} = 2{,}50$ g d'éthanol et une masse $m_{d,\,i} = 2{,}50$ g de dioxygène.

a. Écrire l'équation de la réaction.

b. Calculer les quantités de matière initiales d'éthanol et de dioxygène.

c. Construire le tableau d'évolution.

d. Calculer l'avancement maximal x_{max} et déterminer le réactif limitant.

e. Décrire le système à l'état final.

f. Déterminer la masse du réactif restant.

16 Utiliser un tableur

On analyse la précipitation de l'hydroxyde de cuivre (II) selon la réaction d'équation :

$$Cu^{2+}(aq) + 2\,HO^-(aq) \rightarrow Cu(OH)_2(s).$$

Le tableau d'évolution de cette transformation est donné ci-dessous.

Équation		Cu^{2+}	+ $2HO^-$	→ $Cu(OH)_2$
État	Avancement	Quantités de matière (mol)		
initial	0	0,10	0,15	0
final	x	...	...	...

a. Reproduire ce tableau dans un tableur et compléter la dernière ligne de façon à ce que les quantités de matière soient calculées automatiquement en fonction de x. Le tester avec $x = 0{,}030$ mol.

b. Déterminer l'avancement maximal de la réaction sans utiliser le tableur.

c. Vérifier la réponse à l'aide du tableur.

d. Quelle est la quantité de matière en ions hydroxyde si $x = 0{,}10$ mol ? Interpréter.

17 * Précipitation de sulfate d'argent

L'addition de quelques gouttes d'une solution de nitrate d'argent contenant les ions argent (I) (Ag^+) et les ions nitrate (NO_3^-) à une solution de sulfate de sodium contenant les ions sodium (Na^+) et les ions sulfate (SO_4^{2-}) donne un précipité blanc de sulfate d'argent (Ag_2SO_4). Les ions NO_3^- et Na^+ ne participent pas à la réaction.

a. Écrire l'équation de la réaction.

b. À un volume $V = 20$ mL d'une solution de sulfate de sodium telle que $c_{SO_4^{2-}} = 0{,}10\ mol\cdot L^{-1}$, on ajoute un volume $V' = 20$ mL d'une solution de nitrate d'argent telle que $c_{Ag^+} = 0{,}15\ mol\cdot L^{-1}$.
Calculer les quantités de matière initiales des réactifs.

c. Construire le tableau d'évolution.

d. Calculer l'avancement maximal x_{max} et déterminer le réactif limitant.

e. Calculer la masse molaire du sulfate d'argent, puis déterminer la masse de précipité obtenu.

18 * Formation d'argent

On plonge de la tournure de cuivre de masse $m = 10{,}0$ g dans un volume $V = 500{,}0$ mL d'une solution de nitrate d'argent contenant des ions argent (I) (Ag^+) et des ions nitrate (NO_3^-), telle que $c_{Ag^+,\,i} = c_{NO_3^-,\,i} = 0{,}10\ mol\cdot L^{-1}$.

La solution initialement incolore devient bleue et un dépôt d'argent se forme.

Les ions nitrate n'interviennent pas dans la réaction.

a. Quelle est l'origine de la coloration prise par la solution ?

b. Écrire l'équation de la réaction.

c. Calculer les quantités de matière initiales.

d. Construire le tableau d'évolution.

e. Calculer l'avancement maximal x_{max} et déterminer le réactif limitant.

f. Décrire le système à l'état final.

g. Déterminer, à l'état final, les concentrations molaires des ions en solution, et la (les) masse(s) du (des) solide(s) présent(s).

19 * Synthèse d'un savon

Dans un ballon, on introduit une masse $m = 15$ g d'oléine (de formule brute $C_{57}H_{104}O_6$), un volume $V = 20$ mL d'une solution d'hydroxyde de sodium ($Na^+ + HO^-$) de concentration $c = 10\ mol\cdot L^{-1}$ et quelques grains de pierre ponce.

On chauffe à reflux pendant 30 minutes.

L'équation de la réaction s'écrit :

$$C_{57}H_{104}O_6(\ell) + 3\,(Na^+ + HO^-)(aq) \rightarrow C_3H_8O_3(\ell) + 3\,C_{17}H_{33}CO_2Na(s).$$

a. Calculer les quantités de matière initiales des réactifs.

b. Construire le tableau d'évolution.

c. Calculer l'avancement maximal x_{max} et déterminer le réactif limitant.

d. En déduire la masse de savon attendue à l'état final.

20 * Greenhouse gas

We consider that gasoline is composed mainly of octane (molecular formula C_8H_{18}). During the complete combustion of octane in dioxygen, it forms carbon dioxide and water.

a. Écrire l'équation de la réaction.

b. Construire le tableau d'évolution.

c. Déterminer la quantité de matière d'octane $n_{C_8H_{18}}$ brûlée par litre d'essence.

d. Calculer l'avancement maximal x_{max}.

e. Déterminer la quantité de matière de dioxyde de carbone n_{CO_2} rejeté pour un litre d'essence brûlée.

f. Calculer la masse de dioxyde de carbone correspondante.

Donnée : densité de l'octane, $d = 0{,}75$.

21 ★ Alumine

L'aluminium Al réagit avec le dioxygène de l'air et se recouvre alors d'une fine couche d'alumine de formule brute Al_2O_3.
On recueille une masse m d'alumine de 3,6 g.

a. Écrire l'équation de la réaction.

b. Construire le tableau d'évolution.

c. Calculer l'avancement maximal x_{max}.

d. Déterminer les quantités de matière d'aluminium et de dioxygène consommés lors de cette réaction.

e. Déterminer les masses correspondantes.

22 ★ C'est gonflé !

Un ballon de baudruche contenant de l'hydrogénocarbonate de sodium (de formule brute $NaHCO_3$) en poudre est fixé à l'orifice d'un flacon contenant un volume $V = 10$ mL d'acide éthanoïque AH (aq) de concentration $c = 1{,}0$ mol·L^{-1}.
On fait glisser la poudre du ballon dans le flacon : on observe alors une effervescence et le ballon se gonfle de dioxyde de carbone.
L'équation de cette réaction s'écrit :

$$HCO_3^- (aq) + AH (aq) \rightarrow CO_2 (g) + A^- (aq) + H_2O (\ell).$$

Les ions hydrogénocarbonate HCO_3^- (aq) proviennent de la dissolution de l'hydrogénocarbonate de sodium dans l'eau. Les ions Na^+ (aq) n'interviennent pas dans la réaction.

a. Construire le tableau d'évolution.

b. Sachant que le réactif limitant est l'acide éthanoïque, calculer l'avancement maximal x_{max}.

c. Déterminer les quantités de matière des produits à l'état final.

d. Quel est le volume final en dioxyde de carbone, sachant que dans les conditions de température et de pression dans le ballon, le volume d'une mole de gaz V_m, appelé volume molaire, est égal à 24 L·mol^{-1} ? Exprimer ce volume en m^3.

e. Quel est le rayon r du ballon gonflé ?

Aide : volume d'une boule de rayon r, $V = \frac{4}{3}\pi r^3$.

23 ★★ L'eau oxygénée

L'eau oxygénée est une solution aqueuse de peroxyde d'hydrogène (de formule brute H_2O_2).
On peut la trouver au laboratoire avec l'indication 110 volumes et le pictogramme de sécurité ci-contre.

L'indication « 110 volumes » est le titre de l'eau oxygénée ; il exprime le volume de dioxygène (en L et à 0 °C et 1 bar) que peut libérer un litre d'eau oxygénée lors de sa décomposition complète en dioxygène gazeux et en eau liquide.
On cherche à déterminer la concentration molaire en H_2O_2 correspondante.

a. Quelles précautions doit prendre le technicien pour manipuler l'eau oxygénée à 110 volumes ?

b. Écrire l'équation de la réaction.

c. Construire le tableau d'évolution.

d. Calculer la quantité de matière de dioxygène formé lors de la décomposition d'un litre d'eau oxygénée à 110 volumes.

e. Déterminer alors la quantité de matière de H_2O_2 présent dans un litre, puis la concentration en H_2O_2.

f. L'eau oxygénée est aussi vendue en pharmacie comme antiseptique pour nettoyer les plaies.
En vous aidant de l'étiquette ci-contre, calculer la concentration molaire en H_2O_2.

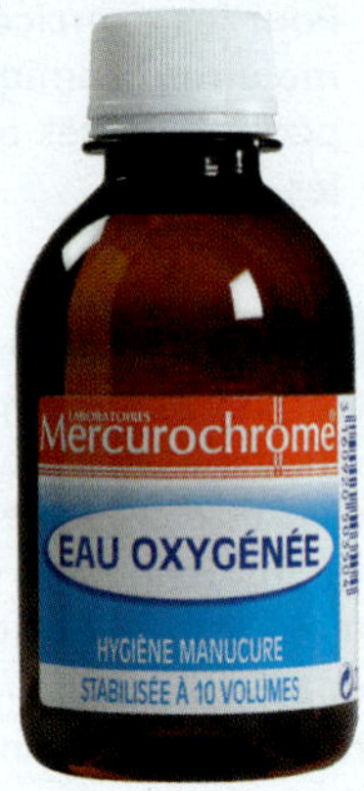

g. Pourquoi ne retrouve-t-on pas le pictogramme de sécurité de l'énoncé sur l'étiquette ?

Donnée : à 0 °C et 1 bar, le volume d'une mole de gaz, appelé volume molaire, est $V_m = 22{,}4$ L·mol^{-1}.

24 ★★ Propulsion de la fusée Ariane IV

Le premier étage de la fusée Ariane IV est équipé de moteurs qui utilisent la diméthylhydrazine (DMHA), de formule brute $C_2H_8N_2$, comme combustible, et le tétraoxyde de diazote, de formule brute N_2O_4, comme carburant. Ces espèces chimiques réagissent entre elles à l'état gazeux. Les produits de cette réaction sont du diazote, de l'eau et du dioxyde de carbone, tous à l'état gazeux. La fusée emporte une masse de 50,0 tonnes de DMHA et une masse m de N_2O_4.

a. Écrire l'équation de la réaction.

b. Calculer la masse molaire de DMHA.

c. Calculer la quantité de matière initiale de DMHA.

d. Construire le tableau d'évolution.

e. On note $n_{N_2O_4,\,i}$ la quantité de matière initiale de N_2O_4. En déduire la valeur de $n_{N_2O_4,\,i}$ pour que le mélange soit stœchiométrique.

f. Décrire, dans ces conditions, le système à l'état final.

25 ★★ Synthèse de l'éthanoate de linalyle

Dans un ballon, on introduit un volume $V = 10{,}0$ mL d'anhydride éthanoïque (de formule brute $C_4H_6O_3$), un volume $V' = 5{,}0$ mL de linalol ($C_{10}H_{18}O$) et quelques grains de pierre ponce. On chauffe à reflux pendant 30 minutes.
On obtient de l'éthanoate de linalyle ($C_{12}H_{20}O_2$) et de l'acide éthanoïque ($C_2H_4O_2$).

L'éthanoate de linalyle est l'un des composants de l'huile essentielle de lavande.

a. Écrire l'équation de la réaction.

b. Calculer les quantités de matière initiales.

c. Construire le tableau d'évolution.

d. Calculer l'avancement maximal x_{max} et déterminer le réactif limitant.

e. Déterminer la quantité de matière d'éthanoate de linalyle à l'état final.

f. En déduire le volume d'éthanoate de linalyle obtenu.

Masses volumiques (en g·mL^{-1}) : anhydride éthanoïque, $\rho_A = 1{,}08$; linalol, $\rho_L = 0{,}87$; éthanoate de linalyle, $\rho_E = 0{,}89$.

26 Apprendre à chercher

La résolution de cet exercice nécessite de trouver les étapes du raisonnement. En cas de difficultés, rendez-vous page 404.

On fait réagir une masse $m_{o,\,i}$ = 10 kg d'oxyde de fer (de formule brute Fe_2O_3) et une masse $m_{a,\,i}$ = 2,0 kg d'aluminium (Al). Les produits de la réaction sont de l'oxyde d'aluminium (Al_2O_3) et du fer (Fe).

→ *Quelle est la masse de fer obtenue ?*

27 ★★ Réaction entre un acide et les ions hydroxyde

On étudie la réaction entre un acide *AH* (aq) et les ions hydroxyde HO^-. Ces derniers proviennent d'une solution d'hydroxyde de sodium ($Na^+ + HO^-$) telle que :

$$c_b = c_{Na^+} = c_{HO^-} = 2{,}00 \times 10^{-2}\ \text{mol·L}^{-1}.$$

Les produits de la réaction sont l'ion A^-(aq) et l'eau.

On verse dans trois béchers numérotés de 1 à 3 un volume V_a = 10,0 mL de la solution d'acide à la concentration $c_a = 2{,}00 \times 10^{-2}$ mol·L^{-1}. On ajoute dans chaque bécher un volume V_{bi} de la solution d'hydroxyde de sodium (tableau ci-dessous).

Bécher	1	2	3
Volume	V_{b1} = 5,0 mL	V_{b2} = 15,0 mL	V_{b3} = ?

a. Écrire l'équation de la réaction.

b. Construire le tableau d'évolution.

c. Pour les béchers 1 et 2, calculer l'avancement maximal x_{max} et déterminer le réactif limitant.

d. Dans le bécher 3, la totalité des réactifs a disparu. Déterminer le volume V_{b3}.

e. On étudie maintenant la réaction entre l'acide éthanoïque de formule brute $C_2H_4O_2$ (aq) et les ions hydroxyde HO^-. Ces derniers proviennent d'une solution d'hydroxyde de sodium ($Na^+ + HO^-$) telle que $c_b = c_{Na^+} = c_{HO^-} = 2{,}00 \times 10^{-2}$ mol·L^{-1}.
Les produits de la réaction sont l'ion éthanoate $C_2H_3O_2^-$ (aq) et l'eau.
On prélève un volume V_a = 10,0 mL de la solution d'acide à la concentration c_a inconnue.
On ajoute un volume V_b = 14,4 mL de la solution d'hydroxyde de sodium. On se place ainsi dans le cas où tous les réactifs sont consommés.
Déterminer une relation entre la quantité de matière initiale d'acide et la quantité de matière initiale d'ions hydroxyde.
En déduire la concentration c_a de l'acide éthanoïque utilisé.

28 ★★ Taux d'alcoolémie

Pour mesurer la quantité d'alcool (éthanol, de formule brute C_2H_6O) dans le sang, on réalise un prélèvement, puis on décolore le sang. On détermine alors la quantité d'alcool présent dans le sang à partir de la réaction chimique suivante :

$$3\ C_2H_6O\ (aq) + 2\ Cr_2O_7^{2-}\ (aq) + 16\ H^+\ (aq) \rightarrow 3\ C_2H_4O_2\ (aq) + 4\ Cr^{3+}\ (aq) + 11\ H_2O\ (\ell).$$

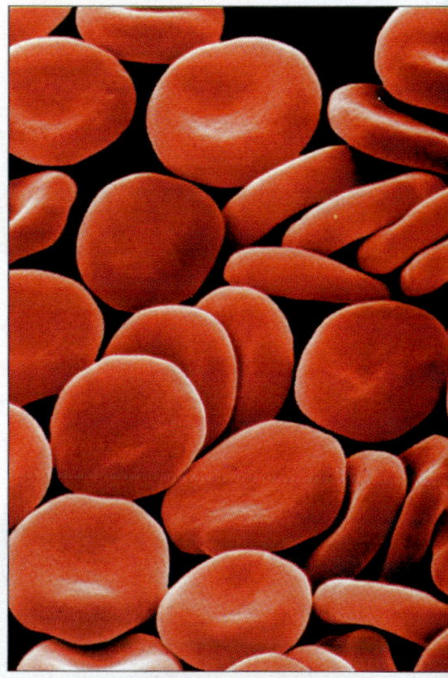

Globules rouges vus au microscope.

a. En analysant les données, expliquer pourquoi on peut suivre l'évolution du système par spectrophotométrie.

b. On mélange un volume V_1 = 2,0 mL de sang avec un volume V_2 = 10,0 mL d'une solution aqueuse acidifiée de dichromate de potassium ($2K^+ + Cr_2O_7^{2-}$) de concentration molaire :
$c_{Cr_2O_7^{2-}} = 2{,}0 \times 10^{-2}$ mol·L^{-1}.
Le volume total du mélange réactionnel est :

$$V = V_1 + V_2 = 12{,}0\ \text{mL}.$$

On agite et on place rapidement un prélèvement du mélange réactionnel dans une cuve du spectrophotomètre.
Construire le tableau d'évolution en notant n_0 la quantité de matière initiale d'alcool présent dans les 2,0 mL de sang et n_2 la quantité de matière initiale en ions dichromate introduits dans le mélange réactionnel.

c. Calculer la valeur de n_2.

d. Calculer l'avancement maximal x_{max} en supposant que $Cr_2O_7^{2-}$ est le réactif limitant.

e. Quelle relation existe entre l'avancement x de la réaction, la concentration en ions dichromate $c'_{Cr_2O_7^{2-}}$ dans le mélange, le volume V du mélange réactionnel et la quantité de matière n_2 ?

f. L'absorbance A_{420} est liée à la concentration $c'_{Cr_2O_7^{2-}}$ (en mol·L^{-1}) par la relation :

$$A_{420} = 150\ c'_{Cr_2O_7^{2-}}\ (\text{pour } \lambda = 420\ \text{nm}).$$

Déduire de la relation établie au **e.** que l'avancement x est lié à l'absorbance A_{420} par la relation :

$$x = (10 - 4\,A_{420}) \times 10^{-5}.$$

g. La valeur de l'absorbance à l'état final est 2,39.
Calculer l'avancement maximal. En déduire que le réactif limitant est l'éthanol.

h. Calculer la quantité de matière d'éthanol, puis la masse d'éthanol présent dans 2,0 mL de sang du conducteur.

Données

– Masse molaire moléculaire de l'éthanol : M = 46 g·mol^{-1}.
– Couleur des solutions

Espèces chimiques	Couleur en solution aqueuse
CH_3CH_2OH	incolore
$Cr_2O_7^{2-}$	jaune orangé
Cr^{3+}	vert
CH_3COOH	incolore

Culture scientifique et citoyenne

Sciences & Société

Formation des sucres par photosynthèse

Les végétaux verts, contenant de la chlorophylle, peuvent synthétiser des **oses, plus communément appelés des sucres** : ils prélèvent le dioxyde de carbone dans l'atmosphère, l'eau dans le sol, et rejettent du dioxygène dans l'atmosphère.

- Parmi les oses produits par photosynthèse, on trouve le **glucose** (de formule brute $C_6H_{12}O_6$). L'équation de la réaction modélisant la photosynthèse qui conduit au glucose s'écrit :

$$6\ CO_2\ (g) + 6\ H_2O\ (\ell) \rightarrow 6\ O_2\ (g) + C_6H_{12}O_6\ (aq).$$

- Prenons l'exemple de l'Amazonie, la plus grande forêt du monde. Sa surface est d'environ sept millions de km². On estime que **tous les vingt ans, 3 % de sa surface disparaît** à cause de l'exploitation du bois et de la déforestation. La perte en volume de dioxygène rejeté dans l'atmosphère par l'Amazonie en vingt ans est de $1{,}3 \times 10^{11}$ m³. Pour une couche d'atmosphère de 1 m, ce volume de dioxygène représente une surface de $1{,}3 \times 10^{11}$ m², soit **la surface de la Grèce !**

Vue satellite de la Grèce.

Sur le Web www.cnrs.fr/cw/dossiers/dosclim1/sysfacte/biosphere/biosphere.htm

Décollage de la fusée Ariane V.

CHIMIE & TECHNOLOGIE

Propulsion des fusées

La propulsion des fusées se fait par expulsion très rapide de gaz appelés **propergols**. Ce processus est rendu possible par des réactions chimiques entre réactifs, appelés **ergols**. Les fusées dites « à poudre » utilisent des ergols solides, comme par exemple l'aluminium Al et le perchlorate d'ammonium NH_4ClO_4. La réaction qui se produit a pour équation chimique :

$$2\ Al\ (s) + 2\ NH_4ClO_4\ (s) \rightarrow Al_2O_3\ (s) + 2\ HCl\ (g) + 2\ NO\ (g) + 3\ H_2O\ (g).$$

- Grâce à cette réaction, une grande quantité de matière de gaz est obtenue à une très haute température ; leur éjection par les tuyères permet l'élévation de la fusée. La température maximale est atteinte lorsque les solides sont mis en présence dans les **proportions stœchiométriques**, à savoir une mole d'aluminium pour une mole de perchlorate d'ammonium.

Sur le Web www.cnes.fr/web/CNES-fr/440-la-propulsion.php

Un métier : technicien(ne) en procédés chimiques BAC +2

Les procédés chimiques sont des suites plus ou moins complexes d'opérations permettant d'optimiser une transformation chimique.

- **Un technicien en procédés chimiques** développe et réalise des protocoles afin d'assurer le développement technologique et l'optimisation de ces procédés. Son objectif est de mettre au point ou d'améliorer le procédé de fabrication à grande échelle. Pour cela, **il suit des expériences, réalise des schémas de fabrication, teste les appareils, contrôle la qualité des produits et veille aux conditions d'environnement et de sécurité.**
- Il doit avoir un très bon niveau de chimie, une bonne pratique de laboratoire, maîtriser l'outil informatique et connaître une langue étrangère.
- Le technicien en procédés chimiques peut travailler dans de nombreux secteurs industriels (industries chimiques, pétrolières, pharmaceutiques, etc.), mais aussi dans le domaine de la protection de l'environnement.

Sur le Web www.lesmetiersdelachimie.com/fr/dossier-debat/dossier/technicienne-en-genie-des-procedes-chimiques

Techniciens en procédés chimiques travaillant dans un laboratoire pharmaceutique.

CHIMIE & COULEUR Testeur d'humidité

Certaines espèces colorées réagissent avec l'eau pour former d'autres espèces colorées. C'est le cas du **chlorure de cobalt $CoCl_2$ (s)** bleu, qui réagit avec l'eau pour former le solide $CoCl_2(H_2O)_6$ (s), rose, selon la réaction d'équation suivante :

$$CoCl_2\,(s) + 6\,H_2O\,(\ell) \rightarrow CoCl_2(H_2O)_6\,(s).$$

- Cette transformation est mise à profit dans des **testeurs d'humidité** imprégnés de chlorure de cobalt : en présence d'un excès d'eau, le chlorure de cobalt est entièrement consommé et le papier prend une teinte rose. En revanche, si le chlorure de cobalt est en excès par rapport à l'eau, le papier prend une teinte bleue.

Humidification d'un papier buvard.

Expérience

- Préparer une solution de chlorure de cobalt par dissolution d'une spatule de solide dans un volume d'eau d'environ 100 mL.
- Déposer quelques gouttes de la solution sur un papier buvard, puis le sécher au sèche-cheveux. Observer la couleur.
- Humidifier de nouveau le papier buvard et observer le changement de couleur.

Sur le Web http://fr.shvoong.com/exact-sciences/chemistry/1956070-chlorure-cobalt

Chapitre 9

Structure des molécules

Les objectifs

- Dénombrer les liaisons covalentes que peut établir un atome.
- Interpréter la formule de Lewis d'une molécule.
- Mettre en relation la formule de Lewis et la géométrie d'une molécule.
- Prévoir si une molécule présente une isomérie *Z/E*.
- Pratiquer une démarche expérimentale pour réaliser une réaction photochimique.

Échanger des idées

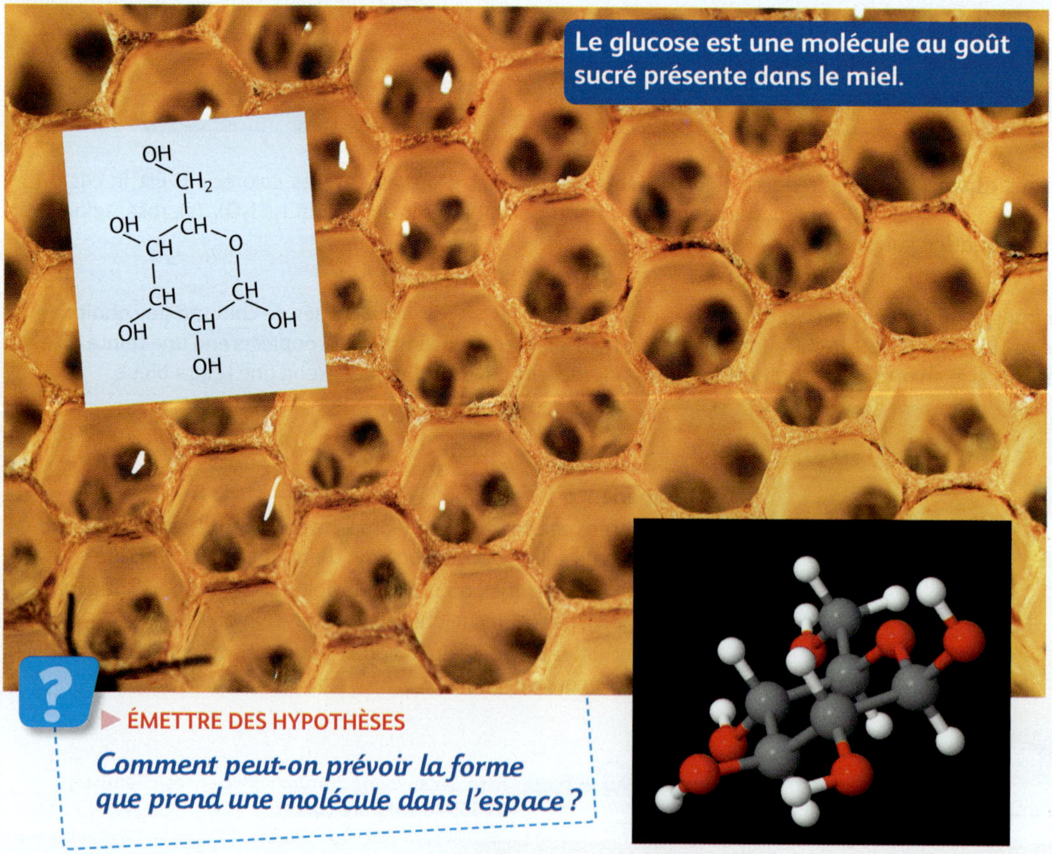

Le glucose est une molécule au goût sucré présente dans le miel.

?

▶ ÉMETTRE DES HYPOTHÈSES

Comment peut-on prévoir la forme que prend une molécule dans l'espace ?

La théobromine serait la molécule responsable des effets du chocolat sur notre humeur.

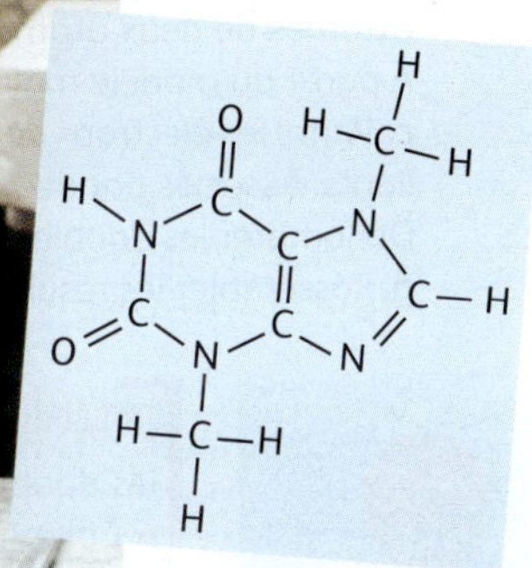

DÉBAT EN GROUPE

Chacun des atomes C, N, O et H établit-il toujours le même nombre de liaisons ?

Démarche d'investigation

Deux modèles moléculaires du rétinal, molécule impliquée dans le mécanisme de la vision.

Comment passer d'un modèle moléculaire à l'autre ? d'une molécule à l'autre ?

- Formuler des hypothèses.
- Débattre puis proposer une expérience permettant de les valider.

ACTIVITÉ EXPÉRIMENTALE

MANUEL NUMÉRIQUE

1 La géométrie des molécules

▶ Étudions une méthode simple pour prévoir la géométrie des molécules.

Manipulation 1 À l'aide d'une boîte de modèles moléculaires, construire les modèles des molécules de méthane CH_4, d'ammoniac NH_3 et d'eau H_2O.

1 Interpréter

a. Compter le nombre d'électrons de la couche externe des atomes d'hydrogène ($Z = 1$), de carbone ($Z = 6$), d'azote ($Z = 7$) et d'oxygène ($Z = 8$).

b. Un bâton du modèle moléculaire modélise deux électrons apportés par les couches externes de deux atomes. Il représente un **doublet liant**.
À partir du modèle moléculaire, dénombrer les doublets liants pour chaque molécule.

c. Parmi les électrons dénombrés au **a.**, certains ne sont pas utilisés pour créer des doublets liants. Associés par deux, ils forment des **doublets non liants**.
Dénombrer les doublets non liants pour chaque molécule.

d. Rassembler les résultats dans un tableau.

1 *Les doublets se répartissent de manière à être les plus éloignés les uns des autres.*

DISPOSITIF ■ Gonfler neuf ballons de baudruche rouges (représentant les doublets liants) et trois bleus (représentant les doublets non liants).
■ Coller à l'extrémité de chaque ballon rouge une balle de ping-pong (représentant un atome d'hydrogène).

Manipulation 2 Assembler convenablement les ballons avec des élastiques pour représenter chacune des molécules de la **manipulation 1** **(document 1)**.

2 Exploiter les résultats

a. Dessiner la géométrie de chaque molécule en observant la disposition des ballons.

b. Proposer un nom pour chacune de ces géométries.

Manipulation 3 ■ Un éditeur de molécules permet de construire une représentation des molécules dans l'espace, de les visualiser en 3D et de les faire tourner.
■ Créer le modèle moléculaire de la molécule de méthane CH_4 dans ChemSketch en choisissant la représentation en boules et bâtonnets.
■ Créer ensuite les modèles moléculaires de l'ammoniac NH_3 et de l'eau H_2O.

TICE
Le logiciel ChemSketch 3D est téléchargeable à l'adresse suivante : http://www.acdlabs.com/resources/freeware/chemsketch/

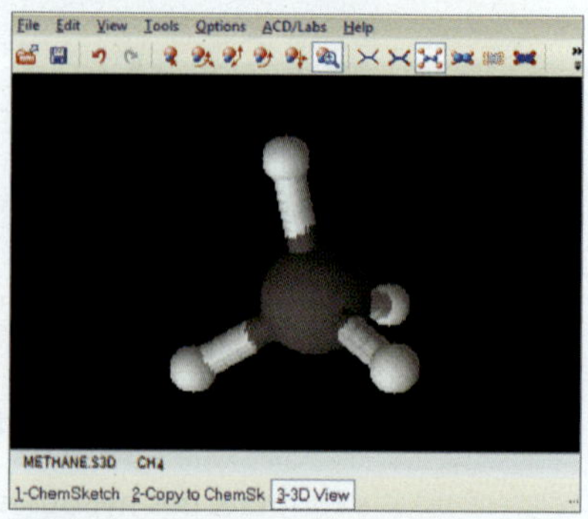

2 *Visualisation d'une molécule de méthane avec l'éditeur de molécules ChemSketch 3D.*

3 Conclure

Ajuster ou corriger les dessins effectués au 2.

ACTIVITÉ EXPÉRIMENTALE

MANUEL NUMÉRIQUE

2 Découvrir l'isomérie *Z*/*E*

▶ Existe-t-il plusieurs molécules répondant à la même formule semi-développée ?

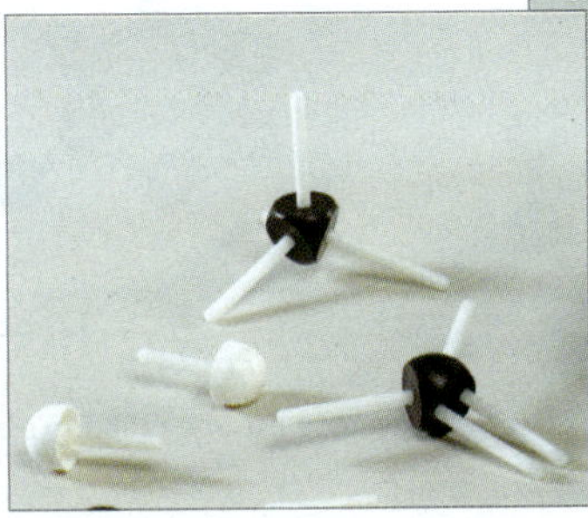

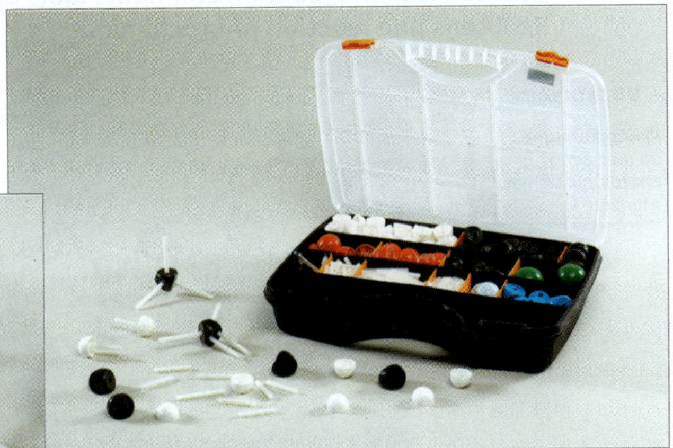

3 *Les atomes de carbone des modèles moléculaires peuvent présenter trois ou quatre faces trouées.*

Manipulation

- Diviser la classe en binômes.
- À l'aide d'une boîte de modèles moléculaires, construire le modèle moléculaire d'une molécule non cyclique répondant à la formule brute C_4H_8 en utilisant des atomes de carbone à trois ou quatre faces trouées.
- Rassembler les modèles proposés par les différents binômes de la classe.

1 Observer

a. En mettant en commun les résultats de la classe, compter le nombre de modèles moléculaires différents obtenus.

b. Lors de la manipulation des modèles, les liaisons C—C et C=C permettent-elles le même type de mouvement des atomes les uns par rapport aux autres ?

2 Interpréter

a. Rappeler ce que deux molécules isomères ont en commun.

b. Écrire les formules semi-développées correspondant aux différents modèles obtenus. Combien y a-t-il de formules différentes ?

c. Écrire les formules développées représentant les modèles moléculaires ayant la même formule semi-développée. Pourquoi ne peut-on pas passer d'un modèle à l'autre ?

d. Pourquoi les autres formules semi-développées ne conduisent-elles pas elles aussi à deux modèles différents ?

3 Faire une recherche

a. L'isomérie liée à la présence d'une double liaison s'appelle l'**isomérie *Z*/*E***.
Faire une recherche linguistique afin de déterminer l'origine de ces lettres.

b. D'autres atomes que l'atome de carbone sont-ils à l'origine d'une isomérie *Z*/*E* ?

c. En utilisant les mots-clés « but-1-ène », « but-2-ène » et « 2-méthylbut-1-ène », rechercher sur Internet les températures de fusion et d'ébullition des différentes molécules construites.
Les molécules possédant la même formule semi-développée ont-elles des propriétés différentes ?

ACTIVITÉ EXPÉRIMENTALE

MANUEL NUMÉRIQUE

3 Réalisation d'une réaction photochimique

▶ La présence de lumière visible ou ultraviolette peut être indispensable pour réaliser une réaction chimique, alors appelée réaction photochimique. Réalisons une réaction photochimique.

Vocabulaire

Photochimique : du grec φωτος, *photos*, qui signifie « lumière ».

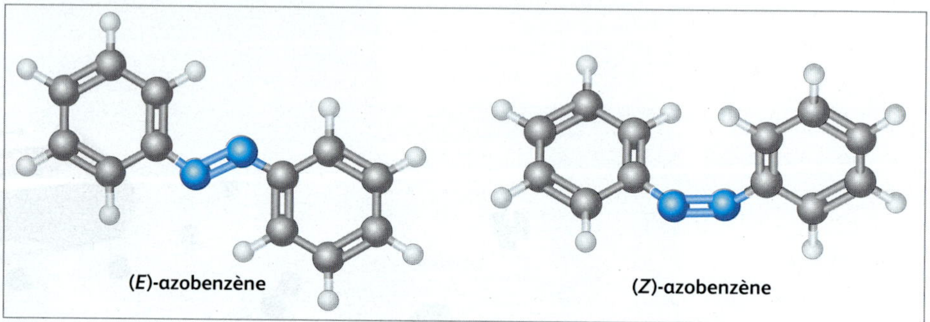

4 *L'isomérisation du (E)-azobenzène en (Z)-azobenzène est une réaction photochimique.*

5 *Dépôt d'azobenzène fortement éclairé.*

6 *Élution de la plaque de chromatographie.*

Expérience

Sécurité — *Attention ! Le toluène est nocif par contact cutané, par ingestion et par inhalation.*

- Dans un tube à essais, dissoudre environ 0,05 g du (*E*)-azobenzène dans 2 mL de toluène. Protéger le récipient avec du papier d'aluminium.
- Préparer une plaque de silice pour chromatographie sur couche mince **(fiche méthode 11, page 390)** de manière à réaliser deux dépôts.
- À l'aide d'un capillaire, prélever un peu de solution et la déposer sur la plaque.
- Laisser sécher et éclairer fortement le dépôt sur la plaque à l'aide d'une lampe de bureau placée à quelques centimètres de la plaque, pendant 20 minutes **(document 5)**.
- À l'aide d'un capillaire, prélever un peu de solution du récipient entouré de papier d'aluminium et effectuer un deuxième dépôt.
- Éluer au toluène **(document 6)**.
- Laisser sécher et entourer au crayon les taches chromatogramme.

1 Observer

Combien de taches observe-t-on pour chaque dépôt du chromatogramme ?

2 Interpréter

a. Combien d'espèces chimiques observe-t-on dans la solution éclairée ? Reste-t-il du (*E*)-azobenzène ?

b. À quoi le papier d'aluminium sert-il ?

c. Pourquoi peut-on affirmer que l'azobenzène déposé sur la plaque a subi une transformation chimique ?

3 Conclure

a. Pourquoi qualifie-t-on cette transformation de « réaction photochimique » ?

b. Pourquoi parle-t-on d'isomérisation ?

1 De l'atome à la molécule

1.1 Électrons de valence d'un atome

Les électrons de la couche externe d'un atome sont appelés **électrons de valence**.

APPLICATION Dénombrer les électrons de valence des atomes d'hydrogène, de carbone, d'azote et d'oxygène.

Réponse. Le nombre d'électrons de valence d'un atome est déterminé grâce à son numéro atomique Z. On remplit successivement les couches K, L, M des atomes qui peuvent contenir respectivement jusqu'à 2, 8 et 18 électrons.

Atome	H	C	N	O
Numéro atomique Z	1	6	7	8
Structure électronique	$(K)^1$	$(K)^2\ (L)^4$	$(K)^2\ (L)^5$	$(K)^2\ (L)^6$
Nombre d'électrons de valence	1	4	5	6

1.2 Formule de Lewis d'une molécule

A Définition

Les électrons de valence d'une molécule sont les électrons de valence des atomes qui la constituent.

La **formule de Lewis** d'une molécule est la représentation des atomes qui la constituent et de ses électrons de valence regroupés en doublets qui sont représentés par des tirets.

B Doublets liants et non liants

- Une liaison covalente entre deux atomes est assurée par la mise en commun de deux électrons de valence des atomes.
- La liaison est symbolisée par un tiret — représentant le doublet d'électrons de valence, appelé **doublet liant**.

Exemple. Dans la formule de Lewis de la molécule d'eau, deux liaisons covalentes O–H sont symbolisées (les points rouges représentent les électrons de valence).

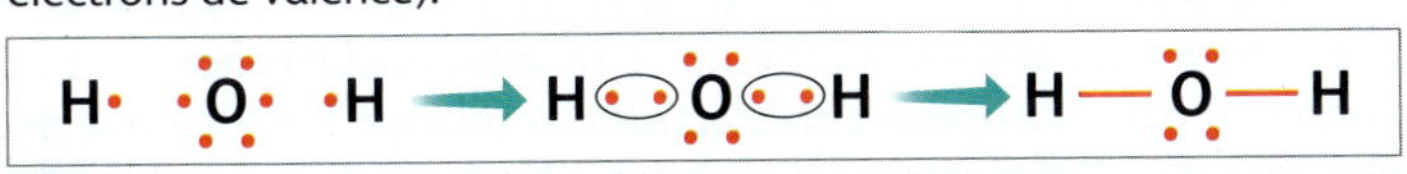

7 ▲ Construction des doublets liants de la molécule d'eau.

Les électrons de valence non engagés dans les liaisons covalentes sont regroupés en **doublets non liants**.

Gilbert Newton Lewis

Un chimiste américain

Gilbert Newton Lewis (1875-1946), professeur à l'université de Berkeley (Californie), a introduit l'idée de la règle de l'octet et proposé le modèle de partage d'une paire d'électrons pour interpréter la liaison covalente entre deux atomes.

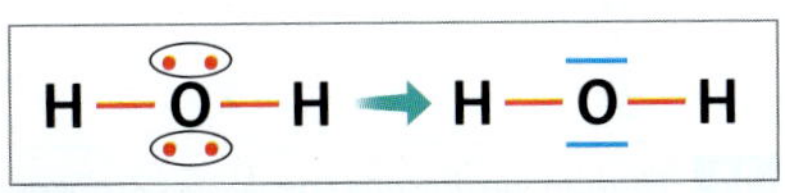

8 Construction des doublets non liants (en bleu) de la molécule d'eau.

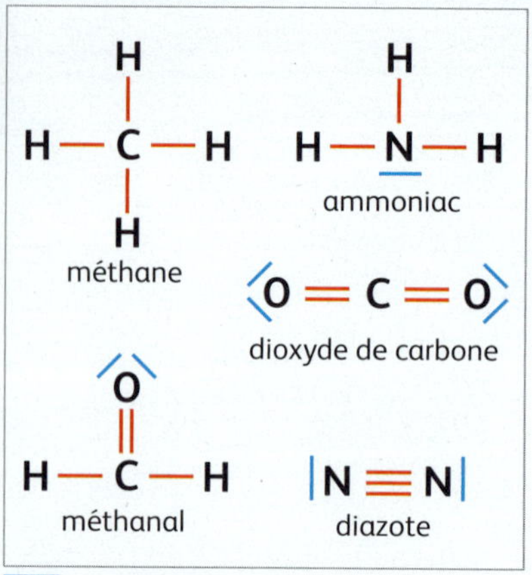

9 *Quelques formules de Lewis. Les doublets liants sont représentés en rouge et les doublets non liants en bleu.*

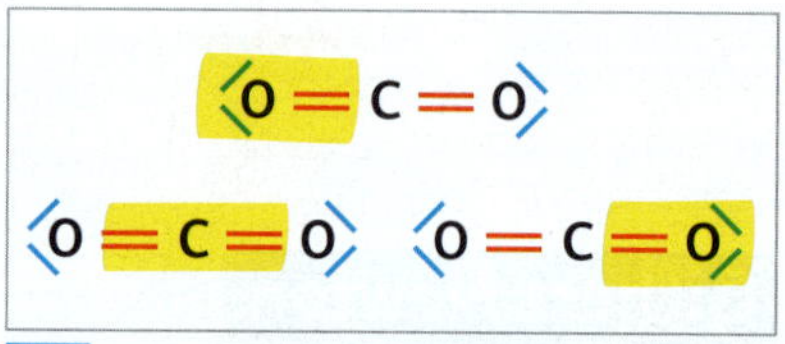

10 *Chaque atome est entouré de quatre doublets d'électrons de valence.*

Atome	Nombre de liaisons covalentes
H•	1
•C•	4
•N•	3
•O•	2

11 *Nombre de liaisons covalentes établies par les atomes d'hydrogène, de carbone, d'azote et d'oxygène.*

C Liaisons multiples

Certains atomes sont liés entre eux par plusieurs doublets liants **(document 9)**. Les liaisons entre atomes peuvent être simples, doubles ou triples.

APPLICATION Vérifier que le nombre de doublets de la formule de Lewis de la molécule de dioxyde de carbone CO_2 représentée ci-dessous correspond bien au nombre d'électrons de valence de la molécule.

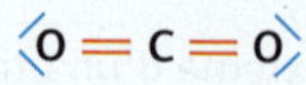

Réponse. La formule de Lewis du dioxyde de carbone CO_2 présente 8 doublets, c'est-à-dire 16 électrons de valence. Or, chaque atome d'oxygène possède 6 électrons de valence, et le carbone en possède 4 : la molécule de CO_2 possède donc $2 \times 6 + 4 = 16$ électrons de valence, comme dans la formule de Lewis.

1.3 Analyse de formules de Lewis

A La règle de l'octet

- En observant plusieurs formules de Lewis, on constate qu'à l'exception de l'hydrogène, les atomes sont toujours entourés de quatre doublets d'électrons de valence (ensemble de huit électrons appelé « octet ») **(document 10)**.
- Les éléments des périodes 2 et 3 de la classification périodique sont entourés de quatre doublets d'électrons de valence, soit huit électrons de valence, comme le néon de structure électronique $(L)^8$ ou l'argon de structure électronique $(M)^8$, deux gaz nobles chimiquement inertes.

Au sein d'une molécule, les atomes des périodes 2 et 3 sont entourés de quatre doublets d'électrons. C'est la **règle de l'octet**.

Remarque. La règle de l'octet vue en classe de seconde ne s'appliquait qu'aux ions monoatomiques. La règle présentée ici est plus générale.

B La règle du « duet »

L'atome d'hydrogène ne possède qu'un électron de valence. Le gaz noble chimiquement inerte qui lui succède dans la classification périodique est l'hélium He, de structure électronique $(K)^2$. L'atome d'hydrogène établit une seule liaison covalente, de manière à posséder un doublet d'électron, ou « **duet** » d'électrons, comme l'hélium.

1.4 Nombre de liaisons covalentes

- On observe sur des formules de Lewis que l'atome d'oxygène forme deux liaisons covalentes et est entouré de deux doublets non liants. Or, l'atome d'oxygène possède six électrons de valence. Il lui manque deux électrons afin d'être entouré d'un octet d'électrons. Il établit donc deux liaisons covalentes et conserve quatre électrons sous forme de deux doublets non liants.
- Un raisonnement analogue permet de prévoir le nombre de liaisons covalentes établies par chaque type d'atome **(tableau 11)**.

2 Géométrie des molécules

2.1 Directions des doublets

La géométrie d'une molécule peut être prévue à partir de sa formule de Lewis : autour d'un atome, les doublets adoptent des directions qui leur permettent d'être éloignés au maximum les uns des autres. La géométrie des doublets d'un atome dépend du nombre de liaisons (simples, doubles ou triples) et de doublets non liants entourant l'atome **(tableau 12)**.

12 ▼ *Trois géométries possibles autour d'un atome.*

Nombre de liaisons et de doublets non liants portés par l'atome	4	3	2
Position de l'atome	Centre d'un tétraèdre	Centre d'un triangle	Milieu d'un segment
Directions vers lesquelles pointent les liaisons et les doublets non liants	Sommets du tétraèdre	Sommets du triangle	Extrémités du segment
Représentation dans l'espace	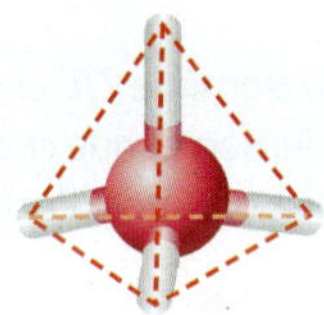	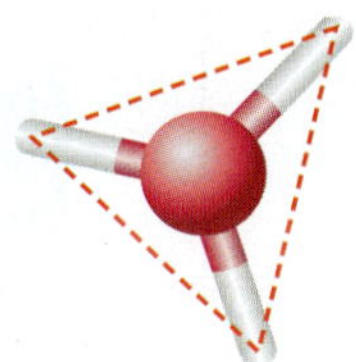	

Une fois les directions des doublets déterminées, il faut positionner les atomes aux extrémités des liaisons.

2.2 Géométrie de molécules simples

A Molécules sans doublet non liant porté par l'atome

- Une représentation en trois dimensions du méthane CH_4 est donnée **figure 13 ⓐ**. L'atome de carbone du méthane CH_4 est entouré de quatre liaisons et ne possède aucun doublet non liant. Il est au centre d'un tétraèdre dont les atomes d'hydrogène sont les sommets. La géométrie de la molécule est dite **tétraédrique**.
- L'atome de carbone du dioxyde de carbone CO_2 **(figure 13 ⓑ)** est entouré de deux liaisons doubles et ne possède aucun doublet non liant (les quatre doublets non liants sont portés par les atomes d'oxygène). L'atome de carbone est au milieu d'un segment dont les extrémités sont les atomes d'oxygène : la molécule est **linéaire**.

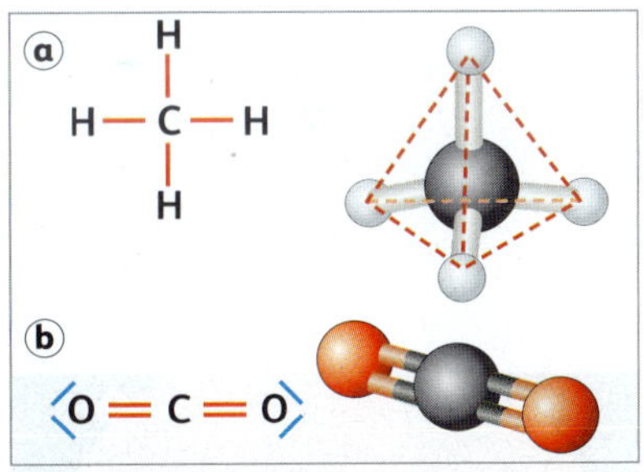

13 *Formule de Lewis et représentations dans l'espace du méthane CH_4 ⓐ et du dioxyde de carbone CO_2 ⓑ.*

B Molécules possédant des doublets non liants

- L'atome d'azote de l'ammoniac NH_3 est entouré de trois liaisons et d'un doublet non liant **(figure 14 ⓐ)**. L'atome d'azote est donc au centre d'un tétraèdre, dont seulement trois sommets sont occupés par des atomes d'hydrogène. Ces quatre atomes définissent une figure géométrique appelée **pyramide**.
- De manière analogue, on détermine que la géométrie de la molécule d'eau H_20 est **coudée** **(figure 14 ⓑ)**.

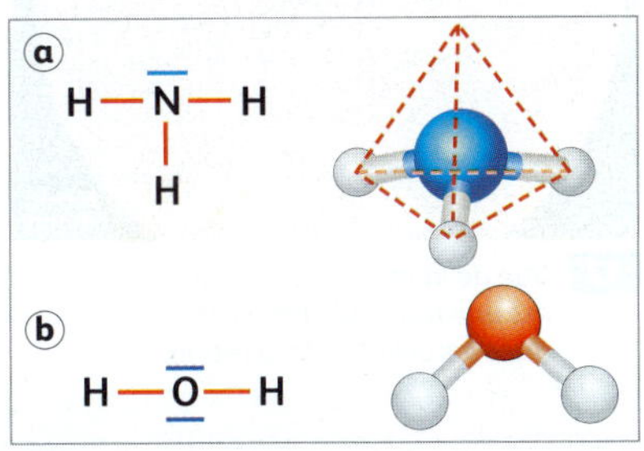

14 *Formules de Lewis et représentations dans l'espace de l'ammoniac NH_3 ⓐ et de l'eau H_20 ⓑ.*

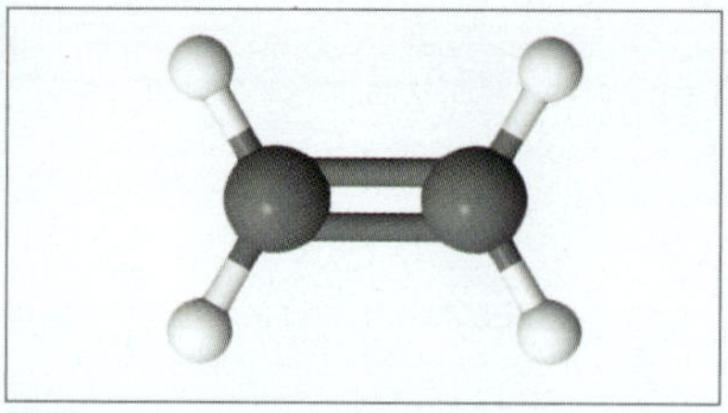

15 *Modèle moléculaire de l'éthène.*

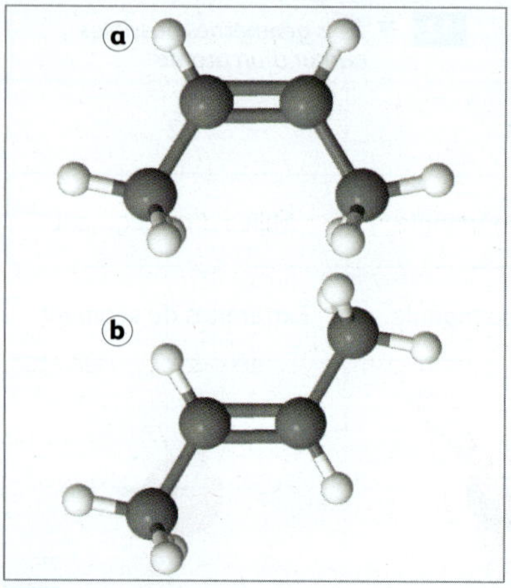

16 *Modèles moléculaires du (Z)-but-2-ène* ⓐ *et du (E)-but-2-ène* ⓑ.

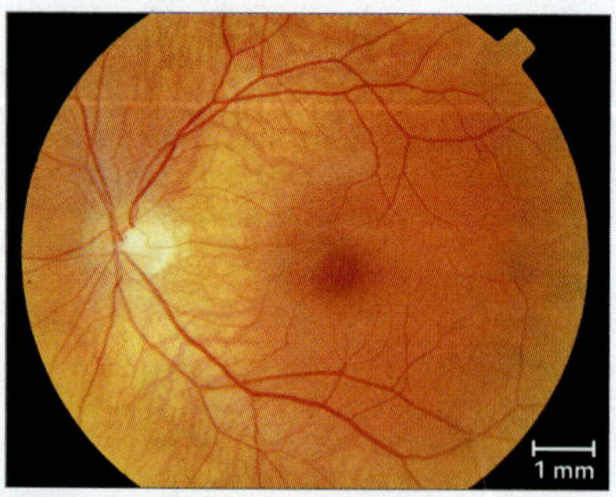

17 *Vue de la rétine. Le rétinal est une molécule présente dans les cellules de la rétine.*

3 Isomérie *Z*/*E*

3.1 Mise en évidence de l'isomérie *Z*/*E*

La réalisation du modèle moléculaire de l'éthène **(document 15)** montre que tous les atomes sont dans un même plan. Il n'y a pas de possibilité de rotation autour de la double liaison C=C.

En remplaçant un atome d'hydrogène lié à chacun des atomes de carbone par un groupe CH_3, on obtient le but-2-ène, de formule semi-développée CH_3—CH = CH—CH_3.

Deux arrangements d'atomes sont alors possibles **(document 16)**. L'absence de rotation autour de la liaison C=C interdit la transformation de l'un en l'autre. Les deux arrangements correspondent à deux molécules différentes, dites **isomères *Z*/*E***.

3.2 Reconnaître l'isomérie *Z*/*E*

Pour qu'une isomérie *Z*/*E* existe, il est nécessaire que la molécule possède une double liaison et que chaque atome engagé dans cette double liaison soit lié à deux groupes d'atomes différents.

APPLICATION Les molécules représentées ci-dessous présentent-elles une isomérie *Z*/*E* ?

ⓐ CHCl=CH_2 ⓑ CHCl=CHCl

Réponse. Un des atomes de carbone de la formule ⓐ est lié à deux atomes identiques (les deux atomes d'hydrogène) : cette molécule ne présente donc pas d'isomérie *Z*/*E*.

Les deux atomes de carbone de la formule ⓑ sont liés à deux atomes différents (H et Cl), la molécule présente donc une isomérie *Z*/*E*.

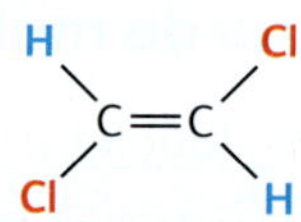

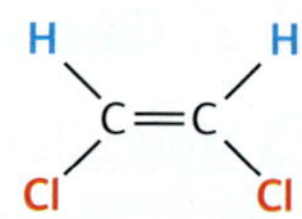

3.3 Isomérisation *Z*/*E* photochimique

Le passage d'un isomère à l'autre ne peut se faire que par le remplacement temporaire de la double liaison C=C par une simple liaison autour de laquelle la rotation est possible. Un apport d'énergie est nécessaire.

- Lorsque cette transformation s'effectue sous l'action de la lumière, on parle d'**isomérisation photochimique**.
- L'isomérisation *Z*/*E* du rétinal est à l'origine du mécanisme de la vision.

L'équation de réaction de l'isomérisation *Z*/*E* du rétinal s'écrit :

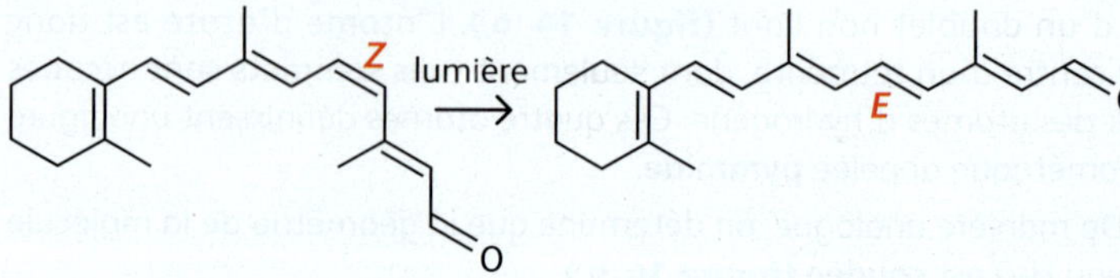

L'ESSENTIEL

Doublets liants et non liants

- Les électrons de la couche externe d'un atome sont appelés **électrons de valence**.
- Une **liaison covalente** entre deux atomes est assurée par la mise en commun de deux électrons de valence des atomes. La liaison est symbolisée par un tiret — représentant le doublet d'électrons de valence appelé **doublet liant**.
- Les électrons de valence non engagés dans les liaisons covalentes sont regroupés en **doublets non liants**.

Construction des doublets liants et non liants de la molécule d'eau.

Géométrie d'une molécule

- La géométrie d'une molécule peut être prévue à partir de sa formule de Lewis. Autour d'un atome, la géométrie adoptée est celle qui permet d'éloigner au maximum les doublets les uns des autres.

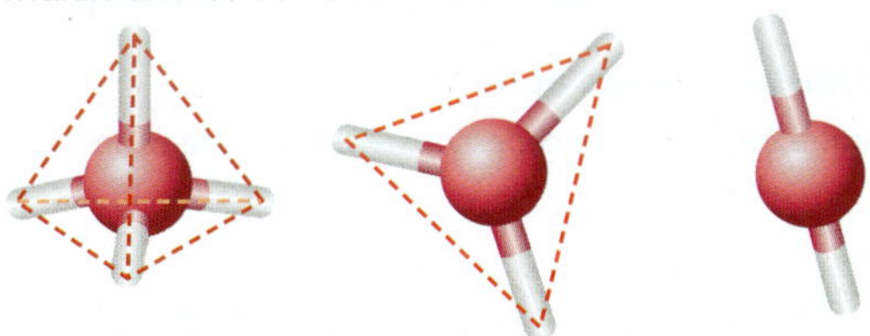

- Pour prévoir la géométrie autour d'un atome, il faut tenir compte de tous les doublets qui l'entourent, liants et non liants.

Exemples de géométrie

Formule de Lewis	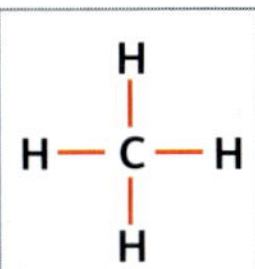	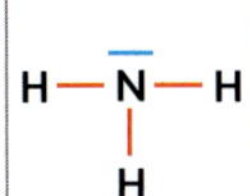	
Modèle moléculaire	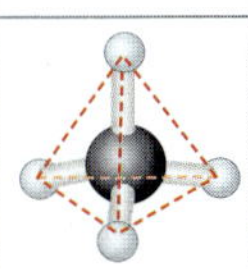	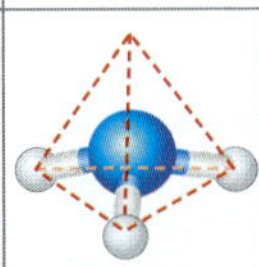	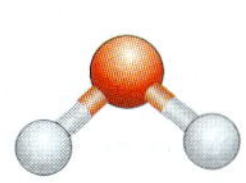
Géométrie	tétraédrique	pyramidale	coudée

Formule de Lewis d'une molécule

- La **formule de Lewis** d'une molécule est la représentation des atomes qui la constituent et de leurs électrons de valence regroupés en doublets représentés par des tirets. Les doublets peuvent être liants ou non liants.

Exemples

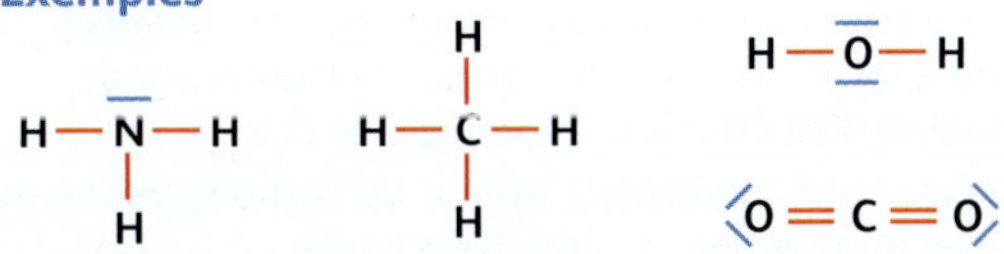

- **Règle de l'octet.** Au sein d'une molécule, les atomes des périodes 2 et 3 sont entourés de quatre doublets d'électrons.
- **Règle du duet.** L'atome d'hydrogène n'établit qu'une liaison covalente et ne possède aucun doublet non liant.
- Pour respecter ces règles, chaque type d'atome établit un nombre particulier de liaisons avec ses voisins.

Atome	Nombre de liaisons covalentes
H•	1
•Ċ•	4
•N̄•	3
•Ō•	2

Isomérie Z/E

- Pour qu'une **isomérie *Z*/*E*** existe, il est nécessaire :
  – que la molécule possède une double liaison ;
  – que chaque atome engagé dans cette double liaison soit lié à deux groupes d'atomes différents.

Exemple

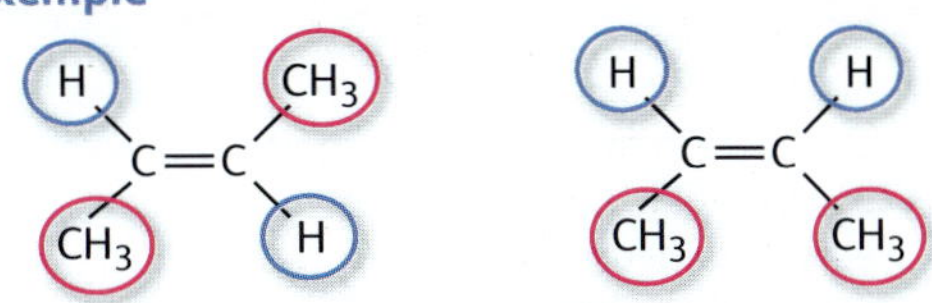

- L'isomérisation *Z*/*E* du rétinal est à l'origine du mécanisme de la vision. Cette réaction est une **réaction photochimique**.

5 minutes CHRONO ! MANUEL NUMÉRIQUE — EXERCICES INTERACTIFS

1 Mots manquants

Compléter avec un ou plusieurs mots.

a. Une liaison covalente entre deux atomes est assurée par la mise en commun de deux ....

b. La formule de Lewis d'une molécule est la représentation des électrons de .... des atomes regroupés en.......... .

c. Au sein d'une molécule, les atomes des périodes 2 et 3 de la classification périodique sont entourés de .... doublets d'électrons. C'est la règle de ....

d. Dans une molécule, l'atome de carbone est lié aux autres atomes par .... doublets liants.

e. Une molécule présente une isomérie *Z*/*E* si elle possède une .... liaison et que chaque atome engagé dans la double liaison est lié à deux .... différents.

2 QCM

Cocher la réponse exacte.

a. L'atome d'oxygène ($Z = 8$) possède :
- ☐ 6 électrons de valence
- ☐ 8 électrons de valence
- ☐ 2 électrons de valence

b. L'atome d'oxygène forme :
- ☐ 4 liaisons covalentes
- ☐ 2 liaisons covalentes
- ☐ 8 liaisons covalentes

c. La formule de Lewis d'une molécule est la représentation :
- ☐ des liaisons entre les atomes
- ☐ des atomes de la molécule et de leurs électrons de valence regroupés en doublets
- ☐ des doublets liants de la molécule

d. Dans la molécule de méthane CH_4, l'atome de carbone est au :
- ☐ centre d'un carré dont les atomes d'hydrogène sont les sommets
- ☐ sommet d'une pyramide dont les atomes d'hydrogène sont les sommets
- ☐ centre d'un tétraèdre dont les atomes d'hydrogène sont les sommets

e. La représentation dans l'espace de la molécule d'eau est :

☐ 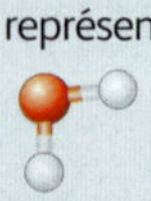 ☐  ☐ 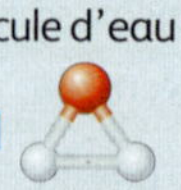

f. On considère la molécule de formule semi-développée $CH_3{-}CH{=}CH{-}CH_3$. Cette formule :
- ☐ représente deux isomères *Z*/*E*
- ☐ représente quatre isomères *Z*/*E*
- ☐ ne présente pas d'isomérie *Z*/*E*

→ **Reportez-vous aux solutions détaillées page 393 pour vérifier vos réponses et comprendre vos erreurs.**

Parcours personnalisés

Trois parcours d'exercices pour travailler en autonomie selon ses besoins.

- **Maîtriser les bases** : 3 – 6 – 10
- **Préparer l'évaluation** : 11 – 12 – 18
- **Cap sur la Terminale** : 21 – 22

MOBILISER SES CONNAISSANCES

▶ De l'atome à la molécule [§1 du cours]

3 Application de la règle de l'octet

a. L'atome de carbone possède quatre électrons de valence, l'atome d'azote cinq et l'atome d'oxygène six.
Combien ces atomes établissent-ils de liaisons covalentes pour respecter la règle de l'octet ?

b. Vérifier que, pour les formules de Lewis des molécules suivantes, chaque atome C, N et O établit le nombre de liaisons déterminé à la question **a**.

ⓐ 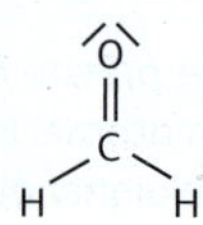

ⓑ 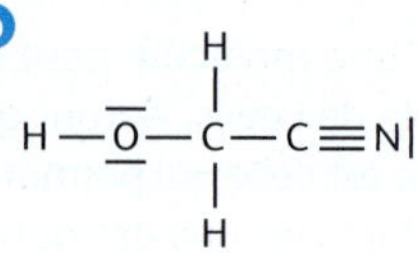

ⓒ 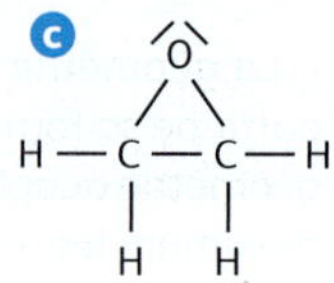

4 Doublets liants et non liants

L'arginine, représentée ci-dessous, est un acide α-aminé.

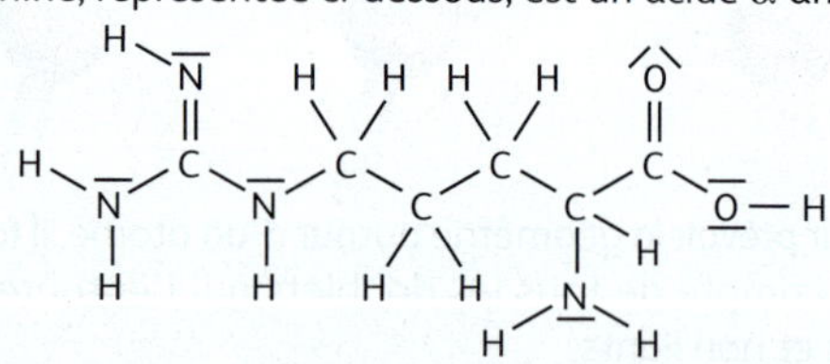

1. a. Compléter chaque case vide du tableau suivant.

Atome	H	C	N	O
Nombre d'électrons de valence d'un atome	1	4	5	6
Nombre d'atomes dans la molécule				

En déduire le nombre d'électrons de valence de la molécule.

b. Compléter le tableau ci-dessous.

Nombre de doublets liants	
Nombre de doublets non liants	
Total	

2. Le nombre total de doublets est-il en accord avec le nombre d'électrons de valence de la molécule ?

▶ Géométrie des molécules [§2 du cours]

5 À chacune sa géométrie

EXERCICE INTERACTIF

Associer chaque formule de Lewis à une géométrie.
Les sphères représentent des atomes.

ⓐ Dioxyde de carbone ⟨O=C=O⟩

ⓑ Ammoniac 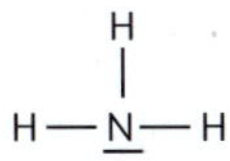

ⓒ Eau H—O—H (avec deux doublets non liants sur O)

① 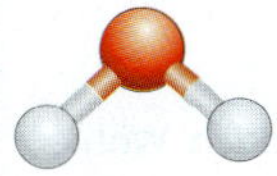

② 

③ 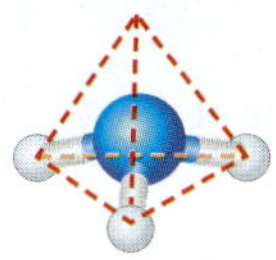

▶ Isomérie Z/E [§3 du cours]

6 Isomérie Z/E

a. Comment reconnaître une isomérie *Z*/*E* ?

b. Les deux paires de molécules suivantes sont-elles des isomères *Z*/*E* ?

ⓐ 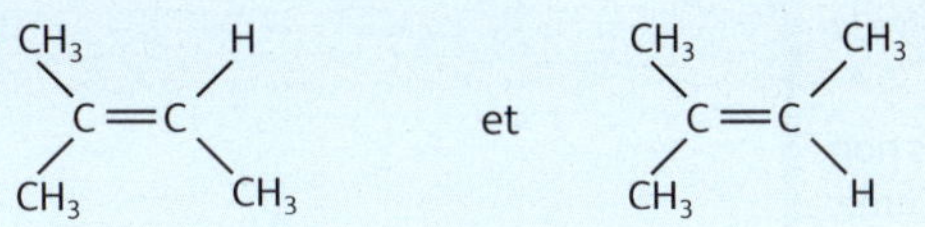

ⓑ 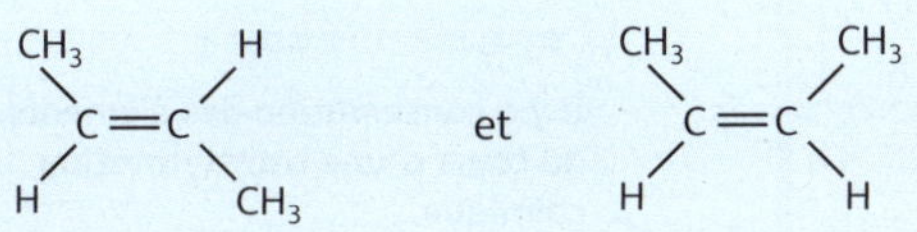

UTILISER SES COMPÉTENCES

7 Interpréter une formule de Lewis

La propanone, de formule CH_3—CO—CH_3, et l'acétonitrile CH_3—CN sont des solvants très utilisés dans l'industrie chimique.

a. Rappeler le nombre de liaisons covalentes établies par les atomes d'hydrogène, de carbone, d'azote et d'oxygène.

b. Compléter les schémas suivants pour écrire la formule de Lewis de l'acétonitrile et de la propanone.

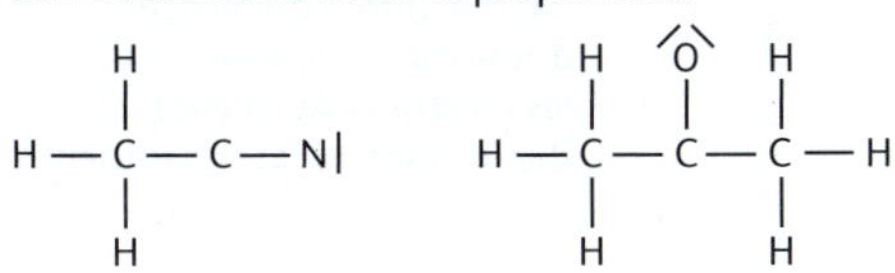

8 Utiliser un éditeur de molécules

La formule de Lewis du méthanal est donnée ci-contre.

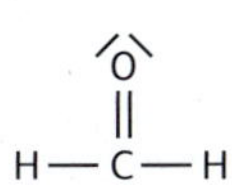

a. Utiliser un éditeur de molécules pour représenter la molécule de méthanal dans l'espace.

b. La faire tourner pour observer la géométrie autour de l'atome de carbone.

c. Prévoir la géométrie autour de l'atome de carbone et vérifier la concordance avec la représentation donnée par l'éditeur de molécules.

9 Extraire des informations d'un texte

> Nous sommes les molécules de plus petite masse molaire présentant les caractéristiques suivantes :
> – nous ne contenons que les éléments carbone et hydrogène ;
> – nos atomes de carbone s'associent en une seule chaîne linéaire, et nous ne possédons que deux liaisons doubles ;
> – nos doubles liaisons C=C sont conjuguées ;
> – une seule de nos liaisons doubles présente une isomérie *Z*/*E*.

Écrire les formules développées de ces molécules.

10 Apprendre à rédiger

Voici l'énoncé d'un exercice et un guide (en orange) ; ce guide vous aide pour rédiger la solution détaillée et pour retrouver les réponses numériques aux questions posées.

Énoncé

La formule de Lewis de la caféine est donnée ci-dessous.

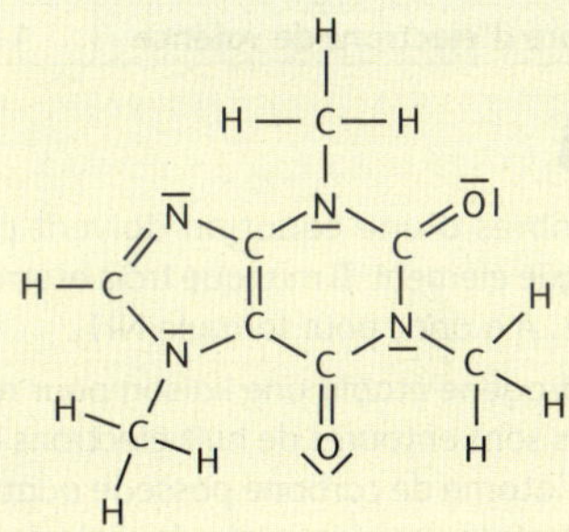

a. En utilisant la formule brute, déterminer la formule brute de cette molécule.

▸ **Identifier les différents éléments présents avant de les dénombrer.**

b. Déterminer le nombre d'électrons de valence et de doublets de la molécule.

Données : $Z(H) = 1$, $Z(C) = 6$, $Z(N) = 7$, $Z(O) = 8$.

▸ **Donner la structure électronique de chaque atome. En déduire le nombre d'électrons de valence de chaque atome, faire la somme puis diviser par 2, afin de trouver 37 doublets.**

c. Interpréter la formule de Lewis de la molécule.

▸ **Rappeler les nombres de doublets liants et non liants de chaque type d'atome. Vérifier que ces nombres sont corrects pour chaque atome de la formule de Lewis.**

▸ **Vérifier que la formule de Lewis possède 37 doublets.**

Exercices Entraînement

EXERCICE RÉSOLU

Site élève

11 Les débuts de la synthèse organique

Énoncé Au début du XIXe siècle, le chimiste allemand Friedrich Wöhler réalise la première synthèse artificielle d'une molécule produite par les organismes biologiques : l'urée. L'urée est obtenue par action de l'acide cyanique sur l'ammoniac *A* selon la réaction d'équation : $HOCN + A \rightarrow H_2N\text{—}CO\text{—}NH_2$.

1. Écrire la formule brute de la molécule *A*.
2. Combien de liaisons les atomes d'hydrogène, de carbone, d'azote et d'oxygène établissent-ils ?
3. Proposer une formule de Lewis pour la molécule *A*.
4. Les enchaînements des atomes dans les molécules d'acide cyanique ⓐ et d'urée ⓑ sont donnés ci-dessous.

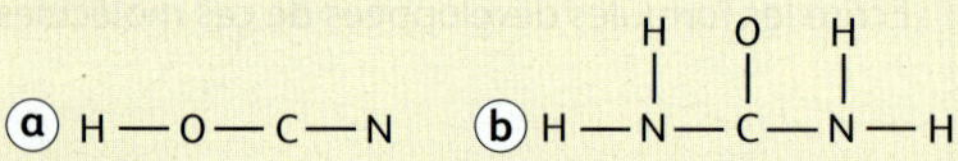

ⓐ et ⓑ ne sont pas des formules de Lewis mais des enchaînements d'atomes.

Compter le nombre d'électrons de valence de chaque molécule ; en déduire le nombre de doublets à placer sur chaque schéma.

5. Compléter les schémas ci-dessus avec des doublets liants puis des doublets non liants pour établir les formules de Lewis des molécules d'acide cyanique et d'urée.

Énoncé
ⓐ et ⓑ ne sont pas des formules de Lewis mais des enchaînements d'atomes.

Données

Atome	H	C	N	O
Nombre d'électrons de valence	1	4	5	6

Une solution

1. Les deux membres d'une équation doivent présenter le même nombre d'atomes de chaque élément. Il manque trois atomes d'hydrogène et un atome d'azote à gauche : *A* a donc pour formule NH_3.

Connaissances
Il y a conservation des éléments au cours d'une transformation chimique.

2. L'atome d'hydrogène établit une liaison pour respecter la règle du « duet ». Les autres atomes sont entourés de huit électrons de valence pour respecter la règle de l'octet. L'atome de carbone possède quatre électrons de valence, il lui manque quatre électrons pour respecter la règle de l'octet, il établit donc quatre liaisons covalentes. De même, l'atome d'azote établit trois liaisons pour être entouré de huit électrons de valence, et l'atome d'oxygène forme deux liaisons car il possède six électrons de valence.

Rédiger
Penser à justifier la réponse à l'aide des règles du duet et de l'octet.

3. L'atome d'azote établit trois liaisons avec chacun des atomes d'hydrogène, il possède donc un doublet non liant.

La formule de Lewis de la molécule *A* est donc :

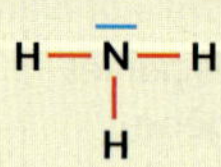

4. Pour l'acide cyanique, on compte 16 électrons de valence. Ces électrons sont regroupés par deux dans les doublets, il faut donc placer 8 doublets.

Un même raisonnement conduit à 24 électrons et 12 doublets pour l'urée.

Connaissances
Les électrons de valence d'une molécule sont les électrons de valence des atomes qui la constituent.

5. On complète les schémas avec des doublets liants (en rouge) pour que chaque type d'atome forme le nombre de liaisons établi au 2. Il reste alors trois doublets pour l'acide cyanique, et quatre pour l'urée. Ce sont des doublets non liants, que l'on positionne sur les atomes d'oxygène et d'azote (un pour l'atome d'azote et deux pour celui d'oxygène) pour respecter la règle de l'octet.

acide cyanique

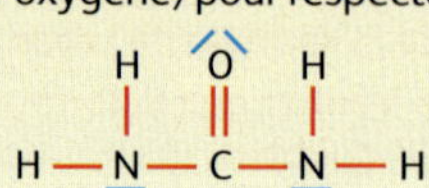

urée

12 Acide formique

L'acide formique (ou acide méthanoïque) est une molécule urticante libérée par les fourmis et les orties.

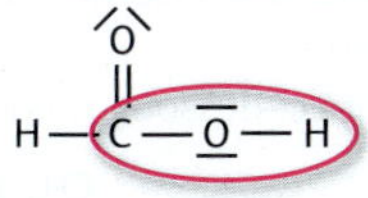

a. Prévoir la géométrie de la molécule autour de l'atome de carbone.

b. Les atomes entourés sont-ils alignés ? Justifier.

13 Faire des analogies

1. L'atome de soufre a pour numéro atomique $Z = 16$. Donner sa structure électronique. Combien d'électrons de valence possède-t-il ?

2. Pourquoi est-il pertinent de comparer l'atome de soufre à l'atome d'oxygène ($Z = 8$) ?

3. Le sulfure d'hydrogène a pour formule de Lewis :

$$H - \overline{\underline{S}} - H$$

a. Vérifier que le nombre de doublets représentés est en accord avec le nombre d'électrons de valence de la molécule.

b. Prévoir la géométrie de la molécule.

c. Citer une molécule présentant la même géométrie.

14 Chimie du silicium

Le silicium est l'élément le plus abondant dans la croûte terrestre après l'oxygène.

a. Déterminer le nombre d'électrons de valence du silicium, de numéro atomique $Z = 14$.

b. Combien de liaisons établit-il ? Justifier.

c. Pourquoi la chimie du silicium présente-t-elle des analogies avec celle du carbone, de numéro atomique $Z = 6$?

15 ✶ Glucose

Le glucose (de formule brute $C_6H_{12}O_6$) est une molécule au goût sucré.

a. Déterminer le nombre d'électrons de valence de la molécule de glucose et le nombre de doublets de sa formule de Lewis.

b. La formule semi-développée du glucose est représentée ci-dessous.

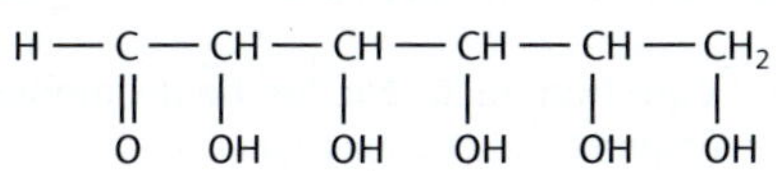

La compléter pour représenter sa formule de Lewis.

c. Le glucose existe également sous une forme cyclique, représentée ci-dessous.

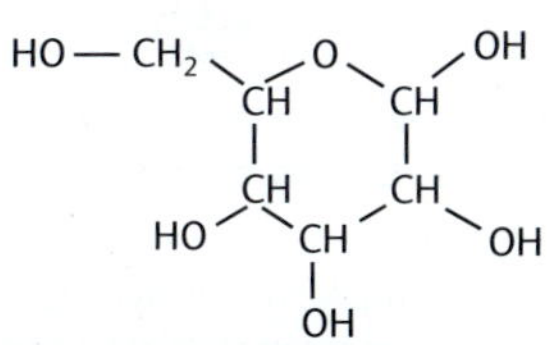

Écrire la formule de Lewis du glucose cyclique.

Données : $Z(H) = 1$, $Z(C) = 6$, $Z(O) = 8$.

16 ✶ Hydroxylamine

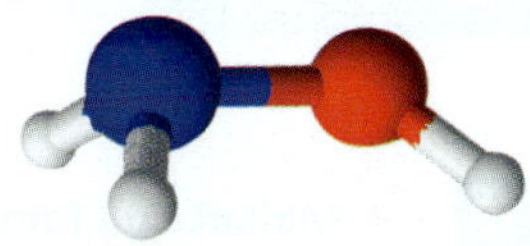

L'hydroxylamine a pour formule semi-développée :

$NH_2–OH$.

a. Écrire sa formule de Lewis.

b. Justifier la géométrie observée sur le modèle moléculaire ci-dessus.

Aide. On pourra représenter les directions adoptées par les doublets non liants.

Données : $Z(H) = 1$, $Z(N) = 7$, $Z(O) = 8$.

17 ✶ Un mille-pattes offensif

Pour se défendre des prédateurs, le mille-pattes *apheloria corrugata* émet une sécrétion riche en mandélonitrile (molécule *A*). Cette sécrétion contient également une enzyme qui décompose *A* en *B* et *C*. Les formules semi-développées des molécules *A* et *B* sont représentées ci-dessous.

A

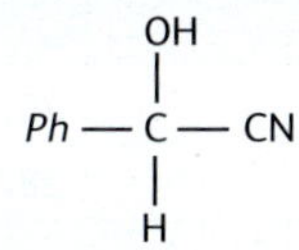

B

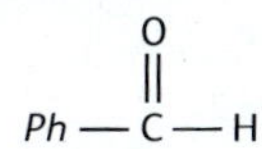

Ph représente un groupe d'atomes que l'on ne précisera pas. La sécrétion émise par le mille-pattes libère la molécule *C*, extrêmement toxique : l'acide cyanhydrique.

a. Représenter les formules de Lewis des molécules *A* et *B*.

b. Écrire la formule brute de *C*.

c. Proposer une formule de Lewis pour la molécule *C*.

18 ✶ Silkworm moth

The sex attractant for the male Silkworm moth (10*E*, 12*Z*)-hexadecadien-1-ol (known as bombykol), is 10 billion times more active in eliciting a response than the (10*Z*, 12*E*) isomer and 10 trillion times more than the (10*E*, 12*E*) compound.

a. La formule semi-développée du bombykol est représentée ci-dessous, avec la numérotation des atomes utilisée dans le texte. La double liaison 10 lie les atomes 10 et 11, la double liaison 12 lie les atomes 12 et 13.

16 15 14 13 12 11 10

$$CH_3-CH_2-CH_2-CH=CH-CH=CH-C_9H_{19}-OH$$

Représenter les trois isomères cités dans le texte.

Aide. Si les deux atomes d'hydrogène sont du même côté de la double liaison, celle-ci est notée « *Z* ». Dans le cas contraire, elle est notée « *E* ».

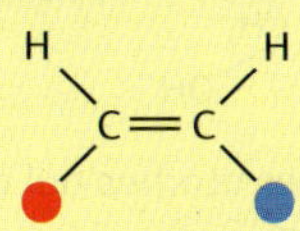

isomère *Z*

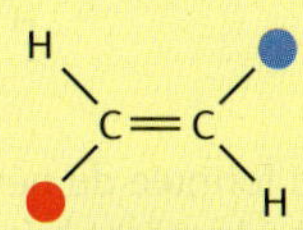

isomère *E*

b. Classer les isomères en fonction de leur efficacité en tant que phéromone.

19 ★★ Maléate ou fumarate ?

On considère la formule semi-développée du maléate de méthyle et du fumarate de méthyle.

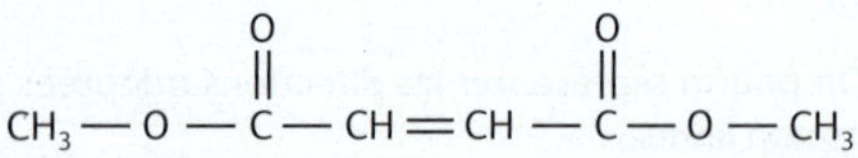

a. Montrer que deux isomères différents répondent à cette formule. Les représenter.

b. Sous pression atmosphérique et à une température de 25 °C, le maléate de méthyle est liquide alors que le fumarate de méthyle est solide.
Utiliser les données pour identifier le maléate de méthyle.

Données : températures de fusion θ_{fus} et d'ébullition $\theta_{éb}$ sous pression atmosphérique.

Isomère	θ_{fus} (°C)	$\theta_{éb}$ (°C)
Isomère *Z*	– 19	205
Isomère *E*	102	287

20 ★★ Molécules parfumées

De la fleur de Bigaradier, on extrait l'essence de Néroli. Cette huile essentielle contient du nérol, du géraniol et du linalol.

Les terpènes sont des molécules naturelles formées de plusieurs « briques » élémentaires de même squelette que l'isoprène.

1. La formule semi-développée de l'isoprène est représentée ci-dessous.

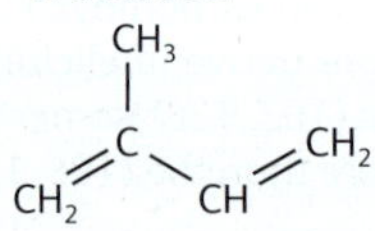

Cette molécule présente-t-elle une isomérie *Z*/*E* ?

2. Le nérol est un terpène utilisé en parfumerie pour son agréable parfum de rose.
Sa formule est représentée ci-dessous.

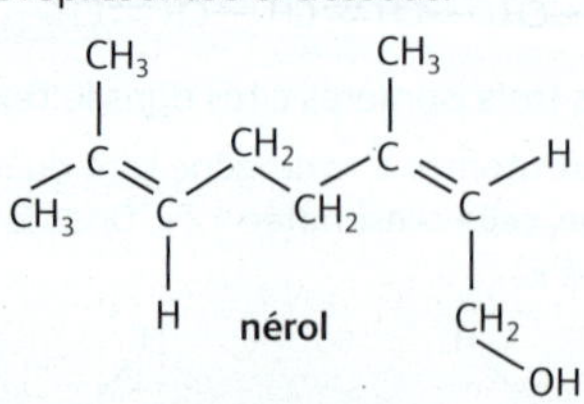

nérol

a. Sur la formule du nérol, entourer les atomes qui appartiennent à la même brique élémentaire.

b. Combien de molécules d'isoprène sont-elles nécessaires à la formation du nérol ?

3. a. Montrer que le nérol présente une isomérie *Z*/*E*.

b. Sachant que le nérol est l'isomère *Z*, représenter l'isomère *E*, appelé géraniol.

4. Le linalol, représenté ci-dessous, a une odeur de muguet.

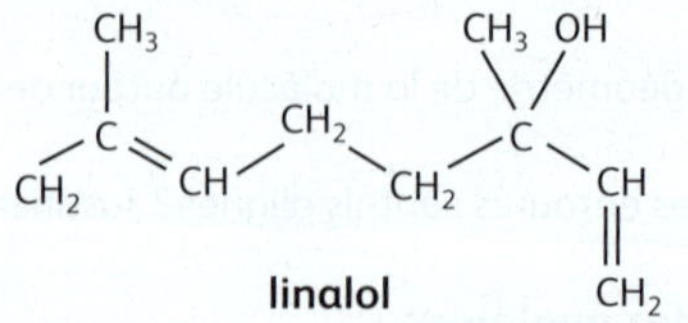

linalol

Montrer qu'il s'agit d'un isomère du nérol. Présente-t-il une isomérie *Z*/*E* ?

21 ★★ Chloroforme

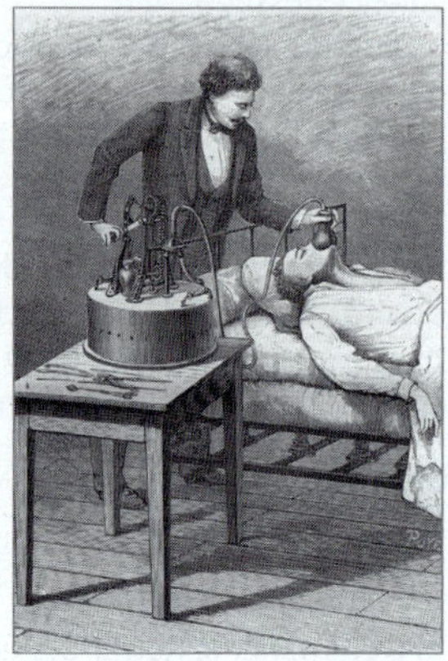

Le chloroforme est une molécule de formule brute $CHCl_3$, autrefois utilisée comme anesthésique.

En présence de dioxygène, le chloroforme se décompose pour former du chlorure d'hydrogène HCl et du phosgène $COCl_2$.

1. a. Combien de liaisons les atomes de carbone et d'hydrogène établissent-ils ? Justifier.

b. Combien d'électrons de valence l'atome de chlore Cl, de numéro atomique $Z = 17$, possède-t-il ?

c. Pourquoi l'atome de chlore établit-il une seule liaison ? De combien de doublets non liants est-il entouré ?

d. Compléter le schéma ci-contre pour représenter la formule de Lewis du chloroforme. Justifier.

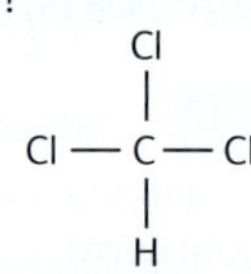

2. a. Écrire les formules de Lewis du chlorure d'hydrogène et du dioxygène.

b. Compléter le schéma ci-contre pour représenter la formule de Lewis du phosgène.

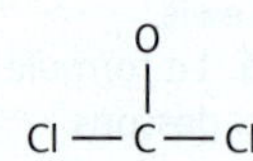

3. a. Écrire l'équation de la réaction de décomposition du chloroforme en présence de dioxygène.

b. Cette réaction est dite photochimique.
Quel sens donner à cet adjectif ?

22 Apprendre à chercher

La résolution de cet exercice nécessite un raisonnement en plusieurs étapes. En cas de difficulté, rendez-vous page 404.

→ *Les atomes de la molécule d'hydrazine (de formule brute N_2H_4) sont-ils dans un même plan ? Les atomes de la molécule de nitroxyl (de formule brute HNO) sont-il alignés ?*

Culture scientifique et citoyenne

CHIMIE & SVT Le mécanisme de la vision

Le mécanisme de la vision fait intervenir deux types de photorécepteurs : **les cônes et les bâtonnets**. Ces cellules tapissent la rétine. Les bâtonnets sont sensibles à la luminosité ; un signal nerveux y est émis sous l'effet d'un signal lumineux.

- Les bâtonnets contiennent de la **rhodopsine**, assemblage d'une protéine, **l'opsine**, et d'une molécule, le **rétinal**, emboîté dans l'opsine.
- À l'obscurité, le rétinal est nommé « rétinal *Z* » à cause de la liason entre les atomes de carbone 4 et 5.

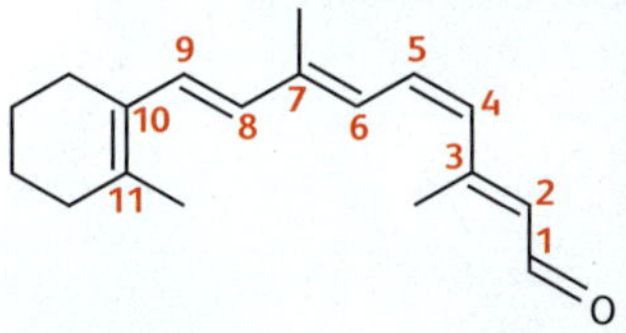

Il est lié par l'atome de carbone 1 à l'extrémité d'un acide α-aminé de l'opsine, et sa forme s'ajuste à celle de l'opsine.
Sous l'effet de la lumière, les doubles liaisons C=C du rétinal se déplacent. La liaison entre les atomes de carbone 4 et 5 devient alors momentanément une liaison simple. **Le rétinal peut s'isomériser en rétinal « tout *E* »**, dont la forme n'est plus adaptée à celle de l'opsine ; il s'en détache donc. Cette isomérisation s'accompagne de la création d'un influx nerveux.

Les cellules photosensibles qui tapissent la rétine ont une dimension de l'ordre de 5 μm.

- Le rétinal tout *E* est ensuite transformé en **rétinol**, puis en **rétinal *Z***, qui peut de nouveau se combiner à la molécule d'opsine : la rhodopsine est régénérée en quelques millisecondes.

Sur le Web www3.ac-clermont.fr/pedago/svt/pagex.php?rubrique=2&num=105
www.olympiades-chimie.fr/Concours%202004/Caen/qcm%20caen%202004.pdf

Faire une recherche

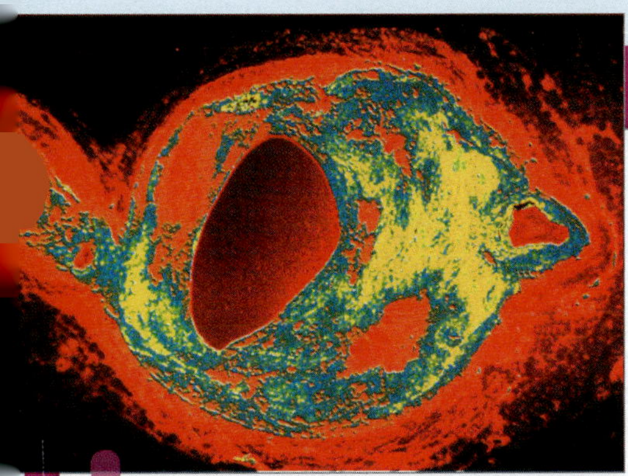

Coupe transversale d'une artère obstruée.

Les acides gras insaturés font partie de notre alimentation. Ils nous protègent des dépôts de graisse dans les veines et les artères. Ils présentent une isomérie appelée « cis/trans ».

?? Qu'est-ce qu'une isomérie « cis/trans » ?

Sur le Web cnrs.fr/inc/images/images-chimietous/minidossiers/jeu-Cholesterol.pdf

THÈME 2

Lois et modèles

L'énergie est omniprésente dans des domaines aussi différents que la gravité, le magnétisme, la radioactivité ou la description des édifices chimiques.

Quelles interactions expliquent à la fois les stabilités et les évolutions physiques et chimiques de la matière ? Quels modèles peut-on utiliser pour décrire ces évolutions ?

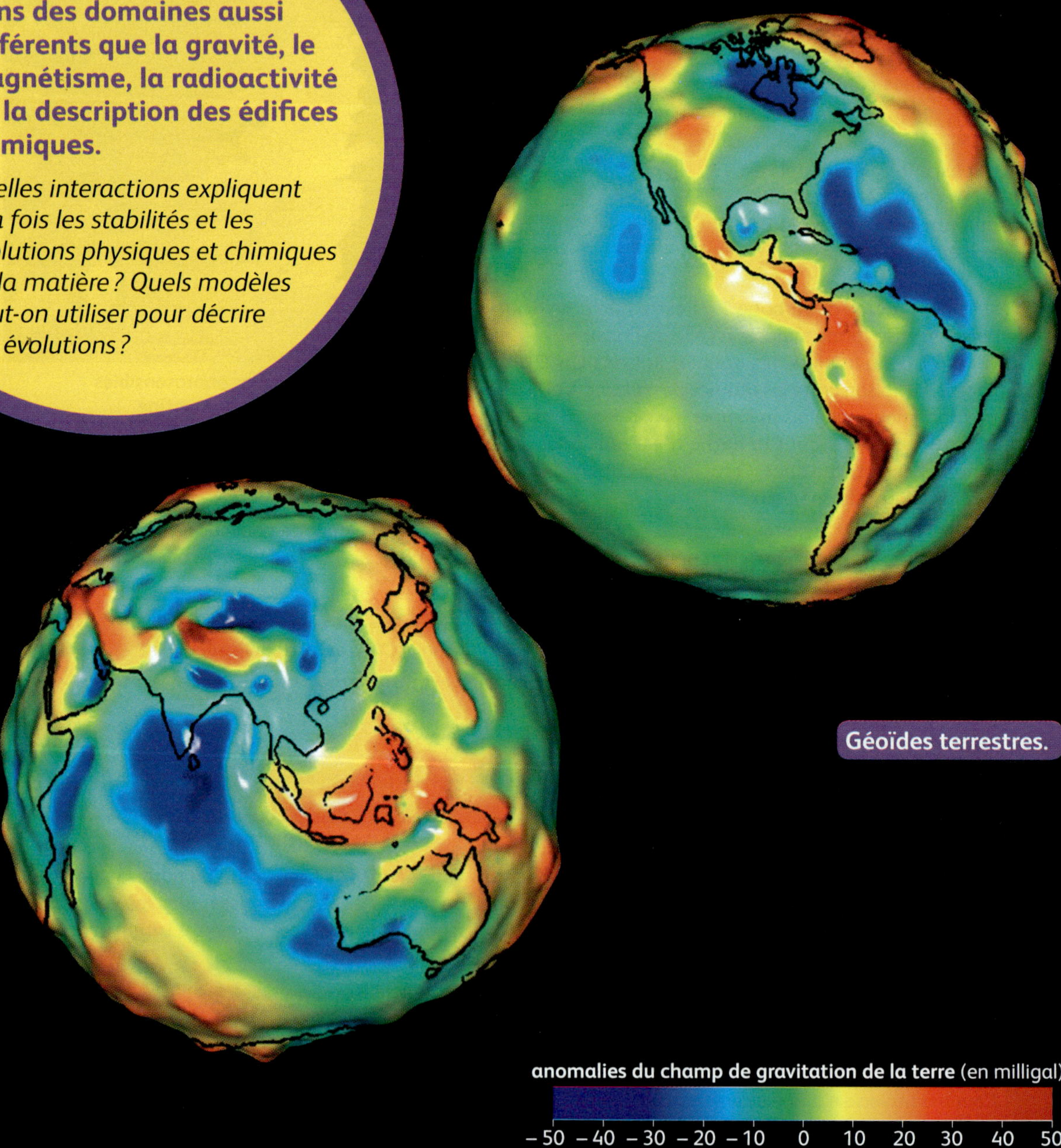

Géoïdes terrestres.

Parcourir ses acquis

Les particules élémentaires. Ce sont les constituants de l'atome : protons et neutrons dans le noyau, électrons autour du noyau.

Le noyau. Le noyau est représenté par le symbole $^{A}_{Z}X$.

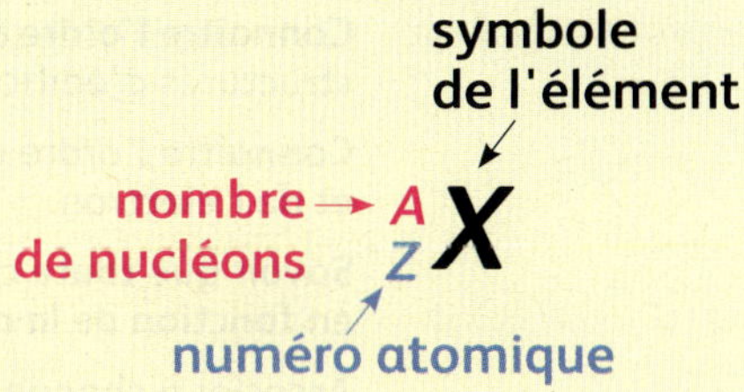

L'interaction gravitationnelle. La loi énoncée par Newton permet de calculer la valeur f de la force d'attraction $\vec{f}$ entre deux objets ponctuels de masse m et m', situés à la distance d l'un de l'autre :

$$f = G\frac{m \times m'}{d^2}.$$

Le poids d'un corps. Le poids d'un corps peut être identifié à la force de gravitation entre la Terre et le corps. Son expression est :

$$P = mg.$$

Les changements d'état. Les changements d'état de la matière s'effectuent à température constante pour une pression donnée.

Les groupes caractéristiques. Ces ensembles d'atomes, dont un au moins n'est pas un atome de carbone ou d'hydrogène, confèrent à la molécule des propriétés physiques et chimiques particulières.

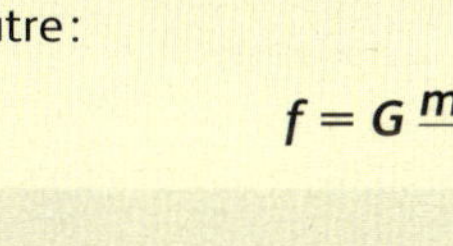

Formule développée de l'acide lactique.

L'énergie cinétique. L'énergie cinétique $\mathcal{E}_c$ d'un objet ponctuel dépend de sa masse et sa vitesse :

$$\mathcal{E}_c = \frac{1}{2}mv^2.$$

Chapitre 10

Interactions fondamentales

Les objectifs

- Connaître l'ordre de grandeur des dimensions de différentes structures d'édifices organisés.
- Connaître l'ordre de grandeur des masses d'un nucléon et de l'électron.
- Savoir que toute charge électrique peut s'exprimer en fonction de la charge élémentaire.
- Associer à chaque édifice organisé, la ou les interactions fondamentales prédominantes.

Échanger des idées

La matière à différentes échelles.

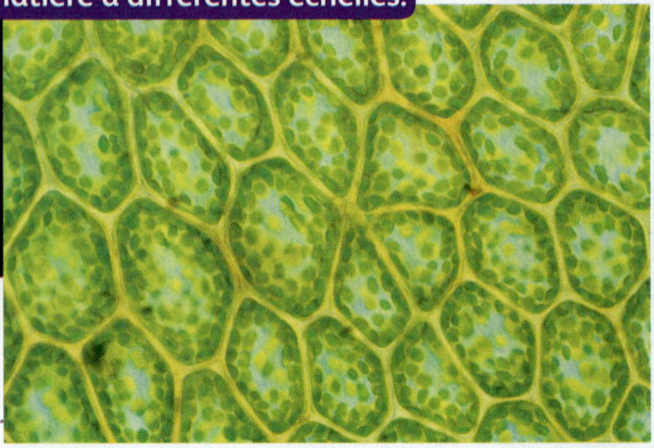

▶ MOBILISER SES ACQUIS

Quel est l'ordre de grandeur de la taille de chacun de ces édifices ?

▶ ÉMETTRE DES HYPOTHÈSES

Quelles caractéristiques de ces particules ont une influence sur leurs trajectoires ?

Photographie des traces formées par le passage de particules élémentaires dans une chambre à bulles.

Expérience d'électrisation.

▶ ÉMETTRE DES HYPOTHÈSES

Pourquoi leurs cheveux se hérissent-ils sur leur tête ?

ACTIVITÉ EXPÉRIMENTALE

MANUEL NUMÉRIQUE

1 Des phénomènes surprenants

▶ Certaines substances, lorsqu'on les frotte, sont susceptibles de provoquer des phénomènes surprenants : hérissement des cheveux avec un peigne, décharge électrique ressentie en refermant la portière de son véhicule. Comment expliquer ces observations ?

« On frotte un tube de verre pour le rendre électrique, et, le tenant dans une situation bien horizontale, on laisse tomber dessus une parcelle de feuille d'or…. Sitôt qu'elle a touché le tube, elle est repoussée en haut, à la distance de 8 ou 10 pouces et elle demeure presque immobile en cet endroit… Il demeure donc constant que les corps devenus électriques sont chassés par ceux qui les ont rendus électriques. »

Charles de Cisternay Dufay, *Quatrième mémoire sur l'électricité : de l'attraction et de la répulsion des corps électriques*, 1733

1 *Les expériences d'électrostatique d'un physicien du XVIIIe siècle.*

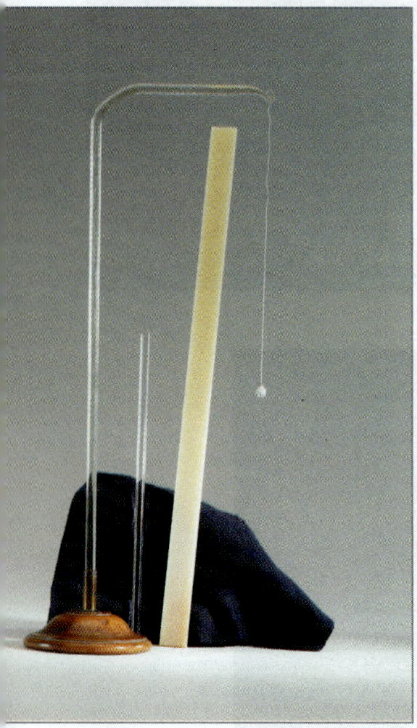

2 *Matériel utilisé.*

DISPOSITIF On dispose d'une baguette de verre, d'une règle en matériau polymère (type PVC), d'une petite boule de papier d'aluminium suspendue par un fil à une potence (pendule électrostatique) et d'un tissu de laine.

Expérience

- **Étape 1.** Reproduire l'expérience de Dufay en remplaçant la feuille d'or par la boule d'aluminium du pendule électrostatique et en approchant horizontalement une baguette de verre frottée avec un tissu de laine.
- **Étape 2.** Après le contact, éloigner la baguette de verre puis l'approcher de nouveau de la boule.
- **Étape 3.** Approcher lentement de la boule chargée la règle en matériau polymère, préalablement électrisée par frottement à l'aide du tissu de laine.

1 Observer

Décrire le mouvement de la boule à l'**Étape 1**, à l'**Étape 2** et à l'**Étape 3**.

2 Interpréter

La baguette de verre, électriquement neutre au départ, se charge positivement pendant le frottement. Dans un isolant (comme le verre), le déplacement des électrons est peu important, limité à un diamètre atomique. Dans un conducteur (comme l'aluminium), une partie des électrons peut se déplacer librement.

a. Expliquer l'attraction initiale de la boule d'aluminium **(Étape 1)** à l'aide de schémas (électrisation par influence).

b. Déduire de l'**Étape 2** le signe de la charge portée par la boule après le contact avec la baguette (électrisation par contact).

c. Expliquer à l'aide de schémas le comportement de la boule dans l'**Étape 3**.

3 Conclure

L'interaction électrique est-elle toujours attractive comme l'interaction gravitationnelle ?

Activité à la maison

ACTIVITÉ DOCUMENTAIRE

MANUEL NUMÉRIQUE

2 Les interactions fondamentales

▶ Combien d'interactions fondamentales existe-t-il ? Quelles caractéristiques ont-elles ?

Pour rendre compte de tous les phénomènes auxquels ils ont accès, les physiciens ont besoin de faire intervenir quatre interactions qu'ils jugent fondamentales. […]

La gravitation gouverne notre vie quotidienne, de la chute des corps au mouvement des planètes. Pourtant, son intensité est incomparablement plus faible que celle des autres interactions, si bien qu'on peut la négliger à l'échelle des particules. L'interaction gravitationnelle est attractive et de portée infinie. […]

L'interaction électromagnétique assure la cohésion des atomes et gouverne aussi bien les réactions chimiques que l'optique. À l'instar de l'interaction gravitationnelle, elle a une portée infinie, mais, étant tantôt attractive, tantôt répulsive (selon le signe relatif des charges en présence), ses effets cumulatifs sont annulés à grande distance du fait de la neutralité globale de la matière. […]

Par quoi est combattue la répulsion électrique des protons présents au sein du noyau, qui se repoussent puisqu'ils ont des charges électriques de même signe ? Aucune force classique, ni la force électromagnétique ni la force gravitationnelle, ne peut expliquer cette cohésion nucléaire. On a donc la preuve qu'il y a ici une troisième force, qu'on a appelé l'interaction forte. Elle est très intense et de courte portée, par opposition aux forces classiques qui sont de faible intensité à l'échelle nucléaire, et de portée infinie. […] Quant à la portée de l'interaction forte, elle est d'environ un fermi, soit un millionième de milliardième de mètre (10^{-15} m). […]

De très faible portée, l'interaction nucléaire faible […] est responsable en particulier de la radioactivité β […], elle régit les réactions thermonucléaires qui permettent à notre soleil (et à toutes les étoiles) de produire l'énergie qui nous fait vivre. Sa portée est très courte, environ un millième de fermi, soit 10^{-18} m. C'est donc quasiment une interaction de contact.

D'après *Le Trésor. Dictionnaire des Sciences*,
Michel Serres et Nayla Farouki, Éditions Flammarion, 1997

3 *Les interactions fondamentales.*

4 *Le mouvement de rotation autour de la Terre du satellite SMOS est assuré par l'interaction gravitationnelle.*

1 Comprendre le texte

a. Quelles sont les quatre interactions présentes dans l'Univers ?

b. Entre quels objets s'exerce l'interaction gravitationnelle ? Quelle est sa portée ? Est-elle attractive ou répulsive ?

c. Quelle est la portée de l'interaction électromagnétique ? Est-elle attractive ou répulsive ?

d. Entre quels objets s'exerce l'interaction forte ? Quelle est sa portée ? Est-elle attractive ou répulsive ?

e. Quelle est la portée de l'interaction faible ?

2 Interpréter

a. Déterminer quelle(s) interaction(s) prédomine(nt) aux échelles astronomique, humaine, atomique et à l'échelle du noyau des atomes.

b. Relier les deux ordres de grandeur des domaines de prédominance cités dans le texte à l'ordre de grandeur de la taille d'objets connus.

3 Conclure

Proposer un classement des interactions en prenant en compte la portée de l'interaction et son caractère répulsif/attractif.

ACTIVITÉ DOCUMENTAIRE

MANUEL NUMÉRIQUE

3 Comparer deux interactions

▶ Les deux interactions gravitationnelle et électromagnétique interviennent-elles à la même échelle ? L'une des deux est-elle prédominante ?

Pourquoi les forces nucléaires sont-elles condamnées à n'opérer qu'au niveau microscopique, alors que les forces électromagnétique et gravitationnelle ont une portée illimitée ? Et pourquoi observe-t-on tant de différences entre les intensités intrinsèques de ces quatre forces ?

Pour vous faire une idée de cette différence, imaginez que vous teniez un électron dans chaque main et que vous essayiez de les rapprocher. Ces deux particules, identiques, sont chargées : elles s'attirent sous l'effet de la gravitation, mais se repoussent sous l'effet de la force électromagnétique. Laquelle des deux forces l'emporte ? Les électrons vont-ils s'attirer ou se repousser ? Et bien, c'est la répulsion qui l'emporte, et de très loin : la force électromagnétique (F_E) est un million de milliards de milliards de milliards de fois plus forte que l'attraction gravitationnelle (F_G). [...] Comment se fait-il alors que la force électromagnétique ne submerge pas la gravitation partout dans le monde qui nous entoure ? C'est que la matière est globalement neutre, composée d'autant de charges positives que de charges négatives, de sorte que les interactions électromagnétiques s'y compensent. Rien de tel pour la gravitation, puisqu'elle est toujours attractive : ajoutez de la matière, la force gravitationnelle n'en sera que plus intense. Et pourtant, la gravitation est, intrinsèquement, une force faible.

***L'Univers élégant*, Brian Greene, Éditions R. Laffont, 2000.**

5 *Interaction gravitationnelle et interaction électromagnétique.*

6 *Le Transrapid à Shangaï utilise la force électromagnétique pour léviter et se déplacer sans frottements sur les rails.*

1 Comprendre le texte

a. Quelle est la portée de l'interaction gravitationnelle et de l'interaction électromagnétique ?

b. Pourquoi l'interaction électromagnétique n'intervient-elle pas à l'échelle astronomique ?
Quelle interaction est alors prédominante à cette échelle ?

c. De l'échelle humaine à l'échelle atomique, quelle est l'interaction prédominante ?

2 Interpréter

a. Traduire la phrase surlignée par une relation numérique entre les ordres de grandeur de F_G et F_E.

b. À l'aide de la loi de l'attraction gravitationnelle, déterminer la valeur de la force gravitationnelle qu'exerce un électron sur un autre électron situé à une distance $d = 10^{-10}$ m (utiliser le rabat du livre pour les valeurs numériques nécessaires).

c. La valeur de la force électrique exercée par une particule de charge q_A sur une particule de charge q_B, distantes de d, est donnée par la relation :

$$F = k\frac{|q_A| \times |q_B|}{d^2} \quad \text{avec } k = 9{,}0 \times 10^9 \text{ N·m}^2\text{·C}^{-2}.$$

Déterminer la valeur de la force électrique qu'exerce un électron sur un autre électron situé à une distance $d = 10^{-10}$ m. Retrouve-t-on la relation de la question **2 a** ?

3 Conclure

Reproduire et compléter le tableau suivant :

	Portée	Échelle où l'interaction est prédominante	Attractif ou répulsif	Expression de la valeur des forces
Interaction gravitationnelle				
Interaction électrique				

1 La matière à différentes échelles

Les édifices organisés présents dans l'univers ont des dimensions très différentes. Par exemple, l'**ordre de grandeur** de la taille d'un être humain est 1 m, celui du diamètre d'un noyau d'un atome est 10^{-15} m et celui de la Galaxie est 10^{21} m.

Vocabulaire

Ordre de grandeur : puissance de 10 la plus proche d'un nombre.

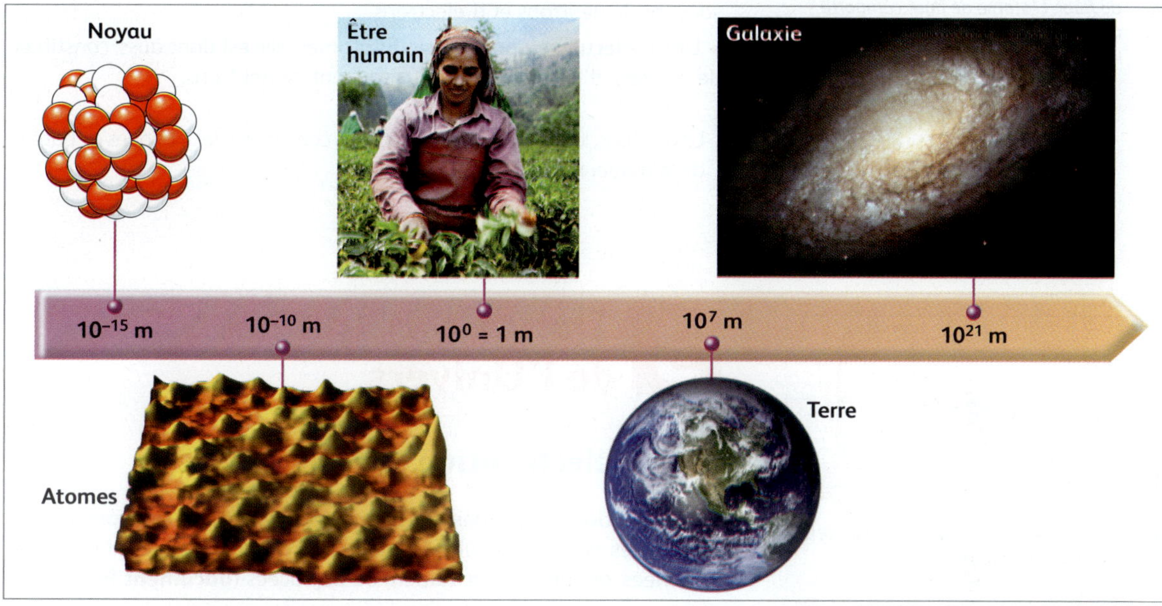

7 *Échelle des ordres de grandeurs des dimensions de différents édifices.*

2 Constitution des édifices de l'Univers

2.1 Les particules élémentaires

Les protons, les neutrons et les électrons sont appelés particules élémentaires.

Le **proton** a une masse de $1{,}673 \times 10^{-27}$ kg et porte une charge positive de $1{,}60 \times 10^{-19}$ C.

Le **neutron** a une masse de $1{,}675 \times 10^{-27}$ kg, voisine de celle du proton, et ne porte pas de charge (il est électriquement neutre).

L'**électron** a une masse de $9{,}109 \times 10^{-31}$ kg et porte une charge négative de $-1{,}60 \times 10^{-19}$ C, exactement opposée à celle du proton.

Les ordres de grandeur des masses des particules élémentaires sont :
- 10^{-27} kg pour un nucléon (proton ou neutron) ;
- 10^{-30} kg pour un électron.

James Chadwick

Physicien de l'atome

Dès 1914, **Chadwick** (1891-1974) participe aux recherches sur la constitution du noyau de l'atome. Il « découvre » le neutron en 1932, après 10 ans de recherche et de controverse avec de nombreux savants, notamment avec Irène et Frédéric Joliot-Curie.

2.2 Atome, ion et molécule

- L'**atome** est constitué d'un noyau et d'un nuage électronique.

Le **noyau** d'un atome est représenté symboliquement par la notation $^{A}_{Z}X$. A, appelé nombre de masse, est le nombre de nucléons. Z, appelé nombre de charges ou numéro atomique, est le nombre de protons. Le nombre de neutrons est donné par la différence $A - Z$.

Le **nuage électronique** est chargé négativement et compte autant d'électrons qu'il y a de protons dans un atome, puisque l'atome est une entité électriquement neutre **(document 8)**.

- Un **ion monoatomique** est issu d'un atome qui a perdu ou gagné un ou plusieurs électrons, il est donc lui aussi constitué de protons, et le plus souvent de neutrons et d'électrons.
- Une **molécule** regroupe plusieurs atomes, elle est donc aussi constituée de protons, d'électrons et le plus souvent de neutrons.

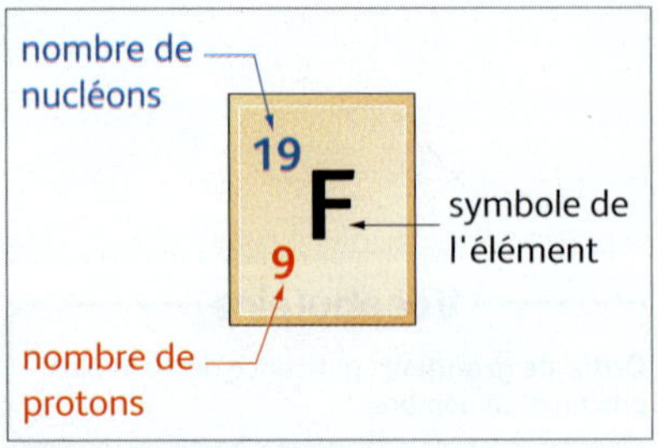

8 *Notation symbolique du noyau de fluor. L'atome de fluor comporte donc 9 protons, 10 neutrons et 9 électrons.*

> Les protons, les neutrons et les électrons constituent les « briques de base » de la matière de l'Univers.

3 Charge des édifices de l'Univers

3.1 L'électrisation

L'**électrisation** est un phénomène macroscopique. Les électrons sont en général les seules particules élémentaires chargées susceptibles d'être arrachées, apportées à la matière ou déplacées **(document 9)**.

On interprète ainsi l'électrisation : un objet chargé positivement a perdu des électrons, un objet chargé négativement a gagné des électrons, ou encore, des électrons se sont déplacés à l'intérieur de l'objet (phénomène d'influence).

> Électriser un objet consiste :
> – soit à lui apporter ou lui arracher des électrons par frottement ou par contact ;
> – soit à provoquer un déplacement interne des charges électriques.

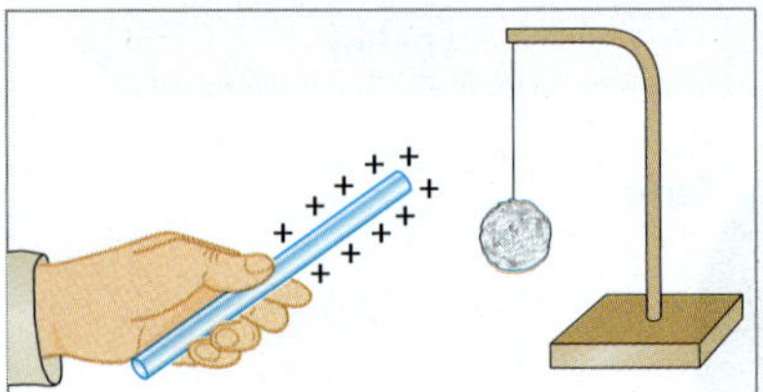

a. *On approche d'un pendule une baguette de verre électrisée par frottement.*

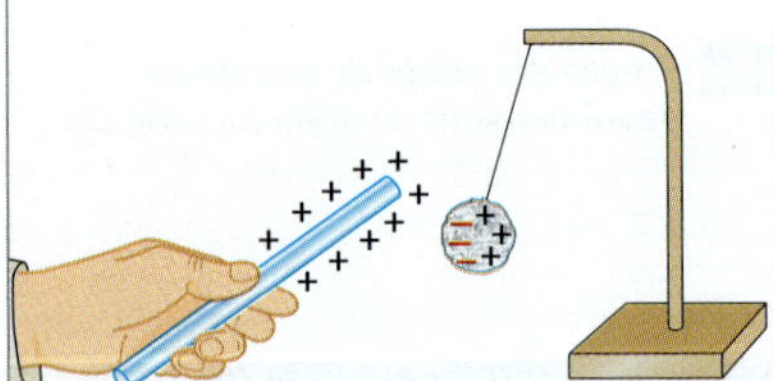

b. *L'approche de la baguette électrisée a créé une dissymétrie dans la répartition des charges, c'est le phénomène d'influence.*

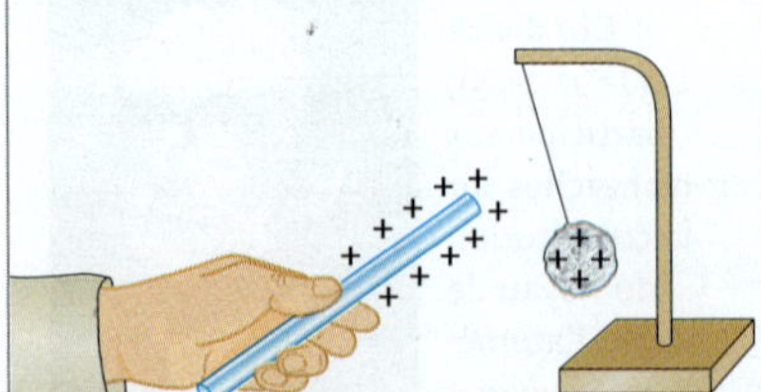

c. *Après contact entre la baguette électrisée et la boule, la boule est chargée positivement. C'est le phénomène d'électrisation par contact.*

9 *Électrisation d'un objet.*

3.2 Charge élémentaire

La **charge élémentaire** est la charge du plus petit objet chargé positivement : le proton. Elle est notée e et s'exprime en coulomb.

Un objet contient toujours un **nombre entier** de protons de charge e et d'électrons de charge $-e$. Lorsque des électrons lui sont apportés ou arrachés, l'objet porte une charge multiple de e.

> Toute charge électrique est multiple de la charge élémentaire e.
> $$e = 1{,}60 \times 10^{-19}\ \text{C}.$$

4 Interactions fondamentales

Quatre **interactions fondamentales** mettant en jeu les particules élémentaires suffisent pour interpréter tous les phénomènes physiques, chimiques et biologiques.

Vocabulaire

Interaction : action réciproque entre deux systèmes.

4.1 Interaction gravitationnelle

Loi de l'attraction gravitationnelle de Newton

L'**interaction gravitationnelle** entre deux corps ponctuels A et B, de masses respectives m_A et m_B, séparés par la distance d, est modélisée par des forces d'attraction gravitationnelle $\vec{F}_{A/B}$ et $\vec{F}_{B/A}$ dont les caractéristiques sont les suivantes :

- direction : la direction de la droite (AB) ;
- sens : vers le centre attracteur, A pour $\vec{F}_{A/B}$ et B pour $\vec{F}_{B/A}$;
- valeur : $F_{A/B} = F_{B/A} = G\dfrac{m_A m_B}{d^2}$ | m_A et m_B en kilogramme (kg) ; d en mètre (m) ; $F_{A/B}$ et $F_{B/A}$ en newton (N)

$G = 6{,}67 \times 10^{-11}\ \text{N}\cdot\text{m}^2\cdot\text{kg}^{-2}$, constante de gravitation universelle.

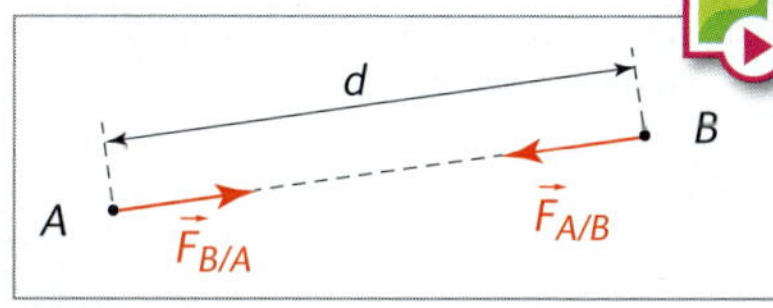

10 *Interaction gravitationnelle entre les deux corps A et B.*

L'interaction gravitationnelle est toujours attractive et de portée infinie. La loi de l'attraction gravitationnelle se généralise à des corps à répartition sphérique de masse.

4.2 Interaction électromagnétique

L'**interaction électromagnétique** s'exerce entre des corps possédant une charge électrique : l'interaction est à la fois de nature électrique et magnétique. L'interaction électrique est décrite par la loi de Coulomb.

Remarque. Lorsque les charges sont immobiles, on parle d'interaction électrostatique.

Loi de Coulomb

L'**interaction électrique** entre deux corps ponctuels A et B, portant les charges respectives q_A et q_B, séparés par la distance d, est modélisée par des forces d'attraction $\vec{F}_{A/B}$ et $\vec{F}_{B/A}$ dont les caractéristiques sont les suivantes :

- direction : la direction de la droite (AB) ;
- sens : dépend du signe des charges ;
- valeur : $F_{A/B} = F_{B/A} = k\dfrac{|q_A| \times |q_B|}{d^2}$ | q_A et q_B en coulomb (C) ; d en mètre (m) ; $F_{A/B}$ et $F_{B/A}$ en newton (N)

La valeur approchée de la constante de la loi de Coulomb est :

$k = 9{,}0 \times 10^9\ \text{N}\cdot\text{m}^2\cdot\text{C}^{-2}$, valeur valable dans le vide et dans l'air.

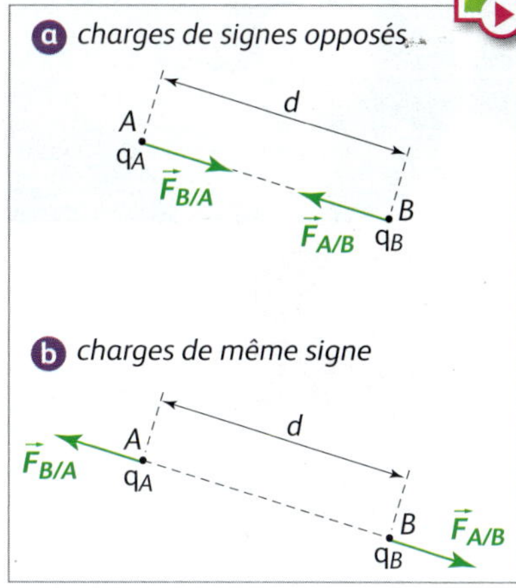

11 *Interaction électromagnétique entre deux corps A et B.*
a Deux corps portant des charges de signe contraire s'attirent.
b Deux corps portant des charges de même signe se repoussent.

L'interaction électrique entre deux corps est de portée infinie. Elle est :
– attractive lorsque les corps portent des charges de signe contraire ;
– répulsive lorsque les corps portent des charges de même signe.

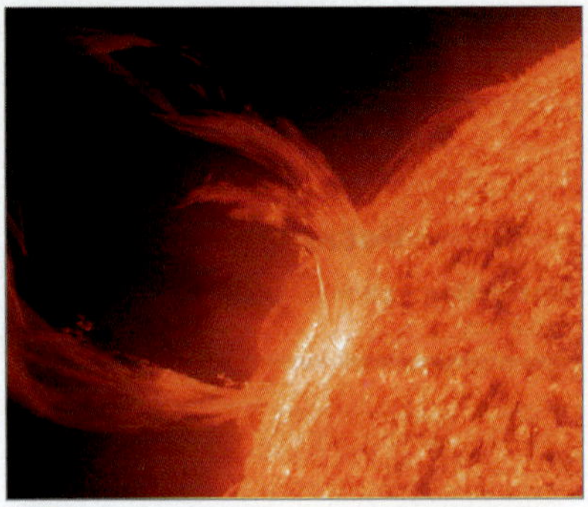

12 *L'interaction faible régit les réactions thermonucléaires qui permettent à notre Soleil de produire de l'énergie.*

4.3 Interaction forte et interaction faible

- L'**interaction forte** est attractive, très intense et d'une portée très faible (10^{-15} m). Elle lie entre eux les nucléons et assure la cohésion du noyau en compensant la répulsion électrique entre les protons. Avec l'augmentation du nombre de protons, la répulsion électrique devient si importante qu'elle ne plus être compensée par l'interaction forte. Ces noyaux sont instables, ils se désintègrent : c'est le phénomène de radioactivité. Il n'existe pas dans la nature de noyaux plus gros que l'uranium.
- L'**interaction faible** a une valeur très faible (un million de fois plus faible que celle de l'interaction forte entre deux nucléons) et elle a une portée également très faible (10^{-18} m). Une des manifestations les plus courantes de l'interaction faible est la radioactivité β.

4.4 Domaines de prédominance des interactions

A À l'échelle astronomique

Seules les deux interactions de portée infinie peuvent intervenir.
Or, la matière étant globalement neutre à grande échelle, l'interaction électromagnétique ne joue plus aucun rôle. Par contre, l'interaction gravitationnelle est toujours attractive, et ses effets sont sensibles même pour de grandes distances.

> L'interaction gravitationnelle prédomine à l'échelle astronomique.

13 *Domaines de prédominance des interactions.*

B De l'échelle humaine à l'échelle atomique

Les objets qui nous entourent, les cellules, les atomes ont des masses trop faibles pour que l'interaction gravitationnelle qui existe entre eux joue un rôle prépondérant. Quant à l'interaction forte et l'interaction faible, elles sont de portée trop faible pour intervenir. À cette échelle, il n'y a plus de compensation entre les charges électriques et c'est l'interaction électromagnétique qui assure la cohésion de la matière.

> L'interaction électromagnétique prédomine de l'échelle humaine à l'échelle atomique.

C À l'échelle du noyau

Dans le noyau, les interactions essentielles sont l'interaction forte, l'interaction faible et l'interaction électromagnétique.

L'interaction forte est environ cent fois plus grande que l'interaction électromagnétique : elle joue donc un rôle plus important.

L'interaction forte et l'interaction faible sont de faible portée, leurs effets sont confinés à l'intérieur du noyau.

> L'interaction forte et l'interaction faible prédominent à l'échelle du noyau.

L'ESSENTIEL

Constitution des édifices de l'Univers

- Les **protons**, les **neutrons** et les **électrons** constituent les briques de base de la matière de tout l'Univers : elles sont appelées **particules élémentaires**.
- Les **ordres de grandeur** des masses des particules élémentaires sont :
  - 10^{-27} kg pour un nucléon (proton ou neutron) ;
  - 10^{-30} kg pour un électron.

Charge des édifices de l'Univers

Toute charge électrique est multiple de la **charge élémentaire** ***e***.

$$e = 1{,}60 \times 10^{-19}\ \text{C}$$

Interactions fondamentales

- L'**interaction gravitationnelle** entre deux corps ponctuels de masse m_A et m_B est toujours attractive et de portée infinie. La valeur des forces est :

$$F_{A/B} = F_{B/A} = G\frac{m_A m_B}{d^2}$$

m_A et m_B en kilogramme (kg)
$d = AB$ en mètre (m)
$F_{A/B}$ et $F_{B/A}$ en newton (N)

$G = 6{,}67 \times 10^{-11}\ \text{N}\cdot\text{m}^2\cdot\text{kg}^{-2}$, constante de gravitation universelle.

- L'**interaction électromagnétique** est de portée infinie. L'interaction électrique entre deux corps ponctuels de charge q_A et q_B est :
  – attractive lorsque les corps portent des charges de signe contraire ;
  – répulsive lorsque les corps portent des charges de même signe.
  La valeur des forces est :

$$F_{A/B} = F_{B/A} = k\,\frac{|q_A| \times |q_B|}{d^2}$$

q_A et q_B en coulomb (C)
$d = AB$ en mètre (m)
$F_{A/B}$ et $F_{B/A}$ en newton (N)

$k = 9{,}0 \times 10^{9}\ \text{N}\cdot\text{m}^2\cdot\text{C}^{-2}$, dans le vide.

- L'**interaction forte** est attractive, très intense et a une portée très faible (10^{-15} m).
- L'**interaction faible** a une valeur très faible et a une portée très faible (10^{-18} m).

Domaines de prédominances des interactions

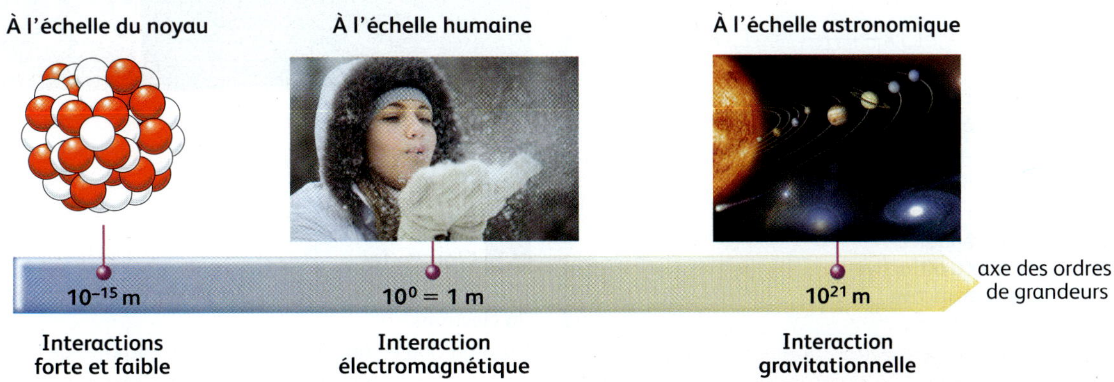

5 minutes CHRONO!

MANUEL NUMÉRIQUE — EXERCICES INTERACTIFS

1 Mots manquants

Compléter avec un ou plusieurs mots.

a. L'ordre de grandeur du diamètre du noyau est de .... m.

b. L'ordre de grandeur de la masse d'un proton est 10^3 fois plus grand que l'ordre de grandeur de la masse d' ....

c. Le noyau d'un atome est constitué de protons et ....

d. Un objet chargé électriquement a une charge multiple de ....

e. L'interaction électromagnétique s'exerce entre deux particules ....

f. L'interaction forte et l'interaction faible sont prédominantes à l'échelle ....

2 QCM

Cocher la réponse exacte.

a. L'ordre de grandeur du diamètre de la Terre est de :
- ☐ 10^{21} m
- ☐ 10^{-10} m
- ☐ 10^7 m

b. L'ordre de grandeur de la masse d'un proton est :
- ☐ 10^{27} kg
- ☐ 10^{-31} kg
- ☐ 10^{-27} kg

c. Un noyau atomique est constitué :
- ☐ de protons et de neutrons
- ☐ d'électrons et de neutrons
- ☐ de protons et d'électrons

d. On peut électriser un objet en lui apportant ou en lui arrachant :
- ☐ des protons
- ☐ des électrons
- ☐ des neutrons

e. L'expression de la valeur de la force électrique est :

☐ $k\dfrac{|q_A| \times |q_B|}{d^2}$ ☐ $k\dfrac{d^2}{|q_A| \times |q_B|}$ ☐ $k\dfrac{q_A q_B}{d^2}$

f. L'interaction gravitationnelle est :
- ☐ toujours répulsive
- ☐ répulsive ou attractive
- ☐ toujours attractive

g. L'interaction électromagnétique est :
- ☐ toujours répulsive
- ☐ répulsive ou attractive
- ☐ toujours attractive

→ Reportez-vous aux solutions détaillées page 393 pour vérifier vos réponses et comprendre vos erreurs.

Parcours personnalisés

Trois parcours d'exercices pour travailler en autonomie selon ses besoins.

- **Maîtriser les bases** : 3 - 8 - 10 - 12
- **Préparer l'évaluation** : 13 - 14 - 20
- **Cap sur la Terminale** : 21 - 24 - 27

Pour tous les exercices du chapitre, les valeurs des constantes utiles sont disponibles dans les rabats.

MOBILISER SES CONNAISSANCES

▶ La matière à différentes échelles

[§1 du cours]

3 Du noyau à la galaxie

EXERCICE INTERACTIF

Associer les ordres de grandeur des longueurs de la liste 1 à un édifice de la liste 2.

Liste 1	Liste 2
10^2 m •	• Distance Terre-Soleil
10^{-2} m •	• Diamètre d'un atome
10^{-15} m •	• Hauteur de la Tour Eiffel
10^{-10} m •	• Diamètre d'un noyau atomique
10^{11} m •	• Taille d'une coccinelle

▶ Constitution des édifices de l'Univers [§2 du cours]

4 Clou en fer

Un atome de fer contient 26 protons, 30 neutrons et 26 électrons.

Dans un clou en fer, on trouve 1×10^{22} atomes de fer.

De combien de protons, de neutrons et d'électrons est formé le clou ?

5 Composition d'un atome ou d'un ion

a. Compléter le tableau suivant en utilisant la classification périodique des éléments, disponible dans les rabats en fin de manuel.

Symbole du noyau	Nombre de protons	Nombre de neutrons	Nombre d'électrons des atomes
$^{40}_{18}Ar$			
$^{31}_{...}P$	15		
$^{...}_{...}...$	53	74	
$^{...}_{...}...$		70	50

b. L'atome de fer dont le symbole du noyau est $^{56}_{26}Fe$ peut devenir l'ion fer (II) de symbole Fe^{2+}. Donner la composition de l'atome de fer et celle de l'ion fer (II).

▶ Charge des édifices de l'Univers

[§3 du cours]

6 Charge d'un noyau

Le symbole de l'atome de mercure est Hg. Son noyau a un numéro atomique $Z = 80$.

Calculer la valeur de la charge de ce noyau.

7 Objet électrisé

Jeanne détermine que la charge portée par un objet électrisé est de $-8{,}0 \times 10^{-10}$ C.

Quels sont les porteurs de charge responsables de cette valeur ? Quel est leur nombre ?

▶ Interactions fondamentales

[§4 du cours]

8 Quatre interactions

a. Reproduire et compléter le tableau suivant.

	Interaction gravitationnelle	Interaction électrique
Grandeur physique sensible à cette force		
Portée		
Attractive/répulsive (préciser les cas)		
Expression de la valeur des forces (préciser les unités)		

b. Quelles sont les deux autres interactions fondamentales ?

UTILISER SES COMPÉTENCES

9 Utiliser une expression littérale

MetOp est l'un des satellites météorologique de la Terre, il décrit une orbite circulaire à une altitude $h = 820$ km.

Calculer la valeur de la force gravitationnelle exercée par la Terre sur le satellite.

Données

– Masse de la Terre : $M_T = 5{,}97 \times 10^{24}$ kg.

– Rayon de la Terre : $R_T = 6{,}38 \times 10^{3}$ km.

– Masse du satellite : $m = 4{,}1$ t.

10 Utiliser les unités SI

Deux boules métallisées A et B, supposées ponctuelles portent des charges telles que :

$$q_A = +2{,}0 \times 10^{2}\ \text{nC} \quad \text{et} \quad q_B = -4{,}0 \times 10^{2}\ \text{nC}.$$

La distance AB est égale à 7,5 cm.

Calculer la valeur de la force électrique qu'exerce A sur B.

11 Représenter un vecteur

La valeur de la force électrique qu'exerce une particule chargée A sur une particule chargée B est $2{,}3 \times 10^{-8}$ N.

Représenter $\vec{F}_{A/B}$ sur un schéma en précisant l'échelle et le signe des charges choisies pour chaque particule.

12 Apprendre à rédiger

Voici l'énoncé d'un exercice et un guide (en orange) ; ce guide vous aide pour rédiger la solution détaillée et pour retrouver les réponses numériques aux questions posées.

Énoncé

On frotte un bâton de verre à l'aide d'un morceau de laine. À l'issue de cette opération, la charge électrique portée par le bâton est $q = +30$ nC.

a. Quelles particules élémentaires ont été échangées entre le morceau de laine et le bâton ? Dans quel sens a eu lieu le transfert ?

▸ **S'appuyer sur la nature des particules mobiles pour rédiger la réponse.**

b. Quel est le nombre x de particules échangées ?

▸ **Donner une expression littérale du calcul de x avant de poser l'application numérique.**

▸ **Exprimer le résultat avec le bon nombre de chiffres significatifs. S'interroger sur la pertinence du résultat.**

▸ **Résultat : $x = 1{,}9 \times 10^{11}$.**

c. La laine a-t-elle été électrisée lors du frottement ? Si oui, préciser la charge qu'elle porte.

▸ **Ne pas répondre aux questions seulement par oui ou non. Justifier la réponse.**

EXERCICE RÉSOLU

Site élève

13 Atome d'hydrogène

Énoncé L'atome d'hydrogène est formé d'un proton et d'un électron. C'est le plus petit atome de la classification périodique des éléments, son rayon est $r = 0{,}053$ nm. Étudions les deux interactions gravitationnelle et électrique entre le proton et l'électron de cet atome.

1. Préciser si l'interaction gravitationnelle entre le proton et l'électron est attractive ou répulsive, puis calculer la valeur de la force gravitationnelle $\overrightarrow{F_G}$ exercée par le proton sur l'électron.
2. Préciser si l'interaction électrique entre le proton et l'électron est attractive ou répulsive, puis calculer la valeur de la force électrique $\overrightarrow{F_E}$ exercée par le proton sur l'électron.
3. Montrer que l'une de ces deux forces est prépondérante, puis la représenter en précisant l'échelle utilisée.

Données : $m_{\text{proton}} = 1{,}673 \times 10^{-27}$ kg ; $m_{\text{électron}} = 9{,}1 \times 10^{-31}$ kg.

Interpréter les données
L'indication du rayon rappelle que l'électron se trouve « globalement » à une distance r du noyau de l'atome soit ici du proton.

Une solution

1. L'interaction gravitationnelle est toujours attractive.
La valeur de la force gravitationnelle $\overrightarrow{F_G}$ est :

$$F_G = G\frac{m_p m_e}{r^2}.$$

A.N. : $r = 0{,}053 \text{ nm} = 5{,}3 \times 10^{-2} \text{ nm} = 5{,}3 \times 10^{-11}$ m.

$$F_G = 6{,}67\times10^{-11}\times\frac{1{,}673\times10^{-27}\times9{,}1\times10^{-31}}{(5{,}3\times10^{-11})^2} = 3{,}6 \times 10^{-47}\text{ N}.$$

2. Les charges étant de signes opposés, l'interaction électrique sera attractive.
La valeur de la force électrique $\overrightarrow{F_E}$ est : $F_E = k\frac{|q_p|\times|q_e|}{d^2}$.

A.N. : $q_p = e = 1{,}6 \times 10^{-19}$ C.
$q_e = -e = -1{,}6 \times 10^{-19}$ C.
$r = 5{,}3 \times 10^{-11}$ m.

$$F_E = 9{,}0 \times 10^9 \times \frac{|1{,}6\times10^{-19}|\times|-1{,}6\times10^{-19}|}{(5{,}3\times10^{-11})^2} = 8{,}2 \times 10^{-8}\text{ N}.$$

3. Pour comparer les valeurs des forces, on calcule leur rapport :

$$\frac{F_E}{F_G} = \frac{8{,}2\times10^{-8}}{3{,}6\times10^{-47}} = 2{,}3 \times 10^{39}.$$

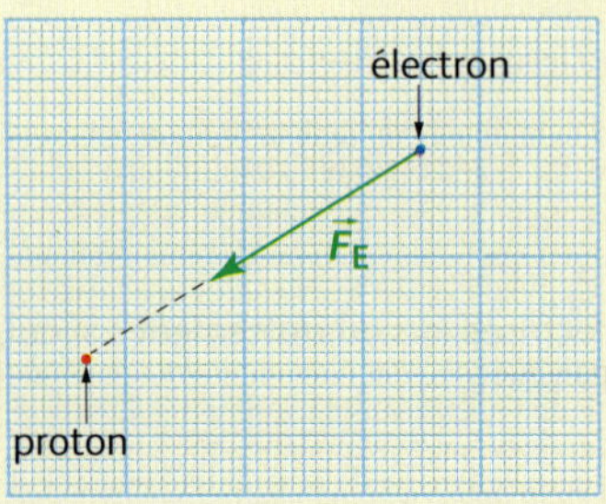

La valeur de la force électrique exercée par le proton sur l'électron est environ 10^{39} fois plus grande que la valeur de la force gravitationnelle. Son action est donc prépondérante.

Échelle : 1 cm pour 4×10^{-8} N, on ne tient compte que de la force électrique.
La longueur du segment fléché est 2,1 cm.

Connaissances
Utiliser la loi de l'attraction gravitationnelle de Newton.

Application numérique
- Attention aux unités, en cas de doute, regarder les unités employées pour G et k.
- Attention au nombre de chiffres significatifs.

Connaissances
- Deux charges de même signe se repoussent, deux charges de signe contraire s'attirent.
- Utiliser la loi de Coulomb sur l'interaction électrique.

Application numérique
Ne pas oublier la valeur absolue (la valeur d'une force est positive).

Raisonner
Pour comparer des valeurs, il faut calculer le rapport de ces valeurs.

Schématiser
Ne pas oublier que la force étudiée est l'action du proton sur l'électron.

14 Un noyau noté symboliquement $^{A}_{Z}X$

Le noyau de cet atome a une masse $m = 2{,}29 \times 10^{-25}$ kg et une charge $q = +8{,}8 \times 10^{-18}$ C.

a. Déterminer la valeur de A.

b. Déterminer la valeur de Z.

c. Donner le nom et la notation symbolique de ce noyau.

Donnée : $m_{\text{nucléon}} = 1{,}67 \times 10^{-27}$ kg.

15 Phénomènes électrostatiques

a. Pourquoi les cheveux brossés avec une brosse en plastique se hérissent-ils ?

b. Par temps sec, des voitures peuvent s'électriser en roulant.
Quelle est l'origine de cette électrisation ?
Que se passe-t-il lorsque l'automobiliste descend de sa voiture et touche sa portière ?

16 Pendule électrostatique

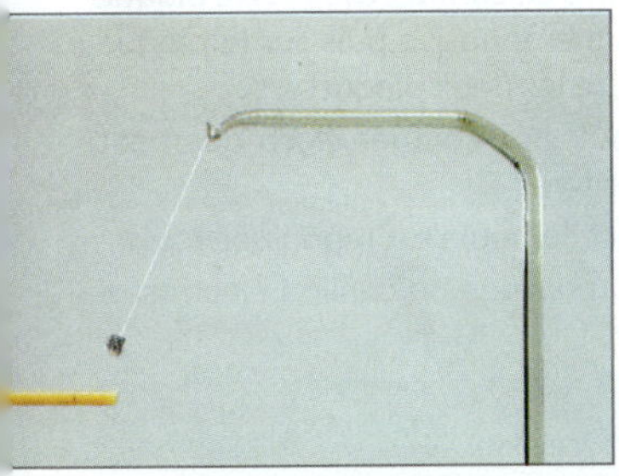

Une petite boule d'aluminium électriquement neutre est suspendue à un fil isolant. Une tige en matériau polymère est électrisée par frottement avec de la laine. On établit un contact entre la boule et la tige électrisée.

a. La tige est chargée négativement. Expliquer cette électrisation au niveau microscopique en schématisant le phénomène.

b. Décrire le mouvement de la boule, après le contact avec la tige électrisée. Illustrer cette étape par un schéma sur lequel apparaissent les charges électriques.

17 Interaction gravitationnelle sur Terre

a. Calculer la valeur de la force gravitationnelle $\overrightarrow{F_1}$ exercée par la Terre de masse M_T sur un ballon de basket de masse m_B posé sur le sol.

b. Calculer la valeur de la force gravitationnelle $\overrightarrow{F_2}$ exercée par un deuxième ballon de basket, posé au sol, de masse m_B sur le ballon précédent. La distance entre les centres des deux ballons est $d = 1{,}0$ m.

c. Comparer les valeurs de ces deux forces.

d. L'interaction gravitationnelle joue-t-elle un rôle entre « deux objets ordinaires » sur Terre ?

Données

– $M_T = 5{,}97 \times 10^{24}$ kg et $m_B = 650$ g.

– Diamètre de la Terre $D = 1{,}276 \times 10^4$ km.

18 Interaction électrique

Deux objets électrisés S_1 et S_2 considérés comme ponctuels, chargés respectivement tel que $q_1 = -80$ nC et $q_2 = +100$ nC sont distants de $d = 5{,}0$ cm.

a. Calculer la valeur de la force électrique exercée par S_1 sur S_2.

b. Que vaut la valeur de la force électrique exercée par S_2 sur S_1 ?

c. Cette interaction est-elle attractive ou répulsive ?

d. Représenter $\overrightarrow{F_{S_1/S_2}}$ et $\overrightarrow{F_{S_2/S_1}}$ en indiquant l'échelle utilisée.

19 Interaction entre particules élémentaires

Cas	Particule élémentaire 1		Particule élémentaire 2		Distance entre particules
	Nom	q_1 (C)	Nom	q_2 (C)	
A	proton	$1{,}60 \times 10^{-19}$	?	$1{,}60 \times 10^{-19}$	0,60 nm
B	électron	$-1{,}60 \times 10^{-19}$	?	$-1{,}60 \times 10^{-19}$	0,60 nm
C	électron	$-1{,}60 \times 10^{-19}$	?	$1{,}60 \times 10^{-19}$	0,60 nm

a. Pour chaque cas A, B et C du tableau :
– déterminer le nom de la particule élémentaire 2 ;
– calculer la valeur de la force électrique exercée par la particule élémentaire 1 sur la particule élémentaire 2 ;
– préciser le caractère attractif ou répulsif de l'interaction.

b. La valeur de la force électrique exercée par un proton ou un électron sur une autre particule élémentaire est nulle. De quelle particule s'agit-il ?

20 Noyau d'hélium 3

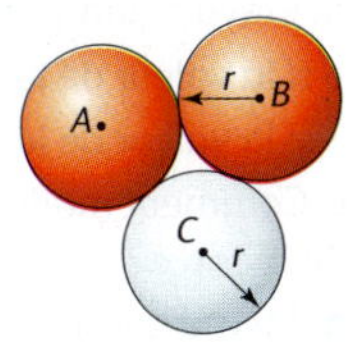

Le noyau d'hélium 3 comporte deux protons A et B et un neutron C. On suppose que les centres des nucléons sont tous placés dans un même plan, ces nucléons étant jointifs.

a. Déterminer la valeur de la force gravitationnelle exercée par A sur B.

b. Déterminer la valeur de la force électrique exercée par A sur B.

c. Calculer le rapport entre les valeurs des forces calculées et commenter le résultat.

d. Représenter les protons A et B et représenter les forces d'interaction électrique $\overrightarrow{F_{A/B}}$ et $\overrightarrow{F_{B/A}}$ en indiquant l'échelle utilisée.

e. Pourquoi les deux interactions gravitationnelle et électrique ne permettent-elles pas d'expliquer la cohésion du noyau d'hélium ? Comment expliquer alors la cohésion du noyau d'hélium ?

Données

– $m_{\text{proton}} = 1{,}673 \times 10^{-27}$ kg.

– $r = 1{,}2 \times 10^{-6}$ nm.

21 ✶ Ion inconnu

Un ion porte une charge électrique $q_{ion} = +3{,}20 \times 10^{-19}$ C. Sa masse approchée est $m = 6{,}7 \times 10^{-23}$ g. La charge électrique du noyau de cet ion est $q_{noyau} = +3{,}20 \times 10^{-18}$ C.

a. Calculer le nombre x de charges élémentaires portées par l'ion.

b. Donner l'expression littérale de la charge du noyau. En déduire la valeur de Z. De quel élément s'agit-il ?

c. Donner l'expression littérale de la masse approchée de l'ion. En déduire la valeur de A.

d. Donner la formule de l'ion.

Donnée : $m_{nucléon} = 1{,}67 \times 10^{-27}$ kg.

22 ✶ Molécule de diazote

Une molécule de diazote comporte deux atomes d'azote. Les noyaux d'azote, supposés ponctuels sont distants de $d = 0{,}28$ nm et ont pour symbole $^{14}_{7}N$. La masse d'un nucléon est $1{,}67 \times 10^{-27}$ kg.

a. Déterminer la charge portée par chaque noyau.

b. Déterminer la valeur de la force électrique exercée par un des noyaux d'azote sur l'autre.

c. Évaluer l'ordre de grandeur du rapport des valeurs des forces électrique et gravitationnelle exercées par un des noyaux d'azote sur l'autre. Que peut-on en conclure ?

23 ✶ Interaction gravitationnelle

a. Donner l'expression de la valeur de la force gravitationnelle exercée par un corps ponctuel de masse m_A sur un corps ponctuel de masse m_B. Les deux corps sont distants de d.

b. Prévoir comment est modifiée la valeur de la force :
- si la valeur de la masse m_A est doublée ;
- si la valeur de la distance d est doublée.

c. Comment modifier la valeur de d pour quadrupler la valeur de la force ?

d. Même question pour doubler la valeur de la force.

24 ✶✶ Point neutre

a. Donner l'expression de la valeur de la force gravitationnelle exercée par la Terre sur un objet de masse m. On notera d la distance entre le centre de la Terre (T) et le centre de cet objet (O).

b. Donner l'expression de la valeur de la force gravitationnelle exercée par la Lune sur ce même objet. On notera D la distance entre le centre de la Terre et le centre de Lune (L).

c. Réaliser un schéma où figurent T, O, L et les distances d et D. Représenter aussi $\overrightarrow{F_{T/O}}$ et $\overrightarrow{F_{L/O}}$.

d. Il existe un point, appelé point neutre, sur la droite joignant le centre de la Terre à celui de la Lune où les valeurs des forces gravitationnelles sont égales. Déterminer l'expression de d dans le cas où l'objet est situé au point neutre.

25 ✶✶ Charge inconnue

La valeur de la force électrique exercée par une particule A portant la charge q_A sur une particule B portant la charge q_B vaut $3{,}0 \times 10^{-3}$ N. Les valeurs des charges sont telles que $|q_A| = |q_B|$ et elles sont situées à une distance $d = 5{,}0$ cm l'une de l'autre.

a. Déterminer la valeur des charges.

b. D'après le calcul, peut-on conclure sur le caractère répulsif ou attractif de l'interaction électrique ?

Si non, de quelle information supplémentaire a-t-on besoin ?

c. Si on multiplie la valeur de la force par 9 et si la valeur de d reste inchangée, comment est modifiée la valeur de chaque charge ?

26 ✶✶ Le carillon électrostatique

Une boule conductrice, suspendue à un fil isolant, est placée entre deux plaques métalliques parallèles reliées à chacune des armatures de la machine de Wimshurst : des charges électriques de signes contraires seront apportées sur les deux plaques. Dès que la machine fonctionne, supposons que la plaque de droite se charge négativement et la plaque de gauche positivement. Si la boule est au départ plus proche de la plaque positive, elle entre en contact avec cette plaque puis est projetée sur la plaque négative puis sur la plaque positive, etc. : elle oscille entre les deux plaques.

a. Pourquoi au départ, la boule non chargée électriquement est attirée par la plaque positive ?

b. Pourquoi, après ce contact, la boule est repoussée ?

c. Pourquoi appelle-t-on ce montage un carillon électrostatique ?

27 Apprendre à chercher

La résolution de cet exercice nécessite de trouver les étapes du raisonnement. En cas de difficultés, rendez-vous page 404.

→ *Comparer les valeurs de la force gravitationnelle et de la force électrique exercées par le noyau d'or sur un des électrons périphériques de l'atome d'or.*

Données : noyau d'or $^{197}_{79}Au$; $m_{nucléon} = 1{,}67 \times 10^{-27}$ kg.

Culture scientifique et citoyenne

Histoire des Sciences — Georges Charpak (1924-2010)

Georges Charpak, physicien français, a reçu le **prix Nobel de physique** en 1992 pour l'invention et le développement de détecteurs de particules de haute énergie.

Admis au CNRS en 1948 en tant que **chercheur dans le laboratoire de physique nucléaire** dirigé par Frédéric Joliot-Curie, il rejoint le CERN (Organisation européenne pour la Recherche Nucléaire) en 1959.

- Dans les années 1960, les particules sont détectées en examinant une à une des millions de photographies prises dans des **chambres à bulles**, méthode coûteuse en temps et en personnes.
- En 1968, Georges Charpak **révolutionne la détection des particules**, la faisant passer **de l'ère manuelle à l'ère électronique** : il développe la **« chambre proportionnelle multifils »**, dispositif qui permet d'automatiser le traitement des expériences. Les chambres à fils ont permis d'observer de nouvelles particules et les chambres de Charpak sont utilisées actuellement dans de grandes expériences liées au LHC (Large Hadron Collider).

Sur le Web http://www.lhc-france.fr/spip.php?article524
http://www.ina.fr/video/CAB92058278/georges-charpak-nobel.fr.html

PHYSIQUE & LITTÉRATURE — Les quarks, un monde poétique

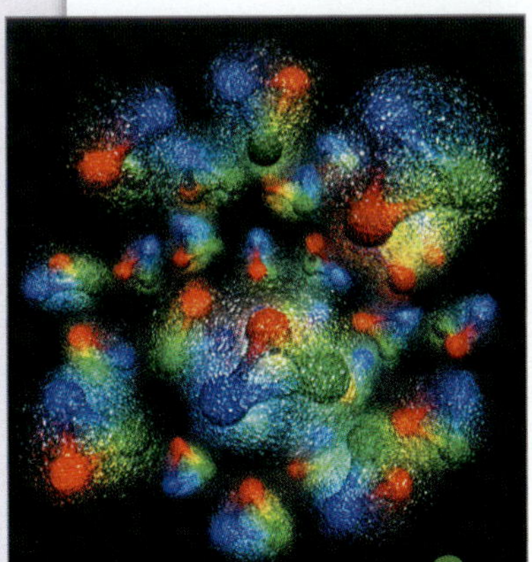

Représentation des quarks (vue d'artiste).

Jusqu'en 1960, on pense que le noyau est constitué de particules indivisibles : les neutrons et les protons. Mais Murray Gell-Mann, physicien américain, imagine la présence d'une autre structure dans les nucléons et formule la **théorie des quarks**. Ces nouvelles particules sont mises en évidence expérimentalement dans les années 1970.

Ces quarks ont-ils enflammé l'imagination et la fantaisie des scientifiques ?

- Leur nom serait issu d'une phrase « Three Quarks for Mister Mark ! » tirée du roman intitulé ***Finnegans Wake*** de l'écrivain irlandais James Joyce.
- Une propriété liée à l'interaction faible est appelée **saveur**. Six saveurs ont été identifiées : u (up), d (down), s (strange), c (charm), b (bottom) et t (top).
- Une propriété faisant intervenir l'interaction forte est appelée **couleur**. Il existe trois couleurs différentes : rouge, vert et bleu.
- Bien sûr, **les quarks ne sont pas réellement colorés** et n'ont pas de goût, mais toutes ces grandeurs nouvelles permettent de décrire les combinaisons possibles entre les différents quarks pour former les particules observables comme les protons ou neutrons.

Sur le Web http://www.cea.fr/index.php/cea/layout/set/popup/content/view/popvide/4369
http://bgoglin.free.fr/physique/particules.php http://voyage.in2p3.fr/standard.html

Chapitre 11

Radioactivité et réactions nucléaires

Les objectifs

- Étudier la cohésion du noyau, utiliser la représentation symbolique ${}_{Z}^{A}X$ et définir l'isotopie.
- Connaître la définition et les ordres de grandeur de l'activité exprimée en becquerel.
- Utiliser les lois de conservation pour écrire l'équation d'une réaction nucléaire.
- Utiliser la relation $\mathscr{E}_{\text{libérée}} = |\Delta m| \times c^2$.
- Recueillir et exploiter des informations sur la découverte de la radioactivité et sur les réactions nucléaires.

Échanger des idées

Galaxies des Antennes contenant plusieurs milliards d'étoiles.

? ▶ ÉMETTRE DES HYPOTHÈSES

Pourquoi les étoiles brillent-elles ?

OBJETS RADIOACTIFS? SOYEZ RÉACTIFS !

▶ DÉBAT EN GROUPE

Comment justifier un tel engouement pour l'utilisation d'objets enrichis en radium dans les années 1930 ?

Campagne de février 2009 pour la récupération d'objets anciens radioactifs.

Scintigraphie de la thyroïde. La médecine nucléaire utilise des traceurs radioactifs pour étudier le fonctionnement d'un organe.

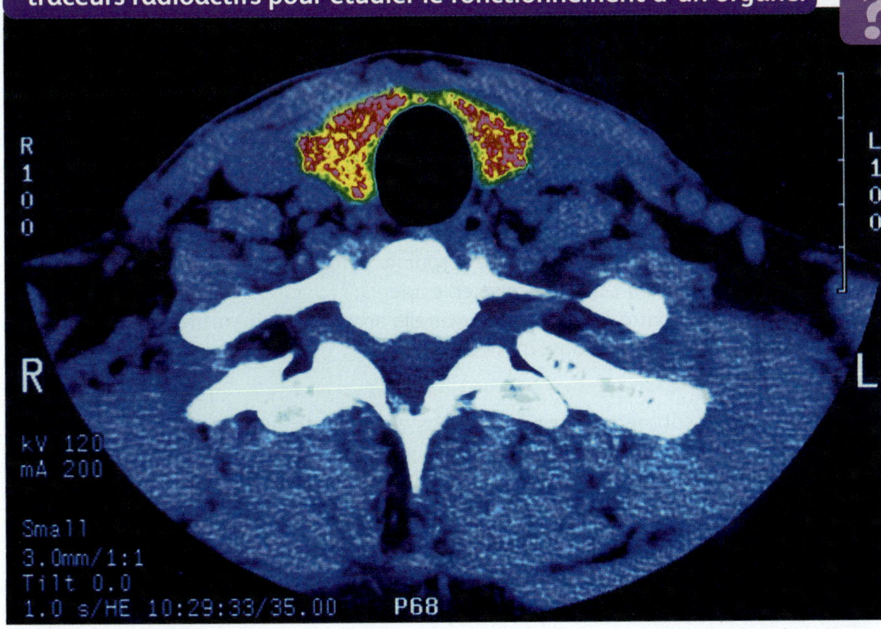

▶ ÉMETTRE DES HYPOTHÈSES

Quelles sont les différences entre une radiographie et une scintigraphie ?

Découvrir et réfléchir

Activité à la maison

ACTIVITÉ DOCUMENTAIRE

MANUEL NUMÉRIQUE

1 Découverte de la radioactivité

▶ À la suite de la découverte des rayons X en 1845, les scientifiques multiplient les expériences et découvrent des phénomènes nouveaux qu'ils nomment radioactivités naturelle et artificielle.

1 *Photographie d'un sel de radium prise dans l'obscurité (1922).*

• En 1896, le physicien Henri Becquerel découvre par hasard un nouveau rayonnement. En sortant de l'obscurité d'un tiroir un échantillon de sel d'uranium stocké sur des plaques photographiques, il constate que ces dernières sont impressionnées et donc que ce sel émet spontanément un rayonnement pénétrant, même en l'absence d'excitation par la lumière solaire. Il montre que cette faculté d'émettre des rayons est une propriété intrinsèque de l'élément uranium ; il les appelle rayons uraniques.

• En 1898, Marie Curie, physicienne française d'origine polonaise, choisit comme sujet de thèse de doctorat l'étude de ce nouveau rayonnement. Elle examine systématiquement un grand nombre de composés chimiques et de minéraux, et découvre que les minerais d'uranium telle la pechblende émettent plus de rayonnements que l'uranium lui-même. Elle déduit de ce fait remarquable que ces substances contiennent, en très petite quantité, un élément beaucoup plus actif que l'uranium. Pierre Curie, son mari, joint ses efforts à ceux de Marie et après avoir manipulé des tonnes de minerai, ils parviennent à isoler deux nouveaux éléments, le polonium puis le radium. À cette occasion, Marie Curie invente le mot radioactivité. Pour la découverte de la radioactivité naturelle, Henri Becquerel et les Curie reçoivent le prix Nobel de physique en 1903.

• En 1934, Irène, fille aînée du couple Curie, et son mari Frédéric Joliot, découvrent la radioactivité artificielle en provoquant une transformation nucléaire qui produit de nouveaux noyaux radioactifs. Une feuille d'aluminium bombardée avec des noyaux d'hélium donne des noyaux de phosphore radioactif, un isotope du phosphore stable, jamais observé dans la nature. Ils le démontrent en isolant chimiquement le phosphore produit avant qu'il ne se désintègre en silicium par radioactivité.

Le prix Nobel de chimie leur est attribué en 1935 pour cette découverte qui trouvera rapidement de nombreuses applications.

2 *De la radioactivité naturelle à la radioactivité artificielle.*

Vocabulaire

Isotope : deux noyaux isotopes ont le même nombre de protons mais des nombres de neutrons différents.

1 Comprendre le texte

a. À partir du texte, donner une définition de la radioactivité.

b. Comment la radioactivité a-t-elle été mise en évidence ?

c. Quelle est la différence entre radioactivité naturelle et radioactivité artificielle ? À quels scientifiques est attribuée leur découverte respective ?

2 Interpréter

Le noyau stable de phosphore contient 15 protons et 16 neutrons ; le noyau instable de phosphore contient 15 protons et 15 neutrons.

a. Pourquoi deux isotopes appartiennent-ils forcément à un même élément ?

b. Quelle différence entre deux noyaux isotopes semble être à l'origine de l'instabilité ?

c. Donner une interprétation de cette instabilité à l'aide des interactions entre nucléons.

3 Faire une recherche

Rechercher quelques applications actuelles de la radioactivité.

ACTIVITÉ DOCUMENTAIRE

MANUEL NUMÉRIQUE

2 Stabilité et instabilité des noyaux

▶ L'ensemble des noyaux connus est classé dans un diagramme appelé diagramme de Segré. Étudions à l'aide du diagramme ci-dessous, ou à partir du logiciel *Nucleus* dont il est issu, la stabilité et l'instabilité des noyaux.

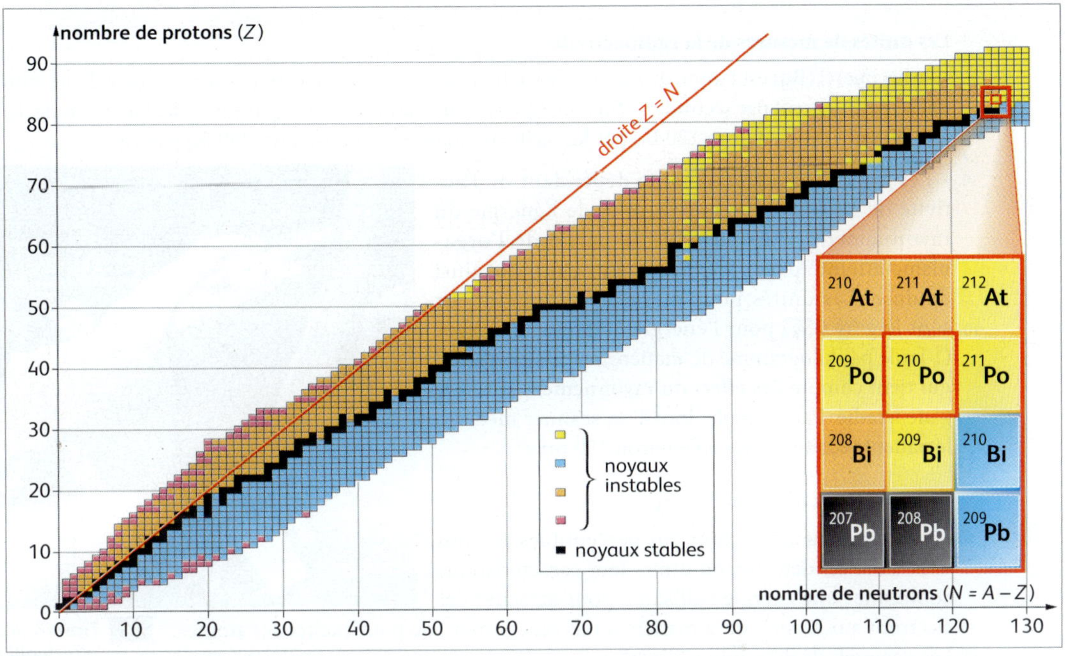

3 *Diagramme de Segré : le nombre de neutrons (N = A – Z) est porté en abscisse et le nombre de protons (Z) en ordonnée. Chaque case correspond à un noyau $^{A}_{Z}X$. L'ensemble des noyaux stables est appelé « la vallée de la stabilité ».*

TICE

Le logiciel *Nucleus* est téléchargeable gratuitement à l'adresse suivante : http://amdc.in2p3.fr/web/nubdisp_fr.html

1 Analyser le document

a. Des stables ou des instables, quels sont les noyaux les plus abondants ?

b. Identifier le noyau stable le plus lourd. Donner sa notation symbolique.

c. Repérer les noyaux suivants sur le diagramme : $^{20}_{10}Ne$, $^{60}_{30}Zn$, $^{55}_{20}Ca$, $^{210}_{84}Po$ et indiquer s'ils sont stables ou instables.

2 Interpréter

a. Quel est le point commun aux noyaux de même ordonnée ? Relever un exemple. Ces noyaux sont dits **isotopes**. Donner la définition de noyaux isotopes.

b. Quelles sont les interactions qui existent entre les nucléons d'un noyau ? Donner une interprétation de la stabilité ou de l'instabilité des noyaux étudiés en question **1 c**.

3 Conclure

Lorsque les noyaux instables se désintègrent, trois cas sont observés : le noyau perd deux neutrons et deux protons (radioactivité α), ou bien un proton se transforme en neutron au sein du noyau (radioactivité β^+), ou encore un neutron se transforme en proton au sein du noyau (radioactivité β^-).

a. En prenant comme exemple les noyaux instables étudiés à la question **1 c.**, quelle radioactivité α, β^+ ou β^- peut-on prévoir pour les noyaux instables situés au-dessus de la vallée de stabilité ? En dessous de la vallée de stabilité ? Au-delà de $Z = 82$?

b. Donner la notation symbolique des noyaux fils obtenus à partir des noyaux instables étudiés à la question **1 c**.

ACTIVITÉ DOCUMENTAIRE

MANUEL NUMÉRIQUE

3 Comment mesure-t-on la radioactivité ?

▶ La Terre et les êtres vivants sont plongés dans un véritable « bain de radioactivité ». Comment évaluer la quantité et la dangerosité des rayonnements émis par ces sources radioactives qui nous entourent ?

Les unités de mesures de la radioactivité

• Le becquerel (Bq) est l'unité de mesure de l'activité d'une source radioactive, c'est-à-dire du nombre de noyaux qui se désintègrent par seconde : 1 Bq correspond à une désintégration par seconde. Par exemple, l'activité d'un être humain est d'environ 120 Bq par kg ; celle du granite est d'environ 1 000 Bq par kg.

• Les effets des rayonnements dépendent de l'activité de la source, de la nature et de l'énergie du rayonnement, mais aussi de la partie de l'organisme atteinte par ce rayonnement. On parle ainsi de dose. Les unités pour mesurer cette grandeur sont le gray (Gy) pour l'énergie massique absorbée (1 joule par kilogramme de matière), et le sievert (Sv) qui tient compte des effets du rayonnement sur l'organe irradié. Par exemple, lors d'un scanner médical, le patient reçoit une dose d'environ 150 mSv.

Les détecteurs de radioactivité

Les rayonnements ne sont pas perceptibles par nos sens. Pour les détecter, on utilise leur caractéristique commune : une énergie suffisante pour arracher des électrons aux atomes de la matière qu'ils rencontrent, ou pour exciter ces atomes. Les appareils de détection utilisent tous le même principe, ils convertissent en un signal électrique les électrons ou les photons créés par le rayonnement. Le compteur Geiger Müller est un exemple de détecteur utilisant l'ionisation d'un gaz.

4 *Travailleur du nucléaire effectuant une mesure de contrôle.*

5 *Unités et mesure de rayonnement.*

1 Analyser les documents

a. Sur quel principe sont construits les détecteurs de radioactivité ?

b. À partir du texte, donner une définition de l'activité et préciser son unité.

c. Pourquoi la mesure de l'activité n'est-elle pas suffisante pour évaluer les effets des rayonnements sur l'organisme ?

2 Faire une recherche

a. Quels sont les noyaux radioactifs présents dans un être humain ? Dans une roche granitique ?

b. En France, l'exposition annuelle des habitants aux rayonnements ionisants est d'environ deux millisieverts. Rechercher les sources radioactives naturelles et artificielles auxquelles un habitant peut être exposé.

c. L'activité d'une source radioactive diminue au cours du temps. Cette décroissance est d'autant plus rapide que la demi-vie de l'échantillon radioactif est courte.
Rechercher la définition de la **demi-vie radioactive**.

Quelques pistes
- www.cea.fr/jeunes/themes/la_radioactivite/la_radioactivite
- www.cea.fr/videos/dossiers/mesure_de_la_radioactivite/%28offset%29/16

ACTIVITÉ DOCUMENTAIRE

MANUEL NUMÉRIQUE

4 L'énergie nucléaire, une énergie du futur ?

▶ L'épuisement des combustibles fossiles rend indispensable le développement de nouvelles énergies. L'utilisation de réactions nucléaires de fission et de fusion apporterait-elle des solutions en tenant compte des exigences environnementales ?

• Les centrales nucléaires actuelles sont fondées sur la fission de noyaux d'uranium 235 qui s'accompagne d'un grand dégagement d'énergie. La centrale nucléaire de Dampierre (Loiret) comporte quatre réacteurs de 900 MW chacun. La production en 2009 a été de 23 milliards de kWh **(document 6)**. Le noyau, dit fissile, est scindé en deux noyaux plus légers sous l'impact d'un neutron. Simultanément se produit la libération de deux ou trois neutrons qui peuvent provoquer à leur tour des fissions. La gestion et le traitement des déchets nucléaires restent actuellement le problème majeur de cette technique.

6 ▲ *Centrale nucléaire de Dampierre (Loiret).*

• La filière d'avenir qui fait l'objet de travaux de recherche est basée sur la fusion au cours de laquelle deux noyaux légers s'unissent pour donner un noyau plus lourd en libérant une énergie considérable. La réaction la plus étudiée est la fusion de deux noyaux isotopes de l'hydrogène, le deutérium et le tritium, qui fusionnent pour donner un noyau d'hélium **(figure 8)**.
La fusion se produit naturellement dans les environnements extrêmement chauds que sont les étoiles, comme le Soleil, où des noyaux d'hydrogène fusionnent en donnant des noyaux d'hélium. Deux axes de recherche sont actuellement développés pour réaliser le contrôle de la fusion thermonucléaire. L'un est la fusion par confinement inertiel par laser, l'autre le confinement magnétique. Le projet mondial de réacteur expérimental ITER a pour but de faire la démonstration scientifique et technique qu'il est possible d'utiliser la fusion pour produire de l'énergie.

• Mais si la fusion contrôlée paraît être une solution pour la production d'énergie (moins dangereuse et moins polluante que la fission de l'uranium), il lui faudra plusieurs décennies avant qu'elle ne fasse ses preuves. Ce n'est qu'une voie possible d'énergie du futur parmi d'autres.

7 *Le présent et le futur de l'énergie nucléaire.*

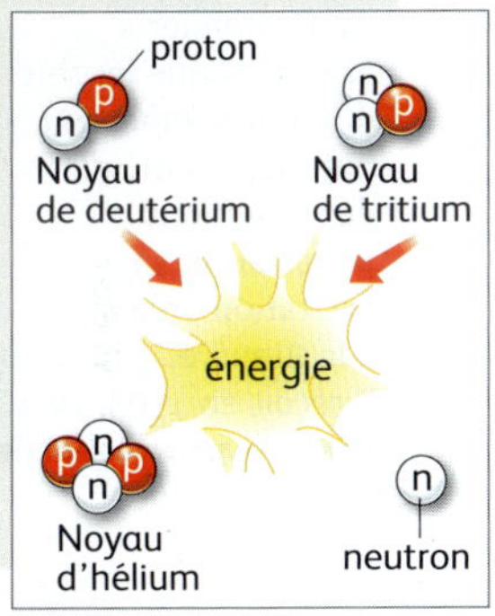

8 *Réaction de fusion.*

1 Analyser les documents

a. À partir du texte, donner une définition de la fission et de la fusion nucléaires.
b. Pourquoi la réaction de fission est-elle qualifiée de réaction en chaîne ?
c. Dans quelle condition peut se produire la fusion nucléaire ? Quels sont les noyaux qui fusionnent dans le Soleil ? Dans les expériences réalisées en laboratoire ?

Science in English

ITER : International Thermonuclear Experimental Reactor
PWR : Pressurized Water Reactor

2 Faire une recherche

a. Quel est le principe d'un réacteur à eau pressurisée (PWR) ?
b. Quel est l'axe de recherche choisi dans le projet ITER ? Le choix de cette technique fait-il l'unanimité ?
c. L'utilisation de l'énergie nucléaire est controversée. Pourquoi ?

Quelques pistes
- www.cea.fr/jeunes/mediatheque/animations_flash/la_radioactivite/le_reacteur_a_eau_pressurisee
- www.science.gouv.fr/fr/dossiers/bdd/res/2803/la-fusion-controlee-le-reve-du-nucleaire-propre-/
- *La fusion nucléaire sera-t-elle un jour exploitable ?* Pour la Science, N° 392, juin 2010.
- *Énergies à volonté !* Pour la Science, N° 69, octobre-décembre 2010.

1 Réactions nucléaires spontanées

Une réaction nucléaire est une transformation d'un ou plusieurs noyaux atomiques. Étudions les noyaux qui donnent lieu à ces réactions.

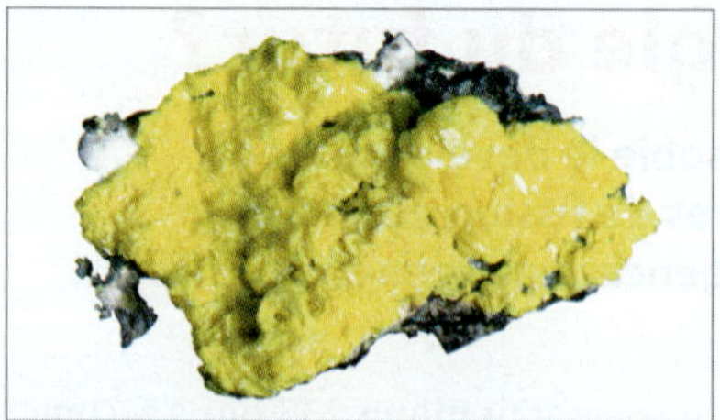

9 *Le minerai d'uranium contient des isotopes de l'uranium :* $^{238}_{92}U$ *et* $^{235}_{92}U$. *Les deux noyaux sont instables.*

1.1 Noyaux isotopes

À un même élément chimique peuvent correspondent plusieurs noyaux qui diffèrent par leur nombre de neutrons. Les noyaux sont appelés **noyaux isotopes (document 9)**.

Deux noyaux isotopes ont le même nombre de protons mais des nombres de neutrons différents (*Z* identiques mais *A* différents).

1.2 Cohésion du noyau et radioactivité

- L'interaction forte assure la **cohésion des noyaux** en s'opposant à l'interaction électromagnétique, responsable de la répulsion entre protons.

La cohésion du noyau est liée au nombre de protons et neutrons qui constituent le noyau. Lorsque la cohésion du noyau n'est plus assurée, il est instable.

- On représente l'ensemble des noyaux connus dans un diagramme (N, Z) **(figure 11 page 187)**, dans lequel les noyaux stables forment « la vallée de la stabilité ». Jusqu'à $Z < 20$, les noyaux stables ont pratiquement autant de protons que de neutrons ; alors que pour $Z > 20$, la cohésion du noyau n'est assurée que si celui-ci contient plus de neutrons que de protons.

- Un **noyau radioactif** est un noyau **instable**.
- La **radioactivité** est la manifestation **spontanée** d'une réaction nucléaire dans laquelle un noyau radioactif, appelé noyau père, se désintègre en un autre noyau, appelé noyau fils, et émet une particule.
- La radioactivité est dite **naturelle** lorsque les noyaux instables existent dans la nature ; elle est dite **artificielle** lorsqu'ils sont créés en laboratoire.

Henri Becquerel

Découverte de la radioactivité naturelle

Becquerel (1852-1908) est le premier à annoncer que les sels d'uranium émettent naturellement des radiations pénétrantes sans excitation préalable à la lumière.
Il reçoit en 1903, avec Pierre et Marie Curie, le **prix Nobel de Physique**.

Irène et Frédéric Joliot-Curie

Découverte de la radioactivité artificielle

En 1934, **Irène et Frédéric Joliot-Curie** découvrent en laboratoire le phosphore 30, noyau artificiel qui n'existe pas dans la nature ; ce noyau est instable et radioactif β^+.
Ils reçoivent un an plus tard **le prix Nobel de Chimie**.

1.3 Les lois de conservation

Toutes les réactions nucléaires obéissent à des **lois de conservation**, appelées **loi de Soddy**.

Lois de conservation : lors d'une réaction nucléaire, il y a conservation de la charge électrique et du nombre de nucléons.

$$^{A}_{Z}X \rightarrow {}^{A_1}_{Z_1}Y_1 + {}^{A_2}_{Z_2}Y_2$$

$A = A_1 + A_2$, conservation du nombre de nucléons
$Z = Z_1 + Z_2$, conservation de la charge électrique

1.4 Les différents types de désintégration

- **Radioactivité α**

Les noyaux sont instables en raison d'un excédent en nucléons. Ils se désintègrent en émettant un **noyau d'hélium** $^{4}_{2}He$, appelé **particule α**.

Exemple. Le polonium 210 : $^{210}_{84}Po \rightarrow ^{206}_{82}Pb + ^{4}_{2}He$.

- **Radioactivité β⁻**

Les noyaux se désintègrent en émettant un **électron** $^{0}_{-1}e$, appelé particule β^-, accompagné d'un **antineutrino**. Ces noyaux instables sont situés en dessous de la vallée de la stabilité du diagramme (N, Z) **(figure 11)**.

Lors de cette désintégration, l'interaction faible intervient dans la transformation d'un neutron en un proton ; un électron et un antineutrino sont éjectés du noyau : $^{1}_{0}n \rightarrow ^{1}_{1}p + ^{0}_{-1}e + ^{0}_{0}\overline{\nu}_e$.

Exemple. Le cobalt 60 : $^{60}_{27}Co \rightarrow ^{60}_{28}Ni + ^{0}_{-1}e + ^{0}_{0}\overline{\nu}_e$.

- **Radioactivité β⁺**

Les noyaux se désintègrent en émettant un **positon** $^{0}_{1}e$, appelé particule β^+, accompagné d'un **neutrino**. Ces noyaux instables sont situés au-dessus de la vallée de la stabilité du diagramme (N, Z) **(figure 11)**.

Lors de cette désintégration, un proton se transforme au sein du noyau en un neutron ; un positon et un neutrino sont éjectés du noyau :

$$^{1}_{1}p \rightarrow ^{1}_{0}n + ^{0}_{1}e + ^{0}_{0}\nu_e.$$

Exemple. Le phosphore 30 : $^{30}_{15}P \rightarrow ^{30}_{14}Si + ^{0}_{1}e + ^{0}_{0}\nu_e$.

Radioactivité α	Radioactivité β⁻	Radioactivité β⁺
Émission d'un noyau d'hélium $^{A}_{Z}X \rightarrow ^{A-4}_{Z-2}Y + ^{4}_{2}He$	Émission d'un électron $^{A}_{Z}X \rightarrow ^{A}_{Z+1}Y + ^{0}_{-1}e + ^{0}_{0}\overline{\nu}_e$	Émission d'un positon $^{A}_{Z}X \rightarrow ^{A}_{Z-1}Y + ^{0}_{1}e + ^{0}_{0}\nu_e$

Vocabulaire

Neutrino et **antineutrino** sont des particules élémentaires notées respectivement :

$$^{0}_{0}\nu_e \text{ et } ^{0}_{0}\overline{\nu}_e.$$

Ils ne possèdent pas de charge électrique et leur masse est très faible. Ils interagissent uniquement par interaction faible.

	Électron	Positon
Masse (kg)	$9{,}109\ 38 \times 10^{-31}$	$9{,}109\ 38 \times 10^{-31}$
Charge (C)	$-1{,}602\ 18 \times 10^{-19}$	$1{,}602\ 18 \times 10^{-19}$

10 *Masse et charge d'un électron et d'un positon. Le positon est l'antiparticule de l'électron. Lorsque les deux particules se rencontrent, elles s'annihilent pour donner une émission γ.*

Éviter des erreurs

Réactions nucléaires spontanées

- Radioactivité naturelle : les noyaux instables sont dits naturels car ils existent dans la nature.
Ils sont émetteurs α ou β⁻.
- Radioactivité artificielle : les noyaux instables sont dits artificiels car ils sont créés en laboratoire.
Ils sont en général émetteurs β⁺.

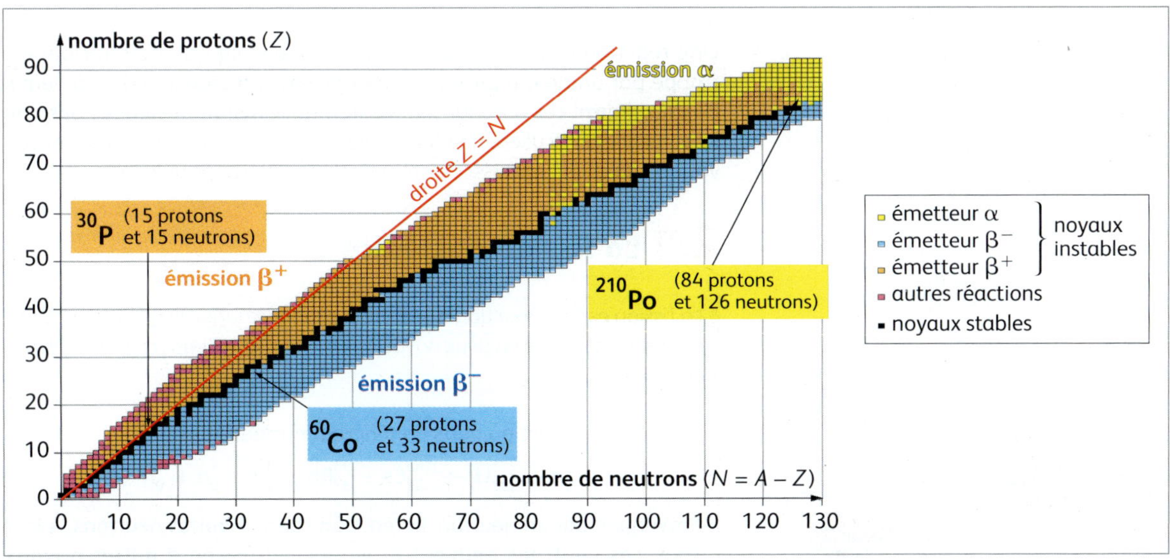

11 *Diagramme (N, Z) et principaux types de désintégrations nucléaires. Les noyaux stables (en noir) appartiennent à une zone appelée vallée de la stabilité.*

Source radioactive	Activité
Homme (70 kg)	7 000 Bq
1 L d'eau minérale	10 Bq
1 kg de poisson	100 Bq
1 kg d'engrais phosphaté	2 000 Bq
1 kg de plutonium	2×10^{12} Bq

12 *Activités de quelques sources ; l'activité est rapportée à une masse ou à un volume.*

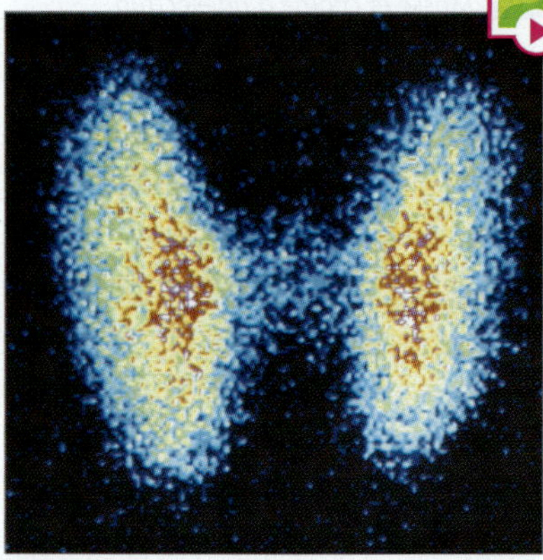

13 *Dans une scintigraphie de la thyroïde, l'iode 123 injecté au patient a une demi-vie $t_{1/2} = 13$ h ; ceci signifie qu'au bout de 13 h, l'activité de l'iode 123 injecté a diminué de moitié.*

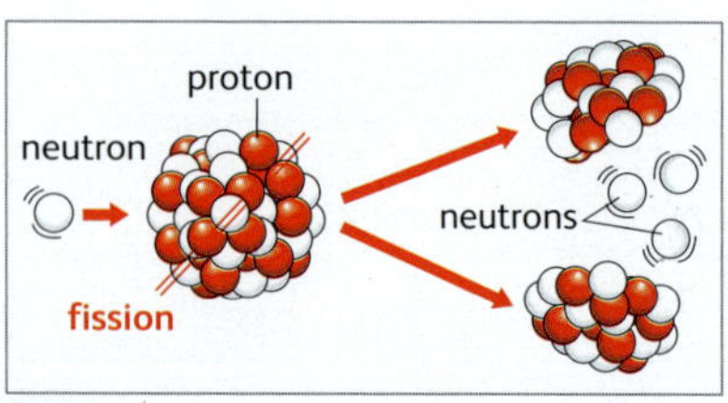

14 *Fission d'un noyau lourd.*

1.5 La désexcitation γ

À la suite d'une désintégration, le noyau fils peut être dans un état dit « excité ». Il devient stable en libérant l'excédent d'énergie qu'il possède sous forme d'un rayonnement électromagnétique de fréquence très élevée appelé **rayonnement** γ.

L'équation de la réaction nucléaire est : ${}^{A}_{Z}Y^{*} \rightarrow {}^{A}_{Z}Y$ avec émission γ.

1.6 Activité et décroissance radioactive

Les noyaux d'un échantillon radioactif ne se désintègrent pas tous simultanément : l'activité nous renseigne sur la rapidité de la disparition des noyaux radioactifs.

- **L'activité *A*** d'un échantillon radioactif est le nombre de désintégrations qu'il produit par seconde.
- L'unité de *A* est le **becquerel (Bq)**, 1 Bq = une désintégration par seconde.

Pour un échantillon donné, l'activité dépend de la masse de l'échantillon, c'est-à-dire du nombre de noyaux susceptibles de se désintégrer : l'activité de 2 kg de plutonium est supérieure à l'activité de 1 kg de plutonium **(tableau 12)**.

Pour un échantillon donné, le nombre de noyaux susceptibles de se désintégrer diminue, donc l'activité diminue au cours du temps. L'activité est divisée par deux au bout d'une durée appelée **demi-vie** d'un échantillon radioactif, notée $t_{1/2}$ **(document 13)**.

2 Réactions nucléaires provoquées

Une réaction nucléaire est dite provoquée lorsqu'un noyau cible est frappé par un noyau projectile pour donner naissance à de nouveaux noyaux. Parmi ces réactions, la **fission** et la **fusion** nucléaires ont une importance particulière pour l'énergie qu'elles libèrent. Les lois de conservation s'appliquent aussi aux réactions nucléaires provoquées.

2.1 La fission nucléaire

La fission est une réaction nucléaire au cours de laquelle un noyau lourd, dit fissile, est scindé en deux noyaux plus légers sous l'impact d'un neutron **(figure 14)**.

Exemple de réaction dans un réacteur nucléaire :

$$ {}^{1}_{0}n + {}^{235}_{92}U \rightarrow {}^{140}_{55}Cs + {}^{93}_{37}Rb + {}^{1}_{0}n + {}^{1}_{0}n + {}^{1}_{0}n $$

Provoquée par un neutron, la réaction libère d'autres neutrons. À leur tour, ces neutrons peuvent provoquer la fission d'autres noyaux d'uranium 235. On parle de **réactions en chaîne**.

2.2 La fusion nucléaire

La **fusion** est une réaction nucléaire au cours de laquelle deux noyaux légers s'unissent pour donner un noyau plus lourd **(figure 15)**.

Exemple de réaction étudiée dans les réacteurs expérimentaux :

$$^{2}_{1}\text{H} + {}^{3}_{1}\text{H} \rightarrow {}^{4}_{2}\text{He} + {}^{1}_{0}n$$

La fusion de deux noyaux chargés positivement nécessite des températures très élevées. Ces conditions existent dans les étoiles comme le Soleil. Sur Terre, les recherches sur la maîtrise de la fusion sont en cours.

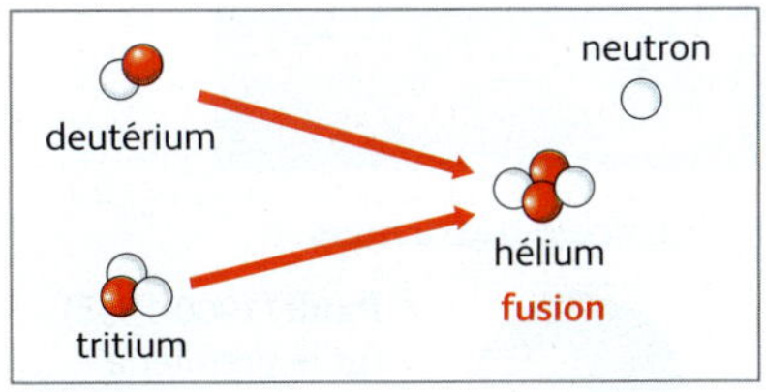

15 *Fusion de deux noyaux légers.*

3 Bilan d'énergie

3.1 Perte de masse et énergie libérée

D'après la relation d'équivalence entre la masse et l'énergie postulée par Einstein, à une libération d'énergie correspond une **perte de masse**.

Lorsque la masse d'un système diminue, l'énergie qu'il libère est donnée par la relation suivante :

$$\mathscr{E}_{\text{libérée}} = |\Delta m| \times c^2$$

- Δm = masse finale – masse initiale en kilogramme (kg)
- $c = 2{,}997\,924\,58 \times 10^{8}\ \text{m}\cdot\text{s}^{-1}$, vitesse de propagation de la lumière dans le vide.
- $\mathscr{E}_{\text{libérée}}$ énergie libérée en joule (J)

Pour obtenir une valeur positive de $\mathscr{E}_{\text{libérée}}$, on utilise la valeur absolue de Δm puisque Δm est négatif.

Albert Einstein

L'énergie et la masse : deux concepts équivalents

Au début du XXe siècle, **Einstein** (1879-1955) postule qu'à toute masse correspond une énergie. La relation d'équivalence entre la masse m et l'énergie $\mathscr{E}$ du système au repos s'écrit : $\mathscr{E} = mc^2$ avec c, vitesse de propagation de la lumière dans le vide.

3.2 Réactions nucléaires et énergie libérée

Les réactions nucléaires spontanées, les réactions de fission et de fusion nucléaires s'accompagnent d'une **libération d'énergie** sous forme :
- d'énergie cinétique des noyaux et des particules créés ;
- d'énergie du rayonnement γ.

A Exemple d'une réaction nucléaire spontanée

Le césium 137 est radioactif β^- : $^{137}_{55}\text{Cs} \rightarrow {}^{137}_{56}\text{Ba} + {}^{0}_{-1}e + {}^{0}_{0}\overline{\nu}_e$.

Pour calculer l'énergie libérée, il faut calculer la variation de masse :

$\Delta m = m_{\text{finale}} - m_{\text{initiale}} = m\,({}^{137}_{56}\text{Ba}) + m({}^{0}_{-1}e) - m({}^{137}_{55}\text{Cs})$;

$\Delta m = 227{,}286\,58 \times 10^{-27} + 9{,}109\,38 \times 10^{-31} - 227{,}289\,59 \times 10^{-27}$ (kg) ;

$\Delta m = -2{,}10 \times 10^{-30}$ kg.

La variation de masse du système est négative, il y a perte de masse et donc libération d'énergie.

L'énergie libérée est donc $\mathscr{E}_{\text{libérée}} = |\Delta m| \times c^2 = 1{,}89 \times 10^{-13}$ J.

Les unités

En physique nucléaire, on utilise :
- l'électronvolt : $1\ \text{eV} = 1{,}602\,18 \times 10^{-19}\ \text{J}$
- le megaélectronvolt : $1\ \text{MeV} = 10^{6}\ \text{eV}$
- l'unité de masse atomique : $1\ \text{u} = 1{,}660\,54 \times 10^{-27}\ \text{kg}$

Wolfgang Ernst Pauli

Physicien autrichien

Pauli (1900-1958) fut le premier à postuler l'existence du neutrino pour remédier à la non conservation apparente de l'énergie au cours des désintégrations β. Les neutrinos interagissent très peu avec la matière et leur difficile détection ne sera effectuée que 25 ans plus tard. Actuellement, on considère que leur masse n'est pas nulle mais extrêmement faible.

16 *Un réacteur nucléaire utilise l'énergie de la fission contrôlée de l'uranium 235 pour fournir de l'énergie électrique.*

17 *Les étoiles brillent grâce à l'énergie considérable libérée par les réactions de fusion nucléaire.*

Ce résultat est converti en électronvolt :

$$\mathscr{E}_{\text{libérée}} = \frac{1{,}89 \times 10^{-12}}{1{,}60 \times 10^{-19}}\ \text{eV}\,;$$

$$\mathscr{E}_{\text{libérée}} = 1{,}18 \times 10^{6}\ \text{eV}\,;$$

$$\mathscr{E}_{\text{libérée}} = 1{,}18\ \text{MeV}.$$

Remarque. Après diverses mesures contradictoires, l'étude du bilan énergétique d'une réaction β^- a montré que l'énergie cinétique des électrons émis était inférieure à celle prévue, même en tenant compte du rayonnement γ. En 1933, Pauli postule l'existence d'une particule neutre, de masse nulle, émise en même temps que l'électron, qui emporte l'énergie manquante. Pauli l'a nommé « petit neutre » ou **neutrino**.

B Exemple d'une réaction nucléaire provoquée

L'uranium 235, sous l'impact d'un neutron, subit une fission.

Par exemple :

$$^{1}_{0}n + {}^{235}_{92}\text{U} \rightarrow {}^{140}_{55}\text{Cs} + {}^{93}_{37}\text{Rb} + {}^{1}_{0}n + {}^{1}_{0}n + {}^{1}_{0}n.$$

La variation de masse du système est :

$$\Delta m = \left[m({}^{140}_{55}\text{Cs}) + m({}^{93}_{37}\text{Rb}) + 3m({}^{1}_{0}n)\right] - \left[m({}^{235}_{92}\text{U}) + m({}^{1}_{0}n)\right].$$

L'application numérique donne une valeur de Δm négative, il y a perte de masse et donc libération d'énergie.

L'énergie libérée par la fission d'un noyau d'uranium est de l'ordre de 200 MeV **(document 16)**. L'énergie libérée par la fusion d'un noyau de tritium et d'un noyau de deutérium est de l'ordre de 20 MeV.

Pour comparer, il faut calculer les énergies libérées par nucléon : on trouve un ordre de grandeur de 1 MeV par nucléon, la fusion libérant plus d'énergie que la fission **(document 17)**.

3.3 Défaut de masse et énergie

Les mesures montrent que la masse des nucléons qui constituent un noyau est supérieure à la masse de ce noyau : c'est le **défaut de masse**.

- Le défaut de masse d'un noyau est la différence entre la masse des nucléons isolés et au repos, et la masse du noyau au repos.

$$\textbf{Défaut de masse} = [Zm_{\text{proton}} + (A - Z)m_{\text{neutron}}] - m_{\text{noyau}} > 0.$$

- Au défaut de masse est associée une énergie : cette énergie correspond à l'**énergie de liaison du noyau**.

Pour comparer la stabilité de deux noyaux, il faut étudier l'énergie de liaison par nucléon.

Exemple. Pour le noyau de fer 56, l'énergie de liaison est 8,8 MeV par nucléon. Pour le noyau d'uranium 238, l'énergie de liaison est 7,6 MeV par nucléon. Le noyau de fer est plus stable que le noyau d'uranium.

L'ESSENTIEL

Réactions nucléaires spontanées

- **Isotopie**

Deux noyaux isotopes ont le même nombre de protons mais des nombres de neutrons différents.

- **Radioactivité**

Un noyau radioactif est un noyau instable.

La radioactivité est la manifestation spontanée d'une réaction nucléaire au cours de laquelle un noyau radioactif se désintègre. La radioactivité est dite **naturelle** lorsque les noyaux instables existent dans la nature, elle est dite **artificielle** lorsqu'ils sont créés en laboratoire.

- **Lois de conservation**

Lors d'une réaction nucléaire, il y a conservation de la charge électrique et du nombre de nucléons.

- **Activité et décroissance radioactive**

L'activité A d'un échantillon radioactif est le nombre de désintégration qu'il produit par seconde. A s'exprime en becquerel (Bq). L'activité diminue au cours du temps.

- **Désexcitation γ**

La désexcitation γ est l'émission d'un rayonnement électromagnétique par un noyau fils formé dans un état excité.

Différents types de radioactivité

- **Radioactivité α** : émission d'un **noyau d'hélium**.

$${}^{A}_{Z}X \rightarrow {}^{A-4}_{Z-2}Y + {}^{4}_{2}He$$

- **Radioactivité β^-** : émission d'un **électron**.

$${}^{A}_{Z}X \rightarrow {}^{A}_{Z+1}Y + {}^{0}_{-1}e + {}^{0}_{0}\overline{\nu}_e$$

- **Radioactivité β^+** : émission d'un **positon**.

$${}^{A}_{Z}X \rightarrow {}^{A}_{Z-1}Y + {}^{0}_{1}e + {}^{0}_{0}\nu_e$$

Réactions nucléaires provoquées

- La **fission** est une réaction nucléaire au cours de laquelle un noyau lourd, dit fissile, est scindé en deux noyaux plus légers sous l'impact d'un neutron.

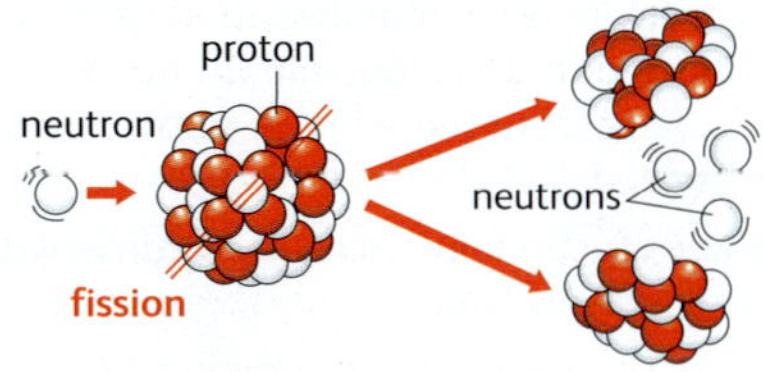

- La **fusion** est une réaction nucléaire au cours de laquelle deux noyaux légers s'unissent pour donner un noyau plus lourd.

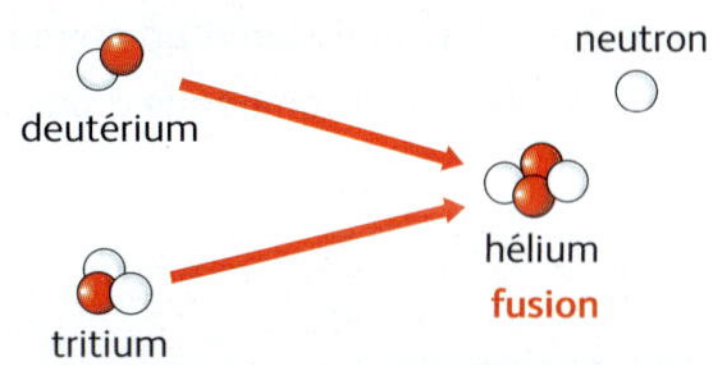

Bilan d'énergie

- Les réactions nucléaires spontanées, les réactions de fission et de fusion nucléaires s'accompagnent d'une **perte de masse** et d'une **libération d'énergie** donnée par la relation suivante :

$$\mathscr{E}_{\text{libérée}} = |\Delta m| \times c^2$$

Δm = masse finale – masse initiale en kilogramme (kg)

$c = 2{,}997\,924\,58 \times 10^8\ \text{m}\cdot\text{s}^{-1}$, vitesse de propagation de la lumière dans le vide.

$\mathscr{E}_{\text{libérée}}$ énergie libérée en joule (J)

Défaut de masse

- Le **défaut de masse** d'un noyau est la différence entre la masse des nucléons isolés et au repos, et la masse du noyau au repos.

$$\text{Défaut de masse} = [Zm_{\text{proton}} + (A - Z)m_{\text{neutron}}] - m_{\text{noyau}}.$$

- Le défaut de masse est **positif**.

Exercices Application

5 minutes CHRONO !

MANUEL NUMÉRIQUE — EXERCICES INTERACTIFS

1 Mots manquants

Compléter avec un ou plusieurs mots.

a. Deux noyaux .... ont le même nombre de protons mais des nombres de neutrons différents.

b. La radioactivité est la manifestation spontanée d'une réaction nucléaire dans laquelle un noyau radioactif, appelé ...., se désintègre en un autre noyau, appelé ...., et émet ....

c. Lors d'une réaction nucléaire, il y a conservation .... et du nombre de nucléons.

d. L'activité d'un échantillon radioactif est .... qu'il produit par .... L'unité de l'activité est ....

e. La .... est une réaction nucléaire au cours de laquelle deux noyaux légers s'unissent pour donner un noyau plus lourd.

f. La .... correspond à l'émission d'un noyau d'hélium.

g. Une réaction de fission s'accompagne d'une perte .... et .... d'énergie.

2 QCM

Cocher la réponse exacte.

a. Au cours du temps, l'activité d'une source radioactive :
- ☐ augmente ☐ diminue ☐ est constante

b. La radioactivité β^+ correspond à l'émission :
- ☐ d'un électron ☐ d'un positon ☐ d'un proton

c. Le radium ${}^{226}_{88}\text{Ra}$, émetteur α, a pour noyau fils :
- ☐ ${}^{224}_{84}\text{Po}$ ☐ ${}^{222}_{86}\text{Rn}$ ☐ ${}^{222}_{86}\text{Ra}$

d. Une réaction nucléaire au cours de laquelle un noyau lourd est scindé en deux noyaux plus légers est :
- ☐ une fusion nucléaire
- ☐ une ébullition
- ☐ une fission

e. L'équation de réaction suivante respecte les lois de conservation :

$${}^{1}_{0}n + {}^{235}_{92}\text{U} \rightarrow {}^{140}_{55}\text{Cs} + {}^{93}_{37}\text{Rb} + x\,{}^{1}_{0}n$$

Le nombre x de neutrons émis est :
- ☐ un
- ☐ deux
- ☐ trois

f. Dans le système SI, la perte de masse Δm de la relation $\mathscr{E}_{\text{libérée}} = |\Delta m| \times c^2$ est en :
- ☐ kilogramme
- ☐ gramme
- ☐ joule

→ Reportez-vous aux solutions détaillées page 393 pour vérifier vos réponses et comprendre vos erreurs.

Parcours personnalisés

Trois parcours d'exercices pour travailler en autonomie selon ses besoins.

- **Maîtriser les bases** : 6 - 8 - 10 - 14
- **Préparer l'évaluation** : 15 - 16 - 18
- **Cap sur la Terminale** : 28 - 30 - 31

Données pour les exercices :
- **1 eV = 1,602 18 × 10^{-19} J ;**
- **c = 2,997 924 58 × 10^{8} m·s^{-1}, vitesse de propagation de la lumière dans le vide.**
- **La classification périodique est disponible en rabat.**

MOBILISER SES CONNAISSANCES

▶ Réactions nucléaires spontanées

[§1 du cours]

3 Notation symbolique d'un noyau et isotopie

a. Compléter le tableau suivant :

Noyau	Élément	*A*	*Z*	*N*
${}^{210}_{84}\text{Po}$				
		204	84	
${}^{12}_{6}\text{C}$				
			6	8

b. Dans quel cas deux noyaux sont-ils isotopes ? Relever un ou des exemple(s) dans le tableau.

4 Noyaux stables et instables

Le cobalt 59 de symbole ${}^{59}_{27}\text{Co}$ est stable alors que le cobalt 55 de symbole ${}^{55}_{27}\text{Co}$ est instable.

a. Donner la composition des deux noyaux.

b. Interpréter en terme d'interaction la stabilité ou l'instabilité de ces noyaux.

5 Radioactivité et lois de conservation

a. Énoncer les lois de conservation de Soddy.

b. Comment se nomme le noyau ${}^{A}_{Z}X$ dans l'équation de la réaction nucléaire suivante ${}^{A}_{Z}X \rightarrow {}^{A_1}_{Z_1}Y_1 + {}^{A_2}_{Z_2}Y_2$?

Quelles relations peut-on écrire entre les nombres de masse d'une part, et les nombres de charge d'autre part ?

6 Radioactivité α ou β ?

Compléter les équations suivantes en appliquant les lois de conservation et en précisant le type de radioactivité.

$^{28}_{13}\text{Al} \rightarrow {}^{\dots}_{14}\text{Si} + \dots$; $^{91}_{42}\text{Mo} \rightarrow {}^{\dots}_{41}\text{Nb} + \dots$; $^{238}_{92}\text{U} \rightarrow {}^{\dots}_{90}\text{Th} + \dots$

7 Émission γ

a. Dans quel cas se produit une émission γ ? Quelle est la nature de l'émission ?

b. Écrire l'équation de la désexcitation γ du noyau $^{222}_{86}\text{Rn}$.

8 Activité et décroissance radioactive

L'activité d'une source radioactive de cobalt 60 est de $2{,}0 \times 10^{11}$ Bq.

a. Définir l'activité. Comment varie-t-elle au cours du temps ?

b. La demi-vie de ce radioisotope étant de 5,3 ans, quelle valeur aura l'activité de cette source dans 10,6 ans ?

Réactions nucléaires provoquées

[§2 du cours]

9 Fission et fusion

a. Donner les définitions de la fusion et de la fission nucléaires.

b. Compléter les équations suivantes en appliquant les lois de conservation. Indiquer s'il s'agit d'une réaction de fusion ou de fission nucléaires.

$$^{1}_{0}n + {}^{235}_{92}\text{U} \rightarrow {}^{139}_{54}\text{Xe} + {}^{94}_{\dots}\text{Sr} + \dots {}^{1}_{0}n.$$

$$^{2}_{1}\text{H} + {}^{\dots}_{1}\text{H} \rightarrow {}^{4}_{\dots}\text{He} + {}^{1}_{0}n.$$

Bilan d'énergie [§3 du cours]

10 Énergie libérée

a. Quelle est la relation entre l'énergie libérée par un système et sa perte de masse ? Préciser les unités de chaque terme.

b. Au cours d'une réaction de fusion, l'énergie libérée a pour valeur $2{,}00 \times 10^{-13}$ J.
Calculer la perte de masse correspondante.

UTILISER SES COMPÉTENCES

11 Exploiter les données d'un texte

> Le technétium est un isotope radioactif utilisé en médecine pour réaliser des scintigraphies. Ses caractéristiques sont une forte fixation osseuse mais une faible fixation extra-osseuse. Sa demi-vie est de 6 h et l'activité de la dose à injecter est de 3,7 à 11,1 MBq par kg de masse corporelle.

a. Donner une raison du choix de cet isotope pour effectuer une scintigraphie osseuse.

b. Une dose d'activité initiale 400 MBq est injectée à un patient dont la masse corporelle est égale à 50 kg.
La prescription correspond-elle aux recommandations d'utilisation ?

c. Si on considère qu'un échantillon radioactif est inactif après une durée égale à 20 fois sa demi-vie, le produit injecté est-il inactif au bout de 48 h ?

12 Utiliser les unités SI

L'énergie libérée par une réaction de fission est de 200 MeV.
Calculer la perte de masse correspondante en kg.

13 Utiliser un diagramme

Dans l'extrait de diagramme (N, Z) ci-dessous, les noyaux stables sont dans les cases colorées en noir.
L'étude porte sur les deux noyaux instables notés X_1 et X_2.

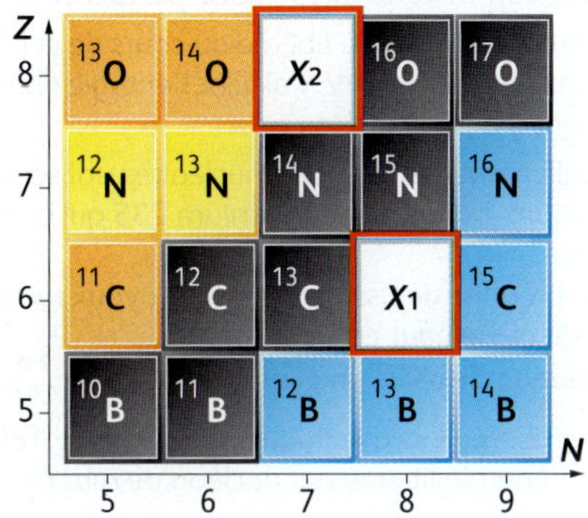

a. Étude du noyau noté X_1 :
– Quelle est la notation symbolique de ce noyau ?
– De quel(s) autre(s) noyau(x) stable(s) est-il isotope ?
– Quelle est la cause de son instabilité ? En déduire le type de radioactivité dont il est responsable.
– Écrire l'équation de la réaction nucléaire

b. Répondre aux mêmes questions pour le noyau X_2.

14 Apprendre à rédiger

Voici l'énoncé d'un exercice et un guide (en orange) ; ce guide vous aide pour rédiger la solution détaillée et pour retrouver les réponses numériques aux questions posées.

Énoncé

La fission de l'uranium 235 provoquée par un bombardement neutronique peut fournir par exemple du lanthane 148 et du brome 85.

a. Écrire l'équation de la réaction de fission d'un noyau d'uranium.

- **Préciser que la classification périodique permet d'écrire la notation symbolique complète de chaque noyau.**
- **Avant d'écrire l'équation de la réaction de fission (sans oublier le neutron incident), citer les lois de conservation de Soddy.**
- **Vérifier que dans ce cas, 3 neutrons sont émis.**

b. Cette fission peut-elle donner naissance à une réaction en chaîne ?

- **Noter la présence de neutrons dans les produits de fission.**

Exercices Entraînement

EXERCICE RÉSOLU

Site élève

15 Production d'énergie nucléaire

Énoncé La fusion contrôlée est la réaction sur laquelle se concentrent les recherches actuelles. Elles impliquent la fusion du deutérium $^{2}_{1}H$ et du tritium $^{3}_{1}H$. Seul le tritium est radioactif (demi-vie 12,3 ans), et 90 % des déchets radioactifs générés par la fusion sont de faible ou moyenne activité.

1. Écrire l'équation de cette fusion nucléaire sachant que cette réaction libère un neutron et un noyau noté $^{A}_{Z}X$. Identifier ce noyau.
2. Montrer que l'énergie libérée au cours de cette réaction de fusion nucléaire est de 17,6 MeV. Calculer l'énergie libérée par nucléon de matière participant à la réaction.
3. Actuellement, les centrales nucléaires utilisent l'énergie libérée par des réactions de fission de l'uranium 235 qui constitue le «combustible nucléaire».
Certains produits de fission sont des noyaux radioactifs à forte activité et dont la demi-vie peut être très longue.
Une équation de réaction possible est : $^{1}_{0}n + ^{235}_{92}U \rightarrow ^{139}_{54}Xe + ^{94}_{38}Sr + 3\,^{1}_{0}n$.
L'énergie libérée lors de chaque fission est de 180,0 MeV.
Calculer l'énergie libérée par nucléon de matière participant à la réaction.
4. Conclure en indiquant le ou les avantage(s) que présenterait(ent) l'utilisation de la fusion nucléaire par rapport à la fission pour la production d'électricité dans les centrales nucléaires.

Donnée : unité de masse atomique 1 u = $1{,}660\,54 \times 10^{-27}$ kg.

Noyau ou particule	Masse (u)
$^{2}_{1}H$	2,013 55
$^{3}_{1}H$	3,015 50
$^{3}_{2}He$	3,014 93
$^{4}_{2}He$	4,001 51
$^{1}_{0}n$	1,008 66

Une solution

1. La réaction de fusion s'écrit : $^{2}_{1}H + ^{3}_{1}H \rightarrow ^{1}_{0}n + ^{A}_{Z}X$.
D'après les lois de conservation : $1 + 1 = 0 + Z$, donc $Z = 2$; $2 + 3 = 1 + A$, donc $A = 4$.
Le noyau dont le nombre de charge est égal à 2 est un noyau d'hélium : $^{4}_{2}He$.

2. L'énergie libérée est donnée par la relation $\mathcal{E}_{\text{libérée}} = |\Delta m| \times c^2$
avec $\Delta m = m_{\text{finale}} - m_{\text{initiale}} = m(^{4}_{2}He) + m(^{1}_{0}n) - m(^{2}_{1}H) - m(^{3}_{1}H)$.
A.N. : $\Delta m = (4{,}001\,51 + 1{,}008\,66 - 2{,}013\,55 - 3{,}015\,50) = -0{,}018\,88$ u.
Δm est la perte de masse, le signe de Δm est négatif.
$|\Delta m| = +0{,}018\,88 \times 1{,}660\,54 \times 10^{-27} = 3{,}135\,10 \times 10^{-29}$ kg.
$\mathcal{E}_{\text{libérée}} = 3{,}135\,10 \times 10^{-29} \times (2{,}997\,924\,58 \times 10^{8})^2 = 2{,}817\,69 \times 10^{-12}$ J.
$\mathcal{E}_{\text{libérée}} = \dfrac{2{,}817\,69 \times 10^{-12}}{1{,}602\,18 \times 10^{-19}} = 17{,}586\,6 \times 10^{6}$ eV ; soit 17,6 MeV, comme l'énoncé.
Cinq nucléons participent à la fusion, l'énergie libérée par nucléon est donc :
$\mathcal{E}_{\text{libérée / nucléon}} = \dfrac{17{,}6}{5} = 3{,}52$ MeV.

3. Au cours de la fission, le nombre de nucléons mis en jeu est : $1 + 235 = 236$.
L'énergie libérée par nucléon est : $\mathcal{E}_{\text{libérée / nucléon}} = \dfrac{180{,}0}{236} = 0{,}763$ MeV.

4. La fusion nucléaire présente des avantages sur la fission pour l'énergie libérée par nucléon (3,52 MeV pour la fusion et 0,763 MeV pour la fission) et pour la gestion des déchets (activités moins fortes et durées de vie moins longues).

Raisonner
Les lois de conservation servent à établir les valeurs de Z et de A.

Connaissances
Δm correspond à une perte de masse, le signe de Δm est donc négatif. Or, l'énergie libérée est une grandeur positive.

Application numérique
- Les masses sont données en unité de masse atomique ; il faut les convertir en kg.
- L'énergie obtenue en joule est ensuite exprimée en MeV.
- Attention au nombre de chiffres significatifs.

Raisonner
Le nombre de nucléons participant à une fusion est de 2 pour le deutérium et 3 pour le tritium, soit 5 au total.

Raisonner
Pour la fission, il faut totaliser les 235 nucléons du noyau d'uranium et le neutron incident, soit 236 nucléons.

Données pour les exercices :
- $1 \text{ eV} = 1{,}602\,18 \times 10^{-19}$ J.
- $1 \text{ u} = 1{,}660\,54 \times 10^{-27}$ kg.
- Masse d'un neutron : $1{,}674\,93 \times 10^{-27}$ kg $= 1{,}008\,66$ u.
- Masse d'un proton : $1{,}672\,62 \times 10^{-27}$ kg $= 1{,}007\,28$ u.
- Masse d'un électron : $9{,}109\,38 \times 10^{-31}$ kg $= 5{,}485\,79 \times 10^{-4}$ u.
- Vitesse de propagation de la lumière dans le vide : $c = 2{,}997\,924\,58 \times 10^{8}$ m·s^{-1}

16 Stabilité et instabilité des noyaux

a. Le noyau d'azote (symbole $^{A}_{Z}$N) de nombre de masse $A = 17$ est un noyau instable, émetteur β^-, alors que le noyau d'azote de nombre de masse $A = 14$ est stable.
Donner la composition de ces deux noyaux puis écrire l'équation de la désintégration du noyau instable. Préciser la transformation qui se produit au sein du noyau père.

b. Reprendre les questions précédentes pour ^{18}F, noyau de fluor émetteur β^+ et ^{19}F, noyau stable.

17 Réactions nucléaires spontanées

Sur chaque ligne du tableau ci-dessous sont indiqués les noyaux père et fils d'une réaction.

Noyau père	Noyau fils
^{238}Pu	U
^{131}I	Xe
^{23}Na	Ne

Identifier dans chaque cas le type de radioactivité mis en jeu et écrire l'équation de la réaction.

18 Isotopes de l'iode

L'iode est un oligo-élément essentiel pour l'organisme humain car il intervient dans la synthèse des hormones par la glande thyroïde.
L'isotope naturel $^{127}_{53}$I est stable alors que l'isotope artificiel $^{131}_{53}$I est radioactif β^-.

a. Donner la composition des deux noyaux.
Pourquoi l'iode 131 est-il qualifié d'artificiel ?

b. Comment expliquer l'instabilité de l'iode 131 ? Écrire l'équation de la désintégration de l'iode 131.

c. En France, les personnes vivant à proximité d'une centrale nucléaire reçoivent des comprimés contenant de l'iode 127 à prendre en cas de fuite radioactive.
Rechercher la justification de cette recommandation.

19 Les unités de la physique nucléaire

En physique nucléaire, les énergies sont souvent exprimées en MeV et les masses en unité de masse atomique.
Montrer qu'une perte de masse de 1 u correspond à une énergie libérée de 931,5 MeV.

20 Tomographie

La tomographie par émission de positons (TEP) est notamment utilisée en imagerie cérébrale. Le radiotraceur le plus couramment utilisé est l'oxygène 15, introduit dans des molécules d'eau. Lorsqu'une région du cerveau est sollicitée, il y a une augmentation locale du débit sanguin cérébral et une accumulation du radiotraceur que détectent les caméras.

a. Écrire l'équation de la réaction de désintégration de l'oxygène 15, radioactif β^+.

b. Le noyau fils est émis dans un état excité. Quelle est la nature du rayonnement émis lorsqu'il se désexcite ?
Écrire l'équation correspondante.

c. Un échantillon d'oxygène 15 (demi-vie $t_{1/2} = 2$ min) émet $5{,}0 \times 10^3$ désintégrations par seconde à la date $t_0 = 0$ s.
Quelles sont les valeurs de l'activité de cet échantillon aux dates t_0, $t_1 = 2$ min et $t_2 = 8$ min ?

d. Justifier la phrase suivante : « l'oxygène 15, dont la demi-vie est de deux minutes, est idéal pour l'étude de l'irrigation sanguine d'un organe, mais ne peut être utilisé pour l'étude de processus physiologiques s'effectuant sur plusieurs jours ».

21 Radioactivité du cobalt et photon γ

Le cobalt $^{60}_{27}$Co est émetteur β^- et sa désintégration s'accompagne d'une émission γ.

a. Écrire les équations nucléaires.

b. Comment s'explique l'émission γ ?

c. Un photon émis a une énergie de 1,33 MeV. Calculer sa fréquence **(chapitre 5)**. La valeur trouvée est-elle en accord avec le diagramme des ondes électromagnétiques donné ci-dessous ?

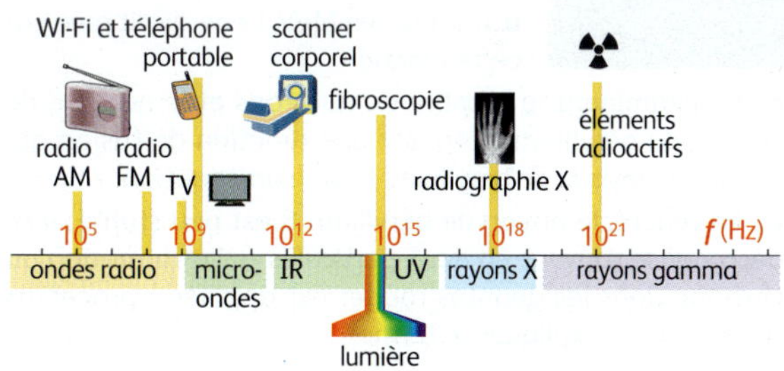

Donnée : constante de Planck $h = 6{,}626 \times 10^{-34}$ J·s.

22 Le polonium

Le polonium est le premier élément radioactif découvert par Pierre et Marie Curie en 1889.

a. Écrire l'équation de désintégration de type α d'un noyau de polonium 210 de symbole $^{210}_{84}$Po.

b. Calculer l'énergie libérée (en MeV) lors de la désintégration d'un noyau de polonium.

Données

Noyau	$^{210}_{84}$Po	Noyau fils	Particule α
Masse (u)	209,936 8	205,929 5	4,001 5

23 Production du technétium

Le technétium Tc est un élément chimique de numéro atomique 43. Son nom vient du grec « technetos » qui signifie « artificiel ». C'est en effet le premier élément chimique produit sans avoir été découvert dans la nature car il ne possède pas d'isotopes stables.
Actuellement, pour fabriquer du technétium 99, il existe des générateurs molybdène/technétium Mo/Tc, à l'intérieur desquels le molybdène 99 se désintègre en technétium 99.

a. Écrire l'équation de la désintégration du molybdène 99. De quel type de radioactivité s'agit-il ?

b. Calculer en joule et en MeV l'énergie libérée lors de la désintégration d'un noyau de molybdène 99.

Données

Noyau	Molybdène 99	Technétium 99
Masse (u)	98,884 37	98,882 35

24 Nucléosynthèse

Dans les étoiles appelées « géantes rouges », la température est voisine de 100 millions de degrés. Ces étoiles ont épuisé leur hydrogène initial ; c'est au tour de l'hélium de se transformer en carbone, oxygène, néon, magnésium…
La nucléosynthèse du carbone peut être simplifiée par la réaction d'équation :

$$^{8}_{4}\text{Be} + {}^{4}_{2}\text{He} \rightarrow {}^{12}_{6}\text{C}.$$

a. Calculer la perte de masse associée à cette réaction.

b. Calculer, en MeV, l'énergie libérée par cette réaction.

c. En examinant le nombre de nucléons et le nombre de charge du béryllium, proposer une réaction de fusion qui forme les noyaux de béryllium. Écrire son équation.

d. En réalité, le noyau de béryllium 8 est peu stable ; il se décompose souvent en deux particules α. La formation du carbone dans les géantes rouges est appelée « processus triple-alpha ». Expliquer ce terme.

Données

Noyau	$^{4}_{2}\text{He}$	$^{8}_{4}\text{Be}$	$^{12}_{6}\text{C}$
Masse (u)	4,001 50	8,005 31	11,996 71

25 Défaut de masse

Le défaut de masse d'un noyau est la différence entre la masse des nucléons isolés (au repos) et la masse du noyau (au repos). Le défaut de masse du noyau d'oxygène $^{16}_{8}\text{O}$ a une valeur de $2,274\ 84 \times 10^{-28}$ kg.

a. Donner la composition de ce noyau.

b. Donner l'expression littérale du défaut de masse.
Calculer l'énergie associée, appelée énergie de liaison, en joule et en MeV.

26 Radiographie et médecine nucléaire

Deux grandes familles d'imagerie médicale sont nées au début du XXe siècle : la radiologie et la médecine nucléaire. […] En radiologie classique, la source de rayons X est externe au patient. L'image se forme sur un film radiographique où apparaissent les variations d'atténuation du flux selon les structures traversées […]. Cependant, on n'obtient là qu'une analyse morphologique d'un organe, c'est-à-dire de sa forme, de sa taille ou de son intégrité. En revanche, la médecine nucléaire renseigne sur le fonctionnement et le métabolisme : on administre un traceur biologique qui participe au fonctionnement des cellules et organes ciblés, et on le détecte de l'extérieur, parce qu'il est associé à un marqueur faiblement radioactif. Il s'agit de reconstituer, en détectant les rayonnements émis, des images dites fonctionnelles qui mettent en évidence d'éventuels dysfonctionnements.

D'après D. Sappey-Marinier, *Pour la Science* n° 338

a. Relever dans le texte la ou les différence(s) entre les deux techniques d'imagerie médicale.

b. Rechercher les noms des savants qui ont découvert les rayons X et la radioactivité.

c. Rechercher des exemples de « marqueurs » utilisés en médecine nucléaire.

27 Datation et radioactivité

La datation d'objets anciens peut s'effectuer à l'aide de la décroissance radioactive : les noyaux radioactifs se désintègrent en donnant d'autres noyaux. Ainsi, un échantillon de carbone 14 voit sa population divisée par 2 tous les $5{,}7 \times 10^{3}$ ans, durée appelée demi-vie et notée $t_{1/2}$.

Grotte de Lascaux.

a. Voici le nombre (noté *A*) de désintégrations par minute et par gramme de carbone, en fonction du temps.

A	13,6	6,8	3,4	1,7	0,85	0,425	0,21
t	0	$t_{1/2}$	$2\,t_{1/2}$	$3\,t_{1/2}$	$4\,t_{1/2}$	$5\,t_{1/2}$	$6\,t_{1/2}$

Tracer la courbe représentant *A* en fonction du temps en précisant l'échelle choisie.

b.

La mesure de l'activité d'un objet découvert dans la grotte de Lascaux (Dordogne) est de 1,5 désintégrations par minute et par gramme de carbone, alors que celle d'un organisme vivant est de 13,6 désintégrations par minute et par gramme de carbone.

Le terme « activité » est-il correctement employé ici ?

c. En faisant l'hypothèse que les peintures ont été réalisées à la même période que l'objet, estimer leur âge en s'appuyant sur la courbe tracée précédemment.

d. Peut-on envisager de dater des objets ayant quelques millions d'années avec la méthode du carbone 14 ?

28 Apprendre à chercher

La résolution de cet exercice nécessite de trouver les étapes du raisonnement. En cas de difficultés, rendez-vous page 404.

Énoncé. Dans une centrale nucléaire à uranium enrichi à 3,7 % en uranium 235, une des réactions possibles a pour équation : ${}^{1}_{0}n + {}^{235}_{92}\text{U} \rightarrow {}^{139}_{54}\text{Xe} + {}^{94}_{x}\text{Sr} + y\,{}^{1}_{0}n$.

→ *Calculer en MeV l'énergie libérée par la fission d'un noyau d'uranium.*

Données

Noyau	${}^{235}_{92}\text{U}$	${}^{139}_{54}\text{Xe}$	${}^{94}_{x}\text{Sr}$	${}^{1}_{0}n$
Masse (u)	234,993 45	138,889 17	93,894 51	1,008 66

29 ✶ Le radon 222

Le radon 222 fait partie de la filiation radioactive de l'uranium 238 dont il constitue le sixième descendant. Il est issu de la désintégration du radium et se désintègre lui-même en quelques jours en polonium 218, en émettant une particule α. Sa période étant très courte (3,8 jours), on ne l'observerait pas dans notre environnement s'il n'était pas régénéré en permanence. Dans la filiation de l'uranium 238, il se crée à chaque instant autant de radon qu'il en disparaît. C'est la loi de l'équilibre radioactif. Le radon 222 constitue la principale source d'exposition à la radioactivité naturelle parce qu'il est le seul des descendants de l'uranium à être gazeux. Ceci lui permet de passer dans l'atmosphère, à la surface d'une roche qui contient un peu d'uranium comme du granite.

D'après le site www.laradioactivite.com

a. Donner le symbole ainsi que la composition du noyau de radon 222.

b. Écrire les équations des réactions nucléaires citées dans la phrase surlignée.

c. Par quel terme peut-on remplacer le terme « période » ?

d. Pourquoi le radon n'existerait pas dans notre environnement s'il n'était pas régénéré ?

e. Pourquoi le radon 222 est-il appelé le « sixième descendant » de l'uranium ?

30 ✶ Le réacteur nucléaire ITER

La fusion étudiée dans le réacteur international expérimental ITER à Cadarache (Bouches du Rhône) met en jeu les deux isotopes minoritaires de l'hydrogène. Un noyau de deutérium (${}^{2}_{1}\text{H}$) et un noyau de tritium (${}^{3}_{1}\text{H}$) fusionnent pour former un noyau d'hélium ($Z = 2$), tout en éjectant un neutron.

a. Écrire l'équation de cette fusion nucléaire.

b. La température du milieu (appelé plasma) doit être de l'ordre de 100 millions de degrés. Pourquoi une température si élevée est-elle nécessaire ?

c. Donner l'expression de la variation de masse puis de l'énergie libérée au cours de la réaction. Donner la valeur de l'énergie libérée en joule et en MeV.

d. Si le deutérium présent peut être extrait de l'eau de mer, le tritium n'existe qu'en très petite quantité sur Terre ; il peut être fabriqué *in situ* dans le réacteur par bombardement neutronique du lithium 6 ($Z = 3$).
Écrire l'équation de la transformation du lithium en tritium, sachant qu'il se forme aussi un noyau d'hélium 4.
D'où peuvent provenir les neutrons nécessaires ?

e. À la différence du deutérium, le tritium est radioactif β^-. Écrire l'équation de sa désintégration.

Données

Noyau ou particule	${}^{2}_{1}\text{H}$	${}^{3}_{1}\text{H}$	${}^{3}_{2}\text{He}$	${}^{4}_{2}\text{He}$	${}^{1}_{0}n$
Masse (u)	2,013 55	3,015 50	3,014 93	4,001 51	1,008 66

31 ✶✶ Démarrage d'un réacteur nucléaire

Pour démarrer un réacteur à fission, on peut utiliser une source d'américium-beryllium. L'américium ${}^{241}_{95}\text{Am}$ est émetteur α. Une particule α peut réagir avec un noyau de béryllium ${}^{9}_{4}\text{Be}$ pour produire un neutron et un noyau de carbone ${}^{12}_{6}\text{C}$.

a. Écrire les équations des deux réactions de la source Am-Be.

b. Une fois que le réacteur a démarré, l'uranium 235 subit des fissions suite à l'impact d'un neutron, formant par exemple des noyaux de strontium (Sr) 94 et de xénon (Xe) 140.
Écrire l'équation de fission.

c. Pourquoi la source d'américium-beryllium ne doit-elle fonctionner qu'au démarrage du réacteur ?

32 ✶✶ Transmutation

Selon un processus appelé « alpha, proton », le bombardement de noyaux d'azote 14 par des particules α fournit un noyau d'oxygène 17 et libère un proton.

a. Écrire l'équation de cette réaction.

b. Donner l'expression de la variation de masse en fonction des masses des entités mises en jeu dans cette réaction. Calculer sa valeur.

c. Commenter le signe de la variation de masse. Cette réaction s'accompagne-t-elle d'une libération d'énergie ?

Données

Noyau	${}^{4}_{2}\text{He}$	${}^{14}_{7}\text{N}$	${}^{17}_{8}\text{O}$
Masse (u)	4,001 5	13,999 2	16,994 7

33 ✶✶ Un réacteur thermonucléaire : le Soleil

Le Soleil est un réacteur thermonucléaire qui fusionne des noyaux d'hydrogène en hélium.

a. Chaque seconde, le Soleil libère une énergie égale à $3{,}9 \times 10^{26}$ J, calculer la perte de masse correspondante.

b. La masse du soleil est estimée à $1{,}99 \times 10^{30}$ kg et son âge à 4,6 milliards d'années. En supposant l'énergie libérée chaque seconde constante depuis sa formation, estimer la masse qu'il a perdu depuis qu'il rayonne. Quelle fraction en pourcentage de la masse totale du Soleil cette perte de masse représente-t-elle ?

Culture scientifique et citoyenne

PHYSIQUE & ARTS La radioactivité au service de l'art

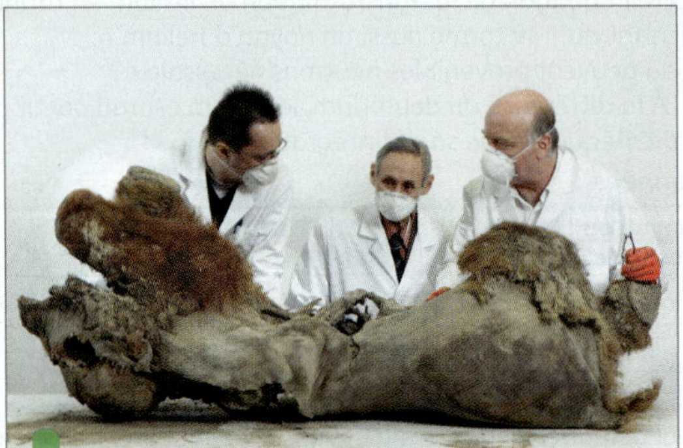

En 2010, Khroma, un bébé mammouth retrouvé en Sibérie et âgé de plus de 50 000 ans, a reçu un traitement de désinfection dans les installations d'ARC-NUCLEART.

La France dispose d'une installation unique en Europe pour la préservation des objets du patrimoine, c'est l'**Atelier Régional de Conservation ARC-NUCLEART** de Grenoble.

- Des objets d'art et d'artisanat, ou encore des organismes fossilisés datant de la Préhistoire à notre époque, y sont traités et restaurés.
- Les rayons gamma du cobalt 60 constituent un outil de choix pour la polymérisation de résines radiosensibles. Les objets sont imprégnés d'une résine liquide puis irradiés ce qui provoque le durcissement de la résine et confère aux objets une **grande solidité**.
- Le cobalt 60 sert aussi à la destruction des organismes vivants par irradiation (désinsectisation et désinfection). L'ensemble est irradié et le rayonnement agit sur la totalité des micro-organismes entraînant leur destruction et garantissant ainsi une **meilleure conservation**.

Sur le Web www.arc-nucleart.fr/scripts/home/publigen/content/templates/show.asp?P=130&L=FR
www.cea.fr/le_cea/actualites/mammouth_khroma_a_arc-nucleart-35314
www.laradioactivite.com/fr/site/pages/uneinstallationdirradiation.htm

Faire une recherche

Dans un article de la revue *Pour la Science* (n° 392, juin 2010), Olivier Mundler, président de la Société française de médecine nucléaire déclare : *"Le technétium 99m est le radioisotope artificiel le plus utilisé en imagerie médicale nucléaire. Mais les réacteurs – vétustes – qui le produisent sont souvent en panne : il faut trouver rapidement des solutions pour continuer à prendre en charge les patients"*.

?? **Une pénurie des radioisotopes utilisés en médecine est-elle à craindre comme le suggère cet article ? Quelles sont les solutions envisagées pour faire face à cette pénurie ?**

Sur le Web www.senat.fr/questions/base/2010/qSEQ100312441.html
www.cea.fr/presse/liste_des_communiques/partenariat_pour_production_de_radioisotopes-37985

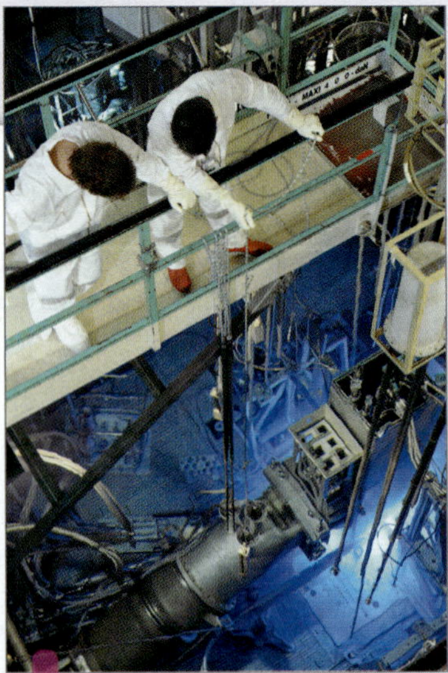

Le réacteur Osiris du CEA de Saclay produit des radioisotopes à usage médical.

Un métier : radiophysicien(ne) BAC +5

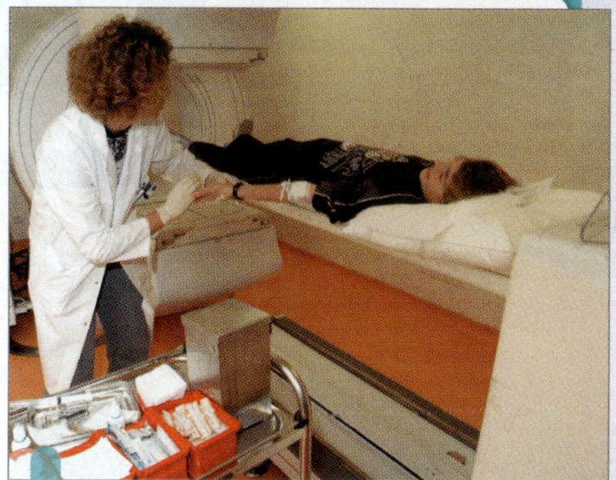

La radiophysicienne a la responsabilité globale des aspects techniques des traitements.

Le radiophysicien exerce dans les hôpitaux au sein des services de **radiothérapie** et de **radiodiagnostic** par rayonnements ionisants.

- Il conçoit, prépare et met en œuvre des études dosimétriques en examinant la prescription avec le médecin, pour proposer au patient la technique et la dose d'irradiation les plus appropriées.
- Concrètement, sa mission première est d'être le **garant de la dose délivrée aux patients**. Pour ce faire, il doit mettre en œuvre des contrôles de qualité internes et effectuer différentes mesures sur les accélérateurs de particules.
- Il connaît les risques en matière de **radioprotection** et sait déclencher les réponses adaptées.

Sur le Web www.metiers.santesolidarites.gouv.fr/metiers-radiophysicien_radiotherapie-85.html

Sciences & Société

De la masse du neutrino à la datation des vins

Évaluation du millésime d'une bouteille de vin par mesure du césium 137.

Les neutrinos qui interagissent très faiblement avec la matière, sont très difficiles à détecter et la plupart des expériences sont situées dans des laboratoires protégés du rayonnement cosmique qui bombarde la Terre en permanence. En outre, elles nécessitent l'utilisation de matériaux exempts de radioactivité naturelle.

- Le **Laboratoire Souterrain de Modane** (LSM), situé sous 1 700 mètres de roches du Mont Fréjus, respecte ces exigences. Dans ces conditions, il est possible d'étudier les propriétés des neutrinos comme leur nature et leur masse, sans doute extrêmement faible.
- Les **détecteurs de radioactivité ultrasensibles** développés par le laboratoire pour mesurer des niveaux de radioactivité extrêmement faibles dans les matériaux, ont aussi la capacité de mesurer des traces infimes de radioactivité, comme par exemple le césium 137 contenus dans les vins. Par comparaison avec des courbes de référence, il est alors possible de connaître l'**année de production** afin de vérifier le **millésime** sans ouvrir la bouteille.

Sur le Web www.lsm.in2p3.fr/laboratoire/presentation/labo1.htm
www2.cnrs.fr/journal/4611.htm
http://public.web.cern.ch/public/fr/Spotlight/SpotlightCNGS-fr.html

Chapitre 12

Cohésion des solides ioniques et moléculaires

Les objectifs

- Interpréter à l'échelle microscopique les aspects énergétiques d'une variation de température et d'un changement d'état.
- Mesurer une énergie de changement d'état.
- Interpréter la cohésion des solides ioniques et moléculaires.

Échanger des idées

La fluorine est une forme cristalline du fluorure de calcium.

?

▶ MOBILISER SES ACQUIS

Quelle est la nature des interactions entre les différents constituants de ce solide ionique ?

Iceberg à la dérive.

▶ ÉMETTRE DES HYPOTHÈSES

Quelle est la nature des interactions qui permettent aux molécules d'eau de rester assemblées dans le solide ou le liquide ?

Lâcher de ballons.

▶ DÉBAT EN GROUPE

Comment se caractérisent les états de la matière à l'échelle microscopique ?

Découvrir et réfléchir

Activité à la maison

ACTIVITÉ DOCUMENTAIRE

MANUEL NUMÉRIQUE

1 Changement d'état et interactions

▶ **Pourquoi les températures de changement d'état sont-elles différentes d'une espèce chimique à l'autre ?**

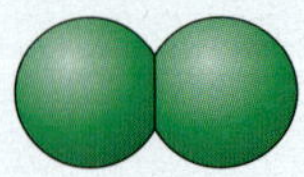

a Dichlore Cl_2
$\theta_{fus} = -101$ °C ; $\theta_{éb} = -34$ °C

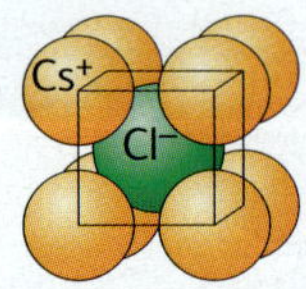

b Chlorure de césium CsCl
$\theta_{fus} = 646$ °C ; $\theta_{éb} = 1\,290$ °C

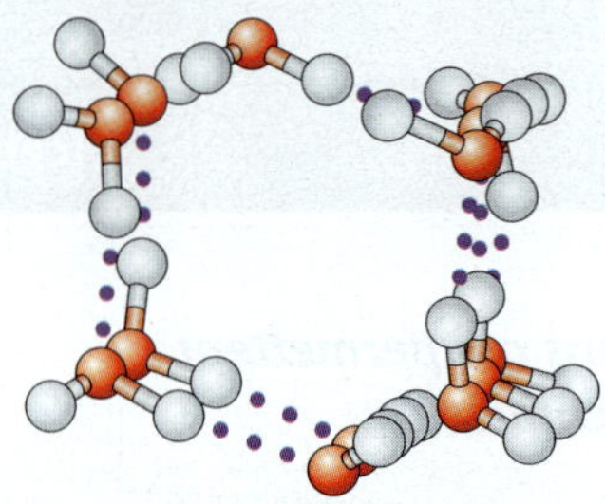

c Eau H_2O
$\theta_{fus} = 0$ °C ; $\theta_{éb} = 100$ °C

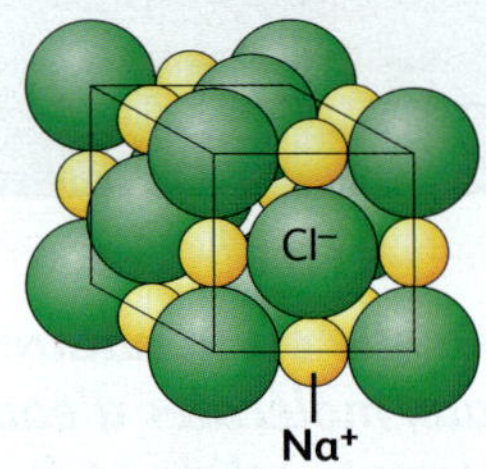

d Chlorure de sodium NaCl
$\theta_{fus} = 801$ °C ; $\theta_{éb} = 1\,413$ °C

1 *Structures cristallographiques et températures de changement d'état de quelques espèces chimiques sous la pression de 1 bar.*

1 Analyser le document

a. Rappeler la définition de la température de fusion (θ_{fus}) et de la température d'ébullition ($\theta_{éb}$) d'un corps pur.

b. En analysant les températures de changement d'état du **document 1**, proposer un critère de classement de ces espèces chimiques en deux catégories.

c. Les espèces chimiques du **document 1** forment-elles des solides ioniques ou moléculaires ? Ce classement correspond-il à celui de la question précédente ?

2 Raisonner

a. Quel est l'ordre de grandeur de la distance entre les molécules ou les ions dans un liquide ou dans un solide ? Est-il plus grand ou plus petit dans le cas d'un gaz ?

b. Les forces d'interactions entre molécules ou ions ont-elles des valeurs plus importantes dans un gaz ou en phase condensée (c'est-à-dire dans un liquide ou dans un solide) ?

3 Conclure

On admet que les températures de changement d'état sont une mesure indirecte des valeurs des forces d'interactions entre les molécules ou les ions dans un solide. Plus elles sont élevées, plus les valeurs des forces sont grandes.

a. Quelle est l'interaction existant entre les éléments constitutifs d'un solide ionique ?

b Il existe aussi d'autres interactions dans les solides moléculaires.
Sont-elles plus ou moins importantes que dans les solides ioniques ?

ACTIVITÉ EXPÉRIMENTALE

MANUEL NUMÉRIQUE

2 Propriétés électriques des molécules

▶ **Un objet électrisé peut-il interagir avec un liquide moléculaire ?**

Démarche d'investigation

Un objet électrisé interagit avec un autre objet électrisé, ce qui est modélisé par la loi de Coulomb. Mais il existe d'autres interactions de nature électrique.

→ ***Un objet électrisé interagit-il avec l'eau ou avec le cyclohexane ?***

Matériel disponible :
- béchers, tubes à essais, pipettes jetables, burettes graduées ;
- règle en Plexiglas®, bâton en matériau polymère, petite boule métallique, aimant, chiffon de laine.

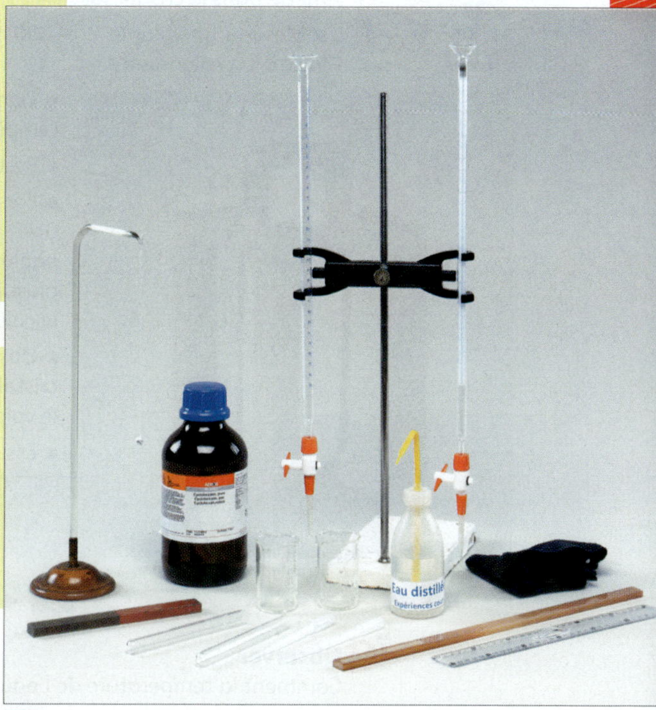

2 *Matériel mis à disposition pour tester les propriétés électriques de l'eau et du cyclohexane.*

1 Formuler des hypothèses

a. Comment peut-on électriser un objet ?

b. Les liquides moléculaires disponibles sont-ils électriquement neutres ?

c. Comment, expérimentalement, faire interagir un liquide moléculaire et un objet électrisé ? À l'aide du matériel disponible, proposer une ou plusieurs démarches.

2 Débattre

a. Quelle(s) démarche(s) semble(nt) adaptée(s) ? Pourquoi ?

b. Rédiger un protocole expérimental.

3 Expérimenter pour conclure

a. Réaliser l'expérience.

b. L'eau (H_2O) et le cyclohexane (C_6H_{12}) interagissent-ils avec un objet électrisé ?

c. Peut-on dire que les molécules d'eau possèdent des propriétés électriques ? En est-il de même pour les molécules de cyclohexane ?

ACTIVITÉ EXPÉRIMENTALE

MANUEL NUMÉRIQUE

3 Mesure de l'énergie de fusion de la glace

▶ Déterminons la valeur de l'énergie de fusion de l'eau en observant la fonte d'un glaçon.

Expérience

- Introduire quelques glaçons dans un cristallisoir contenant de l'eau. Placer un thermomètre dans le cristallisoir.
- Mesurer un volume $V = 400$ mL d'eau à température ambiante, l'introduire dans le vase d'un calorimètre.
- Placer un thermomètre dans le vase du calorimètre. Noter la température initiale θ_i.
- Peser un étui en plastique. Noter sa masse m_1.
- Lorsque la température de l'eau dans le cristallisoir est de 0 °C, prélever deux glaçons; les essuyer rapidement avec du papier absorbant puis les introduire rapidement dans l'étui en plastique. Fermer hermétiquement l'étui et l'introduire dans le calorimètre.
- Observer le contenu de l'étui en plastique. Lorsque le dernier cristal de glace disparaît, noter la température finale θ_f dans le calorimètre.
- Essuyer l'étui. Le peser encore rempli. Noter sa masse m_2.

3 ◀ *Calorimètre.*

1 Observer

Comment la température de l'eau évolue-t-elle lors de l'expérience ?

2 Interpréter

a. Quel est le rôle du vase du calorimètre ?

b. Calculer la masse m de glace fondue au cours de l'expérience. En déduire la quantité de matière n correspondante.

Donnée : masse molaire de l'eau, $M = 18{,}0 \text{ g} \cdot \text{mol}^{-1}$.

c. Quel système apporte à la glace dans l'étui l'énergie nécessaire à sa fusion ?

d. Pourquoi relève-t-on la valeur de la température dès que le dernier cristal de glace a fondu dans l'étui ?

e. Pour élever la température d'une masse de 1,0 g d'eau liquide de 1,0 °C, l'énergie nécessaire est de 4,18 J.

En déduire l'énergie $\mathcal{E}_{\text{reçue}}$ reçue par la glace dans l'étui.

Donnée : masse volumique de l'eau liquide, $\rho = 1{,}0 \text{ g} \cdot \text{mL}^{-1}$.

3 Conclure

a. L'énergie reçue par mole de glace passant de l'état solide à l'état liquide à la température de 0 °C est appelée **énergie molaire de fusion** et est notée $\mathcal{E}_{\text{m, fus}}$.

Calculer $\mathcal{E}_{\text{m, fus}}$ pour cette expérience.

b. L'énergie molaire de fusion de la glace donnée dans les tables est :

$$\mathcal{E}_{\text{m, fus, tables}} = 6{,}0 \text{ kJ} \cdot \text{mol}^{-1}.$$

La comparer à la valeur expérimentale.

Quelle(s) peu(ven)t être la (les) cause(s) de la différence de valeur observée ?

1 États de la matière

1.1 États gazeux, liquide, solide

- **L'état gazeux** est caractérisé par des molécules ou des ions qui sont « très éloignés » les uns des autres, c'est-à-dire que la distance les séparant est très supérieure à leur taille. Les molécules ou les ions sont en mouvement constant.
- **L'état liquide** est caractérisé par des molécules ou des ions en contact les uns avec les autres et en mouvement constant.
- **L'état solide** est caractérisé par des molécules ou des ions en contact les uns avec les autres, dans un empilement régulier, et en vibration constante autour d'une position d'équilibre.

1.2 Solides ioniques et moléculaires

Les **solides ioniques** et les **solides moléculaires** sont deux catégories importantes de l'état solide.

Un solide ionique est un empilement régulier d'anions et de cations dans l'espace.

Exemples. Le solide ionique chlorure de sodium NaCl (s) est constitué d'ions Na^+ et Cl^- ; le solide ionique fluorine CaF_2 (s) est constitué d'ions Ca^{2+} et F^-.

Un solide moléculaire est un empilement régulier de molécules dans l'espace.

Exemples. Le solide moléculaire diiode I_2 (s) est constitué de molécules de diiode I_2 ; la glace est un solide moléculaire constitué de molécules d'eau H_2O **(document 5)**.

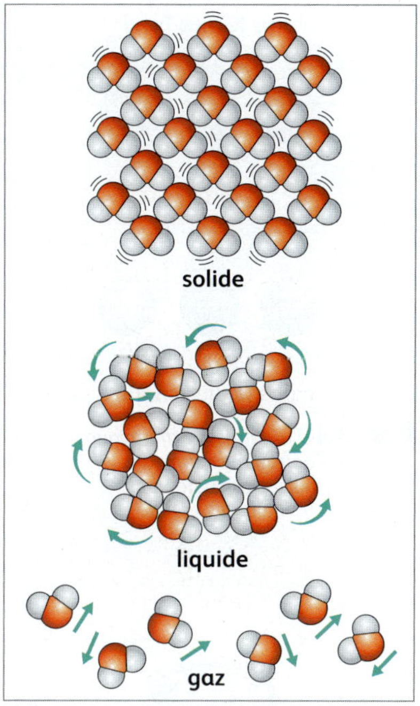

4 *Les trois états de la matière à l'échelle microscopique.*

5 *Représentation 3D d'une molécule d'eau et eau cristallisée d'un flocon de neige.*

2 Transferts thermiques

2.1 Agitation thermique

Les molécules ou les ions empilés dans un état solide ne sont pas rigoureusement immobiles. Ils sont animés d'un mouvement de vibration, appelé **agitation thermique**.
La température est une grandeur indirectement liée à cette agitation thermique. Quand la température d'un corps augmente, le mouvement des molécules ou des ions s'intensifie.

Une élévation de température est liée à une augmentation de l'agitation thermique des molécules ou des ions.

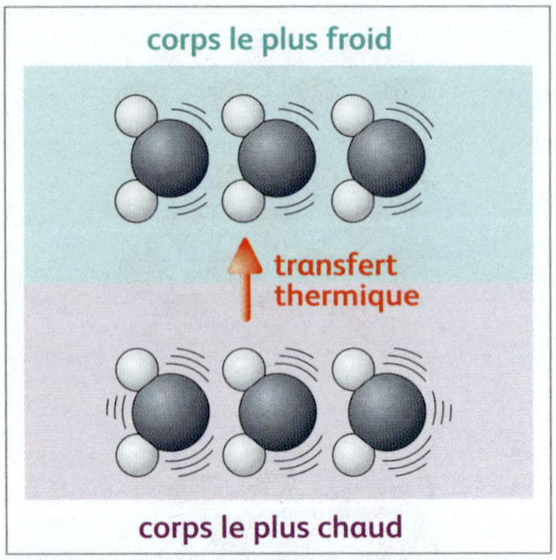

6 *Effet d'un transfert thermique sur l'agitation thermique des molécules ou des ions.*

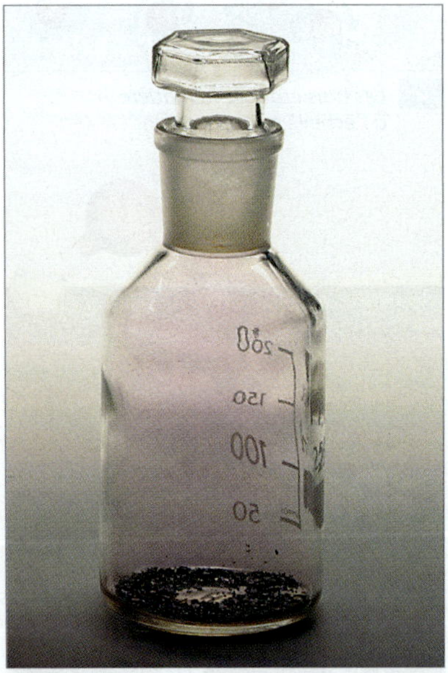

7 *Sublimation du diiode.*

2.2 Transfert thermique et température

Lorsque deux corps de température différente sont mis en contact, le corps le plus froid reçoit de l'énergie du corps le plus chaud par un **transfert thermique**. Le transfert cesse quand les deux corps sont à la même température.

À l'échelle microscopique, un transfert thermique a les effets suivants sur un corps pur.

Corps pur	Effet d'un transfert thermique reçu
Solide	Augmentation du mouvement de vibration des particules
Liquide	Augmentation du mouvement désordonné des particules
Gaz	Augmentation de la vitesse des particules

2.3 Transfert thermique et changement d'état

A Changement d'état

• Lors d'un changement d'état, la température d'un corps pur reste constante.

• Si un corps pur reçoit de l'énergie par transfert thermique, alors il passe à un état moins ordonné (du solide au liquide puis au gaz) ; il cède de l'énergie dans le cas contraire (du gaz au liquide puis au solide).

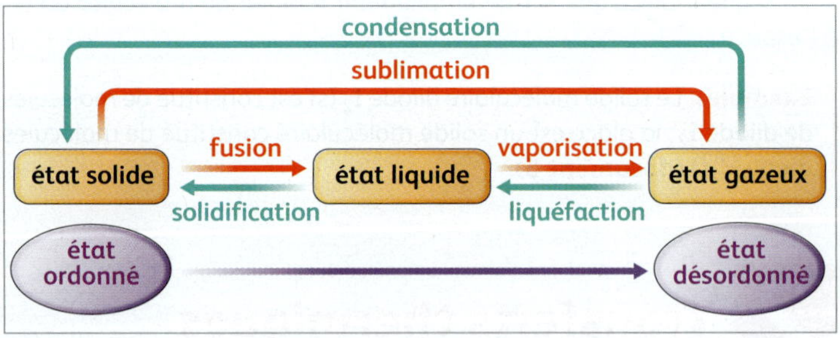

8 *Noms des changements d'état d'un corps pur.*

B Énergie molaire de changement d'état

On appelle **énergie molaire de changement d'état** l'énergie reçue ou cédée par mole de corps pur transformé.

Exemple. L'énergie molaire de vaporisation de l'eau est :

$$\mathscr{E}_{m, vap} = 40{,}6 \text{ kJ}\cdot\text{mol}^{-1}.$$

Ainsi, pour transformer une quantité n = 2,00 mol d'eau liquide à 100 °C en une quantité n = 2,00 mol d'eau gazeuse à 100 °C, il faut lui fournir par transfert thermique une énergie :

$$\mathscr{E} = n \times \mathscr{E}_{m, vap} = 2 \times 40{,}6 = 81{,}2 \text{ kJ}.$$

3 Cohésion de la matière condensée

3.1 États et interactions intermoléculaires

À l'état gazeux, les molécules et les ions sont éloignés les uns des autres : il n'y a pas ou peu d'interactions entre les entités chimiques.

- La **matière condensée** désigne l'état solide et l'état liquide, des états pour lesquels les molécules ou les ions sont proches. Les molécules et les ions de la matière condensée sont soumis à des **interactions attractives** qui les maintiennent en contact les uns avec les autres, tandis que les **interactions répulsives** leur imposent des structures d'empilement.

Les interactions entre les différentes entités chimiques, appelées **interactions intermoléculaires**, assurent la **cohésion** de la matière condensée.

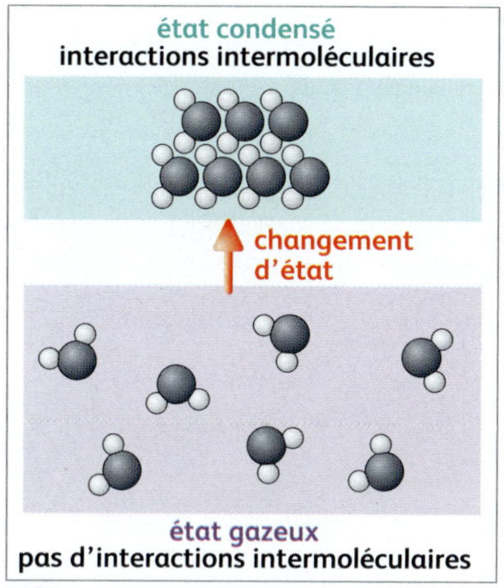

9 *Modélisation microscopique d'un changement d'état.*

3.2 Température de changement d'état

Les températures de changement d'état sont indirectement liées aux valeurs des forces d'interactions intermoléculaires de la matière condensée.

En effet, l'analyse de la vaporisation de l'espèce chimique M, d'équation $M(\ell) \rightarrow M(g)$, à la température d'ébullition $T_{éb}$, permet d'évaluer les interactions existant à l'état liquide. De la même manière, la sublimation de l'espèce chimique M, d'équation $M(s) \rightarrow M(g)$, à la température de sublimation T_{sub}, permet d'évaluer les interactions existant à l'état solide.

- Plus les interactions sont importantes en phase condensée, plus il faut apporter d'énergie par transfert thermique pour faire passer l'espèce chimique à l'état gazeux.

Plus les interactions intermoléculaires sont importantes, plus les températures de changement d'état sont élevées.

Composés	θ_{fus} (en °C)
NaCl	801
NaBr	755
NaI	651
$CaCl_2$	772
MgO	2800

10 *Températures de changement d'état de quelques solides ioniques.*

3.3 Cohésion des solides ioniques

Les températures de changement d'état des solides ioniques sont élevées car les interactions entre les ions constitutifs sont importantes.

La cohésion des solides ioniques est assurée par une interaction électrostatique selon la loi de Coulomb.

Cette interaction est attractive entre un anion (porteur d'une charge négative) et un cation (porteur d'une charge positive). Elle est répulsive entre deux ions de même charge. Au sein du solide, il faut tenir compte de l'ensemble des interactions attractives et répulsives.

Dans les solides ioniques, l'interaction électrostatique attractive l'emporte sur l'interaction électrostatique répulsive.

11 *Structure du solide ionique de chlorure de sodium NaCl, constitué d'ions Na^+ et Cl^-, et photographie de ce solide ionique.*

3.4 Cohésion des solides moléculaires

Les températures de changement d'état des solides moléculaires sont en général plus basses que celles des solides ioniques.

Par exemple, le dibrome Br_2 fond à –7 °C, tandis que le bromure de sodium NaBr, solide ionique, fond à 755 °C.

Les interactions qui assurent la cohésion des solides moléculaires sont plus faibles que celles qui assurent la cohésion des solides ioniques.

A Interactions de Van der Waals

Il existe des interactions entre les molécules non chargées qui assurent la cohésion des solides moléculaires. Elles sont appelées **interactions de Van der Waals** et sont d'autant plus importantes que les molécules sont volumineuses.

Les interactions de Van der Waals sont de type **électrostatique**. Elles se manifestent à courte distance ; les valeurs des forces sont faibles.

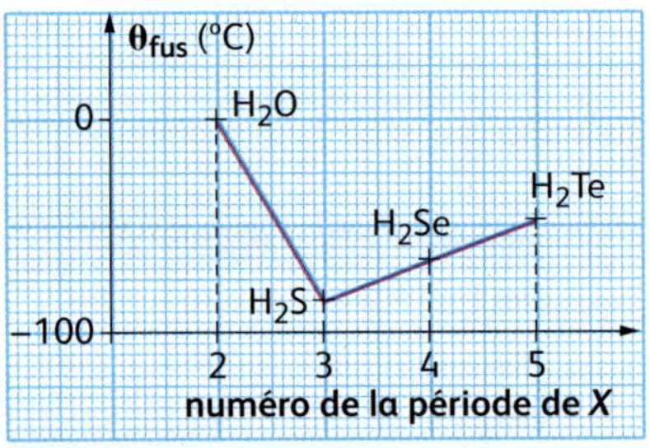

12 *Comparaison des températures de fusion, à pression atmosphérique, de H_2X, où X est un élément appartenant à la colonne de l'oxygène.*

B Liaison hydrogène

La température de fusion de l'eau est élevée par rapport à celle des autres composés de formule H_2X, où *X* est un élément appartenant à la même colonne que l'oxygène **(document 12)**.

Il existe des forces d'interactions entre les molécules d'eau dont les valeurs sont plus fortes que celles des forces d'interactions de Van der Waals. Ces interactions sont modélisées par des liaisons appelées **liaisons hydrogène (document 13)**.

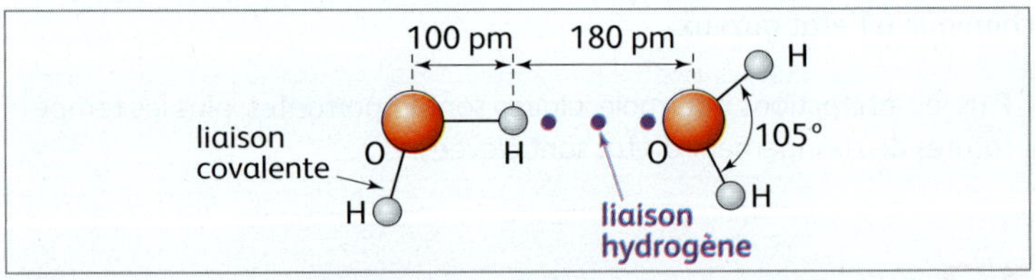

13 *Schéma d'une liaison hydrogène entre deux molécules d'eau.*

L'atome d'hydrogène « fait le pont » entre deux atomes d'oxygène. La liaison hydrogène est représentée par trois points.

Les atomes d'oxygène reliés par ce « pont » sont alignés avec l'atome d'hydrogène.

Une liaison hydrogène peut s'établir entre un atome d'hydrogène lié par une liaison covalente à un atome *A*, et un atome *B*, les atomes *A* et *B* pouvant être des atomes de fluor, d'oxygène ou d'azote.

Remarque. Comme pour les solides moléculaires, la cohésion des liquides moléculaires s'interprète grâce aux températures de changements d'état. Il faut prendre en compte deux types d'interactions : l'interaction de Van der Waals et la liaison hydrogène.

L'ESSENTIEL

Solides ioniques et moléculaires

- Un **solide ionique** est un empilement régulier d'anions et de cations dans l'espace.

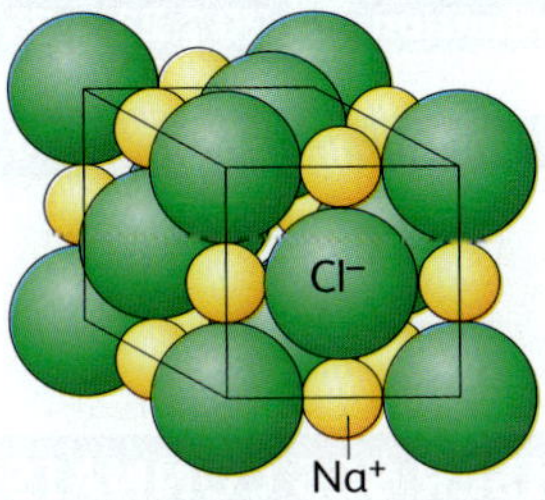

- Un **solide moléculaire** est un empilement régulier de molécules dans l'espace.

Interactions intermoléculaires

- À l'état gazeux, il n'y a pas ou peu d'interactions entre les molécules ou les ions.
- Les interactions entre les molécules ou les ions sont appelées **interactions intermoléculaires**. Elles assurent la **cohésion de la matière condensée**.
- Plus les interactions intermoléculaires sont importantes, plus les températures de changement d'état sont élevées.

Cohésion des solides ioniques

- La cohésion des solides ioniques est assurée par une **interaction électrostatique** selon la loi de Coulomb.

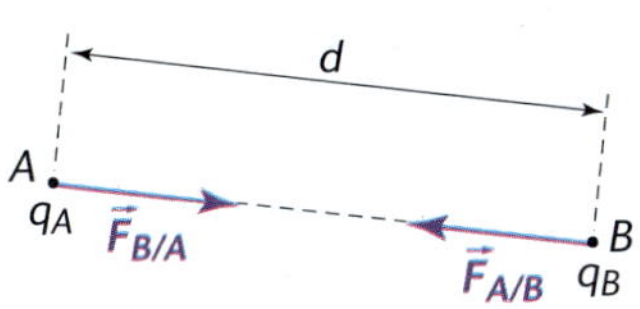

Interaction électrostatique entre deux charges q_A et q_B de signe contraire.

- Dans les solides ioniques, l'interaction électrostatique attractive l'emporte sur l'interaction électrostatique répulsive.

Transferts thermiques

- Une élévation de température est liée à une augmentation de l'agitation microscopique des molécules ou des ions, appelée **agitation thermique**.
- Lorsque deux corps de température différente sont mis en contact, le corps le plus froid reçoit de l'énergie du corps le plus chaud par un **transfert thermique**. Le transfert cesse quand les deux corps sont à la même température.

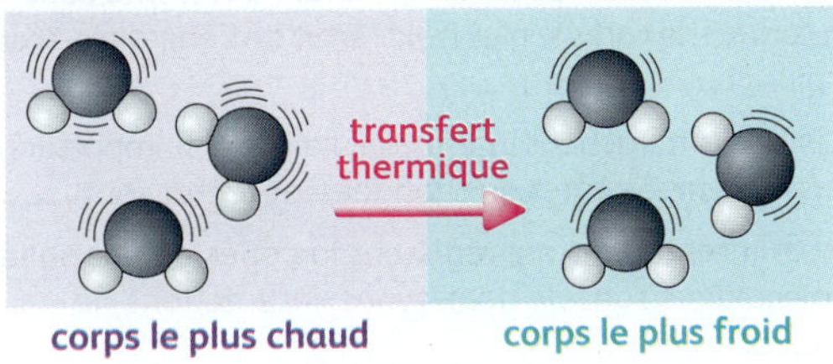

- Si un corps pur reçoit de l'énergie par transfert thermique, alors il passe à un état moins ordonné (du solide au liquide puis au gaz) ; il cède de l'énergie dans le cas contraire (du gaz au liquide puis au solide).

Cohésion des solides moléculaires

- Les interactions qui assurent la cohésion des solides moléculaires sont de deux types :
  – les **interactions de Van der Waals**, entre molécules non chargées ;
  – les **liaisons hydrogène**.

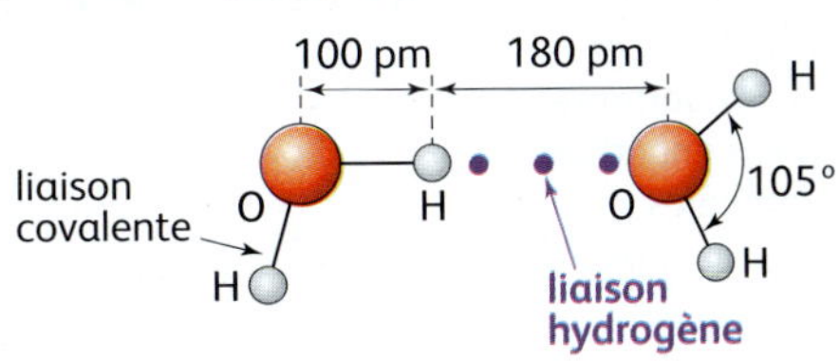

- Les valeurs des forces d'interactions modélisées par des liaisons hydrogène sont plus fortes que celles des forces d'interactions de Van der Waals.
- Les interactions qui assurent la cohésion des solides moléculaires sont plus faibles que celles qui assurent la cohésion des solides ioniques.

5 minutes CHRONO! MANUEL NUMÉRIQUE — EXERCICES INTERACTIFS

1 Mots manquants

Compléter avec un ou plusieurs mots.

a. L'état solide est caractérisé par des molécules ou des ions en .... les uns avec les autres et en .... constante autour d'une position d'équilibre.

b. Un solide ionique est un empilement régulier .... dans l'espace.

c. Lorsque deux corps de température différente sont mis en contact, le corps le plus froid reçoit de l'énergie du corps le plus chaud par un ....

d. Plus les interactions intermoléculaires sont importantes, plus les températures de changement d'état sont ....

e. Les interactions qui régissent la cohésion des solides moléculaires sont de deux types, interactions de .... et ....

f. Comparée aux liaisons hydrogène, la valeur des forces des interactions de Van der Waals est plus ....

2 QCM

Cocher la réponse exacte.

a. La transformation de l'état liquide à l'état gazeux d'un corps pur est :

- ☐ une sublimation
- ☐ une ébullition
- ☐ une vaporisation

b. En phase condensée, entre les différentes entités chimiques :

- ☐ il n'existe que des forces attractives
- ☐ il n'existe que des forces répulsives
- ☐ il existe des forces attractives et répulsives

c. La température d'ébullition de l'éthane (CH_3CH_3) est de -89 °C, celle du méthanol (CH_3OH) est de 65 °C. Comparées aux interactions entre molécules de méthanol à l'état liquide, les interactions entre molécules d'éthane à l'état liquide sont :

- ☐ plus importantes
- ☐ moins importantes
- ☐ identiques

d. Un cristal ionique d'oxyde de magnésium (MgO) est composé d'ions :

☐ Mg^{2+} et O^{-} ☐ Mg^{+} et O^{2-} ☐ Mg^{2+} et O^{2-}

e. Il existe une force attractive entre :

- ☐ deux anions
- ☐ deux cations
- ☐ un anion et un cation

→ Reportez-vous aux solutions détaillées page 393 pour vérifier vos réponses et comprendre vos erreurs.

Parcours personnalisés

Trois parcours d'exercices pour travailler en autonomie selon ses besoins.

- Maîtriser les bases : 4 – 6 – 14 – 16
- Préparer l'évaluation : 20 – 23 – 24
- Cap sur la Terminale : 28 – 29 – 30

MOBILISER SES CONNAISSANCES

▶ États de la matière et transferts thermiques [§1 et 2 du cours]

3 Changement d'état

Nommer les six changements d'état de la matière.
Préciser dans chaque cas s'il s'agit d'une transformation vers un état plus ordonné ou moins ordonné.

4 Dans quel état j'erre ?

Le tableau ci-dessous rassemble des données sous la pression de 1 bar.

Espèce chimique	Acétone	Eau	Menthol	Permanganate de potassium
θ_{fus} (en °C)	−95	0	38	240
$\theta_{éb}$ (en °C)	56	100	234	–

Préciser l'état physique de chaque composé aux températures de 25 °C et 100 °C.

5 Solide ionique ou moléculaire ?

Le chlorure de sodium NaCl est un solide ionique constitué des ions sodium Na^+ et chlorure Cl^-.
Préciser si les solides suivants sont ioniques ou moléculaires. Chlorure de lithium LiCl ; diiode I_2 ; soufre S ; fluorure de sodium NaF ; bromure de potassium KBr.

6 Énergie de fusion

L'énergie molaire de fusion de l'or est : $\mathscr{E}_{m,fus} = 12{,}55$ kJ·mol^{-1}.
Quelle énergie faut-il fournir à un objet de masse $m = 1{,}0$ g d'or pour le faire fondre intégralement à sa température de fusion ?
Donnée : masse molaire de l'or, $M = 197$ g·mol^{-1}.

7 Description d'un solide ionique

En utilisant la classification périodique (présentée dans les rabats), écrire la formule des ions qui constituent les solides ioniques suivants.

Iodure de potassium KI ; chlorure de barium $BaCl_2$; carbonate de calcium $Ca(CO_3)$; hydrogénocarbonate de sodium $Na(HCO_3)$; hydroxyde de sodium NaOH ; hydroxyde de fer (II) $Fe(OH)_2$.

8 Sel de Mohr

Le sel de Mohr est un solide ionique verdâtre de formule : $(NH_4)_2Fe(SO_4)_2, 6\,H_2O$. On le qualifie d'hexahydraté en raison de la présence de six molécules d'eau.

Quels sont les ions qui constituent ce solide ? Vérifier que les ions fer (II) Fe^{2+} sont présents dans ce solide.

▶ Cohésion de la matière condensée

[§3 du cours]

9 Vrai ou faux

EXERCICE INTERACTIF

Dire si les affirmations suivantes sont vraies ou fausses.

a. À l'état gazeux, les interactions entre les entités chimiques sont importantes.

b. La température de sublimation permet d'évaluer les interactions existant à l'état solide.

c. Les molécules sont plus éloignées les unes des autres à l'état solide qu'à l'état liquide.

d. Pour une même espèce ionique, l'interaction attractive entre deux ions de charge de signe contraire à l'état solide est plus importante qu'à l'état liquide.

10 Différents types d'interactions attractives

Nommer différentes interactions existant dans les phases condensées. Les classer par valeurs croissantes des forces.

11 Effets spéciaux

La carboglace, un solide contenant du dioxyde de carbone CO_2, est souvent utilisée pour réaliser des effets spéciaux dans l'industrie du spectacle.

a. Quelle est la nature de ce solide ?

b. La carboglace se sublime à −78 °C, à la pression atmosphérique. Que signifie le terme « sublimation » ?

c. Citer l'interaction intermoléculaire existant au sein de ce solide.

12 Nature des interactions à l'état liquide

L'éthanol (C_2H_5OH) bout à 78 °C et le propane (C_3H_8), à −42 °C.

Quelle est la nature des interactions présentes à l'état liquide pour chaque liquide moléculaire ?

UTILISER SES COMPÉTENCES

13 Réaliser des schémas

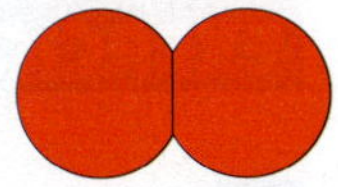

La molécule de dibrome est schématisée ci-contre. Réaliser le schéma :

a. d'un gaz constitué d'une dizaine de molécules de dibrome ;

b. d'un liquide constitué d'une dizaine de molécules de dibrome ;

c. d'un solide constitué d'une dizaine de molécules de dibrome.

14 Représenter une liaison hydrogène

Représenter la liaison hydrogène entre deux molécules de méthanol $CH_3–OH$.

15 Construire un graphique

Les températures d'ébullition des gaz nobles, à pression atmosphérique, sont données ci-dessous.

Élément	He	Ne	Ar	Kr	Xe
Période	1	2	3	4	5
$\theta_{éb}$ (en °C)	−269	−246	−186	−153	−108

a. Construire le graphique représentant les températures d'ébullition en fonction de la période dans la classification périodique de chaque élément.

Aide. Prendre comme échelle 2 cm pour une période de la classification périodique et 5 cm pour 100 °C.

b. L'évolution est-elle régulière ?

c. Quelle interaction existe entre les atomes à l'état liquide ? entre les atomes à l'état gazeux ?

16 Apprendre à rédiger

Voici l'énoncé d'un exercice et un guide (en orange) ; ce guide vous aide pour rédiger la solution détaillée et pour retrouver les réponses numériques aux questions posées.

Énoncé

Les molécules d'éthanol ⓐ et de méthoxyméthane ⓑ de même formule brute (C_2H_6O) sont représentées ci-dessous.

ⓐ 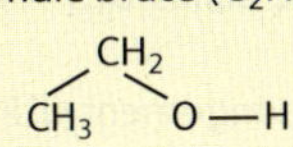

ⓑ 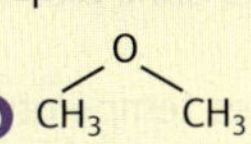

L'éthanol bout à 78 °C et le méthoxyméthane à −25 °C.

a. Quelles sont les interactions existant entre les molécules d'éthanol à l'état liquide ? Même question pour les molécules de méthoxyméthane.

▸ **Faire la liste des interactions existant dans les liquides moléculaires. Vérifier que la molécule ⓐ peut établir une liaison hydrogène.**

b. Pourquoi les températures d'ébullition de ces deux liquides sont-elles différentes ?

▸ **Rappeler le lien entre les températures d'ébullition et les interactions à l'état liquide.**

▸ **Comparer les interactions intermoléculaires pour les deux espèces chimiques et conclure.**

EXERCICE RÉSOLU

Site élève

17 Espèces chimiques moléculaires

Énoncé

• À pression atmosphérique, à 25 °C, le propane (C_3H_8) est gazeux alors que l'éthanol (C_2H_5OH) est liquide.

1 Quel composé présente les plus faibles températures de changement d'état ?

2 Quel(s) type(s) d'interaction(s) assure(nt) la cohésion de chacune de ces espèces chimiques à l'état liquide ?

3 Interpréter la différence de températures de changement d'état entre ces deux espèces chimiques.

• À pression atmosphérique, à 25 °C, le diiode (I_2) est solide alors que le difluor (F_2) est gazeux.

4 Quel(s) type(s) d'interaction(s) assure(nt) la cohésion pour le diiode et le difluor en phase condensée ?

5 Interpréter la différence de températures de changement d'état entre le diiode et le difluor.

Numéros atomiques : $Z(\text{F}) = 9$; $Z(\text{I}) = 53$.

Énoncé — Repérer les données qualitatives et quantitatives de l'énoncé.

Une solution

1 À 25 °C, l'éthanol est liquide, donc le changement de l'état liquide à l'état gazeux s'effectue pour une température supérieure à 25 °C.
À 25 °C, le propane est gazeux, donc le changement de l'état liquide à l'état gazeux s'effectue pour une température inférieure à 25 °C.
Le propane présente donc les plus faibles températures de changement d'état.

2 À l'état liquide, pour les deux composés, il existe des interactions de Van der Waals qui assurent la cohésion du liquide.
De plus, pour l'éthanol, en raison de la présence du groupe –OH, des interactions de type liaison hydrogène renforcent la cohésion à l'état liquide.

Connaissances — Si l'atome d'hydrogène est lié par une liaison covalente à un atome d'oxygène, de fluor ou d'azote, une liaison hydrogène peut s'établir avec l'atome d'oxygène, de fluor ou d'azote d'une autre molécule.

3 Les interactions à l'état liquide pour l'éthanol sont plus importantes que pour le propane. En effet, les valeurs des forces modélisées par des liaisons hydrogène sont plus fortes que celles des forces d'interactions de Van der Waals.
Comme les températures de changement d'état sont d'autant plus élevées que les interactions intermoléculaires sont importantes, les températures de changement d'état de l'éthanol sont plus importantes que celles du propane.

Raisonner — On peut évaluer les interactions existant à l'état liquide en analysant la vaporisation d'une espèce chimique.

4 Pour le diiode et le difluor, seules les interactions de type Van der Waals assurent la cohésion en phase condensée car il n'y a pas d'atome d'hydrogène qui pourrait établir une liaison hydrogène.

Connaissances — Les interactions de Van der Waals existent pour toutes les espèces chimiques.

5 Le diiode est gazeux à une température plus élevée que le difluor, donc les interactions de Van der Waals en phase condensée sont plus importantes dans le diiode que dans le difluor.
L'iode et le fluor sont deux éléments de la même colonne de la classification périodique, mais l'iode est dans la cinquième période alors que le fluor est dans la deuxième période : le diiode est plus volumineux que le difluor, donc les interactions de Van der Waals entre molécules sont plus importantes pour le diiode que pour le difluor.

Raisonner — Expliquer pourquoi le diiode est plus volumineux que le difluor en se reportant à la classification périodique.

18 Loi de Coulomb

a. Rappeler la loi de Coulomb entre deux objets ponctuels de charges électriques q_A et q_B séparés par la distance d.

b. Quelle est la charge électrique de l'ion sodium Na^+ ? de l'ion chlorure Cl^- ?

c. Dans un cristal de chlorure de sodium NaCl, le plus proche cation sodium Na^+ d'un anion chlorure Cl^- est à la distance $d_1 = 282$ pm. Le plus proche cation sodium d'un autre cation sodium est à la distance $d_2 = 399$ pm. Calculer les valeurs des forces $\vec{F}_{Na^+/Cl^-}$ et $\vec{F}_{Na^+/Na^+}$.

d. Est-ce la force de l'interaction répulsive ou attractive qui est de plus forte valeur ?

Données

– Charge élémentaire : $e = 1{,}6 \times 10^{-19}$ C.

– Constante de la loi de Coulomb : $k = 9{,}0 \times 10^9$ N·m^2·C^{-2}.

19 Critère d'identification d'espèces chimiques

Classer les composés suivants par ordre croissant de leur température d'ébullition, en justifiant.

a 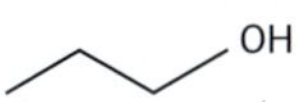

b 

c 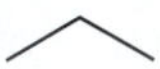

d 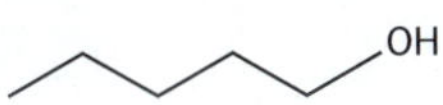

20 ✶ Interactions dans un solide

Le chlorure de césium solide est constitué d'ions césium Cs^+ et d'ions chlorure Cl^-. La structure de ce solide est schématisée ci-dessous (les ions sont dessinés avec un rayon plus petit que la réalité afin de mieux visualiser la géométrie de la structure).

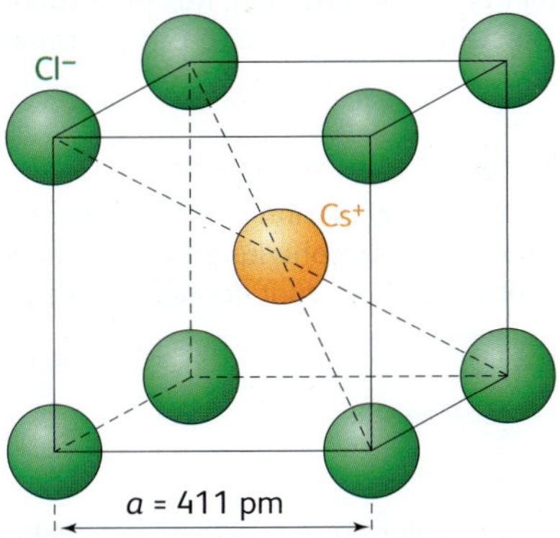

a. Est-ce un solide ionique ou moléculaire ?

b. D'après le schéma, quelle est la distance minimale entre les noyaux de deux ions chlorure Cl^- ?

c. La longueur de la diagonale d'un cube d'arête a est :

$$\ell = a \times \sqrt{3}.$$

Quelle est la distance entre un ion Cl^- et un ion Cs^+ ?

d. Calculer la valeur de la force électrique qu'exerce un ion Cl^- sur un ion Cs^+ dans ce solide. Cette interaction est-elle attractive ou répulsive ?

e. Calculer la valeur de la force électrique qu'exerce un ion Cl^- sur un autre ion Cl^- de la même arête dans ce solide. Cette interaction est-elle attractive ou répulsive ?

Données

– Charge élémentaire : $e = 1{,}6 \times 10^{-19}$ C.

– Constante de la loi de Coulomb : $k = 9{,}0 \times 10^9$ N·m^2·C^{-2}.

21 ✶ L'eau, espèce chimique particulière

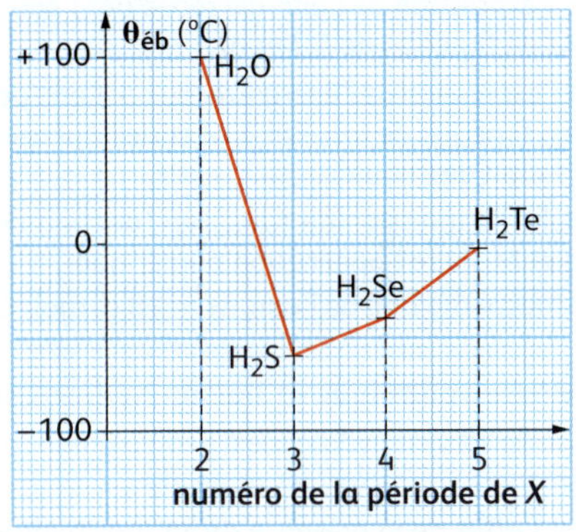

a. Quelle est la température d'ébullition de l'eau sous 1 bar ?

b. Quelle devrait être approximativement sa température d'ébullition si l'évolution était régulière ?

c. Quelle interaction existe à l'état liquide dans tous les composés ?

d. Expliquer pourquoi la température d'ébullition de l'eau est si élevée.

22 ✶ Amine and hydrogen bond

Propane (C_3H_8) and ethanamine ($C_2H_5NH_2$) have comparable molar mass and volumes. The table below compares some properties of these chemical species.

Chemical species	Molar mass (g·mol^{-1})	Boiling temperature θ_{eb} (°C)
Propane	44	−42
Ethanamine	45	17

a. Quel(s) type(s) d'interaction(s) assure(nt) la cohésion à l'état liquide pour les molécules de propane ?

b. Montrer qu'une liaison hydrogène peut se former entre des molécules d'éthanamine à l'état liquide.
Représenter la liaison hydrogène sur un schéma en utilisant des formules développées.

c. Pourquoi les températures d'ébullition du propane et de l'éthanamine sont-elles différentes ?

23 ★ Énergie de vaporisation de l'eau

Dans un calorimètre parfait, on introduit de l'eau dont la masse est $m_1 = 100$ g. On introduit dans l'eau un conducteur ohmique alimenté par un générateur idéal de *fem* $E = 24$ V. L'intensité dans le circuit est $I = 0,70$ A.

Dans un premier temps, la température de l'eau augmente. Quand elle atteint 100 °C, on déclenche un chronomètre. Après une durée $\Delta t = 30$ min, on arrête l'expérience et on pèse l'eau restant dans le calorimètre. On trouve une masse $m_2 = 86,6$ g.

a. Quelle est la nature du transfert d'énergie entre le conducteur ohmique et l'eau ?

b. Que provoque ce transfert d'énergie après que l'eau a atteint la température de 100 °C ?

c. Donner l'expression de l'énergie reçue par l'eau pendant la durée Δt en fonction de E, I et Δt.

d. Donner l'expression de l'énergie reçue par l'eau pendant la durée Δt en fonction de $(m_1 - m_2)$, M et de l'énergie molaire de vaporisation de l'eau $\mathscr{E}_{\text{m, vap}}$.

e. En déduire l'expression de $\mathscr{E}_{\text{m, vap}}$ en fonction de E, I, Δt, $(m_1 - m_2)$ et M. Faire l'application numérique.

Donnée : masse molaire de l'eau, $M = 18\ \text{g}\cdot\text{mol}^{-1}$.

24 ★ Masse volumique et liaison hydrogène

La présence de liaisons hydrogène a généralement pour effet de « rapprocher » les molécules entre elles.

a. Quel est l'effet de la présence de liaisons hydrogène sur la masse volumique d'une espèce chimique ?

b. À 20 °C, la masse volumique du butan-1-ol (de formule $CH_3CH_2CH_2CH_2OH$) est de 0,81 $\text{g}\cdot\text{cm}^{-3}$, celle de l'éthoxyéthane (de formule $CH_3CH_2OCH_2CH_3$) est de 0,74 $\text{g}\cdot\text{cm}^{-3}$. Interpréter cet écart.

25 ★ Viscosité et liaisons hydrogène

a. S'il existe des liaisons hydrogène à l'intérieur d'un liquide, les déplacements relatifs des molécules entre elles sont-ils plus ou moins faciles ?

Une grandeur physique, la **viscosité**, traduit ce phénomène : plus la viscosité est grande, moins le fluide s'écoule facilement.

b. À 0 °C, la viscosité du butan-1-ol ($CH_3CH_2CH_2CH_2OH$) est dix-huit fois supérieure à celle de l'éthoxyéthane (de formule $CH_3CH_2OCH_2CH_3$).

Interpréter cet écart.

26 ★ Association de molécules

La formule développée de l'acide éthanoïque (ou acide acétique) contenu dans le vinaigre est donnée ci-dessous.

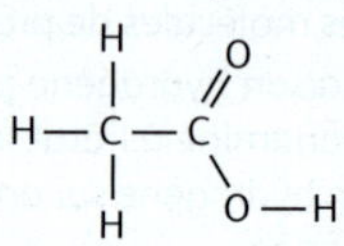

Montrer, grâce à un schéma, que deux molécules d'acide éthanoïque peuvent s'associer par deux liaisons hydrogène.

27 ★ Structure des protéines

Les protéines sont de longues chaînes d'acides α-aminés contenant le groupe caractéristique des amides :

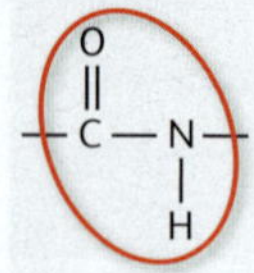

a. Rechercher la signification des termes « structure primaire d'une protéine ».

b. La structure secondaire rend compte de la disposition dans l'espace des chaînes de protéines.

Voici deux exemples de structures secondaires de protéines : une structure en hélice ⓐ, une structure en feuillet ⓑ.

ⓐ

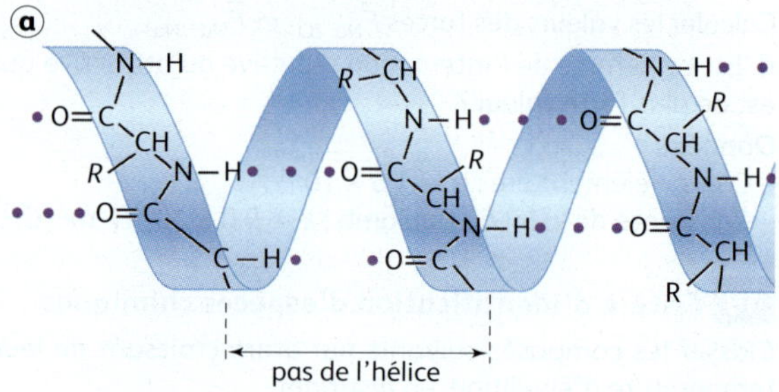

R : chaîne latérale de l'acide α-aminé

ⓑ

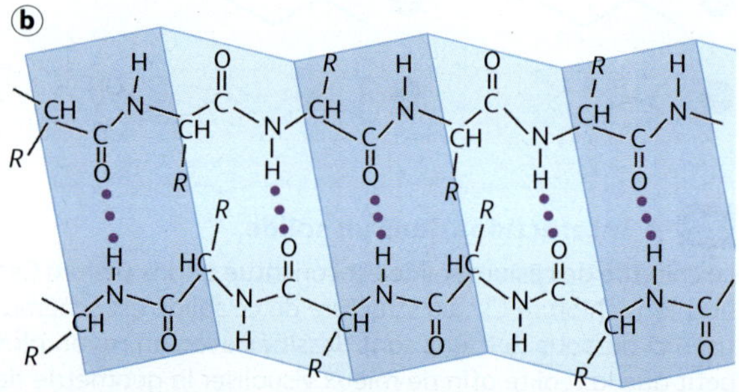

Grâce à quel type d'interaction, mis en évidence sur ces schémas, la structure secondaire des protéines est-elle assurée ?

28 ★ Halogénures d'hydrogène

Les températures d'ébullition des halogénures d'hydrogène H*X*, à pression atmosphérique, ainsi que la période des halogènes correspondants sont données ci-dessous.

Molécule H*X*	HF	HCl	HBr	HI
Période de l'halogène *X*	2	3	4	5
$\theta_{éb}$ (en °C)	20	−85	−67	−35,5

a. Interpréter l'évolution observée pour le chlorure d'hydrogène HCl, le bromure d'hydrogène HBr et l'iodure d'hydrogène HI.

b. Interpréter l'apparente anomalie observée pour le fluorure d'hydrogène.

29 Apprendre à chercher

La résolution de cet exercice nécessite de trouver les étapes du raisonnement. En cas de difficultés, rendez-vous page 404.

→ *Expliquer en moins de 100 mots pourquoi on rafraîchit plus une boisson en ajoutant 10 g de glace à 0 °C (situation 1) qu'en ajoutant 10 g d'eau liquide à 0 °C (situation 2), en utilisant les termes « transfert thermique » et « fusion ».*

30 ** ADN

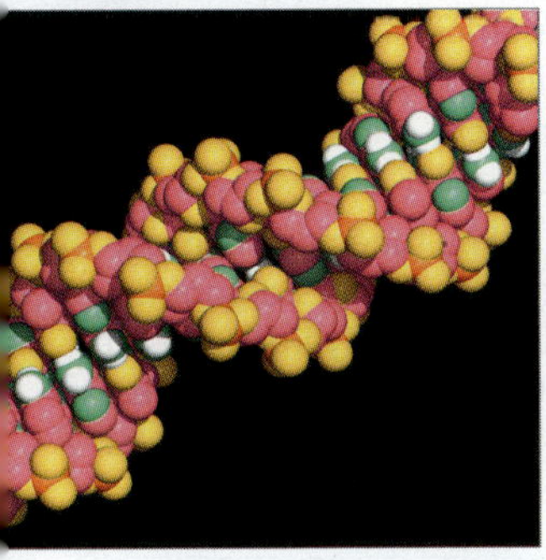

L'ADN, molécule nécessaire à la réplication du vivant, est constituée d'une succession de groupes dont les structures sont celles de l'adénine, de la thymine, de la guanine et de la cytosine, représentées en formules topologiques ci-dessous.

Ces groupes s'assemblent entre eux par des liaisons hydrogène, les trois atomes impliqués étant alors alignés.

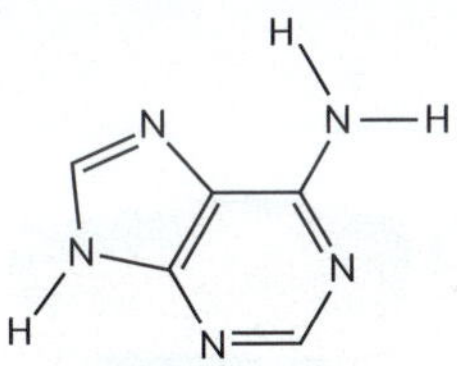

adénine

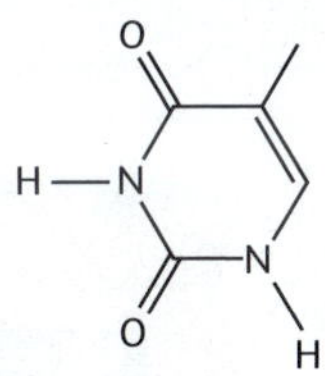

thymine

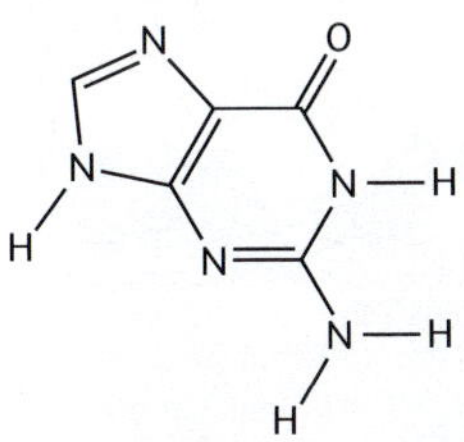

guanine

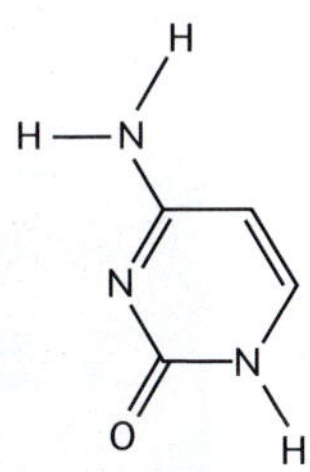

cytosine

a. Par combien de liaisons hydrogène l'adénine et la thymine s'associent-elles ? Les représenter.

b. Même question pour la guanine et la cytosine.

31 ** Acide salicylique

Dès l'Antiquité, on combattait la fièvre avec l'acide salicylique extrait de l'écorce de saule. Cette espèce chimique peut aussi être le point de départ de la synthèse chimique d'un autre composé aux propriétés antalgiques : l'aspirine.

1. La formule topologique de l'acide salicylique est représentée ci-contre.

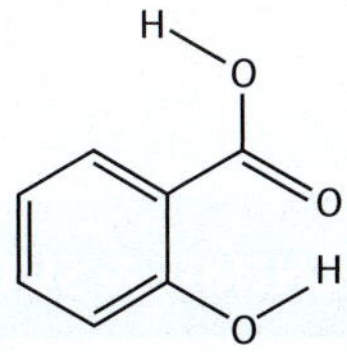

a. Ce composé peut-il former des liaisons hydrogène ? Si oui, par l'intermédiaire de quel(s) atome(s) ?

b. Réaliser un schéma d'une liaison hydrogène se formant à partir d'une seule molécule.

Cette liaison hydrogène est qualifiée d'**intramoléculaire**.

2. La température de fusion de l'acide salicylique est de 159 °C.

La température de fusion de l'acide 3-hydroxybenzoïque, dont la formule topologique est représentée ci-contre, est de 203 °C.

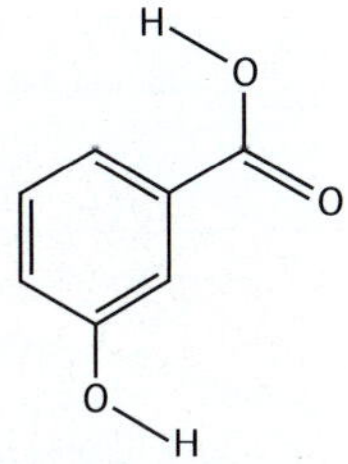

a. Quel composé est susceptible de donner le plus de liaisons hydrogène intermoléculaires, c'est-à-dire avec d'autres molécules de la même espèce chimique ?

b. Pourquoi les températures de fusion de ces deux composés sont-elles différentes ?

32 ** Interpréter une chromatographie

La surface de la phase fixe d'une C.C.M sur gel de silice peut être modélisée par des groupes –OH liés à des atomes de silicium.

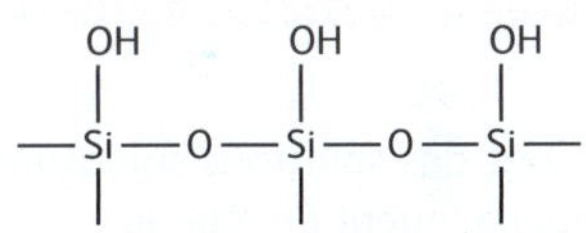

On réalise la synthèse de l'éthanoate de linalyle *B* à partir du linalol *A*, dont les formules topologiques sont représentées ci-dessous.

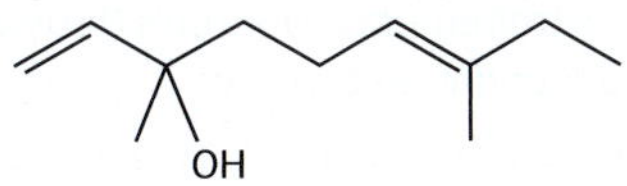

linalol *A*

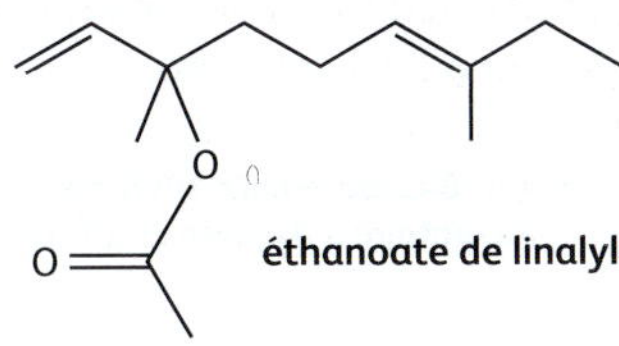

éthanoate de linalyle *B*

À l'issue de la synthèse, on réalise une C.C.M. dans un mélange de 9 mL de cyclohexane et 1 mL d'éthanoate d'éthyle. La révélation montre que l'éthanoate de linalyle a un rapport frontal de 0,7, tandis que le linalol a un rapport frontal de 0,4.

Expliquer pourquoi le rapport frontal du linalol est plus faible que celui de l'éthanoate de linalyle.

Culture scientifique et citoyenne

CHIMIE & SVT Les membranes cellulaires

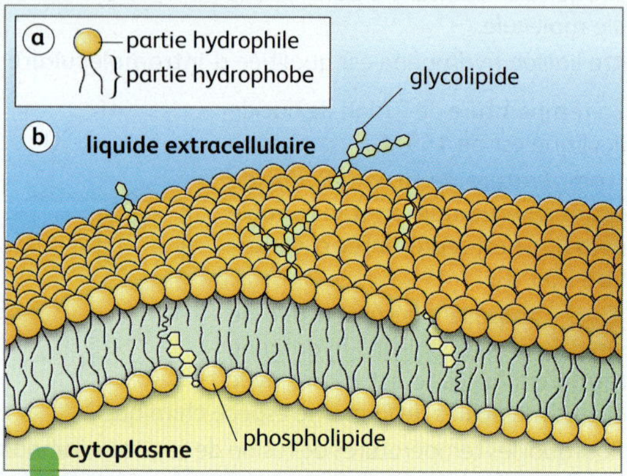

ⓐ Phospholipide. ⓑ Coupe transversale d'une membrane cellulaire.

Les interactions intermoléculaires de Van der Waals et celles modélisées par des liaisons hydrogène sont attractives. Pourtant, certaines molécules « se repoussent », en particulier les molécules d'hydrocarbure et d'eau. Le phénomène complexe responsable de ce « désamour » s'appelle **l'effet hydrophobe**. Lorsqu'on place des molécules hydrophobes en milieu aqueux, elles se rassemblent afin de limiter leur contact avec les molécules d'eau.

- Certaines molécules possèdent simultanément une partie hydrophile et une partie hydrophobe. Elles s'organisent entre elles afin de rassembler leurs parties hydrophobes et de mettre leurs parties hydrophiles en contact avec l'eau. C'est ainsi que se forment les **membranes des cellules vivantes**.

CHIMIE & GASTRONOMIE Le miel

Les miels sont des solutions sursaturées en sucres, où deux sucres principaux jouent un rôle : le **glucose** et le **fructose**. Une solution sursaturée en sucre est instable. Pour trouver un équilibre, elle **cristallise** : elle « arrange » les molécules d'eau et de sucres selon un **réseau cristallin**. Le phénomène est complexe ; l'eau, les différents sucres, la température de stockage, les cristaux primaires, les traitements éventuels (brassage, réchauffage, refonte...) sont à prendre en compte.

- Les rapports glucose / eau et fructose / glucose sont assez significatifs. En simplifiant beaucoup, les miels qui ont un rapport glucose / eau supérieur à 2 cristallisent.

***L'Abeille de France*, n° 843, décembre 1998, page 478, Paul Schweitzer, laboratoire d'Analyse et d'Écologie apicole (CETAM).**

Différents miels et différentes cristallisations.

Sur le Web http://apisite.online.fr/miel2b.htm

Un métier : ingénieur(e) brevet BAC +5

L'**ingénieur brevet** est chargé de gérer l'intégralité ou une partie de l'activité de propriété intellectuelle de l'entreprise, en particulier **les brevets et les contrats** (les accords et cessions de licences). Il participe parfois à la gestion des autres activités de propriété industrielle de l'entreprise (dessins et modèles, dépôt de logiciel).

- Le métier d'ingénieur brevet nécessite une culture technique et scientifique importante, un esprit critique, des qualités rédactionnelles et relationnelles. L'ingénieur brevet doit aussi faire preuve de discrétion étant donné l'importance stratégique du dépôt de brevet. De plus, la connaissance de l'anglais est indispensable pour analyser les brevets déposés à travers le monde.

Sur le Web www.istia.univ-angers.fr/innovation/fichemetier/fiche_metier.php?nomdecode=ingenieurbrevet

Salle de consultation des brevets à l'INPI (Institut National de la Propriété Industrielle).

CHIMIE & ZOOLOGIE L'inusable adhésif des pattes du gecko

Les doigts des **geckos** sont recouverts de poils microscopiques qui, grâce aux forces de **Van der Waals**, constituent un extraordinaire adhésif inusable et toujours propre. Les ingénieurs aimeraient le reproduire.

[...] Si le bruit ne vous rend pas [le gecko] trop antipathique, admirez-le, tant ses déplacements sur les murs et au plafond sont déconcertants. Comment un animal de cette taille (environ 20 centimètres) peut-il faire aussi bien qu'une minuscule mouche ? Grâce à ses doigts remarquables, dont la structure constitue un **adhésif efficace**.

Efficace ? Les doigts des geckos collent à presque tous les matériaux dans presque toutes les conditions **(même sous l'eau et dans le vide)**, sans se salir ni coller les uns aux autres. Les geckos attachent et détachent leurs doigts en quelques millisecondes tandis qu'ils se meuvent sur des parois lisses verticales ou à l'envers.

Kellar Autum, « L'inusable adhésif des pattes du gecko », *Pour la Science n° 343*, mai 2006

Les pattes du gecko sont couvertes de poils de 200 nm de diamètre.

Sur le Web www.dinosoria.com/gecko.htm

Chapitre 13

Dissolution et solvatation

Les objectifs

- Prévoir si un solvant est polaire.
- Savoir que la matière se conserve au cours d'une dissolution.
- Savoir qu'une solution est électriquement neutre.
- Préparer une solution ionique de concentration donnée en ions.
- Découvrir des applications du caractère polaire de certaines molécules.

Échanger des idées

Cristaux de sulfate de cuivre et de sulfate de nickel.

Jardin chimique créé dans une solution de silicate de sodium.

▶ ÉMETTRE DES HYPOTHÈSES

Une fois introduits dans la solution aqueuse, que deviennent les ions constituant ces cristaux colorés ?

Pinceaux pour peinture à l'huile.

▶ MOBILISER SES ACQUIS

Doit-on utiliser le même solvant pour nettoyer ces pinceaux ?

Pinceaux pour aquarelle.

Préparation d'une mayonnaise.

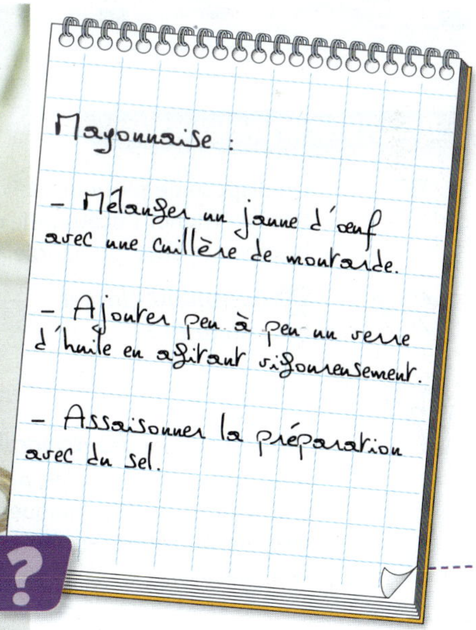

▶ ÉMETTRE DES HYPOTHÈSES

Quelle(s) propriété(s) de la lécithine du jaune d'œuf permet(tent) d'obtenir une mayonnaise ?

ACTIVITÉ EXPÉRIMENTALE

MANUEL NUMÉRIQUE

1 Un classement pour les solvants

▶ **Les chimistes sont constamment confrontés au problème du choix d'un solvant pour dissoudre ou non une espèce chimique. Trouvons un classement expérimental pour quelques solvants.**

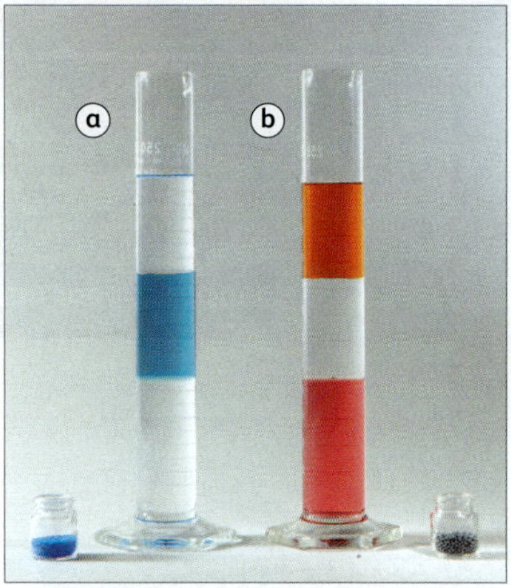

1 ◀ *Chaque éprouvette contient trois solvants (de haut en bas : acétate d'éthyle, eau, dichlorométhane). ⓐ Introduction de sulfate de cuivre (II) dans chaque solvant. ⓑ Introduction de diiode dans chaque solvant.*

1 Observer une photographie d'expérience

a. Dans quel(s) solvant(s) le sulfate de cuivre est-il très soluble ? dans quel(s) solvant(s) est-il non (ou peu) soluble ?

b. Mêmes questions pour le diiode.

c. Les solides ioniques sont solubles dans les solvants dits **polaires**, et certains solides moléculaires comme le diiode sont solubles dans des solvants dits **apolaires**.
Parmi les trois solvants utilisés ici, lesquels sont polaires ? lesquels sont apolaires ?

Démarche d'investigation

On dispose de plusieurs solvants : l'eau, l'éthanol, l'acétone, le cyclohexane et l'éther de pétrole.

→ ***Comment classer ces solvants ?***

Matériel et solides disponibles :
- tubes à essais, spatules, pipettes jetables ;
- différents solides ioniques (permanganate de potassium, chlorure de cobalt) et moléculaires (rouge soudan III, paraffine, glucose).

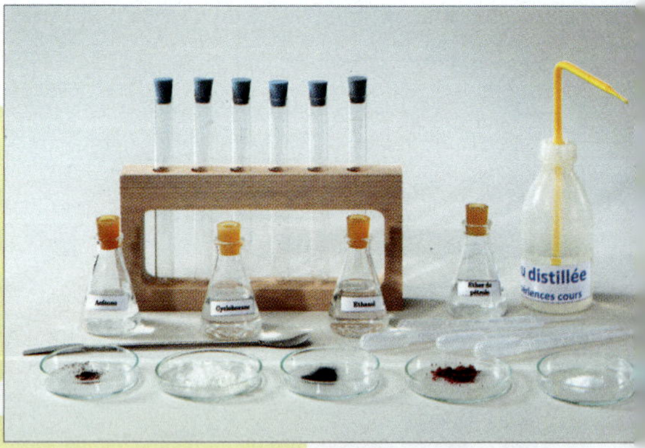

2 *Matériel disponible.*

2 Formuler des hypothèses

Proposer une ou plusieurs expérience(s) permettant de classer les solvants disponibles.

3 Expérimenter pour conclure

Mettre en œuvre la (les) expérience(s) proposée(s).
Conclure en exposant oralement la démarche suivie et en proposant un classement des solvants et des solides proposés.

Activité à la maison

ACTIVITÉ DOCUMENTAIRE

MANUEL NUMÉRIQUE

2 L'eau de plus près : un solvant polaire

▶ Les solides ioniques sont très solubles dans l'eau, solvant très polaire. Essayons d'interpréter cette propriété au niveau microscopique.

Au début du XXe siècle, Gilbert Newton Lewis publia ses travaux sur la structure électronique des atomes et la manière dont ils se lient pour former des molécules. Linus Pauling, physicien et chimiste américain, très influencé par ces découvertes, s'intéressa alors au lien entre la structure d'une molécule et ses propriétés physiques et chimiques.

Ses recherches l'amenèrent à s'interroger sur les propriétés de certaines espèces moléculaires, qualifiées de « polaires » : pourquoi sont-elles attirées ou repoussées par des charges électriques ? Pourquoi sont-elles particulièrement solubles dans certains solvants ? Pourquoi ont-elles des températures de fusion et d'ébullition si élevées ? Pour interpréter ces phénomènes, Pauling introduisit en 1932 la notion d'électronégativité.

L'électronégativité est un paramètre mesurant la capacité d'un atome à attirer à lui les électrons d'une liaison dans laquelle il est engagé : plus un atome est avide d'électrons, plus il est électronégatif. Ce paramètre permet donc de décrire le comportement du doublet d'électrons liant mis en commun par deux atomes.

Pauling reçut le prix Nobel de chimie en 1954 pour ses recherches sur la nature de la liaison chimique. Également impliqué dans des débats de société, il s'opposa aux essais nucléaires, ce qui lui valut d'obtenir un deuxième prix Nobel, celui de la paix, en 1962.

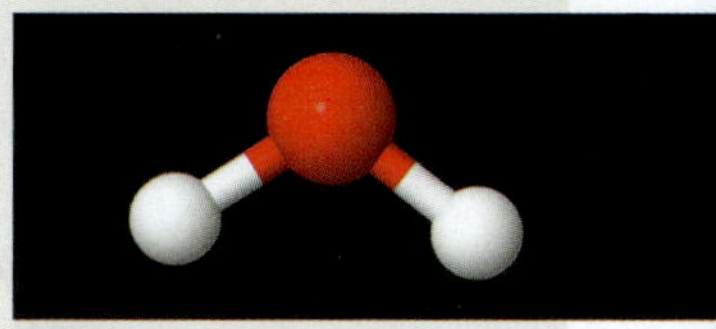

4 *Modèle moléculaire éclaté de l'eau, molécule de géométrie coudée.*

3 *Les recherches de Pauling sur la nature des liaisons chimiques.*

Vocabulaire

Macroscopique : en langage courant, « qui se voit à l'œil nu » ; en chimie, « de la taille de l'échantillon manipulé par le chimiste ».

Polarisé : se dit d'un objet qui possède deux pôles, un positif et un négatif.

1 Analyser les documents

a. Quelle est la géométrie d'une molécule d'eau ?

b. Citer plusieurs manifestations possibles, au niveau macroscopique, de la polarité de l'eau.

2 Interpréter

a. Rappeler la structure électronique de l'atome d'oxygène, de numéro atomique $Z = 8$. Cet atome a-t-il tendance à capter ou à céder des électrons ? Pourquoi ?

b. Une solution aqueuse contient des ions hydrogène H^+ en plus ou moins grande concentration selon son acidité. En déduire si l'atome d'hydrogène, de numéro atomique $Z = 1$, peut céder ou capter un ou plusieurs électrons.

3 Conclure

a. En utilisant les réponses aux questions de la partie 2 et la définition de l'électronégativité donnée dans le **document 3**, expliquer pourquoi l'atome d'oxygène est plus électronégatif que l'atome d'hydrogène.

b. Une liaison covalente entre deux atomes est dite **polarisée** si le doublet d'électrons liant n'est pas partagé équitablement entre les deux atomes.
Les liaisons covalentes de la molécule d'eau sont-elles polarisées ?

c. Les électrons des liaisons O–H de la molécule d'eau sont-ils plus attirés par l'atome d'oxygène ou par les atomes d'hydrogène de la molécule ?
Pour traduire cet aspect, écrire la formule développée de la molécule d'eau et positionner les symboles δ^+ et δ^-.

ACTIVITÉ EXPÉRIMENTALE

MANUEL NUMÉRIQUE

3 Mise en solution d'un solide ionique

▶ Le chlorure de sodium est le constituant essentiel du sel de cuisine. Procédons à sa dissolution dans l'eau et étudions les propriétés de la solution obtenue.

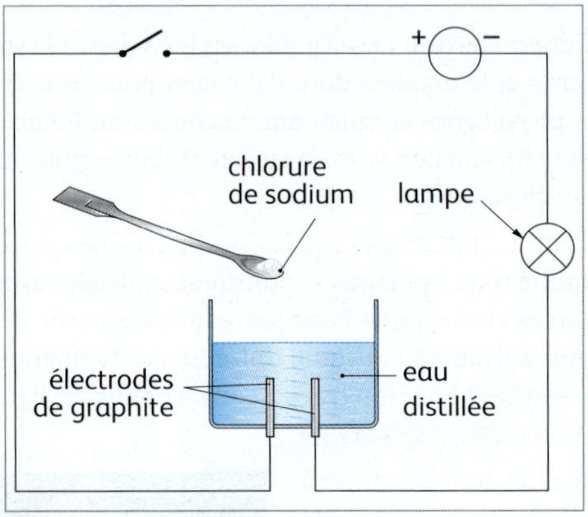

5 *Schéma du dispositif.*

Expérience 1

- Réaliser le circuit électrique schématisé **figure 5**.
- Fermer le circuit et observer la lampe.
- Ajouter quelques spatules de chlorure de sodium et le dissoudre à l'aide d'un agitateur en verre.
- Observer la lampe lors de la dissolution du sel.
- Procéder ensuite aux deux tests suivants.

• **Test 1 :** tremper un fil de platine dans la solution puis porter le fil dans une flamme.

• **Test 2 :** prélever quelques millilitres de la solution et les verser dans un tube à essais ; y ajouter quelques gouttes de solution de nitrate d'argent.

1 Observer

La solution obtenue par dissolution du chlorure de sodium dans l'eau conduit-elle le courant électrique ?

2 Interpréter

a. La solution obtenue par dissolution du chlorure de sodium contient-elle des ions ?

b. Quelle espèce chimique est mise en évidence par le test au nitrate d'argent ?

c. Écrire la formule du chlorure de sodium solide. Quels ions contient-il ?

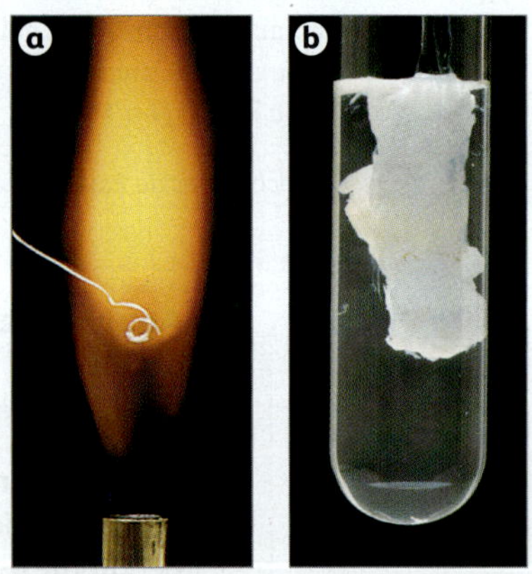

6 ⓐ *Résultat du test 1 : la flamme prend une couleur jaune orangé caractéristique de la présence d'ions sodium.* ⓑ *Résultat du test 2.*

Expérience 2

- Dissoudre quelques cristaux de chlorure de cuivre (II) $CuCl_2$ (s) dans un bécher contenant environ 20 mL d'eau distillée.
- Verser quelques millilitres de la solution dans deux tubes à essais ; ajouter quelques gouttes de solution de nitrate d'argent dans l'un des tubes, et quelques gouttes de solution d'hydroxyde de sodium dans l'autre tube.

3 Conclure

a. Écrire une équation traduisant la dissolution du chlorure de sodium dans l'eau à l'aide du modèle d'équation suivant :

formule du solide ionique → espèces présentes en solution.

b. En interprétant les tests caractéristiques de l'expérience 2, proposer une équation traduisant la dissolution du chlorure de cuivre (II) dans l'eau en vérifiant les lois de conservation des éléments chimiques et de la charge électrique.

ACTIVITÉ EXPÉRIMENTALE

MANUEL NUMÉRIQUE

4 Préparation d'une solution de bleu patenté V

▶ Le bleu patenté V est un colorant alimentaire noté E131. C'est un anion que l'on notera A^-. Préparons par dissolution d'un solide ionique un volume $V = 250$ mL d'une solution de bleu patenté V de concentration $c_0 = 2{,}8 \times 10^{-4}$ mol·L^{-1} puis vérifions, en utilisant la spectrophotométrie, que la solution a été correctement préparée.

7 *Aliments contenant du bleu patenté V.*

1 Élaborer des protocoles

a. La masse molaire du dimère calcique du bleu patenté V, noté CaA_2(s), est : $M = 1\,160{,}5$ g·mol^{-1}.
Quelle masse du dimère calcique CaA_2 faut-il peser pour préparer un volume $V = 250$ mL d'une solution S_0 de bleu patenté V de concentration $c_0 = 2{,}8 \times 10^{-4}$ mol·L^{-1} en anions A^- ?

b. Rédiger un protocole pour la préparation de la solution S_0.

c. La solution S_0 étant trop concentrée pour que son absorbance puisse être mesurée correctement, il faut la diluer.
Quel volume V_0 de la solution S_0 faut-il prélever pour préparer un volume $V_1 = 100$ mL d'une solution S_1 de bleu patenté V de concentration $c_1 = 0{,}050 \times c_0$ en ions A^- ?

d. Rédiger un protocole pour la préparation d'un volume $V_1 = 100$ mL de la solution S_1 par dilution de la solution S_0.

Expérience

- Préparer la solution S_0 puis la solution S_1 en utilisant les protocoles élaborés au 1.
- Introduire quelques millilitres de la solution S_1 dans une cuve de spectrophotomètre.
- Mesurer l'absorbance A_{640} de la solution S_1 à la longueur d'onde $\lambda = 640$ nm (→ **fiche méthode 12**, page 391).

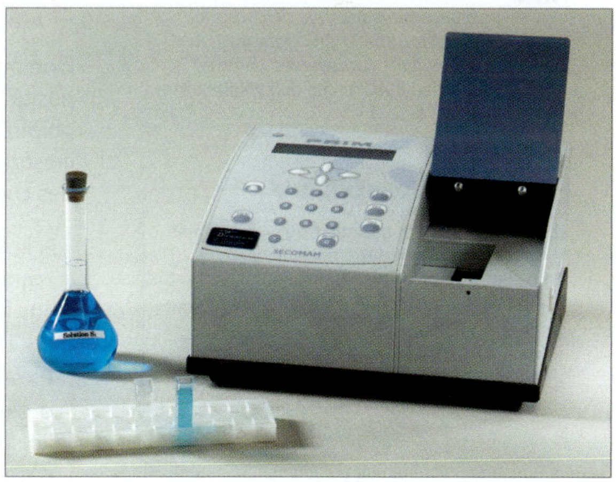

8 ▶ *Mesure de l'absorbance de la solution S_1 de bleu patenté V.*

2 Conclure

a. On donne le coefficient d'absorption molaire du bleu patenté V à la longueur d'onde $\lambda = 640$ nm : $\varepsilon = 7{,}8 \times 10^4$ L·mol^{-1}·cm^{-1}.
En déduire la valeur de la concentration $c_{1,\,exp}$ en bleu patenté V dans la solution S_1, puis la concentration $c_{0,\,exp}$ en bleu patenté V dans la solution S_0.

b. Comparer la valeur de la concentration $c_{0,\,exp}$ en bleu patenté V dans la solution S_0 à la valeur c_0 attendue, puis conclure.

1 Polarité d'un solvant

Pour interpréter le phénomène de solubilisation d'une espèce chimique, il faut construire, au niveau microscopique, un modèle de répartition des électrons au sein d'une molécule de solvant.

H							He
Li	Be	B	C	N	O	F	Ne
Na	Mg	Al	Si	P	S	Cl	Ar
K	Ca	Ga	Ge	As	Se	Br	Kr

9 *À l'exception des gaz nobles (dernière colonne), l'électronégativité augmente de gauche à droite dans une même ligne, et augmente de bas en haut dans une même colonne.*

1.1 Électronégativité d'un atome et liaison polarisée

L'électronégativité d'un atome traduit sa capacité à attirer à lui le doublet d'électrons d'une liaison dans laquelle il est engagé.

L'électronégativité d'un atome varie selon la place de l'élément correspondant dans la classification périodique **(figure 9)**.

Dans une liaison *A–B*, si l'atome *B* est plus électronégatif que l'atome *A*, le doublet liant est plus proche de l'atome *B* que de l'atome *A* ; l'atome *B* possède alors une charge partielle négative δ^- et l'atome *A* possède une charge partielle positive δ^+.
La liaison *A–B* est dite **polarisée**, elle est notée $A^{\delta+} - B^{\delta-}$.

Exemple. L'atome de fluor est plus électronégatif que celui d'hydrogène. Ainsi, dans la molécule d'acide fluorhydrique HF, la liaison H–F est polarisée : elle est notée $H^{\delta+} - F^{\delta-}$.

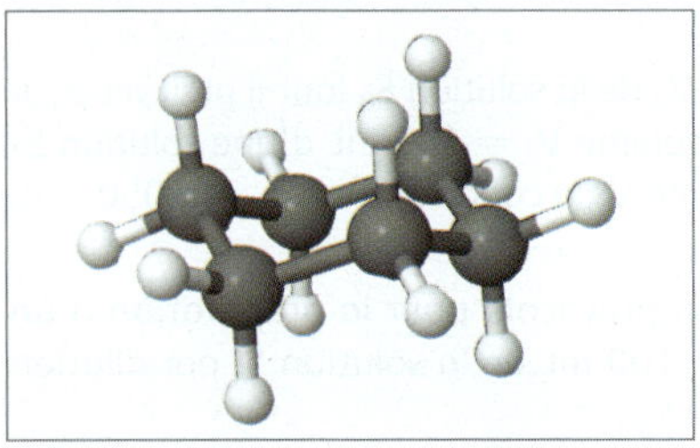

10 *Les molécules organiques formées uniquement d'atomes de carbone et d'hydrogène, d'électronégativités voisines, sont considérées comme apolaires : c'est le cas du cyclohexane.*

1.2 Prévision de la polarité d'un solvant

Une molécule est dite **polaire** si elle possède un pôle négatif et un pôle positif. Pour savoir si une molécule est polaire ou **apolaire** (c'est-à-dire non polaire), on détermine les positions des charges partielles pour chaque liaison, puis les positions G^+ et G^- des « centres géométriques » respectifs des charges partielles δ^+ et δ^-.

Vocabulaire

Le terme « **centre géométrique** » est appelé isobarycentre en mathématiques.
En chimie, on l'utilise pour désigner :
– le milieu d'un segment ;
– le centre de gravité d'un triangle ;
– le centre d'un carré ou d'un tétraèdre régulier.

Si le «centre géométrique » G^+ des charges partielles positives δ^+ et le « centre géométrique » G^- des charges partielles négatives δ^- ne coïncident pas, la molécule est polaire. S'ils sont confondus, la molécule est apolaire.

Exemple. La molécule d'eau est de géométrie coudée et l'atome d'oxygène est plus électronégatif que l'atome d'hydrogène. Chaque liaison O–H est polarisée : chaque atome d'hydrogène de la molécule d'eau est porteur d'une charge partielle positive δ^+, et l'atome d'oxygène est porteur de la charge partielle négative $2\,\delta^-$. Le centre géométrique G^- des charges partielles négatives, situé sur l'atome d'oxygène, ne coïncide pas avec le centre géométrique G^+ des charges partielles positives, situé au milieu du segment formé par les deux atomes d'hydrogène **(figure 11)** : la molécule d'eau est donc polaire.

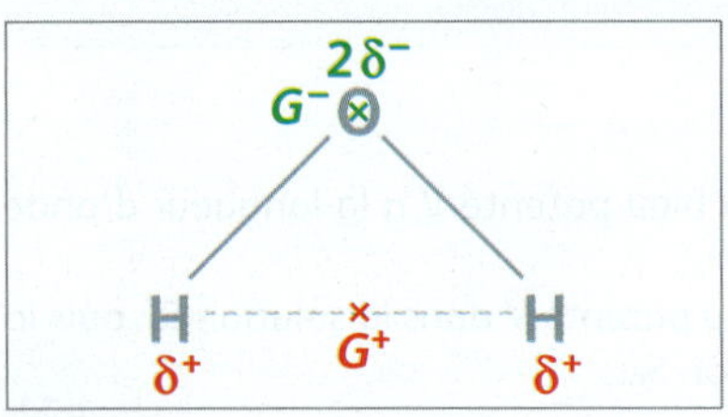

11 *G^+ et G^- ne sont pas confondus : la molécule d'eau est donc polaire.*

La présence d'atomes d'électronégativités différentes est une condition nécessaire mais non suffisante pour qu'une molécule soit polaire : la polarité d'une molécule dépend aussi de sa géométrie.

2 Dissolution d'un solide ionique

2.1 Rôle du solvant

Un solide ionique ne se dissout pas dans un solvant apolaire : la polarité du solvant joue ainsi un rôle dans la séparation puis la dispersion des ions du solide ionique.

A Première étape : la dissociation

Quand le solide ionique est introduit dans l'eau, des molécules d'eau s'orientent à sa proximité : un cation attire la partie qui porte la charge partielle négative d'une molécule d'eau, c'est-à-dire l'atome d'oxygène ; un anion attire les atomes d'hydrogène de la molécule d'eau.

Ces interactions électrostatiques modifient les forces assurant la cohésion du solide et finissent par séparer les ions **(figure 12)**.

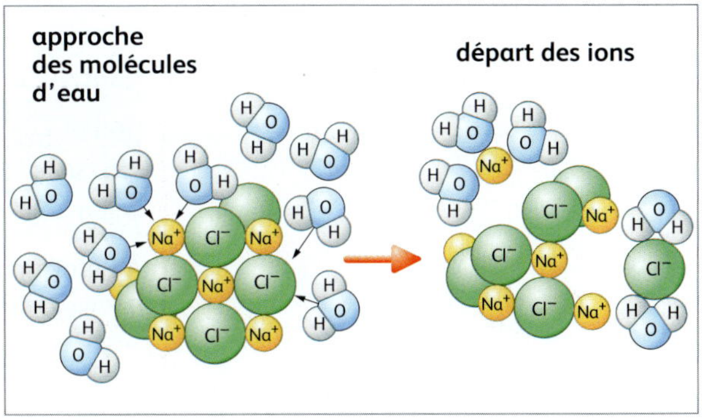

12 ▸ *Dislocation du solide ionique de chlorure de sodium sous l'action des molécules d'eau.*

B Deuxième étape : la solvatation et la dispersion

Les ions s'entourent de molécules d'eau, qui jouent le rôle d'un écran éloignant les ions les uns des autres, diminuant les interactions électrostatiques attractives entre cations et anions **(figure 13)**. Les ions restent ainsi dispersés en solution.

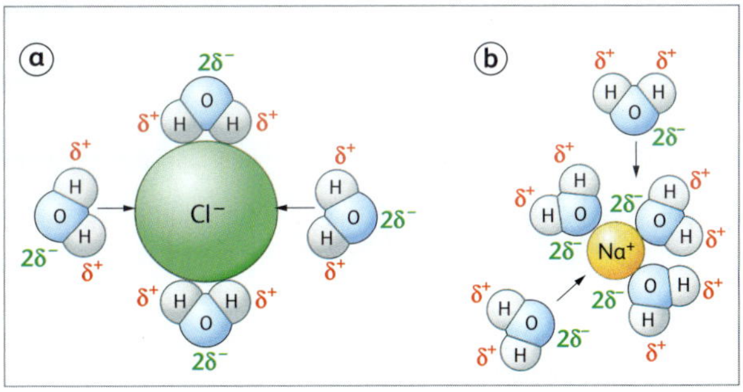

13 ▸ *La solvatation des ions chlorure (a) et sodium (b). Le côté porteur de la charge partielle positive des molécules d'eau est orienté vers l'ion chlorure ; le côté porteur de la charge partielle négative des molécules d'eau est orienté vers l'ion sodium.*

2.2 Équation de la réaction de dissolution

Un ion, une fois dissous dans le solvant, est dit **solvaté**. Si le solvant est l'eau, l'ion est dit **hydraté** ; on écrit alors « (aq) » à côté de sa formule.

> L'équation de dissolution dans l'eau d'un solide ionique de formule *AX* (s) constitué de cations A^+ et d'anions X^- s'écrit :
>
> $$AX\,(s) \rightarrow A^+\,(aq) + X^-\,(aq).$$

APPLICATION Écrire l'équation de dissolution dans l'eau du chlorure de sodium NaCl (s).

Réponse. L'équation de dissolution dans l'eau du chlorure de sodium solide s'écrit : $NaCl\,(s) \rightarrow Na^+\,(aq) + Cl^-\,(aq)$.

Vocabulaire

« **aq** » signifie aqueux. On dit d'une espèce chimique qu'elle est aqueuse si elle est solvatée par l'eau, c'est-à-dire si chaque molécule ou ion de l'espèce est entouré de molécules d'eau.

Éviter des erreurs

Ne pas oublier de respecter les lois de conservation des éléments et de la charge électrique dans l'équation de la réaction de dissolution d'un solide ionique.

2.3 Concentration des ions en solution

Si un volume V de solution contient une quantité de matière n_X d'un ion X, la concentration molaire de cet ion, notée $[X]$, vaut :

$$[X] = \frac{n_X}{V}$$

n_X en mole (mol)
V en litre (L)
$[X]$ en mole par litre ($mol \cdot L^{-1}$)

Exemple. La conservation de la matière lors de la dissolution d'une quantité de matière n de sulfate de sodium Na_2SO_4 (s) dans un volume V de solution aqueuse se traduit par le tableau d'évolution suivant.

Équation		Na_2SO_4 (s) →	2 Na^+ (aq) +	SO_4^{2-} (aq)
État	Avancement	Quantités de matière (mol)		
initial	0	n	0	0
en cours	x	$n - x$	$2x$	x
final	x_{max}	$n - x_{max}$	$2x_{max}$	x_{max}

À l'état final, le solide ionique a été entièrement dissous. On a donc $n - x_{max} = 0$, soit $x_{max} = n$. Alors :

$$[Na^+] = \frac{2x_{max}}{V} = \frac{2n}{V} \text{ et } [SO_4^{2-}] = \frac{x_{max}}{V} = \frac{n}{V}.$$

On constate que $[Na^+] = 2\ [SO_4^{2-}]$.

Éviter des erreurs

- Parler de la concentration d'un solide ionique en solution n'a pas de sens car un solide n'est pas une espèce dissoute.
- On utilise la notation $[X]$ pour désigner la concentration molaire en ions X dans la solution.

2.4 Électroneutralité

Une solution ionique est électriquement neutre : autrement dit, la quantité de charges élémentaires positives (portées par les cations) est égale à la quantité de charges élémentaires négatives (portées par les anions).

Exemple. Dans une solution contenant uniquement des ions Na^+ et SO_4^{2-}, comme l'ion sodium porte une charge élémentaire positive et l'ion sulfate deux charges élémentaires négatives, la concentration en ions Na^+ doit être deux fois plus grande que celle en ions SO_4^{2-}. On a donc :

$$[Na^+] = 2 \times [SO_4^{2-}].$$

3 Dissolution d'un solide moléculaire

Les solides moléculaires peuvent aussi se dissoudre dans des solvants. L'interaction entre les molécules de solvant et de soluté est alors une interaction de Van der Waals, et éventuellement une interaction par liaison hydrogène.

Si un solide moléculaire est formé de **molécules polaires**, il est très soluble dans un solvant polaire. S'il est formé de **molécules apolaires**, il est très soluble dans un solvant apolaire.

Certaines espèces chimiques, comme celles constituant le savon **(document 14)**, ont une partie polaire et une partie apolaire, ce qui leur permet de créer des émulsions entre un solvant polaire et un solvant apolaire non miscibles (comme l'eau et l'huile).

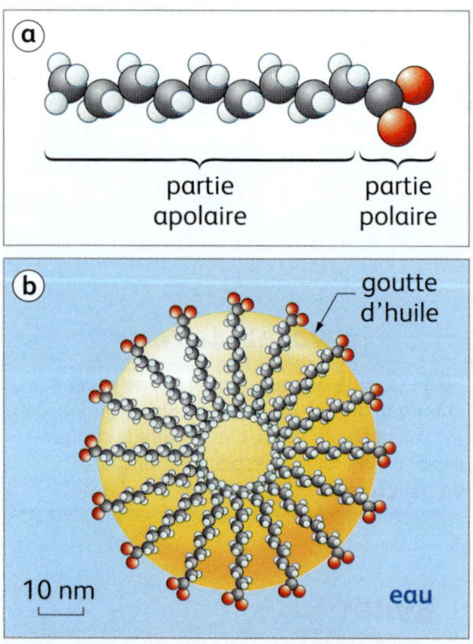

14 ⓐ *Les espèces chimiques tensioactives d'un savon ont une partie apolaire et une partie polaire.*
ⓑ *La partie polaire est soluble dans l'eau (solvant polaire) et la partie apolaire est soluble dans l'huile (solvant apolaire).*

L'ESSENTIEL

Liaison polarisée

- **L'électronégativité** traduit la capacité d'un atome à attirer à lui les électrons d'une liaison dans laquelle il est engagé.
- Une liaison entre deux atomes d'électronégativités différentes est **polarisée**.
- Dans une liaison covalente entre deux atomes d'électronégativités différentes, l'atome le plus électronégatif porte une charge partielle négative δ^- et l'atome le moins électronégatif porte une charge partielle positive δ^+.

Exemple

$$H^{\delta+} - F^{\delta-}$$

L'atome de fluor est plus électronégatif que l'atome d'hydrogène.

Dissolution d'un solide ionique

- Un solide ionique ne se dissout pas dans un solvant apolaire : la polarité du solvant joue ainsi un rôle dans la séparation puis la dispersion des ions du solide ionique.
- L'équation de dissolution dans l'eau d'un solide ionique de formule AX (s) constitué de cations A^+ et d'anions X^- s'écrit :

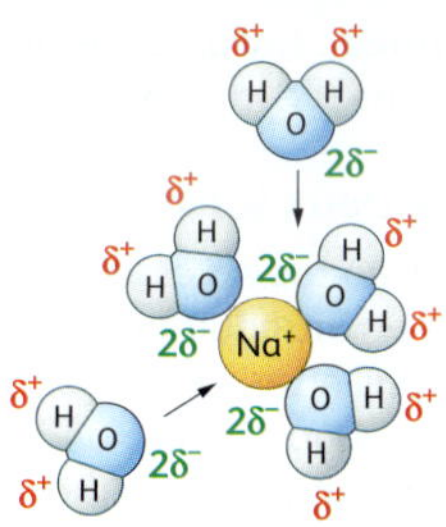

Solvatation des ions sodium.

$$AX\text{ (s)} \rightarrow A^+\text{ (aq)} + X^-\text{ (aq)}$$

« aq » signifie « aqueux » : on écrit « aq » à côté de l'espèce chimique solvatée car elle est entourée de molécules d'eau.

Dissolution d'un solide moléculaire

- Si un solide moléculaire est formé de **molécules polaires**, il est très soluble dans un solvant polaire.
- S'il est formé de **molécules apolaires**, il est très soluble dans un solvant apolaire.

Polarité d'une molécule

- Une molécule est dite **polaire** si elle possède un pôle négatif et un pôle positif.
- Pour savoir si une molécule est **polaire** ou **apolaire** (c'est-à-dire non polaire) :
  - déterminer sa géométrie **(chapitre 9)** ;
  - déterminer les positions des charges partielles pour chaque liaison ;
  - déterminer les positions G^+ et G^- des « centres géométriques » respectifs des charges partielles δ^+ et δ^- ;
  - si les centres G^+ et G^- ne coïncident pas, la molécule est polaire. Sinon, elle est apolaire.

Exemple

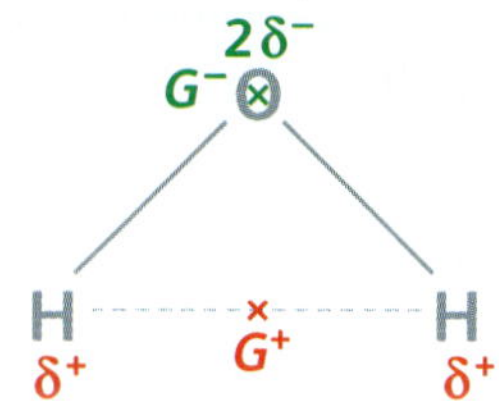

Les centres géométriques G^+ et G^- ne sont pas confondus : la molécule d'eau est polaire.

Solution ionique

- **La concentration molaire d'un ion *X* en solution**, notée [*X*], est égale à la quantité de matière de cet ion par litre de solution. Elle s'exprime usuellement en $mol \cdot L^{-1}$.
- Si un volume *V* de solution contient une quantité de matière n_X d'un ion *X*, la concentration molaire de cet ion vaut :

$$[X] = \frac{n_X}{V}$$

n_X en mole (mol)
V en litre (L)
[*X*] en mole par litre ($mol \cdot L^{-1}$)

- **Une solution ionique est électriquement neutre** : autrement dit, la quantité de charges élémentaires positives est égale à la quantité de charges élémentaires négatives.

5 minutes CHRONO !

MANUEL NUMÉRIQUE — EXERCICES INTERACTIFS

1 Mots manquants

Compléter avec un ou plusieurs mots.

a. L'électronégativité traduit la capacité d'un atome à attirer à lui les .... d'une liaison dans laquelle il est engagé.

b. Moins un atome est électronégatif, ... il attire à lui le .... d'électrons de la liaison dans laquelle il est engagé.

c. La concentration molaire d'un ion en solution est égale à la quantité de matière de cet ion par .... de solution. Elle s'exprime usuellement en ....

d. Une solution ionique est électriquement .... : autrement dit, la quantité de charges positives portées par les cations est .... à la quantité de charges négatives portées par les anions.

2 QCM

Cocher la réponse exacte.

a. L'eau est un solvant :
- ☐ polaire
- ☐ ionique
- ☐ apolaire

b. L'atome de chlore est beaucoup plus électronégatif que l'atome d'hydrogène.
La molécule de chlorure d'hydrogène HCl est donc :
☐ chargée ☐ polaire ☐ apolaire

c. Une molécule présentant des atomes d'électronégativités différentes :
- ☐ est forcément polaire
- ☐ est forcément apolaire
- ☐ peut être apolaire

d. L'équation de la réaction de dissolution du chlorure de cuivre $CuCl_2$ solide dans l'eau s'écrit :
- ☐ $CuCl_2$ (s) → Cu^{2+} (aq) + Cl^- (aq)
- ☐ $CuCl_2$ (s) → Cu^{2+} (aq) + 2 Cl^- (aq)
- ☐ $CuCl_2$ (s) → 2 Cu^{2+} (aq) + 2 Cl^- (aq)

e. On prépare un volume V = 100 mL d'une solution aqueuse de chlorure de sodium par dissolution d'une quantité de matière n = 0,10 mol de chlorure de sodium solide NaCl(s). Alors :
- ☐ $[Na^+] = [Cl^-] = 1{,}0\ mol \cdot L^{-1}$
- ☐ $[Na^+] = [Cl^-] = 0{,}50\ mol \cdot L^{-1}$
- ☐ $[Na^+] = [Cl^-] = 0{,}10\ mol \cdot L^{-1}$

f. Dans une solution aqueuse ionique contenant exclusivement des ions ferrique Fe^{3+} (aq) et chlorure Cl^- (aq), il y a :
- ☐ autant d'ions chlorure que d'ions ferrique
- ☐ trois fois plus d'ions chlorure que d'ions ferrique
- ☐ trois fois plus d'ions ferrique que d'ions chlorure

→ Reportez-vous aux solutions détaillées page 393 pour vérifier vos réponses et comprendre vos erreurs.

Parcours personnalisés

Trois parcours d'exercices pour travailler en autonomie selon ses besoins.

- **Maîtriser les bases** : 4 - 7 - 9 - 15
- **Préparer l'évaluation** : 16 - 19 - 23
- **Cap sur la Terminale** : 30 - 31

MOBILISER SES CONNAISSANCES

▶ Polarité d'un solvant [§1 du cours]

3 Le pentane

Le pentane (de formule brute C_5H_{12}), solvant couramment utilisé en chimie organique, est-il polaire ?

Donnée : les atomes de carbone et d'hydrogène ont des électronégativités voisines.

4 Bromure d'hydrogène

Le bromure d'hydrogène HBr est-il polaire ? Justifier à l'aide d'un schéma.

Donnée : l'atome de brome est plus électronégatif que l'atome d'hydrogène.

5 Deux solvants et deux solutés

Dans un tube à essais, on verse du cyclohexane et de l'eau, puis on introduit quelques cristaux de chlorure de cobalt et des paillettes de diiode.
Réaliser un schéma décrivant l'aspect du contenu du tube après agitation. Justifier.

Données

– L'eau est plus dense que le cyclohexane, et ces deux solvants sont non miscibles.

– Le diiode est jaune pâle dans l'eau, violet dans le cyclohexane.

– Le chlorure de cobalt est un solide ionique ayant une coloration rose pâle dans l'eau.

– Le cyclohexane (C_6H_{12}) est un solvant apolaire.

▶ Dissolution d'un solide ionique [§2 du cours]

6 Sel de cuisine

L'équation de la dissolution du chlorure de sodium solide s'écrit : NaCl (s) → Na^+ (aq) + Cl^- (aq).

a. Que signifie ici la notation « (aq) » ?

b. Comment les molécules d'eau s'organisent-elle autour d'un ion chlorure ? Illustrer la réponse par un schéma.

7 Dissolution

EXERCICE INTERACTIF

Recopier et compléter les équations de dissolution suivantes.

a. $KCl\ (s) \rightarrow K^{+}\ (aq) + \ldots$

b. $FeSO_4\ (s) \rightarrow \ldots + SO_4^{2-}\ (aq)$

c. $AlCl_3\ (s) \rightarrow Al^{3+}\ (aq) + \ldots\ Cl^{-}\ (aq)$

d. $K_2CO_3\ (s) \rightarrow \ldots\ K^{+}\ (aq) + CO_3^{2-}\ (aq)$

8 Dissolution dans l'eau

Écrire l'équation de dissolution dans l'eau :

a. de l'hydroxyde de sodium $NaOH$ (s) ;

b. du bromure de fer (III) $FeBr_3$ (s) ;

c. du thiosulfate de sodium $Na_2S_2O_3$ (s).

Noms et formules de quelques ions : ion sodium Na^{+} ; ion hydroxyde HO^{-} ; ion ferrique Fe^{3+} ; ion bromure Br^{-} ; ion thiosulfate $S_2O_3^{2-}$.

9 Électroneutralité d'une solution ionique

Une solution de chlorure de cobalt contient des ions cobalt (II) et des ions chlorure de concentrations respectives $[Co^{2+}] = 0{,}20\ mol \cdot L^{-1}$ et $[Cl^{-}] = 0{,}40\ mol \cdot L^{-1}$.
Vérifier que cette solution est électriquement neutre.

UTILISER SES COMPÉTENCES

10 Faire preuve d'esprit critique

Le texte suivant a été lu sur un site Internet consacré aux absorbeurs d'humidité.

> Comment fonctionne un absorbeur d'humidité ? L'air passe dans une cartouche chimique contenant des cristaux de chlorure de calcium $CaCl_2$, qui absorbent l'humidité. L'eau est ensuite récoltée dans un bac spécifique qui sera vidé dans les sanitaires.

Quelle phrase du texte est inexacte ? Comment la reformuler ?

11 Utiliser les unités

On souhaite préparer des solutions ioniques contenant des ions sulfate selon les indications contenues dans le tableau suivant.

Volume	$V_1 = 0{,}50$ L	$V_2 = 100$ mL	$V_3 = 50$ mL
Concentration en ions sulfate	$[SO_4^{2-}]_1 = 1{,}0\ mol \cdot L^{-1}$	$[SO_4^{2-}]_2 = 0{,}20\ mol \cdot L^{-1}$	$[SO_4^{2-}]_3 = 0{,}50\ mol \cdot L^{-1}$
Quantité de matière d'ions sulfate	$n_1 = \ldots$	$n_2 = \ldots$	$n_3 = \ldots$

a. Rappeler les unités des grandeurs suivantes : quantité de matière n ; volume V ; concentration molaire $[SO_4^{2-}]$.

b. À l'aide de ces unités, retrouver la formule donnant la quantité de matière n en ions sulfate en fonction de $[SO_4^{2-}]$ et V. Compléter alors le tableau de l'énoncé.

12 Élaborer un protocole

On souhaite préparer un volume $V = 0{,}100$ L d'une solution de nitrate d'ammonium de concentrations en ions nitrate et ammonium $[NO_3^{-}] = [NH_4^{+}] = 0{,}10\ mol \cdot L^{-1}$.

Élaborer le protocole à suivre pour préparer la solution en s'aidant éventuellement de schémas et du matériel disponible dans la classe.

Donnée. Masse molaire de NH_4NO_3 (s) :

$$M = 80\ g \cdot mol^{-1}.$$

Le nitrate d'ammonium peut être utilisé comme engrais pour accélérer la croissance des salades.

13 Prévoir si une molécule est polaire

Dans la molécule de dioxyde de carbone, les trois atomes sont alignés dans cet ordre : O=C=O. L'atome de carbone est moins électronégatif que l'atome d'oxygène.
La molécule de dioxyde de carbone est-elle polaire ?

14 Prévoir si une molécule est polaire

a. Attribuer les charges partielles positives et négatives éventuelles aux atomes de la molécule de sulfure d'hydrogène ci-contre.

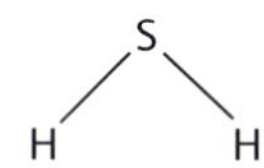

b. Cette molécule est-elle polaire ?

Donnée : l'atome de soufre est plus électronégatif que l'atome d'hydrogène.

15 Apprendre à rédiger

Voici l'énoncé d'un exercice et un guide (en orange) ; ce guide vous aide pour rédiger la solution détaillée et pour retrouver les réponses numériques aux questions posées.

Énoncé

On prépare une solution de sulfate de sodium en dissolvant une masse $m = 3{,}6$ g de sulfate de sodium solide pour obtenir un volume $V = 250$ mL de solution.
L'équation de dissolution correspondante s'écrit :

$$Na_2SO_4\ (s) \rightarrow 2\ Na^{+}\ (aq) + SO_4^{2-}\ (aq).$$

a. Calculer la quantité de matière n de solide dissous.

▸ **Exprimer la quantité de matière n de sulfate de sodium dissous en fonction de la masse m et de la masse molaire M de sulfate de sodium.**

▸ **Poser l'application numérique et vérifier que :**

$$n = 2{,}5 \times 10^{-2}\ mol.$$

b. Calculer les concentrations molaires en ions sodium $[Na^{+}]$ et sulfate $[SO_4^{2-}]$ dans la solution.

▸ **Construire un tableau d'évolution puis exprimer l'avancement maximal x_{max} en fonction de n.**

▸ **En déduire l'expression des concentrations des ions à l'état final en fonction de n et V. Vérifier que $[Na^{+}] = 2{,}0 \times 10^{-1}$ mol et $[SO_4^{2-}] = 1{,}0 \times 10^{-1}$ mol.**

Donnée : masse molaire de Na_2SO_4 (s), $M = 142\ g \cdot mol^{-1}$.

EXERCICE RÉSOLU

Site élève

16 Absorbeur d'humidité

Énoncé L'absorbeur d'humidité chimique (également appelé déshumidificateur) est une alternative simple et peu coûteuse à la mise en place d'une ventilation. Il permet de diminuer l'humidité liée à la condensation dans les habitations. C'est un appareil autonome qui fonctionne simplement :

- un sachet contenant une masse m = 1,20 kg de chlorure de calcium anhydre $CaCl_2$ (s) est placé sur une grille ;
- cette grille est située au-dessus d'une cuve rectangulaire dans laquelle on récupère la solution aqueuse de chlorure de calcium obtenue lorsque l'air humide passe à travers les pastilles de chlorure de calcium.

Lorsque tout le solide a été dissous, le volume V de la solution obtenue dans la cuve est : V = 1,50 L. Cette solution peut ensuite être jetée dans les sanitaires.

1. Écrire l'équation de dissolution du chlorure de calcium solide dans l'eau.
2. Calculer la quantité de matière n de chlorure de calcium dans le sachet utilisé.
3. Construire le tableau d'évolution.
4. À partir de ce tableau, calculer les quantités de matière n' d'ions calcium et n'' d'ions chlorure dans la solution obtenue.
5. En déduire les concentrations en ions chlorure $[Cl^-]$ et calcium $[Ca^{2+}]$ de la solution obtenue.
6. Vérifier l'électroneutralité de cette solution.

Masses molaires atomiques : $M(Ca) = 40{,}1\ g\cdot mol^{-1}$; $M(Cl) = 35{,}5\ g\cdot mol^{-1}$.

Énoncé
Repérer les données utiles aux calculs.

Une solution

1. L'équation correspondant à la dissolution du chlorure de calcium dans l'eau s'écrit : $CaCl_2\ (s) \rightarrow Ca^{2+}\ (aq) + 2\ Cl^-\ (aq)$.

Connaissances
Attention à respecter la conservation des éléments et de la charge électrique lors de l'écriture de l'équation de dissolution.

2. Notons M la masse molaire du chlorure de calcium : $M = M(Ca) + 2 \times M(Cl)$.

La quantité de matière n de chlorure de calcium dans le sachet est : $n = \dfrac{m}{M}$.

A.N. : $n = \dfrac{1{,}20 \times 10^3}{40{,}1 + 2 \times 35{,}5} = 10{,}8$ mol.

Application numérique
- Convertir la masse m en gramme car les masses molaires sont données en $g\cdot mol^{-1}$.
- Donner le résultat avec trois chiffres significatifs (comme les données de l'exercice).

3. Le tableau d'évolution est donné ci-dessous.

Équation		$CaCl_2\ (s) \rightarrow$	$Ca^{2+}\ (aq) +$	$2\ Cl^-\ (aq)$
État	Avancement	Quantités de matière (mol)		
initial	0	n	0	0
en cours	x	$n - x$	x	$2x$
final	x_{max}	$n - x_{max}$	x_{max}	$2\ x_{max}$

4. À l'état final, le solide est entièrement dissous, donc $n - x_{max} = 0$, soit $x_{max} = n$. À l'état final, la quantité de matière d'ions calcium est donc $n' = x_{max} = n = 10{,}8$ mol, et celle d'ions chlorure est $n'' = 2n = 2 \times 10{,}8 = 21{,}6$ mol.

5. On en déduit les concentrations à l'état final :

$$[Ca^{2+}] = \frac{n}{V} \quad \text{et} \quad [Cl^-] = \frac{2n}{V}.$$

Rédiger
Donner l'expression littérale avant de poser l'application numérique.

A.N. : $[Ca^{2+}] = \dfrac{10{,}8}{1{,}50} = 7{,}20\ mol\cdot L^{-1}$ et $[Cl^-] = \dfrac{21{,}6}{1{,}50} = 14{,}4\ mol\cdot L^{-1}$.

6. L'ion calcium est deux fois plus chargé que l'ion chlorure. Pour que la solution soit électriquement neutre, elle doit donc être deux fois plus concentrée en ions chlorure qu'en ions calcium. Or $[Ca^{2+}] = 7{,}20\ mol\cdot L^{-1}$ et $[Cl^-] = 14{,}4\ mol\cdot L^{-1}$. La solution est donc électriquement neutre.

Connaissances
Dire qu'une solution est électriquement neutre, c'est dire que la quantité de charges élémentaires positives est égale à la quantité de charges élémentaires négatives.

17 Solutions contenant des ions chlorure

On souhaite préparer un volume $V = 100$ mL de solution ionique de concentration en ions chlorure $[Cl^-] = 0{,}010\ mol \cdot L^{-1}$ à partir des solides ioniques $NaCl$ (s), $CuCl_2$ (s) puis $FeCl_3$ (s).

Écrire l'équation de dissolution de chaque solide ionique mis en jeu puis compléter le tableau suivant.

Solide ionique	$NaCl$ (s)	$CuCl_2$ (s)	$FeCl_3$ (s)
Masse molaire du solide	$M_1 =$ 58,5 $g \cdot mol^{-1}$	$M_2 =$ 134,5 $g \cdot mol^{-1}$	$M_3 =$ 162,3 $g \cdot mol^{-1}$
Quantité de matière d'ions Cl^- dans la solution	$n_1 = ...$	$n_2 = ...$	$n_3 = ...$
Quantité de matière de solide à dissoudre	$n'_1 = ...$	$n'_2 = ...$	$n'_3 = ...$
Masse de solide à peser	$m_1 = ...$	$m_2 = ...$	$m_3 = ...$

18 Cyanure d'hydrogène

Le cyanure d'hydrogène HCN se présente, à l'état pur, sous la forme d'un liquide incolore très volatil ou d'un gaz incolore exhalant une odeur d'amandes amères. Il est à la base d'un poison souvent identifié par Hercule Poirot sur les scènes de meurtre des romans d'Agatha Christie.

La formule de Lewis du cyanure d'hydrogène est donnée ci-dessous.

$$H—C\equiv N|$$

a. Cette formule est-elle en accord avec les règles du duet et de l'octet ?

b. Le cyanure d'hydrogène est-il polaire ?

Données

– Numéros atomiques : $Z(H) = 1$; $Z(C) = 6$; $Z(N) = 7$.

– L'atome d'azote est plus électronégatif que les atomes de carbone et d'hydrogène, d'électronégativités voisines.

19 Préparation d'une solution

On souhaite préparer un volume $V = 100$ mL d'une solution de chlorure de fer (III) telle que la concentration molaire en ions chlorure soit $[Cl^-] = 0{,}750\ mol \cdot L^{-1}$.

a. Écrire la réaction de dissolution du chlorure de fer (III) $FeCl_3$ (s) dans l'eau.

b. Quelle masse de chlorure de fer (III) solide doit-on peser pour préparer la solution ?

Masses molaires (en g·mol⁻¹) : $M(Cl) = 35{,}5$; $M(Fe) = 55{,}8$.

20 ✶ Analyse de la composition d'une solution

On dissout un solide ionique jaune dans de l'eau, puis on introduit quelques millilitres de la solution obtenue dans deux tubes à essais différents. Dans l'un des tubes, on introduit quelques gouttes d'une solution de nitrate d'argent : un précipité blanc se forme et noircit à la lumière au bout de quelques instants. Dans l'autre tube, on introduit quelques gouttes d'une solution d'hydroxyde de sodium : il se forme un précipité couleur rouille d'hydroxyde de fer (III).

a. Quels ions sont présents dans la solution étudiée ?

b. En supposant que ces ions sont les seuls présents dans la solution, écrire une relation liant leurs concentrations molaires.

21 ✶ Un précurseur du téflon

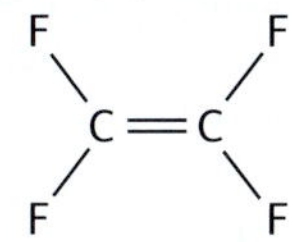

Le téflon, polymère très stable dont les propriétés antiadhésives sont couramment utilisées pour le revêtement d'ustensiles de cuisine, a été découvert en 1938. Un chimiste américain l'avait synthétisé par hasard, alors qu'il tentait de mettre au point un solvant réfrigérant, le tétrafluoroéthylène C_2F_4, dont la formule développée et la géométrie sont indiquées ci-dessus.

a. Combien de liaisons covalentes polarisées cette molécule comporte-t-elle ?

b. Le tétrafluoroéthylène est-il polaire ou apolaire ?

Donnée : l'atome de fluor est beaucoup plus électronégatif que l'atome de carbone.

22 ✶ Ammonia

Ammonia NH_3 can be used as a refrigerant fluid.

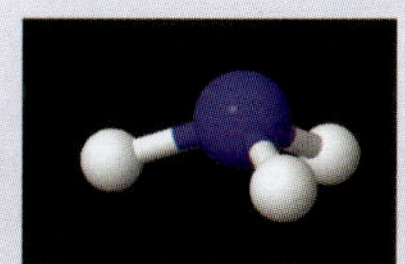

The nitrogen atoms occupy the apex of a pyramid. The hydrogen atoms form the base and are arranged as an equilateral triangle, as shown in the figure above.

L'ammoniac est-il un solvant polaire ?

Donnée : l'atome d'azote est plus électronégatif que l'atome d'hydrogène.

23 ✶ Deux solvants, un soluté

Dans un tube à essais, on verse quelques millilitres de pentane (C_5H_{12}), puis on introduit une pointe de spatule de sulfate de cuivre anhydre $CuSO_4$ (s). Une fois le tube bouché, on l'agite puis on laisse reposer le mélange.

Tube à essais contenant du pentane et du sulfate de cuivre anhydre, après agitation.

a. Le mélange obtenu est présenté ci-contre. Commenter et justifier son aspect.

b. À l'aide d'une pipette jetable, on introduit quelques millilitres d'eau distillée dans le tube à essais.

Prévoir l'aspect du contenu du tube après agitation et décantation. Justifier la réponse.

Données

– Les atomes de carbone et d'hydrogène ont des électronégativités voisines.

– Le sulfate de cuivre anhydre est un solide ionique blanc.

– Les ions cuivre (II) du sulfate de cuivre prennent une coloration bleue en solution aqueuse.

– Le pentane et l'eau sont deux liquides non miscibles.

– La densité du pentane par rapport à l'eau est : $d = 0{,}62$.

24 ✶ Lait démaquillant

Un lait démaquillant contient, entre autres, de l'eau, de l'huile de paraffine, des parfums, des conservateurs et un agent tensioactif formé d'une longue partie apolaire et d'une tête polaire. Ce lait est une émulsion : des gouttelettes d'huile sont dispersées dans une phase aqueuse.

a. Que se passerait-il si le lait démaquillant ne contenait pas d'agent tensioactif ?

b. Pourquoi l'agent tensioactif est-il qualifié d'espèce amphiphile, c'est-à-dire ayant une partie hydrophile (littéralement : « qui aime l'eau ») et une partie lipophile (« qui aime l'huile ») ?

c. Sur le schéma ci-contre, on a représenté par un petit rond la partie polaire du tensioactif, et par un trait sa partie apolaire. Expliquer pourquoi le tensioactif s'organise ainsi autour d'une gouttelette d'huile.

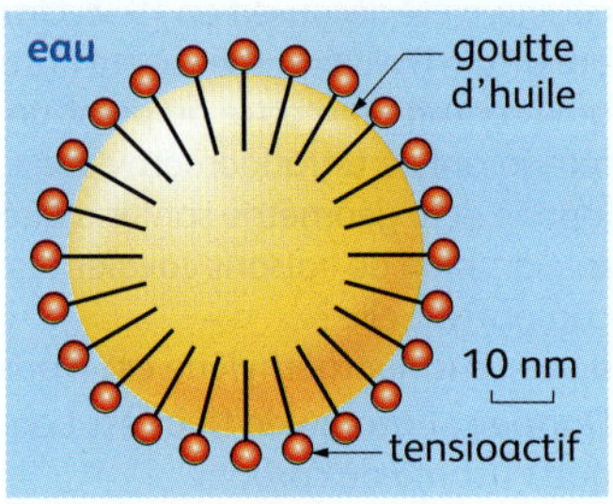

25 ✶ Des ions dans le savon

Les ions carboxylate d'un savon sont des espèces possédant une longue chaîne carbonée apolaire, et une petite partie polaire. Considérons un tissu taché par de l'huile et plongé dans de l'eau savonneuse.

a. Comment s'organisent les espèces constituant le savon autour de la tache de gras ? Réaliser un schéma en représentant par un petit rond la partie polaire du savon et par un trait sa partie apolaire.

b. Que finissent par provoquer les frottements mécaniques exercés par une machine à laver ?

26 ✶ Sel de Mohr

L'étiquette d'un flacon de sel de Mohr, solide cristallisé verdâtre, est donnée ci-dessous.

Ammonium-fer (II) sulfate à six molécules d'eau :
$(NH_4)_2Fe(SO_4)_2, 6\ H_2O$; $M = 392\ g \cdot mol^{-1}$

a. Écrire l'équation de dissolution du sel de Mohr dans l'eau, sachant qu'il contient des ions ferreux Fe^{2+}, des ions ammonium NH_4^+ et des ions sulfate SO_4^{2-}.

b. On désire préparer un volume $V = 100{,}0$ mL d'une solution de concentration molaire en ions ferreux :

$$[Fe^{2+}] = 0{,}020\ mol \cdot L^{-1}.$$

Quelle masse de sel de Mohr doit-on dissoudre ?

c. Quelles sont les concentrations molaires en ions ammonium et en ions sulfate de la solution ainsi obtenue ?

27 ✶✶ Prélèvement d'ions nitrate

On dispose d'un volume $V = 100$ mL d'une solution de nitrate de calcium obtenue par dissolution d'une masse $m = 1{,}64$ g de nitrate de calcium solide $Ca(NO_3)_2$ (s).

Avec quelle verrerie pourra-t-on prélever précisément une quantité de matière $n = 5{,}00 \times 10^{-3}$ mol d'ions nitrate NO_3^- à partir de cette solution ?

Donnée : masse molaire de $Ca(NO_3)_2$, $M = 164{,}1\ g \cdot mol^{-1}$.

28 ✶✶ Mélange de solutions

On mélange un volume $V_1 = 50$ mL d'une solution de chlorure de sodium de concentration en ions chlorure $[Cl^-]_1 = 1{,}0 \times 10^{-2}\ mol \cdot L^{-1}$ et un volume $V_2 = 20$ mL d'une solution de chlorure de sodium de concentration en ions chlorure $[Cl^-]_2 = 3{,}0 \times 10^{-2}\ mol \cdot L^{-1}$.

Quelle est la concentration molaire en ions chlorure $[Cl^-]$ de la solution obtenue à l'issue de ce mélange ?

29 ✶✶ Dureté d'une eau

La dureté d'une eau est fonction de ses concentrations en ions calcium et magnésium. Le titre hydrotimétrique (TH) est l'indicateur de la dureté d'une eau. Il s'exprime en degré français (°f) : un degré français correspond à une somme des concentrations en ions magnésium et en ions calcium égale à $10^{-4}\ mol \cdot L^{-1}$.

Publicité datant de 1895 pour l'eau minérale Vichy.

a. Sur le site Internet Wikipédia, on peut lire : « un degré français correspond à 4 mg de calcium ou 2,4 mg de magnésium par litre d'eau ».

Que signifie cette affirmation ? Vérifier les valeurs numériques données par ce site.

b. Utiliser les fonctions d'un tableur pour calculer le degré français des eaux suivantes.

	A	B	C	D	E	F
1	Eau	Volvic	Hépar	Contrex	Cristalline Saint-Cyr La Source	Cristalline Vogia
2	Concentration massique en ions Ca^{2+} ($mg.L^{-1}$)	11,5	549	486	71	6,4
3	Concentration massique en ions Mg^{2+} ($mg.L^{-1}$)	8	119	84	5,5	1,2
4	Degré français (°f)					

c. Classer ces eaux selon leur dureté en utilisant le tableau suivant.

TH (°f)	0 à 7	7 à 15	15 à 25	25 à 42	supérieur à 42
Eau	très douce	douce	moyennement dure	dure	très dure

Masses molaires atomiques : $M(Mg) = 24{,}3\ g \cdot mol^{-1}$; $M(Ca) = 40{,}1\ g \cdot mol^{-1}$.

30 Apprendre à chercher

La résolution de cet exercice nécessite de trouver les étapes du raisonnement. En cas de difficultés, rendez-vous page 404.

Énoncé

Un ballon est rempli de chlorure d'hydrogène sec gazeux HCl (g) ; le bouchon du ballon est traversé par un tuyau souple fermé par une pince. L'extrémité du tuyau est située au-dessus d'un cristallisoir contenant de l'eau distillée et quelques gouttes d'hélianthine.

Avant l'ouverture de la pince.

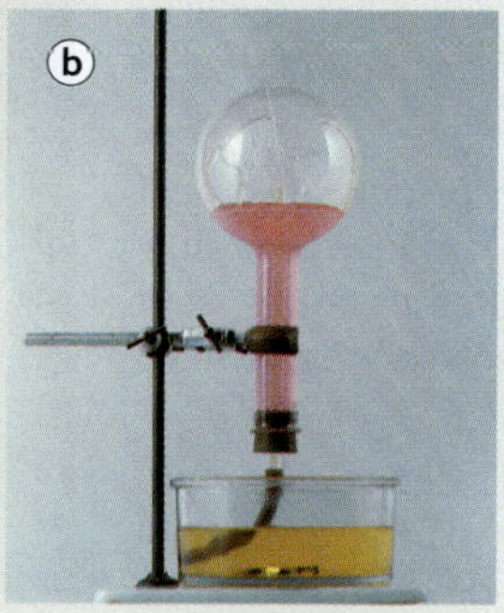

Après l'ouverture de la pince.

À l'ouverture de la pince, l'extrémité du tuyau souple étant immergée dans la solution du cristallisoir, on observe un « jet d'eau » : la solution aqueuse monte brutalement dans le ballon, et se colore en rose (b).

À la fin de l'expérience, on introduit dans un tube à essais quelques millilitres de la solution obtenue dans le ballon et quelques gouttes d'une solution de nitrate d'argent. Il se forme alors un précipité blanc qui noircit à la lumière au bout de quelques instants.

→ *Utiliser l'ensemble des données pour interpréter l'expérience. Proposer une équation pour la réaction qui s'est produite dans le ballon.*

Données

– L'atome de chlore est plus électronégatif que l'atome d'hydrogène.

– L'hélianthine prend une teinte rose quand la concentration en ions H^+ de la solution est supérieure à 10^{-3} mol·L^{-1}.

31 ★★ Teneur en sulfate d'une eau minérale

L'étiquette d'une bouteille de Contrex® indique la concentration massique en ions sulfate SO_4^{2-} de cette eau minérale :

$$c_{m,\ indiquée} = 1\,187\ mg \cdot L^{-1}.$$

On mesure, à l'aide d'une éprouvette, un volume $V' = 250$ mL de Contrex® que l'on verse dans un bécher. On introduit dans ce bécher un volume $V_1 = 25{,}0$ ml d'une solution de chlorure de baryum. Il se forme un précipité blanc de sulfate de baryum $BaSO_4$ (s).

On agite le mélange quelques minutes, avant de le laisser reposer et de le filtrer. Le précipité récupéré lors de cette filtration est séché puis pesé : sa masse est $m = 0{,}720$ g.

a. Écrire l'équation de la réaction associée à la précipitation observée.

b. Comment vérifier expérimentalement que le filtrat ne contient plus d'ions sulfate ?

c. Calculer la quantité de matière n de sulfate de baryum solide obtenu.

d. Sachant que les ions baryum ont été introduits en excès, quelle relation existe-t-il entre la quantité n' d'ions sulfate contenue dans le volume V' d'eau de Contrex® et la quantité de matière n de précipité obtenu ? On pourra s'aider d'un tableau d'évolution.

e. En déduire la concentration molaire des ions sulfate $[SO_4^{2-}]$ dans l'eau de Contrex®, puis leur concentration massique c_m. Conclure.

Masses molaires atomiques (en g·mol^{-1}) :
M(Ba) = 137,3 ; M(O) = 16,0 ; M(S) = 32,0.

32 ★★ Électroneutralité d'une eau minérale

Les concentrations massiques des différents ions présents dans l'eau d'Hépar® ont été reportées dans les colonnes A et B d'un tableur.

	A	B
1	Ion	Concentration massique (en mg.L^{-1})
2	calcium (Ca^{2+})	549
3	magnésium (Mg^{2+})	119
4	chlorure (Cl^-)	11
5	sodium (Na^+)	14
6	potassium (K^+)	4
7	sulfate (SO_4^{2-})	1530
8	hydrogénocarbonate (HCO_3^-)	384
9	nitrate (NO_3^-)	4,3

a. Montrer que la relation suivante entre les concentrations des différents ions doit être vérifiée pour que cette eau minérale soit électriquement neutre :

$$2 \times [Ca^{2+}] + 2 \times [Mg^{2+}] + [Na^+] + [K^+] = 2 \times [SO_4^{2-}] + [HCO_3^-] + [NO_3^-] + [Cl^-].$$

b. Utiliser les fonctions du tableur pour calculer les concentrations molaires des ions. Pour les valeurs des masses molaires atomiques, se reporter aux rabats du manuel.

c. Vérifier avec le tableur la relation de la question **a**.

Interpréter les éventuelles différences observées.

d. Modifier les données du tableau en prenant les concentrations massiques relevées sur une autre étiquette d'eau minérale et conclure.

Culture scientifique et citoyenne

CHIMIE & LITTÉRATURE Un chimiste écrivain

La fabrication [d'un rouge à lèvres] était simple : une fille faisait fondre certaines cires et matières grasses dans une casserole émaillée ordinaire, ajoutait un peu de parfum et de colorant, puis coulait le tout dans un moule minuscule. […] après quelques heures d'application, particulièrement quand il fait chaud, le rouge se met à bouger, monte dans les minuscules rides que même les filles jeunes ont autour des lèvres et il se forme ainsi un vilain réseau de filaments rouges qui brouille le contour et gâche tout l'effet.

J'observais non sans embarras : les filets rouges étaient bien là, mais seulement sur la moitié droite de la bouche de la fille […]. Forcément, m'expliqua le propriétaire : la moitié gauche de la bouche de cette fille, et de toutes les autres, était fardée avec un excellent produit français, celui-là, précisément, qu'il essayait en vain d'imiter. […]

Rentré au laboratoire, je pris une feuille de papier-filtre, y fis deux petits ronds rouges avec les deux échantillons et mis le tout dans l'étuve à 80 °C. Au bout d'un quart d'heure on constatait que le gros point rouge de l'échantillon de gauche était resté un gros point, même s'il était entouré d'un halo gras, alors que le petit rond rouge du côté droit avait pâli et s'était étalé […] Dans la formule de mon homme figurait un colorant soluble. Il sautait aux yeux que lorsque la chaleur de l'épiderme des dames (ou de mon étuve) faisait fondre le corps gras, le colorant le suivait dans sa diffusion. L'autre rouge devait nécessairement contenir un pigment rouge, bien dispersé mais insoluble, et pour cette raison, non migrateur ; je m'en assurai aisément en diluant le produit avec du benzène et en le centrifugeant : il alla se déposer au fond de l'éprouvette.

***Le système périodique*, Primo Levi, © Éditions Albin Michel, 1987**

Publicité datant de 1958 pour le rouge à lèvres « Color-Fast ».

Faire une recherche

La neige artificielle est fabriquée à partir de polymères superabsorbants.

Les polymères superabsorbants (SAP), étudiés dans les années 1950, ont fait leur apparition à la fin des années 1980 dans les magasins européens. Les parties absorbantes des couches-culottes, d'abord composées d'un mélange de SAP et de cellulose, ne contiennent maintenant plus que des superabsorbants, rendant ces dernières à la fois plus fines et plus efficaces. Sous l'effet de l'insertion de l'eau, le matériau gonfle et forme un gel translucide. Les SAP sont aussi utilisés pour la fabrication de neige artificielle ou pour la rétention d'eau au voisinage des plants.

?? **Faire une recherche pour expliquer la grande capacité d'absorption de l'eau des polymères superabsorbants.**

Un métier : pharmacien(ne) dans l'industrie cosmétique BAC +6

Laboratoire de recherche concevant des produits cosmétiques.

Le travail du **pharmacien dans l'industrie cosmétique** est très diversifié. Il peut participer à la formulation, c'est-à-dire à la **mise en forme du produit cosmétique** (sous forme de produit moussant, crémeux…), au **choix des matières premières** permettant d'avoir les effets recherchés, aux essais pour aboutir au produit final. Il peut aussi jouer un rôle dans l'expérimentation de nouveaux produits et l'étude de leur éventuelle toxicité.

- Le pharmacien peut également avoir une activité de recherche pour mettre au point de nouveaux principes actifs, ou encore travailler dans le conseil ou la communication.

Sur le Web http://corpo-pharma.asso.univ-rennes1.fr/industrie/J06A05lumieresur.html
www.pharmag.fr/content/pharmacien-en-cosmétologie

CHIMIE & CUISINE Cuisiner avec des alginates

La **gastronomie moléculaire**, popularisée par Hervé This dans les années 1990, étudie les mécanismes des phénomènes qui surviennent lors des transformations culinaires, pour comprendre par exemple les tours de mains, les détails de certaines recettes. Certains cuisiniers utilisent également cette discipline pour réaliser des œuvres artistiques, ou encore pour les effets spectaculaires de certaines de ses « recettes ».

- Par exemple, **les alginates** sont utilisés pour fabriquer de petites billes au cœur liquide, résistantes à la température, qui peuvent être déposées sur des plats chauds : un jus d'herbes aromatiques enfermé dans ces petites perles aura ainsi l'aspect de caviar…

Fabrication de perles d'alginate.

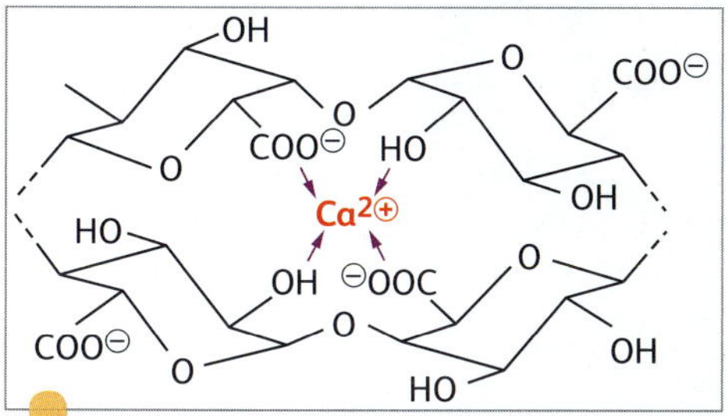

Portion de polymère d'alginates de calcium.

- Les alginates sont des **polymères** obtenus à partir d'une famille d'algues brunes. Selon le cation qui leur est associé, **les alginates peuvent être solubles ou insolubles dans l'eau**. Ainsi, les alginates de sodium sont très solubles, alors que les alginates de calcium sont très peu solubles dans l'eau.

Sur le Web http://chefsimon.com/perles-alginate.html
www.cuisine-et-molecule.fr/ingredients/gelifiants/53

Chapitre 14

Alcanes et alcools

Les objectifs

- Reconnaître une chaîne carbonée linéaire, ramifiée ou cyclique.
- Nommer un alcane et un alcool.
- Interpréter la plus ou moins grande miscibilité des alcools avec l'eau.
- Interpréter les différences de température de changement d'état entre les alcanes et les alcools.
- Réaliser une distillation fractionnée.

Échanger des idées

La Tour de Babel, Bruegel, 1563.

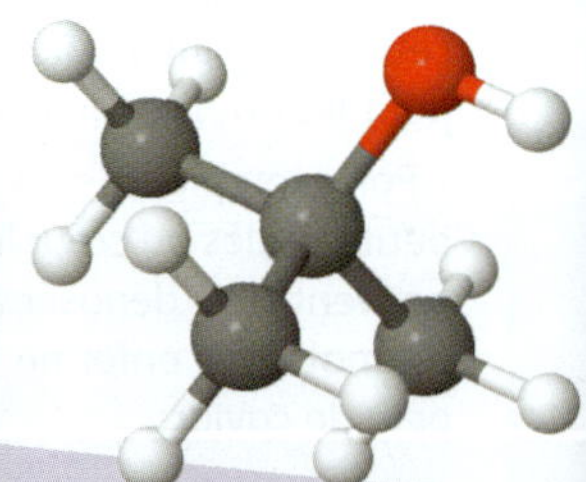

Nom IUPAC
2-méthylpropan-2-ol

Autres noms
t-butanol
2-méthyl-2-propanol
alcool *tert*-butylique
1,1-diméthyléthanol

?

▶ ÉMETTRE DES HYPOTHÈSES

Quelle est l'une des missions de l'Union internationale de chimie pure et appliquée (IUPAC) ?

Publicité pour l'alcool de menthe Ricqlès.

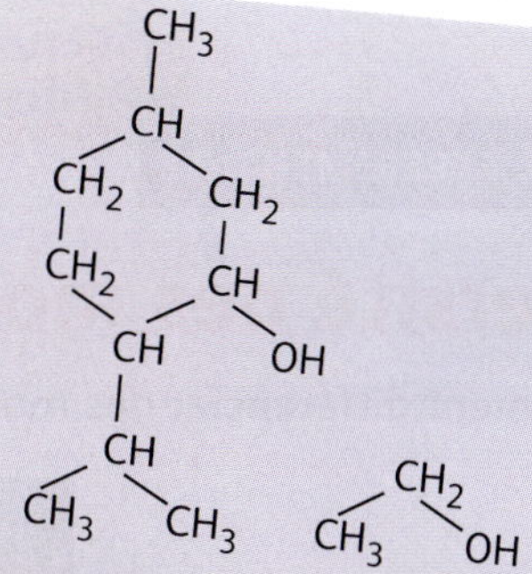

menthol **éthanol**

Deux molécules présentes dans l'alcool de menthe Ricqlès.

?

▶ MOBILISER SES ACQUIS

Quels sont les points communs et les différences entre les molécules de menthol et d'éthanol ?

Tours de distillation de pétrole.

?

▶ MOBILISER SES ACQUIS

Quelle propriété physique différencie les espèces chimiques contenues dans le pétrole et permet leur séparation par distillation ?

Activité à la maison

ACTIVITÉ EXPÉRIMENTALE

MANUEL NUMÉRIQUE

1 Diversité des molécules organiques

▶ **Comment différencier des molécules organiques entre elles ?**

ⓐ L'**octane** est présent dans l'essence.

ⓑ L'indice d'octane d'un carburant se mesure en utilisant comme référence l'isooctane ou **2,2,4-triméthylpentane**.

ⓒ Le **cyclohexane** est un solvant très utilisé par les chimistes.

ⓓ L'**oct-3-èn-2-ol** est une espèce chimique à odeur de champignon.

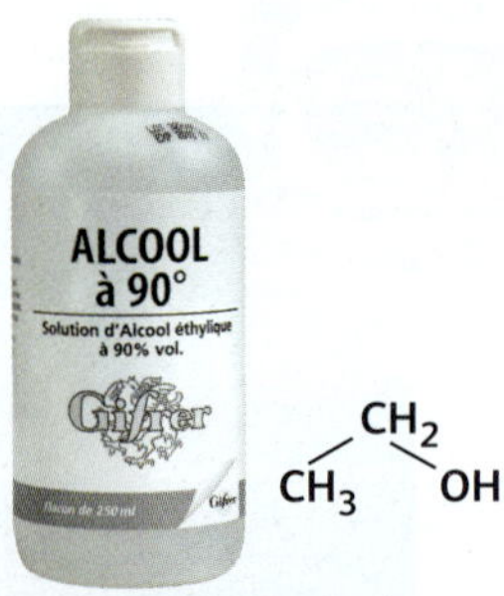

ⓔ L'alcool de pharmacie contient de l'**éthanol**.

ⓕ Le **terpinéol** est présent dans l'huile essentielle de pin.

1 *Formules semi-développées de quelques molécules organiques.*

1 Analyser les documents

Les chaînes carbonées peuvent être **linéaires**, **ramifiées** ou **cycliques**.

a. Quel est le point commun des chaînes carbonées de l'octane ⓐ, de l'oct-3-èn-2-ol ⓓ et de l'éthanol ⓔ ?

b. Quel est le point commun entre le 2,2,4-triméthylpentane ⓑ et le terpinéol ⓕ ?

c. Quel est le point commun entre le cyclohexane ⓒ et le terpinéol ⓕ ?

d. Quel est le point commun entre l'oct-3-èn-2-ol ⓓ, l'éthanol ⓔ et le terpinéol ⓕ ?
Ces trois molécules appartiennent à la **classe fonctionnelle des alcools**.

2 Débattre

Imaginer la formule semi-développée d'un alcool ayant une chaîne carbonée ramifiée et possédant huit atomes de carbone. Un chimiste pourrait-il synthétiser cette molécule ?

ACTIVITÉ EXPÉRIMENTALE

MANUEL NUMÉRIQUE

2 Miscibilité des alcools avec l'eau

▶ **Les alcools sont plus ou moins solubles dans l'eau. Évaluons la solubilité de quelques alcools dans l'eau.**

Expérience 1

- Verser dans trois tubes à essais numérotés 1, 2, et 3 respectivement 1 mL, 5 mL et 9 mL d'eau distillée.
- Ajouter 9 mL d'éthanol dans le tube 1, 5 mL dans le tube 2 et 1 mL dans le tube 3.
- Agiter les trois tubes puis observer.

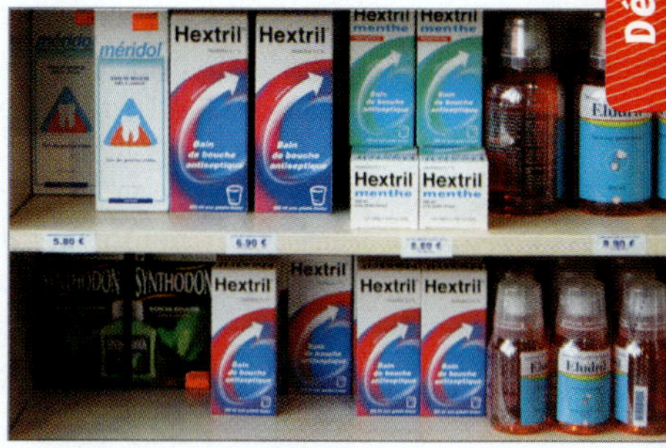

2 ▶ *Ces médicaments contiennent de l'éthanol.*

1 Observer

Combien de phases observe-t-on dans chaque tube à essais ?

2 Conclure

On dit que deux liquides sont **totalement miscibles** s'ils ne forment qu'une seule phase homogène, quelles que soient les proportions de leur mélange.
L'éthanol et l'eau sont-ils totalement miscibles ?

Expérience 2

- Ajouter quelques grains de rouge soudan III dans environ 3 mL de butan-1-ol.
- Poser un bécher sur le plateau d'une balance et le tarer.
- À l'aide d'une pipette jetable, verser 10 gouttes de butan-1-ol coloré dans le bécher, puis relever leur masse, notée m'.
- Dans un tube à essais, introduire un volume $V = 10$ mL d'eau.
- Ajouter dix gouttes de butan-1-ol dans le tube à essais puis agiter.
- Observer l'aspect du liquide.
- Verser de nouveau dix gouttes de butan-1-ol dans le tube, agiter puis observer.
- Reproduire cette étape jusqu'à ce que deux phases liquides apparaissent.

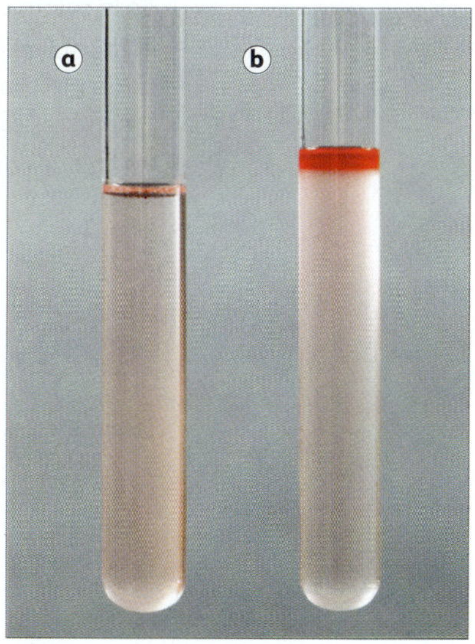

3 *(a) Mélange de 10 mL d'eau et de 20 gouttes de butan-1-ol coloré.*
(b) Mélange de 10 mL d'eau et de 90 gouttes de butan-1-ol coloré.

3 Observer puis conclure

a. Quelle est la masse maximale m_m de butan-1-ol qui peut se dissoudre dans un volume $V = 10$ mL d'eau ?

b. Estimer la masse maximale S_m de butan-1-ol qui peut se dissoudre par litre d'eau.
Cette grandeur est appelée **solubilité massique**.

ACTIVITÉ EXPÉRIMENTALE

3 Réaliser une distillation fractionnée

▶ Les liquides miscibles peuvent être séparés par une distillation fractionnée. Réalisons la distillation fractionnée d'un mélange de pentane et d'éthanol.

Expérience

- Tarer deux éprouvettes graduées.
- Introduire dans le ballon du montage de distillation fractionnée (→ **fiche méthode 13**, page 392) un volume $V = 50$ mL du mélange de pentane et d'éthanol.
- Mettre en route le réfrigérant à eau latéral, puis le chauffe-ballon, de manière à assurer un léger chauffage **(document 4)**.
- Lorsque les premières gouttes de distillat tombent du réfrigérant à eau dans l'éprouvette graduée, relever la température en haut de la colonne à distiller.
- Lorsque plus aucune goutte ne tombe du réfrigérant à eau, changer d'éprouvette graduée et augmenter légèrement le chauffage.
- Lorsque, de nouveau, des gouttes tombent du réfrigérant à eau, relever la température en haut de la colonne à distiller.
- Poursuivre la distillation jusqu'à son terme puis arrêter le chauffe-ballon.
- Peser les deux éprouvettes graduées contenant les liquides distillés.

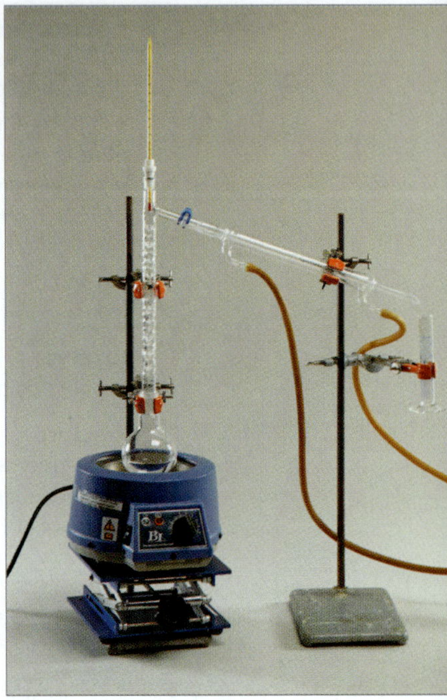

4 *Montage de distillation fractionnée.*

Données

Nom	Formule semi-développée	Température d'ébullition	Masse volumique
Pentane	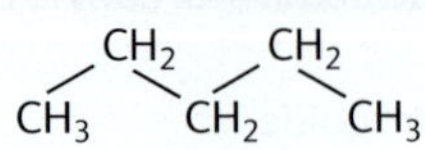	36 °C	0,62 g·mL^{-1}
Éthanol	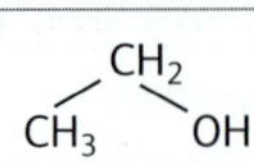	78 °C	0,79 g·mL^{-1}

1 Exploiter les résultats

À partir des mesures expérimentales, calculer les masses volumiques des deux liquides distillés.

2 Interpréter

Comparer les masses volumiques et les températures obtenues expérimentalement avec les données, afin de déterminer si les liquides distillés sont des corps purs ou des mélanges.

3 Conclure

Quel liquide est distillé en premier ? Est-ce le liquide le plus volatil ou le moins volatil ?

1 Chaînes carbonées

- On appelle **chaîne carbonée** l'enchaînement des atomes de carbone constituant une molécule organique.
- Il existe une grande diversité de molécules organiques, dont les chaînes peuvent être classées en trois catégories.

> - Une chaîne carbonée est **linéaire** si elle est constituée d'atomes de carbone liés les uns à la suite des autres, et qu'elle ne se referme pas sur elle-même.
> - Une chaîne carbonée est **ramifiée** si au moins un des atomes de carbone, appelé carbone ramifié, est lié à trois ou quatre autres atomes de carbone.
> - Une chaîne carbonée est **cyclique** si au moins un des enchaînements d'atomes de carbone se referme sur lui-même.

Remarque : une chaîne carbonée peut être à la fois cyclique et ramifiée.

- Une même formule brute peut représenter différents enchaînements d'atomes de carbone. Par exemple, à la formule brute C_5H_{12} correspondent des chaînes carbonées linéaires et ramifiées **(document 5)**. L'ensemble des formules semi-développées représente les **isomères** de la molécule.

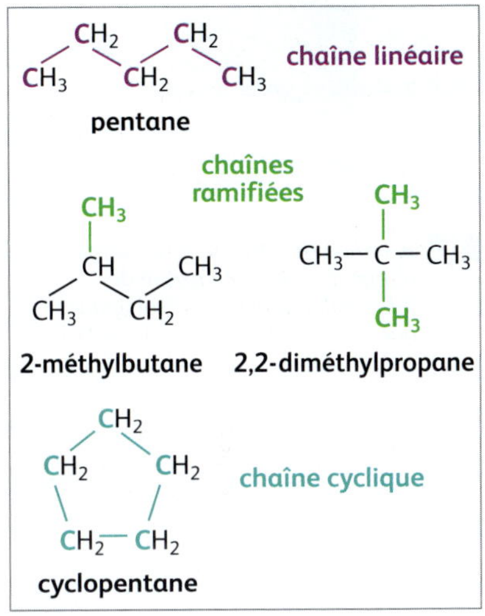

5 *Exemples de chaînes linéaire, ramifiées et cyclique comportant cinq atomes de carbone.*

2 Nomenclature des alcanes

On désigne par **hydrocarbures** les molécules constituées uniquement d'atomes de carbone C et d'hydrogène H.

> Un **alcane** est un hydrocarbure à chaîne linéaire ou ramifiée de formule brute générale C_nH_{2n+2}, où n est un entier supérieur ou égal à 1.

n	Nom du radical	Nom de l'alcane C_nH_{2n+2} à chaîne linéaire
1	méth-	méthane
2	éth-	éthane
3	prop-	propane
4	but-	butane
5	pent-	pentane
6	hex-	hexane

6 *Noms des radicaux et des alcanes linéaires possédant un nombre n d'atomes de carbone.*

2.1 Alcane à chaîne linéaire

> Un alcane à chaîne linéaire est nommé en ajoutant le suffixe **-ane** au nom du radical correspondant au nombre n d'atomes de carbone de la molécule **(document 6)**.

Remarque. Les **cyclanes**, souvent assimilés à des alcanes, sont des hydrocarbures ne comportant qu'un seul cycle, de formule brute C_nH_{2n} ($n \geqslant 3$). Un cyclane ne possédant aucune ramification est nommé en ajoutant le préfixe **cyclo-** au nom de l'alcane de chaîne linéaire ayant le même nombre d'atomes de carbone **(document 7)**.

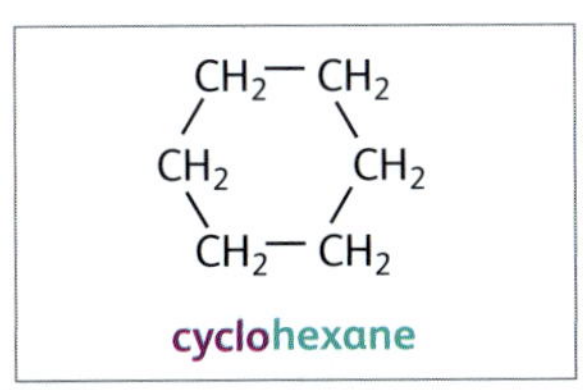

7 *Formule semi-développée du cyclohexane.*

Cours

8 ▲ *Le liquide réfrigérant de certains réfrigérateurs est constitué de 2-méthylpropane, plus écologique que les chlorofluorocarbones (CFC).*

2.2 Alcane à chaîne ramifiée

- Pour nommer un alcane à chaîne ramifiée, il faut dans un premier temps déterminer la **chaîne linéaire la plus longue** de la molécule.
- À cette chaîne sont liés des **groupes d'atomes** de formule générale C_pH_{2p+1}, où p est un entier supérieur ou égal à 1. Ces groupes constituent des ramifications. Le nom d'un groupe est obtenu en ajoutant le **suffixe -yle** au nom du radical correspondant au nombre p d'atomes de carbone.

Exemple. C_2H_5–: groupe **éthyle**.

Pour déterminer le nom d'un alcane, écrire :
– les **numéros** des atomes de carbone de la chaîne linéaire la plus longue portant les groupes d'atomes ;
– les **noms des groupes** (sans le -e final) ;
– le **nom de l'alcane** correspondant au nombre d'atomes de la chaîne carbonée linéaire la plus longue.

Exemple.

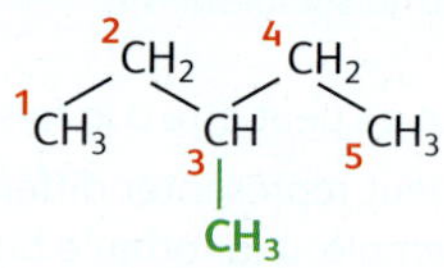

3-méthylpentane

Remarques.

– Il n'y a jamais d'espace entre les lettres **(document 9 ⓐ)** ; entre deux nombres, il y a toujours une virgule ; entre un nombre et une lettre, il y a toujours un tiret **(document 9)**.

– Si la numérotation dans un sens ou dans l'autre de la chaîne linéaire la plus longue conduit à deux numérotations différentes, alors on conserve celle pour laquelle le numéro du premier carbone ramifié est le plus petit.

– Lorsqu'une molécule possède plusieurs ramifications, il faut les nommer dans l'ordre alphabétique, en les faisant précéder du numéro du carbone ramifié dans la chaîne carbonée **(document 9 ⓑ)**.

– Si un groupe apparaît plusieurs fois, on le nomme une seule fois en faisant précéder son nom des préfixes di-, tri, tétra-, etc. Les numéros des atomes de carbone ramifiés apparaissent autant de fois qu'il y a de groupes **(document 9 ⓒ)**.

ⓐ

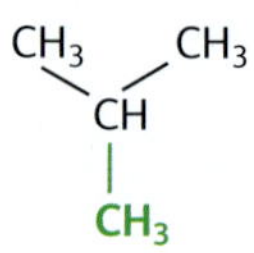

2-méthylpropane

ⓑ

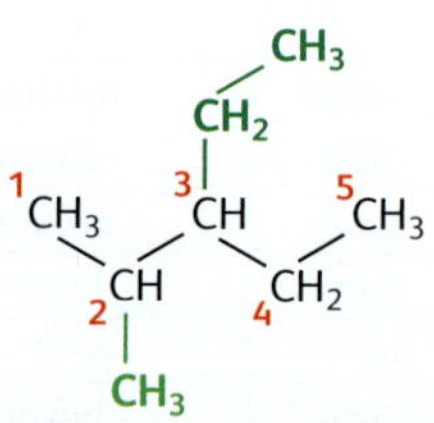

3-éthyl-2-méthylpentane

ⓒ

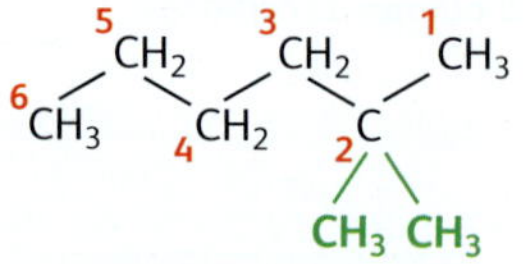

2,2-diméthylhexane

9 *Noms de quelques alcanes ramifiés.*

APPLICATION Nommer la molécule dont la formule semi-développée est représentée ci-dessous.

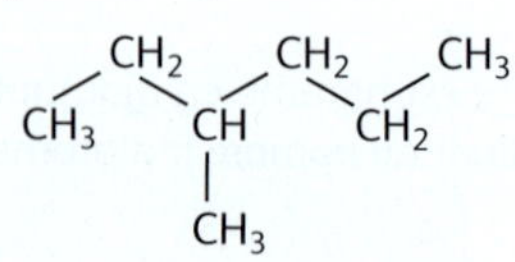

Réponse. La chaîne linéaire la plus longue est constituée de six atomes de carbone, le troisième atome portant le groupe **méthyle**.
Il s'agit donc du **3-méthylhexane**.

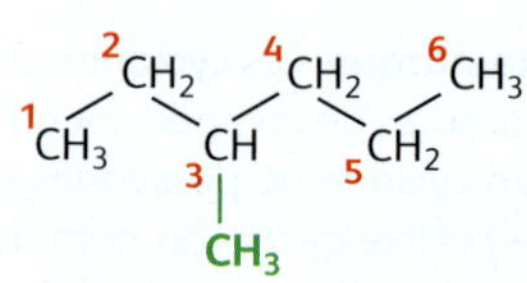

3 Alcools

3.1 Définition et nomenclature

On appelle **alcool** une molécule organique :
– possédant le groupe caractéristique **hydroxyle –OH** ;
– dont l'atome de carbone porteur du groupe caractéristique –OH n'est lié à aucun autre groupe caractéristique ni engagé dans une double liaison.

Un alcool est nommé en remplaçant le -e final du nom de l'alcane de même chaîne carbonée par le suffixe -ol. Ce suffixe est éventuellement précédé du **numéro** de l'atome de carbone porteur du groupe caractéristique hydroxyle –OH **(document 10)**.

10 *Lorsque la vendange est tardive, le vin contient plus de* ***pentan-1-ol*** *que lorsqu'elle est faite à maturité du raisin.*

3.2 Classe d'un alcool

Les alcools sont rangés en **classes primaire**, **secondaire** ou **tertiaire** suivant le nombre *k* d'atomes de carbone liés à l'atome de carbone porteur du groupe hydroxyle –OH.

Classe	Alcool primaire	Alcool secondaire	Alcool tertiaire
k	1	2	3
Exemple	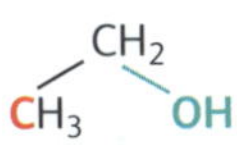 **éthanol**	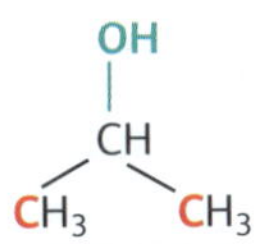 **propan-2-ol**	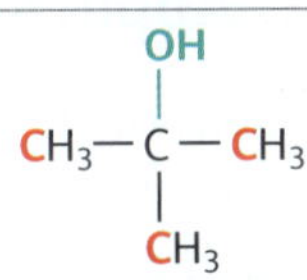 **2-méthylpropan-2-ol**

Remarque : le méthanol CH_3OH est souvent classé parmi les alcools primaires car il possède des propriétés voisines de ces alcools.

3.3 Miscibilité des alcools avec l'eau

On dit d'un liquide qu'il est **miscible** avec l'eau s'il forme un mélange homogène avec elle.

La miscibilité se mesure par la **solubilité massique**, exprimée en $g \cdot L^{-1}$.
La présence du groupe hydroxyle –OH fait d'un alcool une molécule polaire, et qui peut se lier à des molécules d'eau par des liaisons hydrogène. Ainsi, lorsqu'on mélange un alcool avec de l'eau, les molécules peuvent s'associer entre elles, formant un mélange homogène : l'eau et les alcools sont donc miscibles.

- Si la chaîne carbonée d'un alcool contient un nombre d'atomes de carbone inférieur ou égal à trois, le mélange est homogène quelles que soient les proportions utilisées : la solubilité est alors infinie ; la miscibilité est donc totale.
- Si la chaîne carbonée est plus longue, la solubilité diminue.

Alcool	Solubilité massique dans l'eau
éthanol CH_3CH_2OH	infinie
propan-1-ol $CH_3(CH_2)_2OH$	infinie
butan-1-ol $CH_3(CH_2)_3OH$	$80\ g \cdot L^{-1}$
pentan-1-ol $CH_3(CH_2)_4OH$	$22\ g \cdot L^{-1}$
hexan-1-ol $CH_3(CH_2)_5OH$	$6\ g \cdot L^{-1}$

11 *Solubilité dans l'eau de quelques alcools à 25 °C.*

Alcane	$\theta_{éb}$ (en °C)
méthane CH_4	–161
butane $CH_3(CH_2)_2CH_3$	0
hexane $CH_3(CH_2)_4CH_3$	69

12 *Température d'ébullition de quelques alcanes à la pression atmosphérique.*

Alcane ou alcool	$\theta_{éb}$ (en °C)
éthane CH_3CH_3	–89
éthanol CH_3CH_2OH	78
pentane $CH_3(CH_2)_3CH_3$	36
pentan-1-ol $CH_3(CH_2)_4OH$	138

13 *Température d'ébullition de quelques alcanes et alcools à la pression atmosphérique.*

4 Température de changement d'état

4.1 Température d'ébullition

Comme nous l'avons vu dans le **chapitre 12**, plus les molécules peuvent établir de liaisons intermoléculaires, plus leurs températures de changement d'état sont élevées.

Les alcanes et les alcools primaires de chaîne carbonée linéaire ont des températures de changement d'état d'autant plus grandes que leur chaîne carbonée est longue **(document 12)**.

En effet, les interactions de Van der Waals sont d'autant plus importantes que le nombre d'atomes de carbone est élevé.

Un alcane a des températures de changement d'état plus faibles qu'un alcool de même chaîne carbonée **(document 13)**.

En effet, un alcool peut établir plus d'interactions de Van der Waals que l'alcane de même chaîne carbonée ; de plus, il établit des interactions par liaison hydrogène, ce qui n'est pas le cas d'un alcane.

4.2 Application : la distillation fractionnée

Les différences de température d'ébullition des espèces chimiques sont mises à profit pour réaliser des distillations.

Le montage de distillation fractionnée permet de réaliser la séparation des espèces d'un liquide homogène (→ **fiche méthode 13**, page 392).

Remarque. Dans de nombreux cas, cette séparation permet de réaliser la purification d'une espèce chimique liquide à température et pression ambiante.

– Lors d'une distillation fractionnée, le liquide est vaporisé ; dans la colonne à distiller, les vapeurs s'enrichissent en corps de plus basse température d'ébullition. Dans la plupart des cas, les vapeurs arrivant en haut de la colonne sont constituées exclusivement de ce corps. Les vapeurs sont ensuite liquéfiées dans le réfrigérant à eau droit en position latérale. L'opération doit être maintenue tant que le thermomètre indique la valeur de la température d'ébullition du corps de plus basse température d'ébullition. On recueille ainsi le liquide pur le plus volatil.

– Lorsque la température en haut de colonne change, le ballon ne contient plus le liquide le plus volatil. On change de récipient collecteur puis on peut poursuivre la distillation afin de recueillir une nouvelle fraction, contenant le liquide le moins volatil.

Exemple. Lors de la distillation du mélange de pentane et d'éthanol **(activité 3)**, on recueille dans un premier temps le pentane ($\theta_{éb}$ = 36 °C), puis dans un deuxième temps l'éthanol ($\theta_{éb}$ = 78 °C).

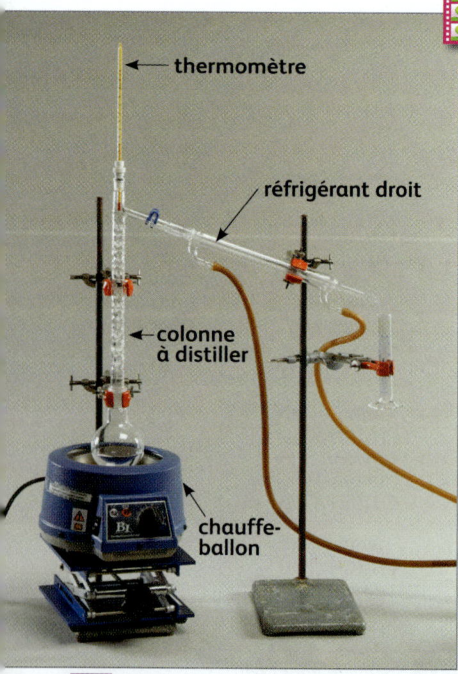

14 *Montage de distillation fractionnée.*

L'ESSENTIEL

Différentes chaînes carbonées

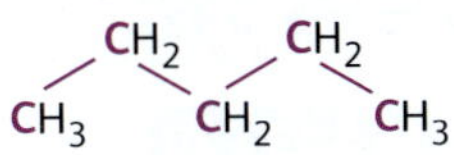

chaîne linéaire

pentane

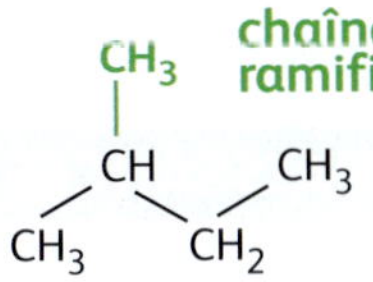

chaîne ramifiée

2-méthylbutane

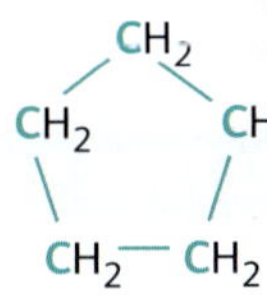

chaîne cyclique

cyclopentane

Nomenclature des alcanes

- Un **alcane** est une molécule de formule brute : C_nH_{2n+2}, $n \geqslant 1$.
- Un alcane à chaîne linéaire est nommé en ajoutant le suffixe **-ane** au **nom du radical** correspondant au nombre d'atomes de carbone de la molécule.
- Un alcane à chaîne ramifiée est nommé en mettant en préfixe le **nom des groupes** portés par la chaîne carbonée la plus longue, précédés des **numéros** des atomes de carbone portant ces groupes.

Exemple

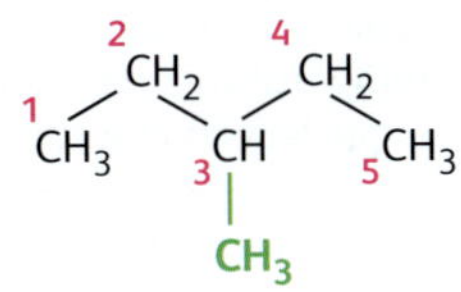

3-méthylpentane

Nomenclature des alcools

- On appelle **alcool** une molécule organique :
  – possédant le groupe caractéristique **hydroxyle –OH** ;
  – dont l'atome de carbone porteur du groupe caractéristique –OH n'est lié à aucun autre groupe caractéristique ni engagé dans une double liaison.
- Un alcool est nommé en remplaçant le -e final du **nom de l'alcane** de même chaîne carbonée par le **suffixe -ol**. Ce suffixe est précédé du **numéro** de l'atome de carbone porteur du groupe caractéristique hydroxyle.

Propriétés des alcanes et des alcools

- On dit d'un liquide qu'il est **miscible** avec l'eau s'il forme un mélange homogène avec elle. La solubilité des alcools dans l'eau diminue avec l'augmentation de la taille de la chaîne carbonée.
- Les alcanes et les alcools primaires de chaîne carbonée linéaire ont des températures de changement d'état d'autant plus grandes que leur chaîne carbonée est longue.
- Un alcane a des températures de changement d'état plus faibles qu'un alcool de même chaîne carbonée.

Classe des alcools

- Les alcools sont rangés en **classes primaire, secondaire ou tertiaire** suivant le nombre *k* d'atomes de carbone liés à l'atome de carbone porteur du groupe hydroxyle **–OH**.

Alcool	*k*	Exemple
primaire	1	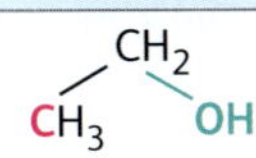 **éthanol**
secondaire	2	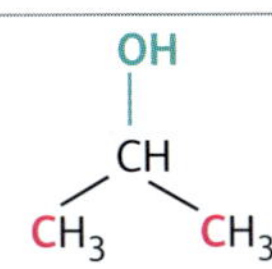 **propan-2-ol**
tertiaire	3	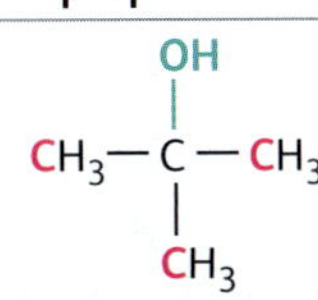 **2-méthylpropan-2-ol**

Exercices Application

5 minutes CHRONO !

MANUEL NUMÉRIQUE — EXERCICES INTERACTIFS

1 Mots manquants

Compléter avec un ou plusieurs mots.

a. Une chaîne carbonée est ramifiée si au moins un des atomes de carbone est lié à .... autres atomes de carbone.

b. Le groupe caractéristique –OH s'appelle le groupe ....

c. Les alcools sont rangés en .... suivant le nombre d'atomes de carbone liés à l'atome de carbone porteur du groupe –OH.

d. On dit d'un liquide qu'il est .... avec l'eau s'il forme un mélange homogène avec elle.

e. Les alcanes et les alcools primaires de chaîne carbonée linéaire ont des températures de changement d'état d'autant plus .... que leur chaîne carbonée est longue.

f. Le montage de .... permet de réaliser la séparation des espèces chimiques d'un liquide homogène.

2 QCM

Cocher la réponse exacte.

a. On considère la molécule de formule semi-développée :

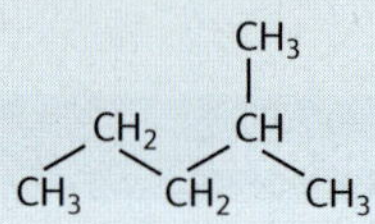

Sa chaîne carbonée est :

☐ linéaire ☐ ramifiée ☐ cyclique

b. On considère la molécule de la question **a.** Cette molécule s'appelle le :

☐ méthylhexane
☐ 4-méthylpentane
☐ 2-méthylpentane

c. On considère la molécule dont la formule semi-développée est donnée ci-dessous.

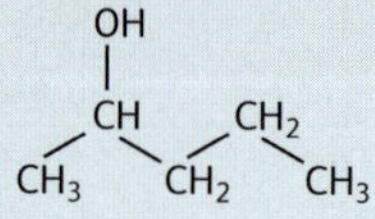

Il s'agit d'un alcool :

☐ primaire ☐ secondaire ☐ tertiaire

d. On considère la molécule dont la formule semi-développée est donnée ci-contre. Cette molécule s'appelle le :

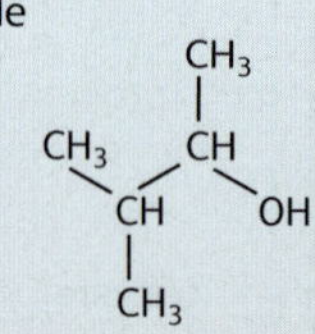

☐ 3-méthyl-2-olbutane
☐ 3-méthylbutan-2-ol
☐ 1,2-diméthylpropan-1-ol

→ Reportez-vous aux solutions détaillées page 393 pour vérifier vos réponses et comprendre vos erreurs.

Parcours personnalisés

Trois parcours d'exercices pour travailler en autonomie selon ses besoins.

- **Maîtriser les bases** : 3 – 7 – 12 – 15
- **Préparer l'évaluation** : 16 – 19 – 20
- **Cap sur la Terminale** : 25 – 26

MOBILISER SES CONNAISSANCES

▶ Chaîne carbonée, nomenclature des alcanes [§1 et 2 du cours]

3 Chaînes carbonées

Préciser si les molécules suivantes ont des chaînes carbonées linéaires, ramifiées et/ou cycliques.

a
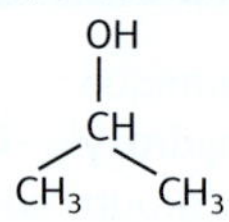

b
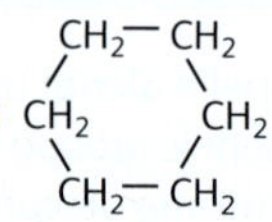

c
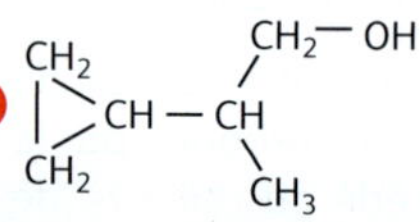

d
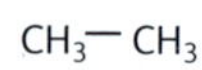

4 Nomenclature des alcanes

Nommer les trois alcanes suivants.

a
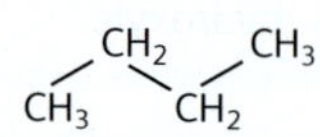

b
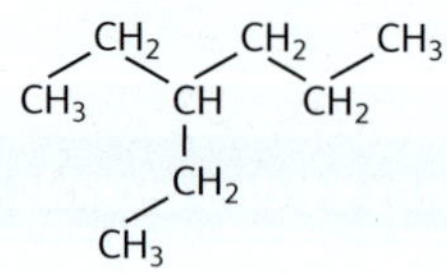

c
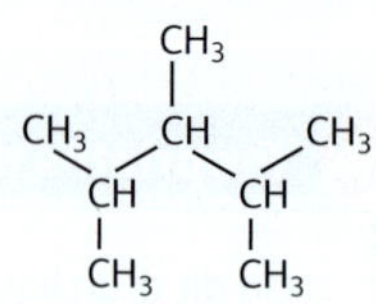

5 Diversité des alcanes

Écrire les formules semi-développées et les noms des trois alcanes de formule brute C_5H_{12}.

▶ Alcools [§3 du cours]

6 Classe des alcools

a. Écrire les formules semi-développées des deux alcanes de formule brute C_4H_{10}. En déduire les formules semi-développées des quatre alcools de formule brute $C_4H_{10}O$.

b. Préciser la classe de chacun d'entre eux.

7 Nomenclature des alcools

Nommer les trois alcools de formule brute $C_5H_{12}O$ dont la chaîne carbonée est linéaire.

8 Qui suis-je ?

- Ma formule brute est $C_5H_{12}O$.
- Je suis un alcool tertiaire.

Écrire la formule semi-développée et le nom de cette molécule.

9 Miscibilité

Dans un tube à essais, on introduit 5 mL d'eau et 5 g d'éthanol. Dans un autre tube à essais, on introduit 10 mL d'eau et 0,6 g d'hexan-1-ol.
Décrire l'aspect des contenus des deux tubes à essais.
Solubilités massiques dans l'eau :

éthanol, S_m infinie ; hexan-1-ol, $S_m' = 6\ g \cdot L^{-1}$.

▶ Température de changement d'état [§4 du cours]

10 Température d'ébullition et chaîne carbonée

Au laboratoire, les étiquettes de deux bouteilles *A* et *B* d'alcanes sont partiellement déchirées. On peut lire sur la bouteille *A* : « $\theta_{éb} = 69\ °C$ », et sur la bouteille *B* : « $\theta_{éb} = 36\ °C$ » (sous la pression de 1 bar). D'autre part, on lit les noms « pentane » et « hexane » sur les morceaux d'étiquettes arrachés.
Que contient la bouteille *A* ? la bouteille *B* ? Justifier.

11 Température d'ébullition, groupe caractéristique

Le propan-1-ol et le propane (un des deux principaux constituants du GPL, gaz de pétrole liquéfié) sont deux molécules possédant une chaîne carbonée linéaire. À température et pression ambiantes, l'une des espèces chimiques est sous forme gazeuse, l'autre sous forme liquide.
Laquelle est sous forme gazeuse ? sous forme liquide ? Justifier.

12 Distillation

On réalise la distillation d'un mélange d'alcanes à chaîne carbonée linéaire, l'heptane C_7H_{16} et l'octane C_8H_{18}, dont les températures d'ébullition sont respectivement :

$$\theta_{éb,\ heptane} = 98\ °C\ ;\ \theta_{éb,\ octane} = 126\ °C.$$

On chauffe le ballon puis on recueille un premier liquide en sortie du réfrigérant à eau.
Quel est ce liquide ? Justifier.

TESTER SES COMPÉTENCES

13 Réaliser un schéma

- Mettre en place un chauffe-ballon sur un support élévateur, le tout posé à proximité de la tige verticale d'un statif (potence).
- Attacher un ballon avec une pince au-dessus du chauffe-ballon. Poser dessus une colonne à distiller, et assurer sa verticalité grâce à une pince non serrée. Placer un thermomètre en haut de la colonne à distiller.
- Adapter un réfrigérant à eau droit en position latérale maintenu par une pince sur la tige verticale d'un statif. Placer en bout de réfrigérant une éprouvette graduée, maintenue à la bonne hauteur par un support élévateur.

Réaliser un schéma légendé de ce dispositif.

14 Croiser les propriétés

EXERCICE INTERACTIF

Attribuer à chaque molécule sa température d'ébullition sous la pression de 1 bar en justifiant la réponse.

Éthanol •	• –161 °C
Propan-1-ol •	• –89 °C
Méthane •	• 78 °C
Éthane •	• 97 °C

15 Apprendre à rédiger

Voici l'énoncé d'un exercice et un guide (en orange) ; ce guide vous aide pour rédiger la solution détaillée et pour retrouver les réponses numériques aux questions posées.

Énoncé

a. Écrire la formule semi-développée des quatre alcools de formule brute $C_4H_{10}O$.

▸ **Déterminer les deux chaînes carbonées possibles ayant quatre atomes de carbone. Sur chacune de ces chaînes, envisager toutes les positions possibles pour le groupe hydroxyle –OH.**

b. Donner la classe de chacun des alcools de formule brute $C_4H_{10}O$.

▸ **Rappeler que la classe d'un alcool est définie par le nombre d'atomes de carbone liés à l'atome de carbone porteur du groupe hydroxyle.**

▸ **Déterminer alors les formules semi-développées des deux alcools primaires, de l'alcool secondaire et de l'alcool tertiaire.**

c. Nommer ces quatre alcools.

▸ **Déterminer dans chaque cas la chaîne carbonée linéaire la plus longue, les ramifications éventuelles puis la position du groupe caractéristique.**

▸ **Attribuer alors les noms butan-1-ol, butan-2-ol, 2-méthylpropan-1-ol et 2-méthylpropan-2-ol aux formules semi-développées.**

EXERCICE RÉSOLU

Site élève

16 Alcools possédant six atomes de carbone

Énoncé L'hexan-1-ol est utilisé dans l'industrie de la parfumerie en raison de son odeur d'herbe coupée.

1. Écrire la formule semi-développée de l'hexan-1-ol, ainsi que sa formule brute. Comment qualifier la nature de sa chaîne carbonée ?
2. Écrire les formules semi-développées et les noms des deux alcools isomères de l'hexan-1-ol ayant une chaîne carbonée linéaire. Quelle est la classe de ces alcools ?
3. Écrire les formules semi-développées et les noms des trois alcools tertiaires isomères de l'hexan-1-ol.
4. La solubilité massique du pentan-1-ol est de 22 g·L^{-1} à 25 °C. Celle de l'hexan-1-ol est-elle plus grande ou plus petite ? Justifier.
5. On réalise la distillation fractionnée d'un mélange de pentan-1-ol et d'hexan-1-ol. Quelle est la première espèce chimique distillée ?

Une solution

1. L'hexane a pour formule semi-développée : $CH_3–CH_2–CH_2–CH_2–CH_2–CH_3$. Le groupe hydroxyle –OH est placé sur l'atome de carbone numéro 1, ce qui conduit à la formule semi-développée suivante :

$$CH_3–CH_2–CH_2–CH_2–CH_2–CH_2–OH.$$

La chaîne carbonée ne présente pas d'atome de carbone ramifié, c'est-à-dire lié à trois ou quatre atomes de carbone. Cette chaîne carbonée est donc linéaire.

2.

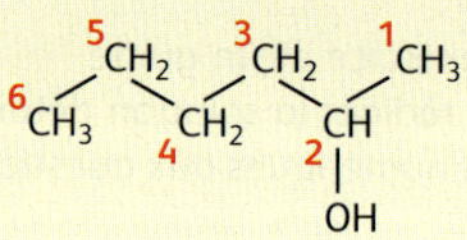

hexan-2-ol

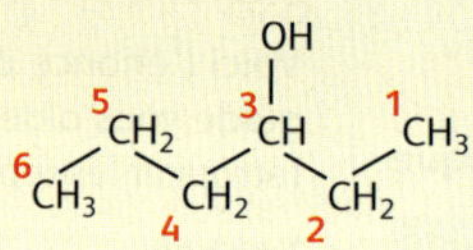

hexan-3-ol

Le groupe hydroxyle est porté par un atome de carbone lié à deux autres atomes de carbone ; les alcools obtenus sont donc secondaires.

3. Le groupe hydroxyle d'un alcool tertiaire est lié à un atome de carbone lui-même lié à trois autres atomes de carbone. Les trois seules possibilités sont donc les suivantes.

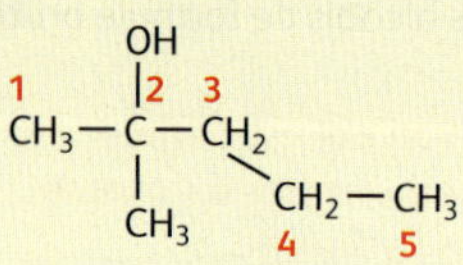

2-méthylpentan-2-ol

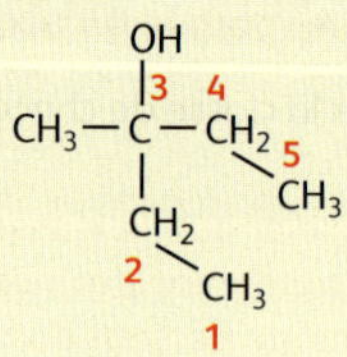

3-méthylpentan-3-ol

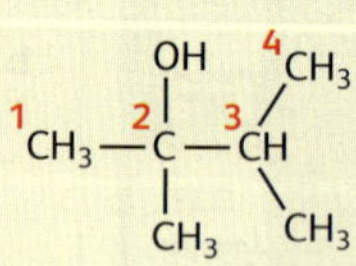

2,3-diméthylbutan-2-ol

4. La solubilité massique des alcools primaires diminue lorsque la longueur de la chaîne carbonée augmente. Le pentan-1-ol possède une chaîne carbonée de cinq atomes de carbone, tandis que l'hexan-1-ol possède une chaîne carbonée de six atomes de carbone. Par conséquent, l'hexan-1-ol a une solubilité massique inférieure à 22 g·L^{-1}.

5. Lors d'une distillation fractionnée, la première espèce qui se liquéfie après distillation est la plus volatile, c'est-à-dire celle dont la température d'ébullition est la plus basse. Le pentan-1-ol ayant une chaîne carbonée plus petite que l'hexan-1-ol, sa température d'ébullition est plus basse. Le pentan-1-ol est donc distillé en premier.

Connaissances

Si la numérotation dans un sens ou dans l'autre de la chaîne linéaire la plus longue conduit à deux numérotations différentes, on choisit celle pour laquelle le numéro du carbone porteur du groupe hydroxyle est le plus petit.

Rédiger

Entre une lettre et un nombre, il y a un tiret.

Connaissances

Un alcool tertiaire possède un enchaînement d'atomes de type :

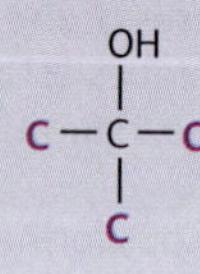

Raisonner

Lors d'une distillation fractionnée, les espèces chimiques sont distillées par ordre croissant de leur température d'ébullition.

17 Who am I?

I am the only tertiary alcohol with the empirical formula $C_5H_{12}O$.

Écrire la formule développée de cette molécule et la nommer.

18 Molécules cycliques

EXERCICE INTERACTIF

a. Attribuer à chaque molécule le nom correspondant.

ⓐ 1,4-diméthylcyclohexane

ⓑ 1,2-diméthylcyclohexane

ⓒ 1-éthyl-3-méthylcyclohexane

❶
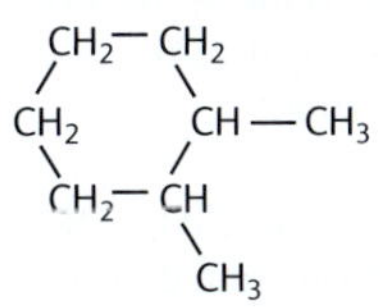

❷
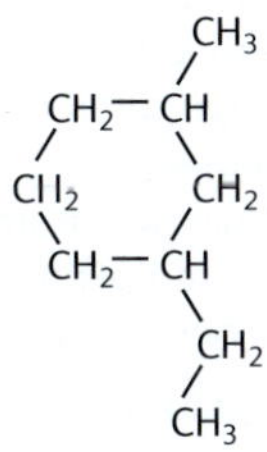

❸
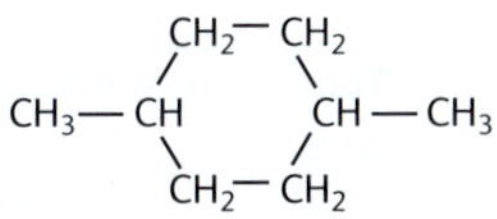

b. Écrire la formule semi-développée du 3-méthylcyclohexanol.

19 Cholestérol

Le cholestérol est un alcool secondaire dont la formule semi-développée est donnée ci-dessous.

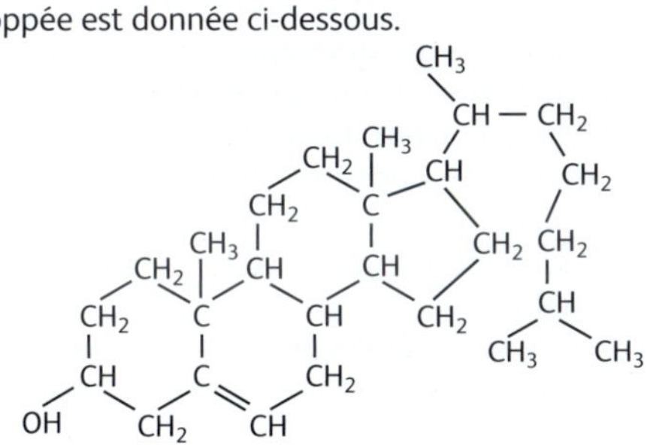

a. Combien d'autres alcools secondaires ont la même chaîne carbonée que le cholestérol ?

b. Combien d'alcools primaires ont la même chaîne carbonée que le cholestérol ? Même question pour les alcools tertiaires.

20 Température d'ébullition des hydrocarbures

Le pétrole brut est un mélange complexe d'hydrocarbures qui peuvent être séparés grâce à plusieurs distillations.

Fractions	Nombre d'atomes de carbone
Gaz liquéfiables	1 à 4
Produits lourds (fioul, bitume)	très variable
Essence	8 à 12
Gazole	⩾ 18
Éther de pétrole et naphta	5 à 7
Kérosène	13 à 18

a. Classer par ordre croissant les températures d'ébullition des hydrocarbures à chaîne carbonée linéaire en fonction du nombre d'atomes de carbone qu'ils contiennent.

b. Associer les différentes fractions de distillation aux domaines de températures d'ébullition suivants :

plus de 390 °C ;
280°C – 360 °C ;
180°C – 280 °C ;
60 °C – 180 °C ;
20 °C – 60 °C ; < 20 °C.

Tours de distillation de pétrole.

21 ★ Distillation d'un mélange d'alcanes

On réalise la distillation fractionnée d'un mélange de 20 mL de pentane (C_5H_{12}), de 20 mL d'hexane (C_6H_{14}) et de 20 mL d'heptane (C_7H_{16}).

1. Réaliser un schéma légendé du montage de distillation fractionnée.

2. Préciser le rôle :
– du thermomètre situé en haut de la colonne à distiller ;
– du réfrigérant à eau latéral ;
– du support élévateur situé en dessous du chauffe-ballon.

3. On trace la courbe de la température θ observée en haut de la colonne à distiller en fonction du volume V de distillat formé.

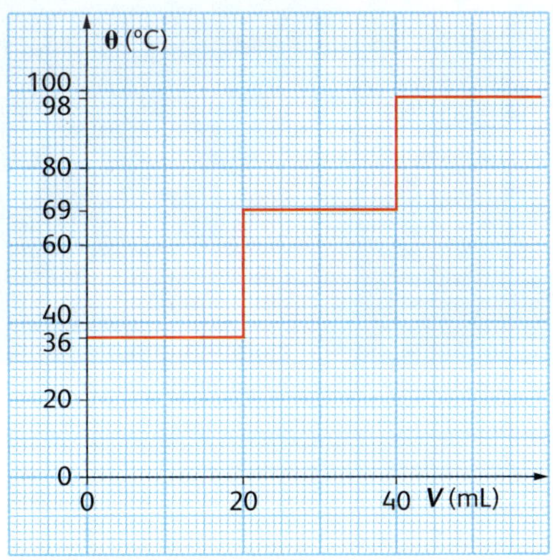

a. Que contient le récipient en bout de réfrigérant à eau lorsque $V = 10$ mL ? Justifier.

b. Que reste-t-il dans le ballon lorsque $V = 30$ mL ? Justifier.

Températures d'ébullition (à la pression de 1 bar) :
pentane, $\theta_{\text{éb, pentane}} = 36$ °C ; hexane, $\theta_{\text{éb, hexane}} = 69$ °C ; heptane, $\theta_{\text{éb, heptane}} = 98$ °C.

22 ✶ Multiplicité de cycle

La multiplicité de cycle est définie comme le nombre minimal de liaisons qu'il faut rompre pour que la molécule ne présente plus de chaîne cyclique.
L'isobornéol, représenté ci-contre, est-il monocyclique, bicyclique ou tricyclique ? Justifier.

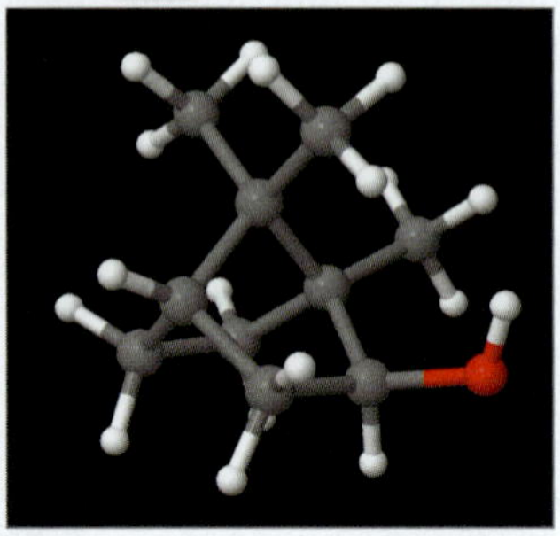

23 ✶✶ Le sorbitol

Les espèces chimiques possédant plusieurs groupes hydroxyle –OH sont nommées des **polyols**. Parmi eux, le sorbitol est très utilisé dans les confiseries faiblement énergétiques pour son fort pouvoir sucrant. Sa formule semi-développée est représentée ci-dessous.

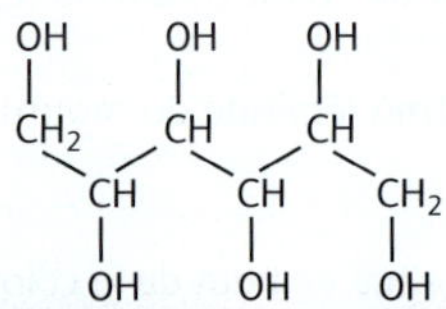

La plupart des chewing-gums contiennent du sorbitol.

a. Choisir le nom correspondant à la formule semi-développée ci-dessus dans la liste suivante.
- hexan-1,2,3,4,5,6-ol
- hexan-1,2,3,4,5,6-hexol
- 1,2,3,4,5,6-hexanehexol

b. La température d'ébullition du sorbitol est de 296 °C, alors que celle de l'hexan-1-ol est de 157 °C.
Proposer une explication.

c. La solubilité dans l'eau du sorbitol est de 2 750 $g \cdot L^{-1}$ à 30 °C, alors que celle de l'hexan-1-ol est de 6,3 $g \cdot L^{-1}$ à la même température.
Proposer une explication.

24 ✶✶ Eau, alcanes et alcools

Dans un modèle simplifié, pour les « petites » molécules, les interactions de Van der Waals sont d'autant plus importantes que le nombre d'électrons de la molécule est grand.

a. Calculer le nombre d'électrons du méthane, de l'éthane, de l'eau et du méthanol.

b. Les données concernant le méthane et l'éthane sont-elles en accord avec le modèle simplifié présenté dans l'énoncé ?

c. Interpréter le désaccord observé pour le méthane et l'eau. Cette interprétation est-elle encore valable pour la comparaison de l'éthane et du méthanol ?

Données
– Numéros atomiques : $Z(H) = 1$; $Z(C) = 6$; $Z(O) = 8$.
– Les températures d'ébullition sous la pression de 1 bar sont données ci-dessous.

Méthane	Éthane	Eau	Méthanol
–161 °C	–89 °C	100 °C	65 °C

25 ✶✶ Synthèse d'alcools

La synthèse des alcools peut être réalisée par l'hydratation de molécules possédant une double liaison carbone-carbone. Dans le cas de l'éthène ($CH_2{=}CH_2$), l'équation de la réaction s'écrit : $CH_2{=}CH_2 + H_2O \rightarrow CH_3{-}CH_2{-}OH$.

1. Écrire la formule semi-développée et nommer l'alcool obtenu par hydratation du but-2-ène $CH_3{-}CH{=}CH{-}CH_3$.

2. Lors de l'hydratation du 2-méthylbut-2-ène ⓐ représenté ci-contre, deux alcools se forment.

ⓐ

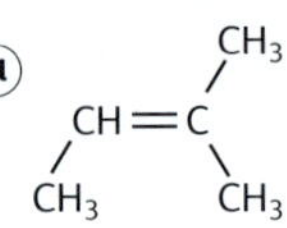

a. L'alcool qui se forme majoritairement est tertiaire.
Écrire sa formule semi-développée et le nommer.

b. Un alcool secondaire se forme aussi, en moins grande quantité.
Écrire sa formule semi-développée et le nommer.

3. Un chimiste désire synthétiser le 1-méthylcyclohexanol ⓑ représenté ci-dessous par réaction d'hydratation d'une double liaison carbone-carbone.
Écrire les formules semi-développées des deux molécules de formule brute C_7H_{12} qu'il peut utiliser pour réaliser cette synthèse.

ⓑ

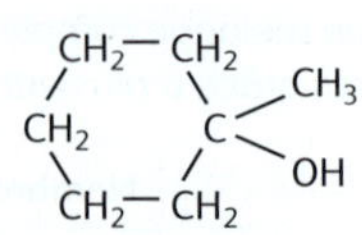

26 Apprendre à chercher

La résolution de cet exercice nécessite de trouver les étapes du raisonnement. En cas de difficultés, rendez-vous page 404.

→ *Quelle est la formule brute des alcools ne comportant qu'un seul cycle et possédant n atomes de carbone ?*

Culture scientifique et citoyenne

Un métier : chercheur(se) en chimie BAC +8

Enseignant-chercheur en chimie.

Le **chercheur en chimie** met au point des protocoles, synthétise de nouvelles molécules, les étudie et publie ses découvertes. Il participe à des **colloques** à travers le monde afin de mettre en commun des idées et d'en trouver de nouvelles. Il doit maîtriser l'anglais technique afin de communiquer ses résultats.

- Au fur et à mesure de sa carrière, le chercheur en chimie est amené à **encadrer** des étudiants de troisième cycle universitaire, puis des jeunes chercheurs. Dans de nombreux cas, il enseigne à l'université ou dans les grandes écoles.

- Titulaire d'un doctorat, ses études après le master sont presque toujours financées à l'aide de bourses lui permettant d'être autonome financièrement.

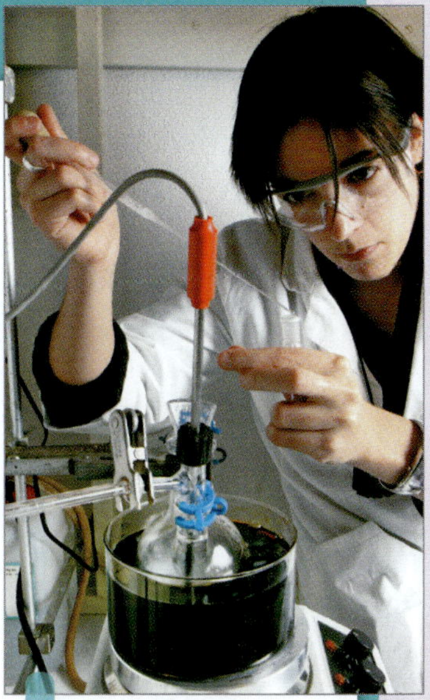

Chercheuse prélevant un échantillon pour l'analyser.

Sur le Web www.jobintree.com/metier/chercheur-chimie-747.html

Histoire des Sciences — Des chaînes carbonées originales

Dans les années 1960, Philip Eaton, chimiste à l'université de Chicago, synthétise le **cubane**, molécule hydrocarbonée dont les atomes de carbone se placent exactement sur les sommets d'un cube. Cette synthèse fut réalisée **en onze étapes** seulement.

- Pendant de nombreuses années, les chimistes ont pensé qu'une telle molécule ne pouvait être synthétisée en raison des angles de 90° entre les liaisons simples C–C. En effet, dans les molécules hydrocarbonées classiques, les atomes de carbone liés à quatre autres atomes forment des liaisons faisant des angles proches de 109°.

- Les chimistes se sont alors lancés des défis : synthétiser des molécules organiques aux chaînes carbonées variées. Certaines ont la forme d'une **hélice**, d'un **cristal de diamant**, ou encore d'**anneaux entrelacés**. Ces synthèses permettent de développer de nouveaux réactifs et de nouvelles méthodes.

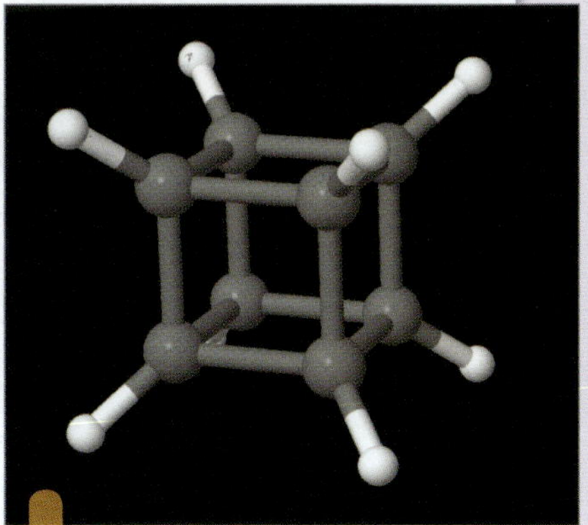

Représentation 3D du cubane.

Sur le Web http://semsci.u-strasbg.fr/cubane.htm http://fr.wikipedia.org/wiki/Cubane

Chapitre 15

Champs et forces

Les objectifs

- Connaître des exemples de champ scalaire ou vectoriel.
- Connaître les relations entre champ vectoriel et force (électrostatique, pesanteur, gravitation).
- Connaître des caractéristiques du champ magnétique terrestre, du champ électrostatique dans un condensateur plan et du champ de pesanteur local.
- Savoir cartographier un champ magnétique ou électrostatique.
- Savoir qu'on peut localement identifier le champ de pesanteur au champ de gravitation.

Échanger des idées

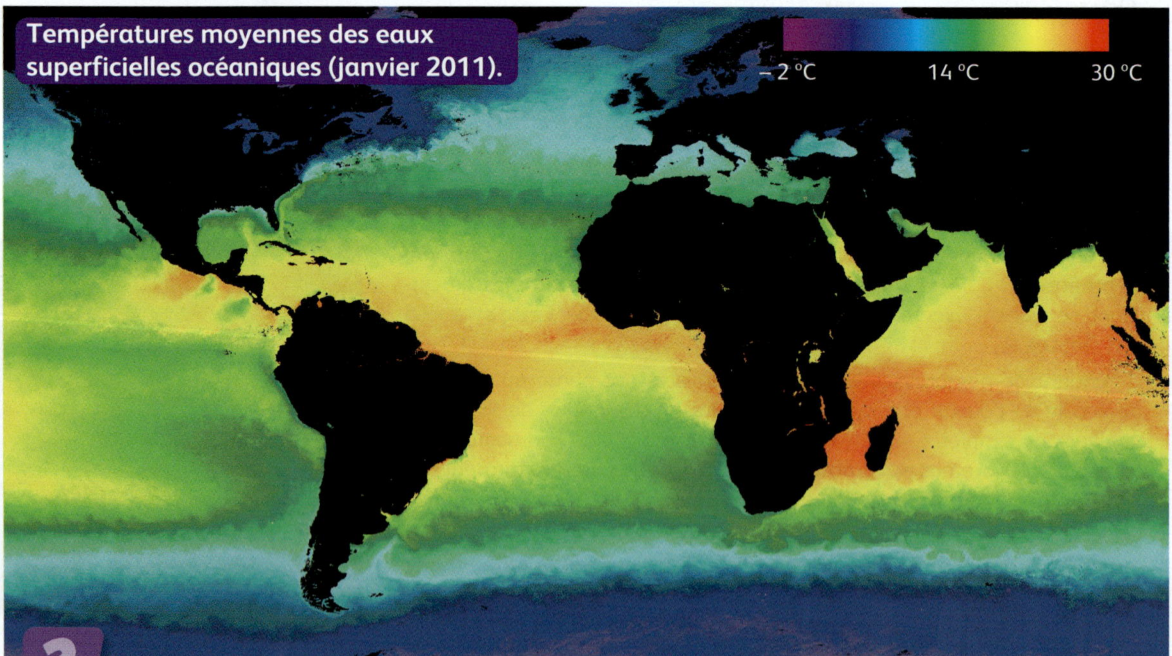

Températures moyennes des eaux superficielles océaniques (janvier 2011).

▶ ÉMETTRE DES HYPOTHÈSES

Quels renseignements peut-on déduire des fausses couleurs de cette carte ?

Aurore australe.

▶ MOBILISER SES ACQUIS

Comment interpréter les couleurs qui apparaissent dans le ciel avec les aurores polaires ?

Les téléphones portables sont ancrés dans notre quotidien.

▶ DÉBAT EN GROUPE

Les ondes électromagnétiques émises par un téléphone portable ont-elles des effets sur la santé ?

ACTIVITÉ DOCUMENTAIRE

MANUEL NUMÉRIQUE

1 Notion de champ

▶ **Introduisons le concept de champ sur quelques exemples.**

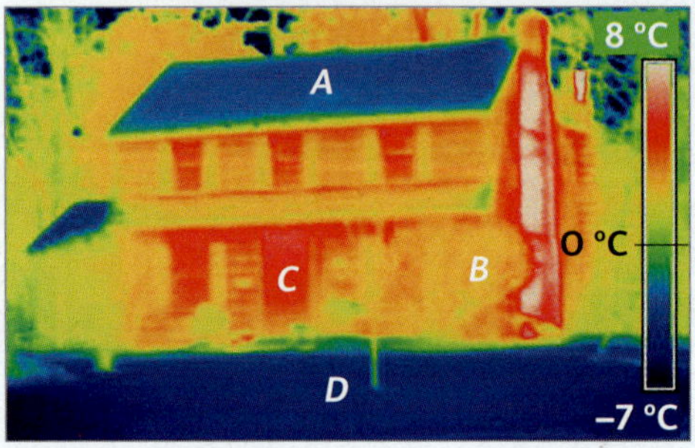

1 ▶ *Thermographie infrarouge d'une maison.*

• Un champ est associé à une propriété physique qui se manifeste en tout point d'un espace. Cette propriété est définie par une grandeur mesurable qui dépend de la position du point.

• Un champ est scalaire quand la grandeur est caractérisée par une valeur numérique.

• Un champ est vectoriel quand la grandeur est caractérisée par une direction, un sens et une valeur.

2 *Quelques définitions.*

Pacifique	10 cm/an vers le Nord-Ouest
Eurasie	1 cm/an vers l'Est
Afrique	2 cm/an vers le Nord
Antarctique	Tourne sur elle-même
Inde-Australie	7 cm/an vers le Nord
Amérique du Nord	1 cm/an vers l'Ouest
Amérique du Sud	1 cm/an vers le Nord
Nazca	7 cm/an vers l'Est
Philippine	8 cm/an vers l'Ouest
Arabie	3 cm/an vers le Nord-Est
Coco	5 cm/an vers le Nord-Est
Caraïbe	1 cm/an vers le Nord-Est

3 *Les douze grandes plaques tectoniques et leurs vitesses moyennes de déplacement.*

1 Analyser les documents

a. Sur le **document 1**, évaluer la température aux points *A*, *B*, *C* de la surface de la maison d'après la thermographie proposée. La température est-elle constante sur toute la surface de la maison ? Comment sont indiquées les zones de température quasi uniforme ?

b. Évaluer la température du sol au point *D*. Quels renseignements concernant le bâtiment apporte cette thermographie ?

c. Sur le **document 3**, quelles sont les caractéristiques communes des vitesses moyennes de déplacement des plaques Amérique du Nord et Philippine ?

d. Comparer les caractéristiques des vitesses moyennes de déplacement de deux plaques voisines comme les plaques Nazca et Amérique du Sud. Quels sont les phénomènes géologiques en lien avec ces caractéristiques ?

2 Interpréter pour modéliser

a. En utilisant les définitions proposées dans le **document 2**, préciser le champ caractérisé dans le **document 1** et dans le **document 3**. Ces champs sont-ils scalaires ? vectoriels ?

b. Proposer une représentation du champ de vitesse en un point de la plaque Amérique du Sud et en un point de la plaque voisine Nazca.

3 Faire une recherche

Rechercher les champs qui interviennent lors de la description ou de la prévision des conditions météorologiques. Préciser leurs caractéristiques pour le lieu du lycée et la date choisie.

ACTIVITÉ EXPÉRIMENTALE

MANUEL NUMÉRIQUE

2 Exploration d'un champ magnétique

▶ **Explorons et modélisons le champ magnétique créé par un aimant.**

• L'aiguille aimantée est un « objet-test » qui permet de repérer les propriétés magnétiques au point de l'espace où elle se trouve. Lorsqu'elle prend une direction et un sens particulier, on dit qu'il règne un champ magnétique dans cet espace.

• On représente le champ magnétique en un point A par un vecteur $\vec{B}_A$ dont la direction est celle de l'aiguille aimantée placée en A, dont le sens va du pôle sud au pôle nord à travers l'aiguille, et dont la valeur est déterminée par la mesure obtenue avec un teslamètre.

4 *Méthode d'exploration d'un champ magnétique.*

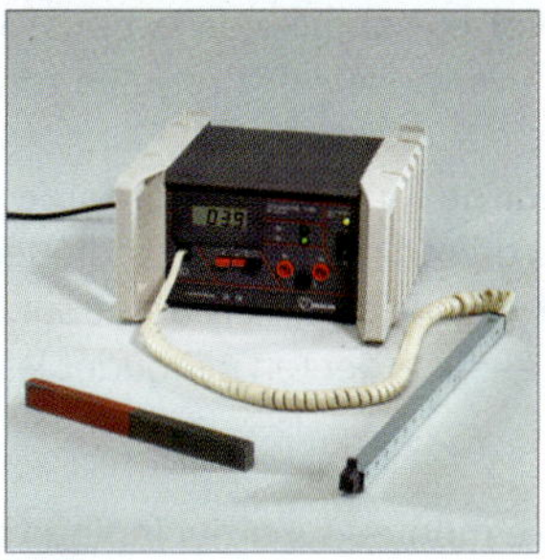

5 *Teslamètre et sa sonde.*

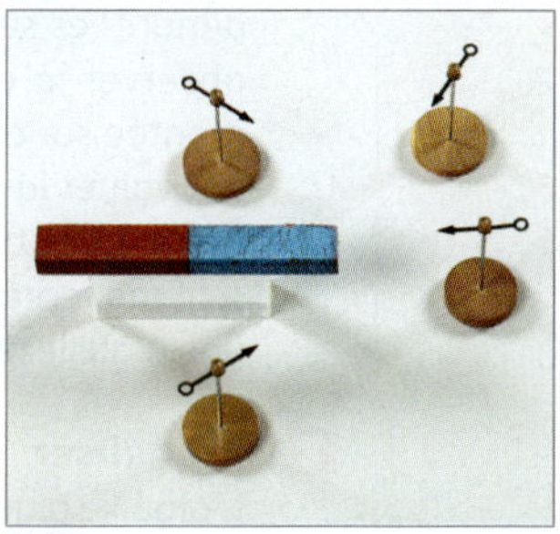

6 *Aimant et aiguilles aimantées.*

DISPOSITIF Des aiguilles aimantées sont disposées en différents points sur une feuille de papier. Un aimant droit peut être placé dans leur voisinage. Un teslamètre avec sa sonde permet de mesurer la valeur du champ magnétique $\vec{B}$ en chacun des points.

Étape 1

■ Réaliser la manipulation expliquée dans le **document 4** puis tracer sur la feuille les directions des aiguilles aimantées aux différents points choisis en notant leur sens.
■ Mesurer ensuite avec le teslamètre les valeurs du champ $\vec{B}$ en ces points.

1 Observer

L'orientation d'une aiguille aimantée dépend-elle du point où elle se trouve ? Les valeurs de $\vec{B}$ sont-elles indépendantes des points choisis ?

2 Interpréter

a. Le champ magnétique dans l'espace expérimental est-il modifié par la présence de l'aimant ? Le champ magnétique au voisinage de l'aimant est-il le même en différents points ?
b. Le champ magnétique est un champ vectoriel. Justifier cette affirmation.
c. Représenter le vecteur champ magnétique aux différents points en indiquant l'échelle de représentation choisie.

Étape 2

Sans modifier la position de l'aimant droit sur la feuille, placer sur l'aimant une plaque de verre puis la saupoudrer de limaille de fer. On réalise ainsi le **spectre magnétique de l'aimant**.

3 Interpréter

Les lignes dessinées par la limaille de fer sont les **lignes de champ magnétique** de l'aimant. Étudier la direction du vecteur champ magnétique tracé dans la première étape en chacun des points par rapport à la ligne de champ qui passe par ce point.

4 Conclure

Dessiner sur un schéma l'allure du spectre magnétique d'un aimant droit puis représenter le vecteur champ magnétique en quelques points d'une ligne de champ magnétique.

ACTIVITÉ EXPÉRIMENTALE

MANUEL NUMÉRIQUE

3 Le champ magnétique terrestre

▶ Explorons le champ magnétique terrestre local, puis étudions le champ magnétique sur toute la surface de la Terre.

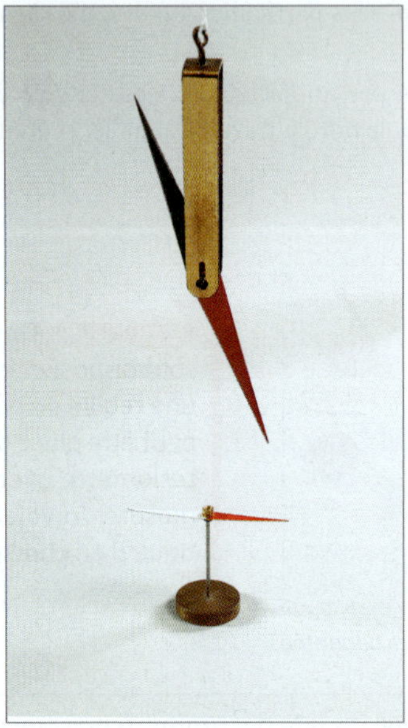

7 ▶ *L'aiguille aimantée montée sur pivot (comme dans une boussole) ne peut se déplacer que dans un plan horizontal contrairement à l'aiguille montée sur étrier.*

DISPOSITIF Placer sur la table des aiguilles aimantées sur pivot, une aiguille aimantée montée sur étrier et une boussole.

1 Observer

a. Observer la direction prise par les aiguilles aimantées sur pivot et l'aiguille de la boussole, puis observer la direction prise par l'aiguille aimantée montée sur étrier.

b. Évaluer la valeur de l'angle, appelé **angle d'inclinaison I**, entre les deux directions et l'indiquer sur un schéma représentant une aiguille montée sur pivot et une aiguille montée sur étrier (en indiquant les pôles).

2 Modéliser

L'aiguille aimantée montée sur étrier indique la direction et le sens du champ magnétique terrestre du lieu. Représenter sur le schéma précédent le vecteur champ magnétique terrestre $\vec{B}_{\text{Terre}}$.

3 Caractériser le champ magnétique terrestre

Le **document 8** fournit des indications sur la valeur de l'**inclinaison I** du vecteur champ magnétique, sur sa **déclinaison D** (le Nord magnétique N_M et le Nord géographique N_G ne coïncident pas, la déclinaison D est l'angle entre ces deux directions) et sur sa **valeur B_{Terre}** pour tous les points de la surface de la Terre.

a. Donner une estimation des valeurs I, D et B_{Terre} du champ magnétique terrestre de la région où se trouve le lycée. Présenter les résultats dans un tableau.

b. Comparer la valeur de l'inclinaison I évaluée en **1 b.** à celle fournie par le satellite Ørsted.

c. Étudier comment varient l'inclinaison I et la valeur B_{Terre} du champ magnétique d'un point proche de l'équateur à un point proche du pôle Nord (ou du pôle Sud).

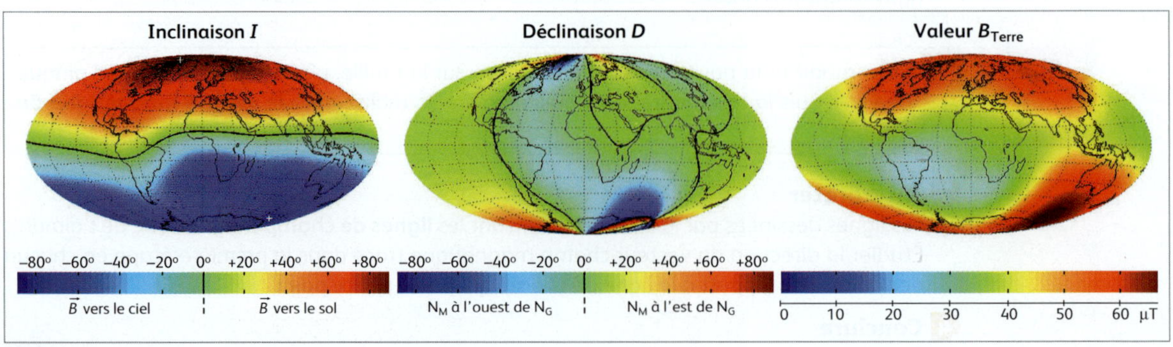

8 *Cartes des caractéristiques du champ magnétique terrestre établies en 2000 à partir des données recueillies par le satellite danois Ørsted.*

ACTIVITÉ DOCUMENTAIRE

MANUEL NUMÉRIQUE

4 La détermination de la charge élémentaire

▶ Millikan a utilisé le champ électrique d'un condensateur pour établir l'existence d'une charge élémentaire et déterminer sa valeur *e*. Quelles sont les difficultés de cette entreprise ? Étudions cette expérience des « gouttes d'huile ».

9 *Robert A. Millikan (1868-1953) a reçu le prix Nobel de physique en 1923, pour ses travaux sur la charge de l'électron.*

De petites gouttes d'huile sont pulvérisées dans la chambre supérieure de l'appareil où elles acquièrent une charge électrique négative. Pour mesurer la valeur de cette charge, on crée un champ électrique uniforme entre deux plaques *A* et *B*, tel que des gouttes d'huile portant une charge *q* peuvent y être immobilisées. L'analyse des forces qui s'exercent sur la goutte d'huile permet alors de calculer la valeur de la charge *q*. Ce calcul nécessite de déterminer la taille et la masse de la goutte.

En reproduisant un très grand nombre de fois l'expérience, avec des conditions différentes, Millikan a établi que la charge des gouttes d'huile était quantifiée, c'est-à-dire, que les gouttes d'huile portaient une charge multiple de la valeur constante $1{,}6 \times 10^{-19}$ C (on la nomme valeur de la charge élémentaire, notée *e*).

Par exemple, les gouttes n° 1, 2, 3, 4 portent respectivement les charges :

$q_1 = -6{,}4 \times 10^{-19}$ C ; $q_2 = -3{,}2 \times 10^{-19}$ C ; $q_3 = -4{,}8 \times 10^{-19}$ C ; $q_4 = -1{,}6 \times 10^{-19}$ C.

Millikan en déduisit que la goutte n° 1 portait un excès de 4 électrons, la goutte n° 2 de 2 électrons, etc.

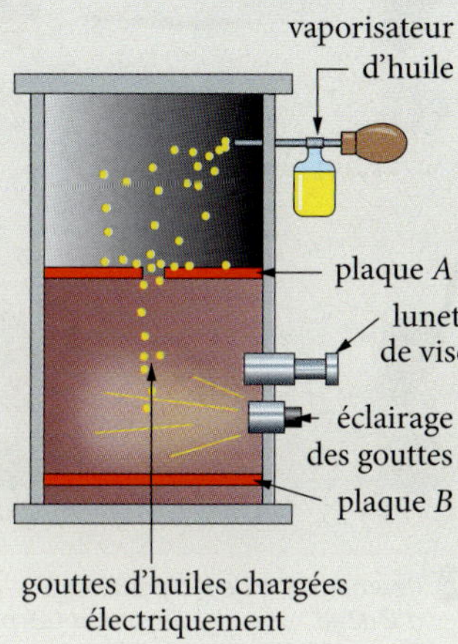

10 *Description et schéma de l'expérience de Millikan.*

TICE
Citer toujours vos sources lors d'une recherche documentaire.

1 Un peu d'histoire des sciences

Entre 1906 et 1913, les expériences que Millikan a menées lui ont permis de déterminer la valeur de la charge élémentaire (valeur légèrement inférieure à la valeur actuelle).
Présenter l'évolution des connaissances sur le modèle de l'atome en vous appuyant sur les modèles de J.-J. Thomson, E. Rutherford et N. Bohr.

2 Comprendre le texte

En s'appuyant sur les données du texte, et en utilisant le **§ 3** du cours, étudier les forces qui s'exercent sur une goutte dans l'espace entre les deux plaques *A* et *B* où règne un **champ électrique uniforme** (on négligera la poussée d'Archimède exercée par l'air sur la goutte).
Représenter ces forces sur un schéma.

3 Interpréter

Une goutte de masse *m* et de charge *q* est immobile entre les deux plaques *A* et *B*.

a. Pour que la goutte puisse être en équilibre, sa charge étant négative, quel doit être le sens du champ électrique $\vec{E}$ entre les plaques ? Quelle est la plaque chargée positivement ? la plaque chargée négativement ?

b. Établir la relation donnant la valeur de la charge *q* en fonction de la masse *m* de la goutte et de la valeur *E* du champ électrique.

c. En déduire l'expression de *q* en fonction de *m*, de la tension U_{AB} entre les deux plaques *A* et *B* et de la distance *d* entre ces deux plaques.

4 Conclure

Quels sont les problèmes rencontrés par le physicien pour déterminer, à partir de cette expérience, la valeur de la charge *q* de la goutte ?

1 Notion de champ

1.1 Émergence du concept de champ

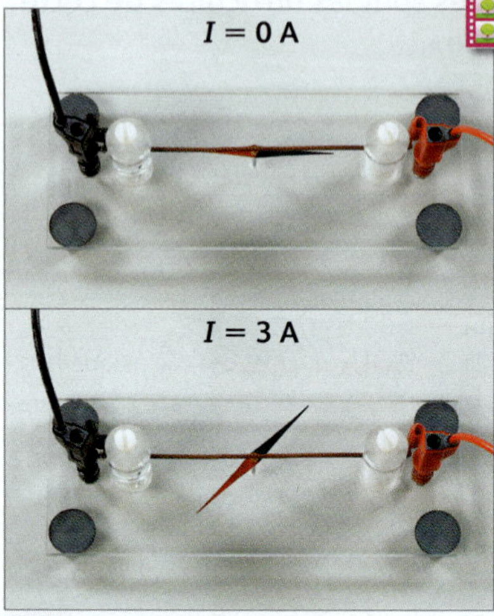

11 *Reproduction de l'expérience d'Ørsted : une aiguille aimantée placée sous le fil pivote lorsqu'un courant circule dans le fil.*

• Le début du XIXe siècle a été une période riche en découvertes expérimentales et en discussions théoriques sur l'électricité et le magnétisme. Alors que les phénomènes magnétiques des aimants sont connus depuis l'Antiquité, en 1820, le physicien danois **Ørsted** met en évidence un effet magnétique créé par le passage d'un courant électrique dans un fil **(document 11)**.

Faraday réalise alors des spectres magnétiques d'aimants et de circuits électriques, et étudie les liens entre effets magnétiques et courant dans un circuit. Ses résultats expérimentaux l'amènent à proposer un nouveau point de vue théorique qui prend en compte les propriétés de l'espace au voisinage des objets (aimant ou circuit parcouru par un courant), et non plus seulement les interactions entre deux objets.

Maxwell, s'appuyant notamment sur les travaux de Faraday et d'**Ampère**, introduit les concepts de **champ magnétique** et de **champ électrique** et développe la **théorie de l'électromagnétisme**.

• Par la suite, le concept de champ s'est élargi : il est associé à des propriétés physiques des points de l'espace.

1.2 Champ scalaire et champ vectoriel

Un champ est associé à une **propriété** physique qui se manifeste en tout point d'un espace. Cette propriété est définie par une **grandeur mesurable** qui dépend de la position du point.

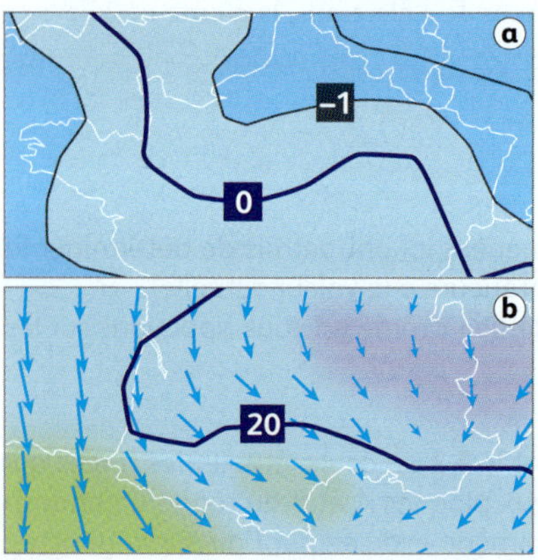

12 *Cartes des températures (a) et des vitesses (b) du vent en Europe.*

Sur la **figure 12**, l'indication de la valeur de la température en un point suffit à caractériser le champ de température en ce point : ce champ est **scalaire**. Par contre, il faut connaitre la direction, le sens et la valeur de la vitesse du vent en un point pour préciser le champ de la vitesse du vent en ce point : ce champ est **vectoriel**.

• Un champ est appelé **champ scalaire** lorsque la grandeur physique mesurable est caractérisée par une valeur numérique.
• Un champ est appelé **champ vectoriel** lorsque la grandeur physique mesurable le caractérisant a les propriétés d'un **vecteur**.
• Le vecteur représentant le champ vectoriel en un point *A* est tangent en *A* à une courbe appelée **ligne de champ**, ligne orientée dans le même sens que le vecteur champ **(figure 13)**.

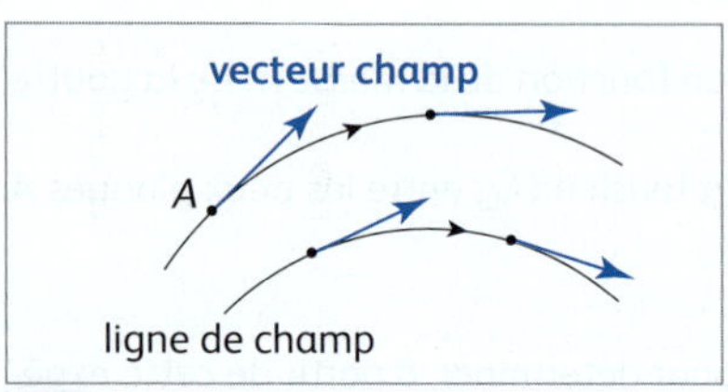

13 *Représentation d'un champ vectoriel.*

1.3 Champ uniforme

Dans une région de l'espace, un champ est **uniforme** si la grandeur physique le définissant a les mêmes caractéristiques en tout point.

2 Champ magnétique

La Terre, les aimants et les circuits parcourus par des courants sont des **sources de champ magnétique**.

2.1 Détection et effets d'un champ magnétique

• Une aiguille aimantée placée en un point au voisinage d'un aimant subit une action mécanique : elle s'oriente différemment selon la position du point **(document 14)**. Les pôles de même nom de l'aiguille aimantée et de l'aimant se repoussent, les pôles N et S s'attirent.

L'aiguille aimantée est l'objet-test qui permet de mettre en évidence un champ magnétique en un point de l'espace.

• La trajectoire de particules chargées électriquement peut être modifiée par un champ magnétique **(document 15)**.
De même, un fil parcouru par un courant électrique, placé dans un champ magnétique, peut se déplacer : un champ magnétique a un effet sur des **particules chargées électriquement en mouvement**.
En revanche, un champ magnétique est sans effet sur une particule chargée immobile.

2.2 Le vecteur champ magnétique $\vec{B}$

L'orientation (direction et sens) prise par l'aiguille aimantée dépend du point A où elle est placée : le champ magnétique qu'elle détecte a les propriétés d'un **vecteur (figure 16)**.

Le champ magnétique est un champ vectoriel.

A Représentation du vecteur champ magnétique $\vec{B}$

On représente le champ magnétique en un point de l'espace par un vecteur champ magnétique $\vec{B}$ tel que :
– son **origine** est le point choisi ;
– sa **direction** est celle qu'aurait une aiguille aimantée placée en ce point ;
– son **sens** va du pôle sud au pôle nord à travers l'aiguille aimantée ;
– sa **valeur** se mesure avec un teslamètre et s'exprime en tesla (T).

B Champ magnétique et lignes de champ

Lorsqu'on dépose de la limaille de fer au voisinage d'un aimant (ou d'un circuit parcouru par un courant électrique), on observe la formation du **spectre magnétique** de l'aimant : les grains de limaille de fer se comportent comme de petites aiguilles aimantées et s'orientent selon la direction du champ magnétique **(document 17)**.

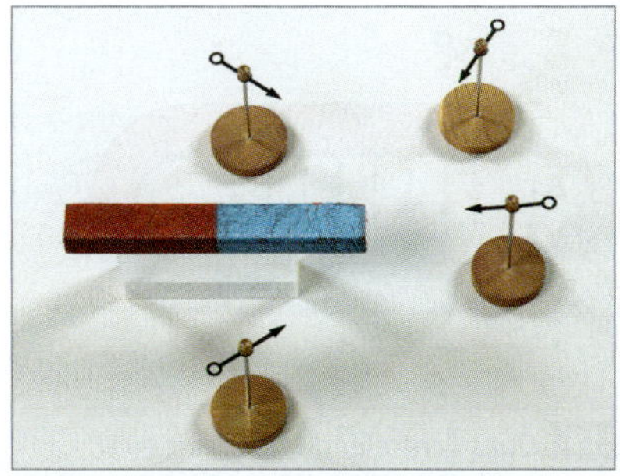

14 *Les aiguilles aimantées s'orientent au voisinage de l'aimant selon leur position par rapport à cet aimant.*

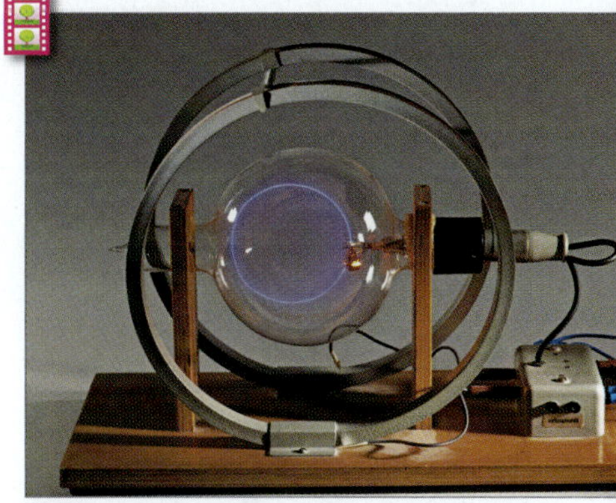

15 *Déviation d'un faisceau d'électrons par un champ magnétique. La trajectoire rectiligne devient circulaire sous l'effet du champ magnétique.*

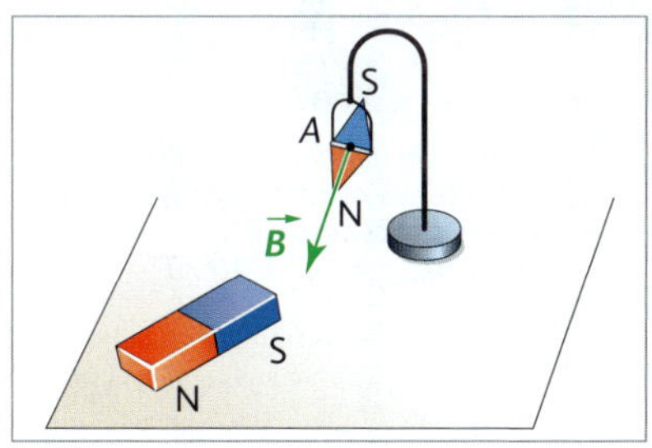

16 *Vecteur champ magnétique $\vec{B}$ au point A.*

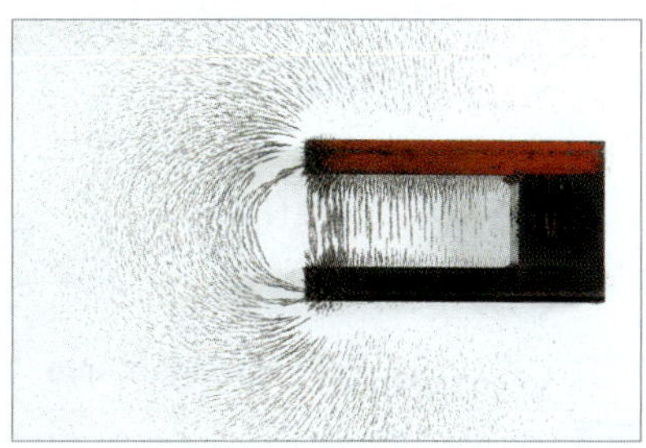

17 *Spectre magnétique d'un aimant en U.*

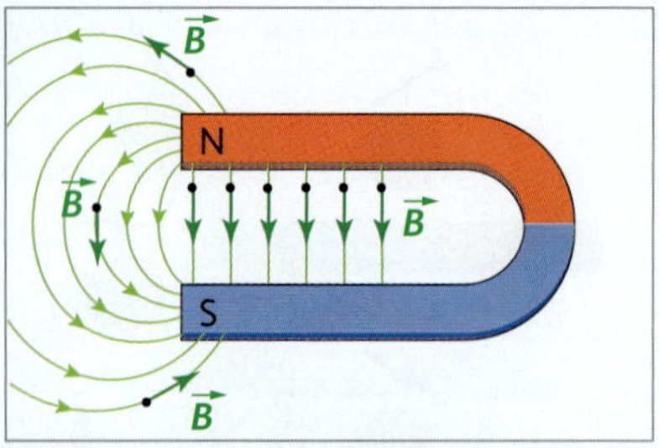

18 *Dans l'entrefer d'un aimant en U, le champ magnétique est uniforme : les lignes de champ sont parallèles, orientées dans le même sens et le champ magnétique garde une même valeur.*

Les lignes ainsi formées sont appelées **lignes de champ magnétique**.

- Le vecteur champ magnétique $\vec{B}$ est tangent à la ligne de champ qui passe par le point considéré.
- La ligne de champ est orientée dans le sens du champ magnétique **(figure 18)**.

2.3 Champ magnétique terrestre

- William Gilbert (1540-1603), médecin anglais, a étudié la variation de l'inclinaison de l'aiguille d'une boussole selon le lieu. En opposition avec la croyance de l'époque qui voyait dans l'effet magnétique sur la boussole « l'action du ciel », il a défini la Terre comme un « grand aimant », à l'origine de cet effet magnétique.
- L'origine du champ magnétique terrestre et ses fluctuations au cours du temps font toujours l'objet de nombreuses recherches. Une partie des secrets de son existence a été percée : il est engendré dans **la partie externe métallique liquide du noyau de la Terre** par des tourbillons de matière et entretenus par le mouvement de la Terre.

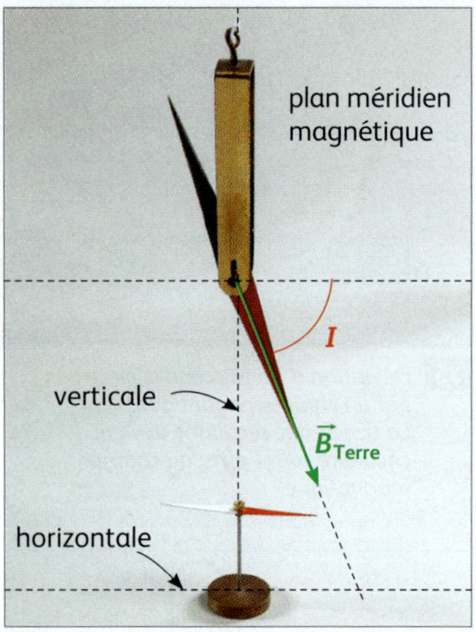

19 *Une aiguille aimantée mobile sur un étrier s'oriente selon le champ magnétique terrestre $\vec{B}_{Terre}$.*
À Paris, $B_{Terre} = 4{,}7 \times 10^{-5}$ T.

A Caractéristiques du champ magnétique terrestre

Une aiguille aimantée mobile sur un étrier indique la direction et le sens du **champ magnétique terrestre $\vec{B}_{Terre}$** du lieu. Le plan vertical de l'aiguille définit le **plan méridien magnétique** de ce lieu **(document 19)**.

Le champ magnétique terrestre $\vec{B}_{Terre}$ est caractérisé par :
– sa direction : elle est inclinée dans le plan méridien magnétique ;
– son sens : dans l'hémisphère nord, $\vec{B}_{Terre}$ pointe vers la Terre ;
– sa valeur : elle dépend du lieu (entre 20 µT et 70 µT).

On appelle :
– **inclinaison I**, l'angle entre l'horizontale et la direction de l'aiguille aimantée. À Paris, sa valeur est $I = 64°$;
– **déclinaison D**, l'angle entre le plan méridien géographique et le plan méridien magnétique. À Paris, sa valeur est actuellement voisine de 0° mais elle varie au cours du temps.

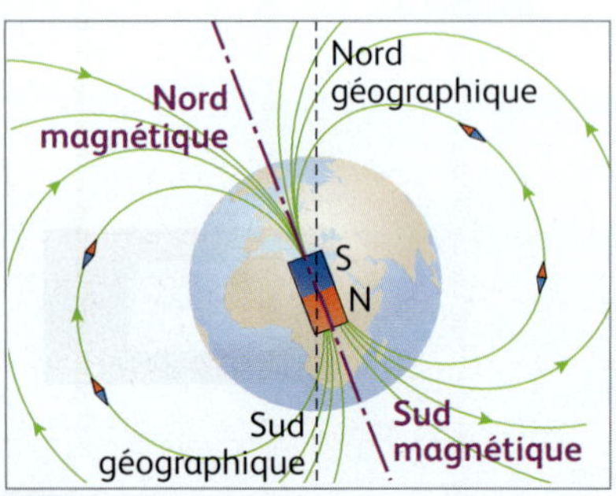

20 *Les lignes de champ magnétique du modèle magnétique de la Terre.*

B Modélisation du champ magnétique terrestre

Le champ magnétique à la surface de la Terre peut être modélisé par celui d'un aimant droit placé au centre de la Terre et dont la direction fait un angle d'une dizaine de degrés par rapport à l'axe de rotation de la Terre **(figure 20)**.

Le pôle de la Terre appelé **Nord magnétique** est ainsi distant d'environ 1 000 km du pôle **Nord géographique**. Bien que situé près du pôle sud du modèle de l'aimant droit, ce pôle doit son nom à sa proximité avec le pôle Nord géographique.

Remarque. Ce modèle ne rend pas compte des irrégularités à la surface du globe, ni des fluctuations dans le temps des caractéristiques du champ magnétique terrestre.

3 Champ électrostatique

3.1 Détection

L'objet-test qui permet de mettre en évidence un **champ électrostatique** en un point de l'espace est un pendule électrostatique dont la boule est électrisée. Placé au voisinage d'un corps chargé électriquement, le pendule s'oriente différemment selon sa position **(document 21)**.

Ce résultat peut être interprété en termes de champ : placée en un point, la boule électrisée est soumise à une force qui résulte du champ électrostatique qui existe en ce point.

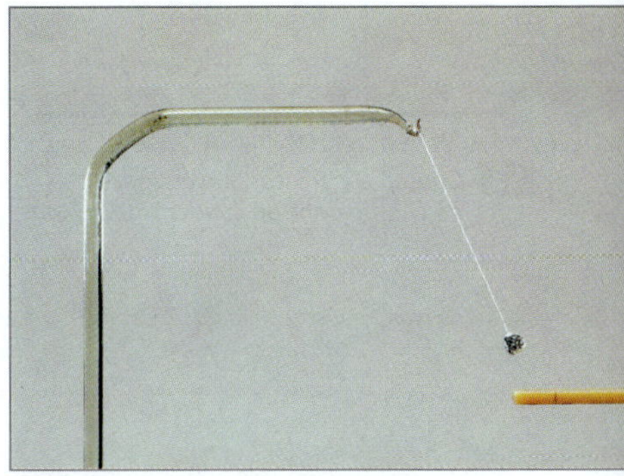

21 *La boule électrisée du pendule électrostatique permet de détecter le champ électrostatique créé par la règle frottée.*

3.2 Le vecteur champ électrostatique $\vec{E}$

- Le champ électrostatique est un champ vectoriel.
- La relation entre le champ électrostatique $\vec{E}$ en un point A et la force électrostatique $\vec{F}$ qui s'exerce sur un corps ponctuel portant une charge q et placé en ce point A est :

$$\vec{E} = \frac{\vec{F}}{q}$$

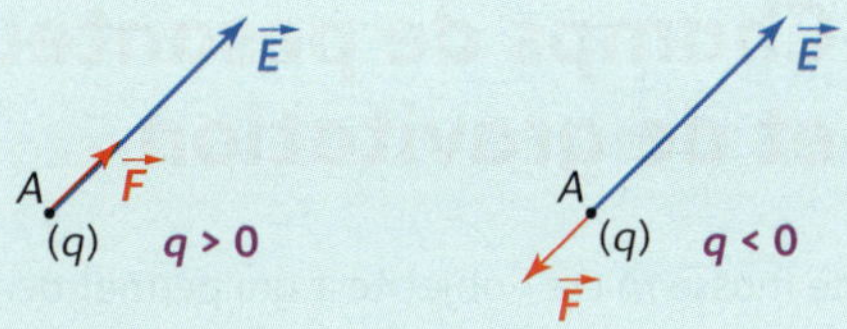

– l'origine de $\vec{E}$ est le point A ;
– la direction est la même que celle de $\vec{F}$;
– les sens de $\vec{E}$ et $\vec{F}$ sont les mêmes si $q > 0$, opposés si $q < 0$;
– la valeur de $\vec{E}$ est donnée par : $E = \frac{F}{|q|}$ — F en newton (N), q en coulomb (C), E en $N \cdot C^{-1}$

Remarque. Dans un espace et pour une source de champ électrostatique donnés, **les caractéristiques du champ $\vec{E}$ en un point ne dépendent que de la position du point.** Ainsi, un objet-test portant une charge différente, placé au même point, subira une force électrostatique différente, mais le vecteur $\frac{\vec{F}}{q}$ ne sera pas modifié.

Exemple. Un champ électrostatique agit sur des particules chargées qu'elles soient immobiles ou en mouvement. Il permet de les accélérer et de dévier leur trajectoire **(document 22)**.

Comme pour le champ magnétique, on peut mettre en évidence des lignes de champ électrostatique à l'aide de petites graines qui s'orientent dans ce champ.

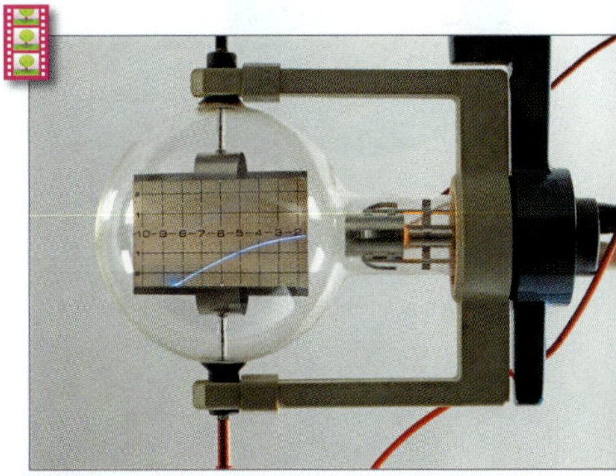

22 *Accélération (dans le canon à électrons) et déviation du faisceau d'électrons dans le condensateur.*

- Le vecteur champ électrostatique $\vec{E}$ en un point est tangent à la ligne de champ qui passe par ce point.
- La ligne de champ est orientée dans le sens du champ électrostatique.

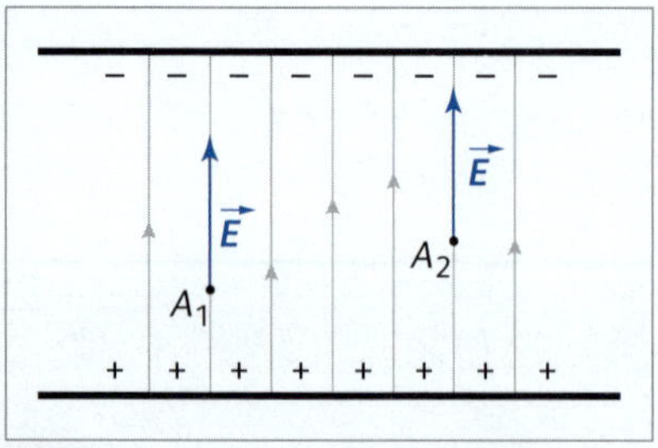

23 *Champ électrostatique et lignes de champ dans un condensateur plan.*

3.3 Cas du condensateur plan

Un **condensateur plan** est formé de deux plaques métalliques parallèles séparées par un isolant. Lorsqu'on impose une tension U entre les deux plaques, des charges électriques positives apparaissent sur une plaque et des charges négatives sur l'autre. Un champ électrostatique est créé entre ces deux plaques et dans leur voisinage **(figure 23)**.

Le champ électrostatique $\vec{E}$ à l'intérieur d'un condensateur plan est **uniforme**:
– sa direction est orthogonale aux plaques;
– son sens va de la plaque chargée positivement vers la plaque chargée négativement;
– sa valeur dépend de la tension U entre les plaques et de la distance d entre celles-ci.

$$E = \frac{U}{d}$$

| U en volt (V)
| d en mètre (m)
| E en $V \cdot m^{-1}$

Les deux unités $V \cdot m^{-1}$ et $N \cdot C^{-1}$ sont équivalentes mais la valeur E du champ électrique est exprimée généralement en $V \cdot m^{-1}$.

4 Champs de pesanteur et de gravitation

Un objet de masse m est l'objet-test qui permet de mettre en évidence le champ de pesanteur et le champ de gravitation.

4.1 Champ de pesanteur

Au voisinage de la Terre, l'objet-test est **soumis à son poids $\vec{P}$**. Ce résultat peut être interprété en termes de champ.

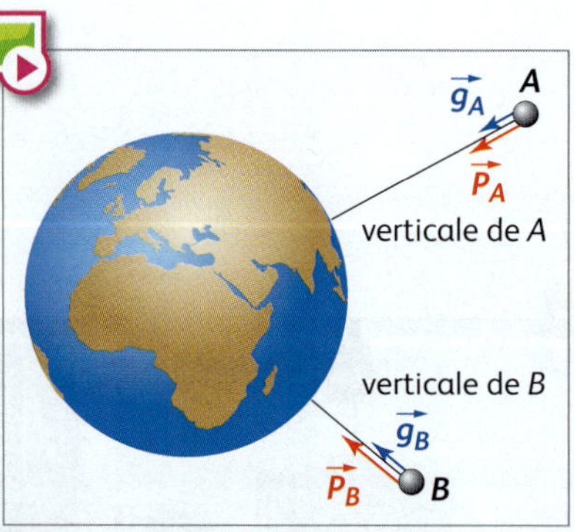

24 *Vecteurs champ de pesanteur en deux points A et B, et vecteurs poids des solides de masse m situés en A et B.*

- Le champ de pesanteur est un champ vectoriel **(figure 24)**.
- La relation qui lie le champ de pesanteur $\vec{g}$ en un point A, et le poids $\vec{P}$ d'un objet de masse m placé en ce point, est:

$$\vec{g} = \frac{\vec{P}}{m}$$

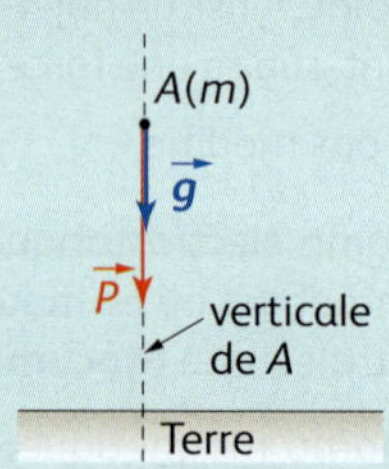

– l'origine de $\vec{g}$ est le point A;
– la direction de $\vec{g}$ est verticale comme celle de $\vec{P}$;
– le sens de $\vec{g}$ est vers le bas;
– la valeur de $\vec{g}$ est donnée par : $g = \frac{P}{m}$

| P en newton (N)
| m en kg
| g en $N \cdot kg^{-1}$

Localement, lorsque les dimensions sont de l'ordre du kilomètre, on peut considérer que le champ de pesanteur est **uniforme (figure 25).**

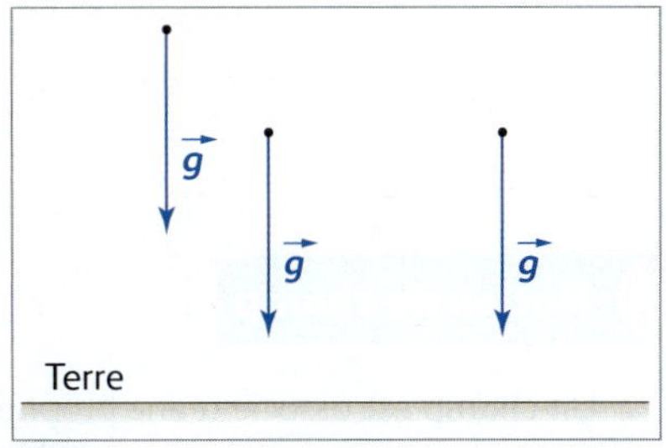

25 *Champ de pesanteur local uniforme.*

> Les caractéristiques du **champ de pesanteur local** sont :
> – sa direction est la verticale du lieu ;
> – son sens est vers la Terre ;
> – sa valeur dépend du lieu. Par exemple, $g = 9{,}81\ \text{N}\cdot\text{kg}^{-1}$ à Paris.

4.2 Champ de gravitation

En présence d'un objet ponctuel de masse M, l'objet-test est **soumis à une force d'attraction gravitationnelle**. Ce résultat peut être interprété en termes de champ de gravitation.

> • Le champ de gravitation est un champ vectoriel.
> • La relation entre le champ de gravitation $\vec{\mathcal{G}}$ en un point A de l'espace et la force d'attraction gravitationnelle $\vec{F}$ qui s'exerce sur un objet ponctuel de masse m placé en ce point A, est :
>
> $$\vec{\mathcal{G}} = \frac{\vec{F}}{m}$$

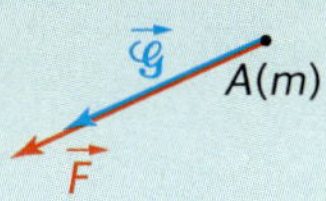

Exemple. Lorsque le champ de gravitation $\vec{\mathcal{G}}$ est créé par un corps ponctuel ou à répartition sphérique de masse, de masse M, la loi de l'attraction gravitationnelle **(chapitre 10)** permet de déterminer ses caractéristiques en un point A situé à la distance d du centre O du corps :
– la direction de $\vec{\mathcal{G}}$ est la droite qui joint le centre O du corps au point A considéré ;
– le sens de $\vec{\mathcal{G}}$ va de A vers O ;
– la valeur de $\vec{\mathcal{G}}$ est : $\mathcal{G} = \dfrac{F}{m} = \dfrac{\left[\dfrac{GMm}{d^2}\right]}{m} = \dfrac{GM}{d^2}$.
La valeur de $\mathcal{G}$ s'exprime en $\text{N}\cdot\text{kg}^{-1}$.

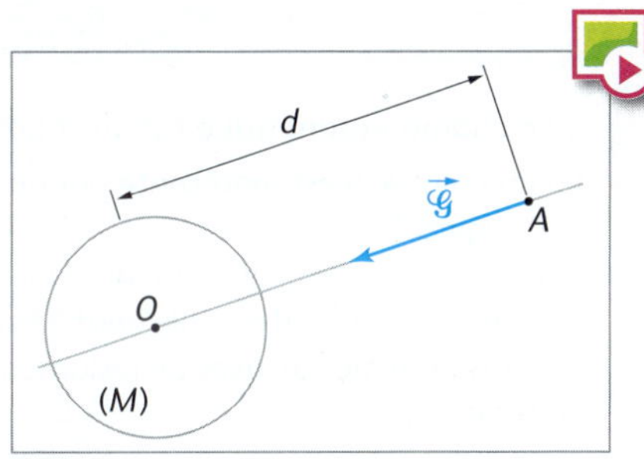

26 *Champ de gravitation d'un solide à répartition sphérique de masse.*

4.3 Champs de gravitation et de pesanteur

• En raison du mouvement de rotation de la Terre, le poids d'un objet n'est pas tout à fait identique à la force d'attraction gravitationnelle exercée par la Terre sur cet objet. Par conséquent, les champs de pesanteur $\vec{g}$ et de gravitation $\vec{\mathcal{G}}_{\text{Terre}}$ ne sont pas rigoureusement identiques.

• Mais la différence entre $\vec{g}$ et $\vec{\mathcal{G}}_{\text{Terre}}$ est faible. Lorsque la précision le permet, on identifie localement le champ de pesanteur $\vec{g}$ au champ de gravitation de la Terre $\vec{\mathcal{G}}_{\text{Terre}}$.

> Au voisinage de la Terre : $\vec{g} = \vec{\mathcal{G}}_{\text{Terre}}$.

Exemple. À la surface de la Terre, $\vec{g} = \vec{\mathcal{G}}_{\text{Terre}}$ entraîne donc :

$$g = \frac{GM}{(R_{Terre})^2} \approx 9{,}8\ \text{N}\cdot\text{kg}^{-1}.$$

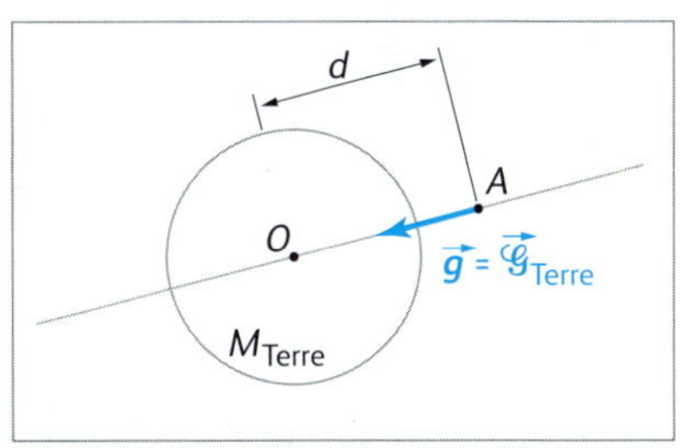

27 *Identité de $\vec{g}$ et $\vec{\mathcal{G}}$ en un point au voisinage de la terre.*

L'ESSENTIEL

Notion de champ

- Un **champ** est associé à une propriété physique qui se manifeste en tout point d'un espace. Cette propriété est définie par une **grandeur mesurable** qui dépend de la position du point.
- **Champ uniforme** : la grandeur physique mesurable a les mêmes caractéristiques en tout point.
- **Champ scalaire** : la grandeur physique mesurable est caractérisée par **une valeur numérique**.
- **Champ vectoriel** : la grandeur physique mesurable a les propriétés d'un **vecteur**.
- **Lignes de champ vectoriel** : le vecteur représentant le champ en un point *A* est tangent en *A* à la ligne de champ. La ligne de champ est orientée dans le même sens que le vecteur champ.

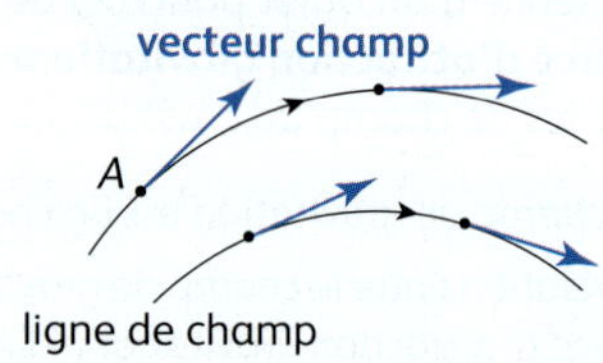

Champ magnétique

- Le **champ magnétique** est un champ vectoriel.

En un point *A*, il est représenté par un vecteur $\vec{B}$:
- d'origine *A* ;
- dirigée selon l'aiguille aimantée placée en *A* ;
- orienté du pôle sud au pôle nord à travers l'aiguille ;
- sa valeur se mesure avec un teslamètre et s'exprime en tesla (T).

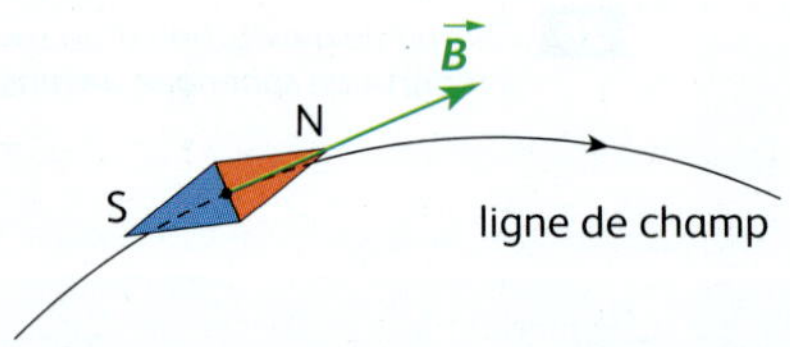

Champ magnétique terrestre

- Le **champ magnétique terrestre** est représenté par un vecteur $\vec{B}_{Terre}$:
- incliné dans le plan méridien magnétique d'un angle *I* (angle d'inclinaison) ;
- orienté vers la Terre dans l'hémisphère Nord ;
- sa valeur dépend du lieu.

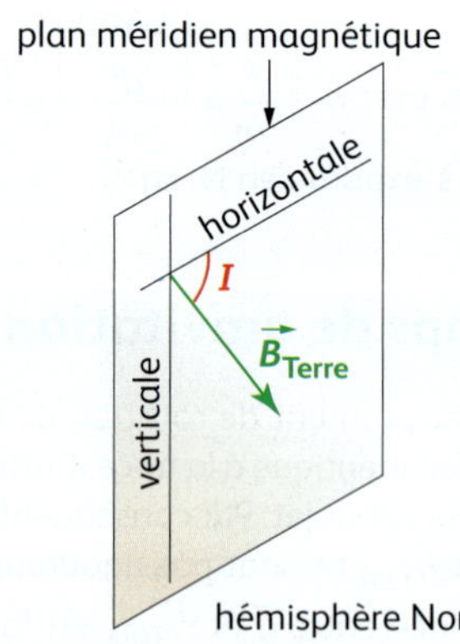

Champ électrostatique

- Le **champ électrostatique** $\vec{E}$ est un champ vectoriel.
- La relation entre le champ $\vec{E}$ en un point A et la force électrostatique $\vec{F}$ qui s'exerce sur un objet ponctuel portant une charge q et placé en ce point A est :

$$\vec{E} = \frac{\vec{F}}{q}$$

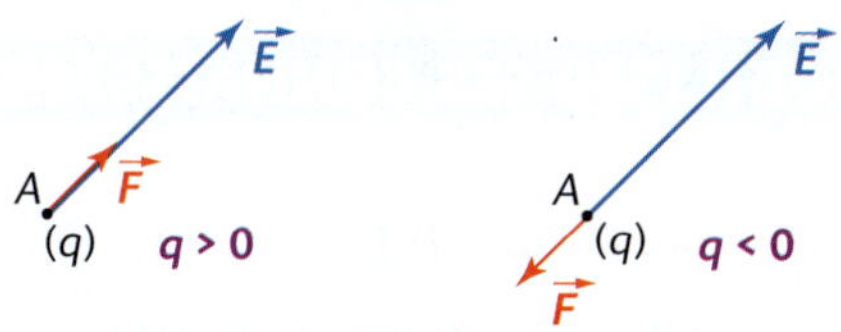

– l'origine de $\vec{E}$ est le point A ;
– la direction de $\vec{E}$ est la même que celle de $\vec{F}$;
– les sens de $\vec{E}$ et $\vec{F}$ sont les mêmes si $q > 0$, opposés si $q < 0$;
– la valeur de $\vec{E}$ est donnée par :

$$E = \frac{F}{|q|}$$

F en newton (N)
q en coulomb (C)
E en $N \cdot C^{-1}$

Cas du condensateur plan

Le champ électrostatique $\vec{E}$ à l'intérieur d'un **condensateur plan** est **uniforme** :
– dirigé orthogonalement aux plaques ;
– orienté de la plaque chargée positivement vers la plaque chargée négativement ;

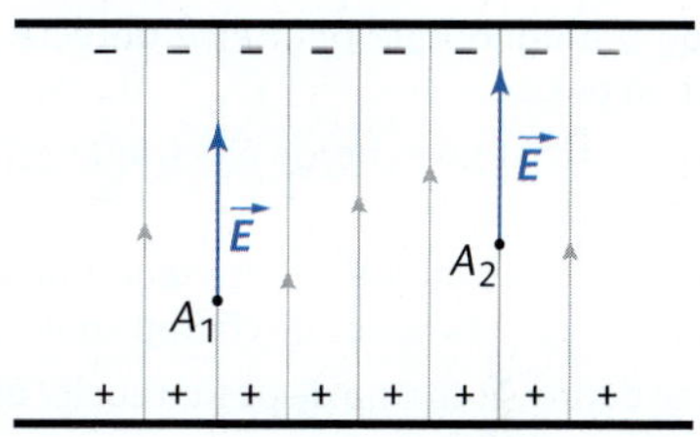

– sa valeur dépend de la tension U entre les plaques et de la distance d entre celles-ci.

$$E = \frac{U}{d}$$

U en volt (V)
d en mètre (m)
E en $V \cdot m^{-1}$

Champs de pesanteur et de gravitation

- Le **champ de pesanteur** est un champ vectoriel.
- La relation qui lie le champ de pesanteur $\vec{g}$ et le poids $\vec{P}$ d'un objet de masse m est :

$$\vec{g} = \frac{\vec{P}}{m}.$$

- Le **champ de pesanteur local** est un champ uniforme.

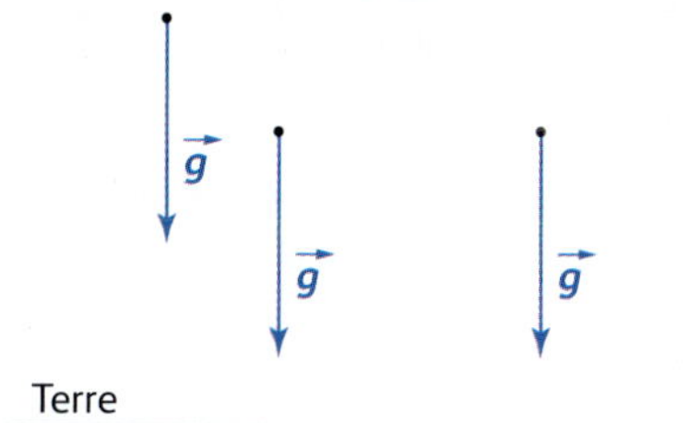

Le champ de pesanteur local $\vec{g}$ est :
– dirigé selon la verticale du lieu ;
– orienté vers la Terre ;
– sa valeur dépend du lieu et s'exprime en $N \cdot kg^{-1}$.

- Le **champ de gravitation** est un champ vectoriel.
- La relation entre le champ de gravitation $\vec{\mathcal{G}}$ en un point A et la force d'attraction gravitationnelle $\vec{F}$ qui s'exerce sur un objet ponctuel de masse m placé en ce point A, est :

$$\vec{\mathcal{G}} = \frac{\vec{F}}{m}$$

- La valeur de $\vec{\mathcal{G}}$ est donnée par :

$$\mathcal{G} = \frac{F}{m}$$

F en newton (N)
m en kg
$\mathcal{G}$ en $N \cdot kg^{-1}$

- Au voisinage de la Terre : $\vec{g} = \vec{\mathcal{G}}_{Terre}$

5 minutes CHRONO ! MANUEL NUMÉRIQUE EXERCICES INTERACTIFS

1 Mots manquants

Compléter avec un ou plusieurs mots.

a. Un champ est appelé .... lorsque la grandeur mesurable est caractérisée par une valeur numérique.

b. La Terre, les .... et les .... électriques sont trois sources de champ magnétique.

c. Un champ magnétique peut être détecté par .... placée sur un pivot.

d. Un corps portant une charge électrique est la source d'un champ ....

e. Le champ électrostatique à l'intérieur d'un condensateur plan est .... Les lignes de champ sont ....

f. En un lieu donné, le champ de pesanteur local est dirigé selon .... et orienté vers ....

g. En un même lieu, le champ de pesanteur terrestre est identifiable au champ de .... de ....

2 QCM

Cocher la réponse exacte.

a. Le champ magnétique est un champ :
☐ scalaire ☐ vectoriel ☐ quelconque

b. Dans l'entrefer d'un aimant en U, le champ magnétique $\vec{B}$ est uniforme :
☐ la valeur de $\vec{B}$ dépend du point
☐ $\vec{B}$ est perpendiculaire aux lignes de champ
☐ $\vec{B}$ est identique dans tout l'espace de l'entrefer

c. Le champ magnétique terrestre en France est :
☐ vertical ☐ horizontal ☐ incliné vers la Terre

d. La force $\vec{F}$ qui s'exerce sur une particule portant une charge q, placée en un point A d'un champ électrostatique $\vec{E}$:
☐ est liée au champ $\vec{E}$ par la relation $\vec{E} = q\vec{F}$
☐ n'a pas le même sens lorsque la charge q change de signe
☐ ne dépend pas de la charge q

e. Le champ électrostatique dans un condensateur plan :
☐ est orienté de la plaque – vers la plaque +
☐ a une valeur indépendante de la tension U entre ses plaques
☐ a une valeur donnée par $E = \dfrac{U}{d}$, d étant la distance entre les plaques

f. Le champ de gravitation d'une planète en un point A :
☐ ne dépend pas de la masse de la planète
☐ est toujours dirigé vers la planète
☐ a une valeur indépendante de la position du point A

→ Reportez-vous aux solutions détaillées page 393 pour vérifier vos réponses et comprendre vos erreurs.

Parcours personnalisés

Trois parcours d'exercices pour travailler en autonomie selon ses besoins.

- **Maîtriser les bases** : 4 - 6 - 7 - 13
- **Préparer l'évaluation** : 14 - 15 - 19
- **Cap sur la Terminale** : 25 - 28

MOBILISER SES CONNAISSANCES

▶ Notion de champ [§1 du cours]

3 Champ scalaire ou champ vectoriel ?

Sur les cartes météorologiques ci-dessous, on retrouve des indications (en °C et $km \cdot h^{-1}$) concernant les champs de température et de vitesse de vent. Relever quelles sont leurs caractéristiques pour la ville de Clermont-Ferrand (63). Ces champs sont-ils scalaires ou vectoriels ? Sont-ils uniformes ?

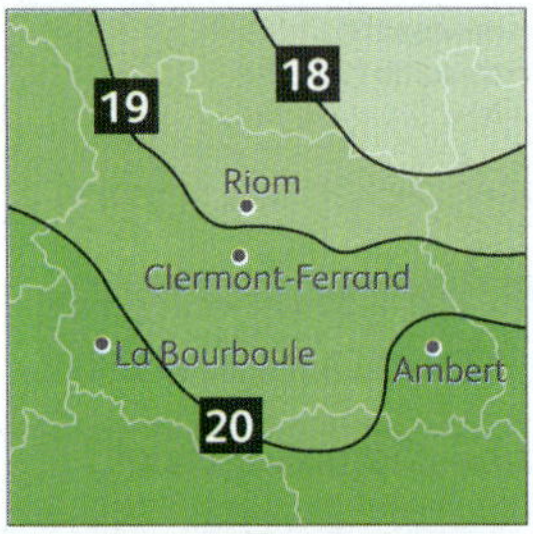

Carte des températures.

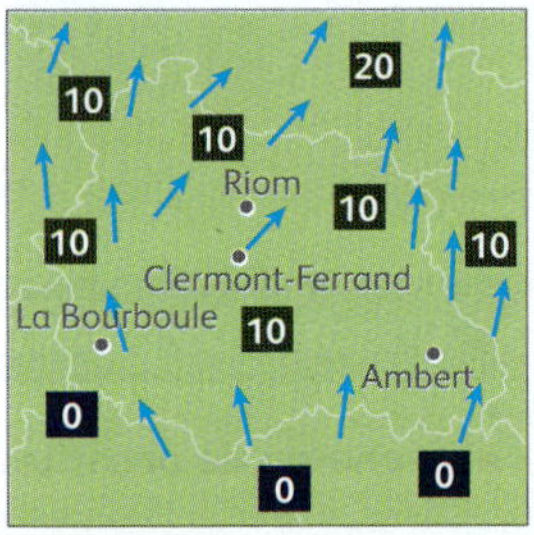

Carte des vents.

▶ Champ magnétique [§2 du cours]

4 Champ magnétique d'un aimant

Indiquer les pôles sud et nord de chaque aiguille aimantée et représenter sans souci d'échelle le vecteur champ magnétique aux points C et D.

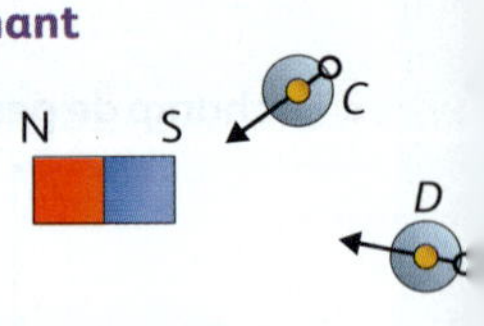

5 Champ magnétique et lignes de champ

La figure ci-dessous représente le spectre magnétique d'un aimant en U.

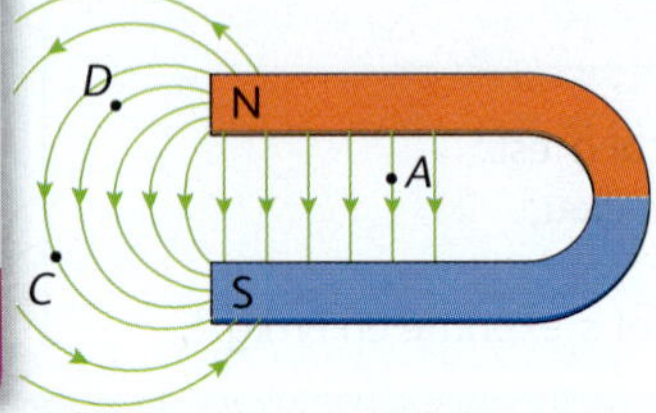

a. Reproduire le schéma et tracer sans souci d'échelle le vecteur champ magnétique aux différents points indiqués.

b. Dans quelle région de l'espace, le champ magnétique est-il uniforme ?

6 Champ magnétique terrestre

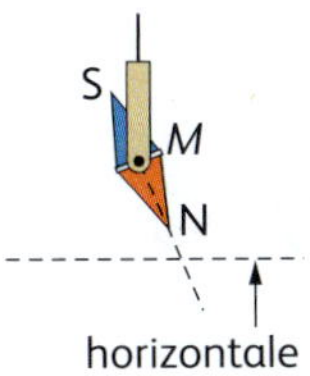

Une aiguille aimantée suspendue à un étrier est représentée ci-contre dans un plan vertical.

a. Représenter le vecteur champ magnétique terrestre au point M.

b. Quel est le nom du plan vertical qui contient l'aiguille ?

▶ Champ électrostatique [§3 du cours]

7 Champ électrostatique et forces

a. Écrire l'expression de la force s'exerçant sur une particule portant une charge q placée dans un champ électrostatique $\vec{E}$.

b. Représenter, sans souci d'échelle, la force qui s'exerce sur chacune des particules placées en C et D dans le champ électrostatique uniforme $\vec{E}$, dans le cas où $|q| > |q'|$.

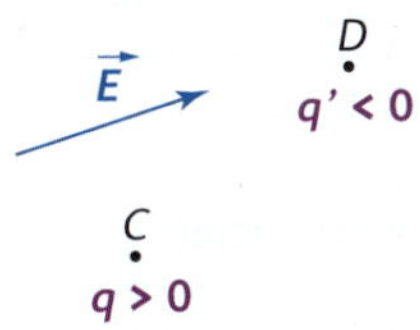

8 Champ électrostatique et lignes de champ

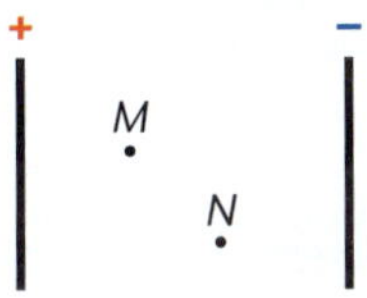

a. Représenter des lignes de champ électrostatique à l'intérieur du condensateur plan représenté ci-contre.

b. Représenter le vecteur champ électrostatique aux points M et N.

▶ Gravitation et pesanteur [§4 du cours]

9 Champ et force de gravitation

Écrire la relation entre le vecteur champ de gravitation $\vec{\mathcal{G}}$ en un point A et la force de gravitation $\vec{F}$ qui s'exerce sur un solide de masse m placé en A.

UTILISER SES COMPÉTENCES

10 Faire une recherche et communiquer

Aimants et matériaux magnétiques sont présents dans notre vie quotidienne, dans le domaine de la santé et dans les grands instruments de recherche scientifique.

Rechercher quelques exemples d'application pour chacun de ces trois domaines et les présenter dans un document.

11 Rechercher et utiliser des données

La valeur du champ de gravitation de la Terre en un point, situé à la distance d de son centre, est donnée par la relation :

$$\mathcal{G} = \frac{GM_{\text{Terre}}}{d^2}$$

a. Un satellite géostationnaire est en orbite autour de la Terre à l'altitude $h = 3{,}6 \times 10^7$ m. Déterminer la valeur du champ de gravitation de la Terre à l'altitude de ce satellite.

b. Comparer cette valeur à celle du champ de gravitation de la Terre en un point de sa surface.

Donnée : $d = R_{\text{Terre}} + h$.

12 Réaliser et exploiter un graphique TICE

On mesure au centre O d'une bobine longue la valeur B_O du champ magnétique créé par un courant continu d'intensité I.

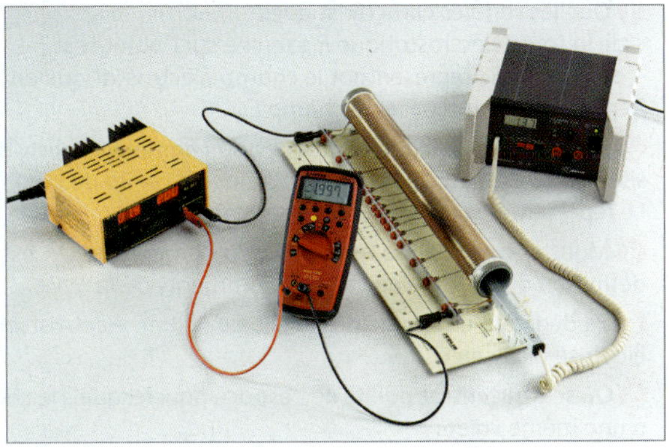

On obtient le tableau de mesures ci-dessous.

I (A)	0	0,5	1,5	2,0	2,5	3,0
B_O (mT)	0	0,34	1,02	1,37	1,69	2,06

Avec une calculatrice ou un tableur graphique, afficher la courbe donnant l'évolution de B_O en fonction de I.

Vérifier que la valeur du champ magnétique en O est proportionnelle à l'intensité I du courant et donner la relation numérique entre B_O et I.

13 Apprendre à rédiger

Voici l'énoncé d'un exercice et un guide (en orange) ; ce guide vous aide pour rédiger la solution détaillée et pour retrouver les réponses numériques aux questions posées.

Énoncé

Dans le vide, un électron pénètre dans l'espace compris entre les plaques A et B d'un condensateur plan. La charge électrique des plaques est positive pour A, négative pour B.

a. Quelles sont les caractéristiques du champ électrique entre les deux plaques A et B ? Représenter $\vec{E}$.

► **Avant de représenter le vecteur champ électrique $\vec{E}$, écrire les propriétés du champ électrique à l'intérieur d'un condensateur plan en tenant compte du signe des plaques.**

b. Déterminer les caractéristiques de la force électrostatique $\vec{F}$ qui s'exerce sur l'électron dans le champ $\vec{E}$.

► **Écrire la relation vectorielle entre champ et force électrostatique.**

► **Indiquer ensuite les caractéristiques de la force pour le cas particulier de l'électron.**

EXERCICE RÉSOLU

Site élève

14 Étude d'un champ électrostatique

Énoncé On étudie le champ électrostatique créé par un objet ponctuel portant une charge Q positive, placé en un point O. Un objet-test portant une charge q positive est placé en un point A tel que $OA = d$.

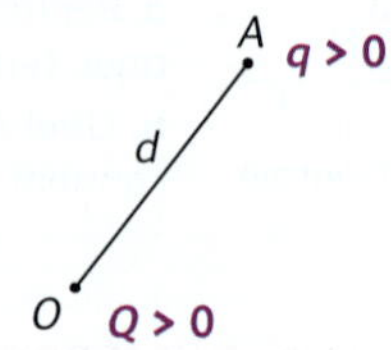

1 Quelles sont les caractéristiques :
– de la force électrostatique $\vec{F}$ exercée sur l'objet-test ?
– du vecteur $\vec{E}_A$ représentant le champ électrostatique en A ?
Représenter la force $\vec{F}$ et le champ $\vec{E}_A$.

2 Quelles sont les caractéristiques du champ électrostatique en un point A', situé sur la demi-droite OA, à la distance $d' = 2d$ du point O ?
Le représenter sur le schéma précédent.

3 Montrer que la ligne formée par la demi-droite OA est compatible avec la définition d'une ligne de champ. Commenter.

4 En déduire l'ensemble des lignes de champ électrostatique créé par l'objet électrisé placé en O.

5 Où se trouvent les points de l'espace pour lesquels le champ électrostatique a une même valeur ?

> **Énoncé**
> Repérer dans le texte et sur le schéma l'objet électrisé qui est à l'origine du champ électrostatique que l'on étudie. Le différencier de l'objet-test qui permet de mettre en évidence l'existence de ce champ.

Une solution

1 D'après la loi de Coulomb, la force qui s'exerce sur l'objet-test est dirigée selon la droite OA, le sens de la force va de O vers A car les deux charges ont le même signe, et sa valeur s'exprime par :

$$F = k \times \frac{Qq}{d^2}.$$

Le champ électrique $\vec{E}_A$ est lié à la force $\vec{F}$ s'exerçant sur l'objet-test, par la relation :

$$\vec{E}_A = \frac{\vec{F}}{q}.$$

Le vecteur $\vec{E}_A$ a la même direction que $\vec{F}$ et le même sens car $q > 0$. Sa valeur est $E_A = k \times \dfrac{Q}{d^2}$.

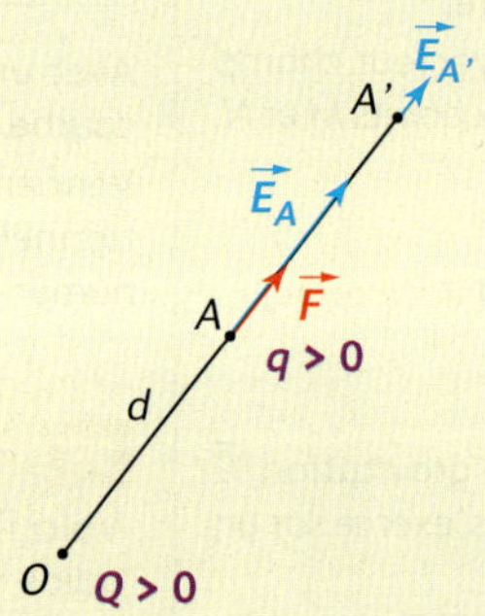

> **Rédiger**
> Préciser la loi que l'on utilise pour déterminer les caractéristiques de la force.

> **Connaissances**
> Cette relation est vectorielle, elle permet d'obtenir les caractéristiques de $\vec{E}$ connaissant celles de $\vec{F}$.

2 Au point A', le champ $\vec{E}'_A$ a la direction OA' donc la même que $\vec{E}_A$, et le même sens que $\vec{E}_A$.
A' étant à la distance $d' = 2d$, d'après l'expression de la valeur du champ établie en **1**, la valeur de $\vec{E}'_A$ est $E'_A = \dfrac{E_A}{4}$.

> **Raisonner**
> Dans la relation $E_A = k \times \dfrac{Q}{d^2}$, quand d est multiplié par 2, d^2 est multiplié par 4 et $k \times \dfrac{Q}{d^2}$ est divisée par 4.

3 Le champ électrique pour tous les points de la demi-droite OA a la direction OA et le sens de O vers A. Tous les vecteurs représentant le champ électrique aux différents points de cette demi-droite sont portés par la demi-droite (ils sont donc *a fortiori* tangents à cette demi-droite). Celle-ci est donc la ligne de champ qui passe par A et par A'.

> **Connaissances**
> Le vecteur $\vec{E}_A$ est tangent en A à la ligne de champ qui passe par A.

4 Le résultat obtenu pour la ligne de champ passant par A et A' se retrouve pour toutes les demi-droites issues de O : ce sont les lignes de champ.

5 La valeur du champ électrostatique se calcule par la relation :

$$E_A = k \times \frac{Q}{d^2}.$$

k et Q étant constants, pour que le champ ait la même valeur, il faut que d soit constant. L'ensemble des points où le champ électrique a une même valeur est donc une sphère de centre O et de rayon d.

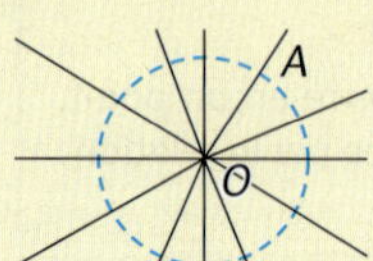

> **Schématiser**
> Sur le schéma n'apparaissent que les lignes de champ du plan. Mais le champ électrique est défini dans l'espace.

Pour tous les exercices du chapitre, les valeurs numériques utiles sont disponibles dans les rabats.

15 Champ magnétique créé au centre d'une bobine

On étudie le champ magnétique $\vec{B_O}$ créé au centre O d'une bobine plate traversée par un courant d'intensité I. La bobine est placée dans un plan vertical (la photo ci-dessous est prise de dessus). On supposera que le champ magnétique terrestre a une valeur négligeable devant B_O.

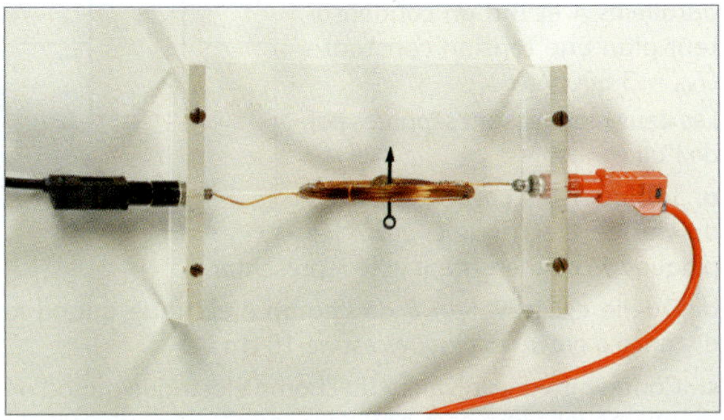

a. Quand un courant circule dans la bobine, l'aiguille aimantée placée en O s'oriente orthogonalement au plan de la bobine. Quels sont la direction et le sens du champ magnétique $\vec{B_O}$ créé en O par le passage du courant ? Représenter $\vec{B_O}$ sur un schéma.

b. Le tableau de résultats ci-dessous donne les valeurs de B_O pour différentes valeurs de l'intensité I.

I (A)	0	0,5	1,0	2,0	3,0	4,0	5,0
B_O (mT)	0	1,1	2,1	4,3	6,6	8,7	11,0

Représenter le graphique de B_O en fonction de I.

c. La valeur du champ magnétique créé en un point par le passage du courant dans un circuit électrique est proportionnelle à la valeur I de l'intensité du courant.
Les résultats expérimentaux obtenus sont-ils en cohérence avec cette loi ? Si oui, donner la relation numérique entre B_O et I.

16 Magnetic Bacteria

Storing data on tiny magnetic particles has been essential for many key technologies of the last few decades. Allowing storage of huge amounts of data, they have been essential to the development of such things as video and audio tape and hard drives for computers.

Now magnets on a nano scale are set to revolutionise medicine and drug delivery. By attaching drugs to magnetic particles, a magnetic field can guide them to exactly where they are needed in the body. […]

Pr Andrew Harrison from University of Edimburgh is engineering magnetic particles by farming bacteria that make them anyway for their own navigation.

Extract of Quentin Cooper reports on *BBC radio*, 14/10/2004.

a. Quelles sont les applications liées au développement des « tiny magnetic particles » citées dans cet extrait ?

b. Quels sont les ordres de grandeur de la taille des « magnets on a nano scale » ?

c. Comment les nanoparticules magnétiques peuvent-elles révolutionner la médecine ?

17 Force et champ électrostatiques

Le solide ponctuel S porte une charge positive Q. On place en un point A à son voisinage un objet-test portant une charge q.

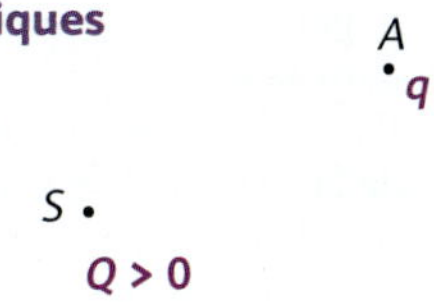

Cas 1 : la charge q est positive
Reproduire le schéma ci-dessus et représenter la force électrostatique exercée par le solide S sur l'objet-test et le vecteur $\vec{E_A}$ représentant le champ électrostatique en A.

Cas 2 : la charge q est négative
La force électrostatique exercée par S sur l'objet-test est-elle modifiée ? Le champ électrostatique en A est-il modifié ? Représenter sur un schéma les deux vecteurs.

18 Pendule chargé dans un condensateur

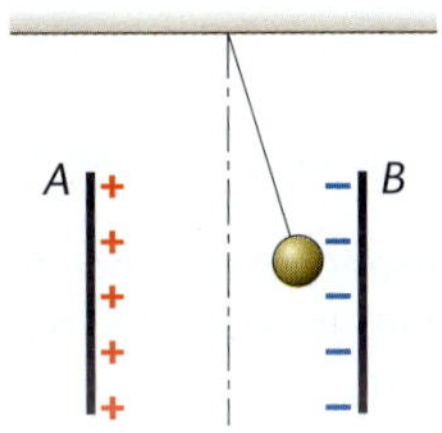

La petite sphère du pendule représenté ci-contre porte une charge électrique q. Lorsqu'on impose une tension U_{AB} entre les plaques A et B du condensateur plan, le pendule prend la position représentée.

a. Quelles sont les caractéristiques du champ électrostatique entre les deux plaques ? Représenter $\vec{E}$ sur le schéma.

b. De cette expérience, déduire le signe de la charge q.

19 Champ de gravitation à la surface de Mars

On modélise la planète Mars par un corps à répartition sphérique de masse.

a. Indiquer les caractéristiques de la force gravitationnelle qui s'exerce sur un objet-test de masse m placé en un point A de la surface de Mars.

b. Quelles sont les caractéristiques du champ de gravitation de Mars au point A ?

c. En utilisant les données des rabats, calculer sa valeur.

d. Le champ de gravitation est-il uniforme sur Mars ?

20 Danger : croisement

Le dessin réalisé ci-contre, représente deux lignes de champ magnétique créé par un aimant. Ce dessin peut-il être correct ? Justifier la réponse.

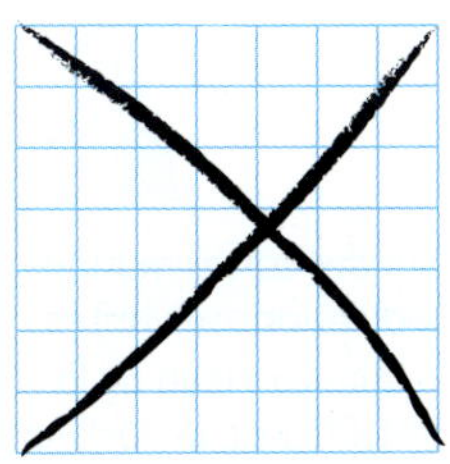

21 Champ électrostatique terrestre et orages

Au cours d'un orage, par des mouvements internes au cumulonimbus, des charges positives s'accumulent à son sommet, alors que des charges négatives se retrouvent dans sa base.
Par influence, la partie de la Terre qui se trouve sous le nuage se charge positivement.

Alors que le champ électrique sur la surface de la Terre a une valeur moyenne d'environ 150 V·m^{-1} par temps calme, cette valeur est de l'ordre de 15 kV·m^{-1} par temps d'orage, et peut atteindre 100 kV·m^{-1} près de pointes (arbres, paratonnerres, etc.).

D'après http://culturesciencesphysique.ens-lyon.fr/XML/db/csphysique/metadata/LOM_CSP_QRorages.xml

a. Faire apparaître sur le schéma la répartition des charges dans le nuage et sur le sol.

b. On modélise par un condensateur plan l'ensemble formé de la base du nuage et de la Terre.
– Quel est l'isolant qui sépare les deux « plaques » du « condensateur » ?
– Représenter le champ électrique créé entre la base du nuage et la Terre en trois points.
– Représenter les lignes de champ passant par ces 3 points.

c. Existe-t-il un champ électrique dans le nuage ? Si oui, tracer un vecteur pouvant le représenter.

22 Champ magnétique et géographie

La valeur de la déclinaison magnétique *D* en un lieu mesure l'angle entre la direction du pôle Nord géographique et du pôle Nord magnétique du lieu.

Pour se diriger avec une boussole, il est donc indispensable de connaître cette valeur pour le lieu et la date considérée (la déclinaison varie au cours du temps).

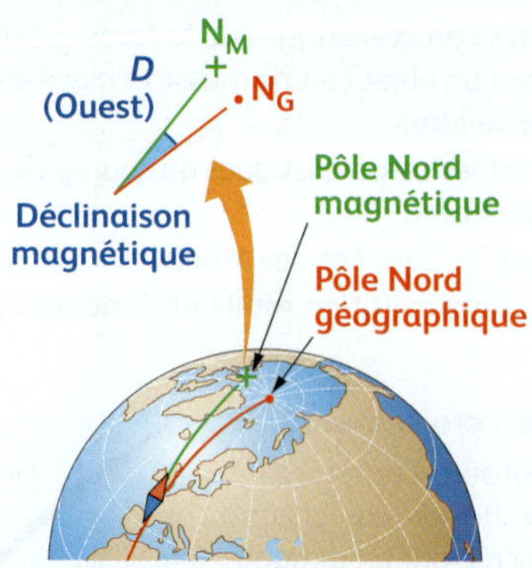

Sur des cartes marines éditées en janvier 2010, on trouve les indications suivantes :

– Mimizan (sud de la côte atlantique française) : déclinaison 1°18' Ouest, la déclinaison varie de 8' vers l'Est par an.

– Porquerolles (côte méditerranéenne française) : déclinaison 0°49' Est, la déclinaison varie de 7' vers l'Est par an.

a. Déterminer la valeur de la déclinaison *D* pour ces deux zones en janvier 2011.

b. Expliquer pourquoi, à une date donnée, la valeur de la déclinaison dépend du lieu.

23 Champ électrique dans un condensateur plan

Un générateur permet d'imposer entre deux plaques métalliques parallèles *A* et *B* d'un condensateur plan une tension constante $U_{AB} = 3\ 600$ V.
Les deux plaques sont séparées par de l'air.

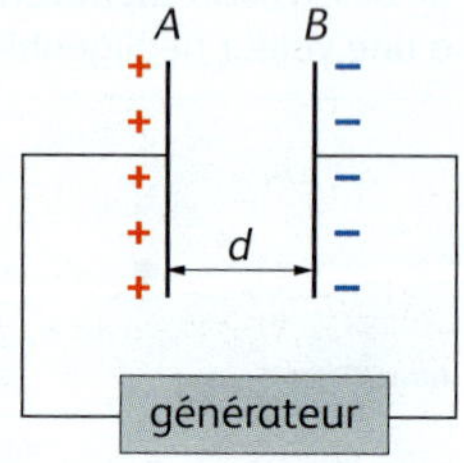

a. Indiquer les caractéristiques du champ électrique $\vec{E}$ entre les plaques du condensateur et le représenter.

b. Quelle est la valeur *E* du champ électrique quand la distance *d* entre les plaques est de 10 cm ?

c. Comment varie la valeur du champ électrique quand on rapproche les plaques *A* et *B* sans modifier la valeur de la tension U_{AB} ?

24 Un filtre électrostatique pour dépolluer l'air

Un filtre électrostatique est un appareil utilisé pour dépolluer l'air des maisons, des habitacles de voitures, etc. Il retient les particules solides (poussières, fumées) contenues dans l'air.
Dans un premier temps, l'air entrant traverse une zone d'ionisation dans laquelle les particules se chargent négativement. L'air passe ensuite entre des plateaux parallèles entre lesquels règne un champ électrique. Les particules se déplacent vers les plateaux *A* ou *A'* et s'y accumulent ; l'air de l'habitacle est ainsi débarrassé d'une partie des particules polluantes.

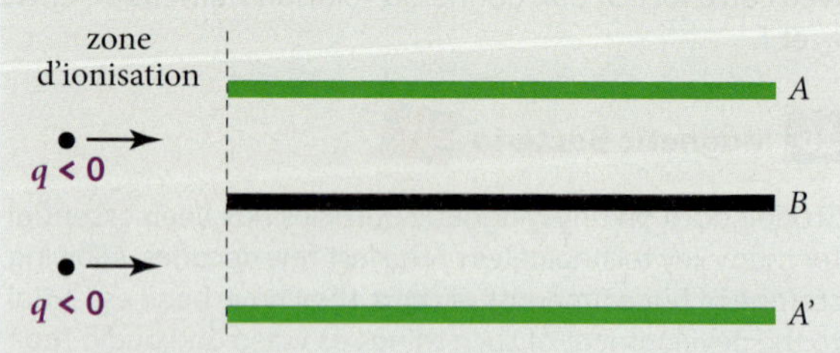

a. Indiquer la direction du champ électrostatique $\vec{E}$ régnant entre les deux plaques *A* et *B*.
Quel doit être le sens de $\vec{E}$ pour que les particules entrant entre *A* et *B* se déplacent vers *A* ?
Représenter le vecteur $\vec{E}$.

b. Indiquer le signe positif ou négatif de la charge des plaques *A* et *B*.

c. Répondre aux mêmes questions pour que les particules entrant entre *A'* et *B* se déplacent vers *A'*.

25 Apprendre à chercher

La résolution de cet exercice nécessite de trouver les étapes du raisonnement. En cas de difficultés, rendez-vous page 404.

Énoncé. On modélise la Terre par un corps à répartition sphérique de masse, de masse M_T et de rayon R_T.

→ *Déterminer jusqu'à quelle altitude h au-dessus de la Terre on peut considérer que la valeur $\mathcal{G}$ du champ de gravitation reste constante à 0,1 % près.*

26 ★ Particules α et β⁻ dans un champ électrique

Une source radioactive est placée dans la cavité en O. Elle émet des particules qui passent entre les plaques A et B d'un condensateur plan selon la direction OO' lorsque les plaques ne sont pas chargées. On impose une tension U entre les plaques du condensateur et ainsi la plaque A se charge positivement et la plaque B négativement.

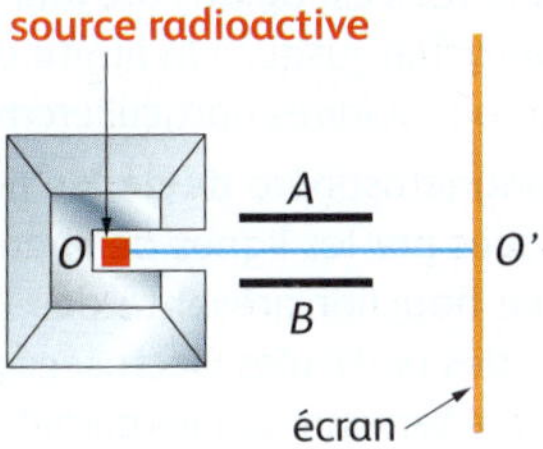

a. Préciser la direction et le sens du champ électrique entre les plaques et représenter $\vec{E}$ sur le schéma.

b. La source radioactive émet des particules α. Indiquer sur le schéma une position possible pour leur point d'impact sur l'écran. Justifier.

c. Même question si la source émet des particules β^-.

d. Comparer les valeurs de la force qui s'exerce sur chacune des deux particules à l'intérieur du condensateur.

27 ★ Champ gravitationnel du Soleil

Le Soleil est une étoile formée de gaz (essentiellement d'hydrogène) que l'on peut modéliser par un corps à répartition sphérique de masse, de rayon R_S et de masse M_S.

a. Établir les caractéristiques du champ de gravitation du soleil noté $\vec{\mathcal{G}}_S(A)$ en un point A, situé à la distance R_S de son centre O. Représenter le vecteur $\vec{\mathcal{G}}_S(A)$.

b. Quelles sont les caractéristiques du champ de gravitation $\vec{\mathcal{G}}_S(B)$ du Soleil en un point B de la surface de la Terre ?

c. Comparer la valeur de $\mathcal{G}_S(B)$ à celle du champ de gravitation $\mathcal{G}_T(B)$ de la Terre en ce point.

28 ★ La boussole

Une aiguille aimantée suspendue à un étrier s'oriente dans la direction et le sens du champ magnétique terrestre. L'aiguille aimantée d'une boussole, elle, s'oriente dans le plan méridien magnétique, dans le sens du champ magnétique terrestre $\vec{B}_{Terre}$ mais en restant horizontale. Ainsi, l'aiguille d'une boussole indique la direction et le sens de $\vec{B}_H$ appelé « composante horizontale du vecteur $\vec{B}_{Terre}$ ».

a. Proposer un moyen technique qui permet à l'aiguille d'une boussole de tourner sur son axe tout en restant horizontale.

b. L'effet produit par le champ magnétique $\vec{B}_{Terre}$ sur l'aiguille de la boussole est le même que celui produit par sa composante horizontale $\vec{B}_H$. Calculer la valeur de $\vec{B}_H$ à Paris.

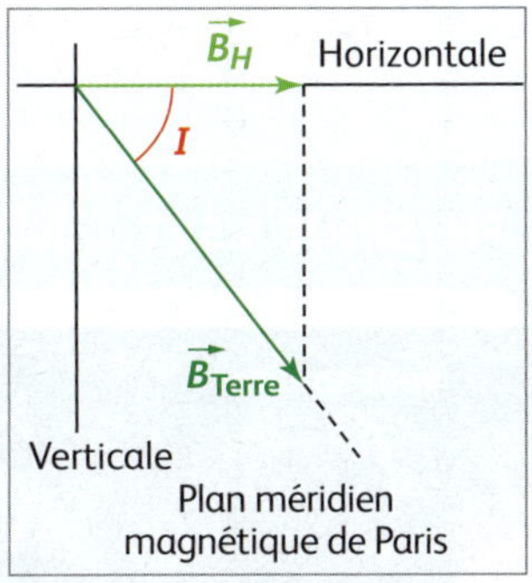

c. Dans l'hémisphère Sud, le vecteur représentant le champ magnétique terrestre ne pointe pas vers le sol mais il pointe vers le ciel. Les boussoles des deux hémisphères sont-elles identiques ?

Données : à Paris $I = 64°$ et $B_{Terre} = 47\ \mu T$.

29 ★★ Champ magnétique et IRM

Installé à partir de 2011 à NeuroSpin au Centre d'Études Nucléaires de Saclay, le futur système d'imagerie par résonance magnétique IRM de 11,7 teslas constitue une première mondiale. Doté du plus haut champ magnétique statique pour l'homme, ce système unique a pour objectif d'explorer le cerveau avec une précision jamais atteinte jusqu'à présent [...].

D'après le site http://www.cea.fr/technologies/omnipresent_magnetisme#ch

a. Pourquoi qualifie-t-on ce système d'imagerie de système à ultra-haut champ ?

b. Rechercher dans l'article du site référencé ci-dessus les moyens mis en œuvre pour obtenir un champ si intense.

30 ★★ Trous noirs

Un trou noir stellaire résulte de l'effondrement d'une étoile massive sur elle-même.
Le plus petit trou noir découvert jusqu'à présent a un rayon de15 km. Un trou noir stellaire moyen d'environ 10 masses solaires a un rayon de 30 km, alors que le rayon d'un « gros » trou noir stellaire peut atteindre les 300 km, ce qui reste beaucoup plus petit que les jets directifs de particules, émises à grande vitesse, et qui s'étendent sur plusieurs centaines d'années-lumière de chaque côté du trou noir.

D'après le site http://www.eso.org

a. Évaluer la valeur du champ de gravitation à la « surface » d'un trou noir stellaire moyen.

b. Comparer cette valeur à celle du champ de gravitation du Soleil à sa surface.

Culture scientifique et citoyenne

PHYSIQUE & SVT Magnétosphère et aurores polaires

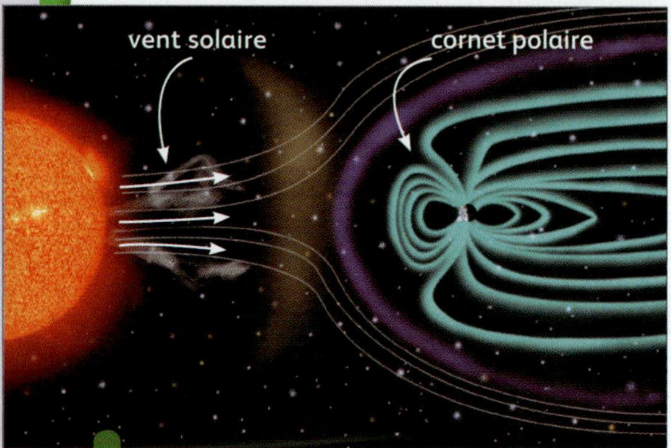

Modèle de la magnétosphère.

La Terre est enveloppée d'un bouclier magnétique complexe, la **magnétosphère**, qui la protège du **« vent solaire »**, flux de gaz et de particules ionisées provenant du Soleil à très grande vitesse (de 200 à 700 km·s^{-1}).

• Ce **bouclier magnétique se déforme** sous la pression du vent solaire : il est aplati côté jour et allongé côté nuit, et peut se rapprocher jusqu'à la limite de l'ionosphère dans le cas d'éruptions solaires particulièrement violentes.

• La magnétosphère **dévie les particules ionisées** qui sont canalisées par les lignes de champ et contournent la Terre. Mais ce bouclier présente des **faiblesses au niveau des pôles :** des particules électrisées peuvent pénétrer dans l'atmosphère terrestre par les cornets polaires. Elles interagissent avec les molécules de l'atmosphère et excitent les atomes qui se désexcitent en émettant des photons. On observe alors des phénomènes lumineux de différentes couleurs qui varient selon les atomes et molécules excitées, ce sont **les aurores polaires.**

Sur le Web www.universcience-vod.fr/media/651/satellite---aurores-boreales.html

PHYSIQUE & RECHERCHE Champ sonore et acoustique urbaine

Connaître comment se répartit le **niveau sonore en zone urbaine** répond à une préoccupation environnementale actuelle. Mais les paramètres liés à la propagation des bruits sont trop nombreux et variables pour être étudiés *in situ*. Aussi, des recherches sont menées **en laboratoire** pour étudier et **modéliser le champ sonore.**

• Par exemple, une rue droite, bordée d'immeubles hauts, est reproduite à l'échelle avec des matériaux qui rendent compte des qualités des bâtiments réels. Dans la maquette ci-contre, réalisée à l'Université du Mans, un haut-parleur fixe émet un son d'amplitude et de fréquence données, et des mesures d'amplitude sonore (en dB) sont faites avec un microphone monté sur un robot mobile. On obtient alors une **image du champ expérimental** ⓐ. Les caractéristiques du champ acoustique théorique de la rue et sa représentation ⓑ sont obtenues par **simulation.**

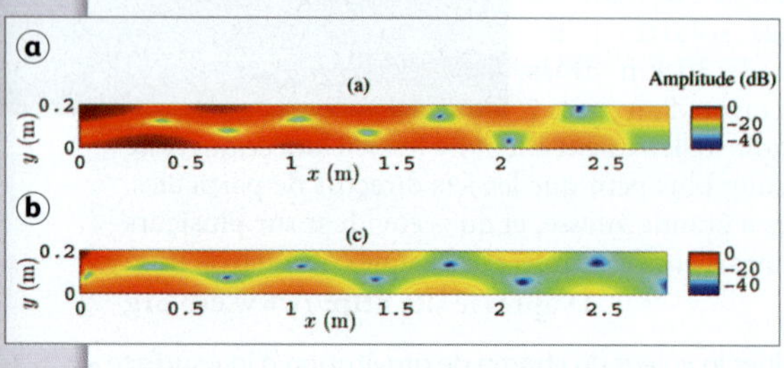

• La confrontation entre expérience et théorie permet d'affiner le modèle théorique. Cette méthode est l'une des méthodes scientifiques permettant d'aborder la complexité du champ sonore d'une rue.

Maquette d'une rue.

Sur le Web www.cite-acoustique.fr/m1r1_intro.php

Un métier : ingénieur(e) réseau BAC +4 à BAC +5

Dans une entreprise, **l'ingénieur réseau** est responsable du **bon fonctionnement de l'ensemble des réseaux de télécommunication.**

- Il peut **créer** un système de toutes pièces en fonction des besoins des utilisateurs. Il est ensuite **responsable** de son bon fonctionnement et de son optimisation.

Il doit donc être capable de **concevoir** de nouveaux systèmes, d'**adapter** et de **superviser** leurs réalisations et leurs mises en œuvre.

- **Il existe deux parcours différents** pour devenir ingénieur réseau : l'école d'ingénieur en 5 ans, ou encore une première année d'études supérieures à l'Université, suivie de 3 ans à l'IUP (Institut Universitaire Professionnalisé) qui forme des ingénieur(e)s-maîtres spécialisés en **réseaux et télécoms.**

Vérification d'un réseau.

Sur le Web www.letudiant.fr/metiers/secteur/informatique-telecom-web/ingenieur-reseaux.html
www.cidj.com/metier.aspx?docid=564&catid=1

Sciences & Société

Téléphones et antennes-relais

Un téléphone portable est un **émetteur-récepteur** qui émet et détecte un **champ électromagnétique** grâce à une antenne intégrée au téléphone. Les antennes-relais de téléphonie, situées généralement sur des sites en hauteur, sont aussi des émetteurs-récepteurs. Entre ces deux types d'antennes, **une onde électromagnétique transporte le message vocal des correspondants.**

- L'onde électromagnétique a une fréquence de l'ordre de $f = 10^3$ MHz (radiofréquence). L'énergie qu'elle transporte doit être suffisante pour que les portables du receveur et de son correspondant puissent **décoder le message émis.**
- Du fait de la présence d'antennes de téléphonie proches des milieux de vie et de la proximité du téléphone avec la tête, l'impact des "champs radiofréquences" sur la santé soulève l'inquiétude d'utilisateurs et de médecins. Plus généralement, l'interaction entre ces champs et les cellules du corps **fait l'objet de nombreuses recherches.** Celles-ci, à l'heure actuelle, indiquent que "*si élevée qu'elle soit, l'intensité de ces champs ne produit apparemment aucun effet sanitaire néfaste*" (OMS).
- Toutefois, par précaution, des limitations de puissance sont imposées aux fabricants pour les téléphones portables. Il est aussi recommandé **d'utiliser un kit oreillette et de ne pas téléphoner trop longtemps** dans des zones à faible réception.

Sur le Web www.mobile-et-sante.fr/tout-comprendre/le-mobile-et-la-sante/
www.who.int/mediacentre/factsheets/fs193/fr/index.html

Antenne-relais déguisée en palmier.

Chapitre 16

Formes et conservation de l'énergie

Les objectifs

- Connaître et utiliser l'expression de l'énergie cinétique d'un solide en translation et de l'énergie potentielle de pesanteur d'un solide au voisinage de la Terre.
- Connaître différentes formes d'énergie.
- Exploiter le principe de conservation de l'énergie dans des situations mettant en jeu différentes formes d'énergie.

Échanger des idées

Saut en parachute : prendre de la hauteur pour prendre de la vitesse.

?

▶ MOBILISER SES ACQUIS

De quels paramètres dépend l'énergie du parachutiste lors de sa chute ?

Le Soleil : une boule d'énergie.

▶ DÉBAT EN GROUPE

Sous quelle(s) forme(s) d'énergie peut être convertie l'énergie libérée lors d'une fusion nucléaire ?

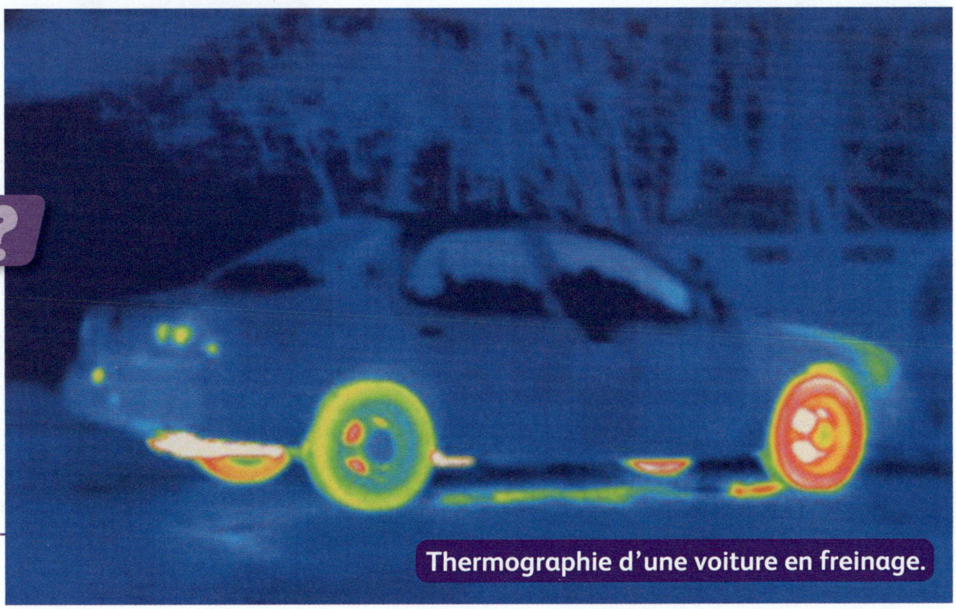

Thermographie d'une voiture en freinage.

▶ IDÉE FAUSSE ?

L'énergie d'une voiture est-elle « détruite » lors du freinage ?

Activité à la maison

ACTIVITÉ DOCUMENTAIRE

MANUEL NUMÉRIQUE

1 Formes et transferts d'énergie d'un système

▶ **Observons différents systèmes et étudions les formes d'énergie associées, les conversions qui peuvent s'opérer et les transferts possibles avec le milieu extérieur.**

1 *Différentes formes d'énergie : mécanique (énergie cinétique et énergie de position), chimique, nucléaire et électrique.*

2 *Conversions d'énergies par une éolienne (e), un moteur électrique (f), un muscle (g) et un barrage hydroélectrique (h).*

Coup de pouce

En mécanique, on appelle **système** l'objet ou l'ensemble d'objets que l'on étudie.

1 Observer

a. Pour chaque photographie du **document 1**, choisir un système et indiquer la forme d'énergie dont il dispose.

b. Quel mode de transfert d'énergie (transfert thermique, transfert par rayonnement ou transfert par des forces extérieures au système) illustre chaque photographie ?

2 Analyser

Pour chaque système du **document 2**, indiquer la forme d'énergie qu'il reçoit et en quelle forme il la convertit.

3 *Saut en parachute en tandem.*

3 Exploiter

a. Sur le **document 3**, on choisit comme système les deux parachutistes attachés l'un à l'autre, en interaction avec la Terre. Quel est le milieu extérieur ?

b. Quelle(s) conversion(s) d'énergie s'opèrent lors de la chute ?

c. Selon quel mode de transfert le système échange-t-il de l'énergie avec le milieu extérieur ?

ACTIVITÉ EXPÉRIMENTALE

MANUEL NUMÉRIQUE

2 Vérifier la conservation de l'énergie

▶ **Exploitons des enregistrements de la chute d'une balle afin de vérifier la conservation de son énergie mécanique en l'absence de frottement.**

DISPOSITIF Allumer l'ordinateur et lancer le logiciel de pointage vidéo.

Expérience 1

- Ouvrir le fichier vidéo correspondant au lancement d'un solide sans vitesse initiale dans le référentiel terrestre et visionner la séquence.
- Effectuer le paramétrage (→ **fiche méthode 5**, page 384) avec :
  – le bas de la règle comme origine *O* du repère,
  – un axe vertical (*Oy*) orienté vers le haut.
- Réaliser l'étalonnage de l'échelle verticale grâce à un « cliquer-glisser » sur les extrémités de la règle (de longueur : 1,02 m).
- Démarrer le pointage vidéo en cliquant au centre du solide sur chacune des images de la séquence **(figure 4)**.
- **Dans le logiciel de traitement de données**, créer les grandeurs correspondant à l'énergie cinétique $\mathscr{E}_c$, à l'énergie de position notée $\mathscr{E}_{pp}$ pour énergie potentielle de pesanteur (on admettra que $\mathscr{E}_{pp} = mgy$), et à l'énergie mécanique $\mathscr{E}_m = \mathscr{E}_c + \mathscr{E}_{pp}$ du système dans le champ de pesanteur terrestre.
- Afficher les courbes donnant l'évolution de ces énergies au cours du temps.

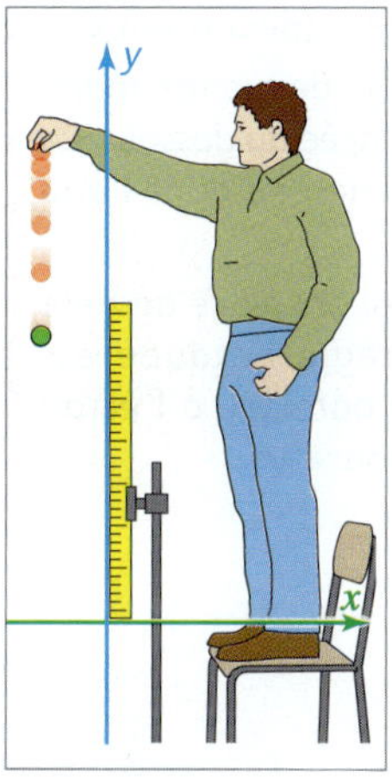

4 *Mouvement de chute sans vitesse initiale.*

Coup de pouce

Dans le cas étudié :
$v_y = \frac{dy}{dt}$;
$\mathscr{E}_c = \frac{1}{2}mv_y^2$.
La valeur de *m* est indiquée par le professeur.

1 Observer

a. Comment évoluent ces énergies ?

b. Vérifier la cohérence entre les variations de l'énergie cinétique $\mathscr{E}_c$ et celles de la valeur de la vitesse.

2 Interpréter puis conclure

a. Expliquer l'évolution de $\mathscr{E}_{pp}$.

b. L'énergie mécanique se conserve-t-elle au cours de la chute ?

Coup de pouce

Créer :
$v_x = \frac{dx}{dt}$; $v_y = \frac{dy}{dt}$.
Alors :
$\mathscr{E}_c = \frac{1}{2}m(v_x^2 + v_y^2)$.

Expérience 2

Reprendre l'expérience précédente en utilisant cette fois le fichier vidéo correspondant au lancement d'un solide avec une vitesse non nulle et non verticale **(document 5)**.

3 Exploiter puis conclure

Reprendre les questions **1** et **2** pour le cas étudié dans l'**expérience 2**.

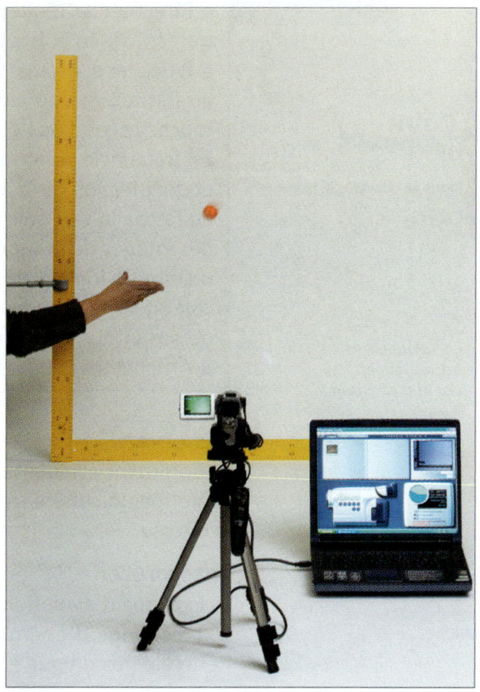

5 *Mouvement de chute avec vitesse initiale non verticale.*

ACTIVITÉ EXPÉRIMENTALE

MANUEL NUMÉRIQUE

3 Chute dans un fluide visqueux

▶ **Filmons un solide chutant verticalement dans un fluide visqueux et étudions l'évolution des énergies mises en jeu.**

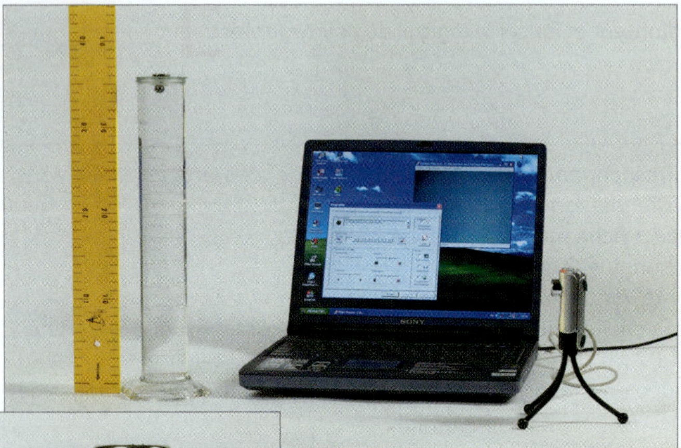

6 ▲ *Matériel utilisé lors de la séance.*

7 ◀ *Maintien de la bille par un aimant.*

DISPOSITIF ■ Une webcam est placée devant une éprouvette en verre de 250 mL, remplie à ras bord d'eau sucrée, de telle sorte que l'objectif se situe à mi-hauteur de l'éprouvette, à environ un mètre de celle-ci **(document 6)**.

■ Un aimant dans un verre de montre maintient une bille en acier placée au dessous. La bille est totalement immergée dans l'eau sucrée **(document 7)**.

■ Un écran blanc vertical est placé derrière l'éprouvette et une règle graduée est disposée dans un plan parallèle à l'écran contenant l'axe de l'éprouvette.

Expérience

■ Effectuer les réglages de la webcam (luminosité, netteté de l'image…), lancer l'enregistrement vidéo puis retirer l'aimant : la bille chute verticalement dans le référentiel terrestre.

■ Procéder au traitement vidéo (→ **fiche méthode 5**, page 384) afin d'obtenir une séquence au format *.avi*, qui débute au départ de la chute et se termine juste avant que la bille ne touche le fond de l'éprouvette.

■ Effectuer le pointage vidéo (→ **fiche méthode 5**, page 384) : choisir l'origine *O* (sur la règle et dans le plan de la table) et un axe (*Oy*) vertical orienté vers le haut. Réaliser l'étalonnage de l'échelle verticale en utilisant les graduations de la règle. Effectuer le pointage vidéo des images de la séquence.

■ **Dans un logiciel de traitement de données**, créer les grandeurs correspondant à l'énergie cinétique $\mathscr{E}_c$ de la bille, à l'énergie potentielle de pesanteur $\mathscr{E}_{pp}$ de la bille dans le champ de pesanteur et à son énergie mécanique $\mathscr{E}_m$.

■ Afficher les courbes donnant l'évolution de ces énergies au cours du temps.

Coup de pouce

Dans le cas étudié :

Créer $vy = \dfrac{dy}{dt}$;

$\mathscr{E}_c = \dfrac{1}{2} m v_y^2$;

$\mathscr{E}_{pp} = mgy$;

$\mathscr{E}_m = \mathscr{E}_c + \mathscr{E}_{pp}$.

La valeur de *m* est indiquée par le professeur.

1 Observer

a. Comment évoluent ces énergies ?

b. Vérifier la cohérence entre les variations de l'énergie cinétique $\mathscr{E}_c$ et celles de la valeur de la vitesse.

2 Interpréter

a. Expliquer l'évolution de l'énergie $\mathscr{E}_{pp}$.

b. L'échange d'énergie entre les deux formes précédentes se fait-il sans modification de l'énergie mécanique ?

3 Conclure

L'énergie mécanique se conserve-t-elle au cours de la chute ? Pourquoi ?

1 Énergies d'un objet ponctuel

1.1 Énergie cinétique

Un véhicule en mouvement possède une énergie liée à sa vitesse. Il peut la restituer lors d'un choc et engendrer le mouvement ou la déformation du solide percuté. Cette énergie, dite cinétique, est d'autant plus grande que la vitesse et la masse du véhicule sont élevées.

• L'**énergie cinétique** $\mathscr{E}_c$ d'un objet ponctuel de masse m est associée à la valeur v de sa vitesse. Elle est donnée par la relation :

$$\mathscr{E}_c = \frac{1}{2}mv^2$$

m en kilogramme (kg)
v en mètre par seconde ($m \cdot s^{-1}$)
$\mathscr{E}_c$ en joule (J)

• Cette expression s'applique à un solide en mouvement de translation **(document 8)**. La valeur de la masse m correspond à celle du solide et la valeur v de la vitesse à celle de l'un de ces points.

Remarque. Comme la vitesse, l'énergie cinétique dépend du référentiel d'étude. Par exemple, les passagers d'un véhicule en mouvement ont une vitesse nulle et donc une énergie cinétique nulle par rapport au véhicule. Dans le référentiel terrestre, leur vitesse est la même que celle du véhicule : leur énergie cinétique est non nulle.

8 *La relation $\mathscr{E}_c = \frac{1}{2}mv^2$ est applicable à une cabine de téléphérique en translation (a), mais pas aux pales d'une éolienne en rotation (b).*

1.2 Énergie potentielle de pesanteur

• Mettre un objet sur une étagère demande un effort pour compenser à chaque instant le poids de l'objet ; déplacé vers une étagère supérieure, il acquiert ainsi de l'énergie qu'il peut restituer sous forme cinétique si on le lâche **(document 9)**.

• L'**énergie potentielle de pesanteur** $\mathscr{E}_{pp}$ d'un objet ponctuel de masse m en interaction avec la Terre est une grandeur associée à sa position par rapport à la Terre.

• Dans un champ de pesanteur uniforme, en choisissant $\mathscr{E}_{pp} = 0$ J à $z = 0$ m, $\mathscr{E}_{pp}$ est donnée par la relation :

$$\mathscr{E}_{pp} = mgz$$

m en kilogramme (kg)
g intensité de la pesanteur ($N \cdot kg^{-1}$)
z altitude (m) avec (Oz) orientée vers le haut
$\mathscr{E}_{pp}$ en joule (J)

• Le qualificatif « potentiel » signifie « possible ». Il exprime l'idée que cette énergie ne se présente pas sous forme visible, comme pour l'énergie cinétique par exemple. C'est une énergie « en réserve ».

Remarque. En réalité, l'énergie potentielle est définie à une constante C près. L'expression générale est $\mathscr{E}_{pp} = mgz + C$. La valeur de C dépend du choix de $\mathscr{E}_{pp}$ à l'origine de l'axe. L'expression $\mathscr{E}_{pp} = mgz$ suppose le choix de $\mathscr{E}_{pp} = 0$ J à l'altitude $z = 0$ m.

9 *Comparaison d'énergie potentielle.*
Le choix de la valeur de $\mathscr{E}_{pp}$ pour $z = 0$ m n'a pas d'influence sur la différence entre l'énergie potentielle de pesanteur d'un objet passant d'une étagère à une autre. Et seule cette différence jouera un rôle important.

2 Conservation ou non de l'énergie mécanique

2.1 Énergie mécanique d'un système

En mécanique, on appelle **système** l'objet ou l'ensemble d'objets que l'on étudie. Tout ce qui n'appartient pas au système constitue le **milieu extérieur**.

L'**énergie mécanique** $\mathscr{E}_m$ d'un système est la somme des énergies cinétique et potentielle des objets constituant le système.

2.2 Exemple de la chute libre

En physique, un projectile est en **chute libre** lorsqu'il n'est soumis qu'à l'action de son poids. L'étude d'un lancer de projectile met en évidence qu'en l'absence de frottement, l'énergie cinétique croît si l'énergie potentielle de pesanteur décroît (et inversement), mais l'énergie mécanique reste constante **(figure 10)**.

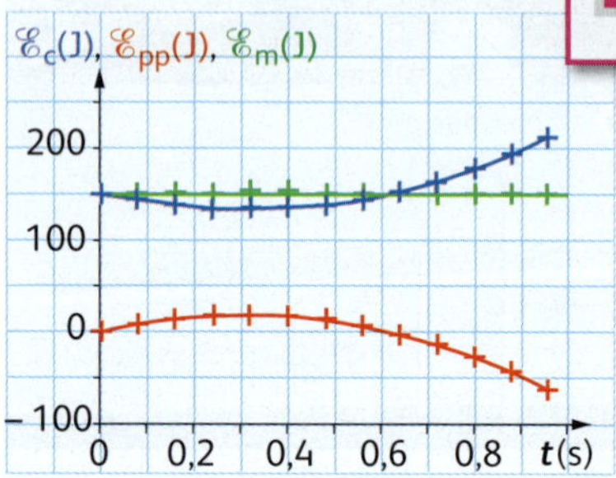

10 *Évolution des énergies au cours de la chute libre d'un « poids » lancé par un athlète.*

Dans le cas de la chute libre d'un solide, l'énergie cinétique et l'énergie potentielle de pesanteur s'échangent l'une et l'autre de sorte que l'énergie mécanique $\mathscr{E}_m$ soit conservée :

$$\mathscr{E}_m = \mathscr{E}_c + \mathscr{E}_{pp} = \textbf{constante.}$$

2.3 Mouvements avec frottements

- En cas de chute dans un fluide visqueux, avec une vitesse nulle au départ, une balle subit des **frottements** exercés par le fluide. L'échange d'énergie devient partiel. Sans vitesse initiale, l'énergie cinétique de la balle augmente moins vite et peut même devenir constante, alors que l'énergie potentielle ne cesse de diminuer **(document 11)**. Ainsi, l'énergie mécanique décroît.

11 *Une balançoire finit par s'arrêter du fait des frottements de l'air notamment, sauf si l'on pousse pour compenser la dissipation d'énergie.*

Sans apports d'énergie, l'énergie mécanique d'un système en mouvement ne se conserve pas s'il y a des frottements mais décroît sans cesse.

- Le bouclier thermique d'une capsule spatiale entrant dans l'atmosphère subit des frottements intenses qui élèvent considérablement sa température, ce qui indique qu'un **transfert thermique** s'opère. L'énergie cinétique de la capsule diminue.

Lorsque l'altitude diminue, l'énergie potentielle de pesanteur décroît elle aussi.

L'énergie mécanique diminue donc alors que l'agitation thermique microscopique du solide et de son environnement augmente **(document 12)**.

12 *Vue d'artiste du retour de la station Mir dans l'atmosphère le 23 mars 2001.*

Dans un mouvement avec frottement, le transfert thermique est responsable de la dissipation de l'énergie mécanique.

3 Conservation de l'énergie

3.1 Diverses formes d'énergie d'un système

Énergies cinétique et potentielle de pesanteur sont finalement deux aspects d'une même grandeur puisqu'elles peuvent s'échanger l'une et l'autre : ce sont deux **formes d'énergie** **(document 13)**. Mais il en existe d'autres :

– l'énergie mécanique d'une chute d'eau peut être convertie en **énergie électrique** grâce aux turbines d'un barrage hydroélectrique ;

– dans la plupart des cas, lorsqu'on réalise une réaction chimique, on constate qu'il faut fournir de l'énergie au système ou au contraire, qu'une libération d'énergie se produit. L'**énergie chimique** du système peut ainsi varier au cours d'une réaction ;

– au cours d'une désintégration radioactive ou d'une réaction de fission ou fusion nucléaire, l'**énergie nucléaire** du système diminue provoquant une libération d'énergie.

Comme nous l'avons vu dans le **chapitre 11**, lorsqu'un système subit une perte de masse, l'énergie qu'il libère est donnée par la relation suivante :

$$\mathscr{E}_{\text{libérée}} = |\Delta m| \times c^2.$$

À tout système, on peut associer une grandeur appelée énergie qui peut revêtir différentes formes : mécanique (cinétique et potentielle), chimique, nucléaire, électrique, etc. L'énergie totale $\mathscr{E}$ d'un système est la somme de toutes ces formes d'énergie.

13 *Un ressort de flipper comprimé stocke de l'énergie, dite potentielle élastique, qui peut être transférée à la bille lors du lancer sous forme d'énergie cinétique.*

14 *L'attelage de chiens transfère de l'énergie au système constitué par le traîneau en exerçant une force dans l'axe du mouvement. En l'absence de frottement, la force exercée par la piste, constamment perpendiculaire au déplacement, n'échange pas d'énergie avec le traîneau.*

3.2 Modes de transfert d'énergie

- Une **force extérieure au système** peut modifier par exemple la valeur de la vitesse des éléments du système. Cette force peut ainsi faire varier l'énergie cinétique en réalisant un transfert d'énergie entre l'extérieur et le système **(document 14)**.
- Le **transfert thermique** est un autre mode de transfert d'énergie entre deux corps à des températures différentes en liaison matérielle (contact direct ou matériau conducteur). La température du corps chaud diminue alors que celle du corps froid augmente. Le transfert thermique cesse lorsque ces deux corps sont à la même température.
- L'émission ou l'absorption d'un **rayonnement électromagnétique** est un autre mode de transfert d'énergie. Ainsi, un objet laissé au soleil s'échauffe malgré l'absence de liaison matérielle **(document 15)**.

Comme nous l'avons vu dans le **chapitre 5**, les transferts d'énergie entre atome et lumière sont discontinus et l'énergie d'un photon est donnée par la relation $\Delta\mathscr{E} = h\nu$.

Les échanges d'énergie d'un système avec l'extérieur peuvent se faire selon trois modes : transfert par des forces extérieures, par rayonnement ou par transfert thermique.

15 *Cette parabole solaire du Mont Everest chauffe l'eau de la casserole grâce au transfert d'énergie par rayonnement.*

3.3 Principe de conservation de l'énergie

- Lors d'une **chute libre** (donc dans le vide) un projectile en interaction avec la Terre n'échange pas d'énergie avec le milieu extérieur. Dans ce cas, les énergies cinétique et potentielle sont modifiées mais pas leur somme. Cette conservation de l'énergie mécanique n'est qu'un cas particulier de cette loi fondamentale de la physique qu'est le **principe de conservation de l'énergie**.

> - L'énergie est une grandeur qui ne peut être ni créée ni détruite.
> - Si le système n'échange pas d'énergie avec le milieu extérieur, son énergie reste constante : $\mathscr{E}$ = **constante**.

- Lors d'une **chute dans un fluide**, l'énergie mécanique d'un solide en interaction avec la Terre diminue. L'énergie n'est toutefois pas détruite, elle est simplement cédée à l'environnement par transfert thermique. Lorsqu'un parapentiste s'élève dans un « ascenseur thermique » sous un nuage, son énergie mécanique augmente : cette énergie n'est pas créée, mais est cédée par l'environnement au parapentiste.

> Si le système échange de l'énergie avec le milieu extérieur, l'augmentation ou la diminution de l'énergie totale $\mathscr{E}$ du système est égale à l'énergie transférée entre le milieu extérieur et le système.

Exemple. Un parapentiste de masse $m = 100$ kg avec son équipement s'élève de 50 m et sa vitesse ascensionnelle passe de 0 à 5,0 m·s^{-1}. L'énergie reçue par ce parapentiste est égale à sa variation d'énergie mécanique : $\mathscr{E}_{\text{reçue}} = (mgh_2 + \frac{1}{2}mv_2^2) - (mgh_1 + \frac{1}{2}mv_1^2)$.

$$\mathscr{E}_{\text{reçue}} = mg(h_2 - h_1) + \frac{1}{2}m(v_2^2 - v_1^2)\,;$$

$$= 100 \times 9{,}8 \times 50 + 0{,}5 \times 100 \times (5{,}0^2 - 0) = 5{,}0 \times 10^4 \text{ J}.$$

3.4 Une application : la découverte du neutrino

- Les **neutrinos** sont des particules élémentaires imaginées « sur le papier » pour comprendre les mesures concernant la radioactivité β^-, au cours de laquelle un noyau père X se désintègre pour former un noyau fils Y avec émission d'un électron ${}_{-1}^{0}e$.
- L'application du principe de conservation de l'énergie conduit à une énergie libérée :

$$\mathscr{E}_{\text{libérée}} = |\Delta m| \times c^2 = |m_Y + m_e - m_X| \times c^2.$$

Dans le référentiel du noyau Y, cette énergie étant intégralement cédée à l'électron sous forme d'énergie cinétique, celui-ci devrait donc prendre une unique valeur d'énergie. En 1914, les mesures faites sur un grand nombre de désintégration β^-, montrent que l'énergie cinétique acquise par l'électron n'est qu'une fraction variable de l'énergie disponible. Que devient le reste ? L'énergie ne se conserve-t-elle pas ? Une partie est-elle détruite ?

- En 1930, Wolfgang Pauli apporte une solution au problème : une autre particule non détectée par les instruments de l'époque est émise, emportant la partie « manquante » de l'énergie. Cette particule, neutre et de masse si faible qu'elle ne puisse être détectée, Enrico Fermi la baptise « neutrino ». Elle ne sera détectée qu'en 1956.

Éviter des erreurs

- L'effet des forces de frottement n'est pas toujours uniquement dissipatif d'énergie. Par exemple, ce sont les forces de frottement entre le sol et les pneus des roues motrices qui propulsent un véhicule.

Enrico Fermi

« Physicien du neutrino »

Fermi (1901-1954), physicien italien, développa la théorie de la désintégration radioactive en incluant la particule postulée par Wolfgang Pauli, qu'il baptisa « neutrino » pour « petit neutre ».

L'ESSENTIEL

Énergies d'un objet ponctuel

- L'**énergie cinétique** $\mathscr{E}_c$ d'un objet ponctuel de masse m est associée à sa vitesse v ; elle est donnée par la relation :

$$\mathscr{E}_c = \frac{1}{2} m v^2$$

m en kilogramme (kg)
v valeur de la vitesse ($m \cdot s^{-1}$)
$\mathscr{E}_c$ en joule (J)

Cette expression peut s'appliquer à un solide en mouvement de translation.

- L'**énergie potentielle de pesanteur** $\mathscr{E}_{pp}$ d'un objet ponctuel de masse m dans le champ de pesanteur uniforme est une grandeur associée à sa position par rapport à la Terre. En choisissant $\mathscr{E}_{pp} = 0$ J à $z = 0$ m, elle est donnée par la relation :

$$\mathscr{E}_{pp} = mgz$$

m en kilogramme (kg)
g intensité de la pesanteur ($N \cdot kg^{-1}$)
z altitude (m) avec (Oz) orientée vers le haut
$\mathscr{E}_{pp}$ en joule (J)

Formes et modes de transfert d'énergie

- À tout système, on peut associer une grandeur appelée énergie qui peut revêtir différentes formes : mécanique (cinétique et potentielles), chimique, nucléaire, électrique, etc.

- **L'énergie totale** $\mathscr{E}$ d'un système est la somme de toutes ces formes d'énergie.

- Les **échanges d'énergie** d'un système avec l'extérieur peuvent se faire selon trois modes : transfert par des forces extérieures, par rayonnement ou par transfert thermique.

Conservation ou non conservation de l'énergie mécanique

- L'**énergie mécanique** $\mathscr{E}_m$ d'un système est la somme de ses énergies cinétique et potentielle.

- Dans le cas de la **chute libre** d'un solide, l'énergie cinétique et l'énergie potentielle s'échangent l'une et l'autre de sorte que l'énergie mécanique $\mathscr{E}_m$ soit conservée :

$$\mathscr{E}_m = \mathscr{E}_c + \mathscr{E}_{pp} = \text{constante}$$

- Sans apports d'énergie, l'énergie mécanique ne se conserve pas s'il y a des frottements mais décroît sans cesse. Sous l'effet des frottements, l'énergie mécanique est dissipée par **transfert thermique**.

Principe de conservation de l'énergie

- L'énergie est une grandeur qui ne peut être ni créée ni détruite.

- Si le système n'échange pas d'énergie avec le milieu extérieur, son énergie reste constante :

$$\mathscr{E} = \text{constante}$$

- Si le système échange de l'énergie avec le milieu extérieur, l'augmentation ou la diminution de l'énergie totale $\mathscr{E}$ du système est égale à l'énergie transférée entre le milieu extérieur et le système.

5 minutes CHRONO !

MANUEL NUMÉRIQUE — EXERCICES INTERACTIFS

1 Mots manquants

Compléter avec un ou plusieurs mots.

a. L'énergie cinétique d'un corps est liée à sa ....

b. L'énergie .... de pesanteur d'un objet ponctuel en interaction avec la Terre dépend de l'........... de ce point.

c. L'expression de l'énergie .... d'un solide de .... m en mouvement de .... à la .... v est $\frac{1}{2}mv^2$.

d. Pour un objet ponctuel placé dans un champ de pesanteur ...., l'expression de son énergie .... de .... est mgz où z mesure son........... sur un axe (Oz) vertical orienté vers le ....

e. L'énergie .... d'un système est la somme des énergies cinétique et potentielle du système.

f. L'unité SI d'une énergie est le .... de symbole ....

g. Au cours d'une chute libre sans vitesse initiale d'un solide, son énergie cinétique augmente, son énergie potentielle de pesanteur .... mais son énergie mécanique se ....

h. Les forces de frottement extérieures entraînent une .... de l'énergie d'un système par .... thermique.

i. L'énergie est une grandeur qui ne peut être ni .... ni ....

2 QCM

Cocher la réponse exacte. ***Donnée :*** $g = 10\ \text{N}\cdot\text{kg}^{-1}$.

a. L'énergie cinétique d'une luge de masse $m = 25{,}0$ kg dont la vitesse est de $36{,}0\ \text{km}\cdot\text{h}^{-1}$ est de :

☐ $1{,}62 \times 10^4$ J ☐ $1{,}25 \times 10^2$ J ☐ $1{,}25 \times 10^3$ J

b. L'énergie potentielle de pesanteur étant choisie comme nulle au niveau de la mer, celle d'un plongeur de masse 100 kg à la profondeur de 10 m a une valeur de :

☐ 1,0 kJ ☐ $1{,}0 \times 10^4$ J ☐ –10 kJ

c. Pour que l'énergie cinétique d'un solide ponctuel soit multipliée par 4, il faut que sa vitesse soit multipliée par :

☐ 2 ☐ 4 ☐ 16

d. Deux objets ponctuels A et B en interaction avec la Terre sont à la même altitude. Les vitesses de A et B sont liées par la relation $v_A = 2v_B$ et les masses par $m_B = 4m_A$. Leurs énergies cinétique, potentielle et mécanique sont telles que :

☐ $\mathscr{E}_c(A) = \mathscr{E}_c(B)$ ☐ $\mathscr{E}_{pp}(A) = \mathscr{E}_{pp}(B)$ ☐ $\mathscr{E}_m(A) = \mathscr{E}_m(B)$

e. Pour une bille de masse $m = 5$ g chutant librement, sans vitesse initiale, d'une hauteur de 1,8 m par rapport au sol :

☐ son énergie cinétique initiale est égale à 9×10^{-2} J

☐ sa vitesse est égale à $6{,}0\ \text{m}\cdot\text{s}^{-1}$ lorsqu'elle touche le sol

☐ son énergie potentielle de pesanteur a augmenté de 9×10^{-2} J

→ Reportez-vous aux solutions détaillées page 393 pour vérifier vos réponses et comprendre vos erreurs.

Parcours personnalisés

Trois parcours d'exercices pour travailler en autonomie selon ses besoins.

- **Maîtriser les bases** : 4 – 7 – 9 – 11
- **Préparer l'évaluation** : 12 – 14 – 16
- **Cap sur la Terminale** : 20 – 22 – 23

Donnée : $g = 9{,}8\ \text{N}\cdot\text{kg}^{-1}$.

MOBILISER SES CONNAISSANCES

▶ Énergies cinétique et potentielle

[§1 du cours]

3 Énergie cinétique

Une voiture roule à une vitesse constante v par temps froid. On note $m = 9$ kg la masse d'une jante de l'une de ses roues et $M = 70$ kg la masse de l'automobiliste.

a. Quelle est l'expression littérale de l'énergie cinétique de l'automobiliste ?

b. L'expression $\frac{1}{2}mv^2$ est-elle applicable pour calculer l'énergie cinétique de la jante ? En est-il de même si l'automobiliste freine brutalement, bloquant la roue ?

4 Énergie potentielle

Un chat de masse M tombe d'une armoire. On repère sa position initiale sous le plafond par le point A, situé à une distance d_1 sous ce plafond. Après la chute, il se retrouve en un point noté B, situé à une distance d_2 de A.

On choisit l'énergie potentielle de pesanteur nulle en un point noté O. En notant z l'altitude du chat repérée sur un axe (Oz) vertical orienté vers le haut, donner, en fonction de M, g, d_1 ou d_2, l'expression :

a. des énergies potentielles de pesanteur $\mathscr{E}_{pp}(A)$ et $\mathscr{E}_{pp}(B)$ du chat en A et B, si ***O* est confondu avec B** (figure ci-contre) ;

b. des énergies potentielles de pesanteur $\mathscr{E}_{pp}(A)$ et $\mathscr{E}_{pp}(B)$, si ***O* est situé au plafond** ;

c. de la variation $\mathscr{E}_{pp}(B) - \mathscr{E}_{pp}(A)$ lors de la chute du chat dans les deux cas précédents.

5 Énergie mécanique d'un pendule simple

Le professeur Tournesol, célèbre personnage de Tintin, manipule un pendule constitué d'un solide ponctuel de masse M, suspendu à un fil inextensible de longueur L et de masse négligeable par rapport à M. L'énergie potentielle de pesanteur est choisie nulle à l'altitude de la main du professeur.

Dans le référentiel de la main du professeur, donner l'expression de l'énergie mécanique du pendule lorsque le solide, se balançant dans un plan, passe par la verticale de la main, sous celle-ci, à la vitesse notée v dans ce référentiel.

▶ Conservation et non conservation de l'énergie mécanique [§2 du cours]

6 Étoile filante

Une étoile filante n'est pas une étoile mais un météore, corps céleste rocheux qui, en rentrant dans l'atmosphère terrestre, devient incandescent.

a. Comment varie l'énergie mécanique d'un météore qui se rapproche du sol ?

b. Quelle est la cause de cette variation ?

7 Drive

Une balle de golf quitte un point O, situé au voisinage du sol, avec une vitesse v_O pouvant atteindre 250 km·h^{-1} lors de la frappe par le club de golf.

a. Si la balle effectue un mouvement de chute libre, quelle est la valeur de sa vitesse v_I lorsqu'elle retombe sur le sol en un point I, situé à la même altitude que O ?

b. Expliquer, d'un point de vue énergétique, pourquoi dans la réalité v_I est bien plus petite que la valeur trouvée en **a.** ?

▶ Principe de conservation de l'énergie [§3 du cours]

8 Forme d'énergie et conservation

Un circuit électrique est constitué d'un montage en série d'un générateur de tension continue, d'une lampe et d'un moteur soulevant un solide de masse m. Le système étudié est le circuit électrique sans le solide.

a. Les rôles de la pile et du moteur sont de convertir une forme d'énergie en une autre.
De quelles formes d'énergie s'agit-il pour chacun de ces appareils ?

b. Quels sont les modes de transfert d'énergie entre le circuit et l'extérieur lors du fonctionnement du circuit ?

c. Une partie de l'énergie est-elle dissipée lors du fonctionnement du circuit ?

UTILISER SES COMPÉTENCES

9 Utiliser la relation de l'énergie cinétique

Dans le référentiel terrestre, calculer l'énergie cinétique des corps suivants :

a. Un avion de masse m = 180 t volant à une altitude de 10 km à une vitesse v = 860 km·h^{-1}.

b. Un escargot de masse m = 12 g rampant sur le sol à la vitesse de 5,0 m·h^{-1}.

c. Un vase de masse m = 600 g, posé sur le bord d'une table à une hauteur h = 85 cm au-dessus du sol.

10 Utiliser la relation de l'énergie potentielle de pesanteur

Calculer l'énergie potentielle de pesanteur des corps cités dans l'exercice 9, en choisissant $\mathscr{E}_{pp}$ = 0 J en un point O situé sur le sol.

11 Apprendre à rédiger

Voici l'énoncé d'un exercice et un guide (en orange) ; ce guide vous aide pour rédiger la solution détaillée et pour retrouver les réponses numériques aux questions posées.

Énoncé

Une montagne russe a le profil ci-dessous. On modélise le chariot et ses passagers par un objet ponctuel G de masse M.

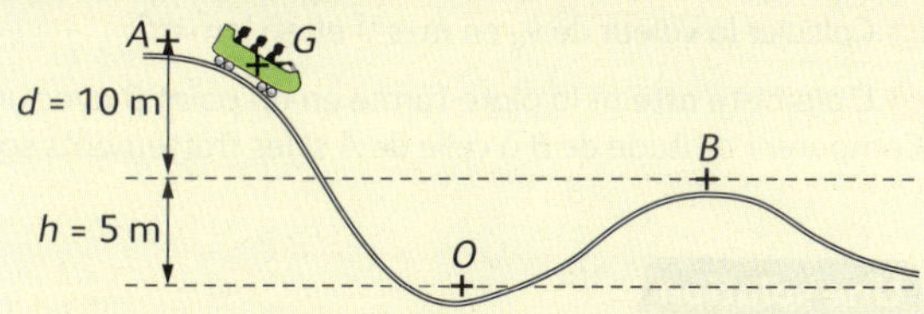

Dans le référentiel terrestre, le chariot quitte A avec une vitesse considérée comme nulle. Les frottements sont supposés négligeables. L'énergie potentielle de pesanteur du chariot est nulle en O.

a. Exprimer, en fonction de M, d, g ou h, l'énergie potentielle de pesanteur en A puis en B.

► **Reproduire le schéma en y ajoutant l'axe (Oz) puis utiliser la relation définissant $\mathscr{E}_{pp}$.**

b. Quelle est la valeur v_B de la vitesse du chariot en B ?

► **Préciser le système étudié puis appliquer le principe de conservation de l'énergie mécanique.**

► **Détailler tous les calculs littéraux pour arriver à l'expression : $Mgd = \frac{1}{2} Mv_B^2$.**

► **Exprimer v_B en fonction de g et d puis écrire l'application numérique qui conduit à v_B = 14 m·s^{-1}.**

c. En réalité, la valeur de la vitesse du chariot en B sera-t-elle égale, supérieure ou inférieure à celle calculées en **b.** ?

► **Justifier le sens de la variation de l'énergie mécanique en cherchant un transfert d'énergie possible.
En déduire les conséquences sur la vitesse en B.**

EXERCICE RÉSOLU

Site élève

12 Alpinisme

Énoncé Un alpiniste est situé en un point A sur une montagne. En situation délicate du fait d'un manque d'appui, il décide de « penduler » pour gagner une plate-forme plus confortable. Pour cela, il se laisse partir en chute « dans le vide », sans vitesse initiale, suspendu à sa corde qui a été fixée en un point I par son compagnon de cordée.

L'alpiniste est modélisé par un solide ponctuel G, de masse $m = 80$ kg. Il passe en un point O situé à la verticale de I avec une vitesse notée v_O.

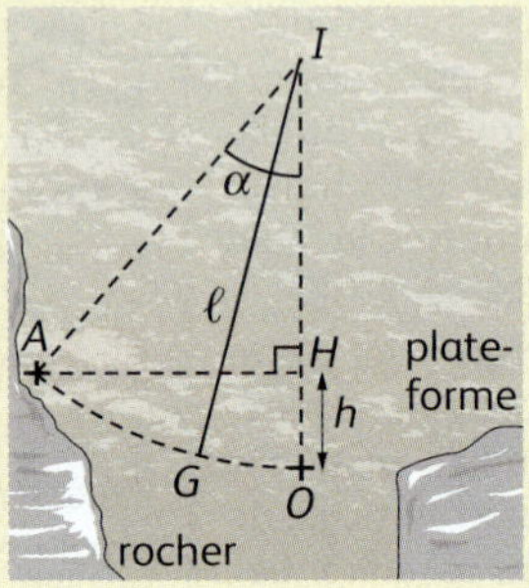

Données

– angle entre la corde et la verticale au départ : $\alpha = 40°$;
– intensité de la pesanteur : $g = 9{,}8\ \text{N}\cdot\text{kg}^{-1}$;
– la masse de la corde est négligeable devant celle de l'alpiniste ;
– au cours de la chute, lorsque la corde est tendue, la distance entre l'alpiniste et le point de fixation de la corde ne varie pratiquement pas : $IG = \ell = 10$ m.

1 En appliquant le principe de conservation de l'énergie mécanique, montrer que la valeur v_O de la vitesse de l'alpiniste en O peut s'écrire : $v_O = \sqrt{2gh}$.

2 En déduire l'expression de v_O en fonction de α, g et ℓ.

3 Calculer la valeur de v_O en $\text{m}\cdot\text{s}^{-1}$ et en $\text{km}\cdot\text{h}^{-1}$.

4 L'alpiniste atteint la plate-forme en un point B avec une vitesse nulle. Comparer l'altitude de B à celle de A si les frottements sont négligeables.

Une solution

1 Dans le référentiel terrestre, on étudie le pendule {alpiniste ; corde} en interaction avec la Terre. Si on ne tient pas compte des forces de frottements, ce système n'échange pas d'énergie avec l'extérieur. D'après le principe de conservation de l'énergie mécanique :

$$\mathscr{E}_m = \text{constante} \rightarrow \mathscr{E}_m(O) = \mathscr{E}_m(A) \rightarrow \mathscr{E}_c(O) + \mathscr{E}_{pp}(O) = \mathscr{E}_c(A) + \mathscr{E}_{pp}(A)\ (1)$$

On choisit l'énergie potentielle de pesanteur nulle à l'altitude de O.

La vitesse en A étant nulle, la relation (1) s'écrit :

$$\frac{1}{2} m v_O^2 + 0 = 0 + mgh \text{ ; soit : } v_O = \sqrt{2gh}.$$

2 $h = IO - IH = \ell - IH$. Or, dans le triangle IHA rectangle en H :

$$\cos\alpha = \frac{IH}{IA} = \frac{IH}{\ell} \Rightarrow IH = \ell\cos\alpha \Rightarrow h = \ell - \ell\cos\alpha.$$

Finalement, $v_O = \sqrt{2g\ell(1-\cos\theta)}$.

3 $v_O = \sqrt{2 \times 9{,}8 \times 10 \times (1-\cos 40)} = 6{,}8\ \text{m}\cdot\text{s}^{-1} = 6{,}8 \times 3{,}6 = 24\ \text{km}\cdot\text{h}^{-1}$.

4 En appliquant à nouveau le principe de conservation de l'énergie mécanique (celle-ci étant constante en l'absence de frottements) :

$$\mathscr{E}_m = \text{constante} \rightarrow \mathscr{E}_m(B) = \mathscr{E}_m(A) \rightarrow \mathscr{E}_c(B) + \mathscr{E}_{pp}(B) = \mathscr{E}_c(A) + \mathscr{E}_{pp}(A).$$

Finalement : $\mathscr{E}_{pp}(B) = \mathscr{E}_{pp}(A)$. B se situe donc à la même altitude que A.

Énoncé
Repérer sur le schéma les grandeurs utilisées dans l'énoncé.

Rédiger
En mécanique, on doit préciser le référentiel, le système et ses propriétés vis-à-vis de l'extérieur (frottement, etc.).

Raisonner
Choisir deux points pour appliquer $\mathscr{E}_m$ = constante : le point O car on recherche v_O et le point A car les données de l'énoncé permettent de calculer l'énergie mécanique en A.

Rédiger
Penser à indiquer le point de référence de l'énergie potentielle de pesanteur.

Convertir
Remplacer chaque unité (m et s) par les nouvelles unités (km et h) sans oublier les exposants.

$1{,}0\ \text{m}\cdot\text{s}^{-1} = 1{,}0 \times 10^{-3}\ \text{km}\cdot\text{s}^{-1}$
$= (1{,}0 \times 10^{-3}\ \text{km}) \times \left(\frac{1}{3\,600}\text{h}\right)^{-1}$
$= 1{,}0 \times 10^{-3} \times 3\,600 = 3{,}6\ \text{km}\cdot\text{h}^{-1}$.

13 Au service

Au service, un joueur de tennis frappe, à l'instant de date $t_0 = 0$ s, une balle de masse $m = 58{,}0$ g à une hauteur $h = 2{,}40$ m au-dessus du sol et lui communique alors une vitesse de valeur $v_0 = 116\ \text{km}\cdot\text{h}^{-1}$.

On modélise la situation en représentant la balle par un corps ponctuel en mouvement de chute libre, c'est-à-dire dès que la balle n'est plus en contact avec la raquette.

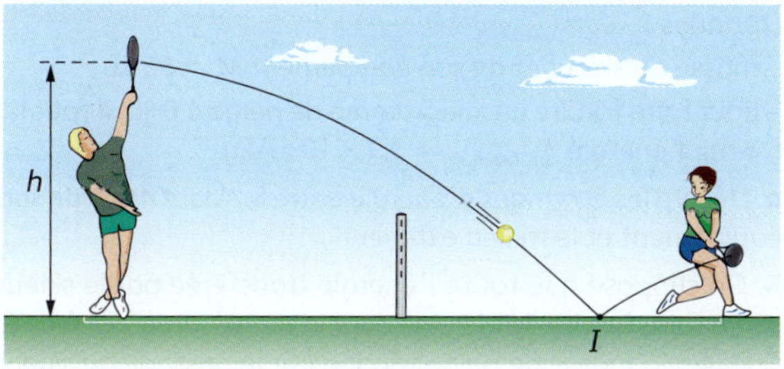

a. Calculer l'énergie cinétique $\mathscr{E}_c(t_0)$ et l'énergie potentielle de pesanteur $\mathscr{E}_{pp}(t_0)$ de la balle à l'instant de date t_0 en choisissant $\mathscr{E}_{pp} = 0$ J à l'altitude du terrain.

b. Déterminer les valeurs de l'énergie cinétique $\mathscr{E}_c(t_I)$ et l'énergie potentielle de pesanteur $\mathscr{E}_{pp}(t_I)$ de la balle à l'instant de date t_I quand elle touche le terrain en I.

c. En déduire la valeur v_I de la vitesse de la balle lors de l'impact sur le sol en I.

d. En réalité, la vitesse d'impact est-elle inférieure, supérieure ou égale à la valeur calculée en **c.** ? Justifier.

14 Étude graphique d'un plongeon

Une simulation a permis de tracer les courbes d'évolution au cours du temps de l'énergie mécanique $\mathscr{E}_m$, de l'énergie cinétique $\mathscr{E}_c$ et de l'énergie potentielle de pesanteur $\mathscr{E}_{pp}$ d'une plongeuse lors de la phase du saut. On modélise la plongeuse par un solide ponctuel A de masse $m = 60$ kg en chute libre au-dessus de l'eau.

$\mathscr{E}_{pp} = 0$ J au niveau de la surface de l'eau.

a. Attribuer à chaque courbe l'énergie dont elle traduit les variations. Justifier.

b. Représenter succinctement, sur un graphe sans échelle, l'allure de la trajectoire parabolique du point A modélisant la plongeuse.

Placer sur ce graphique les points A_0, A_1, A_2 de passage du point A aux instants de dates $t_0 = 0$ s, $t_1 = 0{,}4$ s et $t_2 = 1{,}35$ s.

c. Déterminer l'altitude de départ h_0 ainsi que l'altitude maximale h_{max} atteintes par A par rapport à la surface de l'eau.

d. Quelle est la vitesse de A lorsqu'il passe au niveau de l'eau ?

15 ★ Flipper

Dans un jeu de flipper, le lancer de la bille de masse $m = 80$ g, s'effectue à l'aide d'une tirette munie d'un ressort.

Lorsque le ressort n'est ni comprimé ni étiré, la bille occupe une position notée O.

Afin de lancer la bille, le joueur agit sur la tirette pour comprimer le ressort : la bille est à nouveau au repos en position A.

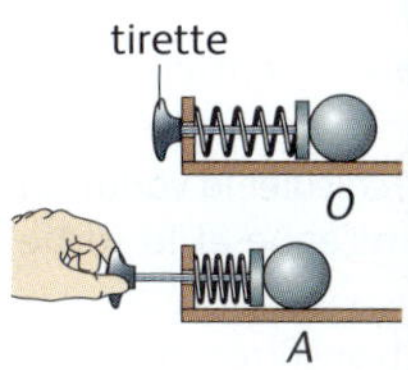

La longueur du ressort varie de $\Delta\ell = -10$ cm et le ressort stocke de l'énergie.

Cette énergie, appelée énergie potentielle élastique, est notée $\mathscr{E}_{pe}$. En choisissant $\mathscr{E}_{pe} = 0$ J, quand le ressort n'est ni étiré, ni comprimé, elle s'exprime par :

$$\mathscr{E}_{pe} = \frac{1}{2} K\cdot(\Delta\ell)^2 \text{ avec } K = 50\ \text{J}\cdot\text{m}^{-2}.$$

Lorsque le lanceur lâche la tirette, le ressort se détend et la bille est éjectée passant en O avec une vitesse de valeur $v(O)$ non nulle.

On se placera dans le référentiel terrestre et on modélisera la situation en représentant la bille par un solide ponctuel glissant sans frottement sur un plateau horizontal.

a. On étudie le système constitué de la bille en interaction avec la Terre. Justifier que l'énergie mécanique de ce système, une fois la bille lancée, se conserve.

b. Justifier le signe de $\Delta\ell$.

c. Calculer la variation d'énergie $\Delta\mathscr{E}$ du système entre ses positions de repos en O et A.

d. En appliquant le principe de conservation de l'énergie calculer la valeur de la vitesse $v(O)$ au passage de la bille au point O après son lancement.

16 ★ Usine hydroélectrique

L'eau de la retenue d'un barrage hydroélectrique d'un volume $V = 3{,}0 \times 10^8$ m^3 est acheminée vers une usine hydroélectrique située à une altitude inférieure de $h = 100$ m à celle de la retenue. Dans l'usine, l'eau fait tourner des turbines reliées à des alternateurs et ressort avec une vitesse v quasi-nulle. En cas de besoin, la retenue peut être vidée en $\Delta t = 3{,}0$ jours.

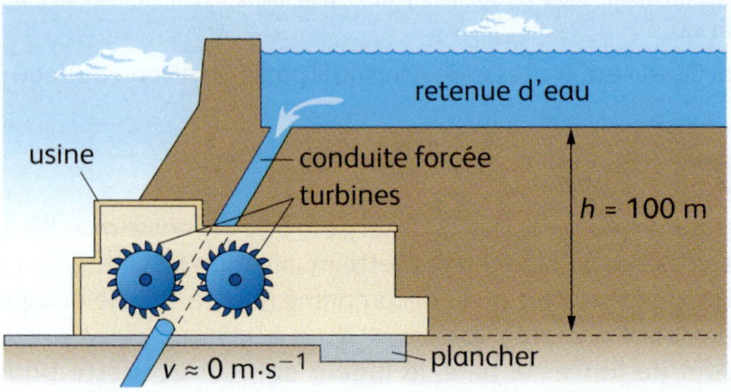

On néglige la profondeur de la retenue par rapport à la dénivellation h. L'énergie potentielle de pesanteur est choisie nulle à l'altitude du plancher de l'usine.

On prendra $\rho = 1{,}0 \times 10^3$ kg·m^{-3} pour la masse volumique de l'eau.

a. Sous quelle forme l'énergie est-elle essentiellement stockée dans la retenue ?

b. Lorsque la retenue se vide en totalité, calculer la variation d'énergie $\Delta\mathscr{E}$ que subit l'eau entre la retenue et la sortie des turbines.

c. En déduire l'énergie maximale $\mathscr{W}_{eau}$ transférée par l'eau à l'ensemble turbines-alternateurs.

d. On estime que $r = 90$ % de l'énergie $\mathscr{W}_{eau}$ peut être convertie en énergie électrique.

Calculer l'énergie électrique $\mathscr{W}_{élec}$ que peut produire l'usine en $\Delta t = 3{,}0$ jours. Pourquoi le rendement r n'est pas de 100 % ?

17 ★ De la branche d'un arbre à une autre

Alors qu'il se situe sur la branche d'un arbre (en position D), le célèbre Tarzan, assimilé à un corps ponctuel T, s'accroche à une liane inextensible suspendue à un point A d'un autre arbre. Il forme ainsi un « pendule » prêt à se balancer.

Il quitte alors la position D avec une vitesse considérée comme nulle et atteint un point O, situé à la verticale de A, à une altitude inférieure de $h_1 = 3{,}2$ m à celle de D. Les frottements sont négligés.

a. Faire un schéma de la situation en faisant apparaître A, D, O et T sur l'arc de cercle $\overset{\frown}{DO}$, et la liane.

b. En appliquant le principe de conservation de l'énergie mécanique au « pendule », déterminer la valeur de la vitesse v_0 de Tarzan lors de son passage en O.

c. Si Tarzan ne lâche pas la corde, jusqu'à quelle altitude au-dessus de O peut-il espérer remonter ?

d. Quelle devrait être la valeur minimale de sa vitesse initiale v_D pour atteindre une branche située à une altitude $h_2 = 4{,}0$ m au-dessus de celle de O ?

18 ★ Un tapis de gouttes d'eau

Un skieur descend une piste enneigée à vitesse constante. Si les frottements de l'air peuvent être négligés, ce n'est pas le cas des frottements entre la neige et les skis. Ceux-ci élèvent en effet la température de quelques degrés sous la semelle et des gouttelettes se forment entre le ski et la couche de neige. Le skieur ne glisse donc pas sur la neige mais sur un tapis de gouttes d'eau.

Données :
– masse du skieur et de son équipement $M = 65$ kg ;
– pour faire fondre un kilogramme de neige à 0 °C, il faut lui fournir l'énergie $\mathscr{E}_{massique} = 3{,}3 \times 10^5$ J·kg^{-1}.

a. Décrire les échanges d'énergie entre le skieur muni de son équipement et le milieu extérieur.

b. On suppose que toute l'énergie transférée par le skieur sert à faire fondre de la neige dont la température est à 0 °C. Calculer la masse de neige fondue par le passage du skieur pour une variation d'altitude de 50 m.

19 ★ Transfert d'énergie dans une centrale thermique

Dans une centrale thermique, l'énergie libérée par la combustion d'un combustible (charbon, fioul…) permet de chauffer l'eau d'un circuit primaire et d'obtenir ainsi de la vapeur d'eau sous pression. Cette vapeur entraîne en rotation la turbine et l'alternateur qui lui sont reliés. L'énergie mécanique de cet ensemble est convertie en énergie électrique, distribuée sur le réseau. 40 % de l'énergie chimique libérée par combustion est ainsi récupérée sous forme électrique.

Un circuit de refroidissement assure la condensation de la vapeur et l'eau est ainsi réinjectée dans la chaudière : le cycle recommence.

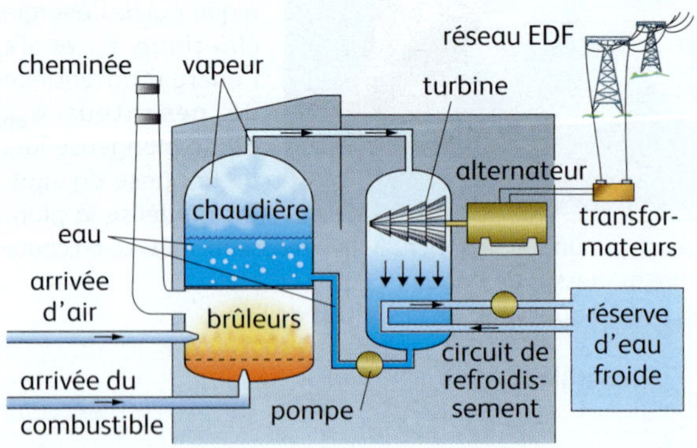

a. En appliquant le principe de conservation de l'énergie à l'eau du circuit primaire, indiquer les différentes parties où cette eau cède ou prélève de l'énergie au milieu extérieur.

b. L'alternateur convertit une forme d'énergie en une autre. Quelles sont-elles ?

c. Pourquoi l'énergie libérée par combustion n'est-elle pas totalement récupérée sous forme électrique ?

20 Apprendre à chercher

La résolution de cet exercice nécessite de trouver les étapes du raisonnement. En cas de difficultés, rendez-vous page 404.

L'un des encensoirs les plus remarquables au monde est le *Botafumeiro*, de la cathédrale de Saint Jacques de Compostelle. Suspendu à une corde, cet encensoir, qui peut être assimilé à un solide ponctuel de masse $m = 50$ kg, constitue un pendule gigantesque qui effectue des oscillations dont l'amplitude θ_m est proche de 80°. Immobile en A, l'encensoir passe en O à la vitesse V_O. Le mouvement du Botafumeiro est supposé s'effectuer sans frottements. La longueur de la corde est $\ell = CA = 21$ m. La masse de celle-ci est négligeable devant celle de l'encensoir.

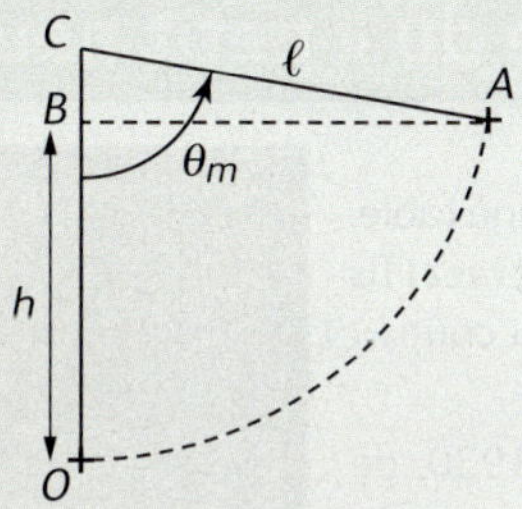

→ *Quelle est la valeur V_O de la vitesse de l'encensoir en O ?*

21 ★ Réfrigération

La réfrigération est un procédé servant à abaisser la température dans un espace donné et permettant de maintenir des produits à une température suffisamment basse pour les conserver, le froid stoppant la croissance bactérienne. La réfrigération mécanique est effectuée par circulation d'un fluide (réfrigérant) suivant un cycle continu. Quatre éléments sont utilisés : l'évaporateur, le compresseur, le condenseur et le détendeur. Le réfrigérant liquide se vaporise dans l'évaporateur. Le gaz est ensuite amené vers un compresseur où, porté à une pression élevée, sa température augmente. Le gaz, surchauffé sous pression, se liquéfie alors dans un « condenseur » refroidi à l'air ou à l'eau. Du condenseur, le liquide passe dans le détendeur pour diminuer sa pression et sa température. Le réfrigérant retrouve alors la température qu'il avait dans l'évaporateur et le cycle peut recommencer.

a. Faire un schéma du cycle indiquant les quatre éléments cités dans le document.
b. Préciser dans quelle partie du cycle le fluide est liquide ou gazeux.
c. Dans chacun des éléments, préciser si le fluide cède ou reçoit de l'énergie ?
d. Lequel des quatre éléments est situé à l'intérieur de l'armoire frigorifique ?

22 ★★ Énergie nucléaire

L'uranium naturel contient les isotopes ^{238}U et ^{235}U (0,7 % en masse) employé comme combustible dans les réacteurs nucléaires car il peut subir une réaction de fission.

a. Rappeler la définition d'une fission nucléaire.
b. Recopier et compléter l'équation ci-dessous de l'une des réactions de fission possible d'un noyau d'uranium 235.

$$^{235}_{92}\text{U} + \ldots\ldots \rightarrow {}^{98}_{\ldots}\text{Zr} + {}^{135}_{52}\text{Te} + 3\,{}^{1}_{0}n$$

c. Calculer la variation de masse lors de la fission d'un noyau d'uranium 235 selon cette réaction.
d. En déduire la valeur de l'énergie libérée $\mathscr{E}_{\text{libérée}}$.
e. Si on admet que la fission de chaque noyau d'uranium s'accompagne en moyenne d'une telle libération d'énergie, déterminer en joules l'énergie $\mathscr{E}_0$ libérée par la fission de $m_0 = 1{,}0$ g d'uranium enrichi à 3,7 % en masse en uranium 235.

Données : $c = 2{,}998 \times 10^8$ m.s^{-1} ;

Particule	Neutron	Noyau ^{235}U	Noyau ^{98}Zr	Noyau ^{135}Te
Masse ($\times 10^{-27}$ kg)	1,675	390,230	162,462	224,035

23 ★★ Balle et rebonds

Une balle de masse $m = 100$ g est lâchée d'un point A sans vitesse initiale. Entre $t_0 = 0$ s et $t_2 = 0{,}9$ s, elle rebondit sur une table au point B et remonte verticalement jusqu'au point C. Un logiciel de simulation permet d'obtenir le graphe des variations des énergies potentielle $\mathscr{E}_{pp}$ et cinétique $\mathscr{E}_c$ de la balle dans le champ de pesanteur uniforme.

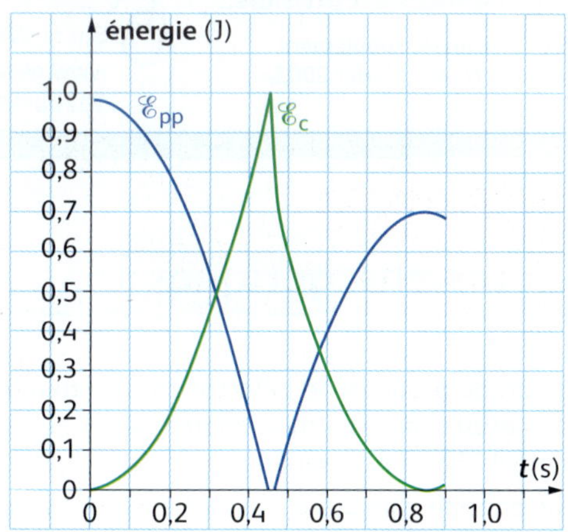

a. Justifier l'identification des deux courbes du graphique.
b. À quelle date t_1 se produit le choc de la balle sur la table ?
c. Tracer les variations de l'énergie mécanique $\mathscr{E}_m$ en fonction du temps en admettant, qu'en dehors du choc, les frottements n'interviennent pas.
d. Interpréter les échanges d'énergie pendant le choc ?
e. Calculer l'altitude maximale atteinte par la balle après le rebond.
f. Tracer les variations de $\mathscr{E}_{pp}$, $\mathscr{E}_c$ et $\mathscr{E}_m$ **en fonction de z** pour $t_0 < t < t_1$, en indiquant sur chaque courbe le sens d'évolution de ces trois grandeurs.
Même question pour $t_1 < t < t_2$.

Culture scientifique et citoyenne

PHYSIQUE & ASTRONOMIE À la recherche du « petit neutre »

Découpez un petit carré de papier de 1 cm² et posez-le sur une table. **Chaque seconde, 30 milliards de neutrinos vont le traverser!** Ils sont si petits qu'ils traversent la matière sans s'arrêter. Du coup… on n'en a jamais vu.

• C'est le physicien **Wolfgang Pauli** qui émit l'idée, en 1930, de leur existence. Il savait que lors des désintégrations radioactives β^-, l'énergie cinétique de l'électron émis ne correspond pas toujours à l'énergie libérée par la réaction. **Pour ne pas mettre en défaut le principe de conservation de l'énergie,** Pauli suggéra qu'une autre particule « invisible », prenant l'énergie non acquise par l'électron, devait être émise.

• Aujourd'hui, on détecte les neutrinos en plaçant sous terre d'immenses piscines avec des myriades de capteurs pour observer les infimes traces que laissent les neutrinos qui entrent en collision avec une particule d'eau. L'intérêt de ces recherches? Les neutrinos pourraient **révéler l'existence d'objets célestes** comme les « trous noirs » et pourraient être la clé d'une grande énigme: **90% de la matière de l'univers est invisible…**

Maintenance du détecteur de neutrino du laboratoire de Gran Sasso (Italie).

D'après *Découvrir*, supplément de *Sciences Ouest*, février 2003

Sur le Web http://lappweb06.in2p3.fr/neutrinos/nhistory.html
www.espace-sciences.org/science/10065-sciences-ouest/20116-Annee-2003/10208-196/10748-decouvrir/15757-au-coeur-de-l-atome/index.html

Sciences & Société

Les tours énergétiques

Le défi de produire de l'électricité de manière industrielle, sans les effets néfastes des centrales thermiques et nucléaires, peut être relevé. Comment? En construisant des **tours solaires.**

• Leur principe consiste à utiliser l'énergie solaire **pour chauffer, par effet de serre,** l'air situé sous un gigantesque plateau transparent. La différence de température et de pression entre la base et le sommet d'une tour-cheminée située au centre du plateau, crée un courant d'air ascendant qui traverse des turbines situées à la base de la cheminée, produisant ainsi de l'électricité. De plus, la chaleur emmagasinée dans le sol la journée est libérée la nuit, la tour solaire fonctionnera donc 24h/24.

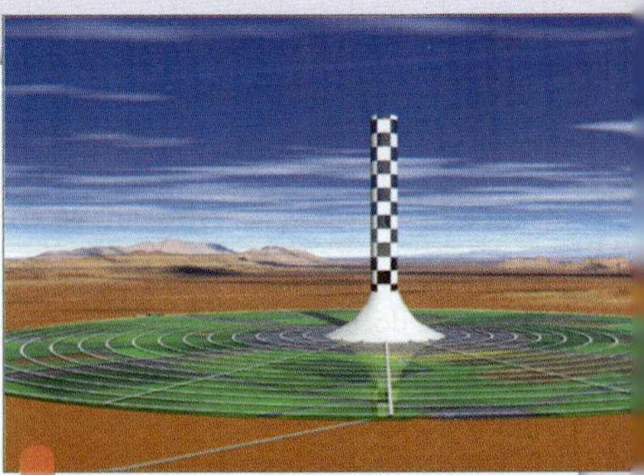

Projet de tour solaire thermique en Australie.

• En **Australie,** un projet prévoit de fournir une puissance de 200 MW, de quoi **approvisionner en électricité environ 200 000 logements.** La hauteur de la cheminée: 990 m soit près de **trois fois la Tour Eiffel !**

Sur le Web www.youtube.com/watch?v=0tWIP0knKQU&feature=related

Un métier : technicien(ne) d'études en génie climatique BAC +2

Installation d'éoliennes expérimentales pour un projet de parc éolien en mer.

Le secteur de l'énergie est au cœur des défis majeurs de société. Dans ce domaine, le **technicien d'études en génie climatique** participe à la conception, la réparation ou l'amélioration des systèmes de chauffage, de ventilation, de climatisation ou de plomberie de bureaux, bâtiments industriels ou d'habitations. **Il réalise les études techniques** en considérant le dimensionnement des installations et développe l'exploitation et la transformation des énergies : pompes à chaleur, géothermie, éolien…

- Travaillant avec les chargés de conception (architectes, maîtres d'ouvrage…) et de réalisation (chefs de chantier, coordonnateurs…), les fournisseurs de matériel et le bureau de contrôle, il doit faire preuve d'esprit d'équipe et avoir le sens des échanges.
- Polyvalent, le technicien d'études en génie climatique doit justifier de compétences en **électricité,** en **mécanique** et en **informatique.**

Sur le Web www.onisep.fr/Ressources/Univers-Formation/Formations/Post-bac/BTS-Fluides-energies-environnements-option-B-genie-climatique
http://www.jobenergies.com/metiers_energie/energie-technicien-d-etudes-genie-climatique-51.html

PHYSIQUE & SPORT Courir vite pour sauter haut ?

Après une course de 25 mètres et un appel explosif sur le tremplin, le gymnaste s'envole puis pose ses mains sur la table de saut. Une brève impulsion lui permet alors de réaliser une **figure de haut vol.**

- **La course d'élan est primordiale.** Elle doit permettre d'acquérir l'énergie nécessaire à la réalisation du saut envisagé. Le gymnaste minimise les pertes à l'impact sur le tremplin et la table de saut, bloque ses articulations, et exerce les impulsions convenables pour convertir l'énergie cinétique acquise en fin de course en énergies potentielle de pesanteur et cinétique de rotation.
- Mais l'énergie doit être compatible avec les capacités musculo-squelettiques du gymnaste. S'il arrive trop vite sur le tremplin, il peut ne pas avoir le temps de s'organiser ou les moyens physiques de supporter le choc lors du contact avec la table. Il s'agit donc d'acquérir, **non pas une vitesse de course maximale, mais une vitesse optimale.**

Thomas Bouhail, champion du monde 2010 au saut de cheval, recherche un échange optimal d'énergies.

Sur le Web http://club.quomodo.com/carquefougym/le_club/la_gym_en_detail
http://gymnet.org/course.htm

THÈME 3

Défis du XXIe siècle

La recherche de ressources énergétiques, la synthèse de molécules complexes et la fabrication de nouveaux matériaux font partie des défis du XXIe siècle.

Comment stocker l'énergie ? Comment la convertir sans la dégrader ? Quelles voies de synthèse et quels procédés de fabrication utiliser ?

Nanostructures réalisées à partir d'oxyde de zinc.

Parcourir ses acquis

La puissance électrique. La puissance électrique $\mathcal{P}_e$ mise en jeu dans un dipôle électrique dépend de la tension qui existe entre ses bornes et de l'intensité du courant qui le traverse :

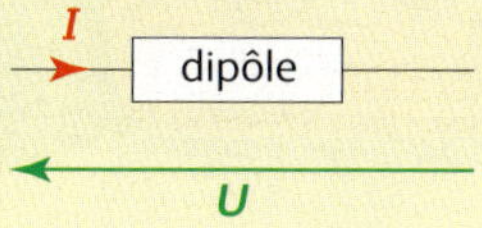

$$\mathcal{P}_e = U \times I.$$

L'énergie électrique. L'énergie électrique « consommée » est donnée par la relation suivante :

$$\mathcal{E}_e = \mathcal{P}_e \times \Delta t.$$

La combustion. La combustion d'une espère chimique s'accompagne d'un dégagement d'énergie.

Les piles électrochimiques. Une partie de l'énergie chimique des réactifs participant aux réactions dans une pile se transforme en énergie électrique.

Le pH. Les solutions acides contiennent davantage d'ions H^+ que d'ions HO^- et leur pH est inférieur à 7. Les solutions basiques contiennent moins d'ions H^+ que d'ions HO^- et leur pH est supérieur à 7.

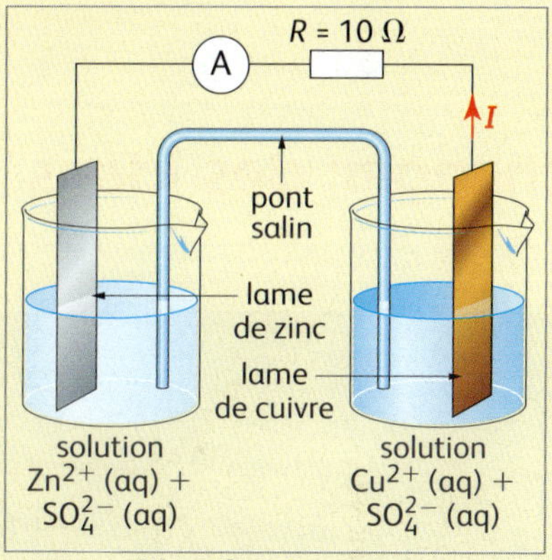

Pile en fonctionnement.

La synthèse. La synthèse de molécules complexes nécessite de mettre en œuvre des techniques expérimentales raisonnées comme le chauffage à reflux. Les produits synthétisés doivent être identifiés, par chromatographie sur couche mince par exemple.

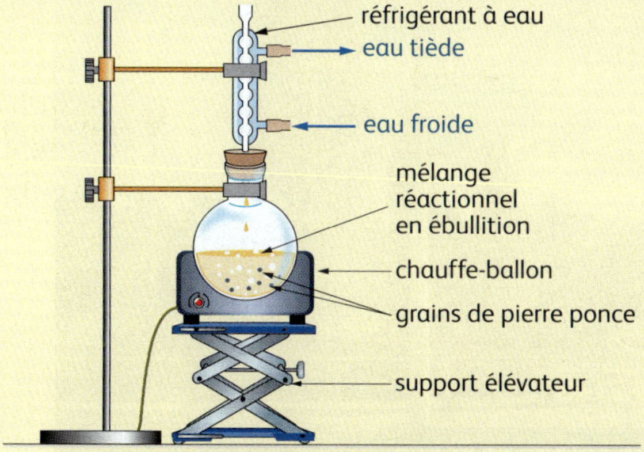

Schéma d'un montage de chauffage à reflux.

Chapitre 17

Ressources énergétiques et énergie électrique

Les objectifs

- Étudier les différentes ressources énergétiques, leur utilisation, leur stockage et leur transport.
- Connaître la relation entre puissance et énergie.
- Étudier les conversions d'énergie dans un générateur et dans un récepteur.
- Connaître l'effet Joule et la loi d'Ohm.
- Schématiser une chaîne énergétique et étudier le rendement de conversion.

Échanger des idées

Lampadaire solaire et éolien.

?

► ÉMETTRE DES HYPOTHÈSES

Aucun vent n'est prévu cette nuit… Ce lampadaire fonctionnera-t-il?

Image satellite de l'Europe vue de nuit.

▶ DÉBAT EN GROUPE

L'opération « une heure pour la planète » incite les villes à éteindre leurs lumières pendant une heure. Cette opération permet-elle de faire des économies d'énergie ?

La maison de Radio France à Paris.

▶ RELEVER DES DÉFIS

La géothermie en plein Paris, est-ce possible ?

Activité à la maison

ACTIVITÉ DOCUMENTAIRE

MANUEL NUMÉRIQUE

1 Quelles énergies pour l'avenir ?

▶ Le domaine de l'énergie est l'un des principaux défis de notre société pour lequel les scientifiques ont des réponses à apporter. Mais de quelles énergies parle-t-on ?

Lorsque l'on s'intéresse au sujet de l'énergie, on doit tout d'abord distinguer l'énergie « primaire » de l'énergie « finale ». Les sources d'énergie « primaire » sont fournies par la nature avant toute transformation. Parmi celles-ci on trouve le charbon, le pétrole, le gaz naturel, le bois (mais également les déchets combustibles qui sont fournis par les activités humaines), la biomasse, le nucléaire, l'hydraulique, l'éolien, le solaire (thermique ou photovoltaïque) et la géothermie. Les énergies finales sont obtenues par transformation d'une énergie primaire et sont ensuite transportées vers l'utilisateur. C'est le cas de l'énergie électrique utilisée pour le chauffage ou encore de l'énergie chimique des carburants pour le transport.

La recherche progresse énormément dans le développement de dispositifs de stockage de l'énergie. En effet, certaines sources d'énergies renouvelables souffrent d'une production intermittente, ce qui rend difficile leur utilisation à court terme. Un des modes les plus efficaces est le stockage électrochimique dans des batteries. La pile à hydrogène permet de produire simultanément de l'électricité et de réaliser des transferts thermiques en recombinant du dioxygène et du dihydrogène : elle est aujourd'hui considérée comme la meilleure façon de stocker de l'énergie.

D'après Stefano Panebianco, ingénieur-chercheur au CEA (Commissariat à l'Énergie Atomique)

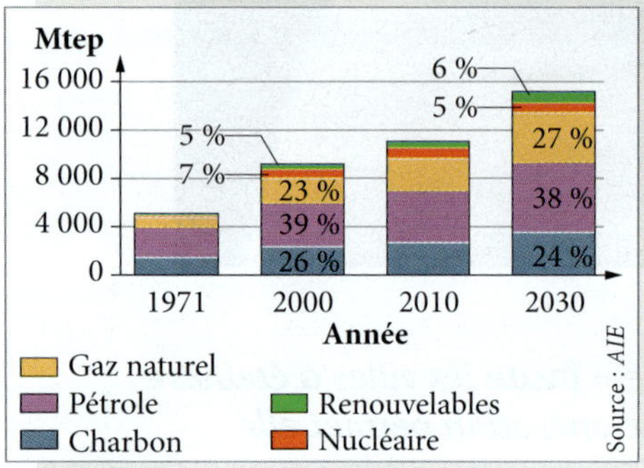

1 *Évolution comparée des énergies produites dans le monde.*

2 *Énergies et utilisation de l'énergie.*

Vocabulaire

tep (tonne équivalent pétrole) : unité d'énergie qui équivaut à environ 42 GJ.

1 Analyser les documents

a. Selon quel(s) critère(s) l'auteur classe-t-il les différents types d'énergie ? Expliquer pourquoi.

b. Quels sont les moyens de stockage de l'énergie les plus utilisés ?

c. En utilisant la **figure 1**, quelle est l'évolution au niveau mondial de la production d'énergie ? Que dire de l'évolution des contributions des différentes énergies ?

2 Faire une recherche

Rechercher puis présenter sous forme de tableau les avantages, les inconvénients et les voies d'évolution des sources d'énergie citées. Voici un exemple de tableau :

Source d'énergie	Avantages	Inconvénients	Voies d'évolution
Pétrole	Faibles coûts d'exploitation…	Durée de vie des réserves estimée à…	Exploitation de…

3 Conclure

Quelles sont les ressources énergétiques qui seront probablement épuisées avant la fin de ce siècle ?

3 *Déversoir du barrage d'Itaipu à la frontière du Brésil et du Paraguay.*

ACTIVITÉ EXPÉRIMENTALE

MANUEL NUMÉRIQUE

2 L'effet Joule

▶ Le passage du courant électrique dans un circuit provoque un effet thermique bien connu : l'effet Joule. Quel est le lien entre intensité du courant et effet Joule ?

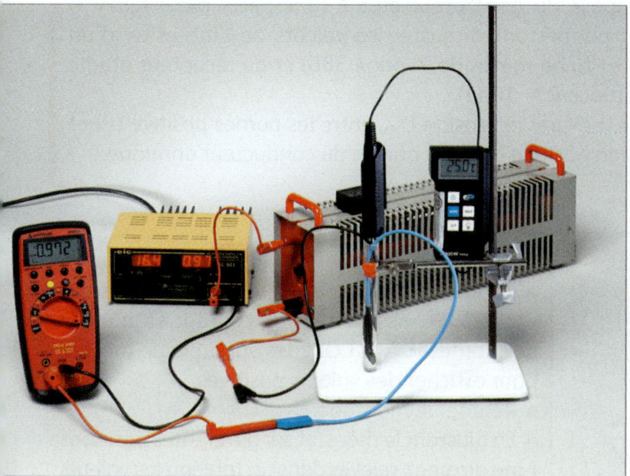

DISPOSITIF ■ L'étude de l'influence de l'intensité du courant I sur l'effet Joule est réalisée à l'aide d'un conducteur ohmique. Ce dernier est placé en série avec un générateur de tension U_{PN} réglable et un rhéostat destiné à ajuster la valeur de I.

■ La tension U_{PN} est réglée à 2,0 V et la résistance R_H du rhéostat à sa valeur maximale.

■ Trois tubes à essais contiennent chacun 5,0 mL d'eau à la même température.

■ Une sonde thermométrique et un chronomètre permettent de suivre l'évolution de la température de l'eau contenue dans les tubes à essai.

4 ◀ *Montage expérimental.*

Expérience

■ Plonger le conducteur ohmique dans l'eau fraîche d'un grand bécher et régler rapidement le rhéostat pour obtenir I = 1,0 A. Éteindre le générateur.

■ Plonger le conducteur ohmique dans l'un des tubes à essais. Relever la température initiale θ_i. Allumer le générateur en déclenchant simultanément le chronomètre. Éteindre le générateur après 30 secondes et relever la température finale θ_f.

■ Recommencer ces deux étapes pour I = 1,2 A puis pour I = 1,4 A avec les deux autres tubes à essais.

1 Observer

a. Reproduire et compléter le tableau ci-contre.

b. Décrire l'évolution de la variation $\Delta\theta$ lorsque l'intensité I du courant traversant le conducteur ohmique augmente.

	θ_i	θ_f	$\Delta\theta = (\theta_f - \theta_i)$
I = 1,0 A			
I = 1,2 A			
I = 1,4 A			

2 Interpréter

La conversion d'énergie dans le conducteur ohmique est appelée « **effet Joule** ».

a. Quelle est l'origine de l'énergie reçue par le conducteur ohmique ?

b. À quelle partie du montage expérimental cette énergie est-elle transférée ? Quel est l'effet de ce transfert d'énergie ?

c. En étudiant le protocole expérimental, vérifier que l'énergie dissipée par le conducteur ohmique pendant une même durée varie dans le même sens que l'intensité I du courant.

3 Conclure

a. Résumer le lien entre l'intensité du courant et l'énergie dissipée par effet Joule.

b. Dans les cas suivants, indiquer si l'effet Joule est recherché ou gênant : une plaque chauffante, un microprocesseur, un moteur électrique, une lampe à incandescence.

ACTIVITÉ EXPÉRIMENTALE

MANUEL NUMÉRIQUE

3 Relation intensité-tension

▶ Étudions l'évolution de la tension aux bornes d'un générateur et aux bornes d'un récepteur en fonction de l'intensité du courant qui les traverse.

DISPOSITIF ■ Le circuit est composé du générateur étudié (une pile « plate 4,5 V ») placé en série avec un rhéostat permettant d'ajuster les valeurs de l'intensité, d'un interrupteur, d'un ampèremètre (→ **fiche méthode 7**, page 386) et du récepteur étudié (un conducteur ohmique de résistance $R = 10\ \Omega$).
■ Deux voltmètres permettent de mesurer la tension U_{PN} entre les bornes positive (P) et négative (N) de la pile, et la tension positive U_{AB} aux bornes du conducteur ohmique.

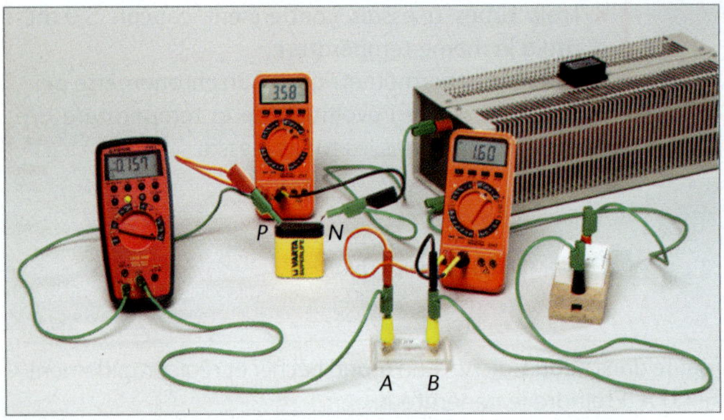

5 *La tension entre les points P et N, notée U_{PN}, est représentée par une flèche pointant sur P dans le schéma du montage.*

Expérience

■ Réaliser le schéma du montage du **document 5**. Préciser le sens du courant et la place des bornes V, A et COM des appareils de mesure pour afficher des valeurs positives.
■ Réaliser le montage.
■ En ajustant le rhéostat sur différentes positions (une dizaine), relever dans un tableau les valeurs de l'intensité I du courant et celles des tensions U_{PN} et U_{AB}.
■ À l'aide d'un logiciel de traitement de données ou d'une calculatrice graphique, afficher les points expérimentaux en plaçant les tensions U_{PN} et U_{AB} en ordonnée et I en abscisse.

1 Observer et interpréter

• Cas du conducteur ohmique

a. Décrire l'allure de la courbe passant au plus près des points expérimentaux.

TICE **b.** À l'aide du logiciel ou de la calculatrice, proposer un modèle mathématique pour la relation entre la tension U_{AB} et l'intensité I et noter le résultat numérique.

c. Retrouve-t-on la **loi d'Ohm** dont l'énoncé est : « la tension U_{AB} aux bornes d'un conducteur ohmique est proportionnelle à l'intensité I du courant qui le traverse » ? Le coefficient de proportionnalité noté R, est appelé résistance du conducteur ohmique.

d. Déterminer la valeur de R pour le conducteur ohmique étudié et la comparer à la valeur donnée par le constructeur.

• Cas de la pile

e. Répondre aux questions **a.** et **b.** pour la tension U_{PN} aux bornes de la pile.

f. Pour le domaine expérimental étudié, la tension aux bornes de la pile dépend-elle de l'intensité du courant qui la traverse ?

g. La **force électromotrice** (*fem*) E d'un générateur est la tension positive mesurée à ses bornes en circuit ouvert. On propose le modèle $\boldsymbol{U_{PN} = E - rI}$ pour la relation entre la tension aux bornes de la pile et l'intensité I du courant, r désignant la résistance interne de la pile. Justifier graphiquement le choix de ce modèle en précisant le domaine sur lequel il semble adapté (encadrement de I).

h. Déterminer les valeurs de E et de r.

2 Conclure

Quelles sont les différences entre un **générateur** et un **récepteur** ?

1 Ressources énergétiques

1.1 Ressources renouvelables ou non

• La distinction entre ressources énergétiques renouvelables ou non renouvelables est liée essentiellement à la comparaison de deux **durées caractéristiques** : la **durée d'exploitation** et la **durée de reconstitution** de cette ressource.

• Lorsque le stock de ressource énergétique se reconstitue aussi vite ou plus vite qu'il ne disparaît à cause de son exploitation, ou lorsque cette ressource est quasi illimitée, elle est dite **renouvelable**. C'est le cas de l'hydraulique, l'éolien, la géothermie, la biomasse et le solaire, ce dernier étant une ressource quasi illimitée à notre échelle de temps.

• Lorsque le stock de ressource énergétique se reconstitue beaucoup moins vite qu'il ne disparaît à cause de son exploitation, ou lorsque cette ressource ne se reconstitue pas du tout, elle est dite **non renouvelable** **(document 6)**. C'est le cas des ressources d'origine fossile (charbon, pétrole et gaz) ou nucléaire (uranium).

• Les ressources énergétiques renouvelables et non renouvelables sont distinguées par leurs durées caractéristiques.

• Les ressources renouvelables ont une durée d'exploitation plus grande ou au moins égale à leur durée de reconstitution. Un cas particulier : la durée d'exploitation de l'énergie solaire est quasi illimitée à notre échelle.

• Les ressources non renouvelables ont une durée d'exploitation plus faible ou beaucoup plus faible que leur durée de reconstitution.

À quoi ça sert ?

Les barrages STEP

Les barrages STEP (Station de Transfert d'Énergie par Pompage), tels que le barrage de Grand'Maison dans l'Isère, ont un fonctionnement réversible. Lorsque l'énergie électrique produite est excédentaire, l'eau est remontée du bassin inférieur vers le bassin supérieur grâce à un système de pompage.

6 *Navire de forage pétrolier. Le pétrole, ressource énergétique non renouvelable, a une durée d'exploitation de l'ordre de 10^2 ans et met environ 10^6 ans à se reconstituer.*

1.2 Stockage et transport de l'énergie

• Les énergies renouvelables telles que l'éolien et le solaire, dépendent des conditions climatiques et leur production est intermittente. Au contraire, le fonctionnement des centrales nucléaires est permanent alors que la demande d'énergie n'est pas régulière. Dans les deux cas, il est nécessaire de **stocker l'énergie récupérée**. Actuellement, deux dispositifs sont utilisés : les **accumulateurs** et les **barrages hydroélectriques**. L'énergie électrique est stockée sous forme d'énergie chimique dans un accumulateur, ou sous forme d'énergie potentielle dans un barrage, afin d'être restituée au moment désiré.

• Le **transport de l'énergie électrique** est réalisé par des lignes électriques dans lesquelles existe une **dissipation d'énergie par effet Joule**. L'utilisation de câbles à haute tension (400 kV) permet de les limiter car, pour une même énergie transportée, l'effet Joule est moins important si la tension est plus élevée **(document 7)**.

7 *En France, en 2006, les « pertes en ligne » s'élevaient à environ 2,5 % de la production d'électricité.*

Éviter des erreurs

Les lois indiquées dans le cours sont relatives aux **courants continus**. Elles ne s'appliquent qu'aux courants électriques dont les grandeurs (I,U) restent constantes pendant la durée Δt considérée.

DEL laser	1 mW
Lampe à incandescence	10^2 W
Appareil électroménager	1 kW
Installation électrique domestique	10 kW
Moteur de TGV	1 MW

8 *Ordres de grandeur de la puissance de quelques récepteurs.*

À quoi ça sert ?

La supraconductivité

À très basses températures, la résistance de certains matériaux s'annule : c'est la supraconductivité, découverte en 1911. L'absence d'effet Joule est appliquée dans de très nombreux domaines comme la lévitation magnétique (train), l'imagerie médicale (aimant IRM) ou le transport d'énergie électrique… sans perte.

2 Étude énergétique d'un récepteur

2.1 Énergie et puissance électriques

- Un **récepteur** est un dipôle qui reçoit de l'énergie électrique lorsqu'il est parcouru par un courant d'intensité I.

L'énergie électrique $\mathscr{E}_e$ reçue pendant une durée Δt est proportionnelle à la tension U_{AB} aux bornes du récepteur, à l'intensité I du courant qui le traverse de A vers B, et à Δt : $\mathscr{E}_e = U_{AB}\, I\, \Delta t$.

- La **puissance électrique**, notée $\mathscr{P}_e$, traduit la vitesse de transfert de l'énergie électrique $\mathscr{E}_e$ reçue par le récepteur pendant la durée Δt. Ainsi :

$$\mathscr{P}_e = \frac{\mathscr{E}_e}{\Delta t} = \frac{U_{AB}\, I\, \Delta t}{\Delta t} = U_{AB}\, I.$$

Lorsque qu'un récepteur est traversé par un courant d'intensité I, circulant de sa borne A à sa borne B, pendant une durée Δt, l'énergie électrique reçue $\mathscr{E}_e$ par ce récepteur et la puissance électrique $\mathscr{P}_e$ de ce transfert d'énergie sont données par les expressions :

$$\mathscr{E}_e = U_{AB}\, I\, \Delta t$$

$$\mathscr{P}_e = U_{AB}\, I$$

U_{AB} tension entre les bornes en volt (V)
I en ampère (A)
Δt en seconde (s)
$\mathscr{E}_e$ en joule (J)
$\mathscr{P}_e$ en watt (W)

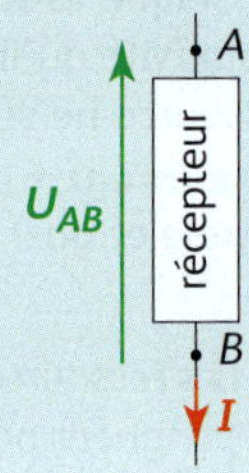

2.2 Effet Joule et loi d'Ohm

- Un **conducteur ohmique**, caractérisé par sa résistance notée R, dissipe par **transfert thermique** et par **rayonnement**, toute l'énergie électrique $\mathscr{E}_e$ qu'il reçoit. Ce phénomène s'appelle l'**effet Joule**.
- La loi d'Ohm traduit la proportionnalité entre la tension aux bornes d'un conducteur ohmique et l'intensité du courant qui le traverse, soit :

$$U_{AB} = R\, I.$$

D'après l'expression de l'énergie électrique $\mathscr{E}_e$ et celle de la loi d'Ohm, l'énergie $\mathscr{E}_J$ dissipée par effet Joule est :

$$\mathscr{E}_J = \mathscr{E}_e = U_{AB}\, I\, \Delta t = R\, I^2\, \Delta t.$$

- La tension U_{AB} aux bornes d'un conducteur ohmique de résistance R, traversé de A vers B par un courant d'intensité I, est donnée par la loi d'Ohm :

$$U_{AB} = R\, I$$

R en ohm (Ω)
I en ampère (A)
U_{AB} en volt (V)

- L'énergie $\mathscr{E}_J$ dissipée par effet Joule dans le conducteur ohmique pendant une durée Δt est :

$$\mathscr{E}_J = R\, I^2\, \Delta t.$$

- La puissance liée à l'effet Joule est : $\mathscr{P}_J = \dfrac{\mathscr{E}_J}{\Delta t} = R\, I^2.$

3 Étude énergétique d'un générateur

3.1 Tension aux bornes d'un générateur

Contrairement à un récepteur, la **tension** aux bornes d'un générateur n'est pas nulle en circuit ouvert : cette tension « à vide » est notée E et nommée **force électromotrice** du générateur.

En circuit fermé, le générateur fournit de l'énergie et fait circuler un courant d'intensité I sortant par sa borne positive notée P (et donc rentrant par sa borne négative notée N). Ainsi $U_{PN} > 0$.

La tension U_{PN} aux bornes d'un générateur de tension, traversé par un courant électrique d'intensité I sortant par la borne P, est égale à :

$$U_{PN} = E - r\,I$$

I en ampère (A)
E force électromotrice en volt (V)
r résistance interne en ohm (Ω)
U_{PN} en volt (V)

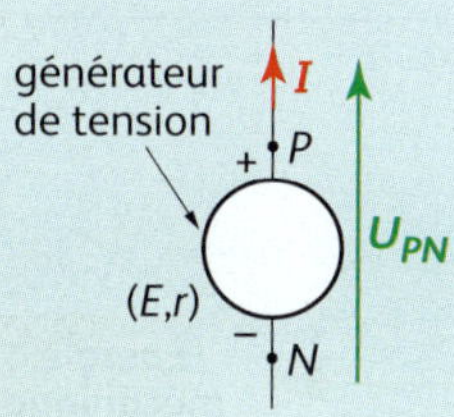

Remarque. Cette modélisation du fonctionnement d'un générateur n'est valable que si l'intensité est inférieure à une valeur limite (dépendant du générateur), au delà de laquelle la tension aux bornes du générateur diminue très rapidement **(figure 9)**.

Éviter des erreurs

La « force électromotrice » n'est évidemment pas une force mais l'usage conserve cette appellation notée le plus souvent ***fem***.

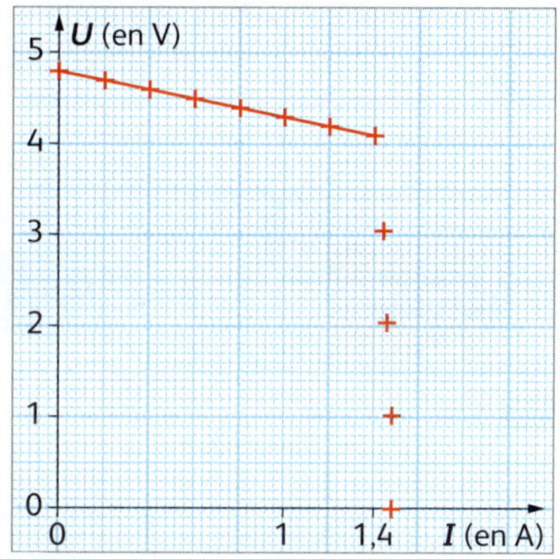

9 *Tension aux bornes d'une pile plate. Pour $I > 1{,}4$ A, la modélisation n'est plus valable.*

3.2 Énergie transférée et puissance du transfert

L'énergie électrique $\mathscr{E}_e$ fournie par le générateur au reste du circuit pendant une durée Δt est :

$$\mathscr{E}_e = U_{PN}\,I\,\Delta t$$

U_{PN} tension aux bornes du générateur en volt (V)
I intensité du courant traversant le générateur en ampère (A)
Δt en seconde (s)
$\mathscr{E}_e$ en joule (J)

La puissance électrique de ce transfert d'énergie est :

$$\mathscr{P}_e = U_{PN}\,I \quad | \quad \mathscr{P}_e \text{ en watt (W)}$$

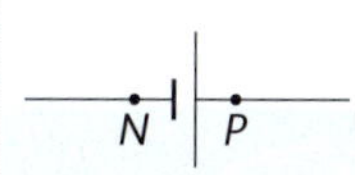

fem : $E = 4{,}8$ V
résistance interne : $r = 0{,}7\ \Omega$
limite de validité : $I \leqslant 1{,}4$ A

10 *Représentation et caractéristiques de la pile plate de la **figure 9**.*

Lorsque la tension aux bornes du générateur est modélisée par $U_{PN} = E - r\,I$, on constate que :

$$\mathscr{E}_e = (E - r\,I)I\,\Delta t = E\,I\,\Delta t - r\,I^2\,\Delta t.$$

L'énergie fournie au reste du circuit est égale à $E\,I\,\Delta t$ diminuée du terme $r\,I^2\,\Delta t$ qui correspond à l'effet Joule dans le générateur.
$E\,I\,\Delta t$ est l'énergie électrique provenant de la conversion d'une **énergie chimique** (une pile par exemple) ou d'une **énergie mécanique** (un alternateur par exemple).

Générateur vélo « électrique »	10^2 W
Groupe électrogène domestique	1 kW
Usine marémotrice de la Rance	10^2 MW
Réacteur nucléaire	1 GW

11 *Ordres de grandeur de la puissance de quelques générateurs.*

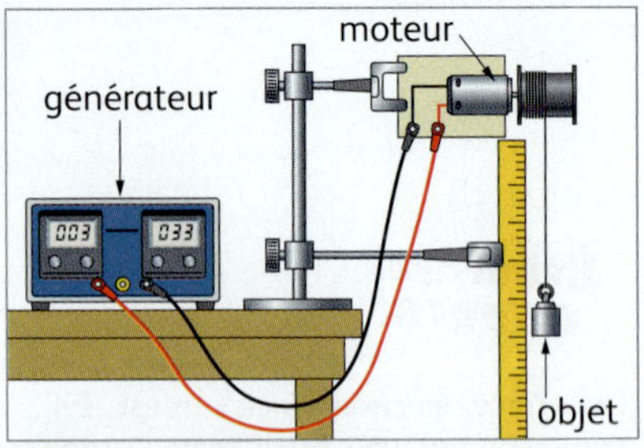

12 *Le moteur utilise une partie de l'énergie électrique reçue pour élever l'objet.*

4 Bilan des transferts d'énergie

4.1 Schématisation d'une chaîne énergétique

• Le générateur fournit au reste du circuit l'énergie électrique $U_{PN}\, I\, \Delta t$. Un récepteur absorbe cette énergie électrique, en « dissipe » une partie par effet Joule et convertit éventuellement le reste sous une autre forme (mécanique pour un moteur, chimique pour un électrolyseur).

Par exemple, lorsqu'un moteur électrique est utilisé pour élever un objet à une certaine altitude **(figure 12)**, on peut schématiser les échanges énergétiques de la façon suivante :

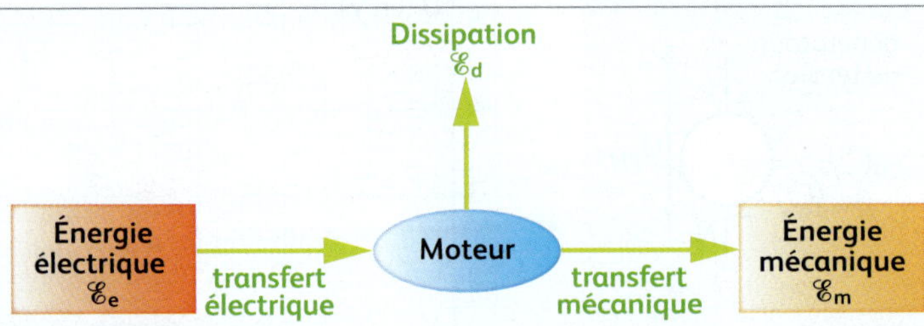

$\mathscr{E}_e$ énergie électrique transférée du générateur au moteur.

$\mathscr{E}_d$ énergie dissipée par effet Joule et par les frottements.

$\mathscr{E}_m$ énergie mécanique transférée à l'objet.

13 *Schématisation d'une chaîne énergétique.*

• La conversion d'énergie réalisée par le moteur peut s'interpréter en considérant la conservation de l'énergie d'un système : l'énergie $\mathscr{E}_e$ reçue par le moteur est égale à l'énergie cédée au milieu extérieur $\mathscr{E}_m$ et $\mathscr{E}_d$.
Dans cette conversion, $\mathscr{E}_m$ est la part utile d'énergie fournie par le moteur ; elle permet une augmentation de l'énergie potentielle de l'objet.

$\mathscr{E}_d$ est la part non utilisable de cette conversion, c'est la somme des énergies dissipées par frottement ou par effet Joule.

4.2 Notion de rendement de conversion

• Un système comme un conducteur ohmique convertit **intégralement** de l'énergie électrique par transfert thermique et par rayonnement. Mais il n'existe pas de système capable de convertir intégralement l'énergie reçue par transfert thermique et par rayonnement en une autre forme d'énergie. On peut dire qu'une **dégradation de l'énergie** apparaît lors d'un transfert thermique ou d'un transfert par rayonnement **(document 14)**.

• On évalue cette dégradation d'énergie en définissant le **rendement de conversion** η :

$$\eta = \frac{\mathscr{E}_{\text{utile}}}{\mathscr{E}_{\text{reçue}}} \quad \text{avec } 0 \leqslant \eta < 1.$$

14 *C'est une parabole solaire couplée à un générateur Stirling qui détient le record de rendement de conversion : 31,2 %.*

Exemple. Si le moteur électrique reçoit l'énergie électrique $\mathscr{E}_{\text{reçue}} = 1{,}6$ J et si l'énergie potentielle de l'objet est augmentée de 0,20 J alors l'énergie utile qui permet à l'objet de s'élever est 0,20 J. Le rendement de conversion vaut :

$$\eta = \frac{\mathscr{E}_{\text{utile}}}{\mathscr{E}_{\text{reçue}}} = \frac{0{,}20}{1{,}6} = 0{,}12.$$

Ce rendement de 12 % est peu élevé : de l'énergie a été dégradée.

L'ESSENTIEL

Ressources énergétiques

- Les ressources énergétiques renouvelables et non renouvelables sont distinguées par leurs **durées caractéristiques**.
- **Ressources non renouvelables :**
  durée d'exploitation $\ll$ durée de reconstitution.
- **Ressources renouvelables :**
  durée d'exploitation $\gg$ durée de reconstitution.
  Un cas particulier : la durée d'exploitation de l'énergie solaire est quasi illimitée à notre échelle.

Étude énergétique d'un récepteur

- **L'énergie électrique reçue $\mathscr{E}_e$** par le récepteur pendant la durée Δt est :

$$\mathscr{E}_e = U_{AB}\, I\, \Delta t$$

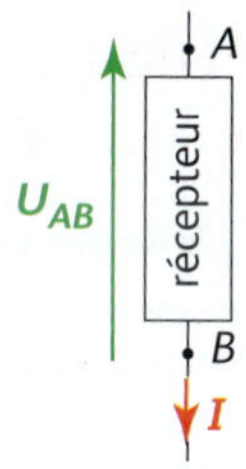

- **La puissance électrique $\mathscr{P}_e$** du transfert d'énergie reçue par le récepteur pendant la durée Δt est :

$$\mathscr{P}_e = U_{AB}\, I$$

- **Effet Joule et conducteur ohmique**
  Un conducteur ohmique dissipe, par transfert thermique et par rayonnement, toute l'énergie électrique $\mathscr{E}_e$ qu'il reçoit.
  Ce phénomène s'appelle l'**effet Joule**.
  L'énergie dissipée par effet Joule dans le conducteur ohmique pendant la durée Δt est :

$$\mathscr{E}_J = R\, I^2\, \Delta t$$

La puissance liée à l'effet Joule est :

$$\mathscr{P}_J = R\, I^2 .$$

- **Loi d'Ohm**
  La tension U_{AB} aux bornes d'un conducteur ohmique de résistance R, traversé de A vers B par un courant d'intensité I, est donnée par la loi d'Ohm :

$$U_{AB} = R\, I$$

U_{AB} en volt (V)
R en ohm (Ω)
I en ampère (A)

Étude énergétique d'un générateur

- **La tension U_{PN}** aux bornes d'un générateur de tension, traversé par un courant électrique d'intensité I sortant par la borne P est égale à :

$$U_{PN} = E - r\, I$$

U_{PN} en volt (V)
I en ampère (A)
E force électromotrice en volt (V)
r résistance interne en ohm (Ω)

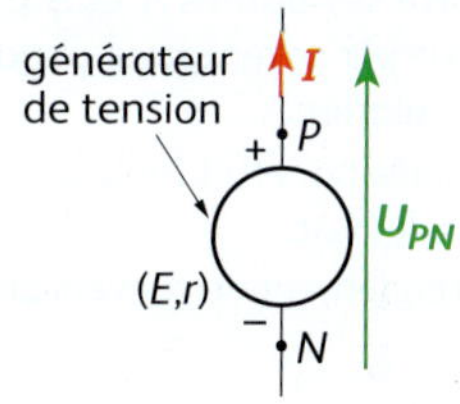

- **L'énergie électrique fournie $\mathscr{E}_e$** par le générateur au reste du circuit pendant la durée Δt est :

$$\mathscr{E}_e = U_{PN}\, I\, \Delta t$$

| $\mathscr{E}_e$ en joule (J)

- **La puissance électrique $\mathscr{P}_e$** du transfert d'énergie par le générateur au reste du circuit est :

$$\mathscr{P}_e = U_{PN}\, I$$

| $\mathscr{P}_e$ en watt (W)

Bilan des transferts d'énergie

- **Schématisation d'une chaîne énergétique**

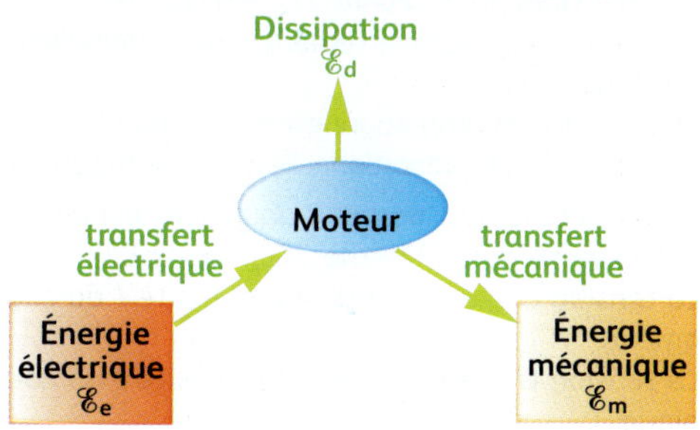

$\mathscr{E}_e$ = énergie électrique reçue par le moteur
$\mathscr{E}_d$ = énergie dissipée par effet Joule et par frottement
$\mathscr{E}_m$ = énergie mécanique transférée par le moteur (qui est la part utile dans la conversion d'énergie)

- **Rendement de conversion η**

$$\eta = \frac{\mathscr{E}_{utile}}{\mathscr{E}_{reçue}} \quad \text{avec } 0 \leqslant \eta < 1.$$

5 minutes CHRONO !

MANUEL NUMÉRIQUE — EXERCICES INTERACTIFS

1 Mots manquants

Compléter avec un ou plusieurs mots.

a. La durée caractéristique d'exploitation d'une ressource d'énergie non renouvelable est très .... devant celle de sa durée de reconstitution.

b. L'énergie solaire est une énergie ....

c. Un récepteur est parcouru par un courant d'intensité I et la tension entre ses bornes A et B est U_{AB}. L'énergie électrique $\mathscr{E}_e$ reçue par ce récepteur pendant une durée Δt s'exprime par la relation : ....

d. L'énergie dissipée par effet Joule dans un .... de résistance R est : $\mathscr{E}_J = R\,I^2\,\Delta t$.

e. On définit le rendement de conversion d'énergie η par : $\eta =$ ....

2 QCM sans calculatrice

Cocher la réponse exacte.

a. L'énergie électrique $\mathscr{E}_e$ reçue par un récepteur dont la tension à ses bornes est 3 V lorsqu'il est parcouru par un courant d'intensité 1 A pendant une durée 20 ms vaut :

☐ 3 W ☐ 6×10^1 J ☐ 6×10^{-2} J

b. La puissance de transfert de cette énergie vaut :

☐ 6×10^{-2} J ☐ 6×10^{-2} W ☐ 3 W

c. La puissance mise en jeu par effet Joule dans un conducteur ohmique de résistance R parcouru par un courant d'intensité I et dont la tension à ses bornes est U est :

☐ $R \times I$ ☐ $\frac{U}{I}$ ☐ $R \times I^2$

d. La loi d'Ohm peut s'écrire : $U_{AB} = R\,I$.

☐ La tension U_{AB} est inversement proportionnelle à l'intensité I du courant

☐ La résistance est proportionnelle à l'intensité I du courant

☐ La tension U_{AB} est proportionnelle à l'intensité I du courant

e. La tension U_{PN} aux bornes d'un générateur de tension peut s'exprimer sous la forme : $U_{PN} = E - r\,I$.

☐ La tension U_{PN} augmente si l'intensité I du courant augmente

☐ La tension U_{PN} augmente si l'intensité I du courant diminue

☐ La tension U_{PN} est indépendante de l'intensité I du courant

f. Pour que le rendement de conversion soit doublé tout en conservant une énergie utile constante, il faut que l'énergie reçue soit :

☐ doublée ☐ divisée par deux ☐ quadruplée

→ Reportez-vous aux solutions détaillées page 393 pour vérifier vos réponses et comprendre vos erreurs.

Parcours personnalisés

Trois parcours d'exercices pour travailler en autonomie selon ses besoins.

- **Maîtriser les bases** : 4 – 6 – 7 – 13
- **Préparer l'évaluation** : 14 – 17 – 20
- **Cap sur la Terminale** : 22 – 23 – 25

UTILISER SES CONNAISSANCES

▶ Ressources énergétiques [§1 du cours]

3 Énergies renouvelable et non renouvelable

Citer une énergie renouvelable et une énergie non renouvelable. Quelle(s) grandeur(s) caractéristique(s) permet(tent) de les distinguer ?

▶ Étude énergétique d'un récepteur [§2 du cours]

4 Énergie et puissance

Sur le culot d'une lampe basse consommation, on trouve écrit « 10 W – 220 V ». Ces valeurs caractérisent un fonctionnement normal de la lampe.

a. Quelles grandeurs sont associées à ces deux valeurs ?

b. Quelle est l'intensité du courant dans la lampe en fonctionnement normal ?

c. Quelle énergie électrique sera nécessaire pour que cette lampe fonctionne pendant 8 000 heures ?

5 Loi d'Ohm

Une pile est branchée aux bornes d'un conducteur ohmique de résistance R. Un courant d'intensité 0,50 A circule dans le montage.

a. Faire le schéma de ce montage en y représentant les appareils nécessaires pour mesurer l'intensité I du courant dans le circuit et la tension positive aux bornes A et B du conducteur ohmique.

b. Sachant que la tension mesurée est $U_{AB} = 9{,}1$ V, calculer la valeur de la résistance R.

6 Effet Joule

Un conducteur ohmique de résistance égale à 1,0 Ω est parcouru par un courant d'intensité 1,3 A pendant 30 s.

a. Calculer l'énergie dissipée par effet Joule dans le conducteur ohmique.

b. Calculer la puissance de ce transfert.

▶ Étude énergétique d'un générateur

[§3 du cours]

7 Étude d'un générateur

Un générateur, de résistance interne égale à 10 Ω, délivre un courant d'intensité $I = 120$ mA. La tension positive entre ses bornes est alors $U_{PN} = 7{,}8$ V.

a. Pourquoi cette valeur diffère-t-elle de celle indiquée par le constructeur sur le générateur, à savoir 9 V ?

b. Retrouver la valeur de la force électromotrice (*fem*) de ce générateur.

c. Ce même générateur est utilisé dans un autre montage pour alimenter uniquement une lampe, l'intensité du courant est alors égale à 0,30 A.

Calculer la tension aux bornes de la lampe.

8 Énergie et puissance

Un générateur délivre un courant d'intensité $I = 165$ mA pendant cinq minutes. La tension U_{PN} entre ses bornes vaut 2,20 V.

a. Calculer l'énergie électrique fournie par le générateur.

b. Calculer la puissance électrique de ce transfert d'énergie.

▶ Bilan des transferts d'énergie

[§4 du cours]

9 Chaîne énergétique

Lorsqu'il est alimenté par un générateur, un condensateur est un récepteur capable de stocker de l'énergie. Relié au flash d'un appareil photographique, ce condensateur restitue l'énergie stockée en totalité au circuit produisant l'éclair du flash.

Schématiser la chaîne énergétique et les échanges énergétiques qui ont lieu pendant la durée de l'éclair.

UTILISER SES COMPÉTENCES

10 Identifier une courbe

Ces deux courbes montrent l'évolution de deux tensions en fonction de l'intensité du courant.

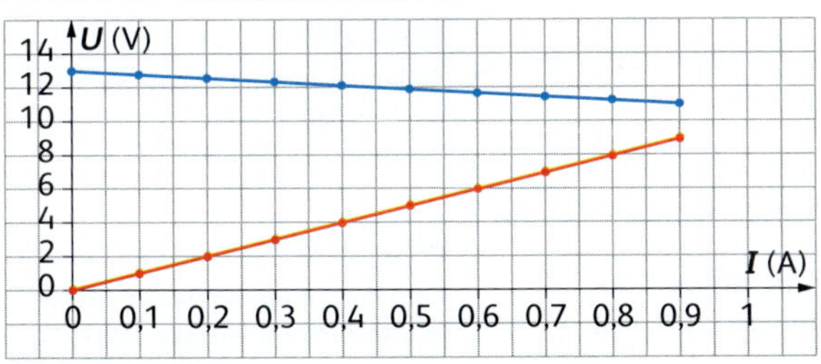

a. Pour chaque courbe, reconnaître s'il peut s'agir de la tension aux bornes d'un conducteur ohmique ? de la tension aux bornes d'un générateur ? Justifier.

b. Utiliser les courbes pour calculer toutes les caractéristiques de ces deux dipôles, conducteur ohmique et générateur.

11 Utiliser les unités SI

Un conducteur ohmique de résistance 1,2 kΩ est parcouru par un courant d'intensité 0,50 mA, pendant une minute.

a. Quelle tension positive mesure-t-on à ces bornes ?

b. Calculer l'énergie dissipée par effet Joule.

12 Appliquer une définition

En tenant compte de la conservation de l'énergie, appliquer la définition du rendement de conversion pour calculer celui du moteur décrit ci-après : « le système est un moteur qui fournit une énergie mécanique $\mathscr{E}_1 = 1{,}8$ J. L'effet Joule dans les fils du moteur correspond à environ $\mathscr{E}_2 = 3{,}8$ J et les frottements internes dissipent une énergie $\mathscr{E}_3 = 0{,}7$ J ».

13 Apprendre à rédiger

Voici l'énoncé d'un exercice et un guide (en orange) ; ce guide vous aide pour rédiger la solution détaillée et pour retrouver les réponses numériques aux questions posées.

Énoncé

Le schéma ci-contre est composé d'un générateur de force électromotrice $E = 6{,}0$ V et de résistance interne pratiquement nulle $r \approx 0$ Ω, d'un interrupteur, d'un conducteur ohmique et d'une diode électroluminescente (DEL).

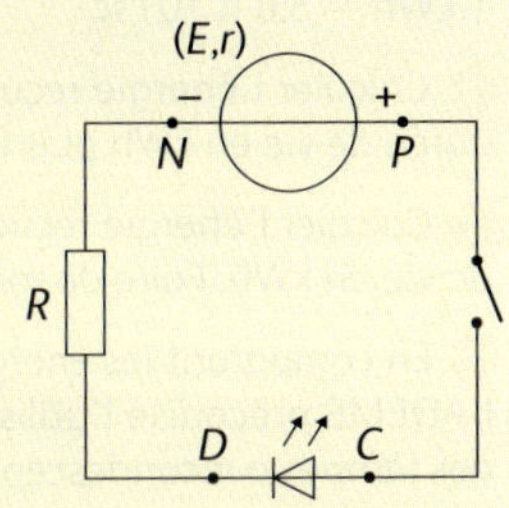

Lorsque l'interrupteur est fermé, la DEL s'allume.

a. Représenter les tensions U_{PN} aux bornes du générateur et U_{CD} aux bornes de la DEL.

▸ **Reproduire le schéma en circuit fermé et représenter les deux tensions par des flèches.**

b. Représenter le sens de circulation du courant.

▸ **Utiliser le sens conventionnel de circulation du courant : à l'extérieur du générateur, le courant circule de la borne positive *P* du générateur vers la borne négative *N* de celui-ci.**

c. On souhaite mesurer la tension U_{PN} aux bornes du générateur. Comment procède-t-on ?

▸ **Répondre en tenant compte du fait qu'une tension U_{AB} se mesure à l'aide d'un voltmètre branché en dérivation aux bornes du dipôle correspondant. La borne V étant reliée à la borne *A* et la borne COM à la borne *B*.**

d. Quelle est la valeur de la tension U_{PN} qui s'affiche sur le voltmètre ?

▸ **Écrire la tension d'un générateur sous la forme : $U_{PN} = E - rI$.**

▸ **L'appliquer au générateur étudié en rappelant les données de l'énoncé.**

▸ **Déduire que $U_{PN} = 6{,}0$ V, valeur lue sur le voltmètre correctement branché.**

EXERCICE RÉSOLU

Site élève

14 Lampe basse consommation

Énoncé L'ADEME (l'Agence de l'environnement et de la maîtrise de l'énergie) recommande l'utilisation de lampes fluo-compactes (LFC), plus économiques et plus écologiques que les lampes à incandescence traditionnelles. Toutefois, cet organisme insiste sur la nécessité de respecter les consignes de tri afin de favoriser le recyclage des LFC : en effet, elles contiennent de faibles quantités de mercure.

Lampe fluo-compacte (LFC) entourée de lampes à incandescence.

	LFC (lampe basse consommation)	Lampe à incandescence
Puissance en watt (W)	15	60
Durée de vie en heure (h)	8 000	1 000

Donnée : le kilowatt heure (kWh) est une unité d'énergie utilisée par EDF, 1 kWh = $3{,}6 \times 10^6$ J.

❶ Calculer l'énergie reçue par une lampe basse consommation pendant sa durée de vie en kWh puis en J.

❷ Calculer l'énergie reçue par une lampe à incandescence pendant sa durée de vie en kWh. Faire de même pour une durée égale à 8 000 heures.

❸ En comparant les énergies reçues par ces deux lampes, expliquer pourquoi l'ADEME préconise l'utilisation des lampes basse consommation plutôt que des lampes à incandescence.

❹ Sachant qu'un ménage français consomme environ 350 kWh par an pour l'éclairage, quelle est l'économie réalisée au niveau de sa facture d'électricité ?

Une solution

❶ Pour une lampe basse consommation, l'énergie reçue pendant 8 000 heures est égale à :

$$\mathscr{E} = \mathscr{P} \times \Delta t = 15 \times 8\,000 = 1{,}2 \times 10^5 \text{ Wh} = 1{,}2 \times 10^2 \text{ kWh}.$$

Soit : $\mathscr{E} = 1{,}2 \times 10^2 \times 3{,}6 \times 10^6 \text{ J} = 4{,}3 \times 10^8 \text{ J}$.

❷ Pour une lampe à incandescence, l'énergie reçue pendant 1 000 heures est égale à :

$$\mathscr{E} = \mathscr{P} \times \Delta t = 60 \times 1\,000 = 60 \times 10^3 \text{ Wh} = 60 \text{ kWh}.$$

Soit : $\mathscr{E} = 60 \times 3{,}6 \times 10^6 = 2{,}2 \times 10^8$ J.

Cette lampe consomme 8 fois plus d'énergie si son utilisation dure 8 000 heures. Dans ce cas, l'énergie reçue vaut : $8 \times 60 = 480$ kWh.

❸ La différence de consommation d'énergie entre une lampe à incandescence et une lampe basse consommation est de : 480 – 120 = 360 kWh pour une durée égale à 8 000 heures.
En remplaçant une lampe à incandescence de 60 W par une lampe fluo-compacte de 15 W, on économise 360 kWh au cours sa durée de vie. C'est pourquoi l'ADEME préconise leur utilisation.

❹ Un ménage français consomme environ 350 kWh par an pour s'éclairer. C'est l'équivalent de l'économie réalisée en remplaçant une lampe à incandescence de 60 W par une LFC de 15 W pendant sa durée de vie.

Connaissances
La quantité d'énergie consommée se calcule en appliquant la formule $\mathscr{E} = \mathscr{P} \times \Delta t$, avec $\mathscr{P}$ la puissance et Δt la durée de vie.

Utiliser les données
1 kWh = 1×10^3 W × 1 h ;
= 1×10^3 W × 3600 s ;
= $3{,}6 \times 10^6$ J.

Raisonner
Expliquer la multiplication de l'énergie par 8.

Raisonner
Pour comparer, on peut calculer la différence d'énergie reçue.

Rédiger
Expliquer la préconisation de l'ADEME.

15 Caractéristique intensité-tension

La caractéristique intensité-tension d'un récepteur est la courbe donnant les variations de la tension aux bornes du récepteur en fonction de l'intensité du courant qui le traverse. Cette courbe peut être tracée suite à un relevé de mesures.

a. Lister le matériel nécessaire pour réaliser cette expérience.

b. Schématiser le montage à réaliser.

c. Tracer la caractéristique du récepteur dont les résultats de l'expérience sont donnés dans le tableau ci-dessous :

I (mA)	0	50	100	150	200	250	300
U (V)	0	0,1	0,4	1,0	2,2	3,8	6,0

d. On réalise un nouveau circuit : un générateur de tension continue de *fem* $E = 5$ V, supposé idéal (sa résistance interne est considérée comme nulle), est branché aux bornes du récepteur précédent.

Tracer sur le graphique précédent la courbe $U_{PN} = f(I)$. Déduire des coordonnées du point d'intersection des deux courbes (appelé point de fonctionnement), l'intensité du courant qui traverse ce dernier circuit.

16 The future of the Earth

Carbon dioxide and other gases warm the surface of the planet naturally by trapping solar heat in the atmosphere. This is a good thing because it keeps our planet habitable. However, by burning fossil fuels such as coal, gas and oil and clearing forests, we have dramatically increased the amount of carbon dioxide in the Earth's atmosphere and temperatures are rising.

Changes have already happened. Glaciers are melting, plants and animals are being forced to leave their habitats, and the number of severe storms and droughts is increasing.

The scientists blame the depletion of natural ressources and the catastrophic evolution of the Earth's climate. They warn that we will have to change our way of life in the 10 next years. The stakes are high for future generations.

Some people are leading mobilisation for planet: Prince Charles in Britain, Al Gore in the United States or Nicolas Hulot and Yann Arthus Bertrand in France.

There is no doubt humanity can solve this problem. In fact, we have a moral obligation to do so. Small changes to your daily routine can add up to big differences in helping to stop global warming. The time to come together to solve this problem is now.

a. Quel est l'aspect positif de la présence du dioxyde de carbone dans l'atmosphère terrestre ?

b. Rechercher une définition de l'expression « global warming ».

c. Citer une cause probable du réchauffement climatique.

d. Citer deux conséquences de celui-ci sur la planète.

e. Rechercher quelles sont les solutions proposées à ce jour, en particulier au niveau énergétique.

17 Étude d'une pile

Afin d'étudier une pile, on réalise le montage ci-contre.

La pile est reliée à un rhéostat, de résistance R_H réglable par déplacement d'un curseur (une butée limite la valeur minimale de R_H à 23 Ω et la valeur maximale à 1 000 Ω), ce qui permet de faire varier l'intensité I du courant.

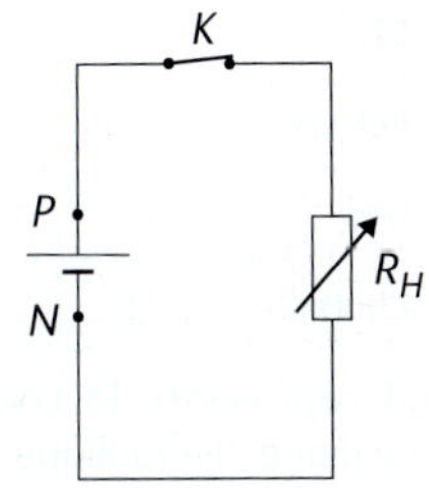

a. Reproduire le schéma du circuit et le compléter en représentant les appareils de mesures de la tension U_{PN} aux bornes de la pile et de l'intensité I du courant dans le circuit. Préciser la place des bornes V, COM et mA des appareils de mesures.

b. Les résultats obtenus sont les suivants :

U_{PN} (V)	4,3	4,2	4,0	3,8	3,5	3,2
I (mA)	0	10	40	60	100	140

Représenter le graphe $U_{PN} = f(I)$ donnant l'évolution de la tension U_{PN} en fonction de l'intensité I du courant.

c. Pourquoi le modèle $U_{PN} = E - r\,I$ est-il adapté à cette évolution ?

d. Déterminer graphiquement la valeur de la *fem* E de la pile et celle de sa résistance interne r.

18 Une perceuse sans fil

Le moteur d'une perceuse sans fil est alimenté par une batterie d'accumulateurs sous une tension égale à 14,4 V. La puissance maximale de l'échange d'énergie entre les accumulateurs et le moteur est égale à 16 W. La puissance utilisable pour les actions mécaniques est alors de 7 W.

a. Calculer dans ces conditions le rendement de conversion du moteur.

b. On se sert de cette perceuse en visseuse pour insérer un tire-fond de taille moyenne dans une cheville adaptée. Il faut 3,0 s pour le visser totalement et l'intensité du courant traversant le générateur vaut alors en moyenne 1,0 A.

Calculer l'énergie cédée par le générateur au moteur.

c. On utilise maintenant cet appareil pour visser un tire-fond de dimensions bien plus importantes. Le moteur est bloqué et on perçoit un échauffement relativement important.

Donner une explication.

19 Énergies et consommation

Le tableau ci-dessous indique l'évolution de la consommation par type d'énergie au cours du temps en France. Cette consommation annuelle est donnée en Mtep. La tonne équivalent pétrole est l'énergie libérée par la combustion d'une tonne de pétrole, par convention 1 tep = 41,868 GJ.

Énergies	1973	1990	2002	2007	2009
E1	7,7	83,2	113,5	116,2	110,8
E2	9,4	11,4	11,8	14,0	16,0
Pétrole	121,5	88,3	93,3	90,1	82,7
Gaz	13,2	26,3	40,2	40,6	39,0
Charbon	27,8	19,2	12,8	12,9	10,8

E1 représente la consommation d'énergie d'origines nucléaire, hydraulique, éolien et photovoltaïque.
En **2009**, ces quatre types d'énergie représentaient la quasi-totalité de la consommation d'électricité en France, produite essentiellement à partir de l'énergie nucléaire (85 %).

E2 représente les autres énergies renouvelables : géothermie, biomasse, etc.

a. Tracer sur un même graphique les courbes donnant l'évolution de la consommation de chaque type d'énergie (E1, E2, pétrole, gaz et charbon) en fonction du temps.

b. Le premier choc pétrolier français date de 1973, la convention sur le climat de 1992 et le protocole de Kyoto de 2002. Analyser l'influence de ces trois événements sur l'évolution de ces consommations d'énergie ?

c. Exprimer en joule la consommation d'énergies renouvelables en France en 2009.

d. Comparer l'ordre de grandeur de votre résultat avec l'ordre de grandeur de la production d'énergie par la seule usine marémotrice en France située sur la Rance, soit 10^{16} J.

20 Conducteur ohmique

Pour identifier un dipôle récepteur, on souhaite tracer la courbe donnant l'évolution de la tension U_{AB} à ses bornes en fonction de l'intensité I du courant qui le traverse. Un générateur de *fem E* et de résistance interne nulle (générateur idéal) permet de régler la tension entre C et B de 0 à 5 V. On réalise le schéma ci-dessous.

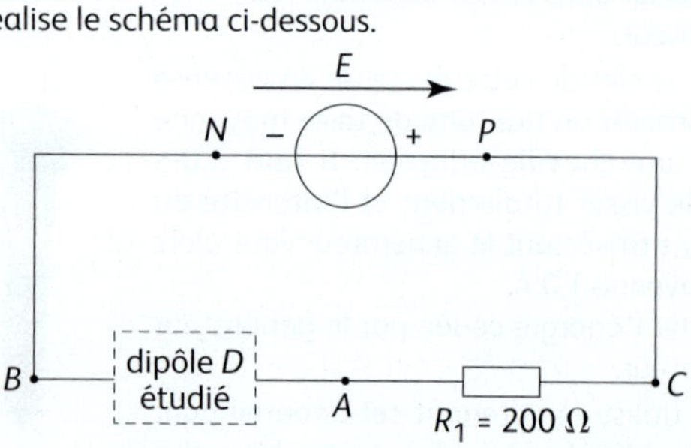

On mesure les tensions U_{CA} et U_{AB}.

a. Exprimer la relation entre U_{PN} et U_{CB} et en déduire les valeurs minimale et maximale que l'on peut donner à E.

b. Écrire l'expression de I en fonction de U_{CA} et R_1.

c. Les résultats des mesures sont les suivants :

U_{CA} (V)	0,0	0,66	1,46	1,98	2,36	2,72
U_{AB} (V)	0,0	0,34	0,74	1,02	1,24	1,42
I (mA)						

Compléter le tableau avec les valeurs de l'intensité I du courant.

d. Tracer la courbe $U_{AB} = f(I)$.

e. Le dipôle D étudié est-il un conducteur ohmique ? Justifier. Si tel est le cas, déterminer la valeur de sa résistance R.

21 ★ Pertes par effet Joule

L'un des problèmes rencontrés lors du transport de l'électricité est celui des pertes en lignes. En effet, les câbles qui transportent l'électricité, du lieu de production jusqu'à l'utilisateur, ont une résistance faible mais non nulle. Les câbles électriques sont donc sujets à dissiper de l'énergie par effet Joule.

Données

– La résistance d'une portion de fil de longueur L et de section S est donnée par la relation suivante :

$$R = \rho \frac{L}{S}$$

avec L en m et S en m^2.
ρ s'appelle la résistivité et s'exprime en $\Omega \cdot$m. Le cuivre est caractérisé par une résistivité $\rho = 1{,}7 \times 10^{-8}\ \Omega \cdot$m.

– Les relations établies dans le cas du courant continu s'appliquent au cas du conducteur ohmique en courant alternatif en utilisant les valeurs efficaces des tensions et intensités.

a. Que signifie l'expression « pertes en lignes » ?

b. Calculer la résistance d'un fil de cuivre de longueur L = 30 m et de section S = 6 mm^2.

c. Pour une tension efficace U_{AB} = 230 V, calculer la valeur efficace I de l'intensité du courant nécessaire pour alimenter une cuisinière électrique de puissance $\mathcal{P}$ = 4,0 kW.

d. En déduire la puissance mise en jeu par effet Joule dans le câble de cuivre de 30 m de long.

e. Lors d'une surcharge du réseau, la tension efficace diminue jusqu'à la valeur U_{AB} = 200 V.
Refaire les calculs des questions **c.** et **d.**

f. Comparer la puissance liée à l'effet Joule dans les deux cas. Quelle tension doit-on choisir pour minimiser l'effet Joule ?

g. EDF transporte l'électricité sous haute tension (environ 70 kV) pour les distances moyennes et sous très haute tension (400 kV) pour les longues distances, pourquoi ?

22 Apprendre à chercher

La résolution de cet exercice nécessite de trouver les étapes du raisonnement. En cas de difficultés, rendez-vous page 404.

On suspend une charge de masse $m = 200$ g à un fil entraîné par un moteur. Celui-ci convertit l'énergie électrique qu'il reçoit en énergie mécanique pour soulever la charge. Elle effectue alors un mouvement de translation rectiligne et uniforme ascendant et passe devant les graduations d'une règle séparées de $h = 50$ cm en une durée $\Delta t = 2{,}2$ s.

Au cours du mouvement, on mesure la tension U_{AM} aux bornes du moteur ainsi que l'intensité I du courant. Les résultats obtenus pendant Δt sont $U_{AM} = 8{,}2$ V et $I = 0{,}32$ A.

→ *Quelle est la valeur du rendement de conversion du moteur?*

Donnée: $g = 9{,}8$ N·kg^{-1}.

23 ★ Étude d'un générateur

Une source idéale de tension continue de *fem* $E = 5{,}0$ V (résistance interne nulle) alimente un circuit comportant un conducteur ohmique. de résistance $R_1 = 200\ \Omega$ en série avec un rhéostat utilisé en résistance réglable R_H comprise entre 0 et 1,0 kΩ). Le schéma du montage est le suivant.

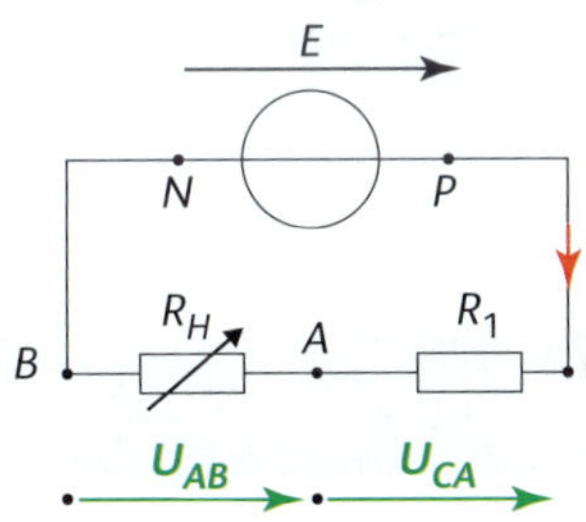

a. Exprimer U_{AB} et U_{CA} en fonction des résistances R_1 ou R_H et de l'intensité I du courant.

b. En tenant compte des expressions précédentes et du fait que $E = U_{AB} + U_{CA}$, déterminer l'expression de l'intensité I du courant en fonction de E, R_H et R_1.

c. En déplaçant le curseur d'une extrémité à l'autre du rhéostat, il est possible de régler l'intensité du courant. Entre quelles valeurs notées I_{min} et I_{max}, l'intensité du courant varie-t-elle?

d. En déduire un encadrement de la puissance liée à l'effet joule dans le conducteur ohmique de résistance R_1.

24 ★★ Pétrole ou éolienne?

On cherche à comparer les moyens de production d'une énergie $\mathscr{E}_1 = 3{,}6$ MJ grâce à une éolienne ou à l'utilisation de pétrole.Une éolienne est une machine permettant de convertir l'énergie cinétique du vent en énergie mécanique ou électrique. En général, son rendement de conversion d'énergie η est égal à 20 %.

a. Définir le rendement de conversion d'énergie et l'exprimer littéralement.

b. Calculer l'énergie cinétique du vent nécessaire pour produire l'énergie $\mathscr{E}_1$.

c. On suppose que le vent a une vitesse de 50 km·h^{-1} et qu'à cette vitesse, une tonne d'air transporte une énergie cinétique d'environ 100 kJ. Calculer la masse d'air nécessaire à la production de l'énergie $\mathscr{E}_1$.

d. Un moteur thermique est une machine permettant de convertir l'énergie chimique d'un combustible (ici du pétrole) en énergie mécanique ou électrique. En moyenne, le rendement de conversion d'énergie est égal à 20 %.

Calculer la masse de pétrole nécessaire pour produire l'énergie $\mathscr{E}_1$?

Donnée: l'énergie libérée par la combustion de 1 kg de pétrole est 42 MJ·kg^{-1} (appelé pouvoir calorifique du pétrole).

e. Comparer les masses d'air et de pétrole nécessaire à la production d'une énergie mécanique $\mathscr{E}_1 = 3{,}6$ MJ.

25 ★★ Différents types de centrales

On cherche à produire une énergie $\mathscr{E}_1 = 1$ kWh grâce à différents types de centrales.

a. Justifier que 1 kWh $= 3{,}6 \times 10^6$ J.

b. Une centrale hydroélectrique fournit une énergie telle que $\mathscr{E} = \eta mgz$ avec η le rendement de conversion d'énergie, m la masse d'eau et z la hauteur de chute. On considère un rendement de 85 % et une hauteur de chute de 40 mètres. Calculer la masse d'eau nécessaire à la production de l'énergie $\mathscr{E}_1$.

c. Certaines centrales nucléaires utilisent comme combustible de l'uranium naturel contenant 0,70 % en masse d'uranium 235. L'énergie produite par la réaction de fission d'un noyau d'uranium 235 est d'environ 177 MeV. Calculer le nombre de noyaux d'uranium 235 puis calculer la masse d'uranium naturel nécessaire à la production de l'énergie $\mathscr{E}_1$.

d. Comparer les masses d'eau et d'uranium naturel nécessaire à la production de l'énergie $\mathscr{E}_1$.

Données

Noyau d'uranium: M(^{235}U) = 235,0 g·mol^{-1} ; constante d'Avogadro: $N_A = 6{,}02 \times 10^{23}$ mol^{-1} ; 1 eV $= 1{,}6 \times 10^{-19}$ J ; $g = 9{,}81$ N·kg^{-1}.

Chutes d'eau d'Iguaçú à la triple frontière Brésil– – Paraguay – Argentine. En comparaison, toute l'eau des chutes d'Iguaçú a la même puissance que 2 des 18 unités génératrices du barrage d'Itaipu (Activité 1).

Culture scientifique et citoyenne

Sciences & Société

Zoom sur l'éolien et le solaire

Les énergies renouvelables, qui utilisent des ressources naturelles inépuisables (vent, soleil…) et qui ne génèrent pas de gaz à effet de serre, sont depuis quelques années en **forte expansion.** L'objectif de la Commission Européenne est d'atteindre 20 % de la production totale d'énergie en Europe à l'horizon 2020 grâce aux énergies renouvelables.

- En France, les énergies renouvelables représentent **6,8 % de l'énergie produite** (2010). Parmi celles-ci, l'éolien et le solaire permettent de disposer d'énergie électrique à un coût raisonnable et l'exploitation est relativement simple à mettre en place.
- Toutefois, **le vent** étant une source d'énergie **aléatoire et discontinue,** l'éolien n'est exploitable en moyenne que 20 % du temps. Cela nécessite de disposer de sources d'énergie de substitution. Ce rôle est assuré par des centrales classiques (combustibles fossiles) ou des centrales nucléaires.
- Le **solaire thermique** est utilisé principalement dans les installations domestiques pour le chauffage de l'eau ou des locaux. Le **solaire photovoltaïque** convertit directement l'énergie solaire en énergie électrique avec un rendement de conversion rayonnement/électricité de 15 % ; ce qui pose, tout comme l'éolien, la même contrainte en termes de sources d'énergie de substitution.

Parc éolien et solaire.

Sur le Web www.sauvonsleclimat.org www.cea.fr

PHYSIQUE & ENVIRONNEMENT

Parc d'hydroliennes à Paimpol-Bréhat

Les futures hydroliennes immergées.

La première hydrolienne française a été immergée fin mars 2008 près de Bénodet dans le Finistère pour exploiter **l'énergie des courants marins.** La puissance électrique de la turbine est de 10 kW pour un diamètre de trois mètres.

- Le démarrage d'un **parc d'hydroliennes est prévu à Paimpol-Bréhat** dans les Côtes d'Armor. Dès le printemps 2011, un projet pilote sera installé pour tester, à terme, différentes modalités de production d'électricité à partir de l'**énergie des courants.** Les **quatre hydroliennes** auront une puissance de quatre fois 500 kilowatts, soit l'équivalent au total de la **consommation de 2 000 foyers.**
- D'après EDF, le projet a été mené en étroite concertation avec pêcheurs et défenseurs de l'environnement. La technologie de ces hydroliennes ne nécessite pas de travaux sous-marins. Totalement immergées, elles peuvent être facilement émergées pour des opérations de maintenance.

Sur le Web http://energie.edf.com/hydraulique/energies-marines/comment-ca-marche-y/hydroliennes-51487.html
www.sabella.fr

Un métier : ingénieur(e)-chercheur(se) en énergie BAC +8

S. Panebianco à côté d'un détecteur de rayonnement gamma.

Stefano Panebianco, ingénieur chercheur au CEA répond à nos questions :

- ***Pourquoi avoir choisi de devenir chercheur ?***

Tout d'abord parce que le travail d'un chercheur consiste à répondre aux défis de son époque en mettant à disposition de la société ses compétences et ses connaissances, que ce soit en recherche fondamentale ou en recherche appliquée. Ensuite, parce qu'un chercheur en physique se doit de mettre en place une méthodologie de travail basée sur la méthode scientifique, la rigueur, le travail en équipe, l'ouverture à l'international. Ce mode de travail débouche naturellement sur la transmission du savoir et sur le transfert des compétences scientifiques et techniques.

- ***En quoi consiste votre travail ?***

Je travaille au sein de l'Institut de Recherche sur les Lois Fondamentales de l'Univers dans le Service de Physique Nucléaire où je mène des recherches en physique expérimentale sur l'étude et la caractérisation du processus de fission nucléaire.

- ***Pourquoi travailler dans le domaine des énergies ?***

Depuis un siècle, le travail des chercheurs a permis le développement et la gestion des ressources en énergie, impliquant également une hausse considérable du niveau de vie des populations, spécialement dans les pays développés. Ces compétences sont de plus en plus mises au service de la formation des scientifiques des pays en développement.

Sur le Web http://irfu.cea.fr/Sphn/MNM

Exercer son esprit critique

Il est aujourd'hui admis par la plupart des scientifiques que la solution au « problème » de l'énergie viendra de l'**utilisation combinée des différentes sources d'énergie.** Toutefois, cette solution ne sera satisfaisante que si des économies d'énergie sont réalisées simultanément. Qu'il s'agisse d'éclairage, d'isolation thermique, ou encore de consommation d'hydrocarbure, les progrès potentiels sont considérables.

?! D'après vous, les énergies renouvelables peuvent-elles prendre une place plus importante dans une utilisation combinée de différentes sources d'énergie ?
La fusion thermonucléaire peut-elle devenir l'énergie du futur ?

Sur le Web www.edf.fr
www.cea.fr
www.cite-sciences.fr

Galeries commerciales à Grenoble conçues aux normes HQE (Haute Qualité Environnementale) et BBC (Bâtiment de Basse Consommation énergétique).

Chapitre 18

Combustion et énergie chimique

Les objectifs

- Écrire l'équation d'une réaction de combustion et mesurer l'énergie qu'elle libère.
- Connaître l'ordre de grandeur de l'énergie libérée lors d'une réaction de combustion.
- Connaître les problématiques du stockage et de la conversion d'énergie chimique.
- Estimer la masse de dioxyde de carbone CO_2 produit lors du déplacement d'un véhicule.

Échanger des idées

Le moteur de cette voiture peut utiliser aussi bien de l'éthanol que de l'essence.

▶ DÉBAT EN GROUPE

Le bioéthanol, produit à partir d'espèces végétales, est-il un carburant plus écologique que l'essence ?

Décollage de la fusée Ariane V.

▶ MOBILISER SES ACQUIS

Quelle(s) énergie(s) est (sont) utilisée(s) pour faire décoller cette fusée ?

Forage d'une nappe de pétrole dans l'Ouest de la Sibérie.

▶ ÉMETTRE DES HYPOTHÈSES

Pourquoi une nappe de pétrole est-elle considérée comme un stock d'énergie chimique ?

ACTIVITÉ EXPÉRIMENTALE

MANUEL NUMÉRIQUE

1 Aspects énergétiques d'une combustion

▶ Une combustion libère-t-elle ou utilise-t-elle de l'énergie ? Pour le savoir, réalisons plusieurs réactions chimiques.

1 *Ces trois boîtes de Petri contiennent, de gauche à droite, des cendres, du sucre, et un mélange de sucre et de cendres.*

Expérience 1

- Déposer sur une boîte de Petri en Pyrex® un peu de cendres de papier brûlé, sur une deuxième boîte de Petri un peu de sucre en poudre et sur une troisième boîte de Petri un mélange de sucre en poudre et de cendres de papier **(document 1)**.
- Approcher la flamme d'un briquet ou d'une allumette du contenu de chacun des récipients.

1 Observer
Qu'observe-t-on dans chacune des boîtes de Petri ?

2 Interpréter
a. Dans quel cas observe-t-on une réaction chimique de combustion ?
b. Observe-t-on une réaction chimique dans un autre cas ?

2 *Montage utilisé pour identifier les produits de la combustion du saccharose.*

Expérience 2

- Réaliser une combustion à partir de sucre en poudre et/ou de cendres de papier en utilisant le protocole de l'**expérience 1**.
- Lorsque la combustion a débuté, placer un entonnoir retourné au-dessus de la boîte de Petri. L'extrémité de l'entonnoir est raccordée à un tuyau en caoutchouc, lui-même relié à un tube barboteur contenant de l'eau de chaux **(document 2)**.
- Maintenir une légère aspiration grâce à la trompe à eau. Observer.
- À la fin de la combustion, déposer avec une spatule un peu de sulfate de cuivre anhydre sur la paroi intérieure de l'entonnoir.

3 Interpréter
a. Quels sont les produits de la réaction de combustion du saccharose mis en évidence ?
b. Écrire l'équation de réaction correspondante sachant que le saccharose (de formule brute $C_{12}H_{22}O_{11}$) a réagi avec le dioxygène de l'air. Émettre des hypothèses sur le rôle des cendres de papier.

4 Conclure
La (les) réaction(s) chimique(s) observée(s) dans les expériences 1 et 2 libère-t-elle (libèrent-elles) de l'énergie ?

ACTIVITÉ EXPÉRIMENTALE

MANUEL NUMÉRIQUE

2 Énergie libérée lors d'une combustion

▶ L'énergie contenue dans une molécule organique peut être libérée par une réaction chimique : on parle alors d'énergie chimique. Le chimiste Lavoisier fut le premier, au XVIIIe siècle, à entreprendre la mesure de cette énergie. Mettons en œuvre à notre tour un procédé simple pour mesurer l'énergie libérée par la combustion d'une bougie.

Expérience

- À l'aide d'une éprouvette graduée, verser un volume V = 150 mL d'eau dans une canette. La poser sur la grille d'un support métallique.
- Introduire la sonde d'un thermomètre au milieu du volume d'eau puis la fixer sur un support. Noter la valeur de la température de l'eau.
- Peser la bougie et son support. Noter la masse m_1 mesurée.
- Placer la bougie sous la grille et l'allumer **(document 3)**.
- Entourer le montage expérimental d'un cylindre en carton dont l'intérieur est recouvert d'aluminium.
- Noter régulièrement la valeur de la température après avoir agité la canette.
- Éteindre la bougie quand la température atteint la valeur de 30 °C.
- Peser de nouveau la bougie et son support. Noter la masse m_2 mesurée.

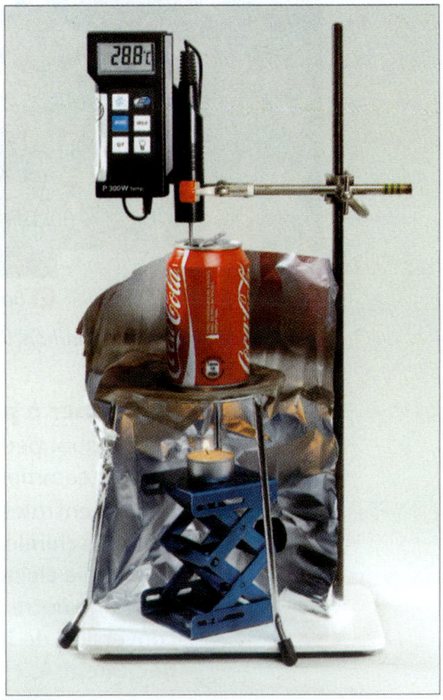

3 *La flamme de la bougie permet de chauffer le contenu de la canette.*

1 Observer

Donner la valeur de l'élévation de température de l'eau.

2 Interpréter

a. Sachant qu'une quantité d'énergie de 4,18 J permet d'augmenter la température d'un gramme d'eau d'un degré Celsius, calculer l'énergie reçue par le volume V d'eau au cours de l'expérience.

Donnée : masse volumique de l'eau liquide, $\rho = 1{,}0\ \text{g} \cdot \text{mL}^{-1}$.

b. D'où provient l'énergie reçue par l'eau de la canette au cours de l'expérience ?

3 Conclure

a. On peut considérer que la bougie est composée d'acide stéarique de formule :

$$CH_3{-}(CH_2)_{16}{-}CO_2H.$$

Calculer l'énergie libérée $\mathscr{E}_{\text{lib}}$ par la combustion de la bougie lors de l'expérience, sachant que l'énergie libérée $\mathscr{E}_{\text{m, comb}}$ par mole d'acide stéarique lors de sa combustion est :

$$\mathscr{E}_{\text{m, comb}} = 10{,}8 \times 10^3\ \text{kJ} \cdot \text{mol}^{-1}.$$

Masses molaires atomiques : $M(\text{C}) = 12{,}0\ \text{g} \cdot \text{mol}^{-1}$; $M(\text{H}) = 1{,}0\ \text{g} \cdot \text{mol}^{-1}$; $M(\text{O}) = 16{,}0\ \text{g} \cdot \text{mol}^{-1}$.

b. Comparer l'énergie reçue par l'eau de la canette et l'énergie libérée par la combustion de la bougie.

c. Que peut-on dire de la conversion d'énergie lors de l'expérience ? Quel rôle joue le cylindre en carton recouvert de papier d'aluminium ?

Activité à la maison

ACTIVITÉ DOCUMENTAIRE

MANUEL NUMÉRIQUE

3 Stockage et conversion d'énergie chimique

▶ Intéressons-nous aux stocks d'énergie chimique utilisés pour les activités humaines : comment l'Homme les utilise-t-il ? Quelle est leur origine ?

ⓐ *Charbon.*

ⓑ *Bois de chauffage.*

ⓒ *Chaudière biomasse utilisant des tiges de lin broyées.*

ⓓ *Baril de pétrole.*

4 *La combustion du charbon, du bois, de la biomasse ou du pétrole libère de l'énergie.*

1 Raisonner à partir de documents

a. Pourquoi peut-on considérer les éléments du **document 4** comme des stocks d'énergie chimique ?

b. Les centrales thermiques permettent de convertir l'énergie chimique stockée dans différents combustibles en énergie électrique **(document 5)**.
Citer une autre forme d'énergie qui peut résulter de la conversion de l'énergie stockée dans les éléments du **document 4**.

5 *Centrale thermique au lignite, en Allemagne.*

Sans en avoir conscience, nos ancêtres primitifs libéraient dans leurs foyers une énergie venue du Soleil [...]. Tant que les hommes furent peu nombreux, leurs besoins furent satisfaits par l'énergie du Soleil stockée sur une période de quelques années seulement, par la croissance annuelle des végétaux ; cependant, avec les progrès de la civilisation et les besoins croissants en énergie, on récupéra l'énergie du Soleil stockée au cours des périodes géologiques antérieures : le bois céda la place au charbon, comme principal combustible. [...] La civilisation moderne poursuit cette quête de l'énergie stockée [...] : nous exploitons aujourd'hui les grandes réserves de pétrole, c'est-à-dire les résidus partiellement dégradés de la vie sous-marine (elle aussi entretenue par le Soleil) [...].

P. W. Atkins, *Chaleur et désordre. Le deuxième principe de la thermodynamique*, collection L'Univers des sciences, Pour la Science 1987

6 *Les stocks d'énergie chimique utilisés par les Hommes résultent de la conversion de l'énergie solaire sur Terre.*

2 Comprendre le texte

a. D'après P. W. Atkins, quelle est l'origine de l'énergie chimique stockée sur Terre et utilisée par les Hommes ?

b. Quel phénomène biologique permet aux plantes de convertir l'énergie solaire en énergie chimique ?

c. Pourquoi le pétrole et le charbon sont-ils qualifiés de combustibles fossiles ?

3 Conclure

Quels sont les inconvénients de l'utilisation presque exclusive des énergies fossiles ?

Vocabulaire

Foyer : lieu où l'on fait le feu.

Résidu : ce qui reste.

1 Réactions de combustion

1.1 Équation de combustion

Lors de la combustion complète d'un hydrocarbure ou d'un alcool, le combustible réagit avec le comburant (c'est-à-dire le dioxygène) pour former du dioxyde de carbone et de l'eau.

Dans l'écriture d'une équation de combustion, on commence par ajuster les nombres stœchiométriques pour vérifier la conservation des éléments carbone et hydrogène ; on vérifie ensuite la conservation de l'élément oxygène en ajustant les nombres stœchiométriques correspondants.

APPLICATION Écrire l'équation de combustion complète de l'éthanol liquide, de formule brute C_2H_6O.

Réponse. Lors de la combustion complète de l'éthanol, celui-ci réagit avec le dioxygène pour former du dioxyde de carbone et de l'eau. On commence par assurer la conservation des éléments carbone et hydrogène :

$$C_2H_6O\ (\ell) + \ldots\ O_2\ (g) \rightarrow 2\ CO_2\ (g) + 3\ H_2O\ (g).$$

On écrit ensuite le nombre stœchiométrique devant le dioxygène pour assurer la conservation de l'élément oxygène. L'équation de cette réaction de combustion s'écrit donc :

$$C_2H_6O\ (\ell) + 3\ O_2\ (g) \rightarrow 2\ CO_2\ (g) + 3\ H_2O\ (g).$$

Remarque : on choisit souvent les nombres stœchiométriques entiers les plus petits possibles.

7 *La combustion incomplète d'un hydrocarbure ou d'un alcool dans un moteur peut conduire à la formation d'un gaz toxique, le monoxyde de carbone : c'est l'une des causes de la pollution automobile.*

Éviter des erreurs

La combustion de carburant dans les moteurs se fait en présence d'un léger excès de dioxygène, car ce gaz est présent dans l'air.

1.2 Masse de CO_2 produit par un véhicule

La combustion d'un hydrocarbure ou d'un alcool produit du dioxyde de carbone, gaz à effet de serre dont le rejet dans l'atmosphère participe au réchauffement climatique.

Voici une méthode pour estimer la masse de dioxyde de carbone produit par un moteur à explosion.

1. Évaluer la quantité de matière de combustible consommé.
2. Écrire l'équation de combustion, puis construire le tableau d'évolution.
3. Calculer l'avancement maximal en considérant que le dioxygène, présent dans l'air, est en léger excès.
4. En déduire la quantité de matière puis la masse de CO_2 produit.

Exemple. La masse de CO_2 produit par une voiture ayant une consommation d'essence de 5,0 litres pour 100 km est d'environ 110 g par kilomètre.

Science in English

greenhouse gases : gaz à effet de serre
global warming : réchauffement climatique

8 *Une « étiquette énergie » classe les véhicules selon la masse de dioxyde de carbone produit par kilomètre.*

2 Aspect énergétique d'une combustion

2.1 Énergie libérée lors d'une combustion

Une réaction de combustion est toujours **exothermique** : le système chimique en combustion libère de l'énergie.

On parle alors d'**énergie libérée** par une réaction de combustion.

On appelle **énergie molaire de combustion** l'énergie libérée par mole de combustible consommé : elle est notée $\mathscr{E}_{m,\,comb}$ et s'exprime en $J \cdot mol^{-1}$.
L'énergie libérée par la combustion complète d'une quantité de matière n de combustible est donnée par la relation :

$$\mathscr{E}_{lib} = n \times \mathscr{E}_{m,\,comb}$$

n en mole (mol)
$\mathscr{E}_{m,\,comb}$ en joule par mole ($J \cdot mol^{-1}$)
$\mathscr{E}_{lib}$ en joule (J)

Vocabulaire

En chimie, on écrit « **molaire** » à côté d'un volume, d'une masse ou d'une énergie pour signifier que la grandeur est exprimée par mole de matière.

APPLICATION Calculer l'énergie libérée par la combustion complète d'une quantité $n = 5{,}0$ mol de propane. On donne $\mathscr{E}_{m,\,comb} = 2\,056\ kJ \cdot mol^{-1}$.

Réponse. L'énergie libérée par une quantité de matière n de propane est :

$$\mathscr{E}_{lib} = n \times \mathscr{E}_{m,\,comb} = 5{,}0 \times 2056 = 1{,}0 \times 10^4\ kJ.$$

9 *La combustion des glucides et des lipides, principaux stocks d'énergie dans le corps humain, libère l'énergie nécessaire pour fournir un effort physique.*

2.2 Stockage et conversion de l'énergie chimique

- Lors des réactions chimiques, les molécules libèrent ou captent de l'énergie : on dit qu'elles contiennent de l'**énergie chimique**.
- La combustion permet de libérer de l'énergie chimique. Elle est convertie en d'autres formes d'énergie grâce à un transfert thermique.
- Les hydrocarbures et les alcools constituent des stocks d'énergie chimique.

Le pétrole brut est ainsi un réservoir d'énergie chimique. L'énergie chimique de ses différentes fractions (GPL, essence, gazole, etc.) est convertie pour différentes utilisations. Par exemple, le moteur d'une voiture permet de convertir l'énergie chimique en énergie mécanique.

10 *La combustion du biogaz, obtenu par décomposition de matières organiques, libère de l'énergie chimique qui peut être utilisée pour cuire des aliments.*

2.3 Ordres de grandeur

L'ordre de grandeur d'une énergie molaire de combustion est de **1 000 à 10 000 $kJ \cdot mol^{-1}$**. Cet ordre de grandeur est dix à cent fois supérieur à celui des énergies molaires de changement d'état.

Changement d'état	Combustion	Transformation nucléaire
10 à $10^2\ kJ \cdot mol^{-1}$	10^3 à $10^4\ kJ \cdot mol^{-1}$	10^{11} à $10^{13}\ kJ \cdot mol^{-1}$

11 *Ordres de grandeur des énergies molaires de quelques transformations.*

L'ESSENTIEL

Réactions de combustion

- Lors de la combustion complète d'un hydrocarbure ou d'un alcool, le combustible réagit avec le comburant (c'est-à-dire le dioxygène) pour former du dioxyde de carbone et de l'eau.

Exemple. La réaction de combustion du méthane, constituant essentiel du gaz de ville, s'écrit :

$$CH_4\ (g) + 2\ O_2\ (g) \rightarrow CO_2\ (g) + 2\ H_2O\ (g).$$

Les nombres stœchiométriques sont ajustés de façon à vérifier la conservation de chaque élément (carbone, hydrogène puis oxygène).

Énergie libérée lors d'une combustion

- Une réaction de combustion est **exothermique**.
- On appelle **énergie molaire de combustion** l'énergie libérée par mole de combustible consommé : elle est notée $\mathscr{E}_{m,\,comb}$ et s'exprime en $J \cdot mol^{-1}$.
- L'énergie libérée par la combustion complète d'une quantité de matière *n* de combustible est donnée par la relation :

$$\mathscr{E}_{lib} = n \times \mathscr{E}_{m,\,comb}$$

n en mole (mol)
$\mathscr{E}_{m,\,comb}$ en joule par mole ($J \cdot mol^{-1}$)
$\mathscr{E}_{lib}$ en joule (J)

Masse de CO_2 produit par un véhicule

Pour **estimer la masse de dioxyde de carbone** produit lors du déplacement d'un véhicule :

1. évaluer la quantité de matière de combustible consommé ;
2. écrire l'équation de combustion, puis construire le tableau d'évolution ;
3. calculer l'avancement maximal en considérant que le dioxygène, présent dans l'air, est en léger excès ;
4. en déduire la quantité de matière puis la masse de CO_2 produit.

Énergie chimique

- Lors des réactions chimiques, les molécules libèrent ou captent de l'énergie : on dit qu'elles contiennent de l'**énergie chimique**.
- Les hydrocarbures et les alcools constituent des **stocks d'énergie chimique**. Leur combustion permet de libérer cette énergie chimique stockée, qui est ensuite convertie en une autre forme d'énergie.

Dans une centrale thermique, l'énergie chimique stockée dans le combustible est convertie en énergie électrique.

Ordres de grandeur

Changement d'état	Combustion	Transformation nucléaire
10 à $10^2\ kJ \cdot mol^{-1}$	10^3 à $10^4\ kJ \cdot mol^{-1}$	10^{11} à $10^{13}\ kJ \cdot mol^{-1}$

5 minutes CHRONO !

MANUEL NUMÉRIQUE — EXERCICES INTERACTIFS

1 Mots manquants

Compléter avec un ou plusieurs mots.

a. Lors de la combustion complète d'un hydrocarbure ou d'un alcool, le combustible réagit avec du dioxygène pour former du .... et ....

b. L'équation de réaction de combustion complète du propane (de formule brute C_3H_8) s'écrit :

$$C_3H_8\ (g) + \ldots\ O_2\ (g) \rightarrow 3\ CO_2\ (g) + 4\ H_2O\ (g).$$

c. L'énergie molaire de combustion est l'énergie libérée par .... de combustible consommé ; elle s'exprime en ....

d. Les réactions de combustion permettent de convertir l'énergie .... stockée dans les hydrocarbures et les alcools en une autre forme d'énergie.

e. Une réaction de combustion .... de l'énergie : c'est une réaction ....

f. L'ordre de grandeur d'une énergie molaire de combustion est de .... $kJ \cdot mol^{-1}$.

2 QCM

Cocher la réponse exacte.

a. L'équation de combustion complète de l'éthane (de formule brute C_2H_6) en phase gazeuse s'écrit :

☐ $C_2H_6\ (g) + 7\ O_2\ (g) \rightarrow 2\ CO_2\ (g) + 3\ H_2O\ (g)$

☐ $2\ C_2H_6\ (g) + 7\ O_2\ (g) \rightarrow 4\ CO_2\ (g) + 6\ H_2O\ (g)$

☐ $C_2H_6\ (g) + 5\ O_2\ (g) \rightarrow 2\ CO_2\ (g) + 6\ H_2O\ (g)$

b. Une réaction de combustion :

☐ libère de l'énergie

☐ capte de l'énergie

☐ ne capte ni ne libère d'énergie

c. L'équation de combustion complète du pentane s'écrit :

$$C_5H_{12}(g) + 8\ O_2\ (g) \rightarrow 5\ CO_2\ (g) + 6\ H_2O\ (g).$$

La quantité de matière n' de dioxyde de carbone produit par la combustion d'une quantité de matière $n = 2{,}0$ mol de pentane en présence d'un excès de dioxygène est :

☐ $n' = 10{,}0$ mol ☐ $n' = 2{,}0$ mol ☐ $n' = 0{,}40$ mol

d. L'énergie molaire de combustion du méthane est :

$$\mathscr{E}_{m,\,comb} = 820\ kJ \cdot mol^{-1}.$$

L'énergie libérée par la combustion d'une quantité de matière $n = 2{,}0$ mol de méthane est :

☐ $\mathscr{E}_{lib} = 1{,}6 \times 10^3$ J

☐ $\mathscr{E}_{lib} = 1{,}6 \times 10^6$ J

☐ $\mathscr{E}_{lib} = 1{,}6 \times 10^3\ kJ \cdot mol^{-1}$

e. On dit que les hydrocarbures constituent un stock d'énergie chimique car, lors de leur combustion complète :

☐ ils libèrent de l'énergie

☐ ils produisent du dioxyde de carbone

☐ ils consomment du dioxygène

→ **Reportez-vous aux solutions détaillées page 393 pour vérifier vos réponses et comprendre vos erreurs.**

Parcours personnalisés

Deux parcours d'exercices pour travailler en autonomie selon ses besoins.

Maîtriser les bases — 5 — 9 — 13

Préparer l'évaluation — 14 — 15 — 16

MOBILISER SES CONNAISSANCES

▶ Réactions de combustion [§1 du cours]

3 Équations de réaction

Écrire l'équation de combustion complète en phase gazeuse pour chacune des molécules suivantes.

a. Propane (C_3H_8) **b.** Hexane (C_6H_{14})

c. Propan-1-ol (C_3H_8O) **d.** Octane (C_8H_{18})

e. Dodécane ($C_{12}H_{26}$)

4 Émission de dioxyde de carbone

On modélise l'essence, mélange d'hydrocarbures, par son constituant majoritaire, l'octane (de formule brute C_8H_{18}). Une voiture consommant un volume $V = 7{,}0$ L d'essence pour 100 km consomme une quantité de matière d'octane $n = 0{,}43$ mol par kilomètre.

a. Estimer la quantité de matière puis la masse de dioxyde de carbone produit par kilomètre parcouru par la voiture étudiée. On pourra s'aider d'un tableau d'évolution.

b. Pourquoi les émissions de dioxyde de carbone sont-elles polluantes ?

Données

– Équation de la réaction de combustion complète de l'octane :

$$2\ C_8H_{18}\ (g) + 25\ O_2\ (g) \rightarrow 16\ CO_2\ (g) + 18\ H_2O\ (g).$$

– Masse molaire du dioxyde de carbone : $M = 44{,}0\ g \cdot mol^{-1}$.

▶ Aspect énergétique d'une combustion [§2 du cours]

5 Méthane

L'équation de combustion complète du méthane s'écrit :

$$CH_4\ (g) + 2\ O_2\ (g) \rightarrow CO_2\ (g) + 2\ H_2O\ (g).$$

Calculer l'énergie libérée par la combustion d'une masse $m = 32{,}0$ g de méthane.

Données

– Masse molaire du méthane : $M = 16{,}0\ g \cdot mol^{-1}$.

– Énergie molaire de combustion du méthane :

$$\mathscr{E}_{m,\,comb} = 820\ kJ \cdot mol^{-1}.$$

6 Énergie chimique

a. Qu'appelle-t-on « énergie chimique » ?

b. Citer des stocks d'énergie chimique exploités par l'Homme.

7 Énergie molaire de combustion

La combustion d'une quantité de matière $n = 2{,}5 \times 10^3$ mol de méthanol libère une énergie $\mathscr{E}_{lib} = 1{,}7 \times 10^6$ kJ.
Calculer l'énergie molaire de combustion $\mathscr{E}_{m,\,comb}$ du méthanol.

8 Combustion de l'éthanol

La canne à sucre peut être utilisée pour produire du sucre, de l'éthanol, carburant très utilisé au Brésil, ou du rhum.
L'équation de la combustion complète de l'éthanol (C_2H_6O), dans un moteur ou dans l'organisme, s'écrit :

$$C_2H_6O\,(g) + 3\,O_2\,(g) \rightarrow 2\,CO_2\,(g) + 3\,H_2O\,(g).$$

a. Quelle est l'énergie libérée par la combustion d'une masse $m = 1{,}0$ g d'éthanol, le dioxygène étant en excès ?

b. Comparer cette valeur avec celle donnée par une table des calories : 1 g d'alcool apporte 7 kcal.

Données

– Énergie molaire de combustion de l'éthanol :

$$\mathscr{E}_{m,\,comb} = 1{,}3 \times 10^3\ \text{kJ}\cdot\text{mol}^{-1}.$$

– Masse molaire de l'éthanol : $M = 46{,}0$ g·mol^{-1} ; 1 cal = 4,18 J.

UTILISER SES COMPÉTENCES

9 Ajuster les nombres stœchiométriques

EXERCICES INTERACTIFS

Compléter les équations de combustion suivantes, en ajustant correctement les nombres stœchiométriques.

a. … $C_2H_6\,(g)$ + … $O_2\,(g) \rightarrow 4\,CO_2\,(g) + 6\,H_2O\,(g)$

b. … $C_6H_{12}(g)$ + … $O_2\,(g) \rightarrow 6\,CO_2\,(g)$ + … $H_2O\,(g)$

c. … $C_6H_{12}O\,(g)$ + … $O_2\,(g) \rightarrow 12\,CO_2\,(g) + 12\,H_2O\,(g)$

10 Utiliser l'outil mathématique

La masse de dioxyde de carbone produit par une voiture est proportionnelle à sa consommation.
Une voiture consomme un volume $V = 7{,}0$ L d'essence pour 100 km en ville et un volume $V' = 5{,}0$ L pour la même distance parcourue sur route ou sur autoroute.
Si cette voiture rejette une masse $m = 150$ g de dioxyde de carbone en ville, quelle masse m' de dioxyde de carbone rejettera-t-elle sur route ?

11 Communiquer ses résultats à l'oral

Le gaz de pétrole liquéfié (GPL), utilisé comme carburant pour les véhicules, est un mélange de propane et de butane.

a. Écrire l'équation de combustion du butane (de formule brute C_4H_{10}) en expliquant oralement la démarche.

b. Une voiture consomme une quantité de matière $n = 76$ mol de butane sur un trajet de 100 km.
Calculer la quantité de matière n', puis la masse m' de dioxyde de carbone rejeté sur un trajet de 100 kilomètres.
Présenter la démarche suivie en utilisant un tableau d'évolution.

Donnée. Masse molaire du dioxyde de carbone :
$M' = 44$ g·mol^{-1}.

Dans quelques années, les pompes distribueront certainement différents carburants comme le GPL, le GNV ou encore le bioéthanol.

12 Exercer son esprit critique

La fiche technique d'une bouteille métallique de butane vendue pour l'utilisation domestique est donnée ci dessous.

> **Dimensions :** 31 cm de diamètre et 56 cm de hauteur
> **Poids :** 24 kg à plein, dont 13 kg de gaz butane
> **Autonomie :** pour une table de cuisson 4 feux gaz, 24 h
> **Capacité énergétique :** 179 kWh

a. Calculer l'énergie libérée par la combustion complète du butane de la bouteille.

b. La comparer avec l'indication donnée par le fabricant.

Données : énergie molaire de combustion du butane, $\mathscr{E}_{m,\,comb} = 2{,}7 \times 10^3$ kJ·mol^{-1} ; 1 kWh = 3 600 kJ ; masse molaire du butane, $M = 58$ g·mol^{-1}.

13 Apprendre à rédiger

Voici l'énoncé d'un exercice et un guide (en orange) ; ce guide vous aide pour rédiger la solution détaillée et pour retrouver les réponses numériques aux questions posées.

Énoncé

L'éthanol (de formule brute C_2H_6O) est le principal constituant de l'alcool à brûler.

a. Écrire l'équation de la réaction de combustion complète de l'éthanol liquide.

► **Indiquer quels sont les réactifs et quels sont les produits formés lors de cette réaction.**

► **Écrire ensuite l'équation de la réaction en ajustant correctement les nombres stœchiométriques.**

b. Calculer l'énergie libérée $\mathscr{E}_{lib}$ par la combustion de l'alcool à brûler d'une bouteille de volume $V = 1{,}0$ L. Le dioxygène est en excès et l'alcool à brûler est considéré comme composé exclusivement d'éthanol.

► **Écrire la relation permettant de calculer la quantité de matière n d'éthanol dans la bouteille en fonction de V, d, ρ_{eau} et M.**

► **Exprimer $\mathscr{E}_{lib}$ en fonction de n et $\mathscr{E}_{m,\,comb}$, puis en fonction de V, d, ρ_{eau}, M et $\mathscr{E}_{m,\,comb}$.**

► **Poser l'application numérique et vérifier que :**

$$\mathscr{E}_{lib} = 2{,}2 \times 10^4\ \text{kJ}.$$

Données

– Densité de l'éthanol par rapport à l'eau : $d = 0{,}79$.

– Masse volumique de l'eau : $\rho_{eau} = 1{,}0$ g·mL^{-1}.

– Énergie molaire de combustion de l'éthanol :

$$\mathscr{E}_{m,\,comb} = 1{,}3 \times 10^3\ \text{kJ}\cdot\text{mol}^{-1}.$$

– Masse molaire de l'éthanol : $M = 46{,}0$ g·mol^{-1}.

EXERCICE RÉSOLU

Site élève

14 Voiture diesel

Énoncé Pour déterminer les propriétés énergétiques du gazole, on le modélise souvent par du dodécane de formule brute $C_{12}H_{26}$. Sa combustion dans les moteurs produit du dioxyde de carbone, gaz à effet de serre favorisant le réchauffement climatique.
On étudie un véhicule diesel consommant 5,0 litres pour 100 km.

1 Écrire l'équation de la réaction de combustion complète du dodécane.

2 Calculer la quantité de matière n de dodécane consommé par kilomètre.

3 En déduire la quantité de matière n' puis la masse m' de dioxyde de carbone produit par kilomètre parcouru par ce véhicule. On pourra s'aider d'un tableau d'évolution.

4 Calculer l'énergie libérée $\mathscr{E}_{lib}$ par la combustion du gazole par kilomètre parcouru.

Données
– Masse volumique du dodécane : $\rho = 750\ g \cdot L^{-1}$.
– Masse molaire du dodécane, $M = 170\ g \cdot mol^{-1}$; masse molaire du dioxyde de carbone, $M' = 44\ g \cdot mol^{-1}$.
– Énergie molaire de combustion du dodécane : $\mathscr{E}_{m,\,comb} = 7{,}6 \times 10^3\ kJ \cdot mol^{-1}$.

Énoncé Repérer les données utiles aux calculs.

Une solution

1 Lors de sa combustion complète, le dodécane réagit avec le dioxygène pour former du dioxyde de carbone et de l'eau. L'équation de la réaction s'écrit donc :

$$2\ C_{12}H_{26}\ (g) + 37\ O_2\ (g) \rightarrow 24\ CO_2\ (g) + 26\ H_2O\ (g).$$

Raisonner Commencer par ajuster les nombres stœchiométriques pour vérifier la conservation des éléments carbone et hydrogène, puis vérifier la conservation de l'élément oxygène.

2 Le volume de dodécane consommé par kilomètre est :

$$V = \frac{5{,}0}{100} = 5{,}0 \times 10^{-2}\ L.$$

La masse de dodécane consommé par kilomètre est : $m = \rho \times V$.
La quantité de matière de dodécane consommé par kilomètre est donc :

$$n = \frac{m}{M} = \frac{\rho \times V}{M}.$$

A.N. : $n = \dfrac{750 \times 5{,}0 \times 10^{-2}}{170} = 0{,}22$ mol.

Raisonner Pour retrouver la relation entre masse, volume et masse volumique, on peut s'aider des unités : en multipliant l'unité de la masse volumique (gramme par litre) par l'unité du volume (litre), on obtient des grammes (l'unité de masse).

3 Construisons le tableau d'évolution correspondant à la combustion de la quantité de matière n de dodécane.

Équation		$2\ C_{12}H_{26}(g)$	$+ 37\ O_2(g)$	$\rightarrow 24\ CO_2(g)$	$+ 26\ H_2O\ (g)$
État	Avancement	Quantités de matière (mol)			
initial	0	n	en excès	0	0
en cours	x	$n - 2x$	en excès	$24\,x$	$26\,x$
final	x_{max}	$n - 2\,x_{max}$	en excès	$24\,x_{max}$	$26\,x_{max}$

Connaissances Ne pas oublier que lors de la combustion du carburant dans le moteur d'une voiture, le dioxygène est en excès car il est présent dans l'air.

À l'état final, $n - 2\,x_{max} = 0$, soit $x_{max} = \dfrac{n}{2}$; la quantité de matière de dioxyde de carbone formée est donc : $n' = 24\,x_{max} = 24 \times \dfrac{n}{2} = 12 \times n$.

La masse de dioxyde de carbone formé est donc : $m' = n' \times M' = 12 \times n \times M'$.
A.N. : $m' = 12 \times 0{,}22 \times 44 = 1{,}2 \times 10^2$ g.

4 L'énergie libérée par la combustion du gazole, pour un parcours de 1 km, est :

$$\mathscr{E}_{lib} = n \times \mathscr{E}_{m,\,comb}.$$

A.N. : $\mathscr{E}_{lib} = 0{,}22 \times 7{,}6 \times 10^3 = 1{,}7 \times 10^3$ kJ.

Connaissances Si le dioxygène est en excès, l'énergie libérée par la combustion complète d'une quantité de matière n de combustible est égale à : $n \times \mathscr{E}_{m,\,comb}$.

Pour les exercices suivants, on prendra les valeurs des masses molaires atomiques données dans la classification périodique des éléments chimiques présentée dans les rabats.

15 Oil reserves

The oil reserves in the Middle East are estimated to 750 billion barrels.
The Middle East has 50 % of the known world reserves.

Quelle énergie pourrait être libérée par la combustion du pétrole de toutes les réserves mondiales ?

Données
– Le volume V correspondant à un baril de pétrole est environ égal à 159 L.
– On considérera le pétrole comme constitué exclusivement d'octane, de masse molaire $M = 114\ \text{g}\cdot\text{mol}^{-1}$.
– Énergie molaire de combustion de l'octane :
$$\mathscr{E}_{\text{m, comb}} = 5{,}2 \times 10^3\ \text{kJ}\cdot\text{mol}^{-1}.$$
– Masse volumique de l'octane : $\rho = 0{,}70\ \text{kg}\cdot\text{L}^{-1}$.

16 ✶ Acétylène

Les lampes à acétylène sont utilisées par les spéléologues.

L'acétylène est notamment utilisé comme combustible dans le chalumeau oxyacétylénique, pour réaliser des soudures. Sur un site Internet de vente entre particuliers, on trouve le descriptif suivant d'un poste à souder.

- 1 bouteille de dioxygène 4,2 m³, soit 5,6 kg de gaz
- 1 bouteille d'acétylène 3,0 m³, soit 3,2 kg de gaz
- 1 manodétendeur oxygène
- 1 manodétendeur acétylène

a. Écrire l'équation de la réaction de combustion complète de l'acétylène, de formule brute C_2H_2.

b. Dans quel état physique se trouvent l'acétylène et le dioxygène dans les bouteilles vendues ?

c. À quoi correspondent les volumes indiqués sur le descriptif ?

d. Calculer l'énergie libérée par la combustion lors du fonctionnement de ce poste à souder, avant que l'une des bouteilles fournies ne doive être remplie à nouveau.

Donnée. Énergie molaire de combustion de l'acétylène :
$$\mathscr{E}_{\text{m, comb}} = 1{,}2 \times 10^3\ \text{kJ}\cdot\text{mol}^{-1}.$$

17 ✶ Essence ou gasoil ?

L'essence est modélisée par l'octane (C_8H_{18}), et le gasoil par le dodécane ($C_{12}H_{26}$). Une voiture diesel consommant un volume $V = 5{,}0$ L sur un parcours de 100 km rejette une masse $m = 120$ g de dioxyde de carbone par kilomètre.
Une voiture essence à motorisation équivalente consomme un volume $V' = 5{,}8$ L sur un parcours de 100 km équivalent.

a. Écrire l'équation de la réaction de combustion complète de l'octane.

b. Quelle masse de dioxyde de carbone m' émet la voiture essence par kilomètre ?

c. L'émission de dioxyde de carbone est-elle la seule cause de pollution des voitures ?

Donnée : masse volumique, $\rho_{\text{octane}} = 0{,}70\ \text{kg}\cdot\text{L}^{-1}$.

18 ✶✶ Sucre ou graisse

La température moyenne du corps humain est de 37,2 °C. Cette température provient de l'énergie dégagée par les réactions de combustion des espèces chimiques contenues dans le sang. Le dioxygène nécessaire est apporté par le sang jusqu'aux cellules.
On considère que la combustion de ces espèces ne produit que du dioxyde de carbone et de l'eau.
Le glucose est un glucide de formule semi-développée :
$$CH_2OH{-}CHOH{-}CHOH{-}CHOH{-}CHOH{-}CH{=}O.$$
L'huile d'olive est essentiellement constituée d'oléine, de formule :

$CH_3{-}(CH_2)_7{-}CH{=}CH{-}(CH_2)_7{-}CO{-}O{-}CH_2$
$CH_3{-}(CH_2)_7{-}CH{=}CH{-}(CH_2)_7{-}CO{-}O{-}CH$
$CH_3{-}(CH_2)_7{-}CH{=}CH{-}(CH_2)_7{-}CO{-}O{-}CH_2$

a. Écrire l'équation des réactions de combustion du glucose et de l'huile en phase gazeuse.

b. Calculer l'énergie libérée par la combustion d'une masse $m = 1{,}0$ g de chacune de ces espèces chimiques.

c. Comparer ces valeurs avec celles données par une table des calories : 100 g d'huile apportent une énergie de 900 kcal ; 100 g de sucre apportent une énergie de 400 kcal (1 cal = 4,18 J).

Énergies molaires de combustion (en kJ·mol⁻¹) :
$\mathscr{E}_{\text{m, comb, glucose}} = 2{,}7 \times 10^3$; $\mathscr{E}_{\text{m, comb, huile}} = 3{,}2 \times 10^4$.

19 ✶✶ Essence ou éthanol ?

L'essence peut être modélisée par de l'octane (C_8H_{18}).
Une voiture consomme un volume $V = 6{,}0$ L d'essence pour un trajet de 100 km.

a. Écrire l'équation de combustion complète de l'octane, puis celle de l'éthanol (C_2H_6O).

b. Calculer l'énergie libérée par la combustion du volume V d'essence par le moteur à essence étudié.

c. Quelle serait la consommation d'un moteur analogue, mais alimenté par de l'éthanol ?

d. Pour chaque moteur, calculer la masse de dioxyde de carbone produit lors d'un trajet de 100 km. Conclure.

Données
– Pour un trajet effectué dans les mêmes conditions, l'énergie libérée par la combustion dans des moteurs analogues mais fonctionnant avec des carburants différents est la même.
– Masses volumiques (en $\text{kg}\cdot\text{L}^{-1}$) : $\rho_{\text{octane}} = 0{,}70$; $\rho_{\text{éthanol}} = 0{,}79$.
– Énergies molaires de combustion (en $\text{kJ}\cdot\text{mol}^{-1}$) :
$\mathscr{E}_{\text{m, comb, octane}} = 5{,}2 \times 10^3$; $\mathscr{E}_{\text{m, comb, éthanol}} = 1{,}3 \times 10^3$.

Culture scientifique et citoyenne

Exercer son esprit critique

Le « gaz naturel pour véhicules » (GNV) ou « gaz naturel comprimé » (GNC) est un carburant idéal pour les collectivités locales, les parcs de bus, les engins de voirie, son principal inconvénient étant son stockage volumineux et lourd.

- Principalement composé de méthane (de formule brute CH_4), il produit, par sa combustion, **20 à 25 % de dioxyde de carbone de moins que les autres produits pétroliers.** Sa combustion est aussi beaucoup plus propre car elle **émet moins de substances nocives** (comme les particules en suspension, les oxydes d'azote ou le monoxyde de carbone).
- Côté consommation, le nombre de m^3 de GNV consommé aux 100 km est environ égal au nombre de litres de sans-plomb 98 nécessaires pour parcourir la même distance.

Données. Une voiture consommant 5,0 L d'essence pour un parcours de 100 kilomètres émet environ 110 g de dioxyde de carbone par kilomètre. Dans les conditions ambiantes, une mole de gaz occupe un volume de 24 L.

?! **Les émissions de dioxyde de carbone d'un moteur au GNV sont-elles bien inférieures à celles d'un moteur à essence ?**

Un des nombreux autorickshaws roulant au GNV, à New Delhi.

Sur le Web www.roulezgnv.com/les_voitures_gnv_033.htm

CHIMIE & SVT Le biogaz

Le potentiel de production de biogaz est très important dans le secteur agricole.

Le biogaz est issu de la fermentation, sous l'action de bactéries, de matières organiques comme les boues, les ordures ménagères, les fumiers…

- Il est constitué principalement de méthane et de dioxyde de carbone, gaz à effet de serre. L'utilisation du biogaz permet donc à la fois d'utiliser le méthane, gaz ayant un fort impact sur le réchauffement climatique, et d'économiser des énergies fossiles. En exploitant au maximum toutes les ressources de biogaz, on estime qu'on pourrait couvrir **10 % de la consommation nationale de gaz.**
- La **« méthanisation à la ferme »**, c'est-à-dire la production de biogaz à partir de fumiers dans les exploitations agricoles, est actuellement peu utilisée en France, mais est en plein développement en Allemagne, en Italie, en Autriche et en Suisse, où le prix de rachat de l'électricité produite à partir de biogaz est plus élevé.

Sur le Web www.ademe.fr/midi-pyrenees/a_2_18.html

Un métier : technicien(ne) thermicien(ne) BAC +2

Le technicien thermicien est un spécialiste des installations de chauffage, de production d'énergie et de climatisation.

- Il peut travailler dans un service d'installation et d'exploitation de chaufferies, chez un constructeur d'équipement thermique ou encore dans une centrale thermique.
- Il peut par exemple installer, au sein d'une usine d'incinération, un système pour **récupérer l'énergie issue de la combustion** des ordures ménagères, utilisée pour chauffer des logements ou des bâtiments publics.
- Le technicien thermicien peut aussi **participer à la conception ou à la maintenance** d'une installation. Il doit avoir de solides connaissances en électronique, en physique et en informatique, avoir le sens du contact et connaître les normes de réglementation.

Techniciens travaillant dans la centrale thermique de Torrevaldaliga, en Italie.

Sur le Web www.onisep.fr/Ressources/Univers-Metier/Metiers/technicien-ne-thermicien-ne

Sciences & Société

Une forme d'énergie chimique renouvelable ?

Fjord d'Oslo.

La toute première **centrale osmotique** a été inaugurée en Norvège : elle **utilise la rencontre entre l'eau de la mer du Nord et l'eau douce du fjord d'Oslo pour produire de l'énergie électrique**.

- En effet, lorsque deux solutions aqueuses de concentrations différentes sont séparées par une membrane, l'eau passe du milieu le moins concentré vers le milieu le plus concentré : c'est le **phénomène d'osmose**. Dans la centrale norvégienne, de l'eau douce traverse la membrane qui la sépare d'un compartiment contenant de l'eau de mer. Ce réservoir d'eau salée est fermé et a un volume fixe : l'arrivée de l'eau douce y crée donc une augmentation de pression. L'eau sous pression fait ensuite tourner une turbine couplée à des générateurs d'électricité, avant d'être rejetée à la mer.
- Cette technologie propre rencontre encore des difficultés techniques, comme la fabrication de membranes de grande taille, ou encore la filtration des eaux utilisées.

Sur le Web www.statkraft.com/energy-sources/osmotic-power

Chapitre 19

Piles et oxydoréduction

Les objectifs

- Réaliser et schématiser une pile.
- Reconnaître un couple oxydant/réducteur.
- Modéliser le transfert d'électrons dans les réactions d'oxydoréduction.
- Écrire l'équation d'une réaction d'oxydoréduction en utilisant les demi-équations rédox.
- S'informer sur les défis à relever concernant les piles et les accumulateurs.

Échanger des idées

Vol d'un aéronef fonctionnant grâce à une pile à combustible à l'hydrogène.

? ▶ RELEVER DES DÉFIS

Les produits rejetés par cet aéronef ont-ils un impact sur l'environnement ?

La solution présente dans ce bécher contient des ions argent Ag^{+}.

▶ ÉMETTRE DES HYPOTHÈSES

Quelle particule l'ion argent capte-t-il lors de cette réaction ?

▶ ÉMETTRE DES HYPOTHÈSES

Comment l'énergie provenant du vent peut-elle être stockée ?

Éoliennes offshore.

Découvrir et réfléchir

Activité à la maison

MANUEL NUMÉRIQUE

ACTIVITÉ DOCUMENTAIRE

1 De la pile Volta à la pile Leclanché

▶ L'invention d'Alessandro Volta, à la fin du XVIIIe siècle, a donné naissance à une nouvelle discipline, l'électrochimie, « intersection entre les deux sciences électricité et chimie ».

La pile de Volta et son inventeur Alessandro Volta (1745-1827), professeur de physique à Côme.

L'importance de l'invention de Volta dans le progrès scientifique a été considérable et reconnue d'emblée comme telle. […] La raison de ce succès immédiat est claire : pour la première fois, les scientifiques disposaient d'une source de courant électrique durable. […] Rappelons que la pile de Volta initiale était constituée d'un empilement (d'où son nom) d'un nombre plus ou moins grand de disques successivement de zinc, d'argent et de carton ou de chiffon humide, l'empilement étant commencé à l'une des extrémités par un disque de zinc et terminé à l'autre par un disque d'argent. […] Volta énonça […] une loi générale selon laquelle la naissance d'un courant électrique exige qu'un circuit soit constitué d'au moins trois conducteurs différents (les deux métaux au contact et le conducteur humide intermédiaire). […]

La pile de Volta s'était avérée insuffisante car le courant qu'elle pouvait débiter s'affaiblissait trop rapidement […]. L'invention décisive a été celle de la pile Leclanché qui, rapidement fabriquée industriellement et commercialisée, a toujours cours aujourd'hui. […]

La pile Leclanché appartient à la catégorie de générateurs électrochimiques que l'on désigne aujourd'hui par le terme « batteries primaires » : ce sont des dispositifs qui, une fois « déchargés », deviennent définitivement inutilisables […].

L'Évolution de l'électrochimie, B. Trémillon, L'Actualité chimique n° 327-328, février-mars 2009

La pile Leclanché et son inventeur Georges Leclanché (1839-1882), ingénieur français des chemins de fer de l'Est.

1 *Histoire des piles.*

1 Comprendre le texte

a. Expliquer d'où vient le terme « pile ».

b. Quels sont les différents constituants de la pile de Volta ?

2 Interpréter

a. Pourquoi le générateur est-il qualifié d'électrochimique ?

b. La pile Leclanché est qualifiée de « batterie primaire ».
Quel est l'inconvénient de ce type de pile ?

3 Faire une recherche

a. Sous quel qualificatif la pile Leclanché est-elle commercialisée de nos jours ?

b. Comment appelle-t-on des dispositifs réutilisables après avoir été déchargés ?

c. Qu'est-ce qui distingue ces dispositifs rechargeables d'une batterie ?

ACTIVITÉ EXPÉRIMENTALE

MANUEL NUMÉRIQUE

2 Mise en évidence d'échanges de particules

▶ **Que se passe-t-il si l'on met en contact le métal zinc Zn (s) et des ions cuivre (II) Cu^{2+} (aq) ? Caractérisons les produits formés.**

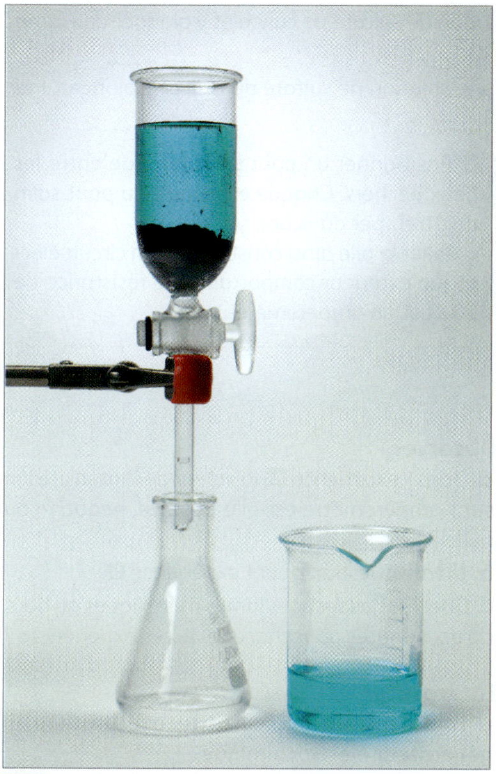

2 *Réaction entre les ions Cu^{2+} (aq) et le métal zinc Zn (s).*

Expérience

- Introduire dans un tube tulipe un morceau de coton, puis environ 2 g de poudre de zinc.
- Verser lentement une solution de sulfate de cuivre (II) sur la poudre et ouvrir légèrement le robinet.
- Recueillir le filtrat dans un erlenmeyer.
- Prélever dans un tube à essais une partie du filtrat et y ajouter quelques gouttes de solution d'hydroxyde de sodium.

1 Observer

a. Après passage de la solution de sulfate de cuivre (II) sur la poudre de zinc, quelle est la couleur du filtrat ?
Le solide a-t-il changé d'aspect ?

b. Qu'observe-t-on lors du test sur le filtrat ?

2 Interpréter

a. Faire l'inventaire des espèces présentes à l'état initial.

b. Quelle(s) espèce(s) chimique(s) a (ont) été consommée(s) ? Justifier par des observations.

c. Quelle(s) espèce(s) chimique(s) a (ont) été formée(s) ? Justifier par des observations.

d. Écrire l'équation de la réaction chimique qui a eu lieu en respectant les lois de conservation des éléments et de la charge électrique.

3 Conclure

a. Lors du contact de la solution de cuivre (II) avec la poudre de zinc, l'élément cuivre a-t-il capté ou cédé des électrons ?
On dit que l'élément cuivre a été **réduit**.

b. Lors du passage de la solution de cuivre (II) sur la poudre de zinc, l'élément zinc a-t-il capté ou cédé des électrons ?
On dit que l'élément zinc a été **oxydé**.

c. La réaction qui se produit est appelée **réaction d'oxydoréduction**.
Lors de cette réaction d'oxydoréduction, quel type de particule a été directement échangée entre les deux éléments mis en présence ?

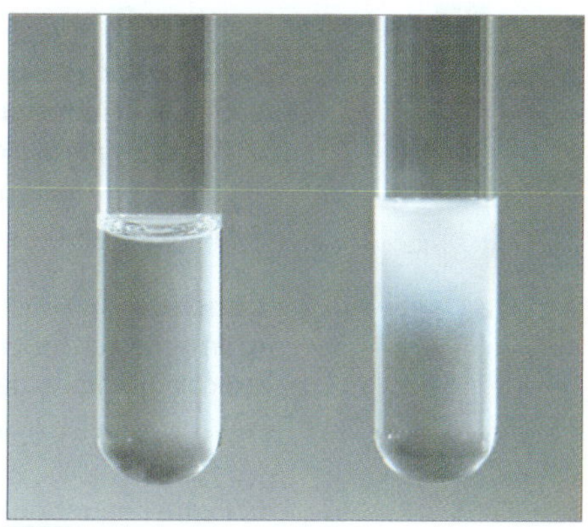

3 *Résultat du test sur le filtrat.*

ACTIVITÉ EXPÉRIMENTALE

MANUEL NUMÉRIQUE

3 Réalisation d'une pile

▶ **L'énergie mise en jeu dans une pile provient d'une transformation chimique. Comment cette énergie est-elle transférée au circuit extérieur ?**

Expérience

- Dans un bécher, verser 100 mL d'une solution de sulfate de cuivre et y plonger une lame de cuivre décapée.
- Dans un autre bécher, verser 100 mL d'une solution de sulfate de zinc et y plonger une lame de zinc décapée.

A Relier les deux lames métalliques à un circuit électrique extérieur comportant une résistance de 10 Ω et un ampèremètre. Attendre dix minutes.

B Positionner un pont salin **ionique** entre les deux béchers. Chaque extrémité du pont salin doit tremper dans une solution.
- Relier la pile ainsi constituée à un circuit électrique extérieur comportant une résistance de 10 Ω et un ampèremètre.

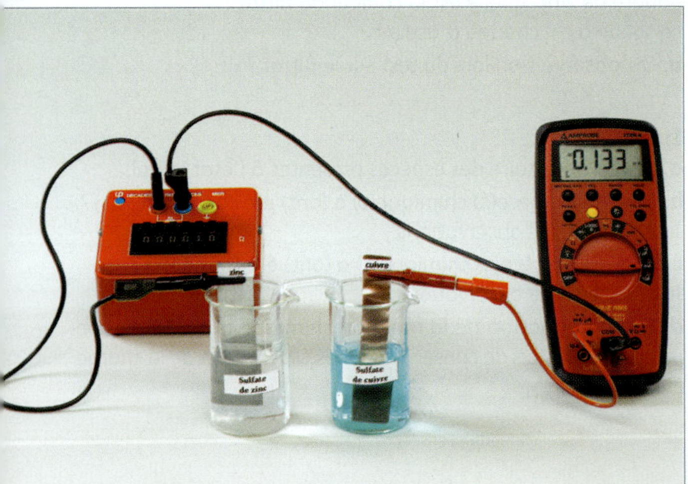

4 *Dispositif de l'expérience* **B**.

1 Observer

a. Dans l'expérience **A**, la valeur de l'intensité lue sur l'ampèremètre est-elle positive, négative ou nulle ?

b. Même question pour l'expérience **B**.

c. Quel est l'aspect des lames métalliques au bout de dix minutes pour chacune de ces expériences ?

2 Interpréter

a. La pile reliée à un circuit extérieur constitue un **générateur électrochimique**.
Repérer le sens du courant électrique lorsque la valeur de l'intensité est non nulle (→ **fiche méthode 7**, page 386), puis déterminer le pôle ⊕ et le pôle ⊖ de ce générateur.

b. Réaliser le schéma du dispositif de l'expérience **B** en précisant le sens conventionnel du courant.

c. À la surface de la lame qui forme le pôle ⊕, y a-t-il gain ou perte d'électrons ? Même question pour la lame qui forme le pôle ⊖.

d. Parmi les particules suivantes, déterminer les porteurs de charges électriques mobiles :
molécules ; eau ; ions ; atomes ; électrons ; atomes métalliques.

e. Quels porteurs de charges circulent dans le pont salin ? dans les conducteurs métalliques ?

3 Conclure

a. En respectant la loi de conservation des éléments et de la charge électrique, ajuster les nombres stœchiométriques des demi-équations rédox qui ont lieu dans chaque compartiment de la pile.

$$\ldots\ Zn(s) = \ldots\ Zn^{2+}(aq) + \ldots\ e^-$$
$$\ldots\ Cu^{2+}(aq) + \ldots\ e^- = \ldots\ Cu(s)$$

b. Écrire l'équation de la réaction d'oxydoréduction traduisant la transformation chimique globale qui a lieu dans la pile en symbolisant le processus d'évolution par une flèche.

ACTIVITÉ DOCUMENTAIRE

MANUEL NUMÉRIQUE

4 Piles et batteries : des défis à relever

Depuis 1859, date de l'invention du premier accumulateur par Gaston Planté, des chercheurs développent de nouvelles batteries et tentent de relever des défis technologiques et environnementaux.

C'est une série de pièces où l'on ne pénètre que vêtu d'une combinaison spéciale, où il faut porter un couvre cheveux, un masque, des gants en latex et des surchaussures. […] Bienvenue dans l'usine de batteries rechargeables pour véhicules propres (hybrides et électriques) de Saft. Ici, l'humidité et les poussières, ennemies jurées du lithium, ont été chassées de l'air ambiant.

5 *L'entreprise Saft fabrique entre 10 000 et 15 000 batteries lithium-ion par an.*

Dans cette usine située à Nersac, près d'Angoulême, le groupe français a lancé, en 2009, la première ligne de production au monde de batteries lithium-ion pour véhicules électriques et hybrides. […]

L'ancienne filiale d'Alcatel est déjà le leader mondial des batteries à base de nickel dans les transports aérien et ferroviaire, le numéro un pour les piles au lithium (électronique et défense) et enfin dans les batteries lithium-ion pour les satellites.

Le mélange des matériaux (lithium, cobalt, nickel et/ou manganèse) est l'une des étapes clés de ce savoir-faire. […] Il faut ensuite fabriquer les électrodes, connecter les éléments et faire l'assemblage mécanique de la batterie. « Développer une batterie coûte 10 millions de dollars [7,2 millions d'euros]. Cela prend environ trois ans », souligne John Searle, président du directoire de Saft.

Le Monde, dimanche 14, lundi 15 novembre 2010, N. Brafman

6 *Le fabricant français de batteries Saft part à la conquête du marché des véhicules hybrides.*

7 *Salar d'Atacama au Chili, l'une des plus importantes sources de lithium au monde.*

1 Comprendre le texte

a. Que produit la société Saft ?

b. Dans quels domaines la production de cette société peut-elle être utilisée ?

c. Qu'est-ce qu'un véhicule hybride ?

d. À quel type d'applications le fabricant Saft s'intéresse-t-il en particulier ?

2 S'informer sur les batteries

a. Que signifie le terme « batterie » ? Y a-t-il des différences entre une batterie, une pile et un accumulateur ? Si oui, lesquelles ?

b. Qu'est-ce que le lithium ? Où se trouvent les sources de lithium dans le monde ?

c. Quel type de batterie équipe les véhicules à essence actuellement ? Que doit-on faire d'une batterie déchargée ?

3 Conclure

Qu'entend-on par « défi énergétique » ? Peut-on dire que la société Saft se place dans la perspective du défi énergétique ?

1 Différentes piles

1.1 Qu'est-ce qu'une pile ?

Une **pile** permet de convertir de l'énergie chimique en énergie électrique. L'énergie chimique mise en jeu provient d'une transformation chimique.

Une pile est constituée de l'assemblage de deux compartiments : l'un constitue le pôle ⊕ de la pile, l'autre le pôle ⊖. La plupart du temps, chaque compartiment contient une partie métallique et un milieu à caractère ionique, appelé **électrolyte (figure 8)**. Les compartiments sont liés par un séparateur permettant le transport des ions.

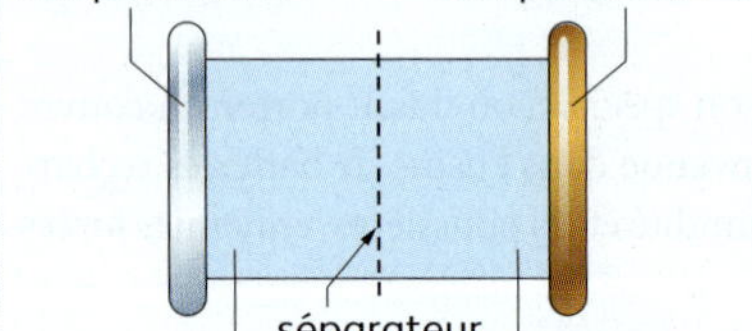

8 *Chaque compartiment d'une pile se compose d'un conducteur métallique et d'un électrolyte.*

La nature de l'électrolyte permet de distinguer les piles entre elles.

Science in English

battery : pile
storage-battery : accumulateur

Alessandro Volta

L'inventeur de la pile

Alessandro Volta (1745-1827) inventa la première pile en 1800. Elle était constituée d'un empilement de disques d'argent, de zinc et de carton (ou chiffon) humide.

1.2 Piles saline et alcaline

Il existe différents types de piles, dont la **pile saline** et la **pile alcaline**, représentées **figure 9**.

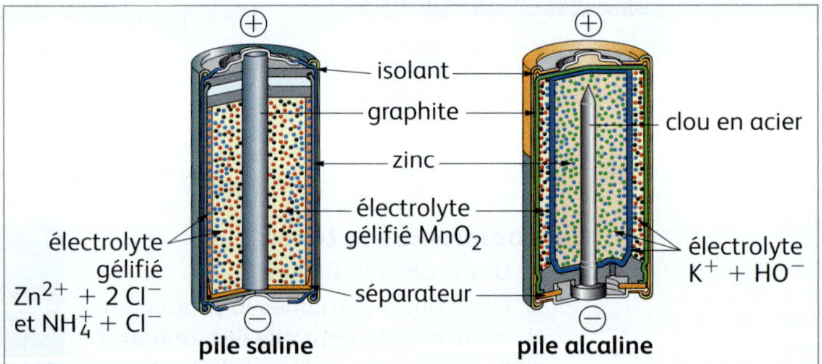

9 *Piles saline et alcaline.*

- Une pile saline contient un électrolyte gélifié constitué d'ions.
- Dans une pile alcaline, l'électrolyte est une solution très basique.

La transformation chimique qui a lieu à l'intérieur d'une pile est une **réaction d'oxydoréduction**.

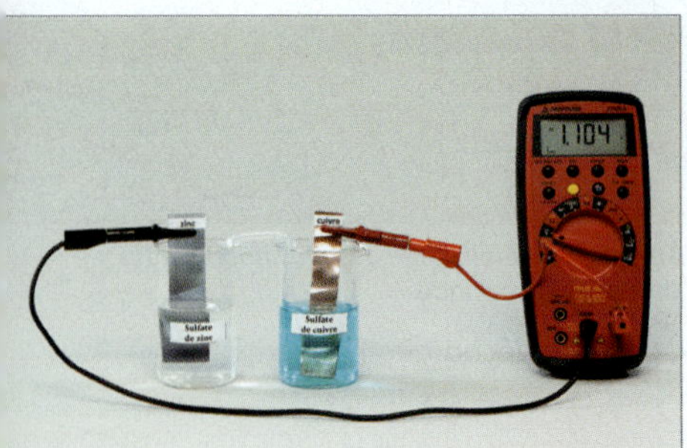

10 *Réalisation d'une pile Daniell.*

1.3 Pile Daniell

En 1836, John Frederic Daniell mit au point une pile à deux compartiments. Cette « pile Daniell » fut utilisée pendant plusieurs décennies et servit même de pile étalon de tension électrique car à 25 °C, elle fournit toujours une tension stable de 1,1 V. Facile à étudier au laboratoire, elle n'est cependant plus utilisée de nos jours car l'électrolyte qu'elle contient est liquide.

A Description

L'un des compartiments de la pile Daniell **(figure 11)** est constitué d'une lame de cuivre trempant dans une solution de sulfate de cuivre (II). L'autre compartiment est constitué d'une lame de zinc trempant dans une solution de sulfate de zinc (II).
Les deux compartiments sont reliés par un pont salin qui est composé d'un gel de nitrate de potassium ou de nitrate d'ammonium.
Chaque compartiment de la pile Daniell constitue une demi-pile.

B Polarité et réactions aux électrodes

- Pour la pile Daniell, la lame de cuivre constitue le pôle ⊕ et la lame de zinc le pôle ⊖ de la pile.

Des électrons sont produits par la réaction chimique qui a lieu à la surface de la lame de zinc et des électrons sont consommés par la réaction chimique qui a lieu à la surface de la lame de cuivre.

- La transformation qui a lieu sur la lame de zinc est modélisée par une demi-équation rédox qui s'écrit : $Zn(s) = Zn^{2+}(aq) + 2\,e^-$.

Le zinc a cédé deux électrons. Chaque mole de zinc solide consommée fournit deux moles d'électrons au circuit extérieur.

- La transformation qui a lieu sur la lame de cuivre est modélisée par une demi-équation rédox qui s'écrit : $Cu^{2+}(aq) + 2\,e^- = Cu(s)$.

Chaque ion cuivre (II) a capté deux électrons. Chaque mole de cuivre solide produit a nécessité deux moles d'électrons provenant du circuit extérieur.

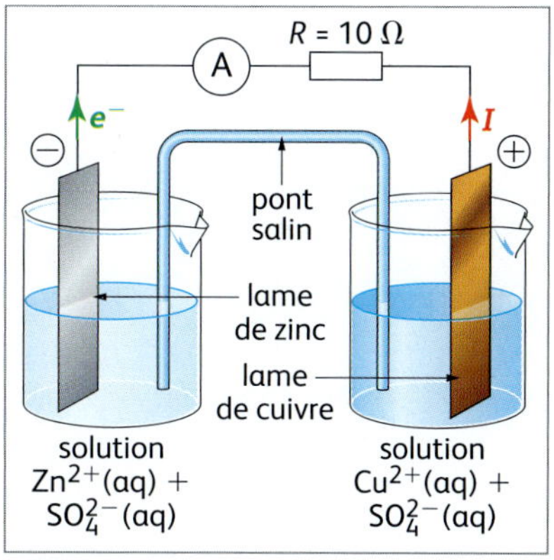

11 *Schéma de la pile Daniell.*

Vocabulaire

Polarité : état caractéristique d'un système où l'on peut distinguer deux pôles.

Électrode : partie métallique d'une pile permettant le branchement au circuit électrique.

2 Réactions d'oxydoréduction

2.1 Couple oxydant/réducteur

A Définition

- Un **oxydant** est une espèce chimique capable de capter un ou plusieurs électrons.
- Un **réducteur** est une espèce chimique capable de céder un ou plusieurs électrons.

Exemple. $Cu^{2+}(aq)$ est un oxydant ; $Zn(s)$ est un réducteur.

Un couple oxydant/réducteur, noté *Ox/Red*, est l'association d'un oxydant et d'un réducteur possédant le même élément et susceptibles d'échanger un ou plusieurs électrons selon la demi-équation rédox :

$$Ox + n\,e^- = Red,$$

où *n* est le nombre d'électrons échangés.

Exemple. On considère la demi-équation rédox suivante :

$$Cu^{2+}(aq) + 2\,e^- = Cu(s).$$

Un ion cuivre (II) est susceptible de capter deux électrons, alors que le cuivre solide peut en céder deux. L'ion cuivre (II) est donc l'oxydant associé au réducteur cuivre solide.
On définit ainsi le couple oxydant/réducteur $Cu^{2+}(aq)/Cu(s)$.

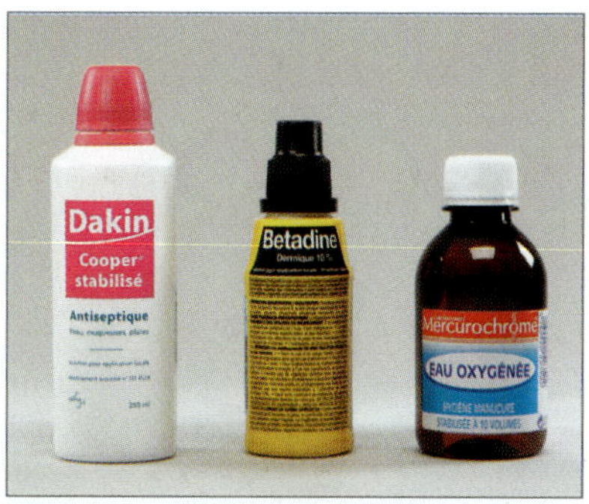

12 *Le principe actif de chacun de ces antiseptiques est un oxydant. De gauche à droite : hypochlorite de sodium NaOCl, providone iodée, peroxyde d'hydrogène H_2O_2.*

B Ajuster une demi-équation rédox

L'écriture d'une demi-équation rédox respecte la loi de conservation des éléments et de la charge électrique.

Voici une méthode pour écrire une demi-équation rédox dans les cas simples.

1 Écrire les deux espèces chimiques de part et d'autre du signe = (l'oxydant à gauche, le réducteur à droite).

2 Vérifier la loi de conservation des éléments et ajuster si nécessaire les nombres stœchiométriques dans la demi-équation rédox.

3 Afin de vérifier la loi de conservation de la charge, ajouter des électrons du côté de l'oxydant et ajuster leur nombre stœchiométrique.

13 *Le diiode en solution aqueuse (I_2 (aq)) est marron (photographie ci-dessus) tandis que les ions iodure (I^-(aq)) sont incolores.*

APPLICATION Écrire la demi-équation rédox associée au couple oxydant/réducteur I_2 (aq)/I^- (aq).

Réponse. 1 ... I_2(aq) + ... = ... I^-(aq)

2 La loi de conservation de l'élément iode n'est pas vérifiée : il y a deux éléments I à gauche et un à droite. On complète alors la demi-équation rédox :

$$I_2(aq) + \ldots = \mathbf{2}\, I^-(aq)$$

3 On compte les charges de part et d'autre du signe =.
À gauche, on compte zéro charge, et à droite, deux charges négatives.
I_2 (aq) capte donc **deux électrons**.
Par conséquent, la demi-équation rédox du couple I_2 (aq)/I^- (aq) s'écrit :

$$I_2\,(aq) + \mathbf{2\, e^-} = 2\, I^-(aq).$$

I_2 (aq) capte des électrons : c'est l'oxydant du couple.
I^- (aq) cède des électrons : c'est le réducteur du couple.

Remarque. Dans certains cas plus complexes, l'ajustement nécessite de faire intervenir les ions hydrogène H^+ (aq) et les molécules d'eau H_2O (ℓ).

Exemple. La demi-équation rédox du couple MnO_4^-(aq) / Mn^{2+}(aq) s'écrit :

$$MnO_4^-\,(aq) + 8\, H^+\,(aq) + 5\, e^- = Mn^{2+}\,(aq) + 4\, H_2O\,(\ell).$$

2.2 Modèle par transfert d'électrons

A Transfert direct d'électrons

Lorsque l'on met en contact l'oxydant d'un couple et le réducteur d'un autre couple, une transformation chimique peut avoir lieu.
Il y a alors **transfert direct d'électrons** entre les deux espèces chimiques.

14 *Lame de zinc plongée dans une solution de sulfate de cuivre (II).*

Exemple. On plonge une lame de zinc dans une solution de sulfate de cuivre (II) **(document 14)**. L'équation de la réaction qui a lieu s'écrit :

$$Cu^{2+}\,(aq) + Zn\,(s) = Cu\,(s) + Zn^{2+}\,(aq).$$

B Transfert indirect d'électrons dans les piles

Chaque compartiment d'une pile en fonctionnement contient l'oxydant et le réducteur d'un couple oxydant/réducteur.

Exemple. Dans la pile Daniell, le couple oxydant/réducteur mis en jeu au pôle ⊕ est Cu^{2+} (aq)/Cu (s), celui mis en jeu au pôle ⊖ est Zn^{2+} (aq)/Zn (s).

Lorsque la pile est en fonctionnement, c'est-à-dire lorsqu'elle est reliée à un circuit électrique extérieur, chaque compartiment est le lieu d'un échange d'électrons à la surface du conducteur métallique.

Exemple. Dans la pile Daniell les atomes de zinc à la surface du métal cèdent deux électrons et se transforment en ions Zn^{2+} qui se solubilisent. Les ions Cu^{2+} au voisinage du métal captent deux électrons et se transforment en atomes de cuivre Cu qui se déposent sur la lame de cuivre.

Les deux couples oxydant/réducteur mis en jeu sont reliés par l'électrolyte. Le transfert des électrons se fait par l'intermédiaire du circuit électrique extérieur : on parle de **transfert indirect d'électrons.**

Pour que la transformation chimique ait lieu, le circuit doit être fermé.

Exemple. Dans le circuit extérieur de la pile Daniell, les porteurs de charges sont les électrons. À l'intérieur de la pile, les porteurs de charges sont des ions qui circulent par l'intermédiaire du pont salin **(figure 15)**.

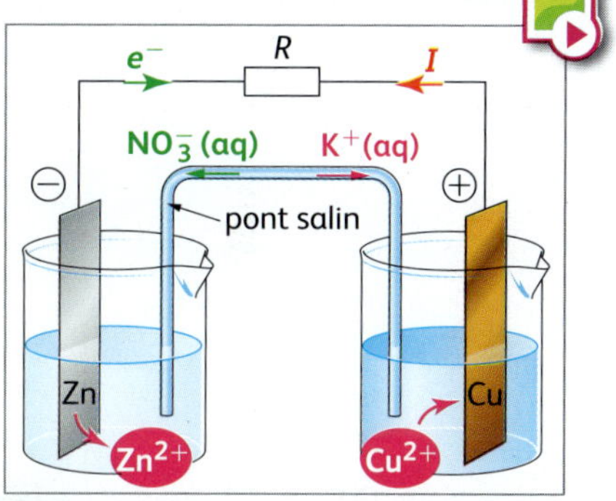

15 *Circulation des porteurs de charges dans la pile Daniell.*

2.3 Équation de la réaction d'oxydoréduction

L'équation de la réaction d'oxydoréduction se déduit des deux demi-équations rédox pour un transfert d'électrons direct ou indirect.

Les électrons n'apparaissent pas dans l'équation d'oxydoréduction pour deux raisons : il n'y a pas d'accumulation de charges dans la pile et les électrons n'existent pas en solution aqueuse.

Une équation d'oxydoréduction s'écrit comme la réaction de l'oxydant d'un couple oxydant/réducteur avec le réducteur d'un autre couple.

Voici une méthode pour écrire une équation d'oxydoréduction.

1. Écrire les demi-équations rédox pour chacun des deux couples mis en jeu, dans le sens où les transformations ont lieu.

2. Si nécessaire, multiplier les demi-équations rédox par un facteur tel que le nombre d'électrons cédés par le réducteur soit égal au nombre d'électrons captés par l'oxydant.

3. Sommer alors les deux demi-équations rédox pour obtenir l'équation de la réaction d'oxydoréduction.

APPLICATION Lors de la réaction entre les ions argent (I) $Ag^+(aq)$ et le zinc $Zn(s)$, l'argent $Ag(s)$ et les ions $Zn^{2+}(aq)$ se forment. Écrire l'équation de cette réaction.

Réponse. ❶ Les demi-équations rédox de chacun des deux couples mis en jeu s'écrivent :

$$Zn(s) = Zn^{2+}(aq) + 2\,e^-$$
$$Ag^+(aq) + e^- = Ag(s)$$

❷ Les électrons cédés par le réducteur $Zn(s)$ sont transférés à l'oxydant $Ag^+(aq)$. Il faut donc multiplier la deuxième demi-équation rédox par 2.

$$Zn(s) = Zn^{2+}(aq) + 2\,e^-$$
$$2\,Ag^+(aq) + 2\,e^- = 2\,Ag(s)$$

❸ On somme alors les deux demi-équations rédox.

$$Zn(s) = Zn^{2+}(aq) + 2\,e^-$$
$$2\,Ag^+(aq) + 2\,e^- = 2\,Ag(s)$$
$$Zn(s) + 2\,Ag^+(aq) \rightarrow Zn^{2+}(aq) + 2\,Ag(s)$$

Éviter des erreurs

- Une demi-équation rédox s'écrit avec le signe =, tandis que l'équation de la réaction d'oxydoréduction s'écrit avec la flèche →.
- Les électrons ne doivent pas apparaître dans l'équation de la réaction d'oxydoréduction.

3 Vers une production d'énergie maîtrisée

3.1 Piles à combustible

Une **pile à combustible** est une pile alimentée en continu par les réactifs. Les produits formés sont éliminés de la pile en continu.

Ces piles sont utilisées notamment dans le domaine spatial.

Exemple. Dans la pile à combustible hydrogène-oxygène **(figure 16)**, le pôle ⊖ met en jeu le couple $H^+(aq)/H_2(g)$ et le pôle ⊕, le couple $O_2(g)/H_2O(\ell)$.

$$H_2(g) = 2\,H^+(aq) + 2\,e^- \quad (\times 2)$$
$$O_2(g) + 4\,H^+(aq) + 4\,e^- = 2\,H_2O(\ell)$$
$$2\,H_2(g) + O_2(g) \rightarrow 2\,H_2O(\ell)$$

La transformation mise en jeu dans cette pile à combustible ne produit que de l'eau. C'est une pile « propre ».

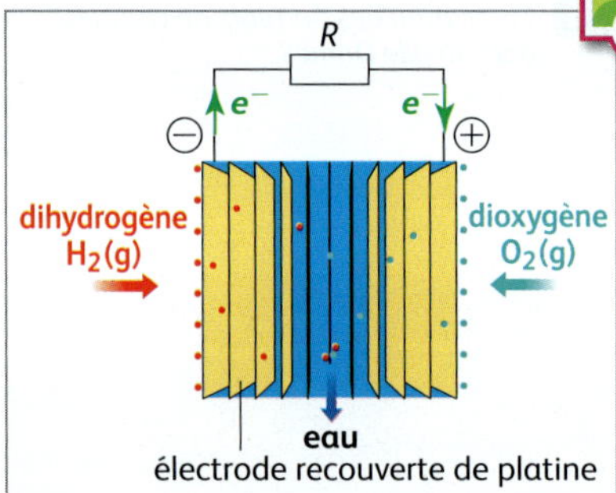

16 *Schéma d'une pile à combustible.*

3.2 Accumulateurs

- Lorsqu'une pile est en fonctionnement, une réaction d'oxydoréduction a lieu. Elle consomme des réactifs. Une pile est **usée** lorsque la réaction dont elle est le siège s'arrête, c'est-à-dire lorsque **l'un des réactifs a été totalement consommé.**

Il existe des piles rechargeables pour lesquelles il est possible de reformer les réactifs de la réaction chimique ayant lieu dans la pile : on parle alors d'**accumulateurs.**

Remarque : les piles saline et alcaline ne sont pas rechargeables.

- Une **batterie** est une association en série d'accumulateurs.

17 *L'énergie électrique est convertie en énergie chimique afin de recharger cette batterie.*

L'ESSENTIEL

Qu'est-ce qu'une pile ?

- Une **pile** permet de convertir de l'énergie chimique en énergie électrique. L'énergie chimique mise en jeu provient d'une transformation chimique.
- Une pile est constituée de l'assemblage de **deux compartiments** : l'un constitue le pôle ⊕ de la pile, l'autre le pôle ⊖. La plupart du temps, chaque compartiment contient une partie métallique et un milieu à caractère ionique, appelé **électrolyte**. Les compartiments sont liés par un séparateur permettant le transport des ions.
- Une **pile saline** contient un électrolyte gélifié constitué d'ions.
- Dans une **pile alcaline**, l'électrolyte est une solution très basique.

Couple oxydant/réducteur

- Un **oxydant** est une espèce chimique capable de capter un ou plusieurs électrons.
- Un **réducteur** est une espèce chimique capable de céder un ou plusieurs électrons.
- Un **couple oxydant/réducteur**, noté *Ox/Red*, est l'association d'un oxydant et d'un réducteur possédant le même élément et susceptibles d'échanger un ou plusieurs électrons selon la demi-équation rédox :

$$Ox + n\,e^- = Red$$

où *n* est le nombre d'électrons échangés.

Modèle par transfert d'électrons

- Lorsque l'on met en contact l'oxydant d'un couple et le réducteur d'un autre couple, une transformation chimique peut avoir lieu. Il y a alors **transfert direct d'électrons** entre les deux espèces chimiques.
- Dans une pile, le transfert des électrons se fait par l'intermédiaire du circuit électrique extérieur. On parle de **transfert indirect d'électrons**.

Polarité aux électrodes

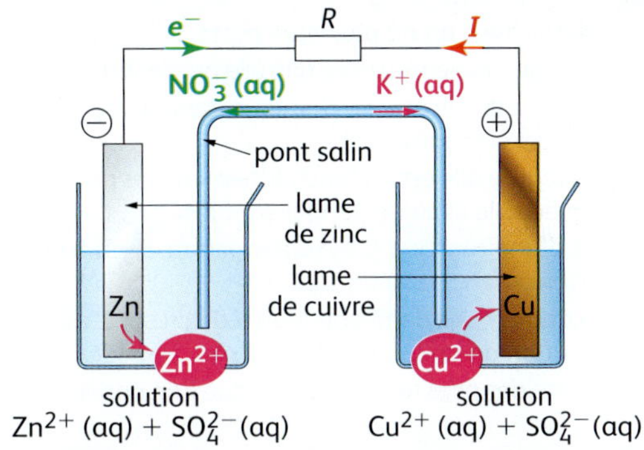

Circulation des porteurs de charges dans la pile Daniell.

Réaction d'oxydoréduction

Une **équation d'oxydoréduction** s'écrit comme la réaction de l'oxydant d'un couple oxydant/réducteur avec le réducteur d'un autre couple.

Exemple

L'écriture des demi-équations rédox respecte les lois de conservation des éléments et de la charge électrique.

$$Zn(s) = Zn^{2+}(aq) + 2\,e^-$$
$$Cu^{2+}(aq) + 2\,e^- = Cu(s)$$
$$Zn(s) + Cu^{2+}(aq) \rightarrow Zn^{2+}(aq) + Cu(s)$$

Les électrons ne doivent pas apparaître dans l'équation de la réaction d'oxydoréduction.

Vers une production d'énergie maîtrisée

- Il existe des piles alimentées en continu par les réactifs : les **piles à combustible**. Les produits formés sont éliminés de la pile en continu.
- Certaines piles sont rechargeables : on les appelle des **accumulateurs**.

5 minutes CHRONO !

MANUEL NUMÉRIQUE — EXERCICES INTERACTIFS

1 Mots manquants

Compléter avec un ou plusieurs mots.

a. L'énergie mise en jeu dans une pile provient d'une ....

b. Un .... est une espèce chimique capable de céder un ou plusieurs électrons.

c. Lorsqu'une pile est en fonctionnement, les porteurs de charges dans le circuit extérieur sont les ....

d. Lors d'une réaction d'oyxdoréduction, il y a transfert d'électrons d'un .... à un ....

e. L'écriture d'une demi-équation rédox respecte la loi de conservation de la .... et des ....

f. Il existe des piles rechargeables, que l'on appelle ....

2 QCM

Cocher la réponse exacte.

a. On considère la demi-équation rédox suivante :

$$Fe^{3+}(aq) + e^- = Fe^{2+}(aq).$$

Le réducteur est :

☐ $Fe^{2+}(aq)$ ☐ e^- ☐ $Fe^{3+}(aq)$

b. On considère la demi-équation rédox suivante :

$$a\,I_2(aq) + b\,e^- = c\,I^-(aq).$$

Les nombres stœchiométriques ajustés sont :

☐ $a = 1 ; b = 1 ; c = 1$
☐ $a = 1 ; b = 2 ; c = 2$
☐ $a = 1 ; b = 1 ; c = 2$

c. On considère la réaction d'oxydoréduction suivante :

$$2\,Ag^+(aq) + Cu(s) = 2\,Ag(s) + Cu^{2+}(aq).$$

Alors :

☐ $Ag^+(aq)$ est l'oxydant du couple $Ag^+(aq)/Cu(s)$.
☐ $Cu(s)$ est l'oxydant du couple $Cu^{2+}(aq)/Cu(s)$.
☐ $Ag^+(aq)$ est l'oxydant du couple $Ag^+(aq)/Ag(s)$.

d. Les deux demi-équations rédox suivantes ont lieu lorsqu'une pile est en fonctionnement.

$$Fe(s) = Fe^{2+}(aq) + 2\,e^-$$
$$Cu^{2+}(aq) + 2\,e^- = Cu(s)$$

L'équation de la réaction d'oxydoréduction s'écrit :

☐ $Fe(s) + Cu^{2+}(aq) \rightarrow Fe^{2+}(aq) + Cu(s)$
☐ $Fe^{2+}(aq) + Cu^{2+}(aq) \rightarrow Fe(s) + Cu(s)$
☐ $Cu^{2+}(aq) + Cu(s) \rightarrow Fe^{2+}(aq) + Fe(s)$

e. Lors du fonctionnement d'une pile, les échanges d'électrons se font :

☐ à l'intérieur de la solution
☐ dans le circuit extérieur
☐ à la surface d'un conducteur métallique

f. Lors du fonctionnement d'une pile :

☐ des électrons arrivent au pôle ⊕
☐ des anions arrivent au pôle ⊕
☐ des électrons arrivent au pôle ⊖

→ Reportez-vous aux solutions détaillées page 393 pour vérifier vos réponses et comprendre vos erreurs.

Parcours personnalisés

Trois parcours d'exercices pour travailler en autonomie selon ses besoins.

- **Maîtriser les bases** : 4 – 6 – 7 – 14
- **Préparer l'évaluation** : 15 – 17 – 18
- **Cap sur la Terminale** : 25 – 26 – 27

MOBILISER SES CONNAISSANCES

▶ Différentes piles [§1 du cours]

3 Différentes piles

a. Qu'est-ce qui différencie une pile saline d'une pile alcaline ?

b. Citer d'autres piles.

4 La pile Daniell

EXERCICE INTERACTIF

Sachant que la plaque de cuivre constitue le pôle ⊕ de la pile, recopier et compléter le schéma de la pile Daniell.

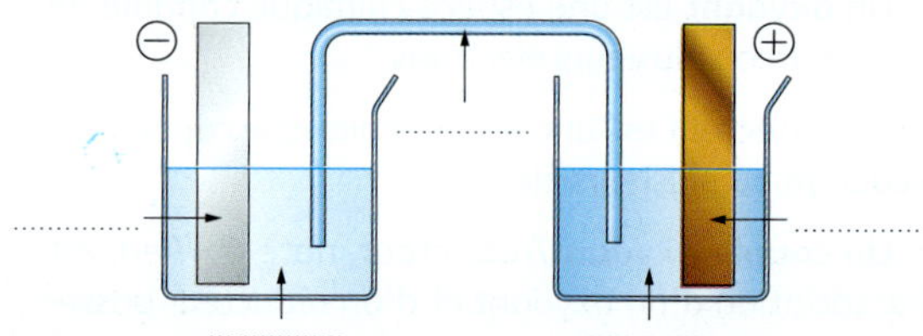

▶ Réactions d'oxydoréduction et piles [§2 et 3 du cours]

5 Couples oxydant/réducteur

a. Donner les définitions d'un oxydant et d'un réducteur.

b. Associer les espèces chimiques suivantes deux à deux pour former des couples oxydant/réducteur : $Ag^+(aq)$; $Cu(s)$; $Zn^{2+}(aq)$; $Al^{3+}(aq)$; $Cu^{2+}(aq)$; $Al(s)$; $Ag(s)$; $Zn(s)$.

6 Les couples du fer

Les demi-équations rédox mettant en jeu l'élément fer sont les suivantes.

$$Fe^{3+}(aq) + e^- = Fe^{2+}(aq)$$
$$Fe^{2+}(aq) + 2\,e^- = Fe(s)$$

a. Pour chacune de ces demi-équations rédox, reconnaître l'oxydant et le réducteur.

b. Écrire les couples oxydant/réducteur associés.

7 Pile Leclanché

Au niveau du pôle ⊕ de la pile saline de Leclanché a lieu la demi-équation rédox suivante :

$$MnO_2(s) + H^+(aq) + e^- = MnO(OH)(s).$$

Au niveau du pôle ⊖ de cette pile a lieu la demi-équation rédox suivante :

$$Zn(s) = Zn^{2+}(aq) + 2\,e^-.$$

Écrire l'équation de la réaction qui a lieu quand la pile est en fonctionnement. Préciser si le transfert d'électrons est direct ou indirect.

8 Action des ions iodure sur les ions manganèse (III)

On considère les couples oxydant/réducteur suivants :

$$Mn^{3+}(aq)/Mn^{2+}(aq)\ ;\ I_2(aq)/I^-(aq).$$

Les demi-équations rédox associées sont :

$$Mn^{3+}(aq) + e^- = Mn^{2+}(aq)\ ;$$

$$I_2(aq) + 2\,e^- = 2\,I^-(aq).$$

Lorsqu'on met en présence des ions manganèse (III) et des ions iodure, on observe l'apparition d'une couleur brune caractéristique de la présence de diiode.

Écrire l'équation de la réaction qui a lieu. Préciser si le transfert d'électrons est direct ou indirect.

9 Téléphone portable

Le sigle ci-contre figure sur l'étiquette d'une batterie de téléphone portable.

a. Une batterie de téléphone portable est-elle rechargeable ?

b. Que signifie le sigle présent sur l'étiquette ?

UTILISER SES COMPÉTENCES

10 Déterminer le mouvement des porteurs de charge

On réalise une pile zinc-nickel qui met en jeu les couples $Zn^{2+}(aq)/Zn(s)$ et $Ni^{2+}(aq)/Ni(s)$. À la surface de la plaque de nickel a lieu l'échange d'électrons suivant :

$$Ni^{2+}(aq) + 2\,e^- = Ni(s).$$

Le schéma de la pile est représenté ci-dessous.

EXERCICE INTERACTIF

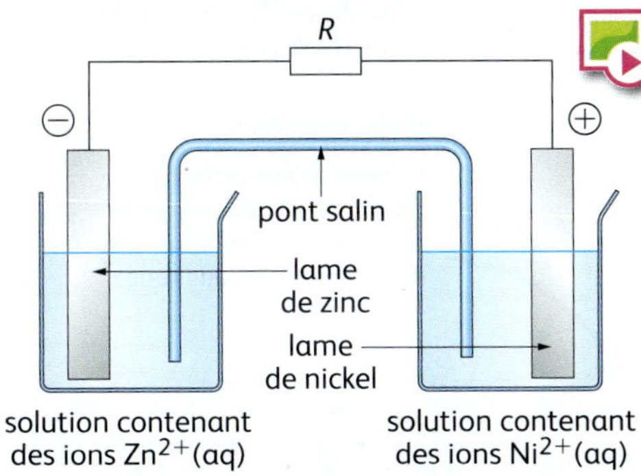

a. Déterminer le sens de circulation des électrons dans le circuit.

b. Déterminer le sens de circulation des anions puis des cations dans le pont salin.

11 Écrire une équation de réaction

On s'intéresse à la pile schématisée dans l'exercice 10.

a. Écrire la demi-équation rédox traduisant l'échange d'électrons ayant lieu sur le zinc.

b. Écrire l'équation de la réaction qui intervient quand la pile est en fonctionnement.

12 Reconnaître un oxydant et un réducteur

Lorsqu'on introduit de la paille de fer dans une solution aqueuse d'acide chlorhydrique, il se produit la réaction suivante :

$$Fe(s) + 2\,H^+(aq) \rightarrow Fe^{2+}(aq) + H_2(g).$$

Reconnaître l'oxydant et le réducteur de chaque couple.

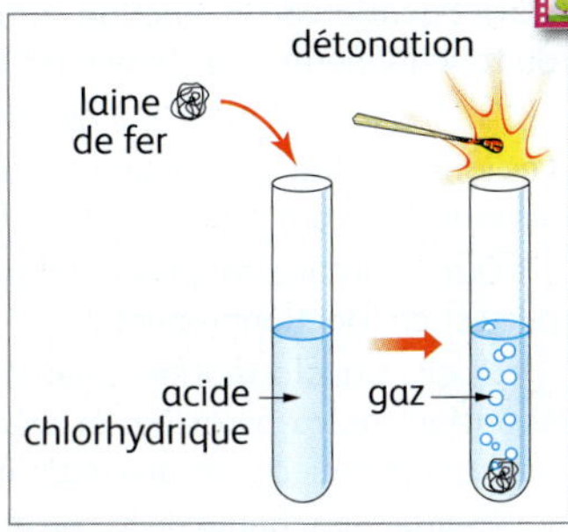

13 Écrire une équation d'oxydoréduction

La vitamine C est une espèce chimique de formule brute $C_6H_8O_6$ qui intervient dans la demi-équation rédox suivante :

$$C_6H_6O_6(aq) + 2\,H^+(aq) + 2\,e^- = C_6H_8O_6(aq).$$

a. La vitamine C est-elle un oxydant ou un réducteur ?

b. On verse dans une solution de vitamine C une solution de diiode $I_2(aq)$ de couleur brune. La coloration disparaît pour former des ions $I^-(aq)$.

La demi-équation rédox du couple mis en jeu est :

$$I_2(aq) + 2\,e^- = 2\,I^-(aq).$$

Écrire l'équation de la réaction d'oxydoréduction qui a lieu.

14 Apprendre à rédiger

Voici l'énoncé d'un exercice et un guide (en orange) ; ce guide vous aide pour rédiger la solution détaillée et pour retrouver les réponses numériques aux questions posées.

Énoncé

Une solution aqueuse de diiode $I_2(aq)$ de couleur brune se décolore lorsqu'elle est versée dans une solution contenant des ions thiosulfate $S_2O_3^{2-}(aq)$.

Les demi-équations rédox mises en jeu sont :

$$I_2(aq) + 2\,e^- = 2\,I^-(aq)\ ;$$

$$S_4O_6^{2-}(aq) + 2\,e^- = 2\,S_2O_3^{2-}(aq).$$

a. Lors de cette transformation, quel est l'oxydant ? Quel est le réducteur ?

► **Donner la définition d'un oxydant et d'un réducteur et conclure sur le rôle respectif des ions thiosulfate et du diiode.**

b. Écrire la réaction d'oxydoréduction qui a lieu.

► **Combiner les deux demi-équations rédox en se rappelant que les électrons n'apparaissent pas dans l'équation globale de la réaction.**

► **Symboliser le processus d'évolution par une flèche.**

EXERCICE RÉSOLU

Site élève

15 Étude de la pile aluminium-zinc

Énoncé On réalise une pile au laboratoire dans deux compartiments séparés. L'équation de la réaction correspondant à la transformation qui a lieu lors du fonctionnement de la pile est :

$$2\,Al(s) + 3\,Zn^{2+}(aq) \rightarrow 2\,Al^{3+}(aq) + 3\,Zn(s).$$

Les ions $Al^{3+}(aq)$ proviennent d'une solution de chlorure d'aluminium $AlCl_3$ et les ions $Zn^{2+}(aq)$ d'une solution de sulfate de zinc $ZnSO_4$.

1. Quels sont les couples oxydant/réducteur qui interviennent lorsque cette pile est en fonctionnement ?
2. Quelle transformation a lieu dans chaque compartiment ? Écrire les demi-équations rédox associées et préciser pour chaque espèce chimique s'il cède ou capte des électrons du circuit extérieur.
3. Réaliser un schéma de la pile en indiquant les différentes espèces chimiques présentes dans chaque compartiment.
4. Indiquer le sens de circulation des électrons dans les fils. En déduire la polarité de la pile.

Énoncé
Attention : on donne le résultat final et il va falloir interpréter les différentes réactions aux électrodes.

Une solution

1. Les couples oxydant/réducteur qui interviennent dans cette pile sont :

$$Zn^{2+}(aq)/Zn(s)\ ;\ Al^{3+}(aq)/Al(s).$$

Raisonner
- Un même élément chimique se retrouve dans chacune des espèces chimiques du couple oxydant/réducteur.
- On écrit toujours la formule de l'oxydant puis celle du réducteur.

2. Dans un compartiment, on observe la transformation de l'aluminium Al en ion aluminium Al^{3+}. La transformation est modélisée par la demi-équation rédox suivante : $Al(s) = Al^{3+}(aq) + \dots$.
On ajuste la demi-équation pour l'élément aluminium, puis pour la charge en ajoutant des électrons : $Al(s) = Al^{3+}(aq) + 3\,e^-$.
L'aluminium cède des électrons au circuit extérieur.
Dans l'autre compartiment, on observe la transformation de l'ion zinc Zn^{2+} en zinc Zn. La transformation est modélisée par la demi-équation rédox suivante :

$$Zn^{2+}(aq) + 2\,e^- = Zn(s).$$

Les ions zinc (II) captent des électrons provenant du circuit extérieur.

Connaissances
L'écriture des demi-équations rédox respecte les lois de conservation des éléments et de la charge électrique.

3.

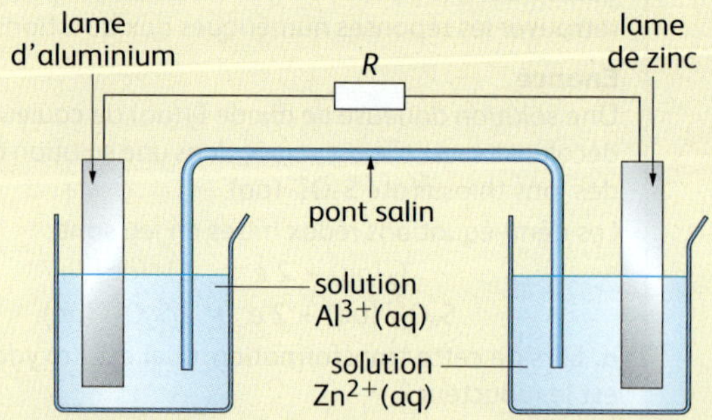

Schématiser
- Faire apparaître les deux compartiments reliés par un pont salin, afin de permettre la circulation des porteurs de charges à l'intérieur de la solution.
- Ne pas oublier de relier la pile à une résistance.

4. D'après les demi-équations rédox aux électrodes, les électrons du circuit extérieur circulent de la lame d'aluminium vers la lame de zinc (donc du compartiment 1 vers le compartiment 2). Le sens de circulation des ions en solution se déduit de celui des électrons.
Le compartiment 1 constitue ainsi le pôle ⊖ de la pile, et le compartiment 2, le pôle ⊕.

Raisonner
Le sens de circulation des électrons dans le circuit extérieur se déduit du sens des demi-équations rédox.

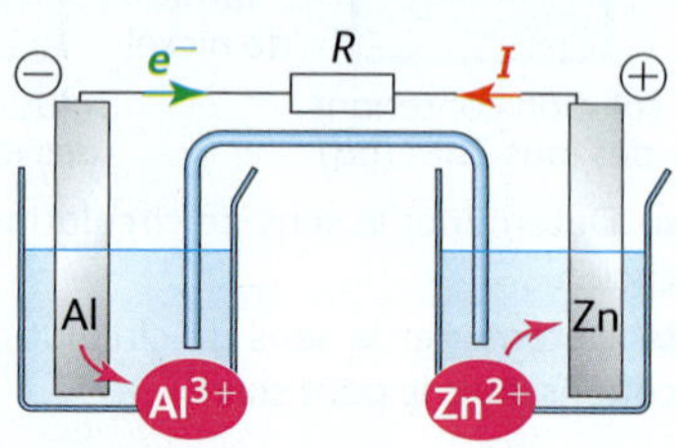

16 L'eau oxygénée

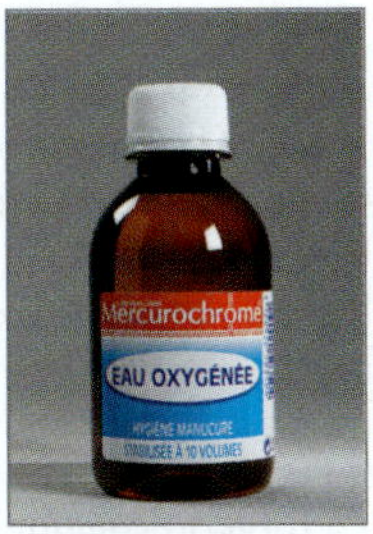

Les solutions aqueuses d'eau oxygénée sont vendues en pharmacie comme antiseptique local. Le principe actif est le peroxyde d'hydrogène $H_2O_2(aq)$.
Le peroxyde d'hydrogène appartient à deux couples oxydant/réducteur distincts dont les demi-équations rédox sont :

$$H_2O_2(aq) + 2\,H^+(aq) + 2\,e^- = 2\,H_2O(\ell) \quad (1)$$
$$O_2(g) + 2\,H^+(aq) + 2\,e^- = H_2O_2(aq) \quad (2)$$

a. $H_2O_2(aq)$ est-il un oxydant ou un réducteur d'après la demi-équation rédox (1) ? d'après la demi-équation rédox (2) ?
b. Le peroxyde d'hydrogène peut réagir avec lui-même.
Écrire l'équation de cette réaction, appelée réaction de dismutation.

17 Préparation de l'eau de Javel

L'eau de Javel est un produit d'entretien décolorant et désinfectant qui doit son nom au village où elle était produite, Javel, qui est aujourd'hui un quartier de Paris.
L'eau de Javel se prépare par action du dichlore gazeux $Cl_2(g)$ sur de la soude, une solution contenant des ions sodium $Na^+(aq)$ et hydroxyde $HO^-(aq)$.
a. Écrire l'équation de la réaction de préparation de l'eau de Javel en utilisant les demi-équations rédox suivantes :

$$Cl_2(g) + 2\,e^- = 2\,Cl^-(aq)\,;$$
$$2\,ClO^-(aq) + 2\,H_2O(\ell) + 2\,e^- = Cl_2(g) + 4\,HO^-(aq).$$

b. Quelle(s) espèce(s) chimique(s) contient l'eau de Javel ? Quelle espèce chimique de l'eau de Javel possède des propriétés oxydantes ?

18 ✶ Pile zinc-fer

Dans un premier bécher, on verse une solution de nitrate de zinc (II) contenant des ions $Zn^{2+}(aq)$, dans laquelle on plonge une lame de zinc $Zn(s)$. Dans un deuxième bécher, on mélange une solution de ferricyanure de potassium (contenant des ions $[Fe(CN)_6]^{3-}(aq)$) et une solution de ferrocyanure de potassium (contenant des ions $[Fe(CN)_6]^{4-}(aq)$). Les ions sont introduits dans les mêmes quantités. On plonge dans le deuxième bécher un fil de platine.
Les deux béchers sont reliés par un pont salin. On les relie ensuite à un circuit extérieur. Après quelques minutes, on constate une perte de masse de la lame de zinc.
L'un des couples oxydant/réducteur mis en jeu lors de cette transformation est $Zn^{2+}(aq)/Zn(s)$.
a. Quel est le rôle du pont salin ?
b. Écrire la demi-équation rédox qui modélise la transformation ayant lieu dans le compartiment contenant le zinc.
c. Quand la pile est en fonctionnement, quelle espèce chimique voit sa quantité de matière augmenter dans le compartiment contenant le fil de platine ?
d. Quel est le rôle du fil de platine ?
e. Écrire l'équation de la réaction qui a lieu lorsque la pile est en fonctionnement.
Donnée : $[Fe(CN)_6]^{3-}(aq) + e^- = [Fe(CN)_6]^{4-}(aq)$.

19 ✶ Alcootest

EXERCICE INTERACTIF

Lors d'un contrôle d'alcoolémie, l'automobiliste « souffle dans le ballon » afin de vérifier la présence d'éthanol (de formule brute C_2H_6O) dans l'air expiré. On fait ensuite passer l'air expiré dans un tube contenant des ions dichromate $Cr_2O_7^{2-}(aq)$ de couleur rouge-orange.
Les couples oxydant/réducteur mis en jeu sont $C_2H_4O(aq)/C_2H_6O(aq)$ et $Cr_2O_7^{2-}(aq)/Cr^{3+}(aq)$. Les ions chrome (III) $Cr^{3+}(aq)$ sont de couleur verte.
a. Ajuster les nombres stœchiométriques des demi-équations rédox suivantes.

$$\ldots\,C_2H_4O(aq) + \ldots\,H^+(aq) + \ldots\,e^- = \ldots\,C_2H_6O(aq)$$
$$\ldots\,Cr_2O_7^{2-}(aq) + \ldots\,H^+(aq) + \ldots\,e^- = \ldots\,Cr^{3+}(aq) + \ldots\,H_2O(\ell)$$

b. En déduire l'équation chimique de la réaction qui a lieu dans le tube d'alcootest.
c. Voici le résultat de deux tests. Quel automobiliste peut repartir ? Pourquoi ?

20 ✶ Pile à combustible

La pile à combustible est alimentée en dihydrogène et en dioxygène en continu. Le réacteur est composé de deux compartiments reliés par un électrolyte acide.
Les couples oxydant/réducteur mis en jeu lors de la réaction sont : $H^+(aq)/H_2(g)$; $O_2(g)/H_2O(\ell)$.
a. Pour chaque couple, écrire la demi-équation rédox.
b. D'après la polarité de la pile, quelle est l'équation de la réaction qui a lieu quand la pile est en fonctionnement ?
c. Le dioxygène est le « combustible » de la pile.
Est-ce un oxydant ou un réducteur ?
d. Recopier le schéma de la pile et indiquer le sens de circulation des porteurs de charges.

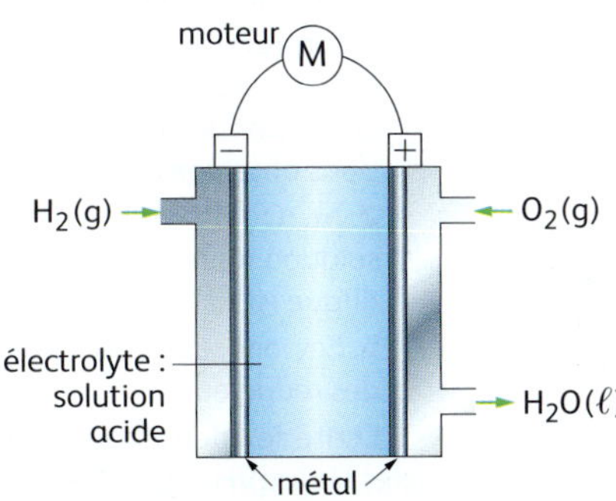

e. Citer l'un des intérêts de cette pile à combustible.

Aide : l'électrolyte acide contient des ions hydrogène $H^+(aq)$ et des ions phosphate $PO_4^{3-}(aq)$.

21 ✶ Accumulateur nickel/cadmium

L'accumulateur nickel-cadmium est composé d'une lame de nickel, sur laquelle est déposé l'oxyde de nickel NiO_2H (s), et d'une lame de cadmium, plongées dans un électrolyte et séparées par une paroi poreuse. L'électrolyte est une solution d'hydroxyde de potassium (K^+ (aq) + HO^- (aq)).

Les demi-équations rédox associées aux espèces présentes dans l'accumulateur sont :

$$NiO_2H(s) + H_2O(aq) + e^- = Ni(OH)_2(s) + HO^-(aq) ;$$
$$Cd(OH)_2(s) + 2\,e^- = Cd(s) + 2\,HO^-(aq).$$

a. Identifier les couples oxydant/réducteur et reconnaître pour chacun l'oxydant et le réducteur.

b. Lors de la décharge de l'accumulateur, les réactifs sont, entre autres, le cadmium Cd et l'oxyde de nickel NiO_2H.

Écrire l'équation de la réaction globale lors de la décharge.

c. Quel est le pôle ⊕ lors de la décharge ?

d. Écrire l'équation de la réaction qui a lieu lors de la charge de l'accumulateur qui permet de régénérer « l'énergie chimique ».

22 ✶✶ Solutions acides

Une solution acide contient des ions hydrogène H^+ (aq), mais aussi des anions, qui peuvent être oxydants ou réducteurs.

1. a. Quels ions contient une solution aqueuse d'acide nitrique HNO_3 ?

b. Écrire la demi-équation rédox correspondant au couple $H^+(aq)/H_2(g)$.

c. Ajuster les nombres stœchiométriques de la demi-équation rédox suivante :

$$\ldots\ NO_3^-(aq) + \ldots\ H^+(aq) + \ldots\ e^- = \ldots\ NO(g) + \ldots\ H_2O(\ell).$$

d. Les ions contenus dans la solution acide sont-ils des oxydants ou des réducteurs ?

e. On place des copeaux de cuivre dans une solution aqueuse d'acide nitrique. La première réaction produit du monoxyde d'azote NO (g), un gaz incolore qui, au contact du dioxygène de l'air O_2 (g), se transforme en dioxyde d'azote NO_2 (g), de couleur rousse. La solution devient bleue.

Interpréter l'expérience en écrivant les équations des réactions correspondant aux transformations observées.

2. a. Quels ions contient une solution aqueuse d'acide chlorhydrique HCl ?

b. Ces ions sont-ils des oxydants ou des réducteurs ?

Écrire les demi-équations rédox correspondant aux couples $H^+(aq)/H_2(g)$ et $Cl_2(g)/Cl^-(aq)$.

c. Ajuster les nombres stœchiométriques de la demi-équation rédox suivante :

$$\ldots\ MnO_4^-(aq) + \ldots\ H^+(aq) + \ldots\ e^- = \ldots\ Mn^{2+}(aq) + \ldots\ H_2O(\ell).$$

d. Quel ion est susceptible de réagir avec l'ion permanganate MnO_4^- (aq) ?

e. Écrire l'équation de la réaction d'oxydoréduction qui peut avoir lieu lorsqu'on introduit des ions permanganate dans une solution d'acide chlorhydrique.

Donnée : couple oxydant/réducteur, $Cu^{2+}(aq)/Cu(s)$.

23 ✶ Capacité massique d'une pile

Le tableau suivant rassemble les « capacités massiques de stockage » de plusieurs éléments entrant dans la composition de différents types de piles.

La « capacité massique » est la charge électrique qui circule dans la pile par kilogramme d'élément constituant. Elle peut s'exprimer en $A \cdot h \cdot kg^{-1}$.

Élément	Cadmium	Zinc	Argent	Lithium
Capacité massique ($A \cdot h \cdot kg^{-1}$)	480	500	820	3 880

a. Pour une même intensité de courant électrique débité, comment évolue la durée de fonctionnement de la pile en fonction de sa « capacité massique » ?

b. Pourquoi utilise-t-on des piles au lithium pour alimenter les stimulateurs cardiaques ?

24 ✶ Batterie de voiture

La batterie d'une voiture est un accumulateur au plomb constitué de deux électrodes en plomb Pb (s), dont l'une est recouverte de dioxyde de plomb PbO_2 (s). L'ensemble est immergé dans une solution concentrée d'acide sulfurique ($2\,H^+(aq) + SO_4^{2-}(aq)$).

Lorsque la voiture démarre, l'accumulateur fonctionne comme une pile. Pour simplifier, on considère que les couples mis en jeu sont $Pb^{2+}(aq)/Pb(s)$ et $PbO_2(s)/Pb^{2+}(aq)$.

a. Écrire les demi-équations rédox associées à ces deux couples.

b. L'accumulateur est schématisé ci-dessous.

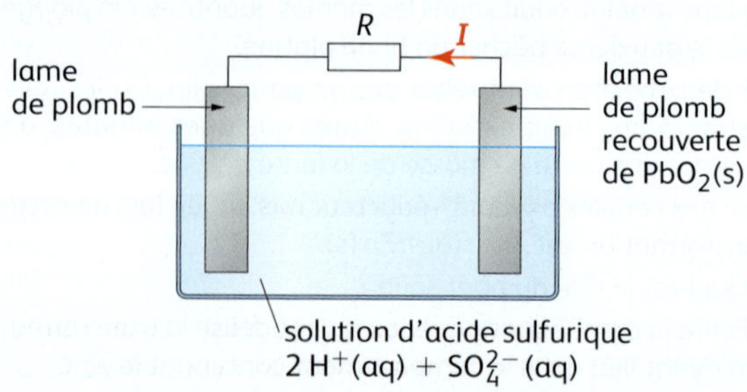

Indiquer les sens de circulation des porteurs de charge dans les fils électriques et dans la solution d'acide sulfurique.

c. Vérifier que l'équation de la réaction modélisant la transformation chimique qui a lieu lors du démarrage de la voiture s'écrit :

$$Pb(s) + PbO_2(s) + 4\,H^+(aq) \rightarrow 2\,Pb^{2+}(aq) + 2\,H_2O(\ell).$$

25 Apprendre à chercher

La résolution de cet exercice nécessite de trouver les étapes du raisonnement. En cas de difficultés, rendez-vous page 404.

Le principe actif des solutions aqueuses d'eau oxygénée est le peroxyde d'hydrogène $H_2O_2(aq)$.

Le peroxyde d'hydrogène appartient à deux couples oxydant/réducteur distincts dont les demi-équations rédox sont données ci-dessous.

$$H_2O_2(aq) + 2\,H^+(aq) + 2\,e^- = 2\,H_2O(\ell)$$
$$O_2(g) + 2\,H^+(aq) + 2\,e^- = H_2O_2(aq)$$

On réalise les expériences suivantes.

- **Expérience 1 :** dans un bécher contenant de l'eau oxygénée, on verse une solution acidifiée de permanganate de potassium. On observe la décoloration immédiate de la solution d'ions permanganate et un dégagement gazeux.
- **Expérience 2 :** dans un bécher contenant une solution de iodure de potassium, on verse de l'eau oxygénée acidifiée. On observe l'apparition d'une coloration brune.

→ *Interpréter ces expériences en précisant dans chaque cas si $H_2O_2(aq)$ joue le rôle d'oxydant ou de réducteur.*

Données : les demi-équations rédox des couples $I_2(aq)/I^-(aq)$ et $MnO_4^-(aq)/Mn^{2+}(aq)$ sont :

$$I_2(aq) + 2\,e^- = 2\,I^-(aq)\,;$$
$$MnO_4^-(aq) + 8\,H^+(aq) + 5\,e^- = Mn^{2+}(aq) + 4\,H_2O(\ell).$$

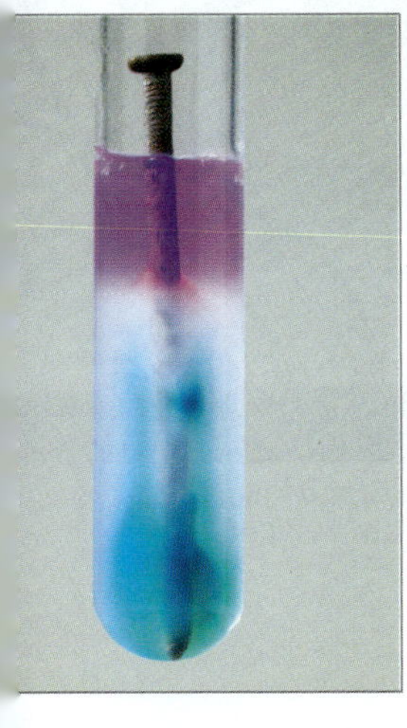

26 ✶✶ Corrosion

On verse dans un tube à essais un gel contenant une solution aqueuse ionique, de la phénolphtaléine (incolore en milieu acide et rose en milieu basique), et un indicateur coloré qui devient bleu en présence d'ions $Fe^{2+}(aq)$.

On introduit dans le tube à essais un clou en fer décapé et assez long pour que son extrémité supérieure reste à l'air. Après une heure d'attente, on observe une coloration bleue vers la pointe du clou et une coloration rose près de la surface du gel.

Les couples oxydant/réducteur à consi-dérer sont :

$$O_2(aq)/HO^-(aq)\,;\ Fe^{2+}(aq)/Fe(s).$$

a. Quels sont les réactifs et les produits de cette transformation ?

b. Écrire l'équation des réactions qui ont lieu respectivement près de la surface libre du gel et au fond du tube.

c. Écrire l'équation globale d'oxydoréduction.

d. Pourquoi parle-t-on de « pile de corrosion » ?

e. Décrire ce qui pourrait se passer si les pylônes immergés en acier (alliage de fer et de carbone) des ponts n'étaient pas protégés contre la corrosion.
Pourrait-on se rendre compte de cette corrosion ?

27 ✶✶ Réalisation d'une pile nickel-zinc

On réalise une pile zinc-nickel qui met en jeu les couples oxydant/réducteur $Zn^{2+}(aq)/Zn(s)$ et $Ni^{2+}(aq)/Ni(s)$.

Dans un bécher, on verse un volume $V_1 = 100$ mL d'une solution de sulfate de nickel contenant des ions $Ni^{2+}(aq)$ de concentration initiale $c_1 = 5{,}0 \times 10^{-2}$ mol·L^{-1}, dans laquelle on plonge une lame de nickel Ni(s).

Dans un deuxième bécher, on verse un volume $V_2 = 100$ mL d'une solution de sulfate de zinc contenant des ions $Zn^{2+}(aq)$ de concentration initiale $c_2 = 5{,}0 \times 10^{-2}$ mol·L^{-1}, dans laquelle on plonge une lame de zinc Zn(s).

1. La masse de la lame de nickel augmente quand la pile est en fonctionnement.
En déduire les demi-équations rédox se déroulant à la surface des conducteurs métalliques et la réaction d'oxydoréduction qui intervient quand la pile est en fonctionnement.

2. a. Les solutions de sulfate de nickel sont colorées. On mesure l'absorbance à la longueur d'onde de 390 nm de la solution de sulfate de nickel contenue dans le bécher de la lame de nickel, après une heure de fonctionnement à intensité constante I. On trouve $A_{390} = 0{,}67$.
Grâce à la courbe d'étalonnage à la longueur d'onde $\lambda = 390$ nm représentée ci-dessous, déterminer la concentration de la solution en ions $Ni^{2+}(aq)$ restant en solution après une heure de fonctionnement de la pile.

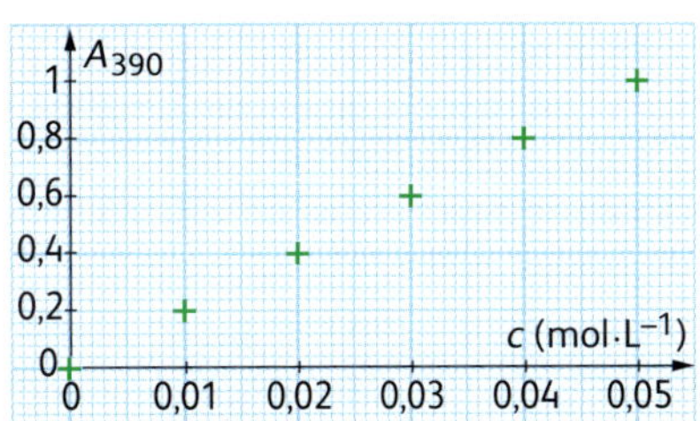

b. Quelle est la quantité de matière d'ions $Ni^{2+}(aq)$ disparus ?

c. Déterminer la charge électrique fournie par cette pile pendant une heure d'utilisation.

Donnée : charge d'une mole d'électrons, $F = 96\,500$ C·mol^{-1}.

Culture scientifique et citoyenne

CHIMIE & ART Les eaux fortes

L'**eau forte** est un procédé de **gravure en creux** sur une plaque métallique. La plaque métallique, en cuivre, est recouverte d'un vernis qui la protège. L'artiste dessine ensuite grâce à un outil en forme de pointe qui enlève le vernis. Puis, la plaque gravée est mise en présence d'acide nitrique. **Le cuivre est oxydé à l'endroit du dessin** : on parle alors de morsure. On obtient un **négatif** du dessin.

- Lorsque la plaque est nettoyée de son vernis, elle est prête à recevoir l'encre afin de restituer le dessin.
- Une eau-forte désigne aussi l'estampe obtenue grâce à ce procédé.

Servantes, Georges Bigot.

Sur le Web www.arts-graphiques.wikibis.com/eau-forte.php
www.cybermuse.beaux-arts.ca/cybermuse/showcases/techniques/index_f.jsp

Sciences & Société

La protection contre la corrosion

La **corrosion** désigne l'ensemble des phénomènes d'altération d'un matériau par réaction chimique avec un oxydant. On parle de **corrosion sèche** si l'oxydant est sous forme gazeuse (c'est le cas du dioxygène de l'air par exemple) et de **corrosion humide** si l'oxydant est en solution (le cation H^+ par exemple).

- La corrosion est un **problème industriel et économique important** : un rapport américain de 2001 montre que le coût total annuel de la corrosion est estimé aux États-Unis à 276 milliards de dollars (environ 200 milliards d'euros), soit 3,1 % du produit national brut.
- La corrosion touche un très grand nombre de secteurs économiques : celui de l'énergie, des transports, des travaux publics, mais aussi l'industrie du pétrole, l'industrie pharmaceutique, etc.

La charpente de la nef du Grand Palais, à Paris, a été restaurée entre 2003 et 2004.

Sur le Web www.corrosioncost.com/home.html
www.nace.org/content.cfm?parentid=1011&currentID=1045

Un métier : ingénieur(e) anticorrosion BAC +5

L'**ingénieur anticorrosion** est le spécialiste de la protection dite cathodique. Il surveille les canalisations souterraines dans lesquelles circule un gaz. Celles-ci sont parcourues par un courant électrique qui limite la corrosion de l'acier.

- L'ingénieur anticorrosion veille à la sécurité du réseau et respecte les normes en vigueur. Il doit avoir de **solides connaissances en électricité, en chimie** et plus particulièrement **sur les processus d'oxydoréduction**. Il doit se tenir informé des avancées technologiques dans le domaine des mesures électriques et électrochimiques.

Ingénieur dans une station d'exploitation de gaz naturel.

Sur le Web www.onisep.fr/Ressources/Univers-Metier/Metiers/ingenieur-e-gaz

CHIMIE & ENVIRONNEMENT Du béton dépolluant

La pollution atmosphérique est en partie due à la présence dans l'air de **composés organiques volatils (COV) et d'oxydes d'azote (NO_x)**. Sous l'effet de la lumière UV, des réactions d'oxydoréduction transforment les COV en eau et en dioxyde de carbone, et les oxydes d'azote en ions nitrate, moins nocifs que les composés COV et NO_x.

- Ces transformations sous lumière UV peuvent être favorisées par la présence d'un solide sous forme de poudre : **le dioxyde de titane TiO_2**, qui lui ne se détériore pas. C'est le phénomène de photocatalyse.
- Il existe aujourd'hui des **ciments antipollution** qui incorporent le dioxyde de titane sous forme de poudre afin de transformer les polluants atmosphériques. Les résidus sont ensuite lavés et évacués lorsqu'il pleut.
- Ces ciments peuvent servir pour la fabrication de revêtements routiers, de dalles, de tuiles, de panneaux, etc. Des études menées à Vanves, en région parisienne, pour un revêtement de chaussée, montrent des résultats encourageants.

D'après *Les Cahiers Techniques du Bâtiment* n° 288, mai 2009

L'église Dives in Misericordia, à Rome, construite en 2000 avec du béton comportant des nanoparticules de dioxyde de titane.

Sur le Web www.photocatalysis-federation.eu/uploads/media/081114_Dossier_Photocatalyse_OK.pdf

Chapitre 20

Chimie organique et nouveaux matériaux

Les objectifs

- Nommer des aldéhydes, des cétones et des acides carboxyliques.
- Écrire l'équation de la réaction d'oxydation d'un alcool et d'un aldéhyde.
- Réaliser une synthèse et déterminer son rendement.
- Recueillir et exploiter des informations sur la nanochimie et la synthèse de molécules biologiquement actives.
- Relier les propriétés macroscopiques d'un matériau à sa structure microscopique.

Échanger des idées

Myriam Soumaré, championne d'Europe du 200 m en 2010.

Lors d'un effort court et intense, si l'apport en dioxygène est insuffisant, l'acide pyruvique des muscles se transforme en acide lactique.

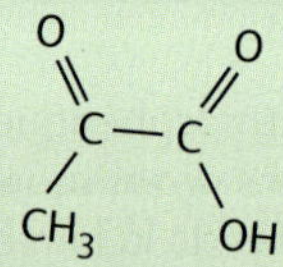

acide pyruvique

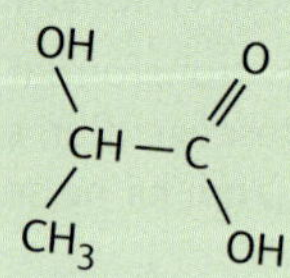

acide lactique

▶ MOBILISER SES ACQUIS

L'espèce chimique qui réagit avec l'acide pyruvique est-elle un oxydant ou un réducteur ?

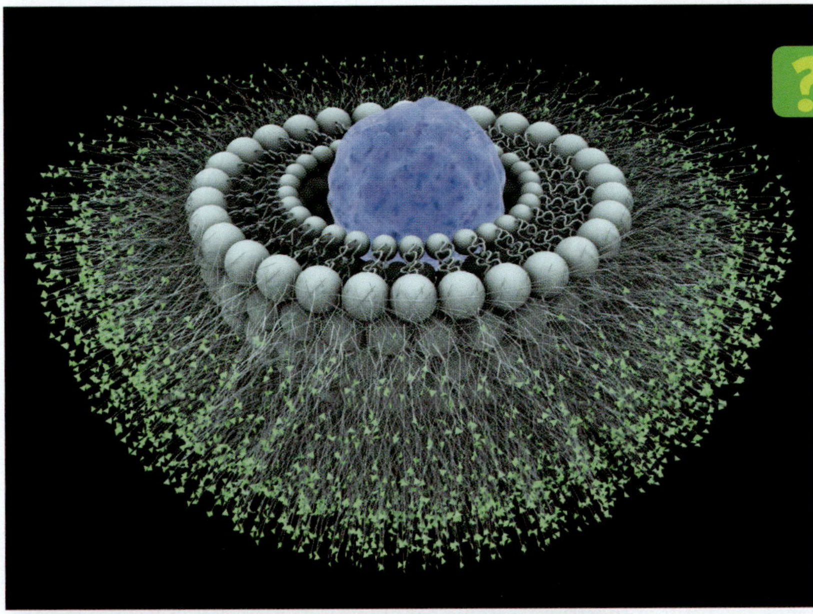

Vue d'artiste d'un liposome, moyen de transport du principe actif jusqu'à l'organe malade.

▶ RELEVER DES DÉFIS

Quels défis ont été relevés par les chimistes pour synthétiser ce liposome ?

▶ ÉMETTRE DES HYPOTHÈSES

Comment les chimistes arrivent-ils à gérer la structure microscopique d'un matériau ?

Monocristal d'or vu au microscope à force atomique.

Grande parade à Pyongyang, Corée du Nord.

Activité à la maison

MANUEL NUMÉRIQUE

ACTIVITÉ DOCUMENTAIRE

1 Les défis du nanomonde

▶ **Quelles sont ou pourraient être les applications des nanotechnologies en chimie ?**

1 *Vue d'artiste d'un nanotube de carbone.*

Un monde nouveau est en train de naître. Il nous promet des produits plus petits, plus légers, moins chers. Il nous propose des ordinateurs plus performants, des moyens de communication plus rapides, des traitements médicaux plus efficaces, un environnement plus propre, un cadre de vie plus agréable.

C'est le nanomonde : le monde des nanosciences et des nanotechnologies.

Il vise à élaborer de nouveaux matériaux et des composants toujours plus petits, à construire « atome par atome » de nouvelles molécules et à les assembler pour réaliser de nouvelles fonctions [...].

Préface de la brochure « À la découverte du nanomonde », publiée en 2003 par le ministère de la Recherche.

2 *La révolution nanométrique.*

Certaines propriétés chimiques d'un même matériau sont différentes suivant l'échelle de longueur prise en compte : un matériau isolant à l'échelle macroscopique peut ainsi s'avérer être un conducteur efficace à l'échelle nanométrique. C'est le cas de l'alliage de lithium et de fer (Li_2FeSiO_4), qui n'est un conducteur que sous forme de nanoparticules enrobées dans des enveloppes de carbone. Cette propriété a été également utilisée pour concevoir les toutes dernières batteries 3D et les microbatteries, constituées de nanoparticules de magnétite Fe_2O_3 déposées sur du cuivre, plus performantes que celles constituées de magnétite massive.

3 *Des nanomatériaux dans les piles de nouvelle génération.*

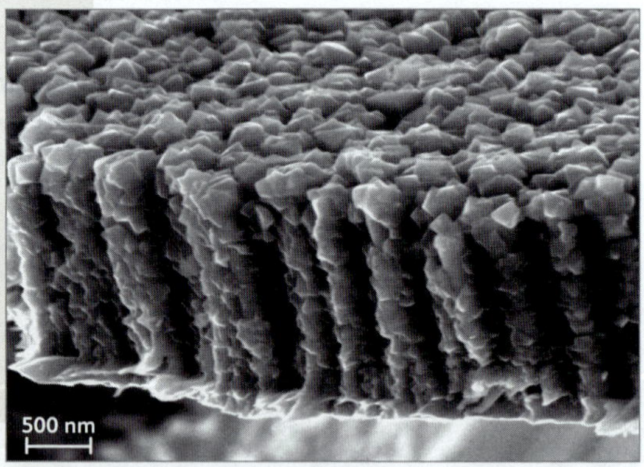

4 *Électrode nano-architecturée de magnétite sur du cuivre.*

1 Analyser les documents

a. Quel est le point commun entre le nanomonde, les nanotechnologies, les nanosciences et la nanochimie?

b. Comment le nanomonde est-il présenté dans le **document 2** ?

c. Pourquoi le passage de l'échelle macroscopique à l'échelle nanométrique peut-il réserver des surprises ?

2 Faire une recherche

a. L'un des défis de la nanochimie concerne la fabrication de nanomatériaux comme les nanotubes de carbone **(document 1)**, les nanoparticules **(document 4)** ou encore les nanomédicaments.

Pour chacun de ces nanomatériaux, citer une application possible ou existant déjà.

b. Quels sont les principaux secteurs d'application de la nanochimie ?

2 Oxyder des alcools et des aldéhydes

▶ **Oxydons des alcools et des aldéhydes par les ions permanganate.**

SOLUTIONS

■ **Solution aqueuse 1 :** alcool 4-méthoxybenzylique

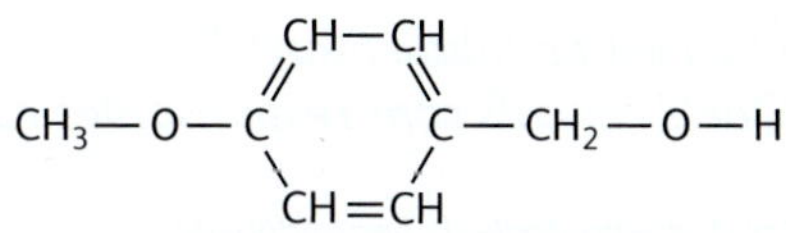

■ **Solution aqueuse 2 :** 4-méthoxybenzaldéhyde

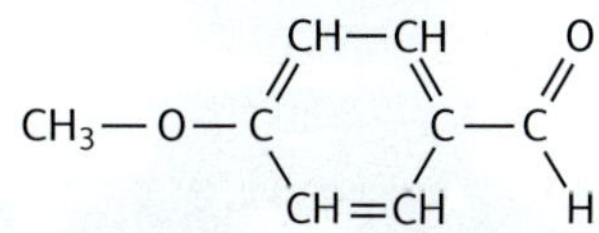

■ **Solution aqueuse 3 :** permanganate de potassium K^+ (aq) + MnO_4^- (aq)

Expérience

■ Dans cinq tubes à essais, introduire les quantités indiquées dans le tableau ci-dessous.

Tube à essais	1	2	3	4	5
Solution 1	3 mL	3 mL	3 mL	–	–
Solution 2	–	–	–	3 mL	3 mL
Solution 3	–	2 gouttes	20 gouttes	2 gouttes	–

■ Boucher les tubes puis les agiter vigoureusement pendant quelques instants.

■ Dans chacun des tubes, ajouter environ 3mL d'éthoxyéthane afin d'extraire les produits organiques. Boucher les tubes et les agiter quelques instants. Laisser les solutions décanter.

■ Préparer une plaque de C.C.M. pour réaliser cinq dépôts (→ **fiche méthode 11**, page 390) constitués des phases organiques des cinq tubes à essais.

■ Faire éluer la plaque puis la révéler sous une lampe UV.

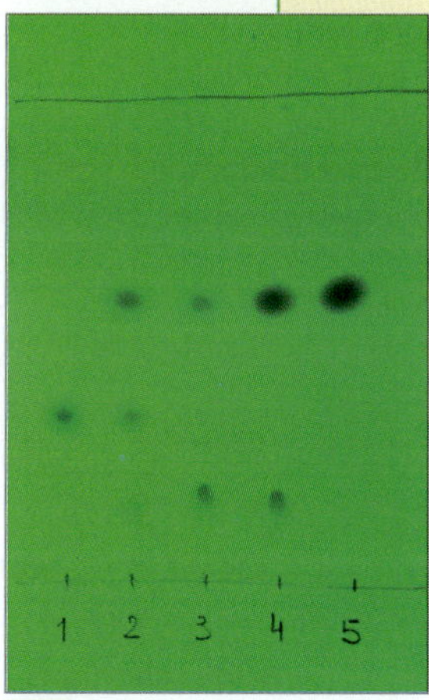

5 *Révélation de la plaque de C.C.M. par la lampe UV.*

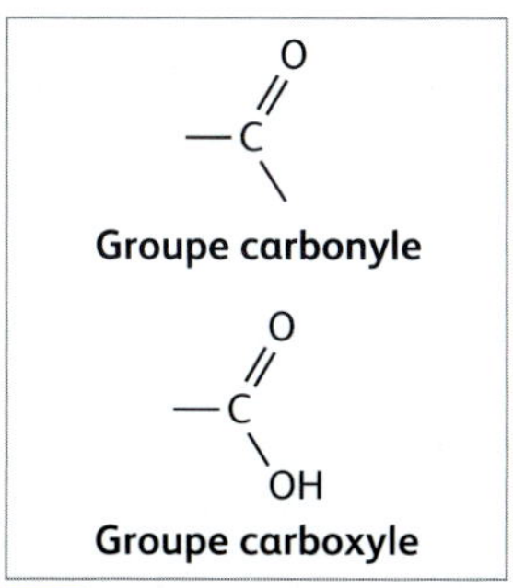

6 *Noms de groupes caractéristiques.*

1 Observer

a. Combien de phases chaque tube contient-il ? Où se situe la phase organique ?

b. En analysant les dépôts 1 et 5 du chromatogramme, calculer le rapport frontal de l'alcool et de l'aldéhyde.

2 Interpréter

a. En analysant le dépôt 2 du chromatogramme, écrire la formule semi-développée de la molécule formée ici lors de l'oxydation de l'alcool. Entourer son groupe caractéristique.

b. Lors de l'oxydation d'un aldéhyde, son groupe caractéristique carbonyle est transformé en groupe caractéristique carboxyle **(document 6)**.

En déduire la formule semi-développée de la molécule ayant le plus faible rapport frontal.

3 Conclure

Les demi-équations des couples oxydant/réducteur mis en jeu sont :

$$C_8H_8O_2 + 2\,H^+ + 2\,e^- = C_8H_{10}O_2$$
$$C_8H_8O_3 + 2\,H^+ + 2\,e^- = C_8H_8O_2 + H_2O$$
$$MnO_4^- + 8\,H^+ + 5\,e^- = Mn^{2+} + 4\,H_2O$$

a. Écrire les équations d'oxydation de l'alcool en aldéhyde puis de l'aldéhyde en acide carboxylique, par les ions permanganate.

b. Interpréter le dépôt 3 du chromatogramme.

c. Comment faut-il agir pour contrôler le produit de l'oxydation d'un alcool ?

ACTIVITÉ EXPÉRIMENTALE

MANUEL NUMÉRIQUE

3 Identifier une espèce chimique

Démarche d'investigation

Au laboratoire, la bouteille de benzaldéhyde est souvent utilisée : elle est donc ouverte et fermée à de nombreuses reprises. Une bouteille entamée depuis plusieurs semaines présente un dépôt blanc sur son col.

→ ***Quel est ce solide blanc ?***
Quels réactifs sont responsables de son apparition ?

7 ◄ *Col d'une bouteille de benzaldéhyde.*

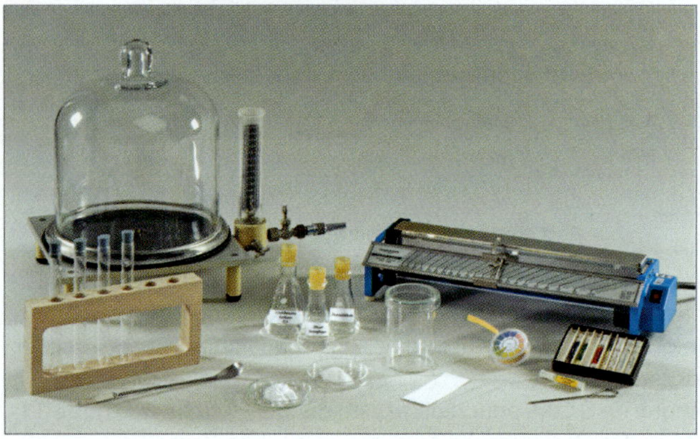

8 *Matériel disponible.*

Matériel et solutions disponibles :

- échantillons d'alcool benzylique, d'acide benzoïque, d'acide salicylique ;
- papier pH, spatule, tubes à essais ;
- plaque de C.C.M., capillaire, cuve à élution, éluant, lampe UV ;
- banc Köfler avec échantillons d'étalonnage ;
- cloche à vide avec sa pompe à vide ;
- 2,4-dinitrophénylhydrazine (2,4-DNPH).

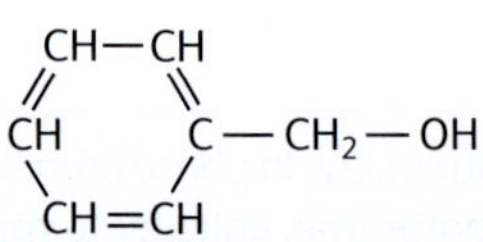

alcool benzylique

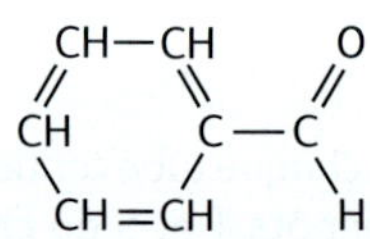

benzaldéhyde

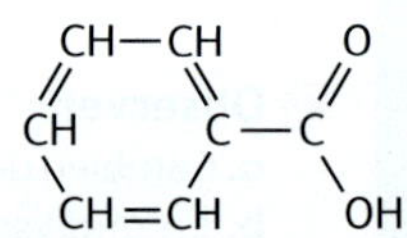

acide benzoïque
$\theta_{fus} = 122$ °C

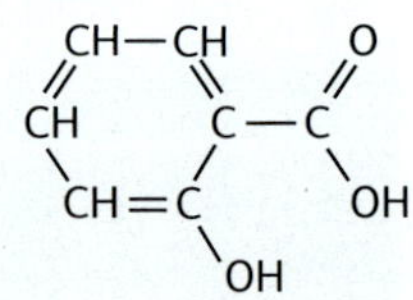

acide salicylique
$\theta_{fus} = 159$ °C

9 ▲ *Quelques formules semi-développées.*

1 Formuler des hypothèses

a. Quels réactifs l'air contient-il ?

b. Proposer une ou plusieurs manipulations pour identifier le solide blanc ainsi que les réactifs qui ont conduit à sa formation.

c. Rédiger les protocoles expérimentaux.

2 Expérimenter pour conclure

a. Après validation des protocoles, réaliser les manipulations. Noter vos observations.

b. Analyser les résultats afin de conclure.

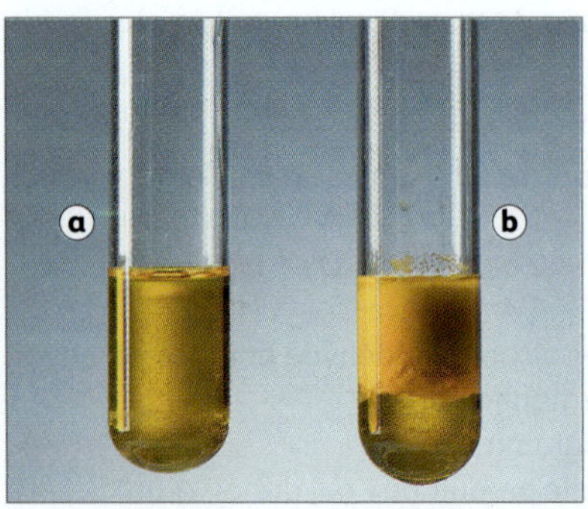

10 ◄ ⓐ *Tube contenant de la 2,4-DNPH.*
ⓑ *On verse quelques gouttes d'un aldéhyde dans un tube à essais contenant de la 2,4-DNPH : un précipité jaune-orangé se forme.*

ACTIVITÉ EXPÉRIMENTALE

MANUEL NUMÉRIQUE

4 Synthétiser un conservateur alimentaire

▶ Réalisons la synthèse de l'acide benzoïque par oxydation de l'alcool benzylique.

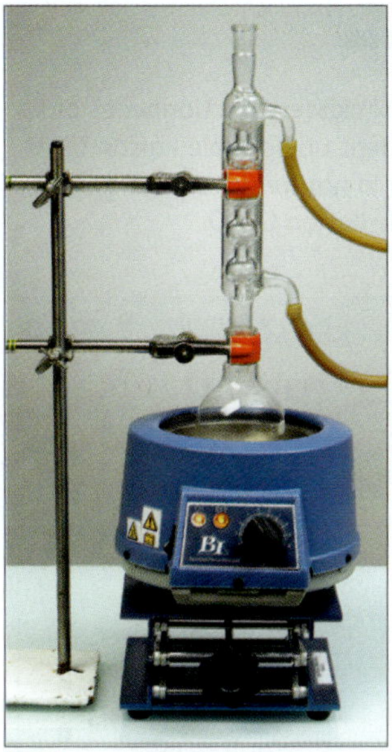

11 *Dispositif de chauffage à reflux.*

Expérience

Transformation

- Dans un ballon de 250 mL, introduire quelques grains de pierre ponce ; 2 g de carbonate de sodium ; 4,5 g (28 mmol) de permanganate de potassium ; 2,5 mL (n_0 = 24 mmol) d'alcool benzylique et 100 mL d'eau distillée.
- Chauffer à reflux pendant environ 30 minutes.

Traitement

- Laisser refroidir quelques minutes à l'air libre puis placer le ballon dans un bain d'eau froide.
- Filtrer le milieu réactionnel sous pression réduite sur filtre büchner (→ **fiche méthode 9**, page 388).
- Verser le filtrat dans un erlenmeyer.
- Verser 40 mL d'acide chlorhydrique à 6 mol·L^{-1} sur le filtrat par petits ajouts successifs.
- Filtrer le mélange de l'étape précédente sur filtre büchner puis laver les cristaux avec quelques millilitres d'eau froide.
- Placer le solide obtenu à l'étuve pendant quelques minutes.

Identification

- Relever la masse *m* de solide sec et mesurer sa température de fusion.

Données

L'équation de la réaction réalisée pendant la phase de transformation est :

$$3\ C_6H_5CH_2OH(aq) + 4\ MnO_4^-(aq) \rightarrow 3\ C_6H_5CO_2^-(aq) + 4\ H_2O(\ell) + 4\ MnO_2(s) + HO^-(aq).$$

alcool benzylique (sous $C_6H_5CH_2OH$) ; **ion benzoate** (sous $C_6H_5CO_2^-$)

Espèce chimique	$C_6H_5CH_2OH$	MnO_4^-	$C_6H_5CO_2^-$	$C_6H_5CO_2H$	MnO_2
Température de fusion	−15 °C	–	–	122 °C	–
Solubilité dans l'eau	40 g·L^{-1}	64 g·L^{-1}	> 100 g·L^{-1}	2,9 g·L^{-1}	0

1 Observer

a. Décrire l'évolution de l'aspect du ballon au cours du chauffage.
b. Quelle est la couleur du filtrat obtenu juste après la première filtration ?
c. Que se produit-il lors de l'addition de l'acide chlorhydrique ?

2 Interpréter

a. Quelle quantité d'ion permanganate introduire pour que les ions réagissent complètement avec l'alcool benzylique ? Expliquer alors pourquoi le premier filtrat est incolore.
b. Quel est très probablement le solide brun essoré après la première filtration ?
c. Lors de l'addition d'acide chlorhydrique, l'ion benzoate $C_6H_5CO_2^-$ (aq) réagit avec l'ion hydrogène H^+ (aq) pour former l'acide benzoïque $C_6H_5CO_2H$ (s).
Écrire l'équation de cette réaction chimique.

3 Conclure

a. Comparer la température de fusion mesurée à celle de l'acide benzoïque. Interpréter.
b. Calculer la quantité *n* d'acide benzoïque synthétisé. Quelle quantité *n'* aurait-on obtenu s'il n'y avait eu aucune perte d'acide benzoïque pendant toutes les étapes de la synthèse ?
c. Calculer le rendement *r* de la réaction, défini par : $r = \frac{n}{n'}$.

1 Aldéhydes, cétones et acides carboxyliques

Éviter des erreurs

- *R*– ne désigne pas un atome de la classification périodique. En chimie organique, on note *R*– un groupe d'atomes de carbone et d'hydrogène pouvant se lier par une simple liaison.

1.1 Groupes caractéristiques

Les molécules organiques appartenant aux classes fonctionnelles aldéhyde, cétone et acide carboxylique possèdent une double liaison C=O. Elles se distinguent les unes des autres par la nature des autres groupes portés par l'atome de carbone de la double liaison C=O.

Groupe caractéristique	Classe fonctionnelle	Formule générale	Exemple
 groupe carbonyle	aldéhyde	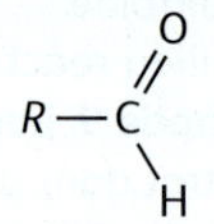 ou *R*—CHO	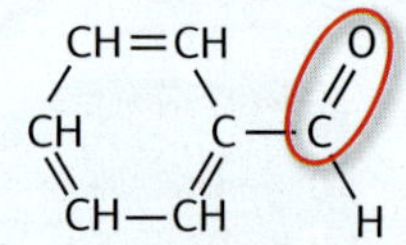
	cétone	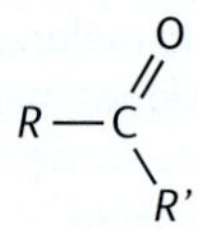 Ni *R* ni *R'* ne peuvent être un atome d'hydrogène	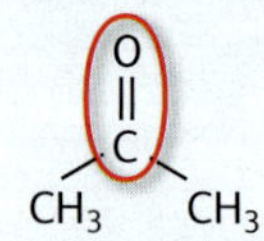
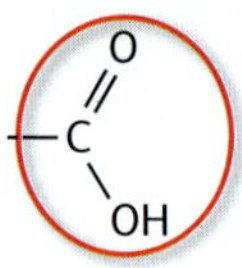 groupe carboxyle	acide carboxylique	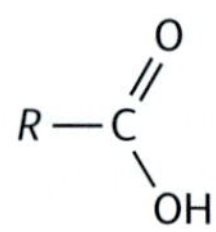 ou *R*—CO_2H	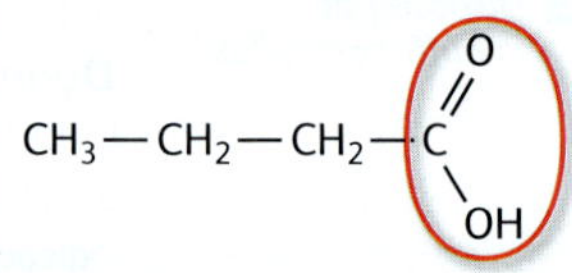

1.2 Nomenclature

Dans le cas des aldéhydes et des acides carboxyliques, l'atome de carbone du groupe caractéristique porte toujours le numéro 1 et n'est donc pas mentionné dans le nom de la molécule.

Le nom d'un aldéhyde, d'une cétone ou d'un acide carboxylique est obtenu en substituant le -e final du **nom de l'alcane** ayant la même chaîne carbonée par l'un des suffixes donnés dans le tableau ci-dessous. Dans le cas des acides carboxyliques, le nom commence par le mot « acide ».

Classe fonctionnelle	Aldéhyde	Cétone	Acide carboxylique
Suffixe	-al	-*n*-one *n* est le numéro de l'atome de carbone du groupe caractéristique	-oïque
Exemple	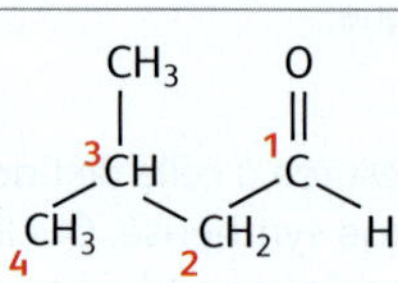 3-méthylbutanal	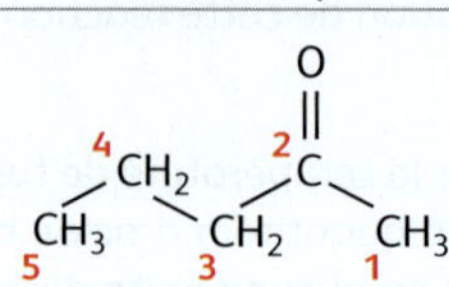 pentan-2-one	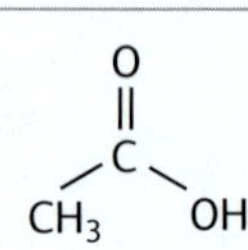 acide éthanoïque

2 Oxydation des alcools et des aldéhydes

2.1 Oxydation ménagée d'un alcool

A Formation d'aldéhyde ou de cétone

L'oxydation ménagée d'un alcool se traduit par la perte de l'atome d'hydrogène du groupe hydroxyle et d'un atome d'hydrogène du carbone porteur du groupe hydroxyle. La liaison simple C–O se transforme en liaison double C=O : on forme ainsi un aldéhyde ou une cétone, qui peuvent être caractérisés par le test à la 2,4-DNPH **(document 12)**.

Vocabulaire

Une oxydation est dite **ménagée** si elle ne modifie pas la chaîne carbonée de la molécule organique.

- L'oxydation ménagée d'un alcool primaire conduit à la formation d'un aldéhyde.

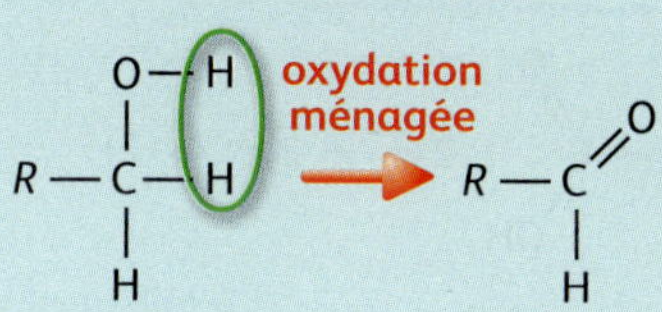

alcool primaire → **aldéhyde**

- L'oxydation ménagée d'un alcool secondaire conduit à la formation d'une cétone.

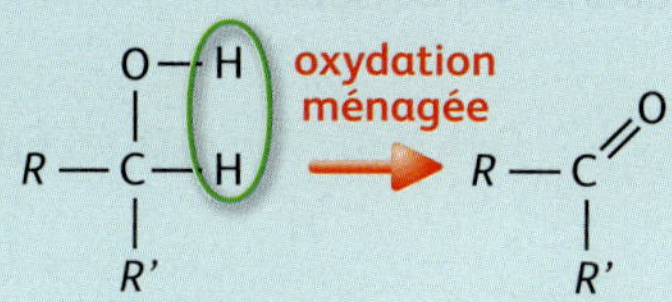

alcool secondaire → **cétone**

- Un alcool tertiaire ne peut pas s'oxyder de manière ménagée.

APPLICATION Écrire la formule développée du produit obtenu lors de l'oxydation du propan-1-ol.

Réponse. Cet alcool perd l'atome d'hydrogène du groupe hydroxyle et un atome d'hydrogène lié à l'atome de carbone porteur du groupe hydroxyle. La simple liaison C–O se transforme en double liaison C=O.

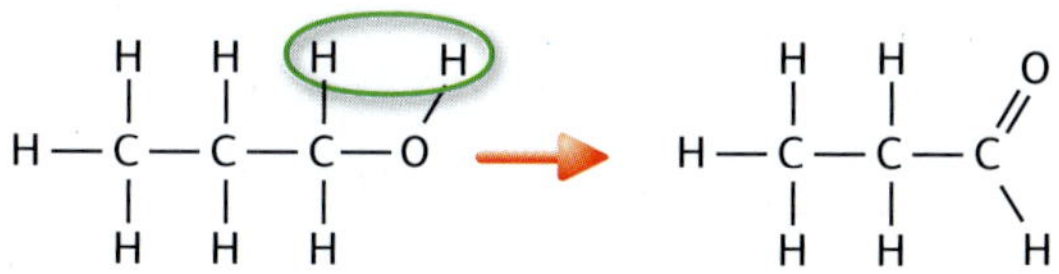

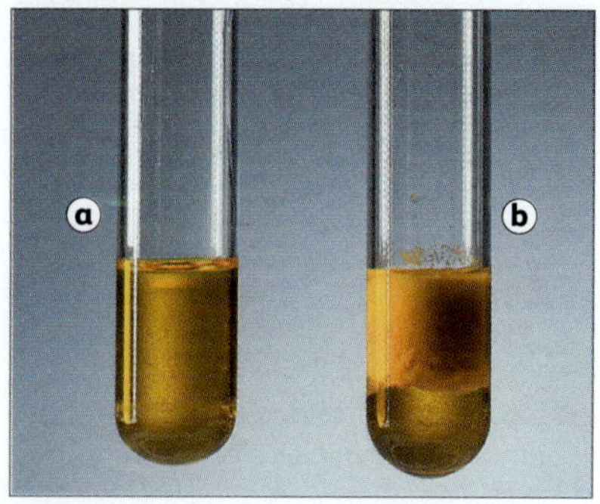

12 ⓐ *Tube témoin contenant de la 2,4-DNPH.*
ⓑ *Lorsqu'on verse quelques gouttes d'un aldéhyde ou d'une cétone dans un tube à essais contenant de la 2,4-DNPH, un précipité jaune-orangé se forme.*

B Demi-équation rédox et oxydants usuels

La demi-équation rédox des couples aldéhyde/alcool primaire ou cétone/alcool secondaire fait toujours intervenir deux électrons par molécule d'alcool.

Exemple. Demi-équation rédox du couple propanone/propan-2-ol :

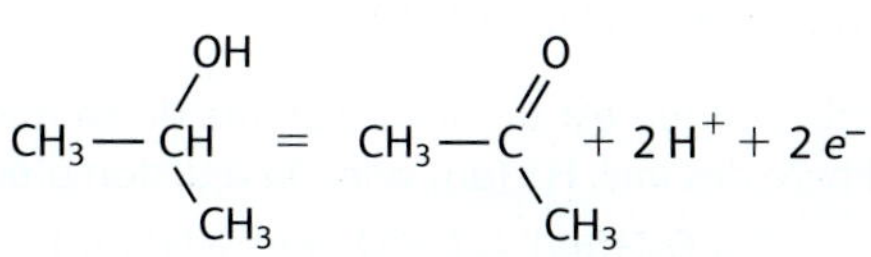

La réaction d'oxydation d'un alcool peut être réalisée par exemple par le dioxygène O_2 ou par les ions permanganate MnO_4^-.

2.2 Oxydation des aldéhydes

> L'oxydation ménagée d'un aldéhyde conduit à la formation de l'acide carboxylique de même chaîne carbonée.
>
> 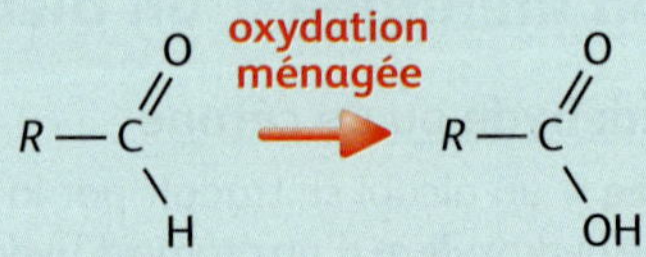
>
>
> **aldéhyde** **acide carboxylique**

La demi-équation rédox du couple aldéhyde/acide carboxylique fait intervenir deux électrons par molécule d'aldéhyde.

Exemple. Le benzaldéhyde s'oxyde facilement en acide benzoïque par le dioxygène de l'air **(document 13)**. Les demi-équations rédox sont données ci-dessous.

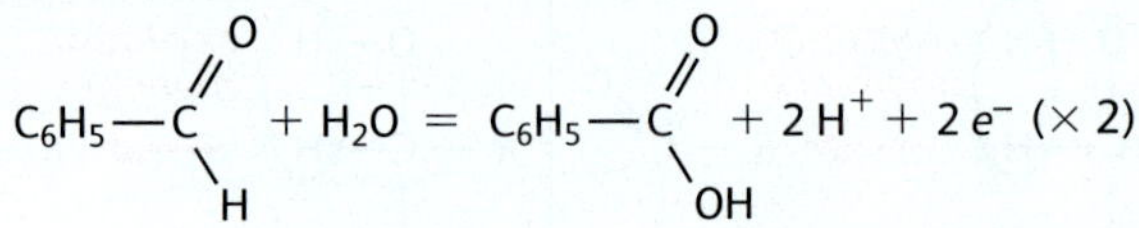

$$O_2 + 4\,H^+ + 4\,e^- = 2\,H_2O$$

L'acide benzoïque obtenu est solide à température ambiante ; l'équation de la réaction s'écrit donc :

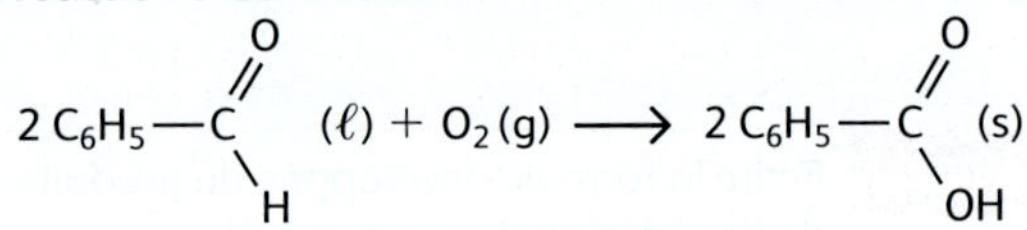

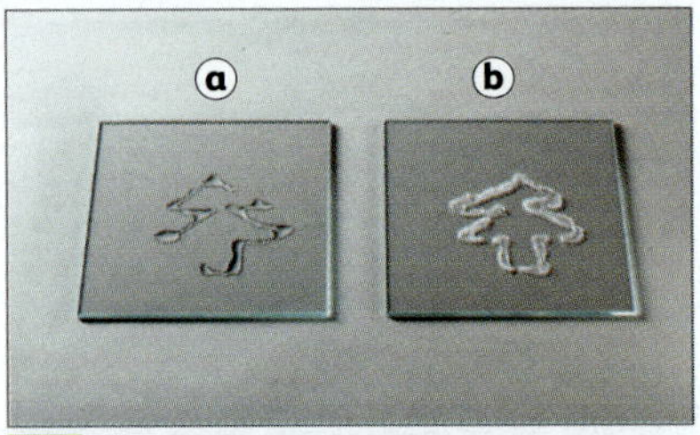

13 *Oxydation du benzaldéhyde en acide benzoïque par le dioxygène de l'air : avant (a) / après (b).*

Éviter des erreurs

- L'équation d'oxydoréduction ne fait jamais intervenir les électrons.

Remarque. Les oxydants utilisés pour oxyder un aldéhyde sont souvent les mêmes que ceux permettant l'oxydation des alcools. Ainsi, il est difficile de s'arrêter au stade de l'aldéhyde lors de l'oxydation d'un alcool primaire.

3 Propriétés des acides carboxyliques

3.1 Caractère acide

L'eau distillée est une **solution neutre** : elle contient autant d'ions hydrogène H^+ que d'ions hydroxyde HO^-. Une solution est dite acide si elle contient plus d'ions H^+ que d'ions HO^-.

> Un acide carboxylique est un acide car lors de sa mise en solution aqueuse, il libère des ions H^+ (aq) selon la réaction d'équation :
>
> $$R\text{–}CO_2H(aq) \rightarrow R\text{–}CO_2^-(aq) + H^+(aq).$$

L'acidité d'une solution est mesurée par le pH ; le pH d'une solution acide est plus petit que 7.

3.2 Solubilité et pH

Les acides carboxyliques de petite chaîne carbonée (c'est-à-dire possédant moins de quatre atomes de carbone) sont très solubles dans l'eau. Leur solubilité décroît au fur et à mesure que la chaîne carbonée s'agrandit **(document 14)**.
Cette solubilité s'explique par :
– le fort caractère polaire du groupe carboxyle ;
– la possibilité du groupe carboxyle de se lier par liaison hydrogène avec l'eau.

Les acides carboxyliques $R\text{–}CO_2H$ sont plus solubles dans une solution basique que dans une solution acide car ils sont transformés en ions carboxylate $R\text{–}CO_2^-$, plus solubles dans l'eau en raison de leur caractère ionique.

Acide carboxylique	Formule topologique	S (mol·L^{-1})
Acide éthanoïque	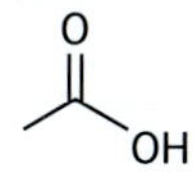	infinie
Acide pentanoïque	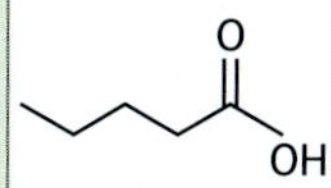	0,39
Acide benzoïque	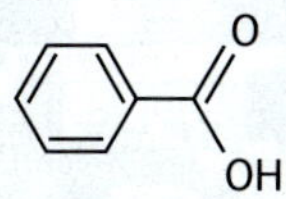	0,024

14 *Solubilité dans l'eau et à 20 °C de quelques acides carboxyliques.*

4 Méthodes de synthèse

4.1 Analyse des données physico-chimiques

Une synthèse organique se déroule généralement en trois étapes : la transformation, le traitement et l'identification. Les étapes de transformation et de traitement doivent être réalisées en analysant attentivement les propriétés physico-chimiques des espèces mises en jeu.

Exemple. Lors de la synthèse de l'acide benzoïque **(activité 4)**, la transformation a permis de former dans un premier temps l'ion benzoate $C_6H_5\text{–}CO_2^-$, soluble dans la solution aqueuse basique. Lors du traitement, en ajoutant des ions H^+ apportés par l'acide chlorhydrique, on réalise la réaction d'équation :

$$C_6H_5\text{–}CO_2^-(aq) + H^+(aq) \rightarrow C_6H_5\text{–}CO_2H(s).$$

L'acide benzoïque $C_6H_5\text{–}CO_2H$, moins soluble dans l'eau que l'ion benzoate, précipite, ce qui permet sa séparation par filtration.

4.2 Rendement d'une synthèse

On appelle **rendement d'une synthèse** le rapport r de la quantité de matière de produit n_{effectif} effectivement obtenue à la quantité de matière de produit n_{max} qu'on aurait obtenue dans le cas d'une transformation totale et d'un traitement sans perte de matière :

$$r = \frac{n_{\text{effectif}}}{n_{\text{max}}}$$

n_{effectif} en mole (mol)
n_{max} en mole (mol)
r sans unité

Le rendement est un nombre sans unité et inférieur ou égal à 1. Il peut être exprimé en pourcentage en le multipliant par 100.

Éviter des erreurs

- n_{effectif} se mesure en fin d'expérience.
- n_{max} se calcule éventuellement en s'aidant d'un tableau d'évolution et des quantités de matière des réactifs.

5 Molécules biologiquement actives et nouveaux matériaux

5.1 Molécules biologiquement actives

Les **molécules biologiquement actives** réagissent avec les molécules du vivant. Ce sont le plus souvent des molécules organiques de structure complexe possédant de nombreux groupes caractéristiques.

Face à la demande mondiale en médicaments, les molécules biologiquement actives doivent être synthétisées en grande quantité.

Deux voies de synthèse s'offrent aux chimistes :
– la synthèse totale réalisée à partir des dérivés du pétrole ;
– l'**hémisynthèse**, une synthèse réalisée à partir de molécules naturelles.

15 *Ces préformes sont chauffées avant d'être moulées par un jet d'air comprimé pour former des bouteilles en plastique.*

5.2 Fabriquer de nouveaux matériaux

Les nouveaux matériaux ont des propriétés physiques qui dépendent de leur structure microscopique, c'est-à-dire de leur composition et de l'arrangement de leurs constituants (atomes, ions ou molécules).

Suivant les procédés de fabrication, on peut obtenir à l'état solide :
– des matériaux organisés (solides cristallins, céramiques) ;
– des matières plastiques partiellement organisées **(document 15)** ;
– des matériaux amorphes (verres) très désorganisés.

Matériaux	organisés	plastiques	amorphes
Synthèse	Lent refroidissement après une éventuelle cuisson (pour les céramiques) et longue mise en forme.	Procédés très divers selon les propriétés physiques souhaitées.	Refroidissement brutal.
Structure microscopique	– Atomes, ions ou molécules régulièrement rangés. – Ordre à grande distance (solides cristallins), à moyenne distance (céramiques).	– Molécules ordonnées dans les zones cristallines. – Désordre dans les zones amorphes.	Atomes et ions ne sont pas ordonnés.
Propriétés physiques macroscopiques	– Température de fusion. – Matériau opaque et peu fragile.	Très variables suivant la température.	– Pas de température de fusion. – Matériau transparent et fragile.

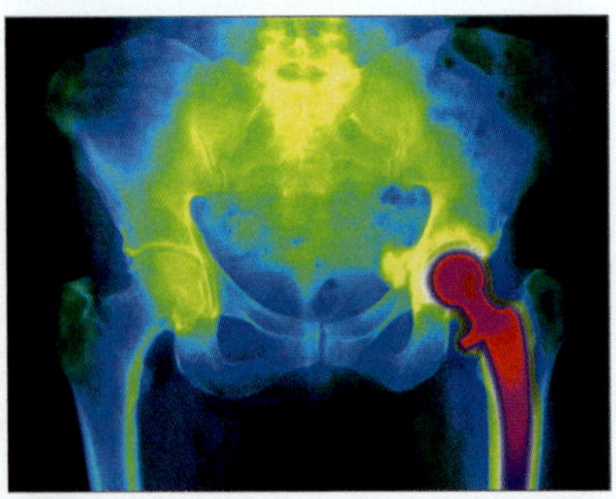

16 *Prothèse de hanche en céramique et nanoparticules.*

5.3 Les promesses de la nanochimie

La **nanochimie** s'intéresse aux réactions et aux organisations des molécules à l'échelle du nanomètre.

Parmi les objets nanométriques à l'étude, on peut citer les nanomédicaments, les nanotubes de carbone (100 fois plus résistant et 6 fois plus léger que l'acier) et les nanoparticules métalliques.

Exemple. La nouvelle prothèse de la hanche **(document 16)** en céramique et nanoparticules a une durée de vie trois fois plus élevée et est mieux acceptée par l'organisme que celles en métal et en plastique.

L'ESSENTIEL

Aldéhydes, cétones et acides carboxyliques

Groupe caractéristique	Classe fonctionnelle	Formule générale	Nomenclature
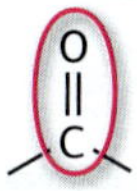 groupe carbonyle	aldéhyde	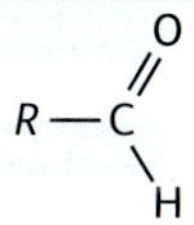	**nom de l'alcane** ayant la même chaîne carbonée, en substituant le -e final par le suffixe -al
	cétone	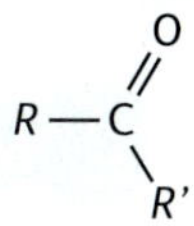 Ni *R* ni *R'* ne peuvent être un atome d'hydrogène.	**nom de l'alcane** ayant la même chaîne carbonée, en substituant le -e final par le suffixe -*n*-one, où *n* est le numéro de l'atome de carbone du groupe caractéristique
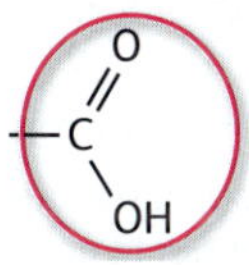 groupe carboxyle	acide carboxylique	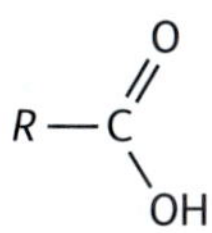	**nom de l'alcane** ayant la même chaîne carbonée, en subsituant le -e final par le suffixe -oïque, et précédé du mot « acide »

Oxydation des alcools et aldéhydes

- Oxydation des alcools primaires en aldéhydes :

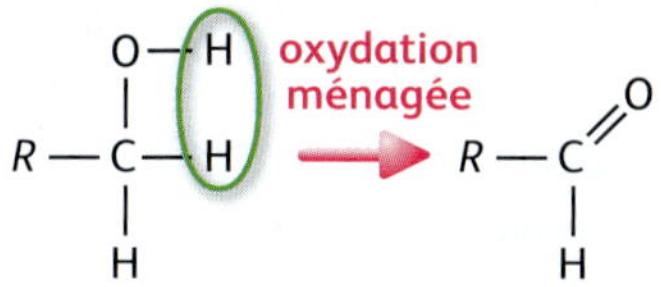

alcool primaire **aldéhyde**

- Oxydation des alcools secondaires en cétones :

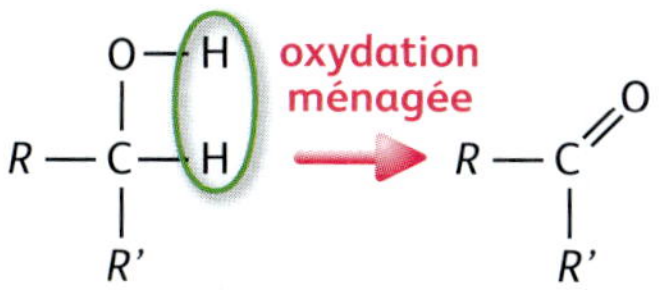

alcool secondaire **cétone**

- Les alcools tertiaires ne s'oxydent pas de manière ménagée.
- Oxydation des aldéhydes en acides carboxyliques :

aldéhyde **acide carboxylique**

Rendement d'une synthèse

- On appelle **rendement d'une synthèse** le rapport de la quantité de matière de produit $n_{effectif}$ effectivement obtenue à la quantité de matière de produit n_{max} qu'on aurait obtenue dans le cas d'une transformation totale et d'un traitement sans perte de matière :

$$r = \frac{n_{effectif}}{n_{max}}$$

$n_{effectif}$ en mole (mol)
n_{max} en mole (mol)
r sans unité

Propriétés des acides carboxyliques

- Un acide carboxylique est un acide car lors de sa mise en solution aqueuse, il libère des ions H^+ selon la réaction d'équation :

$$R\text{–}CO_2H(aq) \rightarrow R\text{–}CO_2^-(aq) + H^+(aq).$$

- Les acides carboxyliques sont plus solubles dans une solution basique que dans une solution acide.
- La solubilité diminue quand la longueur de la chaîne carbonée augmente.

5 minutes CHRONO !

MANUEL NUMÉRIQUE — EXERCICES INTERACTIFS

1 Mots manquants

Compléter avec un ou plusieurs mots.

a. Les .... et les .... sont deux classes fonctionnelles caractérisées par le groupe caractéristique carbonyle.

b. Un alcool secondaire s'oxyde en ....

c. Un alcool .... s'oxyde en aldéhyde.

d. Un aldéhyde s'oxyde en ....

e. Une solution d'acide carboxylique est acide car elle contient plus d'ions .... que d'ions ....

f. À l'état solide, on distingue les matériaux .... (comme le verre), les matières .... et les matériaux ....

g. La .... s'intéresse aux propriétés de la matière à l'échelle des molécules.

2 QCM

Cocher la réponse exacte.

a. $CH_3–CH_2–CO_2H$ est un :
- ☐ alcool
- ☐ aldéhyde
- ☐ acide carboxylique

b. 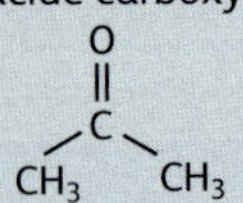 possède le groupe caractéristique :
- ☐ hydroxyle
- ☐ carbonyle
- ☐ carboxyle

c. On oxyde de l'éthanol $CH_3–CH_2–OH$ par les ions permanganate. On obtient :
- ☐ de l'éthanal
- ☐ de l'éthanone
- ☐ du propan-1-ol

d. On oxyde la molécule *A*, ce qui permet d'obtenir une cétone.
La molécule *A* est un alcool :
- ☐ primaire
- ☐ secondaire
- ☐ tertiaire

e. On oxyde du benzaldéhyde $C_6H_5–CHO$ par le dioxygène. On obtient la molécule de formule :
- ☐ $C_6H_5–CH_2–OH$
- ☐ $C_6H_5–CO_2H$
- ☐ $C_6H_5–CH_2–CO_2H$

f. On oxyde 4,0 mol de benzaldéhyde en acide benzoïque. À la fin de la synthèse, on recueille 3,0 mol d'acide benzoïque. Le rendement *r* de la synthèse est :
- ☐ $r = 0{,}75$
- ☐ $r = 1{,}3$
- ☐ $r = 3{,}0$ mol

g. Les molécules biologiquement actives :
- ☐ sont toujours des médicaments issus de la nature
- ☐ réagissent avec les molécules du vivant
- ☐ ne sont jamais des molécules organiques

h. Un solide cristallin est :
- ☐ un matériau amorphe
- ☐ une matière plastique
- ☐ un matériau organisé

→ Reportez-vous aux solutions détaillées page 393 pour vérifier vos réponses et comprendre vos erreurs.

Parcours personnalisés

Trois parcours d'exercices pour travailler en autonomie selon ses besoins.

- **Maîtriser les bases** : 3 – 4 – 7 – 13
- **Préparer l'évaluation** : 14 – 17
- **Cap sur la Terminale** : 15 – 16 – 18 – 24

MOBILISER SES CONNAISSANCES

▶ Aldéhydes, cétones et acides carboxyliques [§1 à 4 du cours]

3 Groupe caractéristique et classe fonctionnelle

Recopier chacune des molécules ci-dessous. Entourer son groupe caractéristique, le nommer puis donner le nom de la classe fonctionnelle à laquelle la molécule appartient.

a $CH_3—CH_2—OH$

b 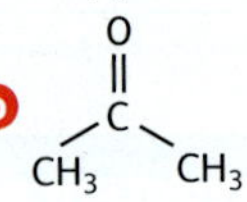

c 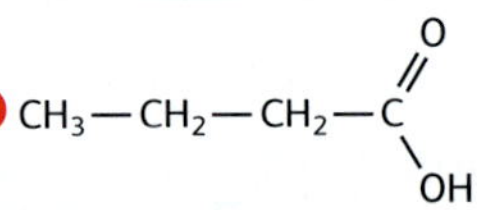

d 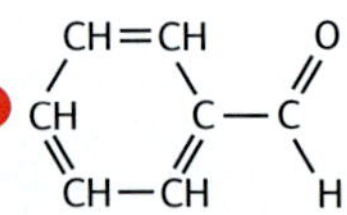

4 Nomenclature

Nommer les molécules ci-dessous.

a 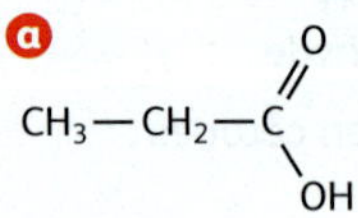

b 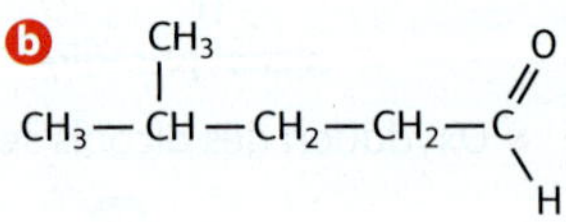

c 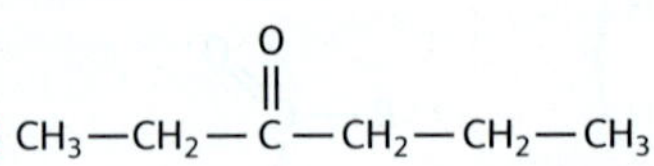

5 Nomenclature

EXERCICE INTERACTIF

Écrire les formules semi-développées des molécules suivantes : acide éthanoïque ; 2-méthylpropanal ; pentan-3-one.

6 Oxydation d'un alcool primaire

On oxyde de l'éthanol par du dioxygène en présence de cuivre et à 300 °C. Il ne se forme pas d'acide carboxylique.

a. Écrire la formule semi-développée de la molécule organique *A* obtenue.

b. À quelle classe fonctionnelle la molécule *A* appartient-elle ?

7 Oxydation d'un aldéhyde

On oxyde du benzaldéhyde A par les ions permanganate en milieu acide. On obtient un composé B, utilisé comme conservateur alimentaire.

Écrire la formule semi-développée de B.

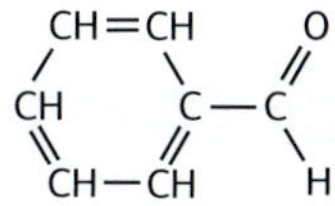

A

8 Caractère acide

Dans un volume $V = 1$ L d'eau, on ajoute sans variation de volume une quantité $n = 1{,}0 \times 10^{-1}$ mol d'acide trifluoroéthanoïque $CF_3–CO_2H$. L'acide est transformé en ion trifluoroéthanoate $CF_3–CO_2^-$.

a. Écrire l'équation de la réaction qui se produit. Comment s'appelle l'autre ion qui apparaît ?

b. Calculer la concentration de ce nouvel ion. La solution formée est-elle acide ? Justifier.

9 Traitement

On réalise l'oxydation du benzaldéhyde par les ions permanganate en milieu acide aqueux. Une fois la réaction terminée, on extrait la solution aqueuse par le dichlorométhane grâce à une ampoule à décanter.

Réaliser le schéma légendé de l'ampoule à décanter.

Données

– Dichlorométhane : solvant non miscible à l'eau de densité $d = 1{,}3$.

– Solubilité massique de l'acide benzoïque : dans l'eau, $s = 2{,}9\ g \cdot L^{-1}$; dans le dichlorométhane, $s' > 10\ g \cdot L^{-1}$.

▶ Molécules biologiquement actives et nouveaux matériaux [§5 du cours]

10 Groupe caractéristique

Les glaçages sont préparés à partir de sirop de glucose.

Recopier les formules des molécules données ci-dessous, puis entourer et nommer les groupes caractéristiques qu'elles possèdent.

Nommer les classes fonctionnelles auxquelles elles appartiennent.

a Glucose

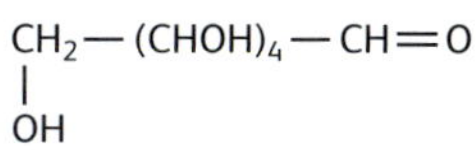

b Acide cérébronique

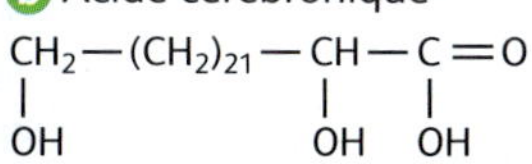

c Vitamine A

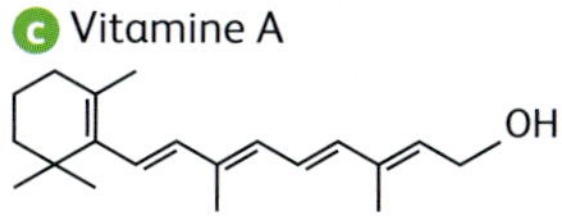

UTILISER SES COMPÉTENCES

11 Réaliser un schéma

EXERCICE INTERACTIF

L'oxydation du salicaldéhyde en acide salicylique est réalisée par les ions hypochlorite en chauffant à reflux.

Réaliser le schéma légendé du montage de chauffage à reflux.

12 Argumenter sur une synthèse

On réalise l'oxydation ménagée du benzaldéhyde $C_6H_5–CHO$ par l'hypochlorite de sodium dans une solution aqueuse basique. Après 15 minutes de réaction, on observe un liquide limpide. On ajoute ensuite de l'acide chlorhydrique. On observe alors l'apparition d'un solide blanc.

a. Quelles informations permettent de dire que le milieu contient des ions benzoate $C_6H_5–CO_2^-$ après 15 minutes de réaction ?

b. Écrire l'équation de la réaction qui se produit entre les ions benzoate et les ions H^+ (aq) provenant de l'acide chlorhydrique.

c. Quel solide se forme ? Justifier en utilisant les données.

Solubilités dans l'eau

Espèce chimique	Benzaldéhyde	Acide benzoïque	Benzoate de sodium
Solubilité	faible	faible	grande
État à 20 °C	liquide	solide	solide

13 Apprendre à rédiger

Voici l'énoncé d'un exercice et un guide (en orange) ; ce guide vous aide pour rédiger la solution détaillée et pour retrouver les réponses numériques aux questions posées.

Énoncé

On réalise l'oxydation d'une quantité $n = 0{,}30$ mol de pentan-3-ol par les ions permanganate en milieu acide. Après traitement, on récupère une quantité $n' = 0{,}28$ mol de produit organique.

a. Écrire les formules semi-développées des réactifs et produits organiques de cette réaction.

▶ **Commencer par dessiner une chaîne carbonée de cinq atomes de carbone, puis placer le groupe –OH sur l'atome de carbone 3. Compléter la formule en plaçant les atomes d'hydrogène de manière à ce que chaque atome de carbone soit entouré de quatre doublets d'électrons.**

▶ **À partir de la formule semi-développée de l'alcool, retirer l'atome d'hydrogène du groupe –OH et celui de l'atome de carbone porteur du groupe –OH et remplacer la liaison C–O par une liaison C=O.**

b. Calculer le rendement r de cette transformation.

▶ **Rappeler la définition du rendement r et donner son expression en utilisant les notations de l'énoncé.**

▶ **Poser le calcul et vérifier que $r = 0{,}93$, soit 93 %.**

EXERCICE RÉSOLU

Site élève

14 Oxydation d'un alcool

Énoncé On réalise l'oxydation en milieu acide d'un alcool *A*, de formule brute C_3H_8O, par les ions permanganate MnO_4^-. On observe la formation d'une cétone *B*.

❶ Écrire les formules semi-développées des deux alcools isomères de formule brute C_3H_8O et donner la classe de chacun de ces deux alcools.

❷ Quel est l'alcool *A* conduisant à la cétone *B* ? Le nommer.

❸ Écrire la formule semi-développée de la cétone *B*, puis entourer son groupe caractéristique et le nommer.

❹ Compléter la demi-équation rédox suivante.

$$\ldots\ C_3H_6O\ (aq) + \ldots\ H^+\ (aq) + \ldots\ e^- = \ldots\ C_3H_8O\ (aq) \quad (1)$$

❺ La demi-équation rédox du couple MnO_4^-/Mn^{2+} est donnée ci-dessous.

$$MnO_4^-\ (aq) + 8\ H^+\ (aq) + 5\ e^- = Mn^{2+}\ (aq) + 4\ H_2O\ (\ell) \quad (2)$$

Écrire l'équation de la réaction d'oxydation de l'alcool *A* en utilisant les formules semi-développées pour les molécules organiques.

Une solution

❶ Une seule chaîne carbonée est possible : C–C–C. Il y a deux positions possibles pour le groupe hydroxyle : la position 1 ou 2. Les deux alcools de formule brute C_3H_8O sont donc :

Dans le cas ⓐ, le carbone porteur du groupe hydroxyle est lié à un seul autre atome de carbone : l'alcool est primaire. Dans le cas ⓑ, le carbone porteur du groupe hydroxyle est lié à deux autres atomes de carbone : l'alcool est secondaire.

❷ La molécule *B* est une cétone. Par conséquent, elle est issue de l'oxydation d'un alcool secondaire. Ainsi, la formule semi-développée de *A* est :

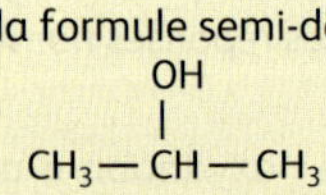

Son nom est le propan-2-ol.

❸ La formule semi-développée de la cétone *B* est obtenue à partir de celle de *A* en retirant l'atome d'hydrogène du groupe hydroxyle et un atome d'hydrogène lié à l'atome de carbone porteur du groupe hydroxyle. La liaison C–O se transforme en double liaison C=O.

La formule semi-développée de la cétone *B* est donc :

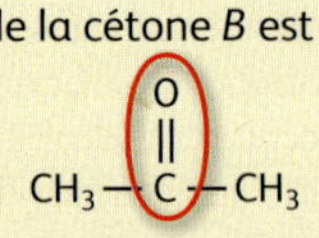

Son groupe caractéristique est le groupe carbonyle.

❹ Il faut d'abord ajuster les nombres stœchiométriques en tenant compte de la conservation des éléments. La conservation de la charge électrique permet d'ajuster le nombre stœchiométrique de l'électron.

$$C_3H_6O\ (aq) + 2\ H^+\ (aq) + 2\ e^- = C_3H_8O\ (aq) \quad (1)$$

❺ On combine les demi-équations (1) et (2) : 2 × (2) et 5 × (1). D'où :

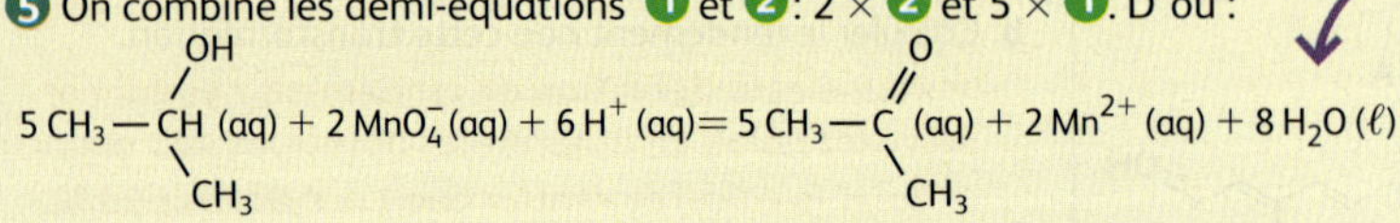

Énoncé Lire attentivement l'énoncé avant de répondre aux questions.

Raisonner Commencer par écrire la chaîne carbonée, puis lier le groupe caractéristique à un atome de carbone.

Rédiger Rappeler la définition de la classe d'un alcool avant de conclure.

Connaissances Un alcool primaire s'oxyde en aldéhyde, tandis qu'un alcool secondaire s'oxyde en cétone.

Connaissances L'équation de la réaction ne fait jamais apparaître les électrons.

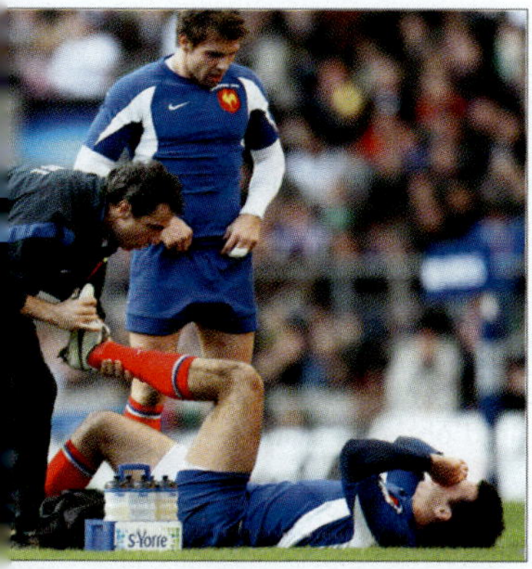

15 Acide lactique

La formule topologique de l'acide lactique, responsable des crampes musculaires, est présentée ci-dessous.

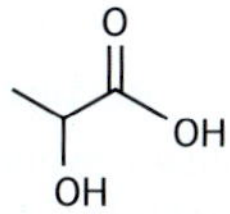

1. a. Écrire la formule semi-développée de l'acide lactique.

b. Entourer et nommer les deux groupes caractéristiques de l'acide lactique.
À quelles classes fonctionnelles appartient-il ?

2. L'acide lactique est mis en présence d'ions permanganate MnO_4^- en milieu acide. On obtient ainsi l'acide pyruvique.

a. Écrire la formule semi-développée de l'acide pyruvique. À quelles classes fonctionnelles cette molécule appartient-elle ?

b. Écrire la demi-équation du couple acide pyruvique/acide lactique en utilisant les formules semi-développées pour les molécules organiques, sachant que cette demi-équation fait intervenir les ions H^+.

c. La demi-équation rédox du couple MnO_4^-/Mn^{2+} est :

$$MnO_4^- (aq) + 8\,H^+ (aq) + 5\,e^- = Mn^{2+} (aq) + 4\,H_2O\,(\ell).$$

En déduire l'équation de la réaction de transformation de l'acide lactique par les ions permanganate en milieu acide.

16 ✶ Rétrosynthèse

Déterminer la formule semi-développée des alcools qui, par une oxydation ménagée, conduisent aux aldéhydes et aux cétones suivants.

a 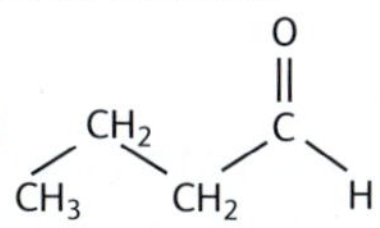

b 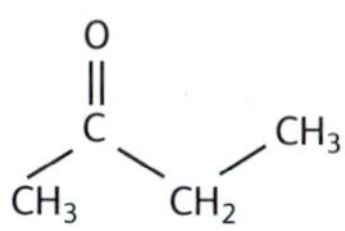

c 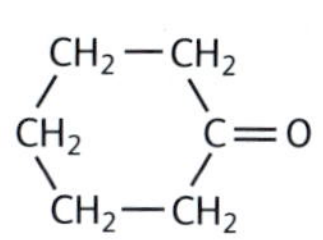

d 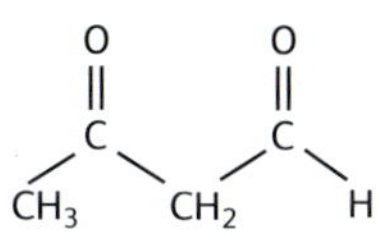

17 ✶ Vision nocturne

Le rétinol, aussi appelé vitamine A, est transformé dans l'organisme en rétinal. Le rétinal est un composant de la rhodopsine, molécule absorbant la lumière et intervenant dans les mécanismes de la vision humaine.

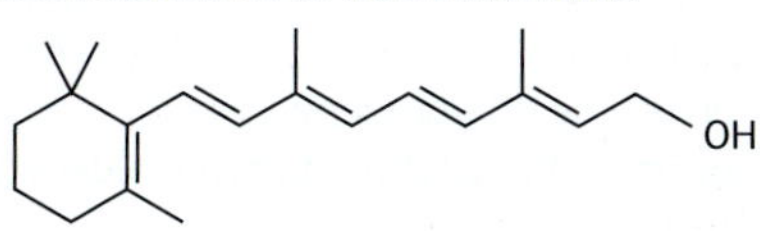

Le rétinol sera noté R–CH_2–OH dans la suite de l'exercice.

a. Entourer le groupe caractéristique du rétinol et le nommer. Quelle est la classe de cet alcool ?

b. Le rétinol est oxydé en rétin**al** par le dioxygène.
Écrire la formule semi-développée simplifiée du rétinal en utilisant le groupe *R*–. Quel est le nom de son groupe caractéristique ? À quelle classe fonctionnelle appartient-il ?

c. Écrire les demi-équations rédox des couples rétinal/rétinol et O_2/H_2O, sachant qu'elles font intervenir entre autres les ions H^+.

d. En déduire l'équation de la réaction d'oxydation du rétinol par le dioxygène.

18 ✶ Synthèse du camphre

EXERCICE INTERACTIF

Le camphre est utilisé en médecine pour ses propriétés antiseptiques. Cette molécule peut être extraite du camphrier ou synthétisée.
Le protocole de synthèse est donné ci-dessous.

> On introduit une masse m_i = 3,85 g d'isobornéol dans 7 mL d'acétone. En maintenant le milieu réactionnel sous vive agitation et à basse température, on ajoute lentement un excès de réactif de Jones. Après 30 minutes d'agitation, on verse le milieu réactionnel dans 150 mL d'eau glacée ; un précipité blanc apparaît. Le solide est alors filtré sur büchner sous pression réduite. Les cristaux secs sont collectés ; leur masse est déterminée : m = 3,1 g. Ces cristaux bruts sont ensuite purifiés par sublimation.

a. Identifier le groupe caractéristique et la classe fonctionnelle des deux molécules suivantes.

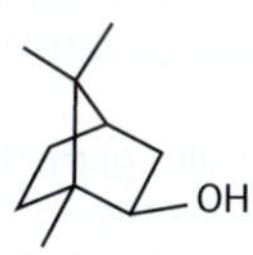

isobornéol

camphre

b. Recopier et annoter le schéma de la filtration sur büchner représenté ci-dessous.

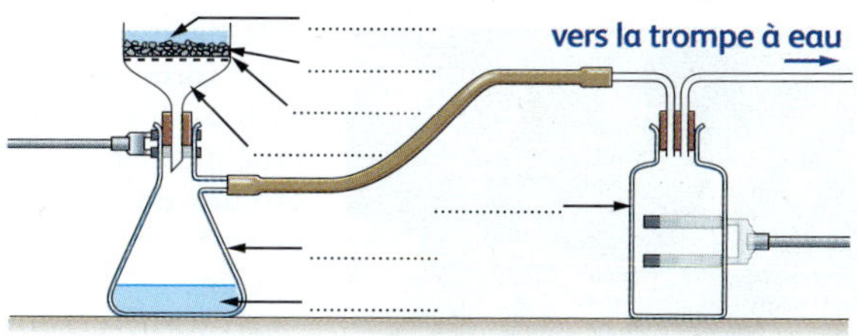

c. Dans l'équation de réaction de cette synthèse, les nombres stœchiométriques de l'isobornéol et du camphre sont identiques. Sachant que l'isobornéol est le réactif limitant, quelle est la masse m_{max} de camphre susceptible d'être obtenu ?

d. En déduire la valeur du rendement *r* de cette synthèse avant purification.

Masses molaires moléculaires (en g·mol⁻¹) :
M(isobornéol) = 154 ; *M*(camphre) = 152.

19 ✶ Rendements d'estérifications

Les esters sont des molécules organiques odorantes. Ils sont utilisés en parfumerie, dans l'agroalimentaire et dans la parapharmacie. L'estérification est la réaction qui permet d'obtenir un ester.

La classe de 1re S 4 travaille sur la synthèse de l'éthanoate de 3-méthylbutyle, qui possède une odeur de banane. Cette synthèse est réalisée soit avec de l'acide éthanoïque (C_2H_4O), soit avec de l'anhydride éthanoïque ($C_4H_6O_2$). Les équations de réaction de ces synthèses s'écrivent respectivement :

$$C_2H_4O_2 + C_5H_{12}O \rightarrow C_7H_{14}O_2 + H_2O\,;$$
$$C_4H_6O_3 + C_5H_{12}O \rightarrow C_7H_{14}O_2 + C_2H_4O_2.$$

L'influence de la nature des réactifs et celle des quantités de matière initiales sur le rendement de cette synthèse sont étudiées en TP. Les valeurs des masses d'ester obtenu sont regroupées dans le tableau ci-dessous.

◇	A	B	C	D
1	Quantités de matière initiales (en mmol)		Masse d'ester (en g)	Rendement
2	$n_i(C_2H_4O_2)$	$n_i(C_5H_{12}O)$		
3	0,05	0,05	4,4	
4	0,05	0,1	5,5	
5	0,05	0,25	6,2	
6	0,1	0,05	5,5	
7	0,25	0,05	6,2	
8	$n_i(C_4H_6O_3)$	$n_i(C_5H_{12}O)$		
9	0,05	0,05	6,5	
10	0,05	0,01	1,3	
11	0,01	0,05	1,3	

a. Utiliser les fonctions du tableur afin de calculer les rendements des synthèses effectuées.

b. En déduire l'influence de la composition initiale et de la nature des réactifs sur le rendement de cette transformation chimique.

c. Quelles sont les conditions initiales permettant d'obtenir le meilleur rendement pour cette synthèse ?

Donnée : masse molaire de l'ester, $M = 130\ g\cdot mol^{-1}$.

20 ✶ L'acide gallique

L'acide gallique permet de synthétiser le gallate de propyle, un antioxydant utilisé pour conserver les aliments.

L'acide gallique est extrait d'un arbuste du Pérou.

L'acide gallique a pour formule brute $C_7H_6O_5$. Il est constitué d'un cycle à six atomes de carbone et sa formule peut s'écrire :

$$C_6H_2(OH)_3{-}CO_2H.$$

Deux groupes caractéristiques ne peuvent pas être liés à un même atome de carbone du cycle. Deux atomes de carbone du cycle ne sont liés qu'à un atome d'hydrogène et à deux autres atomes du cycle ; ils sont situés de part et d'autre de celui lié au groupe $-CO_2H$.

Le cycle comprend trois liaisons simples et trois liaisons doubles.

a. En déduire la formule semi-développée de l'acide gallique.

b. Entourer et nommer les groupes caractéristiques de l'acide gallique.

21 ✶✶ Récupération de l'acide benzoïque

On réalise l'oxydation d'une quantité $n = 12$ mmol de benzaldéhyde $C_6H_5{-}CHO$ afin d'obtenir l'acide benzoïque $C_6H_5{-}CO_2H$.

L'oxydation est réalisée par les ions permanganate en milieu basique : dans un premier temps, on obtient une quantité de matière $n' = 10$ mmol d'ions benzoate $C_6H_5{-}CO_2^-$, dissous dans un volume $V = 0{,}10$ L de solution aqueuse, qui sont transformés en acide benzoïque par un passage en milieu acide.

Le milieu est filtré sous pression réduite afin de recueillir l'acide benzoïque solide.

a. Réaliser un schéma légendé de la filtration sous pression réduite.

b. Calculer la masse m' d'acide benzoïque obtenu à l'issue de l'oxydation du benzaldéhyde en fonction de n' et V. Faire l'application numérique.

c. Calculer la masse m'_1 d'acide benzoïque dissous dans la solution ainsi que la masse m'_2 d'acide benzoïque solide qui se forme.

d. Calculer le rendement de la synthèse.

Données

– Solubilités massiques dans l'eau à 20 °C : ion benzoate, solubilité infinie ; acide benzoïque, $s = 2{,}9\ g.L^{-1}$.

– Masse molaire de l'acide benzoïque, $M = 122\ g.mol^{-1}$.

Aide. La solubilité massique est la masse maximale de solide dissous par litre de solution.

22 ✶✶ Oxydation biochimique

Une des étapes permettant de former de l'ATP, molécule biologiquement active impliquée dans les chaînes bioénergétiques, consiste à oxyder le glycéraldéhyde 3-phosphate en une espèce chimique de formule brute $C_3H_5O_6P^{2-}$.

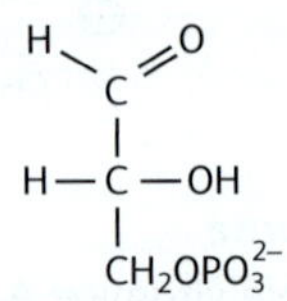

a. Écrire la demi-équation rédox mettant en jeu le glycéraldéhyde 3-phosphate.

b. L'oxydant permettant cette réaction est noté symboliquement NAD^+ et participe au couple $NAD^+/NADH$, où H représente un atome d'hydrogène.

Écrire l'équation de l'oxydation du glycéraldéhyde 3-phosphate par NAD^+.

c. Écrire la formule semi-développée du produit organique obtenu. Cette réaction est qualifiée de **chimiosélective**. Justifier l'utilisation de ce terme.

23 Apprendre à chercher

La résolution de cet exercice nécessite de trouver les étapes du raisonnement. En cas de difficultés, rendez-vous page 404.

Un élève souhaite réaliser la synthèse du butanal. Pour cela, il fait réagir $n_1 = 5{,}0$ mol de butan-1-ol et $n_2 = 4{,}0$ mol d'ions permanganate MnO_4^- en milieu acide. Après plusieurs minutes de réaction, il observe une décoloration de la solution en raison de la disparition des ions permanganate. Il réalise ensuite le traitement du milieu réactionnel et recueille un produit organique qu'il soumet au test de la 2,4-DNPH : le test est négatif.

→ *Nommer le produit organique synthétisé par cet élève.*

Demi-équations rédox

$$C_4H_8O\,(aq) + 2\,H^+(aq) + 2\,e^- = C_4H_{10}O\,(aq)$$
$$C_4H_8O_2\,(aq) + 2\,H^+(aq) + 2\,e^- = C_4H_8O\,(aq) + H_2O\,(\ell)$$
$$MnO_4^-(aq) + 8\,H^+(aq) + 5\,e^- = Mn^{2+}(aq) + 4\,H_2O\,(\ell)$$

24 ✶✶ Stratégie de synthèse : cas de l'aspartame

L'aspartame, un édulcorant, est un dipeptide obtenu par réaction de l'acide aspartique et d'un dérivé de la phénylalanine, deux acides α-aminés.

Les formules semi-développées de l'aspartame ⓐ, de l'acide aspartique ⓑ et du dérivé de la phénylalanine ⓒ sont données ci-dessous.

ⓐ

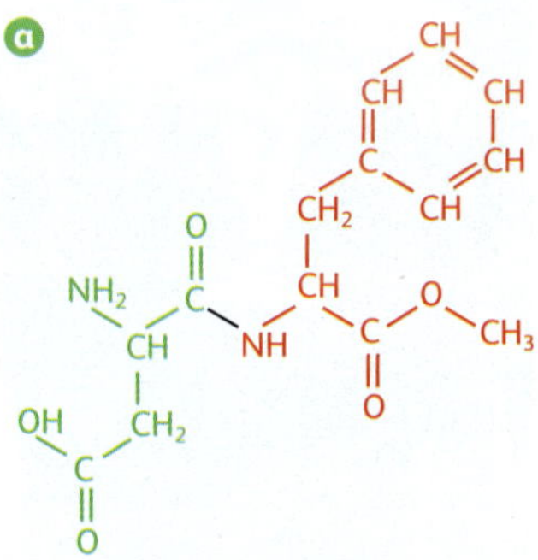

ⓑ

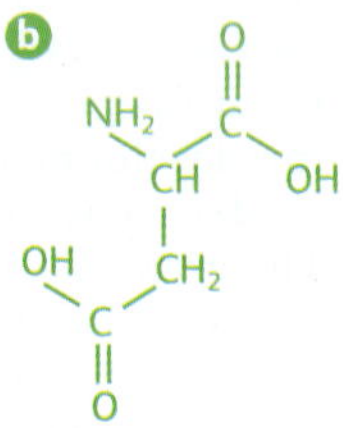

ⓒ

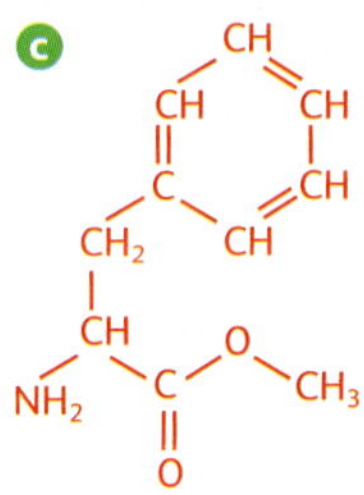

1. Indiquer comment les deux réactifs doivent réagir pour donner la molécule d'aspartame en utilisant les formules semi-développées.

2. En comparant les trois formules semi-développées, écrire la formule du groupe caractéristique obtenu par réaction d'un groupe carboxyle et d'un groupe amino $-NH_2$.

3. a. Combien de groupes carboxyle l'acide aspartique contient-il ?

b. Expliquer pourquoi la réaction d'un mélange d'acide aspartique et de dérivé de la phénylalanine ne conduit pas uniquement à l'aspartame.

c. Écrire les formules des produits qui seraient alors obtenus.

4. Une stratégie de synthèse est mise en place : il s'agit de protéger l'un des groupes carboxyle et le groupe amino $-NH_2$ de l'acide aspartique à l'aide d'un groupe « protecteur » noté *G*. L'acide aspartique protégé réagit alors avec le dérivé de phénylalanine. La formule semi-développée de la molécule obtenue est donnée ci-contre.

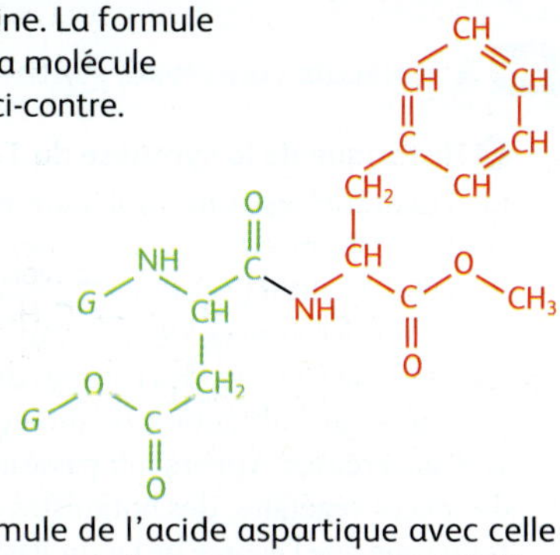

En comparant la formule de l'acide aspartique avec celle écrite ci-dessus, indiquer quel groupe carboxyle doit être protégé. Écrire alors la formule semi-développée de l'acide aspartique protégé.

5. a. Que reste-t-il à faire pour obtenir la molécule d'aspartame ?

b. Combien d'étapes ont été nécessaires pour synthétiser l'aspartame à partir de l'acide aspartique et du dérivé de la phénylalanine ?

25 ✶✶ Camphor synthesis

Equip a 250-mL two-neck flask with a separatory funnel and a condenser; prepare an ice-water bath for cooling. Place a solution of 7.7 g (0.05 mol) of borneol in 25 mL of ether in the flask and cool to 0°C. Slowly add 50 mL (0.033 mol) of a cold chromic acid solution over a 5-minute period, vigorously stirring as you add each drop. Continue stirring the mixture for a further 5 minutes and then transfer in a separatory funnel. Carefully remove the ether layer and extract the aqueous solution with two 25 mL portions of ether. Dry the ether solution over anhydrous sodium sulfate, filter and remove the ether on the rotary evaporator. The yield of crude camphor is 6.3 g (83 %).

1. Recopier et annoter le schéma ci-contre.

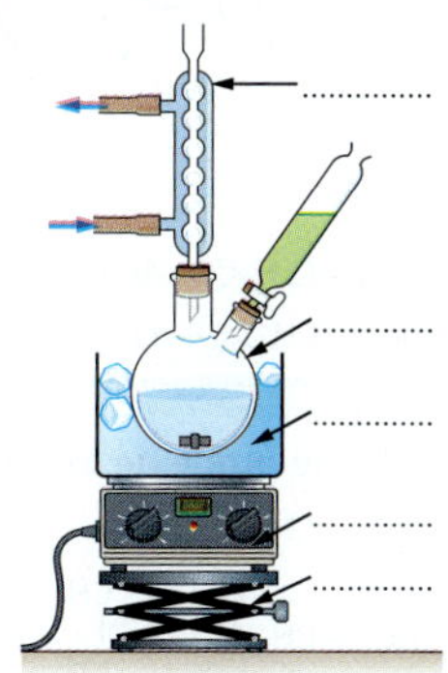

2. Déterminer les deux étapes de cette synthèse : la transformation puis le traitement.

3. a. Sachant que la densité de la phase organique (contenant l'éther) est inférieure à celle de la solution aqueuse, réaliser un schéma de l'ampoule à décanter avec les deux phases.

b. Pourquoi est-il nécessaire d'extraire la phase aqueuse puis de laver la phase éthérée ?

c. Comparer ce protocole avec celui de l'exercice 18 page 361, en soulignant les avantages et les inconvénients de chacun d'entre eux.

▶ Molécules complexes, molécules biologiquement actives [§5.1 du cours]

26 À molécule complexe, synthèse complexe

❶ Historique de la synthèse du Taxotère®

Le Taxotère® est une molécule efficace pour lutter contre certains cancers. Comment les chimistes ont-ils réussi à synthétiser une molécule aussi complexe ? Au début des années 1960, devant le nombre toujours croissant de cancers, des équipes de chercheurs se sont penchées sur l'obtention de molécules aux propriétés anticancéreuses. Après avoir passé au crible bon nombre d'espèces végétales, des botanistes et des chimistes ont remarqué que l'écorce de l'if du Pacifique contenait une molécule intéressante, le taxol. Cependant, l'extraction du taxol n'était pas réalisable : en effet, en 1960, il fallait abattre six ifs centenaires pour ne récupérer que... 2 g de taxol, alors que la seule demande américaine annuelle atteignait 25 kg !

Ainsi, entre 1983 et 1993, plus de trente équipes ont travaillé sans relâche sur la synthèse du taxol. Au cours de l'élaboration de cette synthèse, ils ont imaginé une autre molécule, le Taxotère®, cousine du taxol, mais deux fois plus efficace et présentant moins d'effets secondaires que celui-ci.

Ce fut en 1993, après une dizaine d'années de recherches menées par une équipe française de l'ICSN (Institut de chimie des substances naturelles), que sa synthèse totale fut publiée. Aujourd'hui, cette molécule est largement administrée aux malades.

❷ Formule topologique du Taxotère®

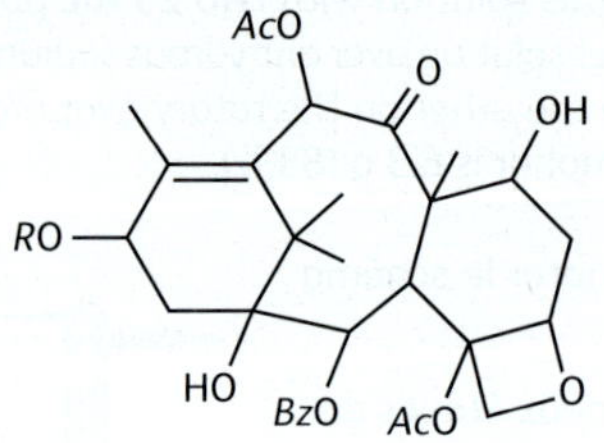

$Bz = C_6H_5CO$; $Ac = CH_3CO$;
$R = (CH_3)_3C—O—CO—NH—CH(C_6H_5)—CHOH—CO—$

❸ Une étape de la synthèse du Taxotère®

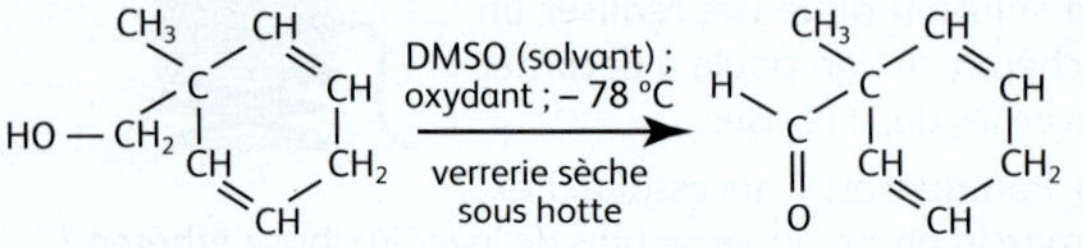

Les chercheurs ont dû mettre au point différentes stratégies de synthèse en trouvant les conditions optimales pour chaque étape.

1. **Le Taxotère®**

a. La molécule de Taxotère® est-elle biologiquement active ? Justifier.

b. Pourquoi dit-on que cette molécule est « complexe » ?

c. Quels faits ont amené les chercheurs à travailler sur la synthèse du Taxotère® alors que le taxol d'origine naturelle était déjà disponible ?

2. **La synthèse du Taxotère®**

a. La synthèse du Taxotère® est-elle aisée ? Justifier.

b. Quel groupe caractéristique est modifié lors de l'étape décrite **document 3** ? En quel groupe est-il transformé ? À quelle famille de réactions chimiques cette étape appartient-elle ?

c. Les conditions opératoires de chaque étape ont été établies après de nombreux essais et doivent être strictement respectées.
L'étape présentée **document 3** est-elle facilement réalisable ?

d. Citer trois objectifs auxquels doivent répondre les synthèses de molécules complexes.

27 Nobel Prizes for Chemistry

Nobel Prizes

The first hundred years of Nobel Prizes for Chemistry give a beautiful picture of the development of modern chemistry. The prizes cover the whole spectrum of the basic chemical sciences, from theoretical chemistry to biochemistry, and also a number of contributions to applied chemistry. From a quantitative point of view, organic chemistry dominates with no less than 25 awards. [...]

Marie Curie received the Nobel Prize for Chemistry in 1911 for her researches about radium.

Extrapolating the trend of the 20th century Nobel Prizes for Chemistry, it is expected that in the 21st century theoretical and computational chemistry will flourish with the aid of the expansion of computer technology. The study of biological systems may become more dominant and move from individual macromolecules to large interactive systems.

Excerpts from the website http://nobelprize.org/nobel_prizes/chemistry/articles/malmstrom/

a. Quels domaines de la chimie ont été récompensés par des prix Nobel ?

b. En quoi la chimie fondamentale a-t-elle aidé la chimie appliquée ?

c. De quels nouveaux outils les chimistes disposent-ils aujourd'hui pour construire une stratégie de synthèse ?

d. Vers quels sujets d'étude un grand nombre d'équipes de chimistes se mobilisent-elles aujourd'hui ?

e. Faire une recherche afin de rédiger la biographie de l'un des chimistes français ayant reçu le prix Nobel de chimie en insistant sur ses travaux et découvertes.

▶ Nouveaux matériaux [§5.2 du cours]

28 Entre solide et liquide : le cristal liquide

Les cristaux liquides font partie de notre quotidien. Cependant, leur dénomination est problématique : un cristal liquide est-il un solide, un liquide ou… les deux ?

❶ Exemples de cristaux liquides

Les applications des cristaux liquides sont aujourd'hui très diverses car leurs propriétés optiques sont variables suivant la luminosité, la température ou les signaux électriques. On en trouve couramment dans les panneaux d'affichages électriques par exemple.

Panneaux d'affichage à cristaux liquides.

Il existe également des cristaux liquides naturels comme ceux qui recouvrent la carapace des scarabées cétoines.

Scarabée cétoine.

❷ Extraits de correspondance entre Reinitzer et Lehmann à propos de leur découverte des cristaux liquides

À la fin du XIXe siècle, Reinitzer et Lehmann étudièrent les propriétés physiques du benzoate de cholestérol. Leurs travaux et conclusions ont ouvert la voie à l'étude plus approfondie des cristaux liquides.

« La substance [benzoate de cholestérol] possède deux points de fusion, si l'on peut s'exprimer ainsi. Vers 145,5 °C, elle fond et forme un liquide trouble mais complètement fluide, lequel, vers 178,5 °C, devient soudainement complètement transparent. »

Reinitzer, 14 mars 1888

« Il est d'un grand intérêt pour les physiciens que des cristaux existent, avec une telle mollesse qu'on pourrait les appeler liquides. »

Lehmann, le 20 août 1889

❸ Schémas de différentes organisations des cristaux liquides à l'échelle microscopique

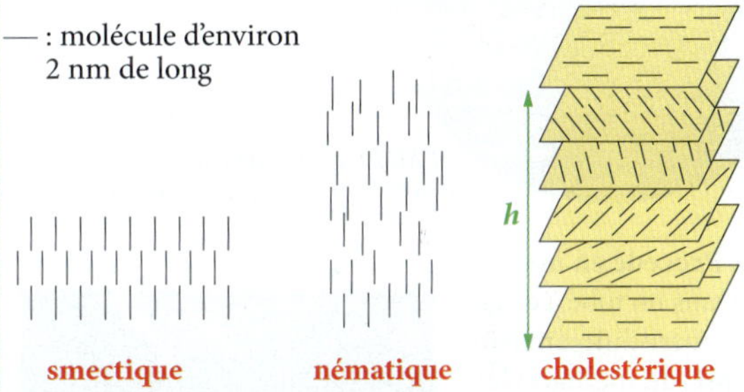

1. Propriétés physiques

a. Rechercher quelques applications des cristaux liquides basées sur leurs propriétés optiques.

b. Quelle propriété physique du benzoate de cholestérol avait surpris Reinitzer et Lehmann ?

2. Structure microscopique

a. Les phases nématique et smectique sont-elles bien ordonnées ? Justifier.

b. Pourquoi peut-on dire que les molécules sont doublement organisées dans un cristal liquide cholestérique ?

c. Un solide cristallin est très ordonné, contrairement à un liquide.

La dénomination de « cristal liquide » convient-elle à ces matériaux ?

3. Lien entre structure microscopique et propriétés physiques

a. Quelle grandeur caractérise l'ordre dans un cristal liquide cholestérique ? Quel nom pourrait-on lui donner ?

b. L'organisation des molécules a-t-elle une influence sur les propriétés physiques de ces matériaux ?

29 Synthèse d'un plastique, le Plexiglas®

Le Plexiglas®, ou polyméthacrylate de méthyle (PMMA), est transparent, résistant à la corrosion et léger. Il possède donc toutes les propriétés physiques pour remplacer efficacement le verre.

Il existe deux procédés de synthèse du PMMA facilement mis en œuvre au laboratoire. Leurs protocoles sont décrits ci-dessous.

Protocoles de deux procédés de synthèse du PMMA

A. Procédé en émulsion

- Dans un ballon, on introduit 30 mL d'eau ; 6 g de méthacrylate de méthyle ; une spatule d'agar-agar ; 0,5 g de peroxyde de benzoyle ; un barreau aimanté et quelques gouttes de colorant.
- On équipe le ballon d'un réfrigérant. Le chauffage au bain-marie est maintenu à 90 °C pendant une heure, le mélange réactionnel étant agité. Après refroidissement, le solide obtenu est recueilli par filtration sur büchner puis lavé à l'eau.

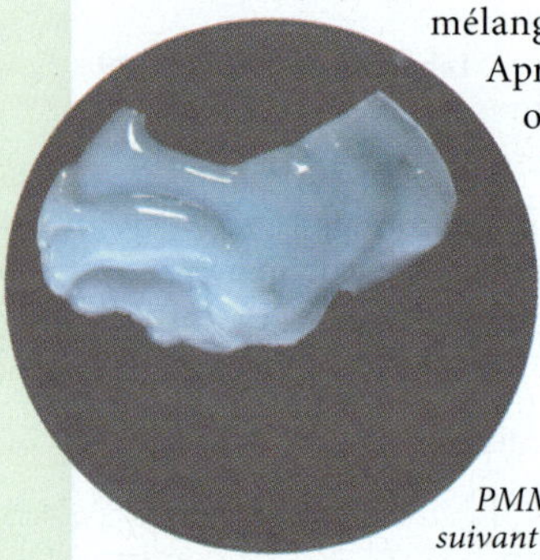

PMMA coloré synthétisé suivant le procédé par émulsion.

B. Procédé en masse

- Dans un tube à essais, on introduit environ 7 mL de méthacrylate de méthyle et une spatule de peroxyde de benzoyle. À mi-hauteur, on place un objet suspendu à un fil.
- On plonge le tube à essais dans un bain-marie maintenu entre 60 °C et 70 °C pendant une vingtaine de minutes.

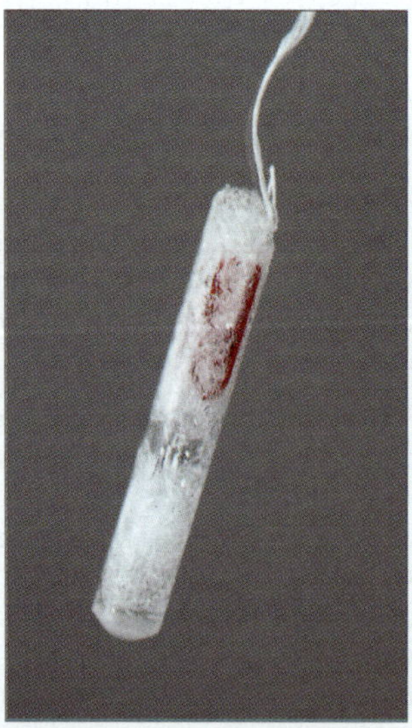

PMMA avec inclusion obtenu via le procédé en masse.

1. Les deux procédés

a. Comparer les réactifs utilisés lors de ces synthèses.

b. Comparer les deux procédés de synthèse de cette matière plastique : nécessité ou non d'un solvant ; conditions opératoires (température, durée).

c. Comparer les aspects des deux PMMA obtenus.

2. PMMA

a. Existe-t-il un ou plusieurs PMMA ? Justifier.

b. Rechercher les propriétés physiques « du » PMMA.

c. À partir des mêmes réactifs, obtient-on toujours le même produit ? Justifier.

30 Des solides pas si ordonnés

1 Schémas de structures microscopiques

À l'échelle microscopique, l'état solide se caractérise par de l'ordre et l'état liquide par du désordre. Cependant, la frontière entre ordre et désordre n'est pas si nette ni si facile à déterminer. En effet, à l'échelle microscopique, l'ordre ne peut être effectif qu'à faible distance ou bien il perdure à grande distance.

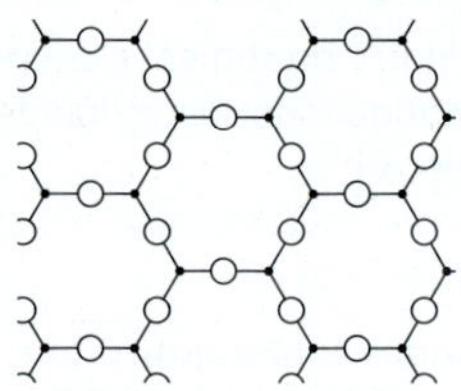

a Matériau organisé

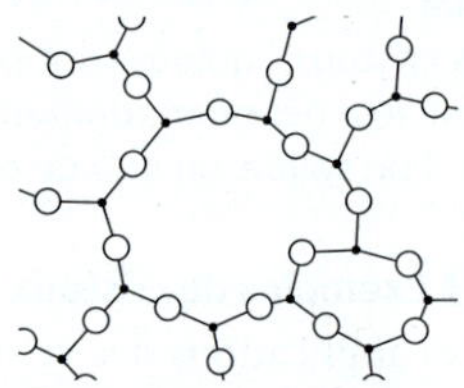

b Matériau amorphe

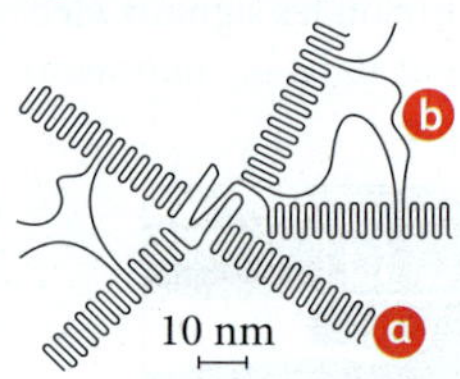

c Matériau plastique : molécules ordonnées dans les zones cristallines a, désordonnées dans les zones amorphes b.

2 Exemples de défauts dans les solides cristallins

Lorsqu'une pièce métallique casse ou est corrodée, c'est toujours à un endroit où le matériau était plus fragile. Cette fragilité est due à la présence d'un ou de plusieurs défauts dans l'assemblage régulier des atomes qui composent le solide cristallin. On peut citer par exemple :

– la lacune a et l'interstitiel b : deux cas où un atome n'est pas à « sa » place dans le réseau bien ordonné ;

– les joints de grains c : cas où les directions d'organisation des atomes sont différentes de part et d'autre de ce joint.

a

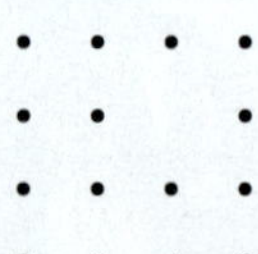

b

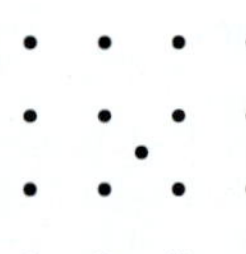

c

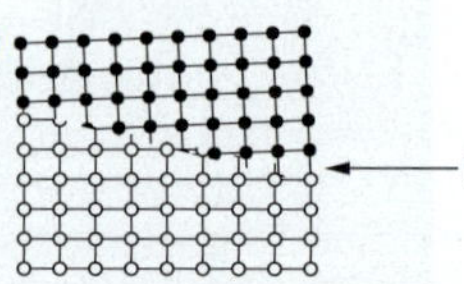

joint de grains

1. Structures microscopiques

a. Quel paramètre est à prendre en compte lorsqu'on étudie la matière à l'échelle microscopique ?

b. Comment le désordre a-t-il été progressivement introduit pour obtenir la structure **b** à partir de la structure **a** **(document 1)** ?

c. Dans quelles zones de la structure **c** **(document 1)** l'ordre s'est-il maintenu ? Dans quelles zones le désordre s'est-il installé ?

d. Expliquer pourquoi un défaut est source de désordre dans la structure microscopique d'un solide cristallin **(document 2)**.

2. Propriétés physiques macroscopiques

a. Décrire les propriétés mécaniques et chimiques au niveau d'un défaut dans un solide **(document 2)**.

b. Faire une recherche pour trouver plusieurs paramètres influençant les propriétés mécaniques des matières plastiques.

3. Influence de la structure microscopique sur les propriétés physiques

a. L'organisation au niveau microscopique a-t-elle une influence sur les propriétés physiques de la matière ? Justifier.

b. Comment les propriétés physiques de la matière renseignent-elles sur sa structure microscopique ?

Nanochimie [§5.3 du cours]

31 Les nanotechnologies : une question d'éthique

1 Extrait du Forum Le Monde-La Recherche, octobre 2010

[Les nanotechnologies] tardent à répondre aux espoirs, immenses, qu'on plaçait en elles. Mais, de la santé à l'industrie, les recherches en cours commencent à donner la mesure de leur extraordinaire potentiel. [...] Effets quantiques, réactivité chimique, effets liés à la surface de contact [...] ... Ce sont ces propriétés qui attirent scientifiques, industriels et décideurs.

Les dangers des nanoproduits ont par le passé parfois relevé de la fantasmagorie, telle la fameuse « gelée grise », qui nous promettait un envahissement de nanorobots capables de se répliquer seuls pour détruire la planète... [...] De par leur petite taille, les nanoparticules [peuvent] atteindre des cellules, tissus et organes inaccessibles aux particules de taille plus importante. Quels en sont les risques pour la santé ? [...] La nanotoxicologie, champ en expansion, se penche désormais sur ces problèmes.

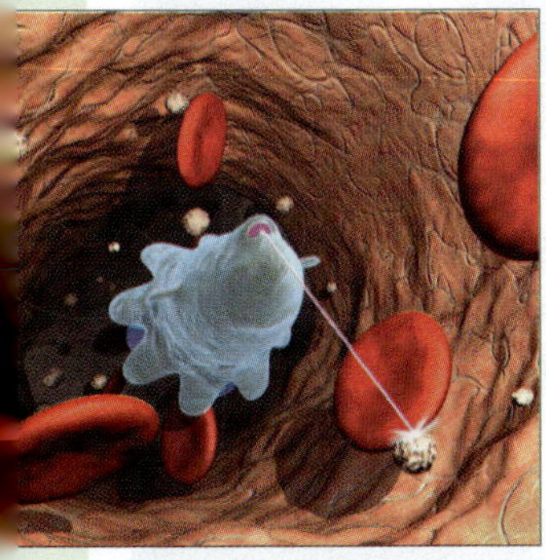

Vue d'artiste d'un nanorobot détruisant une bactérie dans un vaisseau sanguin.

2 Extrait de la brochure « À la découverte du nanomonde », publiée en 2003 par le ministère de la Recherche

L'impact des nanotechnologies sur l'économie est très prometteur [...]. [Cependant], les nanotechnologies soulèvent aussi des questions d'éthique. La perspective de manipuler la matière à l'échelle moléculaire et d'interférer avec le monde vivant suscite non seulement de grands espoirs, mais aussi des inquiétudes.

3 En route vers les nanorobots

Une nanovoiture.

Une nanovoiture a été fabriquée, atome par atome, par une équipe française du CEMES (Centre d'élaboration de matériaux et d'études structurales) en 2007. Il est donc envisageable de construire des robots à l'échelle nanométrique, un grand pas dans la course à la miniaturisation des appareils mécaniques et électroniques.

4 Anticiper un nouveau rapport au monde

Pour le philosophe Jean-Pierre Dupuy, le débat actuel occulte en partie les changements profonds que pourraient apporter les nanotechnologies dans notre société. Voici un extrait de son interview, disponible sur le site http://www2.cnrs.fr/presse/journal/2475.htm :

« Les nanotechnologies, et plus précisément leur convergence avec les biotechnologies, les technologies de l'information et les sciences cognitives, vont profondément transformer notre rapport au monde, à la nature et à nous-mêmes. Cette convergence ambitionne tout simplement de prendre le relai de l'évolution biologique. D'ailleurs, on parle déjà couramment de "nature artificielle". Dans nos représentations, le naturel non vivant, le vivant et l'artefact sont en bonne voie de fusion. Ces évolutions sont-elles bonnes ou mauvaises ? Je ne prétends pas répondre à cette question. Mais il faut se la poser pour ne pas laisser le champ libre à des idéologies dangereuses [...]

Le moins mauvais que l'on puisse faire est de tenter d'accompagner le développement des nanotechnologies, et même d'essayer de l'anticiper, par des audits permanents et des études d'impact. Mais surtout, il est temps de briser le mythe de la neutralité de la science. Chaque scientifique de base doit se sentir concerné par ce débat. »

a. Expliquer pourquoi on pourrait penser que les nanotechnologies « tardent à répondre aux espoirs » qu'on plaçait en elles.

b. Citer des applications potentielles des nanotechnologies.

c. Faut-il avoir peur des nanotechnologies ?

Culture scientifique et citoyenne

Un métier : Ingénieur(e) plasturgiste BAC +5

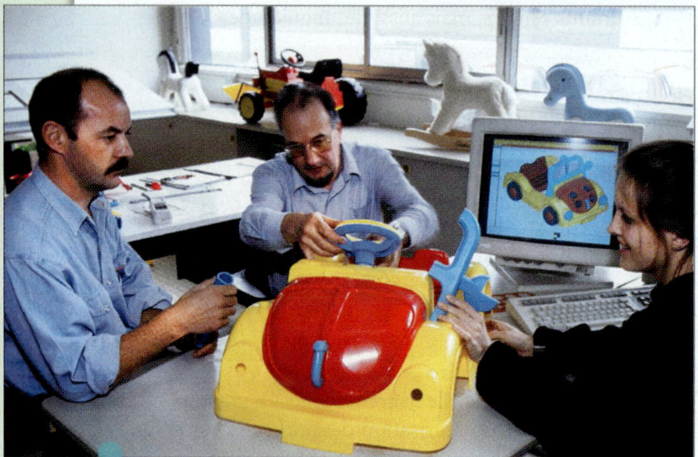

Conception de jouets en plastique.

L'**ingénieur plasturgiste** est un ingénieur chimiste spécialisé dans les procédés de transformation des matières plastiques. Il peut **travailler en recherche et développement** afin de concevoir de nouveaux matériaux suivant un cahier des charges précis. Par exemple, pour la création d'un jouet, la texture, la couleur, l'odeur sont des paramètres à prendre en compte.

- Il peut également **organiser et suivre la production** dans différentes branches industrielles, car de nombreux objets de notre quotidien sont en plastique : certaines pièces de voiture et d'ordinateurs, les emballages, etc.
- L'ingénieur plasturgiste encadre des équipes, il doit donc avoir le sens des responsabilités et des qualités relationnelles en plus de ses connaissances en chimie et sur les procédés de fabrication.

Sur le Web www.orientation-formation.fr/Ingenieur-materiaux.html
www.plasturgieducation.org/formations/ingenieur
www.onisep.fr/Ressources/Univers-Metier/Metiers/ingenieur-e-plasturgiste

Sciences & Société

Pilules contraceptives

Luis Miramontes, chimiste mexicain, a synthétisé par **hémi-synthèse**, en octobre 1951, la **noréthistérone**, actif principal de la pilule contraceptive, à partir de racines d'igname. La vente de pilules contraceptives, légalisée en France en 1967, concerne aujourd'hui 80 % des femmes françaises de 20 à 44 ans. Son taux d'efficacité est de 99,5 %. Cependant, on lui reproche d'affecter sensiblement les écosystèmes, et surtout de ne pas protéger des MST (maladies sexuellement transmissibles).

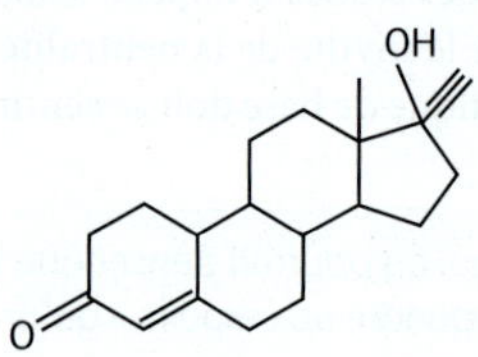

noréthistérone

Rendez-vous dans un centre de planning familial.

CHIMIE & NATURE De la nanochimie depuis 380 millions d'années

Les fils des toiles d'araignées sont constitués d'un enchevêtrement d'environ vingt fils élémentaires, chacun ayant un **diamètre de l'ordre de 50 nm**. Ils allient robustesse et élasticité : un fil de soie de toile d'araignée pourrait supporter un avion de ligne s'il avait le diamètre d'un tuyau d'arrosage.

- Au niveau moléculaire, les fils sont constitués d'une protéine, la spidroïne. À l'échelle nanométrique, le matériau s'organise en **zones cristallines**, lui conférant sa robustesse, et en **zones amorphes**, assurant son élasticité.
- Aujourd'hui, les chercheurs tentent de synthétiser au laboratoire des matériaux possédant de telles qualités mécaniques.

Sur le Web www.expasy.ch/prolune/instantanes/047/
www.cnrs.fr/cw/fr/pres/compress/ScienceDefense/Page16.html

Un fil de toile d'araignée est cinq fois plus résistant qu'un acier de même épaisseur.

CHIMIE & LITTÉRATURE Le Chant du Styrène

Raymond Queneau.

Raymond Queneau (1903-1976) est très connu pour ses poèmes, ses pièces de théâtre et ses romans comme *Zazie dans le métro*. En revanche, son bagage scientifique est souvent oublié : il fut pourtant membre de la Société Mathématique de France. En 1958, le groupe Pechiney commande *Le Chant du Styrène*, un documentaire dont les commentaires sont écrits en alexandrins par Raymond Queneau. À partir d'un bol en polystyrène, le documentaire remonte toute la filière de fabrication jusqu'au pétrole et au charbon.

Ô temps, suspends ton bol, ô matière plastique
D'où viens-tu ? Qui es-tu ? et qu'est-ce qui explique
Tes rares qualités ? De quoi donc es-tu fait ?
D'où donc es-tu parti ? Remontons de l'objet
À ses aïeux lointains ! Qu'à l'envers se déroule
Son histoire exemplaire. En premier lieu, le moule.
Incluant la matrice, être mystérieux,
Il engendre le bol ou bien tout ce qu'on veut.
Mais le moule est lui-même inclus dans une presse
Qui injecte la pâte et conforme la pièce,
Ce qui présente donc le très grand avantage
D'avoir l'objet fini sans autre façonnage.
Le moule coûte cher ; c'est un inconvénient.
On le loue il est vrai, même à ses concurrents.
Le formage sous vide est une autre façon
D'obtenir des objets : par simple aspiration.
À l'étape antérieure, soigneusement rangé,
Le matériau tiédi est en plaque extrudé.
Pour entrer dans la buse il fallait un piston
Et le manchon chauffant — ou le chauffant manchon
Auquel on fournissait — Quoi ? Le polystyrène
Vivace et turbulent qui se hâte et s'égrène.

Le Chant du Styrène, **Raymond Queneau,**

Chapitre 21 Créer et innover

Les projets présentés dans ce chapitre ont pour objectif de s'informer sur l'actualité scientifique, les métiers de la recherche, l'histoire des sciences, et de communiquer sur les sciences au moyen de support de communication ou d'actions spécifiques, comme la Fête de la Science.

- **Le projet réalisé par la classe sera choisi en fonction des ressources locales (musées, présence d'un laboratoire scientifique à proximité, etc.), de la programmation d'événements scientifiques…**
- **D'autres projets sont proposés sur le site Internet dédié au dispositif ministériel « Sciences à l'École » (http://www.sciencesalecole.org/).**

Expérience de la cage de Faraday au Palais de la Découverte : les personnes dans la cage ne courent aucun risque.

Jeu d'ombres colorées lors d'une exposition.

Présentation d'une double-page

Un paragraphe d'introduction présente l'**objectif du projet**.

Des **ressources complémentaires** sont disponibles sur le site élève (texte de l'interview, article…).

Des **conseils** de présentation ou de rédaction sont indiqués.

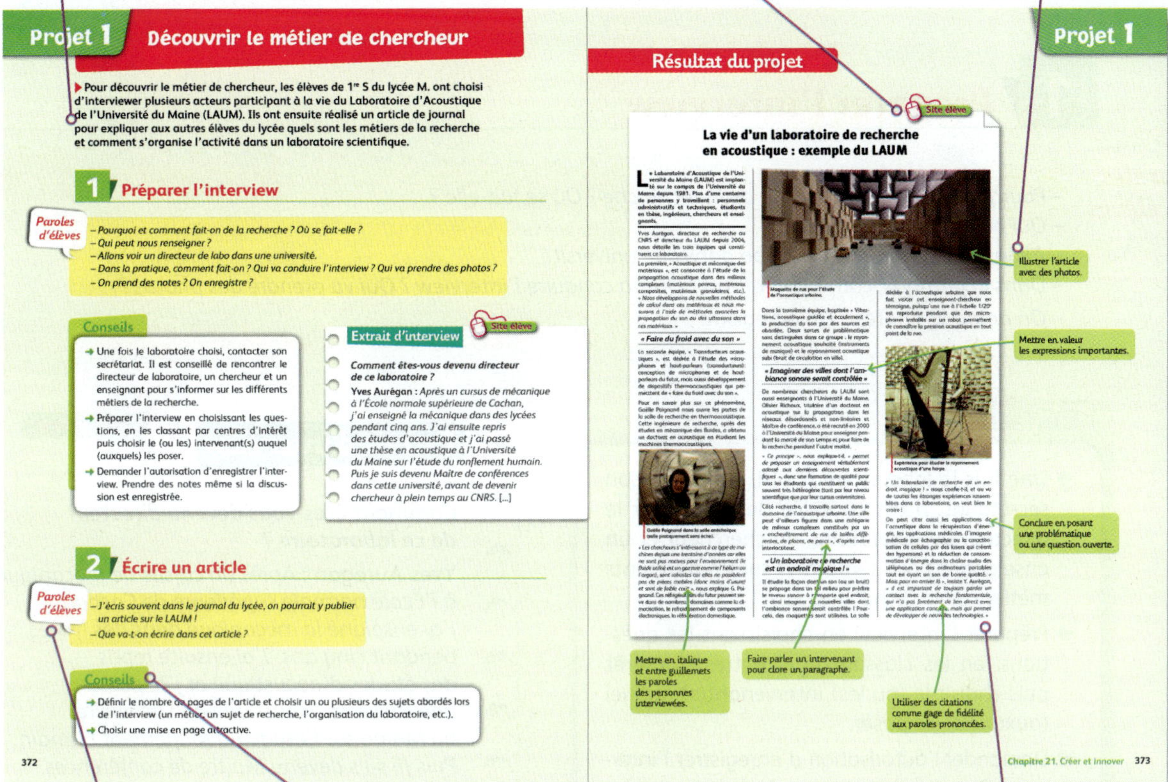

Des **paroles d'élèves** sont rapportées.

Des **conseils** donnent des pistes pour réaliser le projet.

Le **résultat du projet** est présenté sous la forme d'un support de communication (article, blog, diaporamas ou affiche).

SOMMAIRE

Projet 1 Découvrir le métier de chercheur

Pour découvrir le métier de chercheur, les élèves de 1re S du lycée M. ont choisi d'interviewer plusieurs acteurs participant à la vie du Laboratoire d'Acoustique de l'Université du Maine (LAUM), au Mans. Ils ont ensuite réalisé un article de journal pour expliquer aux autres élèves du lycée quels sont les métiers de la recherche et comment s'organise l'activité dans un laboratoire scientifique.

1 Préparer l'interview

Paroles d'élèves

– Pourquoi et comment fait-on de la recherche ? Où se fait-elle ?
– Qui peut nous renseigner ?
– Allons voir un directeur de labo dans une université.
– Dans la pratique, comment fait-on ? Qui va conduire l'interview ? Qui va prendre des photos ?
– On prend des notes ? On enregistre ?

Conseils

→ Une fois le laboratoire choisi, contacter son secrétariat. Il est conseillé de rencontrer le directeur de laboratoire, un chercheur et un enseignant pour s'informer sur les différents métiers de la recherche.

→ Préparer l'interview en choisissant les questions, en les classant par centres d'intérêt puis choisir le (ou les) intervenant(s) auquel (auxquels) les poser.

→ Demander l'autorisation d'enregistrer l'interview. Prendre des notes même si la discussion est enregistrée.

Extrait d'interview Site élève

Comment êtes-vous devenu directeur de ce laboratoire ?

Yves Aurégan : *Après un cursus de mécanique à l'École normale supérieure de Cachan, j'ai enseigné la mécanique dans des lycées pendant cinq ans. J'ai ensuite repris des études d'acoustique et j'ai passé une thèse en acoustique à l'Université du Maine sur l'étude du ronflement humain. Puis je suis devenu Maître de conférences dans cette université, avant de devenir chercheur à plein temps au CNRS. [...]*

2 Écrire un article

Paroles d'élèves

– J'écris souvent dans le journal du lycée, on pourrait y publier un article sur le LAUM !
– Que va-t-on écrire dans cet article ?

Conseils

→ Définir le nombre de pages de l'article et choisir un ou plusieurs des sujets abordés lors de l'interview (un métier, un sujet de recherche, l'organisation du laboratoire, etc.).

→ Choisir une mise en page attractive.

Résultat du projet

Site élève

La vie d'un laboratoire de recherche en acoustique : exemple du LAUM

Le Laboratoire d'Acoustique de l'Université du Maine (LAUM) est implanté sur le campus de l'Université du Maine depuis 1981. Plus d'une centaine de personnes y travaillent : personnels administratifs et techniques, étudiants en thèse, ingénieurs, chercheurs et enseignants.

Yves Aurégan, directeur de recherche au CNRS et directeur du LAUM depuis 2004, nous détaille les trois équipes qui constituent ce laboratoire.

La première, « Acoustique et mécanique des matériaux », est consacrée à l'étude de la propagation acoustique dans des milieux complexes (matériaux poreux, matériaux composites, matériaux granulaires, etc.). *« Nous développons de nouvelles méthodes de calcul dans ces matériaux et nous mesurons à l'aide de méthodes avancées la propagation du son ou des ultrasons dans ces matériaux. »*

« Faire du froid avec du son »

La seconde équipe, « Transducteurs acoustiques », est dédiée à l'étude des microphones et haut-parleurs (transducteurs): conception de microphones et de haut-parleurs du futur, mais aussi développement de dispositifs thermoacoustiques qui permetttent de « faire du froid avec du son ».

Pour en savoir plus sur ce phénomène, Gaëlle Poignand nous ouvre les portes de la salle de recherche en thermoacoustique. Cette ingénieure de recherche, après des études en mécanique des fluides, a obtenu un doctorat en acoustique en étudiant les machines thermoacoustiques.

Gaëlle Poignand dans la salle anéchoïque (salle pratiquement sans écho).

« Les chercheurs s'intéressent à ce type de machines depuis une trentaine d'années car elles ne sont pas nocives pour l'environnement (le fluide utilisé est un gaz rare comme l'hélium ou l'argon), sont robustes car elles ne possèdent pas de pièces mobiles (donc moins d'usure) et sont de faible coût », nous explique G. Poignand. Ces réfrigérateurs du futur peuvent servir dans de nombreux domaines comme la climatisation, le refroidissement de composants électroniques, la réfrigération domestique.

Maquette de rue pour l'étude de l'acoustique urbaine.

Dans la troisième équipe, baptisée « Vibrations, acoustique guidée et écoulement », la production du son par des sources est abordée. Deux sortes de problématique sont distinguées dans ce groupe : le rayonnement acoustique souhaité (instruments de musique) et le rayonnement acoustique subi (bruit de circulation en ville).

« Imaginer des villes dont l'ambiance sonore serait contrôlée »

De nombreux chercheurs du LAUM sont aussi enseignants à l'Université du Maine. Olivier Richoux, titulaire d'un doctorat en acoustique sur la propagation dans les réseaux désordonnés et non-linéaires et Maître de conférence, a été recruté en 2000 à l'Université du Maine pour enseigner pendant la moitié de son temps et pour faire de la recherche pendant l'autre moitié.

« *Ce principe* », nous explique-t-il, « *permet de proposer un enseignement véritablement adossé aux dernières découvertes scientifiques* », donc une formation de qualité pour tous les étudiants qui constituent un public souvent très hétérogène (tant par leur niveau scientifique que par leur cursus universitaire).

Côté recherche, il travaille surtout dans le domaine de l'acoustique urbaine. Une ville peut d'ailleurs figurer dans une catégorie de milieux complexes constitués par un « *enchevêtrement de rue de tailles différentes, de places, de parcs* », d'après notre interlocuteur.

« Un laboratoire de recherche est un endroit magique ! »

Il étudie la façon dont un son (ou un bruit) se propage dans un tel milieu pour prédire le niveau sonore à n'importe quel endroit, et ainsi imaginer de nouvelles villes dont l'ambiance sonore serait contrôlée ! Pourcela, des maquettes sont utilisées. La salle dédiée à l'acoustique urbaine que nous fait visiter cet enseignant-chercheur en témoigne, puisqu'une rue à l'échelle 1/20e est reproduite pendant que des microphones installés sur un robot permettent de connaître la pression acoustique en tout point de la rue.

Expérience pour étudier le rayonnement acoustique d'une harpe.

« *Un laboratoire de recherche est un endroit magique !* » nous confie-t-il, et au vu de toutes les étranges expériences rassemblées dans ce laboratoire, on veut bien le croire !

On peut citer aussi les applications de l'acoustique dans la récupération d'énergie, les applications médicales (l'imagerie médicale par échographie ou la caractérisation de cellules par des lasers qui créent des hypersons) et la réduction de consommation d'énergie dans la chaîne audio des téléphones ou des ordinateurs portables tout en ayant un son de bonne qualité. « *Mais pour en arriver là* », insiste Y. Aurégan, « *il est important de toujours garder un contact avec la recherche fondamentale, qui n'a pas forcément de lien direct avec une application concrète, mais qui permet de développer de nouvelles technologies.* »

Illustrer l'article avec des photos.

Mettre en valeur les expressions importantes.

Conclure en posant une problématique ou une question ouverte.

Mettre en italique et entre guillemets les paroles des personnes interviewées.

Faire parler un intervenant pour clore un paragraphe.

Utiliser des citations comme gage de fidélité aux paroles prononcées.

Projet 2

S'informer et communiquer sur l'actualité scientifique

▶ **L'objectif de ce projet est de suivre l'actualité scientifique, de choisir des sujets puis de communiquer ces informations à d'autres élèves. Le blog est un outil intéressant pour réaliser ce projet car il favorise le dialogue et permet de présenter des vidéos, d'ajouter des liens vers des sites Web.**

1 Suivre l'actualité scientifique

Paroles d'élèves

– Comment suivre l'actualité scientifique ?
– On pourrait aller au CDI...
– Ou sur Internet ? En tapant les mots-clés « actualité scientifique ».

Conseils

→ Pour recueillir des informations sur l'actualité scientifique, différentes sources peuvent être utilisées.

Sites Internet
- www.universcience.tv
- www.dailymotion.com
- www.arte.tv/fr/science/104012.html
- Sites des journaux (Le Monde, Le Figaro, etc.)
- etc.

Autres sources
- Expositions (l'espace Science Actualités à la cité des Sciences, etc.)
- Émission télévisée (« C'est pas sorcier » sur France 3...)
- etc.

Émissions de radio
- La Tête au carré sur France Inter
- La Main à la pâte sur France Info
- La Marche des sciences sur France Culture
- etc.

Magazines
- Science & Vie
- La Recherche
- Sciences & Avenir
- Pour la Science
- Ciel et Espace
- etc.

2 Réaliser un blog

Paroles d'élèves

– Comment créer un blog ? Que met-on dans un blog ?
– Comment l'organiser ? par matières ? par thèmes ?
– Est-ce que tout le monde peut publier des articles ?

Conseils

→ La création d'un blog est expliquée sur les sites dédiés (www.over-blog.com, fr.wordpress.com, etc.) : il est possible par exemple de modifier la mise en page, de définir les rubriques...

→ Pour publier un article, il faut s'identifier, mais tout le monde peut écrire un commentaire pour réagir à l'article.

Résultat du projet

LYCÉENS ET SCIENCES FONT BON MÉNAGE !

SUIVEZ L'ACTUALITÉ SCIENTIFIQUE ET POSTEZ VOS COMMENTAIRES !

Présenter le blog en quelques lignes.

Mercredi 26 janvier 2011

LE SOLEIL EST-IL "EN PANNE" ?

Introduire chaque article par un titre accrocheur.

Le Soleil connaît une baisse de régime : que va-t-il se passer pour notre planète ? Est-ce que cela va avoir un impact sur le réchauffement climatique, la température ? Comment prévoir l'activité du Soleil ?

Rédiger des textes courts.

Pour en savoir plus, écoutez le podcast "Le Soleil est en panne !" de l'émission "Du côté des étoiles" sur le site de France Info : link

Ajouter des liens vers d'autres sites Web.

Par actusciences.over-blog.com Publié dans : énergie
Ecrire un commentaire Partager

Mercredi 26 janvier 2011

LES AURORES BORÉALES EN NORVÈGE

Une équipe de chercheurs vient, pour la première fois avec certitude, de mettre en évidence un phénomène de polarisation de la lumière en provenance de la haute atmosphère boréale.

Si elle pourrait de prime abord paraître anodine, cette découverte ouvre, au contraire, de vastes perspectives. En **astronomie**, comme dans l'étude de nombreux phénomènes naturels, les observations se basent en grande partie sur l'**analyse de la lumière émise**. Une des caractéristiques principales de cette lumière est sa **polarisation, un phénomène affecté par le champ magnétique présent à sa source. Cette polarisation permet ainsi de mieux connaître cette source, ainsi que son environnement.**

Illustrer l'article par une vidéo ou une photo.

PRÉSENTATION

Blog : Lycéens et sciences font bon ménage !
Partager ce blog
Retour à la page d'accueil
Contact

CATÉGORIES

Magnétisme
Astronomie
Nanochimie
Énergie
Molécules de la couleur
Illusions d'optique
Lumière et couleurs

Définir des catégories pour classer les articles.

LISTE D'ARTICLES

Le soleil est-il "en panne" ?
Les aurores boréales en Norvège
IVy, la voiture solaire la plus rapide du monde !
Un matériau pour les températures extrêmes
Le Soleil est-il "en panne" ?
Illusion d'optique
Une super loupe !

Liste complète

RECHERCHE

OK

Ajouter un moteur de recherche pour faciliter l'accès aux articles.

NEWSLETTER

Inscription à la newsletter
Votre eMail

Proposer une newsletter pour présenter les nouveaux articles publiés et fidéliser les lecteurs.

Ce blog a été créé sur le site www.over-blog.com.

Projet 3 Visiter une exposition scientifique

Pour compléter sa culture générale en sciences et techniques, plusieurs pistes sont possibles : lire des magazines scientifiques, écouter des émissions de radio ou regarder des émissions télévisées scientifiques, ou encore visiter une exposition. Les élèves de 1re S du lycée J. ont choisi de visiter l'exposition « De la bougie au laser », à l'université Lille 1 de Villeneuve d'Ascq, pour connaître l'histoire des sources lumineuses.

1 Organiser une visite

Paroles d'élèves

– Comment choisir l'exposition ? Où aller ?
– Ils organisent parfois des expos à la fac…
– Moi je suis partante, mais pour une visite guidée.

Conseils

→ Pour connaître les expositions en cours, faire des recherches sur Internet : consulter les sites d'universités, de musées, de la ville…

→ Pour avoir plus de détails sur l'exposition, contacter les personnes qui travaillent sur le lieu de l'exposition.

→ Préparer la visite en choisissant une date, un moyen de transport.

→ Se renseigner sur les possibilités de visite guidée.

→ Penser à faire des photographies si possible et à prendre des notes pendant la visite.

2 Préparer une présentation orale avec des diaporamas

Paroles d'élèves

– Que dit-on lors de la présentation ?
– Quel support utiliser ?
– Qui parle pendant la présentation ? Pendant combien de temps ?

Conseils

→ Une exposition traite souvent de plusieurs sujets. Pour la présentation, il faut définir un fil conducteur, trier les informations.

→ Se répartir les tâches : qui prépare les diaporamas ? qui présente l'exposition à l'oral ? Choisir par exemple un élève différent pour présenter chaque diapositive.

→ Pour que le public soit attentif pendant la présentation orale, utiliser des phrases courtes et des mots-clés dans le texte des diaporamas. En revanche, si les diaporamas sont destinés à être lus, rédiger des phrases (exemple ci-contre).

→ S'entraîner à répéter plusieurs fois la présentation à voix haute pour être prêt le jour J.

Chapitre 11

6 $^{28}_{13}Al \rightarrow {}^{28}_{14}Si + {}^{0}_{-1}e + {}^{0}_{0}\overline{\nu}_e$, radioactivité β^-.

$^{91}_{42}Mo \rightarrow {}^{91}_{41}Nb + {}^{0}_{1}e + {}^{0}_{0}\nu_e$, radioactivité β^+.

$^{238}_{92}U \rightarrow {}^{234}_{90}Th + {}^{4}_{2}He$, radioactivité α.

8 **a.** L'activité, notée A, d'un échantillon radioactif est le nombre de désintégrations qu'il produit par seconde. L'activité diminue au cours du temps.
b. À la date 5,3 ans, égale à la demi-vie, l'activité est divisée par 2. À la date 10,6 ans, égale à deux demi-vie, l'activité est divisée par 4.

$A\,(t = 10{,}6 \text{ ans}) = \dfrac{2{,}0 \times 10^{11}}{4} = 5{,}0 \times 10^{10}$ Bq.

10 **a.** $\mathscr{E}_{\text{libérée}} = |\Delta m| \times c^2$. Unités : joule ; kg ; ms^{-1}.
b. $|\Delta m| = \dfrac{\mathscr{E}_{\text{libérée}}}{c^2} \Rightarrow |\Delta m| = \dfrac{2{,}00 \times 10^{-13}}{(2{,}997\,924\,58 \times 10^8)^2}$
$|\Delta m| = 2{,}22 \times 10^{-30}$ kg.

14 **a.** La classification périodique fournit le symbole et le nombre de charges des noyaux mis en jeu : $^{235}_{92}U$, $^{148}_{57}La$, $^{85}_{35}Br$.
Le bombardement du noyau d'uranium par un neutron produit la fission :
$^{1}_{0}n + {}^{235}_{92}U \rightarrow {}^{148}_{57}La + {}^{85}_{35}Br + {}^{A}_{Z}X$.
La conservation de la charge électrique donne :
$0 + 92 = 57 + 35 + Z$ d'où $Z = 0$; la particule émise est un neutron.
$^{1}_{0}n + {}^{235}_{92}U \rightarrow {}^{148}_{57}La + {}^{85}_{35}Br + x\,{}^{1}_{0}n$.
La conservation du nombre de masse impose :
$1 + 235 = 148 + 85 + x$ donc $x = 3$.
$^{1}_{0}n + {}^{235}_{92}U \rightarrow {}^{148}_{57}La + {}^{85}_{35}Br + 3\,{}^{1}_{0}n$.
b. L'un des trois neutrons émis lors de la fission peut à son tour heurter un noyau d'uranium et provoquer une deuxième fission : la fission peut donner naissance à une réaction en chaîne.

Chapitre 12

4 À 25 °C : l'acétone est liquide ; l'eau est liquide ; le menthol est solide ; le permanganate de potassium est solide.
À 100 °C : l'acétone est gazeuse ; l'eau existe sous deux formes, liquide et gazeuse, en équilibre car $\theta_{\text{éb}}(H_2O) = 100$ °C ; le menthol est liquide ; le permanganate de potassium est solide.

6 La quantité de matière d'or est :

$$n = \frac{m}{M} = \frac{1{,}0}{197} = 5{,}1 \times 10^{-3} \text{ mol}.$$

Pour faire fondre un objet de masse $m = 1{,}0$ g d'or, il faut fournir une énergie : $\mathscr{E} = n \times \mathscr{E}_{\text{fus}} = 5{,}1 \times 10^{-3} \times 12{,}55 \times 10^3 = 64{,}0$ J.

14

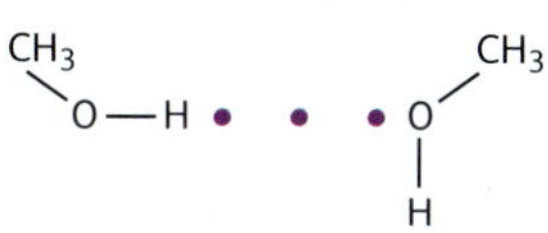

16 **a.** À l'état liquide, il existe des interactions de Van der Waals et des liaisons hydrogène pour les molécules d'éthanol ⓐ. Pour les molécules de méthoxyméthane ⓑ, il existe seulement des interactions de Van der Waals (il n'y a pas possibilité de former de liaisons hydrogène, car l'atome d'oxygène n'est pas relié à un atome d'hydrogène).
b. Les températures d'ébullition sont d'autant plus élevées que les interactions à l'état liquide sont importantes entre les molécules (on considère que les interactions sont nulles à l'état gazeux). Les liaisons hydrogène sont des interactions plus importantes que les interactions de Van der Waals. Par conséquent, d'après la question précédente, la température d'ébullition de l'éthanol est plus élevée que celle du méthoxyméthane.

Chapitre 13

4 L'atome de brome est plus électronégatif que l'atome d'hydrogène : l'atome de brome attire à lui les électrons de la liaison H–Br, il acquiert une charge partielle négative, tandis que l'atome d'hydrogène acquiert une charge partielle positive.

Le centre géométrique G^+ des charges partielles positives est sur l'atome d'hydrogène, il est distinct du centre géométrique G^- des charges partielles négatives (sur l'atome de brome). La molécule est donc polaire.

7 Dans chaque cas, il faut faire attention à respecter la loi de conservation des éléments chimiques et de la charge électrique : à gauche de la flèche figure un solide, donc électriquement neutre. À droite de la flèche, il doit donc y avoir autant de charges positives que de charges négatives.
a. $KCl\,(s) \rightarrow K^+\,(aq) + Cl^-\,(aq)$
b. $FeSO_4\,(s) \rightarrow Fe^{2+}\,(aq) + SO_4^{2-}\,(aq)$
c. $AlCl_3\,(s) \rightarrow Al^{3+}\,(aq) + 3\,Cl^-\,(aq)$.
Pour compenser les trois charges positives élémentaires portées par l'ion Al^{3+}, il faut trois charges élémentaires négatives, soit trois anions chlorure.
d. $K_2CO_3\,(s) \rightarrow 2\,K^+\,(aq) + CO_3^{2-}\,(aq)$.
Pour compenser les deux charges négatives élémentaires portées par l'ion CO_3^{2-}, il faut deux charges élémentaires positives, soit deux cations potassium.

9 Un ion Co^{2+} apporte deux charges élémentaires positives. Il faut donc deux charges élémentaires négatives pour les compenser, qui sont apportées par deux ions Cl^-. Pour que la solution soit neutre, il faut donc qu'elle contienne deux fois plus d'ions chlorure que d'ions cobalt ; la quantité de matière d'ions chlorure est donc le double de celle d'ions cobalt : $n_{Cl^-} = 2\,n_{Co^{2+}}$.
En notant V le volume de la solution, on a donc :

$$\frac{n_{Cl^-}}{V} = 2\frac{n_{Co^{2+}}}{V}, \text{ soit } [Cl^-] = 2\,[Co^{2+}].$$

Or $[Cl^-] = 0{,}40$ mol·L^{-1} et $[Co^{2+}] = 0{,}20$ mol·L^{-1} : l'électroneutralité de la solution est bien vérifiée.

15 **a.** La quantité de matière n de sulfate de sodium dissous peut s'exprimer en fonction de la masse m de solide dissous et de sa masse molaire M : $n = \dfrac{m}{M}$.
A.N. : $n = \dfrac{3{,}6}{142} = 0{,}025 = 2{,}5 \times 10^{-2}$ mol.
b. Dressons un tableau d'évolution du système.

Équation		$Na_2SO_4\,(s)$ →	$2\,Na^+\,(aq)$ +	$SO_4^{2-}\,(aq)$
État	**Avancement**	**Quantités de matière (mol)**		
initial	0	n	0	0
en cours	x	$n - x$	$2\,x$	x
final	x_{max}	$n - x_{max} = 0$	$2\,x_{max} = 2\,n$	$x_{max} = n$

À l'état final, tout le solide ionique est dissous :

$$n - x_{max} = 0, \text{ soit } x_{max} = n.$$

Chapitre 9

3 **a.** Pour respecter la règle de l'octet, les atomes de la deuxième période de la classification périodique sont entourés de 8 électrons de valence.
L'atome de carbone possède 4 électrons de valence. Pour respecter la règle de l'octet il va établir 8 – 4 = 4 liaisons covalentes.
De même, l'atome d'azote (qui possède 5 électrons de valence) va établir 8 – 5 = 3 liaisons covalentes, et l'atome d'oxygène (qui possède 6 électrons de valence) va établir 8 – 6 = 2 liaisons covalentes.

b. **a** L'atome de carbone est entouré de quatre doublets liants (une liaison double et deux liaisons simples).
L'atome d'oxygène établit une liaison double, ce qui correspond bien à deux liaisons covalentes.
b L'atome d'oxygène établit deux liaisons simples.
Le premier atome de carbone établit quatre liaisons simples, le second une simple et une triple, ce qui correspond à 4 doublets liants.
L'atome d'azote établit une liaison triple (3 liaisons).

6 **a.** Une molécule présente une isomérie *Z*/*E* si elle possède au moins une double liaison et si les atomes engagés dans cette double liaison sont liés à deux groupes d'atomes différents.

b. La paire de molécules **a** ne présente pas d'isomérie *Z*/*E* car les deux dessins sont des représentations différentes de la même molécule.
En revanche, les molécules **b** sont différentes : ce sont deux isomères *Z*/*E*.

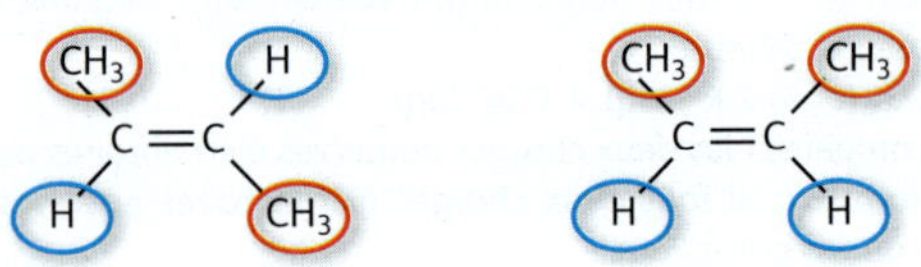

10 **a.** La molécule présente des atomes d'hydrogène H, de carbone C, d'oxygène O et d'azote N.
On compte 8 atomes de carbone, 10 atomes d'hydrogène, 2 atomes d'oxygène, 4 atomes d'azote.
La formule brute de la caféine est donc $C_8H_{10}O_2N_4$.

b.

Atome	C	H	O	N
Structure électronique	$(K)^2(L)^4$	$(K)^1$	$(K)^2(L)^6$	$(K)^2(L)^5$
Nombre d'électrons de valence	4	1	6	5

La molécule possède donc :
$8 \times 4 + 10 \times 1 + 2 \times 6 + 4 \times 5 = 74$ électrons de valence et $\frac{74}{2} = 37$ doublets.

c.

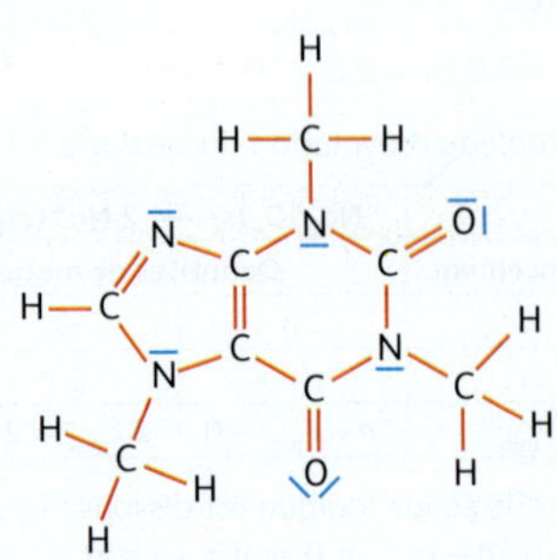

Pour respecter la règle de l'octet, un atome de carbone établit 4 liaisons, un atome d'azote 3 et un atome d'oxygène 2. L'atome d'hydrogène n'établit qu'une liaison.
On vérifie sur la formule le nombre de doublets liants (en rouge sur le schéma ci-dessous) par type d'atome.
Enfin, les atomes d'azote doivent présenter un doublet non liant et les atomes d'oxygène deux doublets non liants, ce que l'on vérifie sur la formule de Lewis (doublets non liants en bleu).
On compte bien au total 8 doublets non liants et 29 doublets liants, soit 37 doublets.

THÈME 2 Lois et modèles

Chapitre 10

3 10^2 m / hauteur de la Tour Eiffel
10^{-2} m / taille d'une coccinelle
10^{-15} m / diamètre d'un noyau atomique
10^{-10} m / diamètre d'un atome
10^{11} m / distance Terre-Soleil

8 **a.**

	Interaction gravitationnelle	Interaction électrique
Grandeur physique sensible à cette force	Particule de masse non nulle	Particule chargée
Portée	infinie	infinie
Attractive/ répulsive (préciser les cas)	attractive	attractive (si les charges sont de signe contraire), répulsive (si les charges sont de même signe)
Expression de la valeur des forces (préciser les unités)	$F_{A/B} = F_{B/A} = G\frac{m_A m_B}{d^2}$ m_A et m_B en kg, d en m, $F_{A/B}$ et $F_{B/A}$ en N, $G = 6{,}67 \times 10^{-11}$ N·m²·kg⁻².	$F_{A/B} = F_{B/A} = k\frac{\lvert q_A\rvert \times \lvert q_B\rvert}{d^2}$ q_A et q_B en C, d en m, $F_{A/B}$ et $F_{B/A}$ en N, $k = 9{,}0 \times 10^9$ N·m²·C⁻² dans le vide

b. L'interaction forte et l'interaction faible.

10 $F_{A/B} = k\frac{\lvert q_A\rvert \times \lvert q_B\rvert}{d^2}$

$$F_{A/B} = 9{,}0 \times 10^9 \times \frac{\lvert 2{,}0 \times 10^2 \times 10^{-9}\rvert \times \lvert -4{,}0 \times 10^2 \times 10^{-9}\rvert}{(7{,}5 \times 10^{-2})^2}$$

$$= 1{,}3 \times 10^{-1} \text{ N.}$$

12 **a.** Le bâton est chargé positivement : q = 30 nC. Des électrons lui ont donc été arrachés par le morceau de laine.

b. $x = \frac{q}{e}$.

$$x = \frac{30 \times 10^{-9}}{1{,}60 \times 10^{-19}} = 1{,}9 \times 10^{11}.$$

Le résultat ne comporte que deux chiffres significatifs.

c. Les électrons arrachés au bâton sont sur la laine, elle est donc électrisée négativement.